本册目次

黔詩紀略

梁光華　點校

點校説明

晚清著名學者、詩人、書法家莫友芝先生耗盡畢生心血編纂的《黔詩紀略》一共輯録貴州明代「二百四十一位詩人的二千四百零六首詩作，另有方外的六十八首詩和無名氏詩歌及雜歌謡二十四首，總計二千四百九十八首」（闕校本前言）。這部近八十萬字的鴻篇巨著「因詩存人，亦因人存詩，旁徵事實，各繫以傳，而大要以年爲次；無詩而事實可傳，文字有關暨山川可考者，相因附見，按以證之；國朝人文字足備掌故者，間附録焉」（莫繩孫《卷首記語》）。由此可見《黔詩紀略》所記載反映的内容不僅僅是貴州明代詩歌，而且是由詩歌和詩歌作者及其所關涉的人文歷史、山川地理方方面面的掌故繫聯而出的明代貴州社會的總貌。可以説《黔詩紀略》是一部百科全書，是明代貴州絶無僅有的極其重要的一部歷史文獻。下面，校者擬從五個方面簡要介紹《黔詩紀略》。

一、勾勒明代貴州詩歌簡史　簡評明代貴州詩歌成就

《黔詩紀略》卷十四、十五共輯録明末詩人謝君采三秀詩作一百八十首。莫友芝在卷十四傳證語中評價謝三秀：「貴州自成祖開省，迄於神宗，閲二百年，人才之興媲上國，而能專精風雅，雋永冲融，馳騁中原，卓然一隊，雖前之文恭，後之龍友、滋大，未有先於君采者也。」莫氏不

僅如此高度評價謝詩，而且在傳證語中録出自己於清咸豐元年（一八五〇）六月爲謝三秀所作的《雪鴻堂詩蒐逸序》，以詩人兼文學大師之獨到眼光，簡明勾勒出明代貴州詩歌發展簡史，簡要精當地評價明代貴州詩人的成就：

黔自明始有詩，萌芽於宣（德）、正（統），條衍於景（泰）、成（化）以來，而桐豫於隆（慶）、萬（曆）。自武略（王訓）而止庵（詹英），而用章（黄紱）、廷潤（周瑛）、竹泉（易貴）、汝錫（安康），而時中（徐節）、西園（越英），而唐山（范府）、子昇（王木）、宗魯（陳文學）、伯元（湯冔），而道父（蔣宗魯）、吉甫（李佑）、徐川（吴淮）、元淑（周文化）。百有餘年，榛莽遮開，略具涂軌。山甫（孫應鰲）、湜之（李渭）、内江（馬廷錫）諸老，又一意儒術，《學孔》一編，横厲獨闢，然亦餘事及之，寥焉寡和。洎乎用霖（潘潤民）《味澹》、卓凡（越其杰）《屢非》，炳麟鏗訇，道乃大啓。一時方麓（李時華）、鄧州（艾友芝）、泠然（楊師孔）、瑞明（莫天麒）、心易（陳尚象）、循陔（邱禾實）、美若（蔣杰）、無近（王祚遠）、少崔（何一中）、小范（蔣勸善），旗鼓響應，延、温、沅、漁間，幾於人握靈珠，家抱荆璧，而其咀嚼六代，步驟三唐，清雄宕逸，風格俊遠，尤以君采謝先生稱首。

明代以前貴州文學幾無傳世之名作，而進入明代以後，詩歌則異軍突起，成爲貴州鄉邦文學皇冠上最璀璨的明珠，最令黔人稱道和驕傲。莫友芝第一次把明代貴州詩歌發展史梳理總結爲四個階段：

第一，「黔自明始有詩，萌芽於宣、正」，即從明王朝公元一三六八年開國至正統末年（一四四九）間，爲明代黔詩的「萌芽」期。

第二，「條衍於景、成以來」，即從明景泰（一四五〇—一四五六）到成化末年（一四八七）間，爲明代黔詩的「條衍」——衍生發展期。

第三，「而桐豫於隆、萬」，即從隆慶（一五六七—一五七二）到萬曆末年（一六一九）間，爲黔詩的「桐豫」——通達茂盛期。這一時期黔詩「榛莽遞開，略具涂軌」。

第四，「洎乎用霖《味澹》、卓凡《屢非》，炳麟鏗訇，道乃大啓，……尤以君采謝先生稱首」。即從萬曆之後至明代末年（一六四四），爲明代黔詩的「炳麟鏗訇」——成就顯赫鼎盛期。黔詩發展到這一時期，詩人輩出，詩花炫爛繁盛，詩風異彩紛呈，詩歌成就顯赫鼎盛。這一時期的貴州詩壇「旗鼓響應，……幾於人握靈珠，家抱荆璧。而其咀嚼六代，步驟三唐，清雄宕逸，風格俊遠」，謝三秀則是首屈一指的佼佼者。

作爲清代著名詩人、文學大師，莫氏對明代黔詩所作的這一評價中肯有據，具有很高的學術價值。例如以謝三秀爲代表的黔詩，得到了明代「後五子」之一的全國詩壇領袖李維楨的高度評價。《黔詩紀略》卷十四録李維楨《雪鴻堂詩集·序》對謝詩的評價：「余讀謝君采詩，而幸詩道陵遲之日，得此治世遺音也。其詩觸境生情，緣情體物……其格整而不滯，其氣雄而不亢，其旨深而不晦，其致清而不薄，其詞麗而不浮，詩家諸體無不精當，詩品諸妙無不具備。比日藝林豪舉之士，當避三舍」。同卷十四還録出明代天啓年間吏部尚書王祚遠的《遠條堂題詞》：「讀余友君采氏所爲《遠條堂稿》，若近若遠，若淺若深，若建萬石之鐘，撞之以莛；若舞長空之雷，御之以風，隱見出没，造微入化，即雜之北地、信陽、長沙、京口諸名集中，無以辨也；即雜之開元、天寶、大曆諸名家集中，亦無辨也！」清初詩壇名家朱彝尊在其《明詩綜》卷六十七中評價說：「君采詩甚清穩，由其生於天末，習染全無。此黔人之軼倫超群者。」楊龍友也是黔地一位傑出詩人。朱彝尊在《明詩綜》卷七十一中引明人語評價楊龍友詩：「邢孟貞云：『《洵美堂詩》紆徐以導遠，篤摯以達情，引物連類，廣博曼衍，屢出靡涯，而源流師法燦然可指。』史弱翁云：『龍友詩沉澹淵遠，有正始之音。』」清初文壇名家孔尚任在其《官梅堂詩序》中認爲全國之詩，「於吴越得其五，齊、魯、燕、趙、中山得其三，秦、晉、巴蜀得其一，閩、楚、粤、滇再得其一，而黔陽則全無。」但是當孔尚任讀到明末貴州詩人吴滋大《敝帚集》詩後，大爲讚嘆，且爲《敝帚集》作序曰：「（黔陽）非全無也，有之而人不知，知之而不能採，採之而不能得，等於無耳。予論才而不及之也，固不任失言之咎矣！頃，唐子御九自黔陽來，盛言其地人才輩出，詩文各有可觀者。予漫應而且疑之。後出《敝帚集》二册，拉予共讀，乃其地遺老吴滋大先生之藏稿。先生爲人，予無從悉其概；觀其詩，則隱焉文之流，多憂世語，多疾俗語，多支離漂泊有心有眼不易告人語。屈子之閑吟澤畔，子美之放歌夔州，其人似之，其詩似之。……兹果得《敝帚》一集，雜體千餘首，即中原名碩夙以詩噪者或不能過之，乃知其中未嘗無人。……使天下知黔陽之有詩，自吴滋大始，豈非其盛事？」

以上引評，證明以謝三秀、楊龍友、吴滋大等詩人爲代表的明代黔詩，在全國詩壇贏得了一席之地，獲得了高度贊譽。莫友芝評價明代從隆慶、萬曆以後到明代晚期，黔詩方「炳麟鏗訇，道乃大啓」。此説不誣。貴州向來山高路險，交通不便，信息閉塞，遠離經濟、文化、教育發達的中原地區。明代時期没有全國性的文學詩刊出版物，詩歌全憑人們口口相傳，抄本相傳，仰仗名流顯官的序跋推薦傳播。「黔自明始有詩。」明代黔詩只經過兩百多年的發展即在全國獲得定評，争取一席之地實屬不易。明末陳允衡選編明代詩歌集《詩慰》，謝三秀詩入選七十四首。明崇禎六年石首夏雲鼎四雲輯刻《崇禎八大家詩選》收録楊龍友詩二百十四首，且予高度評價。朱彝尊選編明代全國詩歌總集《明詩綜》（後收入《四庫全書》），貴州詩人宋昂、宋昱兄弟詩各入選一首，謝三秀詩入選十三首，孫應鰲詩入選一首，楊龍友詩入選六首；流寓貴州的萬士和《烏撒道中》、張翀《别貴竹諸友》等詩亦并入選，且均分别加按語作高度評價。這是對明代黔詩的充分肯定，是對貴州詩人的鼓舞和鞭策，從而有力地推動了貴州詩歌的發展。

二、薈粹明代黔詩門類齊全的洋洋大觀之作，展示明代黔詩風格各異的高超藝術成就

(1)《黔詩紀略》所輯録之明代黔詩，有四言古詩，如卷一王訓的《嘉瓜頌》、卷三湯伯元的《表賢祠詩》、卷十一陳尚象的《便河詩》；有五言古詩，如卷一張諫的《望古》、卷三王木的《雲溪

洞》、卷二十五錢點的《擬行行重行行》；有七言古詩，如卷一楊彝的《碧雲洞》、卷十一楊師孔的《登羅漢寺歌》、卷十九楊龍友的《石梁觀瀑》；有雜言古詩，如卷一顧亮的《些月氏王頭歌和楊鐵崖》、卷三趙維恒的《申柱史歌》；有樂府詩，如卷一安詡的《爲彦中題畫》、卷二十四潘驤的《聞鄭敬修長史殉蜀難》、卷十袁應福的《漁翁樂》；有五言絶句，如卷二十五錢點的《昭君怨》、卷十王大臣的《丁卯試畢口占》、卷三十二丈雪大師通醉的《示惟乾禪人二首》；有七言絶句，如卷十邱東昌的《陽寶山靈霧》、卷二十三劉憲模的《見雁字有感》；有五言律詩，如卷十七越其杰的《秋夜》、卷二十二尹思民的《城破題壁詩》；有七言律詩，如卷三李廷嘉的《白泉魚樂》、卷十二潘潤民的《圍城決命》；有排律詩，如卷十七越其杰的《紀行二十八韻》、《紀事三十五韻》、卷二十四潘驤的《溿水放舟》；有回文詩，如卷二十五談亮的《客窗回文次雷履老韻》、卷三十二張三豐的《柳塘回文》；卷三十三還輯録貴州明代雜歌謡十三首，等等。《黔詩紀略》輯録最集中者，孫應鰲古體詩一百五十首，近體詩三百零七首；謝三秀古體詩、近體詩一百八十首；楊龍友古體詩、近體詩三百二十五首；吴中蕃古體詩七十五首、近體詩一百五十一首；潘潤民古體詩、近體詩七十首。從民間歌謡到詩人創作之詩，其詩歌形式林林總總，門類齊全，蔚爲大觀。

(2)《黔詩紀略》反映社會矛盾、民生疾苦、戰亂頻仍的現實主義詩作佔有相當的篇幅。茲引析幾首詩歌以窺一斑：

三冬無雪春無雨，誰人迎龍誰置虎！雲脚欲聚風脚生，官家茹甘農茹苦。邊取軍需倉收租，十人催捉九人捕。麥苗不生稻不種，子棄父母妻棄夫。難得上身難入口，貧者何薄富何厚！手足盡折眼盡枯，相食寧論復相守。不求珠玉不求金，惟求膏澤求甘霖。今宵望月倘見月，願言離畢又離陰。

（卷六孫應鰲《無麥謡》）

詩人以白描直叙的手法描繪當時的社會現實：「三冬無雪春無雨，官家茹甘農茹苦。……麥苗不生稻不種，子棄父母妻棄夫。難得上身難入口，貧者何薄富何厚！」造成這種社會不公的原因是什麽呢？詩人直言：「邊取軍需倉收租，十人催捉九人捕！」詩人又在其《荒城謡》（卷八）中引古典指斥賦税過重是造成社會不公的一個重要原因：「秋日荒城隱暮笳，太山猛虎永州蛇！」曾擔任朝廷工部尚書等職的孫應鰲，本是明統治集團的一員，敢於吟詩指斥明統治者對廣大民衆的横徵暴斂，敢於暴露和批評當時的社會不公，同情貧民百姓的流離失所、食不果腹，這與杜甫所言「朱門酒肉臭，路有凍死骨」有什麽區别呢？《無麥謡》批判社會現實的人民性確實十分突出！

十里荒村路，尋幽到薜蘿。陂寒菰葉少，籬晚豆花多。廢寺紛蟲網，貧家静雀羅。老翁晞髪坐，相對説兵戈。

積雨空林濕，炊烟午未生。逢人皆菜色，留客有蟬聲。藥畹多難辨，葑田半不耕。流亡渾滿眼，何日是昇平？

（卷十五謝君采《村行即事二首》）

謝詩描繪的又是晚明社會悲慘景象的一個縮影：貧民百姓食不果腹，造成「炊烟午未生」、「逢人皆菜色」。連年戰爭徭役造成貧民百姓四處流亡，「十里荒村路」，「老翁晞髮坐，相對説兵戈」，譴責戰爭災難，企盼「何日是昇平」。

生男何用向邊州，說着沙場淚已流。甲背常馳千里月，角聲不斷四時秋。馬甘苜蓿猶餘瘦，雕快平莎亦帶愁。萬里長城皆骨砌，從來能得幾人侯？

（卷二十九吴中蕃《塞下曲》之一）

這又是一首暴露晚明戰亂頻仍給廣大民衆帶來災難的力作。百姓人家生了男孩别説待其長大後被征戍邊州，平時只要説到沙場厮殺，説到戰爭徭役，人們就已恐懼得淚流滿面、痛不欲生！一場場爲鞏固統治階級政權的無休止戰爭，一批批加官進爵封侯稱相的官員，一道道緜延邊關、鞏固明王朝統治的長城，都是建立在一代代戰死沙場的無辜男兒的白骨之上的。「生男何用向邊州，説着沙場淚已流。……萬里長城皆骨砌，從來能得幾人侯？」吴詩所反映的主題思想仍是表達明朝廣大民衆對戰爭頻仍的控拆，對明王朝統治階級不恤民生的批判。

(3) 反映黔地優美自然風光的浪漫主義詩作。《明一統志》稱貴州「碧雲洞」爲普安州（今盤縣）第一奇觀。明初詩人楊彝的兩首同題詩《碧雲洞》（卷一）向世人描狀了碧雲洞勝景：

老夫生平愛山水，每聞勝景心獨喜。故人邀我城南游，出郭溪行二三里。峰崖路轉非塵寰，鷄犬人家足生理。恍然置我桃源中，風景依稀乃相似。耕田鑿井不記年，疑是秦人始居此。谷中樹暗連桑麻，澗底花香雜蘭芷。陰陽古洞蒼山根，絶壁飛巖半空倚。豁然深入天窗明，外狹中開如屋裏。醉眠雲蹬高似床，袖拂平沙净於几。松風一派從天來，散作泉流和宫徵。泉來直與海眼通，鶴髮仙人烹石髓。蛟龍窟宅變斯須，白日陰崖雹光紫。此時豪興爲誰發，筆下詩成泣山鬼。安得凌空生羽翼，共載吹笙玉童子。一聲長嘯洞雲寒，日出林梢鶴飛起。

碧雲洞山水風光，似桃源，如蓬萊，美不勝收。其七律《碧雲洞》更以「欲從阮肇登仙去，曾見初平叱石來」一聯神喻碧雲洞仙境：東漢明帝永平間剡縣人阮肇入山，遇見仙女邀之前往賞景半載，返家則世上經歷了七代；丹溪人黄初平牧羊，由道士引入洞，四十餘年未歸，其兄黄初起尋至洞中，問羊何在，初平口叱洞中乳石皆成羊群，活蹦亂跳。詩人楊彝以此二典神喻普安碧雲洞仙境如斯美輪美奂，誰不神往而賞之？

貴州關嶺縣有一神奇摩崖，人曰「關嶺天書」，又曰「紅崖諸葛碑」。是境石崖奇絶，花草奇樹，景致迷人，風俗古樸。將此勝景中的神奇摩崖描狀於書册，較早傳播給世人的則是《黔詩紀略》卷九所載明代嘉靖舉人、普安州詩人邵元善的《紅崖》詩：

紅崖削立一千丈，刻劃盤回非一狀。參差時作鼎鐘形，騰擲或成飛走象。諸葛曾聞此駐兵，至今銅鼓有遺聲。即看壁上紛奇詭，圖譜渾疑尚詛盟。

邵氏此浪漫主義奇特詩作，紹引着古今學者文人紛紛前往探秘考辨此神奇紅崖上二十餘字的起源、功用。於是有清代康、乾盛世的黔人田雯、謝庭董的「諸葛公碑説」，有嘉慶間甘肅武威人張澍、湘人鄒漢勛的「殷高宗伐鬼方紀功石刻説」，有道、同間莫友芝的「三危禹迹説」、趙之謙的「苗民古書説」，有清末民初貴陽人姚華的「自然花紋説」，有今人泛言的「闕嶺紅崖天書説」，等等，衆説紛紜，未有定論，尋源釋疑工作至今仍在進行之中。闕嶺紅崖古摩崖石刻文化之秘，何等神奇！何等耐人尋味！

黄果樹瀑布是中國名瀑、世界名瀑！最早描繪黄果樹瀑布（原名爲「白水瀑布」）的是兩位明末才子。一爲江陰人徐宏祖（霞客），其《徐霞客游記》云「遥聞水聲轟轟，從隴隙北望，忽有水自東北山腋瀉崖而下，搗入重淵，但見其上横白闊數丈，翻空涌雪，直下者以數丈計，搗珠崩玉，飛沫反涌，如烟霧騰空，勢甚雄厲。」一爲貴陽詩人謝三秀，其詩云：

衆流赴壑疾如梭，瀉作層潭千尺波。素影空中飄匹練，寒聲天上落銀河。兀兀孤亭坐清樾，征夫到此思超忽。隔川濺沫濕衣裳，對面驚濤豎毛髮。君不見，黄河萬里愁吕梁，又不見，夔門五月戒瞿塘。由來叠水亦太惡，石湍幸不通舟航。咄嗟可畏寧爾耳，浮世人心險於水。

（卷十四謝君采《叠水亭上小憩因作短歌》）

莫友芝注曰：「疊水，亦名白水。」《方輿紀要》：「白水河，衛南三十里。源出山中，懸崖飛瀑，自高注下，三崿相承，凡數十仞，湍急若雷，時有雲霧塞其下。」謝詩以浪漫主義藝術手法，用巧妙奇特的比喻，首次顯現了黄果樹瀑布的壯觀：「衆流赴壑疾如梭，瀉作層潭千尺波。素影空中飄匹練，寒聲天上落銀河。」又以「君不見，黄河萬里愁吕梁，……夔門五月戒瞿塘」來襯托瀑布横空奔騰、世間無二的奇絶氣勢。謝詩向世人描繪、推介黄果樹瀑布奇觀，使之成爲貴州雄奇瑰麗山水勝景的象徵。清詩人田雯《白水河放歌》認爲白水河瀑布遠勝匡廬瀑布：「匡廬瀑布天下稱絶，何如白水河灌犀牛灘。銀河倒傾三疊而後下，玉虹飲澗萬丈那可探。」鄭珍《白水瀑布》詩亦云：「白水瀑布信奇絶，占斷黔中山水窟！」現在黄果樹瀑布不僅是貴州第一名瀑，而且是中國第一名瀑，世界爲之傾倒之名瀑！筆者不才，願繼貴州先賢之志，謹以七律二首續寫黄果樹瀑布之雄奇勝景：

遥聞巨響彩虹隆，涌雪翻空今古同。白練舞姿妝峭壁，銀河氣韻貫蒼穹。崖巔瀉瀑一簾滿，谷底騰瀾萬丈衝。壯美雄奇天籟景，欲邀李杜賦黔中。

遠望虹霓卷彩波，瀑聲震谷嶺山和。白浪滔天臨絶壁，奔流倒海瀉銀河。鬼神驚詫孫猴舞，天地稱奇華夏歌。緜綉黔山生夢幻，宇寰慕賞似穿梭。

《黔詩紀略》反映貴州旖旎風光、神奇山水的詩作真是令人陶醉。例如卷三李廷嘉《德江晚渡》詩云：「舟橫夕棹便歸客，風順春江不挂篷。兩岸看時環漢緑，一篙撐處散霞紅。」詩人筆下的德江晚渡之景，誰不神往！卷二十四潘驤《溓水放舟》引領古今讀者賞觀貴州潕陽河兩岸風光：「一派涵清淺，千峰劃碧空。地移星始辨，天少月難中。怪石奇於鬼，枯泉倒作虹。學人猿揖讓，避客鳥西東。……忽聽漁歌起，沅湘思未窮！」貴州冬無嚴寒，夏無酷暑，緑氧清爽宜人。貴州山水的這些天然美景至今猶然，明代黔詩浪漫主義的佳作至今仍聞其馨。來吧來吧，我們共同返璞歸真，共同分享，共同陶醉吧！

黔詩從滋生萌芽期到成就顯赫鼎盛期，在明代短短二百多年的時間中取得如此卓越輝煌的藝術成就，尤以謝君采、孫應鰲、楊龍友、吴中蕃四大家爲代表的黔詩，足以比肩抗衡成熟已久的中原詩作，在中國詩歌史上聳立起一座驕人的豐碑，爲「清詩三百年，王氣在夜郎」打下了全面而堅實的基礎。莫友芝在《黔詩紀略》中勾勒述評明代貴州詩歌簡史，薈萃明代黔詩門類齊全，洋洋大觀，充分展示明代黔詩高超卓越的藝術成就，功莫大焉！

三、記載珍貴少數民族史料事迹，傳承優秀少數民族文化精髓

《黔詩紀略》「因詩存人，亦因人存詩」，毫無偏見，公正地記載、保存了古代貴州一大批珍貴的少數民族文獻史料。如卷一不僅存録世襲貴州宣慰司同知宋昂、宋昱兄弟的詩作，而且莫氏還在傳證語中詳細記載了宋昂遠祖自唐以降的史迹史料。卷二不僅存録了世襲播州宣慰使楊斌的八首詩，而且莫氏還翔實考證、記録了楊斌遠祖自唐至宋元明襲守播州的史迹史料。《黔

詩紀略》全書這樣的記載很多。下面擇其要舉例以窺之。

(1) 卷二十二收録盧安世布政使之《奢夫人》詩：「都督持威太自輕，翻令順德據聲名。君看九驛奢香路，豈直宜娘解用兵。」貴州建省之前，明廷派來總管貴州的都督馬曄歧視彝族民衆，欲在彝族世襲領地——貴州宣慰司（今大方、黔西、畢節一帶）建立郡縣直管，便尋事找借口把代襲貴州宣慰使職的彝族領袖奢香抓起來裸撻，激怒彝族民衆反抗，以便用武力鎮壓。面對都督馬曄的歧視與迫害，奢香這位女性彝族領袖智慧超群，從保護彝族民衆生命安全與利益、造福彝族子孫後代、維護民族團結、保障貴州安全穩定、擁護明廷統治的高度，上演了一臺令明太祖朱元璋皇帝贊同、古今稱頌的歷史大戲，創建了造福子孫後代的連通雲南、四川的著名「九驛道」。莫友芝引《方輿紀要》、《黔西志》等史料，爲《奢夫人》一詩加注按語，客觀地記載了這一維護民族團結、造福子孫後代的歷史事件，歌頌了彝族領袖奢香的歷史功績：

按：奢香，貴州宣慰使靄翠妻。翠死，香代襲，總其衆。都司馬煜（按：當作「曄」，下同）欲郡縣香管地，裸撻香，冀激諸羅啓兵端，乃因平之。宣慰同知宋欽妻劉淑貞止諸羅無動，馳見太祖，爲香訟冤。香亦尋入朝自陳。太祖爲誅煜以謝，諭香曰：「何以報朕？」香請開四鄙，世世保境。帝大悦，封香順德夫人，厚賚遣還。香遂開偏橋、水東以達烏蒙、烏撒，立龍場等九驛，貴州入蜀之間道以通。九驛者，威清在龍場，陸廣在貴陽境，谷里、水西、西溪、金鷄、閤鴉、歸化在大定境，遂達畢節。

（卷二十二《奢夫人》詩莫友芝按語）

(2) 水族的主要聚居區在貴州省南部三都水族自治縣、荔波縣、獨山縣、都匀市等地。水族人民勤勞智慧，創造了記録水語、水族文化的水書（水字）。莫友芝是迄今爲止最早研究水書的專家，《黔詩紀略》是第一本記載水書功用、水書研究的歷史著作。《黔詩紀略》卷九輯録了邵元善描寫貴州關嶺紅崖天書的《紅崖》詩（見上），莫友芝在此詩之下詳爲之按注，認爲水族水書竹曆（書）可以作爲貴州關嶺紅崖天書的重要參研文字。莫氏説：「稍從乘馬究虞孖，水書竹曆參摩研」，并考證説：

吾獨山土著有水家一種，其師師相傳，有醫、曆二書，云自三代。舍弟祥芝曾録得其《六十納音》一篇，「甲子乙丑金」作，「丙寅丁卯火戊辰己巳木」作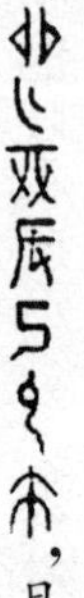，且云其初本皆從竹簡過録。其聲讀迥與今異，而多合古音。核其字畫，疑斯籀前最簡古文也。

（卷九邵元善《紅崖》詩莫友芝按語）

莫氏關於水族水書的這一論斷，成爲了迄今爲止發現的研究水族水書的最早文獻，得到學術界高度重視。除此而外，《黔詩紀略》卷二十三還輯録了明代崇禎九年舉人、曾官廣西肇羅道副使的徐以暹所撰的一首詩銅關下有火星巖魏公文相書水字於石上以厭勝之仁者之用心也，詩以志之。

> 江城遥望此山紅，俗説形象虐焰同。干配丁壬稱世媾，濟占既未識天工。揮毫潑墨雲霄上，祈福禳災雨露中。一字流傳仁者術，先生顧笑不言功。

這是明言水族水字在水族聚居區之外用以祈福禳災、傳播仁術的最早記録，水族水書史料尚未發現這樣的記載。我研究水書有年，看到這段詩文記載，極其高興；我把《黔詩紀略》這兩則關於水族水書的珍貴文獻告訴水族群衆和研究專家，他們更是激動不已，引以自豪。《黔詩紀略》和莫友芝先生關於水族水書的記載與研究，傳播了水族水書文化，對水族水書水字的起源研究、功用研究，具有很高的學術價值，引起了學術界同仁的高度關注。

四、因詩考證貴州山川水系源流，研究勘正各類傳世史志疏失

《黔詩紀略》「因詩存人，亦因人存詩，旁徵事實，……文字有關暨山川可考者，相因附見，按以證之。」（莫繩孫《卷首記語》）莫友芝因詩考證貴州山川水系源流，尤值稱道。

《黔詩紀略》卷三輯録李廷嘉《德江晚渡》詩，開篇即吟「德江滔滔勢自東，從空誰爲跨長虹。」莫友芝加按語考證德江源流，進而考證德江之源——貴州烏江水系源流：

> 按：德江，一稱水德江，即烏江之下流。烏江出大定府之威寧州東北山中，下會雲南鎮雄州西境，溪水經畢節縣伏流復出，屈曲東北，流經大定府南、黔西州南、修文縣西北、遵義縣南、開州北、甕安縣北、餘慶縣西北、龍泉縣南、石阡府北、思南府西南，又經城東，即德

江渡也。又經印江縣西北、婺川縣東北，西折北流，入四川酉陽州西南界。又北至龔灘，會湖北施南府溪水，又經彭水縣西南，折西南流。又折而北至涪州城東北銅柱灘入蜀江。源流二千三百餘里，亦巨川也。昔人謂之延江水。《水經》云：延江水，出犍爲南廣縣，又東至牂柯鱉縣，又東屈北流，至巴郡涪陵縣。……是後亦稱涪江，亦稱巴江，亦稱内江，亦稱黔江，亦稱烏江。……《明史·地理志》：水德江，即烏江之下流是也。明人詩文多省稱德江。

莫氏這一考證，不僅使讀者知曉了德江的源流出處，德江之原名及省稱，而且精當地考證了德江之源、貴州最大江河水系——烏江的源頭出自大定府威寧州東北山中，以及烏江流經二千三百餘里沿途各地的流向、地名，最後在涪州（今涪陵市）城東北銅柱灘流入蜀江（長江）。這是關於烏江水系早期完整的地理考證，科學價值很高。

《黔詩紀略》卷十一載陳尚象《便河》詩。莫友芝加按語考證都匀便河湮塞疏竣與會流於都匀劍河。「劍河會馬尾河。馬尾河即邦水河，實沅水正源也。」莫氏進而援引其父莫與儔《都匀邦水河爲沅水正源考》一文，極爲詳盡周密地考證都匀邦水河確係湖南人稱爲母親河之一的沅江的正源（考證文字較多，此略）。今都匀斗篷山麓立有「沅江源」石碑可以爲證，今湖南有科考工作者和旅游者沿沅江上溯到都匀考察、祭拜沅江之源亦可爲證。

《黔詩紀略》卷十三載王碩輔《赤水道中作》詩，莫友芝先據《方輿紀要·畢節衛》：「赤水河源四川鎮雄府，經衛西五十里之紅土川，東流經衛城南，每遇雨漲，水色深赤，一名赤虺河。」後又加按語曰：「赤水出雲南鎮雄，經貴州畢節、四川永寧、貴州黔西、仁懷、至四川合江縣入於江。」莫氏按語説明赤水河之源及流，經各地綫路，最後在四川合江流入長江，比《方輿紀要》更爲細緻清楚。這裏需要説明的是，《方輿紀要》説「赤水河源四川鎮雄府」，莫氏按語云「赤水出雲南鎮雄」，何者是，何者非？兩者均不誤。《辭源（修訂本）·金部》鎮雄條釋曰：「縣名。屬雲南省。明嘉靖年間置鎮雄軍民府，屬四川布政司。清雍正五年政隸雲南，六年降爲州，屬昭通府。公元一九一三年改爲鎮雄縣。」

《黔詩紀略》卷九載周文化《鴉關》詩：「列戟屯雲俯萬山，雲垂鴉翅馬蹄艱。一爲行省冠裳地，便是雄圖鎖鑰關。」周詩此吟之「鴉關」爲何地？《安南（今晴隆）縣志》、《畢節縣志》皆録此詩，均以爲周詩之「鴉關」爲本郡之「鴉關」。對此，莫友芝加按語注曰：

貴州關以「鴉」名者非一。貴陽府北十里有老鴉關，或單稱鴉；俗對城北五里之小關稱大關，爲入修文至遵義孔道。《志》言去城五里，意小關亦有鴉稱也。大定府有閣鴉關，在城北十五里，畢節有鴉關，在城西三十里，……安南縣有老鴉關，在城南里許，……遵義縣東南百十五里亦有老鴉關，與羊崖關對峙。……詩有「行省冠裳」語，則爲貴陽之鴉關作。《安南》、《畢節志》皆引之，非也。

莫氏據周詩之「一爲行省冠裳地」，定此詩所吟之「鴉關」爲行省所在地貴陽府之「鴉關」，是也；莫氏批評《安南縣志》和《畢節縣志》亦是也。但是意想不到的是，至今仍有以誤傳誤者。《貴陽文史》二〇一〇年第一期刊載記者所寫的《史迪威公路的神秘「24道拐」》一文，仍把周文化詩之「鴉關」誤爲安南（今晴隆縣）之「鴉關」（文不贅引）。看來辨正歷史遺誤尚待努力。

在《黔詩紀略》中，莫友芝傳證按語關於貴州山川河流水系、地名的考證觸目皆是。這些精當的學術考證，既保存了貴州珍貴的地理史料，注釋明代貴州詩人詩作，也表現了莫友芝豐富的地理學識和精深的地理學術研究水平。莫友芝的父親莫與儔寫過《牂牁考》、《漢且蘭縣故地考》、《獨山江即漢毋斂剛水考》、《都勻邦水河爲沅水正源考》、《都勻府自南齊以上地理考》等著名的地理學專論。莫與儔是清代著名的教育學家和地理學家，莫友芝得其父真傳，將其地理學識及其考證功力運用於《黔詩紀略》傳證按語之中，正是其學術優勢的最好發揮與運用。

五、耗盡心血編校傳世巨著　尋覓手稿精心重校《黔詩紀略》

莫友芝之子莫繩孫在《黔詩紀略》目録後記語中説：「先君子嘗病黔中文獻散佚，欲私成一書以紀之，逮於逸編斷碣、土酋世譜，有足徵文考獻者，罔不窮力蒐訪，幾於大備。衣食奔走，不獲專力成書。咸豐癸丑，遵義唐「威恪」公欲采黔人詩歌，薈萃成編。以國朝人屬之黎先生伯容；因亂，稿盡亡失。先君任輯明代，舊所徵録既多，而黔西潘君文炳及先君門人胡君長新益相助采拾。訖甲寅夏，得二百十有六人，方外及雜歌謡又卅六首，都爲一集，成卷三十。」繩孫此記語告訴我們，早在清咸豐甲寅夏（一八五四）莫友芝就已輯録明代詩歌三十卷。然而「及甲寅秋，遘桐梓楊漋喜之亂，原稿亡其三册。」莫友芝祇好携原稿「置行篋，隨所見增録。居京師兩載，益十餘人。辛酉(1861)春至鄂，直髮賊上竄，行省戒嚴，復寄歸黔中(六弟庭芝處)，是故年來未得校覈。」從清咸豐至同治十餘年間，因戰亂頻仍，莫友芝於衣食奔走中斷斷續續收集整理明代黔詩。《黔詩紀略》卷十五《謝君采下》莫氏傳證語説：「陳伯璣《詩慰》載君采先生作七十四篇，友芝歲壬戌客皖，大兒彝孫檢去複重昔刊《遠條堂稿》者，録得六十篇爲一卷，待携歸補《黔詩》前編之逸。庚午春，鄉里稍靖，同人亟欲傳是編，索稿於舍庭芝弟，寄予金陵勘定，而彝孫遽以三月半夭逝矣。萍蓬無聊，略點校，常不能終卷，忽忽匝一歲，始及君采，乃搜彝篋，以所録付編，感苗秀之不實，念編摩之無助。」清同治九年六月初二日(一八七〇年六月三十日)《郘亭日記》云：「繩自金陵至，知家中平安。以唐鄂生三月朔在重安軍次所寄信來，言待李相，蓋尤未知其改援陝也。又會寄刻《黔詩》款五百兩，留九弟許，現方整理此稿，頗怪六弟寄來之不早也。」是月初九日(七月七日)友芝在致唐炯信中説：「鄂生四兄大人左右：承三月朔重安軍次惠書，并《黔詩紀略》刻資五百兩，於五月二十九日至江寧舍祥芝弟許。……所來刻資，若在黔蜀，已寬然有餘，而在東南，僅能就功之半，以數省皆開局刻書，而手民經亂消落，造就不及之故。所不足者，舍祥芝弟及黎蒓齋當任之。」(貴州省圖書館藏《莫友芝書札》)清同治十年二月二十五日(一八七一年四月十四日)，友芝致信黃彭年云：「《黔詩》昔據諸志集零散兩巨箱，惜經燹毁客中，計無從更增改，惟校妥一卷刻一卷，聊存此毛稿，以待後人補苴。入夏上版，期匝一歲成功，倘能如願耶？」(臺灣地區「國立中央圖書館」《郘亭書函稿》)是年八、九月間，友芝携帶仍在編校中的《黔詩紀略》稿入揚州訪求古書。黎庶昌《莫徵君别傳》云：「同治十年，往求文宗、文匯兩閣書於揚州里下河。九月辛丑至興化，病卒。」《黔詩紀略》卷首莫繩孫記語云：「辛未九月，始略整定第三至二十一諸卷，他卷尚待審定，而先君遽逝，痛矣！」可見《黔詩紀略》一書是莫友芝先生耗盡畢生心血尚未完稿的一部巨著！是友芝生前「校妥一卷刻一卷，(辛未)入夏上版，期匝一歲成功」而未能見其成功的一部巨著！友芝先生辭世後，莫繩孫於《黔詩紀略》卷首記語中說：「繩孫幼不向學，即先人著述，亦茫不了了。讀禮中檢理遺著，開卷泫然。其未經覈定之卷，書眉筆識及粘帖片稿，欲增置未定者，不敢妄自闌入；删改未定者，亦不敢輒去。僅就原稿共三十三卷，亟付剞劂。唯第二十二卷《何忠誠公傳》，以甲寅之亂，闕佚不完，今檢先君行篋，所録忠誠遺事，請之江寧汪梅岑先生爲補撰焉。」友芝生前「校妥一卷刻一卷」，辛未入夏上版開刻之《黔詩紀略》，經其子繩孫及其友人、著名學者汪梅岑幫助整理，延至清同治十二年十月(一八七三年十月)方刻成面世。書名「黔詩紀略」，由兩江總督江蘇巡撫李宗羲題署。内封背面題「同治十二年仲夏遵義唐氏夢研齋刊於金陵」。

《黔詩紀略》於清同治十二年(一八七三)在金陵首刊面世。此後百餘年間無人點校整理，直到一九九一年方由恩師關賢柱教授點校，由貴州人民出版社於一九九三年列入《貴州古籍集萃叢書》出版發行，受到社會各界的廣泛好評。關教授點校本《黔詩紀略》早已售罄多時。

由於當時各種條件的限制，關賢柱師没能看到莫友芝先生《黔詩紀略》手稿本和藏於臺灣等地的一些珍貴文獻資料，因而難免留下一些未校之遺憾。二〇〇八年十一月，我承擔了全國高校古籍整理工作研究委員會重點規劃項目《莫友芝全集》點校課題（項目編號：0828）；二〇〇八年十二月，遵義市政協邀請我擔任《遵義沙灘文化典籍》叢刊之一《莫友芝全集》主編，且簽訂了點校出版協議。兩項科研點校任務合在一起，我便投入了極大的精力和更多的時間整理點校《莫友芝全集》。

經四處查訪尋覓，出入國内各大圖書館、博物館，二〇一〇年元月，我終於在上海圖書館查到了二十多年來夢裏尋之千百度的莫友芝《黔詩紀略》手稿本共計二十四册，七六八頁，板框爲18×14 cm，手稿本尺寸爲26.5×17 cm，版式爲紅格、白口、左右雙邊、雙魚尾，版心書寫書名「黔詩紀略」，手稿本藏印爲「竹蔭館棣友」。拜讀這份珍貴的手稿本，我欣喜若狂！這份珍貴無比的手稿本陪伴我在上海圖書館度過了二〇一〇年漫漫寒假，春節也是在上海圖書館點校中度過的。

因上海圖書館所藏友芝《黔詩紀略》手稿本不是三十三卷全稿，僅存卷一至卷二十六手稿，所以此次重校，仍以同治十二年遵義唐氏夢研齋金陵刊本《黔詩紀略》爲底本，精心對勘上海圖書館所藏莫友芝《黔詩紀略》手稿本，又以揚州人民出版社一九六〇年據民國三十五年揚州書林補刻陳履恒之《獨山莫氏郘亭叢書·黔詩紀略》本（簡稱「揚州本」）、貴州人民出版社一九九三年關賢柱點校本《黔詩紀略》(簡稱「關校本」)爲參校本,其餘可資校勘的相關文獻詳後「附録」。

校勘中凡避諱字徑改,異體字酌情保留。卷一總目録據正文所校,改正文字、首數、排序之訛誤,不再出校説明。個人水平所限,不當之處,恭請廣大讀者批評郢正。

梁光華

參校書目

郘亭詩鈔　〔清〕莫友芝　清同治五年江寧三山客舍補刻本
郘亭遺詩　〔清〕莫友芝　清光緒元年刻本
郘亭遺文　〔清〕莫友芝　清光緒元年刻本
宋元舊本書經眼録・書衣筆識　〔清〕莫友芝　清同治十二刻本
郘亭日記　〔清〕莫友芝　中國國家圖書館藏手稿本
莫友芝書札　〔清〕莫友芝　貴州省圖書館藏手稿本
郘亭書函稿　〔清〕莫友芝　臺北「國家圖書館」藏手稿本
郘亭雜文燹餘録　〔清〕莫友芝　臺北「國家圖書館」藏手稿本
文稿　〔清〕莫友芝　臺北「國家圖書館」藏手稿本
莫友芝正草隸篆墨迹　〔清〕莫友芝　上海有正書局一九一二年影印本
影山草堂書目　〔清〕莫友芝、莫繩孫　中國國家圖書館藏手稿本
貞定先生遺集　〔清〕莫與儔　清同治刻本
四庫全書・集部・明詩綜　〔清〕朱彝尊　上海古籍出版社一九八七年八月文淵閣影印本
貴州通志　清乾隆六年刻本

遵義府志	清道光二十一年刻本
續遵義府志	民國二十六年刻本
都勻縣志稿	民國四年刻本
獨山縣志	清乾隆三十四刻本
麻江縣志	民國二十七年刻本
貴陽府志	清道光三十年刻本
貴陽府志餘編	清道光三十年刻本
安順府志	清咸豐元年刻本
銅仁府志	清道光四年刻本
大定府志	清道光刻本
鎮遠府志	清乾隆五十六年刻本
平越直隸州志	清光緒二十七瞿鴻錫序刻本
普安直隸廳志	清光緒十五年刻本
普安州志	上海書店一九六一年影印明嘉靖本
貴定縣志稿	民國八年刻本
安南縣志	清雍正刻本
思南縣志稿	民國九年刻本

思南府續志　清道光二十年刻本
綏陽縣志　清乾隆二十四年刻本
桐梓縣志　民國十八年刻本
重刊清平縣志　清道光十八年刻本
畢節縣志稿　清同治十二年刻本
甕安縣志　民國四年刻本
黎平府志　清光緒十八年刻本
玉屏縣志　清乾隆二十年刻本
黄平縣志　民國十年刻本
施秉縣志　民國九年刻本
播雅　[清]鄭　珍　清同治五年夢硯齋刻本
巢經巢詩文集　[清]鄭　珍　清光緒刻本
崇禎八大家詩選　[明]夏四雲選輯　上海圖書館藏本
淮海易談　[明]孫應鰲　清光緒六年獨山莫氏刊本
孫文恭公遺書　[明]孫應鰲　清光緒六年獨山莫氏刊本
學孔精舍詩鈔　[明]孫應鰲　清光緒六年獨山莫氏刊本
山水移　[明]楊文驄　上海圖書館藏本

山水移　〔明〕楊文驄　南京圖書館藏本

山水移　〔明〕楊文驄　華東師範大學圖書館藏本

楊文驄詩文三種校注　關賢柱　貴州人民出版社一九九〇年

潘氏八世詩集　貴州省圖書館藏手稿本

瑞陽阿集　〔明〕江東之　北京大學圖書館藏

清乾隆八年影印本

洵美堂詩集　〔明〕楊文驄　貴州省圖書館藏

民國二十七年陳夔龍重刻本

讀史方輿紀要　〔清〕顧祖禹　中華書局一九五七年

黔書　〔清〕田雯　貴陽文通書局一九二五年《黔南叢書》第二集

雪鴻堂詩蒐逸　〔明〕謝三秀　貴陽文通書局一九二五年《黔南叢書》第三集

敝帚集　〔明〕吴中蕃　貴陽文通書局一九二五年《黔南叢書》第三集

雪鴻堂詩集　〔明〕謝三秀　清咸豐元年刻本

二十五史　上海古籍出版社一九八六年十二月版

十三經注疏　中華書局一九八〇年十月版

貴州通志·人物志　馮楠總編　貴州人民出版社二〇〇一年版

莫友芝年譜長編　張劍撰　中華書局二〇〇八年十一月版

莫友芝詩文集　張劍、梁光華等編校　人民文學出版社二〇〇九年一月版
莫友芝年譜　徐惠文編著　貴州人民出版社一九九一年六月版
獨山明清詩選　徐惠文編　獨山縣政協二〇〇六年十二月印本
鄭珍巢經巢詩集校注　楊元楨注釋　貴州人民出版社一九八二年五月版
郘亭詩鈔箋注　龍先緒等箋注　三秦出版社二〇〇三年九月版
莫友芝研究文集　裴漢剛主編　貴州人民出版社一九九一年六月版

參校書目

目録

黔詩紀略卷之一

黔詩紀略卷之二

黔詩紀略卷之三

黔詩紀略卷之四

黔詩紀略卷之五

黔詩紀略卷之六

黔詩紀略卷之七

黔詩紀略卷之八

黔詩紀略卷之九

黔詩紀略卷之十

黔詩紀略卷之十一

黔詩紀略卷之十二

黔詩紀略卷之十三

黔詩紀略卷之十四

黔詩紀略卷之十五

黔詩紀略卷之十六

黔詩紀略卷之十七

黔詩紀略卷之十八

黔詩紀略卷之十九

黔詩紀略卷之二十

黔詩紀略卷之二十一

黔詩紀略卷之二十二

黔詩紀略卷之二十三

黔詩紀略卷之二十四

黔詩紀略卷之二十五

黔詩紀略卷之三十一

女士

黔詩紀略卷之三十二

方外

黔詩紀略卷之三十三

無名子

先君子嘗病黔中文獻散佚，欲私成一書以紀之。逮于逸編斷碣、土酋世譜，有足徵文考獻者，罔不窮力搜訪，幾于大備。衣食奔走，不獲專力成書。咸豐癸丑，遵義唐威恪公欲采黔人詩歌〔一〕，薈萃成編。以國朝人屬之黎先生伯容；因亂，稿盡亡失。先君任輯明代，舊所徵録既多，而黔西潘君文炳及先君門人胡君長新益相助采拾。訖甲寅夏，得二百十有六人，方外及雜歌謡又卅六首，都爲一集，成卷三十。其書因詩存人，亦因人存詩，旁徵事實，各繫以傳，而大要以年爲次；無詩而事實可傳、文字有關暨山川可考者，相因附見，按以證之；國朝人文字足備掌故者，間附録焉。及甲寅秋，遘桐梓楊漋喜之亂，原稿亡其三册。乙卯歲，旁搜補綴略具，猶慮見聞未逌。戊午冬入都，携置行篋，隨所見增録。居京師兩載，益十餘人。辛酉春至鄂，直髮賊上竄，行省戒嚴，復寄歸黔中，是故年來未得校覈。同治庚午春，六叔父庭芝乃取其稿，自安順寄至江寧旅舍，始合京都及近年所益共廿有六人補入。威恪公嗣君鄂生觀察炯復自蜀助資促刊〔二〕。辛未九月，始略整定第三至二十一諸卷，他卷尚待審定，而先君遽逝，痛矣！繩孫幼不向學，即先人著述，亦茫不了了。讀禮中檢理遺著，開卷泫然。其未經覈定之卷，書眉筆識及粘帖片稿，欲增置未定者，不敢妄自闌入；删改未定者，亦不敢輒去。謹就原稿共三十三卷，亟付剞劂。唯

第二十二卷《何忠誠公傳》，以甲寅之亂，闕佚不完，今檢先君行篋所録《忠誠遺事》，請之江寧汪梅岑先生爲補撰焉。先君嘗言：吾黔自軍興十餘年以來，苗、回諸夷，土匪邪教，相繼倡亂，蹂躪全省十二府、一直隸州，城僅完者唯貴陽、安順、黎平，而遵義，賊猶攻入北城，團民巷戰，旋却之。自餘府、廳、州、縣數十，殘破千里，人民能孑身脱難者百不一二，何問文獻！是編若僅論詩，則孫、謝、楊、吴諸家以降，應録殊少，是固不能無桑梓之私。然數經大劫，猶獲全者，亦豈偶然耶！如孫文恭《學孔精舍稿》，歲甲寅，麻哈艾茶村先生據其祖侍講公手録，録副相寄。麻哈旋不守，原稿已燼。其他僅賴是編以存者，不知更幾何也！同治十二年十月丙子，第二男繩孫謹記於江寧旅舍。

【校勘記】

〔一〕〔二〕威恪：原作墨釘，係避遵義唐樹義威恪公名諱。今據《獨山莫氏郘亭叢書》本改。

黔詩紀略卷之一

遵義唐樹義子方審例
遵義黎兆勳伯庸採詩
獨山莫友芝子偲傳證

明

友芝按：黔自元上而五季，皆土官世有，致漢唐郡縣，幾不可尋。英流尠聞，安問風雅。逮有明開省增學，貢士設科，文獻留詒，乃稍可述。故是編甄録，斷自勝朝。先教授猶人府君有《貴州置省以來建學記》，謹引附於篇，以見黔文興起之所由。《記》云：學校之興，人才所繫，貴州自明永樂十一年二月始割隸四川之貴州宣慰司，置貴州布政使司治之。廢湖廣布政所隸思南、思州兩宣慰司，置思南、鎮遠、銅仁、烏羅、思州、石阡、黎平、新化八府。又以次割舊隸四川布政之普安、安順、鎮寧、永寧等州來隸，以一安撫數十長官分隸焉。而洪武十五年舊設之貴州都指揮使司，是後以次領貴州、貴州前、龍里、新添、平越、都勻、清平、興隆、威清、普安、平壩、安莊、安南、烏撒、赤水、畢節、永寧十七衛，并割自四川。普安一衛割自雲南，以千户所長官司分隸焉。而湖廣都司所隸在貴州境内者，又有偏橋、鎮遠、清浪、平溪、五開五衛及千户所。而貴州之永寧、烏撒、赤水等衛，又寄四川永寧宣撫、烏撒軍民府境。貴州布政司與行都司地，羸縮相錯，不能整劃也。而隸四川布政之播州宣慰司，後亦來隸，旋黔旋蜀。其建學也，當置布政時，唯貴州、播州兩宣慰舊有學。思州因舊宣慰司學爲府學，餘皆未建。其年建黎平。明年建思南。明年建石阡，銅仁、鎮遠。十四年建普安州。洪熙元年建安莊。宣德七年建清平。八年建平越、都匀、安南、普定、威清、平壩。九年建興隆。正統三年建畢節。五年建赤水。八年建烏撒。九年建龍里、新添。其新化、烏羅二府，以宣德九年、正統三年先後省入。黎平、銅仁并未建學。安順、鎮寧、永寧三州附普定、安莊、安南三衛學。貴州、貴前二衛附貴州宣慰司學。永寧衛附永寧宣撫司學。普安衛附普安州學。而隸湖廣都司諸衛，至嘉靖四十年俱准寄學貴州。五開寄黎平。平溪、清浪寄思州。偏橋、鎮遠寄鎮遠。又尋設偏橋、五開、平溪三衛學。當布政初置時，尚未有貴陽、平越、都匀諸府。而新置諸府皆無屬縣，唯思南尋置婺川縣。弘治六年，又置印江，縣屬之學并附府。嘉靖中乃建婺川學。萬曆三十年建印江學。又置安化，縣倚府郭，學附府焉。貴州宣慰司至成化十二年七月，置程番府於其屬程番司，并置程番府學。隆慶二年六月，移置宣慰司。尋改府名爲貴陽。學爲貴陽府學。萬曆十四年置定番、廣順、開三州。新貴一縣屬之。建定番學，廣順附定番，開附府。三十一年建新貴學。天啓二年，革宣慰學，亦裁貴州、貴前二衛，并附府。而舊《省志》鄉榜題名，自隆慶元年即無宣慰司。人疑有追改。至《省志》康熙選舉，盡改隆慶以前宣慰司人爲貴陽，益失事實矣〔一〕。都勻衛至弘治七年，於其地置都勻府。別置獨山、麻哈二州。清平一縣屬之。改都勻衛學爲府學。州縣學并未置。二州附府學。縣附清平衛學。鎮遠府，正統九年置。施秉縣，弘治十一年置。鎮遠縣隸之。施秉學附偏橋。鎮遠附府。黎平府正統六年置，永從縣隸之。銅仁府，萬曆二十六年置，銅仁縣隸之。學并附府。萬曆二十九年播州平，增置平越、遵義二府，分隸貴州、四川。改平越衛、播州宣尉司兩學爲兩府學。置真安一州。遵義、桐梓、綏陽、仁懷四縣隸遵義府。置黄平一州。湄潭、甕安、餘慶三縣隸平越府。又置龍泉縣，隸石阡府。唯真安、黄平建學。甕安、湄潭、餘慶附黄平。龍泉及遵義四縣各附府。遵義、仁懷間又置威遠衛〔二〕，未建學。三十六年置貴定縣，隸平越府，學附新添。四十八年建湄潭學，安順州萬曆三十年升爲軍民府，以鎮寧、永寧、普安三州隸之〔三〕。尋改普定衛學爲安順府學，衛附府。崇禎三年平水西，革貴州宣慰司，增置敷勇、鎮西二衛。唯敷勇建學。開州移附敷勇，鎮西蓋附威清，其尚隸廣西之荔波縣。安隆所未有學〔四〕。隸湖廣之銅鼓衛、天柱縣，天柱學萬曆中建。銅鼓學天順元年建。此貴州明一代學校之大凡也。當永樂置省才有三學。洪熙元年令貴州生儒就試湖廣。宣德四年又令附雲南鄉試，定貴州貢士額一人。至嘉靖十六年，貴州已增建二十餘學，遂與雲南分闈，貴州解額二十五人。其後學增至三十餘〔五〕，貢士增至四十人。會試成進士者，科亦四五人。而自宣、正以來，名臣如張孟弼、黄用章；名儒如孫淮海、李同野；敢諫如詹秀實、陳見義；忠貞如申天錫、何雲從；循吏如易天爵、陸兑峰〔六〕；文學如謝君采、吴滋大諸老先生，聯袂而起。至於衛官、鎮將，如楊天爵、石希尹，不離戎馬，亦有儒風〔七〕，較之初省，亦可謂極盛也已。

王教授訓 六首

訓字未詳，貴州衛人。《省志》云：「宣慰司人。」衛人附宣慰司學也。司地今隸貴陽府。衛地今隸貴筑縣。性慷慨，知兵，有智略，博覽群籍，喜論古今成敗之由；年十八上《保邊政要策》八篇，宣宗嘉納之。中宣德十年，雲南鄉試舉人。貴州儒生，自宣德四年己酉始附雲南鄉試。至嘉靖十六年丁酉，貴州始設闈開科。其十三年甲午以前并附雲南舉人也。正統初，都督吴亮鎮貴州，薦授訓導。其地未詳。教法嚴整。十三年尚書王驥征麓川，辟佐贊軍事。明年，苗獠圍新添諸衛。尚書侯琎總督貴州，討之。復辟置幕府，多所謀畫，論功升本衛教授。晚以子貴，封武略將軍。卒年八十。教授有《文集》三十卷，見《明史·藝文志》。《千頃堂書目》載其集曰《寓庵文集》〔八〕。舊記稱其詩文雄偉。而國朝《四庫全書提要》不存其目，蓋逸已久矣。今可見者，惟《月潭寺》一記、《嘉瓜》一頌、律詩五篇，未必即其精要。而《客夜》三詩，當中年潦倒，意氣猶存，投老一氈，知音難索，所謂「暴客尚存」、「奸諛不死」，蓋驥幕之虚功無實，猶有餘恨也。其詩境之蒼凉雄鬱，亦可略見一斑。開草昧之功，不能不首推教授也。貴陽城北二里許白巖山有臺，疊石爲之，傍鑿池，繞以花木，教授曾讀書其間，今猶稱讀書臺云。正景間，思南人別有一王訓，以貢官夔州推官。成化丁酉，永寧衛鄉舉者，復有一王訓，字聖謨，官知縣。國朝嘉慶中，甕安傅縣尹玉書撰《黔風舊聞録》，以教授六詩屬聖謨，編周草亭之後。玩詩中「百戰休題馬上勞」、「曾於丹徼提三尺」等語，正合教授事實，聖謨安得而有之。附訂於此。

嘉瓜頌

明受天命，奄有萬方。貞元會合，君明臣良。維皇繼統，景運彌昌。至和協通，發爲嘉祥。南國之臺，園有瓜瓞。緜緜其蔓，澤澤其葉。和氣長養，瑞氣凝結。兩實并蒂，六本同列。含英吐芳，藴秀流香。金膚玉質，雪液冰瓤〔九〕。形圓而直，色正而黄。臺臣稽首，獻於明堂。曰此嘉瓜，我朝之瑞。肇自高皇，龍興草昧。適當其時，風雲慶會。今我聖君，德侔功配。仁風化雨，洽於邇遐。天人交感，得此休嘉。再産斯瑞，視昔有加。實由天眷，壽我國家。至治之祥，太平之效。天子萬年，永綏億兆。小臣頌歌，以繼舞蹈。

按：舊記載成化二十三年丁未，巡按署瓜并蒂，有司以聞。成化丁未，上距教授鄉舉之宣德乙卯五十三年，是時教授蓋年過七十矣。

客夜三首〔一〇〕

瘦馬輕鞭控朔風，山如列戟路如弓。窮荒未必堯封到，絶域曾勞漢使通。暴客尚存愁逆旅，奸諛不死恨英雄。玉關牢落天門遠，誰獻平蠻第一功？

百戰休題馬上勞，烽塵久不到征袍。曾於丹徼提三尺，羞向青銅見二毛。壯志於今成潦倒，芳名自古屬英豪。夜窗獨坐誰知己，銀漢無聲北斗高。

野猿啼斷夜沈沈，山館挑燈只苦吟。填海已無精衛力，憂天空有杞人心。亡羊路險豺當道，倦鵲巢寒雪滿林。和得陽春徒自爾，更闌無處覓知音。

南庵

净度招提舊結茅，地偏應不近塵囂。山腰倒接城邊路，水口斜通閣外橋。深院落花無客掃，空門掩日有誰敲。忘懷好結蓮花社，分付山僧早見招。

按：南庵在貴陽城東南，當即今水月庵。劉子元秉仁《武侯祠記》云：「南庵故有祠祀侯。前挹郡城，下瞰漁磯，烟水飄渺。」餘姚王文成公守仁有《南庵次韻二律》詩，今《省志》題作《武侯祠》，知祠址舊在庵中也。霽虹橋在城南，跨南明河。永樂二年，鎮遠侯顧成建。

送陳昌歸隱東山

百里花封早掛冠，東山深處好盤桓。公卿不入新來夢，父老猶思舊任官。鞭犢試耕雲半畝，聞雞常臥日三竿。不應海內思霖雨，却使蒼生望謝安。

按：昌，貴州宣慰司人，正統九年鄉舉，官知縣。據教授送詩，蓋亦賢令也。舊記失其任所事迹。東山在貴陽城東二里，甚幽峭。嘉靖間建寺。其上自是琳宮梵宇，輝映城郭。昌隱時，蓋未有也。附：謝君采三秀《東山記》：山在黔東門外，故曰東山。峭壁斗絶，百仞朱樓，縹緲欲飛，前俯金湯，後枕銅鼓，固儼然西南一具瞻云。山麓舊無結構。萬曆初，中丞何公始建東山閣兩山夾谷之間，頗足幽勝。閣後爲都是春風樓。樓高不及閣半，而闊倍之。檻外社壇，諸山一目都盡。勁松謖謖，如聽浙江八月潮，能令坐者忘倦。出閣啓短扉，梯石而上，望一天門，如在霞表。山椒祠靈官，虬髯如戟，凛凛有生氣。門東西各翼以祠，祀關、趙二將軍。歲時香火不乏。祠右高阜，則小魯亭在焉。亭據三面之勝，故自佳，惜不見城南如練耳。亭下小有洞，僅容二人坐，亂石岌嶪相倚。去小魯，望卓楔而進，是爲空中樓閣。閣不甚華，呼吸帝座，左右與樓絡繹。東爲雲堂，以客方外。殘碑斷碣相枕藉，苔蘚蝕而葛蘿封也。僧横小樓於叢薄中。三聖殿與閣對峙，負山雄麗，而眺望不賒。殿左爲文昌宫、小爽闓，近亦頗圮。斗姥閣半嵌崖畔，飛駕空中。憑欄極目，自有天際真人想。然而據險爲不甚適。自此過通明殿，僅數十武，皆從岡脊上行，罡風蓬蓬，吹人欲起。殿祀東嶽玉皇，金像頗肅，真足奔走萬靈。左爲鐘亭，右爲積翠亭〔二一〕，咸與殿稱。前楹軒豁，松檜陰森，即六月不受暑。下視城市，殆如蟻垤。千甍翼張，萬瓦鱗次，明江一派，盈盈扇履間。虹橋卧波，漁人操舴艋，如在鏡中行。大都黔中之勝，無逾此已。

張京尹諫一首

諫，字孟弼，赤水衛人。衛地今隸畢節縣。其先自應天句容來籍。父伯安，隱居行義，以孝友稱。孟弼少有志節，喟鄉里自宋元來，尠以文章、經濟聞者，乃北走蜀，學於劉仲珩，微言妙義，能辨晰無滯。仲珩喜甚。適劉忠愍廷振奉使至蜀，仲珩見之，忠愍亦大奇之。舉宣德十年鄉試。至京師，留忠愍門受業。正統四年成進士，授行人，以母憂去職。哀毁過禮，廬墓三年。墓生芝草，群鳥朝夕環集，人以爲孝感。除服，拜監察御史。出督福建銀課。時福建賊鄧茂七劫沙、尤二縣，雖官軍擊退，而餘孽間作。孟弼至，率兵協捕，乃盡解竄。使還，疏閩中經賊後物力凋敝狀，請罷銀課。從之。已而父没，亦廬墓三年。墓側再產芝。時人謂其父母墓爲孝芝墓也。累遷至順天府尹。以戇直謫萊州知府。尋擢太僕寺卿。卒官。賜祭葬。淳安商文毅輅銘其墓。明貴州有舉人，始永樂辛卯，甲午附雲南、四川鄉試之劉宏、廖沈。宏，永寧人，官知縣。沈，播州桐梓驛人。時尚未置貴州省。而孟弼爲有進士之始。自是人物彙起，而赤水爲盛。其相次成進士者：天順元年則陳迪，八年朱謙，成化八年茅鋐。迪、謙、鋐并官御史，有聲。謙擢江西僉事，吏民不敢干以私，復有真憲臣之目。今宏、沈、迪、謙、鋐詩俱無傳，惟孟弼猶存一篇。

望古

賦心既傳盛，經術復開尹。并興巴彭城，名德乃與準。牂柯處荒維，困此山巘嶙。如何初郡縣，賢俊已連軫。人文張華夏，覆載詎畦畛。乃知豪傑士，不受山川窘。遥遥今幾世，嗣響何泯泯。望古一長嘆，負重愁絶髕。

按：盛謂長通，尹謂道真。巴彭城，蓋謂傅紀圖尹貢也。《西京雜記》：司馬相如友人盛覽，字長通，牂柯名士。嘗問以作賦，相如曰：合纂組以成文，列錦繡以爲質。一經一緯，一宫一商，此賦之迹也。賦家之心，包括宇宙，總覽人物；斯乃得之於内，不可得而傳。覽乃作《合組歌》、《列錦賦》而退，終身不敢言作賦之心矣。《續宏簡録》：「司馬相如入西南夷，土人盛覽從學。歸以授其鄉人，文教始開。」《華陽國志·序志》：「文學：荆州刺史尹珍，字道真，毋斂人。」又《南中志》：「明、章之世，毋斂人尹珍，以生遐裔，未漸庠序，乃遠從汝南許叔重授五經；又師事應世叔，學圖緯，通三材。還以教授，於是南域始有學焉。珍以經術選用，歷尚書丞郎、荆州刺史；而世叔爲司隸校尉。師生并顯。」事又見《後漢書》，惟云「桓帝時」，與常《志》「明、章世」兩歧。以世叔爲司隸掾[二]，桓帝延熹中破武陵蠻功證之，范《書》是，而常《志》誤也。《南中志》又云：「平夷傅寶、夜郎尹貢亦有名德，歷尚書郎、長安令、巴郡太守、彭城相，號南州人士。」《序志》又云：「巴郡太守傅寶，字紀圖，平夷人。」然則貢但官彭城相，其歷尚書郎、長安令、巴太守者皆寶也。《省志》云：「寶歷尚書郎、長安令、貢歷巴守、彭城相。」蓋以《南中志》書官連屬，未及究《序志》而誤也。孟弼云：「并興巴彭城」，則固以彭城專屬貢，足訂《省志》之誤。毋斂、平夷、夜郎并漢牂柯郡屬縣。漢毋斂縣，當都匀府倚南之獨山州、荔波縣及平洲司、及黎平府屬之古州廳、及廣西之南丹土州皆其地。漢平夷縣，當今大定府及畢節縣、平遠、黔西兩州及貴陽府修文縣地。漢夜郎縣，當今貴陽倚西之貴筑縣、定番、廣順兩州及安順一府地〔一三〕。

秦參政顒一首

參政，字士昂，貴州宣慰司人。其先自武進來籍。舉宣德十年鄉試。正統七年成進士，授行人，遷禮部員外郎。天順初，奉使滇、粤，問民疾苦，歸悉疏其利弊，上多所采納。出爲雲南左參政。鐵索箐賊起，攻破旁近州府十數，盡襲擒之。會御史審決死囚，有烏近萬，飛集省堂，驅之不散。士昂疑有寃白，更詳鞫，釋無辜者三十九人。巡金齒，渡潞江，中流風濤大作，舟中悉驚怖無人色，士昂端坐，從容賦詩，風止舟濟，人謂忠誠所格。後卒於官。

渡潞江口號

無端惡浪助顛風，自矢平生信與忠。若有贓私并土物，任教沈向潞江中。

詹教諭英 一首

英，字秀實，貴州衛人。志云宣慰司人。有宿慧，書一過成誦，不再讀。負氣節，敦行誼，究心當世之務，恒以古人自期。某巡按激賞於諸生中，每召見，必款語移時，嘆爲非經生流。年十七，舉正統三年鄉試。三試禮部不第，授會川衛訓導。直麓川思任發叛，黔國公沐晟都督方政討之，不克。廷議多謂不必用兵。王振方用事，欲示威力。兵部尚書王驥希振意獨議討，朝廷遂命驥督蔣貴軍，起東南兵十五萬，窮其巢穴。軍至麓川，思任發遁，僅焚其寨而還。振主議功，封驥靖遠伯。已而思任發走緬甸。緬甸挾之要地，帝不許。詔驥再征麓川，且圖緬甸。思任發仍不可得，驥還，再加歲禄三百石。已而緬甸獻思任發。十三年，其子思機發、思卜發據孟養，大爲邊患，雲南騷動。復命驥督宫聚、張軏、田禮軍十三萬征之。逾孟善至孟那，貴州都指揮洛宣、九谿衛指揮翟亨戰死。思機發、思卜發咸遁不知所之。當麓川事起，秀實曾上疏言邊務十三事，悉行之。至是又疏劾驥等，大略謂：驥等多役民夫，舁彩繒，散諸土司以邀厚利〔一四〕；擅用腐刑，詭言進御，實充私役。師行無紀，十五萬人一日起行，互相蹂踐，每軍負米六斗，跋陟山谷，自縊者多。抵金沙江，徬徨不敢渡；既渡不敢攻。攻而失利，多捕漁户爲俘，以地分木邦、緬甸，掩敗爲功。此何異李宓之敗，而楊國忠以捷聞也？此《疏》據《明史·王驥傳》節文。《滇志》載先生陳言

《征麓川狀略》云：邊夷抗命，實天討不容。大將領兵，當神明是務。夫兵，凶器也。爲將者不能重其事，惟求已之利益，必其取勝而成功者，難矣！曩因麓川思任背逆，天兵已殄滅。子思機又敢抗違朝命。皇上命將出師，往正其罪。何期總督等官不體朝廷之心，苟安貪利，行李二三百扛，用夫五六百人，聲勢喧閧，沿途勞擾，將帶紵絲、絹匹，密散富熟之家，下網垂釣，狼貪漁取；有司土官，行李成隊，好馬雙牽，轉送別官，加倍索取，各處都司官見，潛將賄賂先行，所獲有餘，貪得無厭，故違祖訓，擅用閹刑，以進爲名，盡留自用，醜行遍揚於南詔，名節大壞於邊方。及至行軍，全無紀律，大兵一十五萬俱從一日起程，路滑泥深，難爲士卒，且如軍糧一事，又不設法轉輸，每軍一名運米六斗，奔走往來，搬運催促，不得少停，如此之勞，何以養鋭？有因自縊而死，視之略不經心。嗟怨之聲盈於道路。領命用兵者，豈當如是哉！指以馱糧，坐派有司一千餘馬，不知此馬何施。坐轎、臥轎、山轎、涼帳、暖帳、雨帳，左右贊襄官吏，百端阿承，罷困下人，無所控訴。比臨賊境，各不周慮探其險易、虛實、賊衆有無，輒至金沙江邊。賊人進抗猛烈，調令副總兵參將等官領兵攻圍不克。賊用木石擂打，將都指揮洛宣、翟亨等官軍殺死，俱將項皮割去。賊子肆頑，不知何所。却將來降漁户，誘繫解作生擒。蓋因主將無謀，致有此患。捐中國生靈，貽邊夷笑。計窮事拙，只得班師。已將地方分與木邦、緬甸，抗違之罪，付之無可奈何！抑聞古之爲將者，與士卒同甘苦，故能成功。今不知此慮，欲希僥倖，豈將兵者之所爲哉！竊詳靖遠伯王驥以布衣升伯爵，子孫世襲有官，何乃忍此！總兵官宮聚，由先代勳爵，累升都督，掛印總戎，自合寢食不安，以除邊患，豈知此二人者同流合污，既無運籌帷幄之才，又無克勝破敵之智，玩法怙終，損兵失利，原其情犯，死有餘辜！昔唐玄宗時，南詔有警，御史李宓將兵十萬擊之，楊國忠隱其敗，更以捷聞。後范祖禹引《管子》之言：「堂上遠於百里，堂下遠於千里，君門遠於萬里。」言壅蔽之深也。皇上深居九重，豈知此情此弊？臣不避勢要威權，冒犯天顔，乞將王驥、宮聚等官拏送法司，明正其罪。先差密切廉幹之官，前途盤閘各官行李。上解天怒，下慰士心。奏上，下法司。王振左右之得不問，而令秀實往參驥軍自效。秀實恐爲驥所扼，詣闕自陳。公卿争識其面，或欲薦爲臺諫。適有也先之變，遂止。還，會川考滿，遷河西教諭。景帝初，湖貴有蠻擾，四川爲其鄰境，思得幹臣爲巡撫，秀實疏薦侍郎張固，報可。未幾辭官歸。卒後，南城羅圭峰玘表其墓曰：正統己巳之先變未釁也〔一五〕，而四方亦既小動矣。乃疏遠小臣有能奮不顧身言天下事如君者，而天子又能聽之，不徒聽之，而又能用之。當時大臣不惟欲阻之，而又欲薦之。是可謂不諱之朝，而言猶不壅於上聞也。故雖遭是莫大之變，而卒亦莫之能災者，豈無自哉！著有《止庵集》。秀實後，貴州宣慰人以校官參戎幕者，復有范府字季脩。父冠，成化四年舉人，官國子監博士。季脩舉正德二年鄉試，授巴縣教諭。五年，保寧賊藍廷瑞、鄢本恕起，瀘州賊曹甫等應之，寇江津，轉攻重慶。四川巡撫林俊以季脩知兵，召入幕府，參與軍事，陰發酉陽、播州兵助。指揮李蔭以元日掩破甫四營，遂乘勝擣老營，擊誅甫，廷瑞等亦就擒。先是，甫黨方四入貴州婺川、龍泉，進至烏江。及甫誅，還攻南川、綦江以窺瀘州，益發土兵，屢敗之，賊且盡。俊調度皆季脩贊畫。論功升遂寧知縣。奬善良，鉏强梗，增修石城及學宫，不擾民而工就。擢雅州知州。平高繼恩之亂，升重慶府同知。致仕歸。日與鄉人士結谿山詩社，朝夕唱和。著有《唐山詩集》。其没也，蜀人哀之。今《唐山》、《止庵》兩集俱失傳，惟見秀實一詩、一疏而已。秀實孫恩，弘治八年舉人，十二年進士，官大理寺副。國朝德州田侍郎雯《黔書》曰：「王驥之得免於議，王振庇之也。麓川之役，振倡之，而驥和之，以致連兵十載，西南驛騷，苗寇乘間竊發，攻圍城堡，逾年不解。驥殺無辜以邀功，師還猶增禄賜券。未幾而土木之變作，孰非麓川之役啓之哉！使當時因詹公之言，悟前後捷奏之皆妄，亦不至爲孤注之一擲矣。則謂公言爲曲突徙薪之至計可也，獨敢言爲足重已乎。」又曰：「由羅圭峰言觀之，亦可以想見其時矣。其時二祖之家法未遠，三楊之風規見存，故大小臣工得以盡言無隱，不以出位自嫌，上亦不以出位嫌之。雖其言未盡聽，身未盡用，而已受知於天子，見禮於大臣，亦可以無憾矣！蓋教職入臺省，自弘治邵清始，前此固未有此例，宜其欲薦而不果也。」

回星節

滇中六月廿四日，燒松火雲光霱霱。脂流滿地光徹天，萬家鐘磬聲寒栗。輟春罷市虔祭賽，生啖牛羊口血溢。云是當時六詔强，九十九部蠶食亡。同姓六人齊稱王，犬豕寧保鴻雁行。鄧賧詔主推豐咩，浪穹施浪稱三浪。中惟鄧賧差仁柔，夫人慈善禮法優。奸雄叵測皮羅閣，笙歌召會松明樓。脱簪牽裾不得留，鐵釧約臂紅淚流。阿奴火攻酒半發，炎烏蜚熛飛神丘。殘蛾埃煤一篲掃，精鋼融腕遺骸收。貽來琴瑟同心結，謾許同衾誓同穴。祁連冢土血流霞，娘子軍旗光奪雪。守死何殊巡遠堅，忍餓甘同夷叔潔。南詔羞慚心尚存，妃封寧北城德源。至今生氣凜白日，赤龍黯澹風烟昏。一炬摧殘萬劫灰，瓊瑶臺上招星迴。不敢舉火竟生食，炮燔恐助夫人哀。喋血誓嚙仇雠肉，生吞活剥遍山谷。烟林白鴉湘水龍，寒食天中中外從。不謂蠻烟炳星日，令節直繼前賢蹤。吁嗟夜郎牂柯化日餘，貞禽羽族猶堪書。後宫寵冠晉羊后，司馬家兒笑不如。

按《滇南野史》：唐開元時，蒙舍詔皮羅閣欲併六詔爲一，因建嵩明樓。於六月廿四日誘五詔祭祖會飲，酒酣去其梯，盡焚死。先是，閣爲此計，人無知者，唯鄧賧詔妻慈善，勸其夫勿往，不聽。善以鐵釧約夫臂。既被焚，他詔屍莫辨，獨善以鐵故識夫屍，歸葬。皮羅閣聞其賢，欲娶之。善執節，竟以餓死。每歲於是日燃炬設祭，遂成故事。南詔旌其城曰德源城。慈善一稱寧北妃。德源城在今鄧川治東。五詔一曰浪穹，一曰施浪，一曰鄧賧，是爲三詔。其西北曰麽些詔，石壁上有色斑斕，類花馬，又名花馬國，一曰蒙嶲詔。五詔皆在蒙舍詔之北，故蒙舍稱南詔云。

忠節申侍御祐一首

祐，《省志》作祐。字天錫，思南府婺川人。曾祖世隆，家吴會。永樂初，思州宣慰使田仁智子琛、思南宣慰使田茂安子宗鼎各嗣立，以争沙坑故，日尋兵。世隆從行人蔣廷瓚往勘，琛、宗鼎仇殺不止。鎮遠侯顧成禽并送京師斬之，乃改兩宣慰爲思州、思南等八府，設貴州布政司，并管四州、一宣慰、一安撫，以廷瓚爲左布政使。世隆遂以官居婺川。天錫舉正統三年鄉試，十年成進士，除四川道監察御史，以謇諤聞。嘗出按廬鳳、安慶諸府，暇則進諸生論經史，至忠孝節烈事，尤懇懇動人，聽者多感發。還都日，諸生送以千計。十四年八月，瓦剌也先以奄官王振減其馬價，大舉入寇塞外城堡，所至陷没。振挾大駕親征，舉朝莫能止。自太師英國公張輔以下扈從數百人，至土木堡，敵已逼，不敢動。守隘諸將紛紛以敗死聞。敵益增，帝倉卒命選群臣貌似己者。衆推申祐，天錫遂冒乘輿，師潰遇難。扈從數百人，惟數人得脱，而帝蒙塵以全。先是，校尉袁彬陰悉奄人喜寧通賊狀，告天錫，共圖之。鴻臚寺卿楊善潛入省帝，天錫因與密謀，用彬計殺寧。天錫尋死。善間行脱，還朝。而寧降，數爲也先畫策，索賞賜，導入邊寇掠。帝既爲也先擁去，令也先使寧還京索禮物，而潛命彬密書報邊臣。至獨石，參將楊俊禽寧，送京師。明年三月，磔於市。其謀雖蓄自彬，實因天錫先成之。天錫童時從父俊之田，俊被虎攫，天錫奮梃鬥虎，虎舍去，父子俱無恙。鄉舉後，肄業太學，李祭酒時勉與王振有隙，遂以言事忤旨，枷示國子監門。天錫要諸生同疏救。僉謂：「侍講劉球緣劾振下獄，使馬順殺之。大理薛少卿瑄遇振不爲禮，誣以出入人罪，欲加害。我輩新進書生，視兩大臣何如？」天錫笑曰：「六館生何無一人男子氣耶？」遂獨與石大用各抗疏，搥登聞鼓稱冤，請身代祭酒荷校，六館生和者亦千人，上惻然感動，立釋時勉，還視胄事。天錫救父救師，皆奮不顧身，幸而不死，而死土木堡，乃益得死所。民生於三，事之如一，天錫可謂無愧斯語矣。景帝立，既贈恤諸大臣，自給事、御史以下皆降敕褒美，録其子爲國子生，一時恤典綦備，天錫家得褒美，敕諭其二子璉、瓚，相次命入監，兵阻未往。他恤贈遂不及。弘治中，禮部右侍郎程敏政上言：前土木之役死王事者，雖蒙報禮，其間尚有遺珠漏玉，悲貽山石，如井源數十烈君子，骨棄鱗介之鄉，名落封簡之牘，致有血濺帝衣而不獲頤指鼎黿，人愁天恫，軫彗復熾。天順辛巳之變，曹欽五醜作孽，幸懷寧伯一掃妖塵，玉燭重輝，雖聖祖神宗，威靈炫赫，而釀此之禍，猶必有繇。臣伏思之：前御史申祐，烈加嵇侍中，而報不及一斷臂女子，國祀無聞，鄉祀無聞，里中不嘗一豆，蔭襲忘其裔葉，此其故，臣甚憐焉。良以祐遠在天末，子孫望金闕高於天闕，當路不爲闡幽耳。昔梁公滅淫祀，獨存忠孝廉節四祠，使申祐先梁而生，亦必在所深恤。懇乞敕下各道有司，籍其事實條奏，使大典無殘缺，而追封謚蔭，如吴瑾、孫鏜諸臣，俾世風有激勸而忠英亦與效靈。臣議至公，固不爲一御史鳴也。報聞，乃建祠鄉里，而謚蔭仍未議行。萬曆中，其邑子蕭重望劍斗巡按宣大，見土木堡忠臣廟尚無申侍御木主，復疏請補廟祀、謚恤，皆報可，而施行之議未詳。田秋西麓、敖宗慶梅坡爲侍御作《記》、《傳》尚在劍斗前，敖《傳》稱「忠節申公」。不知「忠節」是品目抑是先有謚？舊記闕略，莫能明也。《明史·王佐傳》附天錫，事不備，故摭敖《傳》鈎稽詳之。所著惟存未通籍時《挽李長官》一詩，亦足以傳矣。天錫之將鄉舉也，其鄉東北三十里之茳邊塘上有三雁來止，天錫尋與同鄉鄒慶以正統戊午領薦。後慶子奭又以成化戊子舉。縣有科名自申、鄒始。人以三雁爲兆祥，猶呼其地「來雁塘」。慶官鎮南知州，升姚安知府。有惠政，治行稱最。今思南府、婺川縣皆有申公祠，祠各有奉祀生一名，載《學政全書》。附田秋西麓《謁侍御申公祠記》[一六]：先民有言：父生之，君治之，師教之，天下之三本也。故惟其所在則致死焉，於公盡之矣。古之孝子固有冒白刃而赴親之難者，若猛虎搏人，志在吞噬，非若賊盜之猶有人心也。公以孑然童子，直犯其爪牙，脱父之厄。至九重震怒，生死叵測，當時寄言責擁重任者何限？且環視扼腕，莫敢攖逆鱗之威。公以太學生毅然申辨，無少難色，非卓然不易之見定於中，見義必爲之勇隨以發乎！然公於親之難，師之難，已致死矣，而卒不死，且濟其事，終之以土木禍始殉節焉。或者有默而相之歟！胡爲乎奮其死於初年，而炳烺砰訇以重其死於晚節也。或曰斯難也，萬衆同冒，何以異秦坑之慘？雖願無死，不可得也。噫！以公之前事觀之，則伏節死義之忠，固有素抱，不待取決於土木矣。夫豈猿鶴沙蟲同時俱化者比哉？昔唐段太尉笏擊賊泚而死[一七]，輟朝至七日，當時宰相尚有難之者。及柳宗元上其逸事而後，太尉平時奉職守正、樹立不凡之大節，始暴白於天下，異議至今靳然。矧公遠方孤士，泯滅無聞，宜也。余髫齔時，先司諫樸庵君每舉公迹以訓，既又於鄉先生李立之、孟震處時時聞之。訪公之後，則無招魂之墓、片石之紀，所僅存者敕命一道而已，其諸恩蔭恤典俱未及也。今夏與郡博鍾君謁公祠，因敘其所聞如此，以留於後。

敖宗慶梅坡《侍御忠節申公祐傳論》：也先之寇，鼎命中淪，乘輿草莽，公甘犯紀信之火，帝因還朔漠之轅，泣二祖三宗之靈，完致身事君之節也。今塞上翁猶道公之姓字，悲哽不能言也。愚以伯顏，今既送上南還，昔何擁駕北去？果設餞帝之筵，則扈從之十七臣，真僞判若黑白，不待辨而自明。傷心哉！王直之頓足，李侃之灑泣，井源之一抔土，于謙之二字獄，公道安在哉！公之死難，不書無足怪也！彼其不敢有鬚之王佑，濫升之陳循，冒賞之王誠，何顏見公於地下乎！九泉之骨可起，吾將以是問而辱之。嗚呼！怨結黃雲，冤迷紫塞，南風絶唱，西陸可悲！噫嘻，冒爪牙以活天親，攖逆鱗以拯師難，誑犬羊以圖復辟，三烈全備，千古罕聞。古謂求忠臣於孝子之門，公誠不愧斯語矣！

蕭重望劍斗《題奏缺漏申侍御土木堡忠臣廟名位疏》：爲立闡幽忠，乞懇天恩，俯從輿論，敕賜入祠，表揚忠孝，以鼓天下賢豪人心，以勵萬世地方風俗事。臣代巡宣大等處地方，密訪風俗輿論，首及忠臣、孝子、義夫、節婦、貞烈諸輩賢良等，臣拔擢其一，以爲國家巡方得人慶幸，臣遍察屢訪，無一可得。忠憤之懷，時勤諸念，轉思薦揚、舉覈之典，朝廷總以風勵人心。人才難得，自古記之。頃者巡歷土木堡，見忠臣廟，忠憤之念，勃勃欲發，竭誠詣祠展拜，親目牌位姓名，係正統時死難之臣，獨未見申侍御忠臣牌位，目擊心傷，寸腸碎裂萬斷已，何也？申侍御黔人也，名祐，原任巡按四川監察御史。其死節實蹟，臣亦黔人，稔知最詳。即他無所論，叨蒙景帝敕命一道旌忠，真爲的據。其節有三，臣請爲陛下言之：祐在童時居鄉，隨父之田，虎忽爪父去，祐執杖擊虎，脱父命於虎口，事親之難，其一；及鄉試入胄監國學，祭酒李時勉以言事忤旨，枷示國子監門，祐倡六館諸生石大用等撾鼓，願以身代師難，上霽天威得釋，事師之難，其二；迨至土木之役，王振惑帝親征，兩軍對壘，危亡旦夕，上命群臣中選有與朕貌相合者，不妨代朕乘輿，庶朕脱難，衆推申侍御貌與君貌若相似，即命以身代天躬，乘鑾遠馭，保帝駕以全歸，事君之難，其三。嗟嗟！鑾輿反正，宗社寧謐，聖子神孫，所以晏安坐享太平全盛之業者，伊誰之力也哉？奈何天順改元登極，竟忘代駕之命，《通紀》不掛一字，謚與蔭典不及一言，而土木堡忠臣廟渺焉無聞。公道湮没之後，人臣亦何樂於以忠自見者！景皇帝即位，尚憫孤忠之死難，深憐塞草之悽愴，寵賜祐以敕命，連蔭二子申璉、申瓚恩榮，第緣兵荒未襲，迄今終屬缺典。正統時，同死事諸臣百千其人，但無親識在朝，子弟在職，當國步多艱之際，倥偬喪亂之秋，誰能啓聰牖明代爲悉晰也者？申祐遠在天末，非景帝賜以没後龍章，即臣抱憤縷悉代愬，終爲虚曠。雖然，忠貞湮没，士類隱迹，塞外幽魂，含沙飲恨，野史廟食，筆削罔聞。臣謂此臣功難堪已如申祐者，宜載《皇明通紀》。英國公張輔、尚書鄺埜等十四位以上，不惟今人中少此子臣弟友之完人，即三代前克敦在三者亦罕見此。臣隨據會試舉人申承文呈稱：先祖故宦申祐有功英廟，抱恨沙漠，良以焦頭爛額爲上客意也。臣行牌委懷隆兵備道孫布政，并土木堡操守王懋德，及儒學陳所學，暨諸生鄉耆等有傳聞識記者確查回報，覆案屢訪細查，與臣里閈紀載者吻合無差。再閱禮部尚書程敏政議草，爲申侍御代駕死難苦忠扼腕不平。疏稿可見，公道恒在人心，天理不容泯滅。伏乞陛下敕宣聖旨，將申忠臣補入廟祀，請加謚以光幽穸，蔭及子孫以隆恩典，我皇上培八百年有道之長，享千萬世無疆之福，在此盛舉矣！謹疏。奉聖旨：忠臣申祐，代駕死節，忠孝名臣，實蹟有據，本當優恤，速令入祠享祀。謚蔭著禮部酌議來説。

按：承文萬曆辛卯舉人，官四川富順知縣。

從舅李公挽詩

公名盤，思南副長官，從征鎮筸苗，戰没。

章奴未授首，葛野復梟張。出没烏銅間，煽動楚蜀疆。頗聞蕭將軍，剿撫亦有方。新堡築已夥，羣蠻尚狓猖。鎮溪與筸坪，緩肆急走藏。諸軍怯險阻，先入誰肯嘗。桓桓我李舅，選鋒不可當。匹馬進孤軍，鐵甲馳琅琅。殺賊已不少，我武稍能揚。外援無一來，賊至如堵牆。賊厚我力單，畏賊非公腸。堂堂思南李，致命復何商。憶昔接公論，意氣慨以慷。灑血潤原草，傾身抵劍鋩。男兒貴取義，苟活安足芳。公今得死所，里閈亦有光。總鎮復聚師，分途戒戎行。願公助靈威，早晚斷賊吭。

附敇宗慶梅坡《副長官李公盤死節傳》：西南夷曰鎮溪、筸子坪，邛僰裔也。嘗弄梃鋤，副長公李公盤從師徂征，卒於師。曾孫湜之奉狀，屬予傳。愚少時亦聞其概，而竊敬慕之矣。兹夷近復猖獗，流毒諸郡，勤兵已五年餘，尚未底績，乃感慨今昔，按狀而傳曰：公諱盤，襲副長官。其先京兆人，宣德間鎮箄苗叛，命大將往伐之，賊引匿山中，持久不出，人皆疑怯。公毅然率孤軍深入，遇賊數百，公策馬奮擊，斬首數十餘級。賊四集，援兵不至，遂被執。公素勇敢，賊畏而惡之。及執公，賊曰：「汝銅仁李耶，思南李耶？」賊舊爲銅仁轄，銅仁李善撫之，故云。從卒以銅仁紿之。賊欲釋公。公厲聲曰：「予思南李，豈畏汝耶？」從弟百户李邦政告急於德江副長官楊潮海。潮海，公姻戚。比二人至，公已遇害。邦政以石置樹間記之。久而樹合生，夾石。夷人夜過樹下，聞空中有點兵聲，以爲神，立祠樹前祠公。號其地爲「留石坡」。櫬歸，窆府治西北十里人同村。後世子孫稱爲留坡公。公所披鐵甲、鐵片，各有銅鈴，所乘馬高五尺，性囓人，人莫能近。公冠帶乘之，則步驟如常度。披甲據鞍，銅鈴齊鳴，則奮躍叫號如戰陣之狀。公雖武夫，樂與衣冠之徒游。御史申公祐，公之侄甥，忘年與之友。每論及時事，公大聲曰：「身蹈白刃之鋒芒，血潤原上之野草，然後不愧舍生取義之道。」申公曰：「大丈夫當如此。」卒之申公亦死義於北人。皆曰二公素志云。贊曰：士死事，大夫死疆圉，分也。時有職事守疆圉者，居則食若毛，役若力，囂然以爲分所宜有，又從而敲扑之，魚肉之。一遇有警，即惴惴首鼠，惟恐其將及己，甚或射利邀功，僨事殃民，皆不暇顧念，況望其服勤以死哉！噫！視公當何如？《春秋》之法，大夫卒於師則卒之，公可以卒書矣。若子孫世有疆圉職事之責，將無念爾祖耶？

按：苗章奴乃鎮遠邛水奥洞蠻，掠劫清浪，爲思州都坪長官所執。其父苗銀總劫取歸。因令赤溪長官楊通諒往撫。銀總伏兵，殺諒。乃命總兵官蕭授剿之，克奥洞，而銀總父子終遁免。事在宣德元年。越五年，烏羅府屬治古荅意長官石葛野等聚衆出没銅仁、平頭、瓮橋間，誘脅箄子坪長官吴畢郎等共爲亂，其地又與鎮溪、酉陽諸蠻境接，相煽動，總兵授乃築二十四堡，環守之。兵力分，猝難扞禦。殘苗吴不爾等復遁入箄子坪，糾攻湖廣五寨。授請令川、湖、貴接境官軍、土兵，分路并剿。八年，授攻破新郎諸寨，斬不爾，生禽葛野諸賊首百餘人，餘黨乃平。事具《省志》。李盤之死，當在分路并剿時也。烏羅府，永樂十一年置於烏羅長官司，正統三年省入銅仁。

錢同知潤 一首

潤，字雨生，清平衛人。衛地今省入清平縣。舉正統六年鄉試，官廣西思恩府同知。

呈王德輿指揮時新購經籍至 ○德輿見後《王木傳》。

赳赳王僉事，胡爲書滿牀。垂動在丹徼，創業啓青箱。較獵時開幕，聽詩數舉觴。願隨諸稚子，脱劍理丹黄。

金教諭溥一首

溥，字博莽，都勻衛人。衛今爲縣。舉正統九年鄉試，官教諭。都勻、清平自洪武二十三年置衛，隸貴州都司。都勻尋升軍民指揮，隸四川布政；永樂十七年，復隸貴州，始於宣德七、八年間設兩衛儒學。而雨生、博莽遂各爲衛鄉貢舉首，惜行蹟俱不傳，各存一詩而已。先是，順昌人廖駒字致遠者，從戍都勻，善詩歌，博莽嘗從之游，故工吟咏。

訪袁處士

處士幽棲水木清，客來開甕語流鶯。醉歸不識西溪路，芳草垂楊送到城。

林指揮晟四首

晟，字墨莊，畢節衛人。衛今爲縣。父宣德間爲畢節衛指揮。卒，晟幼，襲其職。母蔡，曉文翰，嫻軍律，寡居。教晟以成其才。正統十四年，晟調貴陽守備，叛苗攻畢節，蔡率衆拒守三月，而城得全，詳在《列女傳》。晟治軍之暇，好讀書下士，時有儒將稱。坐子有罪，罷職歸衛。屏去政事，惟以詩酒自娱。舊有宅，東去衛城三里，當巨山麓有石泉涌出，結亭臨之，名曰「惠泉」。

爲僚友文士宴集所。至是，日以幅巾笻杖嘯咏其間，人稱其達。著有《墨莊道人集》。是後，爲衛官以文著者，貴州衛則有陳銑、楊仁；新添則有何自然、邱潤；都勻則有屠昇、屠璽父子；清平則有石邦憲、李友桂；威清則有張晟；安莊則有陸京、陸卿祖孫；安南則有梁東旭；平越則有劉璿；而畢節衛唐諫、赤水衛李瑞與墨莊同時爲掌印指揮。諫工筆札，以衛學未建，正統三年獻宅庀材，請于朝，報可。又白當道，選孫隱、吴濟充校官，人文驟起。後從征麓川，戰没，贈祭葬，官一子。瑞，正統中掌赤水印，以廉直著，待軍民無束濕之政。好儒術，能詩，衛士夫樂推之，名亞於墨莊。銑，貴前衛千户，儀度修整，積奇書，終日披覽，尤耽吟咏。著有《醉鄉詩集》。仁，字天爵，貴州衛指揮。嘉靖元年，爲清浪參將，奉檄討平婺川賊。又屢有禽劇盜功，已請告。貴州巡撫劉士元、巡按郭洪化交薦起之，進都督僉事，充貴州總兵官，從巡撫陳克宅討平浪、凱口賊王阿向，斬之，盡逐其黨，改其地名「滅蠻鎮」，屬都勻。進都督同知，賚銀幣。仁雖在行伍，不廢詞翰，著有《瓊山詩稿》一卷。自然、潤并新添衛都指揮僉事。自然，嘉靖丁未武進士，長於詩。以功授揚州參將，所至有異政。潤亦擅文武才，廉明剛直，修學校，除盜賊，卓有聲，升都勻衛指揮使。讀書有武略，成化間升都指揮僉事。子璽嗣，并有詩名。邦憲別見。友桂，字泗亭，萬曆末清平衛掌印指揮，能吟咏，善制舉文，集庠生依三場例爲課程，躬衡鑑，得鄉舉者數人。天啓初，從副總兵胡從儀分剿狼洞仲賊，以功遷都司。張晟，威清衛指揮，讀書尚氣節，長於詩，以征南功遷都指揮僉事，出守都勻，推僉閫政。京，雲南都指揮同知，剛直才武，好學能詩。京子正亦有文武略，官雲南都指揮同知，政令嚴明，部伍畏服。正子卿，明敏好學，以功遷貴州都指揮僉事，繼守臨安，遷都指揮同知。東旭，安南諸生，襲祖職爲衛指揮，累功歷官副總兵，能詩文，善撫士。璿，宣德間平越衛指揮，好學工詩文，著有《竹亭退隱集》、《琅玕百咏》。今惟見邦憲詩，餘人詩皆無傳。《墨莊道人集》亦未見，僅從方志得三律、一絶句。

靈峰

靈峰秀異即蓬萊，蒼翠玲瓏似剪裁。紅樹白雲圍藥竈，琪花瑶草足丹臺〔一八〕。采芝人語松邊徑〔一九〕，騎鶴仙留石上苔〔二〇〕。際此悠悠忘世慮，絶勝劉阮過天台。

按：靈峰在畢節城西五里，峻峰插天，奇特險怪，一名雲峰。有霧即雨。傳有仙者煉丹其上，遺蹟猶存。上有靈峰寺。

秋暮東關晚眺

平原極目望長天，宿鳥歸鳴楓樹前。雙井曲流禪榻外，兩橋横鎖衛城邊。居民南北隨行止，爨户畸零幾萬千。草木已經霜降後，一番新景待明年。

按：雙井，一名福井，在畢節城東普慧寺前，左右清濁異形，相傳穴通寺後大山，有靈物居之，夜静常聞其下有竅坎鏜鎝聲。兩橋，即今濟川橋，在縣城東關外，明建。止二道。國朝雍正五年增一道，以殺水勢。爨户者，唐樊綽《蠻書》云：「西爨，白蠻也；東爨，烏蠻也。當天寶中，東北自曲靖州〔二一〕，西南至宣城，邑落相望。」今畢節南去曲靖府界不遠。墨莊時，當有種落散居也。

落折河〇在大定城北二十里，一水當兩山間，北來西折以去。夏秋之交尤爲湍疾。

回首西南薄霧收，一江寒碧自東流。歌翻桃葉扁舟晚，雪點蘆花古渡秋。兩岸暝烟生野草，半林夕照下林丘。濟川儻得徒杠手，來往行人遂遠游。

豐樂秋成〇《大定志》題作《豐樂鄉》，依《通志》。

野老杖藜山徑裏，牧童吹笛晚風前。要知擊壤聲中事〔一二〕，社酒新篘樂醉眠。

按：豐樂，原在畢節西十里，山水明净，多沃野。附永嘉孫隱《惠泉記》：東去城三里，巨山之麓，有宅一區，乃武略將軍林侯憩息之所。後有山竇，水常涌出，因甃引爲日食之用。侯見其清凉甘美，源源而來，仰天告曰：「果有源委，當遠引與一鄉之人同受恩賜。」遂鳩工掘之，愈出不已，冬夏不涸，竟爲通溝以溉田。侯乃置亭於側，遇退食之暇，具酒饌，拉僚友文士游歌其上，乞余名之。余曰：「是匪人爲，殆天澤也，宜名曰『惠泉』。」復屬記之。予惟兹泉之泄，彼蒼恩侯也。侯不敢私而與衆同其賜，是分惠也。惠必分賜而不私爲己有，視隔牆垣而彼我者，霄壤懸絶矣。夫侯以世禄之家，俸之不竭，猶泉之不竭也。侯之分惠，猶侯之恩衆也。殆天之昭示乎？侯者，烏可輕而視之耶？余且喜且愕，遂書此以復，用表其亭云。　國朝羅英《游惠泉記》：往余讀《邑乘》，有曰「惠泉」者，馨其名，莫審其地，自感人生寄形宇内，不能遍嶽瀆而搜奇廣吾浩然之氣，發爲文章，徵爲事業，恥矣！乃維桑一勺水弗克討，恥孰甚。歲己巳初秋，王子館卺以郭外田供館穀。乃父元調拉余正經界，酌酒爲余壽，苦無勝地。或曰：「東去三百步，有惠泉可賞也。」余曰：「此余素所願見不可得者，速撤樽往。」至其地，一石穴高三尺，廣半之，顔曰「惠泉」，旁勒「三槐抽叟仲讓書」。書下爲章草，鐫武略將軍。泉左高臺一，藜棘雜藤芒繞覆之，隱隱斷石殘碑也。泉右石刻二：右上石刻横可二尺，縱一尺，薄視之，僅留趺石；下石刻横尺有八，縱一尺，年深石瀝繡蔽碑也，而没字矣。往尋左之斷碣，右上之石刻皆無在。余徘徊上下，二石安歸乎？必沈泉底，假人力可得也。薄暮莫遑。厥明日，率從學諸子操畚鍤，執斧斤，復至其地。初命諸子芟叢莽，割去藤芒，殘碑出焉。讀之，獲《叙説》三句曰：「予旬宣之暇，偶得一睹，賦二律歸。」獲詩三句，曰「石中涌出泉應遠」，曰「稻穀六月不妨晴」，曰「城市山林三畝宅」。復獲數字，曰「日有丹青」，曰「池草」，曰「石層」，曰「庠生孫」。餘皆漫滅。其右下石瀝繡蔽之石刻，命諸子力刮之，磨之，洗之，歷三時，光瑩滑澤，没字碑雲漢爲章矣。讀之，乃《惠泉亭記》。正統己巳二月，學博孫隱先生之所撰，墨莊道人林晟之所書，三槐希元子仲讓之所建，而金陵劉禎之所勒也。復命諸子賈餘勇，討泉左高臺之斷碣與右上剥落之石刻，除亂石，蕩泉淤，直窮到底，力最勞，竟不可得，悼嘆久之。諸子乃濯足振纓，環泉而坐，觀泉之清、石之潔，起而言曰：「無平不陂，無往不復。信哉！當正統至天啓二百數十年，亭高而爽，泉清而冽，石燥而明，忽來安氏，變亭毁泉，塞是亭之入於陂也。自天啓壬戌距今六十八年，得吾子，泉通石顯，是無往不復也。而四先達之名因獲傳於世，是又吾子發潛德之幽光也。且此石己巳立，今己巳開，似有數存乎其間焉。明而晦，晦而明，明而復晦，此理勢之必然。繼吾子而使晦復明，伊何人乎？」余曰：「發潛德之幽光，吾則豈敢！余嘗欲遍嶽瀆而搜奇，發爲文章，著爲事業，今已矣！乃獲睹維桑一勺水，耻稍釋焉。若夫往過來續，有如斯泉，何憂後起之無人也。」已而夕陽在山，牛羊下來，諸子咏斷碣之詩，雜樵歌牧唱而歸。

宋宣慰昂 二首

昂，字從頫，號省齋。正統七年襲貴州宣慰司同知。其先鎮州人宋鼎，唐德宗建中中爲蠻州刺史。地蓋在今開州。其裔景陽，宋太祖開寶八年，逐烏蠻於黑羊箐。箐即唐矩州。朝廷因置寧遠軍蠻州總管府，以景陽爲寧遠軍節度使。蠻州總管府都總管，夷語訛「蠻州」爲「大萬谷落」，因呼「大萬谷落總管府」。控制有法，苗民咸附。卒，謚忠成。數傳至永高，兵力漸强，乃自改其巴江縣爲平蠻軍。《唐書・地理志》：蠻州領縣一：巴陵。而《南蠻傳》作巴江。今貴陽府東北百二十里有巴香城，當即巴江也。徙治小谷龍。地在今龍里縣境。改其界首部曰遏蠻軍。嘉泰元年，克麥新蠻，自號麥新爲新添軍。地在今貴定縣。嘉定二年移居貴州。朝廷因命永高爲貴州經略安撫使。貴州即黑羊箐。明置省以來會城治焉。元成宗大德二年，土官宋隆濟同水西折節反。景陽十四世孫阿重爲曾竹長官。地在今貴筑縣西北境。棄家朝京師，陳滅賊計，帝賜之衣，命爲順元宣撫同知。及折節禽，而隆濟逸。阿重乃深入烏撒、烏蒙，至藺之水東招諭木樓苗獠，生獲隆濟以獻，遂命阿重居隆濟故地。命其地爲靖江路，以阿重爲總管，佩三珠虎符，階昭毅大將軍，進雲南平章政事，階榮禄大夫，封順元侯。卒，贈貴國公，謚忠宣。《明詩綜》阿重作阿蠻。阿重孫蒙古歹以平寇功爲八番，順元等處沿邊宣慰使。羅氏靄翠亦襲順元等處軍民宣撫使、八番、沿邊宣慰使。明洪武初相率內附，改順元爲貴州，賜靄翠爲安氏；賜蒙古歹名欽，欽授懷遠將軍，世襲貴州宣撫使同知。靄翠襲貴州宣撫使。五年升貴州宣撫爲宣慰，靄翠、欽亦升宣慰使、宣慰同知，隸四川布政。安氏世居水西，宋氏世管水東，咸治貴州。城側安氏領苗民四十八族，宋氏領水東、貴竹等十長官、洪邊、陳湖等十二馬頭。十四年欽卒，欽妻羅淑貞隨其子誠入朝，賜米三十石，鈔三百錠，衣三襲。都司馬煜欲滅諸羅，淑貞爲走愬於朝，得不滅。十五年置貴州都司。永樂十一年置貴州布政司，并與宣慰同城而治。都司及布政居北，宣慰使及同知居南，改隸貴州布政。誠卒，子斌襲。昂，斌子也。宋氏所領部，故多漢人，凡里甲在官及儒學弟子員皆其民，故斌頗讀書，喜近文士，每恨土酋家習弄兵，不曉筆札，嚴督諸子向學，以振俗陋。順昌廖致遠駒宣德中從戍都勻，有詩名，著《彊恕齋集》。斌即厚幣延教諸子，稱彊恕先生。久之，昂及弟昱并以吟咏馳聲譽，所部多化之。斌老，昂代襲，廉儉自持，益崇儒業，多市經籍以惠司士。部內有爲亂者，必自咎，改政行惠，亂者亦革面，民夷輯和，終昂之世。昂、昱著有《聯芳類稿》，未見。今從《明詩綜》録昂、昱詩各一首，復從《省志》各增一首。昂庶子炫亦有詩名。按：《貴陽新志·土官傳》謂宋昂，正統七年卒，既誤以《明史》所書昂襲年爲卒年，又謂能詩者別一宋昂，正、嘉間襲宣慰同知，尤不知何據？《明詩綜》載能詩之昂，即《明史》所載之斌子昂耳，安得更有一人？附訂於此。崑山顧祖禹《方輿紀要》：「成化初，宣慰宋昂於府西南齊番河，叠石爲橋。」則昂至成化猶存。　秀水朱彝尊《静志居詩話》：

「黔之宋氏昆友，滇之木氏祖孫，各著詩文媲於風雅。」又云：「貴州苗民五十一部，安氏領四十九部，長曰頭目；宋氏領十二部，長曰馬頭。昂、昱兄弟俱能文。昂詩有云：『采藥難尋蓬島路，垂綸却憶鑑湖船。』『疏砧殘月孤村夕，衰草斜陽兩岸秋。』『風静洞庭高浪遠，月明楊子暮潮寒。』昱詩有云：『野戍清秋聞鼓角，烟村日出露松杉。』『數聲啼鳥憑欹枕，滿地斜陽深閉門。』『卧聽笙歌來别岸，起看鷗鳥浴前汀。』塤篪叠奏，風韻翩翩，試掩姓名誦之，以雅以南，莫辨其出於任昧侏離也。」

送趙遜敏東歸

琴鶴先生樂自然，故山歸去白雲邊。柴門柳憶陶元亮，玉洞人迎葛稚川〔二三〕。行色蒼茫林影外，離情蕭索酒杯前。欲知别後相思意，疏竹寒梅鎖暮烟〔二四〕。

送楊知事

江水澄清樹葉丹，臨歧人送柏臺官。十年幃幄參機務，一旦雲霄振羽翰。風静洞庭高浪遠，月明楊子暮潮寒。京華到日春光好，花柳無邊馬上看。

宋　昱二首

昱，字如晦，號宜庵，昂之弟，性穎敏；好學有操行。

送汪公子還嘉禾

城上棲烏下女牆，城邊行客醉壺觴。一尊風雨秋蕭瑟〔二五〕，千里關河路渺茫。鄉夢已隨雲去遠，離情空與日添長。憑誰爲道南湖好〔二六〕，早晚還來理釣航。

憶舊游

記得曾游蜀路時，兩川人物盡相知〔二七〕。聯鑣共訪楊雄宅，携酒同登杜甫祠。夜月樓臺飛逸興，春風花柳入新詩。於今回首真成暮，獨立蒼苔有所思。

鄒隱君公敢一首

公敢，字□□，本江津人，博學知天文。元末與劉基、趙天澤友善。每觀天象，三人共長嘆久之。及基佐命，公敢西歸，隱居真州長官司今正安州。以終。易名公瑾，號保全居士，又號知命翁。著有《保全》、《知命》二集。友芝按：前輩《方州》、《耆舊》諸集，例不收流寓而僑焉以終者，又每與本著同編。矧貴州土家名族，概自外來，溯厥肇遷，縱已他貫通籍，而既爲別子，何異鄉閭？故明鄉獻許副使一德之言曰：「黔自國初創置行省，與諸藩迥異。我皇祖見獠夷盤據，叛服靡常，詔以江南諸郡良家子量徙實邊，又令各省商民隨牒附籍，職此成一都會。以故名雖編氓，實則流寓而已。今亦舍暫寓不甄，其寓而終者，即按時代次序。唯隱君以下四家，并在開國，嫌於壓卷，故附第一通之末」云。又，龔大章雖有成籍，而實未至，亦未便先開創諸人，即附四家之後。

答劉伯温

無才不稱被文犧，甘作泥中曳尾龜。渭水鷹揚有公等，西山不往更何爲？

楊考功彝八首

彝，字宗彝，一作秉彝。本餘姚人。晚居普安衛。衛今爲直隸廳。自少卓犖，擅詩名，工書畫。洪武間以人才舉爲沔陽倉副使。遷都察院司獄，調主長泰簿。子顯被誣，死刑部獄。孫志編戍普安。彝棄官詣闕，自陳以獻詩，擢吏部考功司主事。二十四年從駕幸華山，獻《攬勝賦》稱旨。明年請老，乞就養孫戍所，遂終焉。衛東屯多松，開萬松軒以居，自號萬松老人。又於衛西北結亭曰「天風」，日與高郵沈勖唱和爲樂，年八十乃卒。沈勖銘其墓曰：「才行兼偉，身與名全。雄詞藻翰，蛟舞鳳騫。耄耋而康，孰不曰詩之仙。莪莪佳城，觀者仰止。詎云殊鄉，於光萬里。」著有《古今律選》、《鳳臺》、《貴竹》、《東屯》、《南游》諸集，并未見。《静志居詩話》：「楊君傳詩不多，頗饒跌宕之致。」

碧雲洞

老夫生平愛山水，每聞勝景心獨喜。故人邀我城南游，出郭溪行二三里。峰崖路轉非塵寰，雞犬人家足生理。恍然置我桃源中，風景依稀乃相似。耕田鑿井不記年，疑是秦人始居此。

谷中樹暗連桑麻，澗底花香雜蘭芷。陰陽古洞蒼山根，絶壁飛岩半空倚。豁然深入天窗明，外狹中開如屋裏。醉眠雲蹬高似牀，袖拂平沙净於几。松風一派從天來，散作泉流和宫徵。泉來直與海眼通，鶴髮仙人烹石髓。蛟龍窟宅變斯須，白日陰崖電光紫。此時豪興爲誰發，筆下詩成泣山鬼。安得凌空生羽翼，共載吹笙玉童子。一聲長嘯洞雲寒，日出林梢鶴飛起。

按：洞在普安城東一里，甚高敞。洞門内石磬二，擊之鏗然。稍進，石龍、石蛇各一，由地而升，挂於石壁，長十餘丈，鱗甲宛然，頂上漏光一隙，下射洞中，朗若日照。隙下懸石瓜，金色光閃璀璨。旁有八石人。再進，水阻，無有能竟之者。水自洞外小溪流入，而洞中水亦偶有自内流出者。居人云：「水自外入無警，自内出則有兵。」歷驗不爽。

霅溪翁山居圖

門前野水可通漁，雲裏草樓方著書。好山誰臨北苑畫，斷橋我憶西湖居。塵埃自著鷗鷺外，霜露正當鴻雁初。爲報秋風摇落早，梅花消息近何如？

南城偶題

城南好山何太幽，人家對門溪水流。春禽啼樹野花落，雪瀑挂崖嵐翠浮。長劚自可斸靈藥，短笻何必尋丹丘。一聲清嘯暮天碧，松頂月明人倚樓。〇上二首見《明詩綜》。

碧雲洞〔二八〕

山腰誰鑿洞門開〔二九〕，絶谷層巒亦壯哉。滿地白雲無徑路〔三〇〕，一溪流水隔塵埃。欲從阮肇登仙去，曾見初平叱石來。勝覽於人隨處有，何須海上覓蓬萊。

尾洒晴煙○尾洒山，在普安州北百六十里，迥出群山。尾洒，猶言水下，夷語也。

複嶺重岡氣鬱葱，非烟非霧散瑶空。蒼蒼曉色鴻濛裏，淡淡晴光紫翠中。瑞彩雙飛金鸑鷟，天花幾朵玉芙蓉。身依南斗瞻親舍，夐隔鄉關百萬重。

紫棠晚照○棠，一作塘。

紫塘小雨過山椒，日脚斜低轉樹腰。暝色漸來青靄重，晴光欲斂絳烟消。穿雲歸去秋原牧，隔水行歌晚徑樵。林下旌旗來小隊，將軍回獵射雙雕。

青源洞○青，一作清。洞在安南縣□三十八里道旁，泉石絶瑰異。

石乳淵澄濺齒香，洞門深護翠琳瑯。雲浮寒碧晴猶雨，露滴空青冷欲霜。蟾吐光輝窺玉鑑，鶴鳴清籟奏金商。試茶取水陰崖底，坐愛將軍大樹涼。

白石崖○在安南縣西南五里，峭壁千仞，飛瀑自天而下；夏月過此，寒氣侵肌骨。

銀漢飛泉萬丈懸，玉虹晴貫碧雲邊。水簾常灑無雲雨，珠箔虛明不夜天。鴈蕩看秋勞夢思，廬山覽秀有詩篇。復瞻奇勝南荒外，雅興何如李謫仙。

沈□□勖七首

勖，字廷規，號懶樵，本高郵州人。洪武中從父戍普安衛，遂家焉。通經史，善詩文，築樂矣園，懷甓堂，與萬松居士楊彝倡和其中。著有《普安志》、《迂思遺稿》。明貴州西南諸衛人文，普安爲盛，啓其端者，萬松、懶樵有力焉。惜諸集散逸，僅《方志》各載數詩，又非傑構。

過板橋

絶澗跨飛橋，東屯數里遥。花香隨杖履，松籟奏簫韶。泉石終堪隱，神仙或可招。愧非題柱客，老氣未全消。

善應橋

飛石攢空若畫成，跨溪環洞巧經營。水從玉蝀腰間過，人在金鼇背上行。應有素書堪進履，豈無駟馬更題名。適來偶倚危欄看，偏喜滄浪可濯纓。

按：橋未詳。《方輿紀要》云：「樂民所城西有天橋，洞有石如橋。」《省志》云：「在普安城西百里。詩云：『飛石攢空跨溪環。』洞或指此也。」

春城翠柳

千門萬户柳垂絲，牽惹韶光日正遲。歌館烟籠青靉靆，酒旗風颭碧參差。陰連紫陌鶯偏戀，影拂雕檐燕不疑。自笑龍鍾歸去晚，年年虛負贈行枝。

過深溪河〇距普安州百二十里，經黄草壩入烏泥江。

兩山壁立下深溪，仰視危峰萬丈梯。望遠始知天宇闊，憑高只説海雲低。漁樵并坐逢人話，鷗鳥群飛隔樹啼。臨老經過恐難再，顛危從此倦攀躋。

懷甓堂成

居夷歲月徂，華髮滿頭顱。患難存餘喘，飄零因遠圖。移家嗟嶒嶝，失路强指梧。此日營新宇，終年憶故都。腸從悲處斷，眼向望中枯。瓊蕚維揚郡，驪珠甓社湖。原田秋莽蒼，隴樹曉扶蘇。頓拙還鄉計，還鄉興不無。

北門樓再構呈諸帥

城樓新構聳層臺，輪奐巍峨碧落開。地鎮南夷環百雉，天臨北極擁三台。鷹揚不獨嚴戎備，燕賞從知壯客懷。擬欲登高誇勝概，衰遲歌頌惜非才。

過芭蕉關

水口疑無路，江西更有坡。畏途何險峻，倦足怕經過。怪石潛魑魅，飛雲隱薜蘿。行藏未能卜，回首一長歌。

顧教諭亮三首

亮，或作諒。字希武，一字寅仲，號西村，本上虞人。元末舉進士，親老不仕，楊維楨爲作《孝子歌》者也。洪武初，以人才薦授無錫教諭，辟燕府官。未幾，乞致仕。太祖愛其才，復敕管杭州教授事。靖難兵起，棄職家居。永樂初，廷議以擅離任所，謫戍五開衛。今爲開泰縣。舉家編置衛之來威屯。卒，葬屯側，今稱顧家腦。三子：鉞，留居來威；鑑、鉽還上虞。今開泰顧氏頗蕃。國初鼎新，海以科第起家，皆鉞裔也。希武所著《西村省己録》，咸豐甲寅其邑子胡長新與其十五世孫立志復刻，行於開泰。《四庫全書提要》：「《西村省己録》二卷，明顧諒撰。録中皆論修省之道，大旨醇正，詞亦平近易曉。然持論未免稍迂，其書一刻於正統，再刻於弘治。萬曆九年，其十六世孫充，復訪求舊本，手寫刻之。」淮南高穀《序》云：西村先生窮經之暇，復著《省己》一書。陰陽性命之理，修治存養之道，大包五倫，小該衆善，與夫農工商賈、喪祭服食，靡所不備。事切實而不迂，辭從容而不迫，誠可爲曉世之銓要也。予家故藏是書，殆三十載。間以示鄉友黄君用和，用和欣然持歸。繡諸梓，時正統六年秋七月。燕山郝淵《序》云：《省己録》辭約而義該，理明而事切，以之檢身，如日用飲食之不可無者。使家書一通而允蹈之，則人人爲士君子之行矣。舊刻殘缺，用再繡梓，以與有志希賢者共。上虞裔充《序》云：予十一世祖西村先生，洪武間以人才薦爲無錫教諭，簡辟燕府，不久乞致仕。我聖主重其學，不欲其閑過，命以平頭衣巾管杭州府教事，迄今杭州有顧家園，地其遺也。先生立志端方，行必如其言，輒以古人自期；於書無所不讀，讀書日可一針。多著述，往往有詩古文散見名刻中。與從弟淡庵先生琳山水墨迹并馨名當世。第歲久，家藏寖失，戊寅偶得池陽郡刻《省約三書》：其一，梅屋許先生棐《樵談》；其二，天台方先生孝孺《雜誡》；其三，則西村先生《語略》。蓋生同時，譽同著，故其書合三爲一。其文太省，句太約，全者嫌於未睹。力訪得《省己録》於杭，乃知初刻於正統，再刻於弘治，而《省約》書中未全者，幸獲睹之，誠有益於身心，有裨於世教，非徒以辭章而已。先生始教鐸二庠，必以省己者淑及門，今此刻未墜，則所以垂誨後昆者又宏且遠矣。是用親録翻刻以傳永久。萬曆九年夏六月，工部郎中欽差河道十六世孫充謹識。　又景元《序》云：予髮未燥，先君嘗以祖遺《省己録》中語朝夕提命。稍長漸解其意，體驗於身心世故間，自省自證，恍見先人於眉睫，始信斯《録》之垂省於後人者，宏且遠矣。叔父迴瀾先生叙其顛末，不敢復贅，而予之能省，不敢忘所自也，書以示後人。萬曆三十五年春，武科癸丑狀元、任副總戎、十七世孫景元謹跋。按：顧充，萬曆初已於希武爲十六世孫，何以至今二百餘年，立志反爲十五世孫？且充既十六世，何以稱希武爲十一世祖？立志據《譜》當不誤。可疑在充叔侄兩《序》耳。洪武初至萬曆，斷不能傳十六世，而《四庫存目》沿而不議，知當日進本即如是，豈其十一、十六并溯遷上虞世數不自希武計與？　附楊維楨廉夫《虞邱孝子詞并引》：顧亮，會稽上虞人也。父珪倡義兵，拒海寇，與鹵邵仇。至正戊戌冬，邁里古思引兵東渡，珪爲鹵所害。亮時年十五，每有推刃報仇之志，而未獲遂也。閲去十餘年，過余道其事，揮涕哽噎，髮盡竪。予悲其志，爲作《虞邱孝子詞》，以繼古樂府云：「虞邱孝子，父仇未雪。長劍柱頤，蕺草在舌。夜誦《獨漉篇》，涕泗盡成血。嗚呼！頭上天，戴昏曉，千金去買零陵之匕刀，虞邱孝子心始了。」

洞錦歌

郎錦魚鱗紋，儂錦鴨頭翠。儂錦作郎茵，郎錦裁儂被。茵被自兩端，終身不相離。

《明統志・黎平府・物産》：「洞被，本府出，以苧布爲質，以彩線挑刺成之。」按：今黎平洞布多以吉貝五色線織成，斑駁可玩，苧質彩刺，則罕見矣。

些月氏王頭歌和楊鐵崖

月氏肉，碎如雪，月氏顱，勁如鐵。快劍一斫大柱折，留取胡盧飲生血。冒頓老魅呼月精，夜酌葡萄隴月明。鬼妻蹋地號我天可汗，天靈哮唬聲嘶酸。嗚呼！顱兮顱兮汝勿悲，我今酌汝金留犂。黔中都督有血頂，精魄夜夜溺中啼。○楊鐵崖曰：「只起數語便破鬼膽。」又曰：「説出月氏王一副枯骨，作活潑潑底侏儷語。青冢妃不能宣諸宫羽者，兹調宣之，費、憲兩生當讓一籌。」

述　懷

輕車辭故國，寥寂客愁深。回首家何在，潸然淚滿襟。

安節龔戍兵詡十四首

詡，字大章，本崑山人。父簪，洪武中官給事中，以言事謫戍五開衛死。詡遂隸五開軍籍。後年十四，調守金川門，靖難兵入，大慟，變姓名王大章，遁匿江陰、常熟間，時聞追討聲，夜走任陽，投馬、陳二家，得大囷避焉。即囷中讀書，多所纂述。間夜渡婁江省母。禁稍解，賣藥授徒，更廿餘年，人固知之，無告者。宣德間，詔寬軍伍，始得還崑。周忱撫吴，聞其賢，薦爲松江太倉衛教授，不就，曰：「詡老兵，仕無害，恐負往日城門一慟耳！」晚隱虞浦。成化己丑始卒，年八十八。私謚安節先生。福王時，因謚安節，贈翰林待詔。《明史》附見《牛景先傳》。著有《野古集》。國朝乾隆四十一年，入祀忠義祠，録其集入。《四庫全書》次解縉諸人之前，謂縉等紆青拖紫之榮，竟不能與荷戟老兵争此一紙之先後也。《野古集自序》：世之罵疏俗麤鄙者類曰「野」，而目方直廉介者類曰「古」。予生草野間，所交與者黄童白叟而已。是故踪迹罕涉乎勢利之途，談論不越乎耕牧之事，衣冠不隨乎時，禮貌不徇乎俗，與夫一言一動，舉不能諧人耳、悦人目，而適人意也。或者以野罵之，或者以古目之，予聞而竊自揣焉：罵我野者，誠得我實，不足深過；而目我古者，虛譽過情，非予所敢知也。於是兼取二字，以命其齋，庶爲晨夕接目警心之助，以求去其野，而馴致其古已耳。然予平生好吟，所我成就僅百餘篇，其鄙俚迂誕，直所謂吴歈巴唱也。他日不耻貽騷壇作家之笑，録以成編，因齋名而題之曰《野古集》。區區之心，非敢以自擬也。《傳》有之，曰：「詩言志。」予之命意措辭之拙，固懸絶於古人，而野人拳拳之意，或可少見矣。天順癸未八月中秋〔三二〕，逸老龔詡大章。《四庫全書提要》：《野古集》三卷，明龔詡撰。是集乃崇禎乙亥其八世從孫挺所刻。前有李繼貞《序》，稱删其十之二三。蓋詡詩格調在《長慶集》、《擊壤集》間。其傷于鄙俚淺率者，繼貞稍汰之也。要其性情深摯，直抒胸臆，律以選聲配色，彫章琢句，誠不能與文士争工；律以綱常名教之指，則不合於風人者鮮矣。末附上周忱書及王執禮、張大復等所作《家傳》、《墓誌》、《謚議》、《像贊》等篇。又有《年譜》稱詡族侄紱所編於建文四年，稱傳言乘輿遜去於正統七年，稱舊君還京，先生作《落葉吟》見意。按：紱之作《譜》，在成化十三年，楊應能事，應久已論定，不應有「舊君還京」之語。且《落葉》一詩，本無明指，安知不別有托諷，而顧據斷爲惠帝出奔還京之作，亦未見其然。此《譜》于康熙乙巳，挺得本于其族弟維則，故崇禎乙亥原刻總目不與《墓銘》、《家傳》等并列。觀是一條，其真爲紱作與否，猶在兩可間也。疑以傳疑，姑并存之而已。

題賓月軒

悠悠軒中人，皎皎天上月。良宵忽邂逅，敬待兩無褻。素心期共明，雅質願同潔。但求保終始，何暇計圓缺。來亦不須迎，去亦不須別。淡交有餘情，莫與世人説。

落葉吟

落葉復落葉，階前漸積多。雖知無反期，未能忘舊柯。誰知舊柯心，已萌新葉意。故情雖不同，能不我遐棄。作書報新葉，且莫誇逢時。西風一朝起，此情當自知。

飢鼠行

燈火乍熄初入更，飢鼠出穴啾啾鳴。嚙書翻盆復倒甕，使我頻驚不成夢。貍奴徒爾誇銜蟬，但知飽食終夜眠。癡兒計拙真可笑，布被蒙頭學猫叫。

咏紙被

紙衾方幅六七尺，厚軟輕温膩而白。霜天雪夜最相宜，不使寒侵獨眠客。老夫得此良多年，舊物寶愛同青氈。不論素𥿄出南海，豈羨文錦來西川。受用將圖此生過，争奈義孫要與阿翁相伴卧。卧翁夜夜苦丁寧，莫學惡睡驕兒輕踏破。

秃奴詩戲寄沈誠學

東村二八張小姑，髩髮油油如漆烏。朝朝不惜五更起，對鏡千梳并萬梳。争似吾家阿奴秃，落落數竿删後竹。一生不費膏沐資，日出酣紅睡方熟。君家有婢亦如此，何幸少年猶有齒。夜寒聊取代湯婆，殊勝當年玉川子。

梅花莊詩

先生卜築吴城曲，剩種梅花繞吟屋。自期歲晚供詩料，豈慕平泉與金谷。花開時節天正寒，雪花亂灑迷林巒。杖藜引鶴飽幽玩，不與梨雲同夢看。歸來袖手寒窗坐，石鼎有茶爐有火。神交不覺兩忘情，誰是梅花誰是我。

爲彦中題畫

青山之青如佛頭，白雲化作寒泉流。世間塵土飛不到，眼中景物俱清幽。若人自是好静者，豈非五柳先生儔。每托琴樽寫高興，脱屣樂從魚鳥游。却笑時人苦不達，漏盡鳴鐘猶未休。君不見小虞塘西玉峰下，一庵已遂吾菟裘。共論心事肯相過，斗酒當爲山妻謀。

客中秋夜

仲秋纔十日，此夜已三更。蕉葉兼梧葉，風聲雜雨聲。故園初斷夢，逆旅未歸情。那更庭階下，蛩音響到明。

民　風

潮挾兼旬雨，村村水横流。鯉從牀下躍，鷗向枕前浮。措手知無地，將何望有秋。野翁如杜老，日夜爲民憂。

過顧玉山舊宅二首

阿瑛舊宅綽山前，父老猶能話昔年。樓閣儼如真洞府，主賓渾似小神仙。花時不絶笙歌宴，門柳常維書畫船。肯信只今無片瓦，平蕪漠漠鎖寒烟。

當時富貴號無前，屈指谿來未百年。好事主人金粟老，能文館客鐵龍仙。歌兒舞女花間席，茶竈筆床湖上船。今日我來都不見，數家田舍起炊烟。

自題晚歸圖

紅樹離離映夕暉，水天空闊雁高飛。扁舟一個輕如葉，常載先生半醉歸。

與王忠孟登玉峰共飲春風亭

山水千重復萬重，少年相別老相逢。春風亭下一杯酒，山色不如人意濃。

竹枝詞〔三二〕

朝見浮雲飛出山，暮見浮雲飛入山。浮雲自是無心物，郎既有心何不還。

【校勘記】

〔一〕「而舊省志鄉榜題名」至「益失事實矣」：清同治刊本莫與儔《貞定先生遺集》卷三《貴州置省以來建學記》無。

〔二〕遵義仁懷間又置威遠衛：《貞定先生遺集》作「遵義地又置威遠衛」。

〔三〕以鎮寧永寧普安三州隸之：《貞定先生遺集》無。

〔四〕安隆：《貞定先生遺集》作「安陸」。

〔五〕三十餘：《貞定先生遺集》作「三十六」。

〔六〕循吏如易天爵陸兑峰：《貞定先生遺集》無。

〔七〕「至于衛官鎮將」至「亦有儒風」：《貞定先生遺集》卷三無。

〔八〕上海圖書館藏莫友芝《黔詩紀略》手稿此上有眉批曰：「《黔記》云：有《寓安文集》三十卷，并《孫子註解》。公無後，所著書逸不傳。」

〔九〕雪液冰瓢：清乾隆六年《貴州通志》卷三十七《藝文·頌》引録王訓《嘉瓜頌》作「雪水冰瓢」。

〔一〇〕客夜三首：清道光刊本《貴陽府志餘編》卷十三《文徵》題爲「貴州客夜」。

〔一一〕積翠亭：原作「積雪亭」，據手稿本及清乾隆六年《貴州通志》卷四十改。

〔一二〕掾：原作「緣」，形近而誤。今徑改。

〔一三〕上海圖書館藏莫友芝手稿此上眉批云：「原稿批此。按：後可附《牂柯考》，亦可不附。」

〔一四〕司：原脱「士」字，今據中華書局《明史·王驥傳》（卷一百七十一）補。

〔一五〕己巳：原作「乙巳」。正統無乙巳年，故徑改。

〔一六〕謁侍御申公祠記：清乾隆六年《貴州通志》卷三十八《藝文·傳》及清道光二十年《思南府續志》卷九《藝文門·傳志》均作「《侍御申公祐傳》」。

〔一七〕此句之下，《貴州通志》尚有「人且以爲武人一時激發之行。德宗在奉天聞其死」二句。

〔一八〕足丹臺：同治十二年刻本《畢節縣志稿·藝文》（卷十七）作「鎖蒼苔」。

〔一九〕人語松邊徑：《畢節縣志稿》作「人向松間去」。

〔二〇〕騎鶴仙留石上苔：《畢節縣志稿》作「騎鶴仙從海上來」。

〔二一〕曲靖州：原作「曲清州」，今據手稿本改。

〔二二〕聲中事：清乾隆六年《貴州通志》卷四十五作「聲中趣」。

〔二三〕「柴門」兩句：《四庫全書·集部·明詩綜》（卷九十三）作「門前柳憶陶元亮，洞口人迎葛稚川」。

〔二四〕疏竹：《四庫全書·集部·明詩綜》（卷九十三）作「疏柳」。
〔二五〕蕭瑟：《四庫全書·集部·明詩綜》（卷九十三）作「蕭颯」。
〔二六〕爲道：《明詩綜》作「爲報」。
〔二七〕兩川：清乾隆《貴州通志》卷四十五作「西川」。
〔二八〕碧雲洞：上海古籍書店一九六一年影印明嘉靖本《普安州志·藝文志》（卷九）題此七律詩名爲「《游城南新詞》」，以别于本卷前引之七言古風「《碧雲洞》」。
〔二九〕鑿：清乾隆六年《貴州通志》卷四十五《藝文志》作「作」。
〔三〇〕滿地：清光緒十五年《普安直隸廳志·藝文·詩》（卷二十二）作「滿口」。
〔三一〕原作「癸酉」，疑誤。明英宗在位執政之「天順」只有八年：丁丑、戊寅、己卯、庚辰、辛巳、壬午、癸未、甲申。因改。
〔三二〕詞：稿本作「歌」。

黔詩紀略卷之二

明

黄尚書紱五首

紱，字用章。其曾祖自封丘徙平越衛，衛今爲州。遂世爲平越人。宣德末，衛學初立，用章首以正統十二年舉於鄉，明年成進士。除行人，歷南京刑部員外郎郎中。成化九年，遷四川左參議。久之，進左參政，歷四川湖廣左右布政使。二十二年擢右副都御史，巡撫延、綏。弘治三年，拜南京户部尚書，兼左都御史，尚書仍舊。六年請老；未行，卒，年七十一。事蹟具《明史》本傳。鄭曉《吾學編》亦有傳。公廉峻剛正，遇事飆發，義所在，必行其志，即重忤時貴不恤。爲郎中即有「硬黄」之目。歷官四十餘年，所至鋤豪强，直寃抑，盡革一切宿弊，皆他人畏縮退避恐不及者，公獨毅然行之。權貴人斂手側目，不職吏望風相率自劾解印綬去。戇直聲震朝野。孝宗熟公名，特擢尚書。忌者嗾言官，屢以資淺撼之。上不聽，更令兼都御史。公自以得君太專，慮盛滿不戒，將觸禍，連章乞休，逾三年乃得請。遽卒，中外惜之。平生所著奏議、詩文悉焚不留。

惟見《方志》載《平越衛學》一記，《飛泉》、《月山》等五詩而已。公爲有明貴州名臣之冠，勁節清風，沾丐閭里。詩文本不足言，然而零篇小咏，亦自當行。片羽吉光，彌增擎寶矣。晚歲好道，自號「精一道人」、「蟾陽子」，復有《參同契注》，未見。

附慶陽李夢陽《尚書黄公傳》〔一〕：尚書黄公者，封丘人也，名紱，字用章。其先洛人，高祖克讓始徙封丘。克讓生思豫，思豫生秀，秀生中，中生黄公。初，高皇帝兵起，思豫掌太常事，以罪編氓沅州，已，又軍平越衛，於是平越、沅州、封丘、洛皆有黄氏。乃後，秀商金陵，死。中收其資，商重慶，娶于張，生公重慶。於是重慶亦有黄。公生之夜，夢老人抱嬰兒曰：「送蹇尚書爲汝子。」長依舅氏張宗琦。宗琦爲麻城學職〔二〕，從如麻城，歸如平越，補衛學生。正統丁卯以春秋中雲南鄉試第五，明年登進士第。除行人，升南京刑部員外郎郎中〔三〕。出爲四川參議、參政〔四〕，進右使。轉湖廣左使，升右副都御史，巡撫延綏。進南京户部尚書，改左都御史，尚書仍舊。黄公廉峻直執，遇事飆發，正色山立，即重忤時貴弗恤。智巧所避，公毅然肩之。人率竊笑其呆，然亦以是獲名。郎中時，人業以「硬黄」目之矣。部堂嘗缺官，公署堂印，諸寮事之，即猶堂官也，亦才識超之之故。譚千户者，大猾也，善歡顯貴人，嘗奪民蘆場，顯貴人無敢爲民直者。公直之，竟歸之民。爲參議，督松茂諸倉，兼備其兵，釐革宿弊，擒豪惡數百人，舉劾將官各當，邊賴以寧。參政如崇慶，旋風擁輿不得行。公曰：「汝寃氣邪？姑散，予圖之。」至州，齋沐禱夢。翌日清其囚無驗。乃禱諸城隍，夜果夢若有神言「州西寺」云。寺去州四十里，邊路而巢山。公旦起，率州官吏兵往，詣寺，圍捕之。有僧少而惡，詰之，無牒，便醋堊塗其額〔五〕，曬洗之，則有巾痕。乃鞠訊之，遂盡暴其奸慝。云寺後有巨塘，凡投宿人則殺之，沈塘中，衆分其財，有妻女則分其妻女。又攢典李節陽，王親也，侵盜官糧巨萬數，王爲之窟。公按之，悉如法。公雖錢穀司，然善摘發奸伏，以是威行境中。嘗道川東，青神令望風解印綬走。爲右使，奏閉建昌銀礦，許之。大盜周主簿者，哨衆抄掠，檄公平之。公謂盜起於煩苛，宜少寛養，而閹官以方貢横斂，公抗不從。閹擠，移近省。升左使。時兩京工興徵銀二萬例派民，公以庫積餘充。又勢豪馬快船債萬坐逼索，又荆王奏徙墳冢，公悉不從，省費巨萬，又計錮僧繼曉，於是威惠大行。繼曉之來也，勢焰灼人。公私謂諸公曰：「曉以妖術媚上，遂奸眠食共。今避而反鄉，名掃墓而實逃生耳。」乃令武昌府錮之後堂，陽尊禮之。居無幾，曉果敗。檻送京，斬之西市。公在蜀嘗忤閹臣萬安。銜之，三年六推咸抑。公知之，乃亦連疏乞罷，凡三上，已乃有巡撫延綏之命者，劾參將郭鏞、都指揮鄭印、李鐸、王琮、葭州史、知州等〔六〕。又計捕豪奸張綱乃。於是拔才能，察幽隱，問疾苦，飭廢墜。於是申號令，修器械，嚴警邏，節候望，邊政爲新。公見飲馬婦片布遮其下體，乃悲以慚曰：「嗟乎！士之貧至此極，乃驅之戰守邪？」於是令豫支米月三。會詔毀庵寺，公使汰尼，解軍門給配鰥士。人人大歡悦，無不願爲公死者。及公去，尼有携子女拜送路傍者。云公既官六曹，益無所顧避，威棱截然，特旨改掌憲院，天下方仰望風采。公自以歷侍五朝中外凡五十年，贑直崕異，忤人獲名，伏禍難測，又盛滿宜戒，乃引年，懇乞骸骨。居無何，疾作，竟不起，年七十有一。所爲奏議及政蹟并所著文詩，悉棄不留。晚嗜《參同契》，號「精一道人」、「蟾陽子」。有注本獨存。國制，文極於六曹，尚書官之北斗，天造不論夏蹇經綸悃愊，太宗北征，全國是屬三楊。公亮寅協熙績臺省，坐臻太平，君佚臣勞，所謂代天之相，英廟之遇，文達略似馬周，吁俞一德，密晝顯斷，萬幾精覈，局體一變。成化間，忠良外植三原、河州、單縣、封丘，巍然輩出。居則岳屹，動則雷擊。大事斧斷，小事海畜。帷幄佞幸，請劍必殛，使見之者畏，聞之者慴，斯其人死生富貴足動之哉！然較之天順以前則殊矣，時與位不同邪？委任權力殊邪？弘治中華容、洪洞、鈞陽、靈寶、陽曲、盧氏、金陵、安福，咸稱名卿，然志存納約，行在精審，苟濟其事，小枉安焉？局體又變矣。雖形迹罔暴，義遵矯直，亦運數然歟！自言路志伸，毀譽進黜，氣焰滿盛，公卿斂遜。正德以來，遂靡靡難觀，亦諸人甘寵飾譽，稍有嘉美，便立祠樹碑，要歌徵頌，鏤板鐫石，惟恐不流今信後也。此意既横，機巧自生。工言論，務彌縫，斯又一變。然黄公爲左都，則嚴甄御史，量能委之，火其差簿，於庭曰事，貴得人耳，資勞久近，豈立官者意哉！當是時，言官能毀之黜否邪？斯爲政在人邪？抑時不同邪？公焚奏草自泯其嘉美，視汲汲流今而信後者又何如邪？江浙食鹽錢鈔，民苦包攬，揞勒呻吟。公爲尚書，力條其折徵銀狀以聞，至今行之便。此其事，比之汲汲流今信後者，得與失不較然白哉？公年二十六舉進士，始室孫郎中鏞女也。生子楫、霖、彬，封宜人，贈夫人。繼室魯衛鎮撫宣姊，生子杞、桓，封夫人。蓋終其身無妾婢云。彬工部司務。桓光禄寺署正。公卒之日，皇帝驚悼，遣祭敕有司營葬，墓在長葛縣馬陵岡。

又《黄太夫人壽序》：尚書黄公初娶于孫，生三子：楫、霖、彬，封宜人矣。無何，卒。而繼娶於魯，生二子：杞、桓，封淑人矣。無何，尚書卒。桓之官也，例進其父母，於是魯淑人進太夫人。封是時，年八十矣。諸郎在者彬與桓耳。彬，工部司務，免，居大梁。

桓，南京光禄寺署正也，奉太夫人于南邸。工部之居大梁也，立香几于庭，日夙興几拜。北向拜者四，祝萬歲者三，南向拜者四，祝萬歲者三。客問工部：「南向拜祝者何？」工部輒泣，已揮淚曰：「吾母就弟桓于南邸。」已而又曰：「彬四歲而亡母，幸魯夫人育之成。成彬猶成桓也。」又曰：「桓今尚無子，彬有今郎也，魯夫人聞之，日寄音，思見之，無異桓子也。」客問夫人耋而祺者何？工部曰：「母惠而静，儉而敬。」問四懿者何？工部曰：「得之性而規諸行者也。先尚書嘗謂母曰：『人附於惠，神凝於静，家裕于儉，德聚于敬。』是故母遵服之，老而無懈，節而有儀，守一弗撓，恕而罔私，故既耋而祺，天降之禧。」《平越衛志》：黄紱，祖墓在衛城東。紱幼孤，家貧，祖母拾野蔬自給。一日出郊外，無疾而逝。衆爲具棺殮，謀翼日瘞之。至夜大風雨捲土成墳。後紱官至尚書，人以爲天與吉壤云。

和周草亭題飛泉四首〇飛泉見後草亭詩

嚴陵富春瀨，吕望渭水濱。盛名各一時，千古迹未陳。出處雖異趣，懷抱寧不均。豈必薄軒冕，獨與魚鳥親。

我友素心人，夙昔希高踪。精理研河洛，閑情寄絲桐。丈夫志四方，故山辭雲松。要之淡蕩懷，依然溪與峰。

嵺峨富泉石，我家枕東皋。窗延北岡雲，簾捲南溪濤。他年返初服，爐香含吟豪。今古與諸君，和聲奏箾韶。

《明統志》：平越衛，古名嵺峨里寨。舊《衛志》云：宋嘉泰初，土官宋永高克復麥新地，内附有嵺峨里等寨。元置平月長官司。明洪武十四年，始置平越衛，屬四川布政。尋改屬貴州都司。

松陰落飛泉，風水天機涣。丹崖匹練垂，平潭千珠散。于役雖賢勞，即境暢觀玩。想象携朱弦，一唱而三嘆。

《黔風舊聞録》云：「尚書後裔寄籍吴中，無從訪求遺書，僅《飛泉》四篇，高古渾健，足追漢魏。」

月山寺

月山高枕梵王宫，慨古徘徊思未窮。松頂久留無語鶴，竹間時有故人風，禪關常倩閑雲鎖，石鼎從教瑞氣籠。試問老僧當講席，天花幾度落晴空〔七〕。

按：寺在平越城西南一里月山下。山形如月，嵺峨十景之「山寺晚鐘」，謂月山也。寺以洪武間始建於隆平侯張信。

太守易天爵先生貴一首

貴，字天爵，貴州宣慰之貴竹長官司人。司地今隸貴筑縣。其先來自吉水。正統十二年舉人。景泰五年進士。廷試二甲第二。性剛正，學問淹通。歷官州縣，所至崇學校，恤民隱。遇事明斷，不脅於勢利。洊升辰州知府，創制禮樂器，録士大夫，冠昏喪祭，鄉相見之禮，鐫板學宫，令士人常習之。辰之人始知有禮樂。撰《辰陽志》若干卷。附常州王僎《辰州宣聖廟記》，略曰：辰陽之學起於漢守長宋均。元至正間，嘗即采紹興故址，兩修復之。國朝洪武中，徙建郡治東南，亦既百年。乃者，貴陽易君天爵來知府事，謁視殿廡，新故相錯，前守王矩爲之而未竟者，君慨然以繼緒爲任。節其禄入以爲首倡，樂輸相踵，乃以成化庚寅之秋，徵材庀工，禮殿摧剥者增飾之，更創兩序戟門、櫺星門云云。出家藏聖賢圖本，命工肖像以易故黯，斫木以爲俎豆，范金以爲型尊，壘尊彝以牲血，復請於朝，仿諸郊壇以爲琴瑟鐘磬、麾旌管籥之屬。棟宇既葺，像設既飾，制器既備，君乃筮日告成，從諸賓僚，親執祼獻，邦人士庶改觀易視，咸願刻石以紀成蹟。又《辰陽志序》略曰：辰爲郡，古未有《志》。宋隆興初，郡守徐彭年始命教授田渭撰《風土記》六卷。國朝永樂、天順間，朝廷凡兩命禮官下郡縣采圖志，時爲守者第粗爲輯録以塞責而已。至是，貴陽易君天爵來知府事，訪求故實，則近製已逸。《舊記》亦散失，乃于政事之暇，旁搜博采，自漢唐以來《山經》、《水志》、《坤元録》、《寰宇記》諸書所載，凡有涉于兹郡者，悉取之，咨之故老，考之傳信，舉真黜謬，其立例，一以大明《一統志》爲準。然猶慮有闕略，屬訓導崑山沈瓚考證之。蓋辰之山川、土壤、物產、風俗、才賢、宦迹，至是殆無遺矣〔八〕。夫辰，古荆蠻地，秦漢雖郡縣列版圖，然其地險，人獷悍，故爲守常病其難，雖吏事且有不舉，況簡策乎？然豈民之過哉！昔者，虞舜遜位，固有以天下讓而避地于斯者矣。嬴氏慘烈焚坑，固有挈先王載籍而隱學于斯者矣，則其地固善也。宋均爲守，興學校在列郡先，其民固易化也。重以我朝，列聖深仁厚澤，涵育既久，故不煩武溪之歌、銅柱之銘，而其民已革心向化，興起於文教，與中州齒，于斯時，觀民問俗，考圖立志，以遠紹禹貢周職方之後。此固守郡者之責也。吾知斯《志》行有以考見乎成敗之迹、盛衰之運，以發感今懷古之嘆。所謂丹青，衆言憑几肆目者，豈徒有感于宗少文而已哉！出王文肅《思軒稿》。

以老乞歸，閉户著書十餘年始卒。先生淹貫群經，尤長於《易》。嘗構別業於貴陽北二里許，讀《易》巖谷中，至今猶稱「點《易》巖」。省、郡《志》載其著述，但云有《群經直指》、《竹泉文集》。考《明史·藝文志》：「易貴《詩經直指》十五卷。」黄虞稷《千頃堂書目》：「易貴《竹泉文集》十五卷。」朱檢討彝尊《經義考》亦載「易氏貴《詩經直指佚》。」記長老言，易氏《易經直指》亦十五卷，今皆未見。其他經并卷數亦不可考矣。黔人著述見於史者，別集始於王教授，經說始於先生。并明一代，貴州文教鼻祖，其開創之功，不在道真、長通下。當遍訪藏家，求兩先生著述與好事傳之，乃大快也。憶道光壬辰冬，友芝計偕經辰州，適修郡學正殿，先師四配十哲，猶舊像，設校官，諸生方檢點貯器，散置庭廡間。問余黔人，乃指聖賢像及最舊器相示曰：「此君鄉先生天爵易公遺也。」又謂易公守辰，教士馭民，一如家人父子。曲直往訴，一言立決，案牘無留者。蓋心先服之矣。有明辰陽守令循者，殆無逾易公。辰人猶喜道其杖石以濟被盜，窶人因以得盜一事，此特公小權數耳。吴訥《詳刑要覽》云：易貴成化間守辰州，有窶人擔紙息寐路旁，覺，失盜。訴於貴。即使人擡其處一石到府杖之，擁入觀者如市。閉門量罰，入者以資窶人。後詰曰：「紙有識乎？」曰：「有識。」數日後出公牘，泛買諸紙。至，令各書名於上，乃召窶人認之，果得原紙。盜服罪。噫！餘三百年而循澤稱道不衰，經術入人之深，誠非一切之所能及也。《辰陽留別詩》藹然儒言，安得《竹泉集》一盡其蘊耶？明時，貴陽易氏又有楚誠者，以孝聞。父病泣天致禱，輒愈。父嘗病瘍，醫欲得兔髓和藥，楚誠求之野，有群鷹攫兔擲地上，持歸付醫。聞者閧然異之。有司欲上其事，固辭曰：「此偶相遇耳，豈吾誠所致？」不願以是得名，蓋先生之族也。

別辰陽士民

明時多良循，美化接州郡。惟予拙無如，竊守已逾分。喜茲士民好，敦朴肯我近。深慚教養疏，百一未能盡。引退緣避賢，遮留愧斑齔。人生有本業，努力勤自奮。詩書守儒術，名業可騰振。田疇勤力作，衣食天肯靳。我歸亦無事，把卷一農畯。勉作堯舜民，常常記迂論。

周布政瑛十二首

瑛，字廷潤，興隆衛人。衛地今屬黃平州，新州治即舊衛治。少好學而苦無師，乃裹糧走蜀就學。居瀘州二年，有所得歸。舉景泰元年鄉試，五年成進士。由部郎出知臨安、衡州二府。內擢行太僕寺卿。復出爲廣西右布政使。敭歷中外，皆有聲。引年歸，優游林泉，嘯咏自適。著有《草亭存稿》若干卷，已亡逸。僅見《方志》載詩十餘首。當正、景之際，滇頭沅首，風雅漸興。用章、草亭并能自造風格，惜傳者太少，不盡所長。草庭又有《興隆衛志》二卷，載《明史·藝文志》。草亭之先庸二，本臨川人，洪武中從傅友德征南，留守興隆，授千户。後征螃蟹苗，戰死。二子彬、政皆幼。妻鄧矢志撫孤。及彬子鑑爲歲貢生，始白庸二死難狀，授彬千户。鑑子希勳復戰死盤江。草庭，政之子也。草亭之子希默，弘治二年舉人。官知縣。希謙十四年舉，官教諭。孫竿正德八年舉，官通判。笈十四年舉，官知縣。曾孫良卿嘉靖二十八年舉，官學正。皆能傳業，無替其家。仁和丁養浩《草亭類稿序》：文章與時上下，而又限於地理之不同，故時不能無古今，地不能無遠近。游藝之士，生其時，處其地，囿其風氣習俗之不齊，則文章之美惡亦因之。此天下之通論也。惟豪傑之士則不然，雖曰生於今，後於古，播越於僻陋之域，而其志大，其氣昌，其功精以勤，則其文章可以高視一世，與古之人不相上下。是故漢之去古爲尚近，唐次之，宋又次之，然其時司馬遷、韓、柳、歐、蘇之數君子，或産於北，或産於南，已非三代之時之比，而蘇氏之所産，又遠且後，若以古今人論，宜其淪胥以陷而不能自拔也久矣。數君子者乃能奮發淬厲，追古之豪傑而友之，其文與詩皆可與古之豪傑并。若馬遷之文，舍《六經》，諸子無與爲比；韓之文近於馬；歐之文師於韓；而柳與蘇則視韓歐在師友間，皆不可以優劣辨。由此言之，謂後世無文章，邊鄙無豪傑，可乎？弘治乙卯，余奉命巡按貴州，首以學校爲務，思得豪傑之士，賓而禮之，以爲之倡，求之縉紳之間，得一人焉，曰周君廷潤。君興隆衛人，名瑛。先世文祖自江右來，從戎於兹。君少補衛學生，能篤志於學，以不能得良師友，則游學於蜀之瀘州。比再期歸，領景泰庚午鄉薦。登甲戌進士第。授秋，官屬。歷官廣西右布政使。致仕歸，且十年。年老矣，而好學之志不衰。取其平日所爲詩文，自始仕以至於今，凡四十餘年，總若干篇首，手自校録，萃而成編，命之曰《草庭類稿》以示於余，而求爲之序，且曰：「瑛之心非敢以古人自期，直不欲自棄於僻陋之域，以與庸衆之人等耳！」噫！君其可嘉也哉！余聞之，貴州之地，三代以前無有也；我國朝洪武、永樂間創立省治，建學立師，以風化斯土。蓋自邃古以來，皆棄不録，而今乃以中國之治治之，可謂遭逢其時。而游藝之士乃往往狃於風氣之偏、習俗之陋，不知儒業爲何物，視詩與文忽焉，若不與其事。君所遭與衆人同，所居與衆人同，而所志特與衆人異，用能自拔於流俗之中以成宏博之學。作爲詩文，既富且贍，而又衆體具備，可謂得古人之用心矣。嗚呼！君誠可嘉矣哉！《黔風舊聞録》云：「草亭詩，清質古雅，稱其爲人。」

獨嘯亭

一年卧衡門，復領楚南牧〔九〕。此行誰使之？應不爲斗粟。和衷乏僚寀，供令少徒僕〔一〇〕。訟庭日無事，何必修邊幅。每當風日佳，散步自捫腹。仰天舒鬱襟，大塊苦局促。正聲發唇齒，餘響振林木。浮雲斂太清，長風動虚谷。雖未諧宫商，猶堪擬絲竹。原非不平鳴，只用矯庸俗。新亭已結構，徙倚一寓目。燕雀莫驚猜，吾將逐黄鵠。

題飛泉四首

下馬碧山阿，散坐清溪濱。遐觀千古上，地下人已陳。引手弄清湲，與君懷抱均。安能被炎汗，日與簿書親。

北山深窈窕，遠接漁樵踪。中有寒泉水，如奏嶧陽桐。灑雨映疏竹，隨風鳴長松。坐久人迹絶，孤雲起前峰。

杜甫愛西瀼，淵明登東皋。而我有高興，石面覯飛濤。平生得喪心，對此輕秋毫。不謂宣尼遠，白日坐聞韶。

飛泉落深潭，波瀾方渙渙。中有得意魚，往來或聚散。銜杯意方適，忽爾接奇玩，解組嗟未能，臨川發長嘆。

按：《明一統志》：新添衛北十里有飛泉，即今貴定縣北蔡苗山中，縣流直瀉，宛如玉虹者也。黄平州東北二十里飛雲巖左亦有飛瀑。詩中但云「北山」，不知指興隆、指新添也？

桃源篇并引

桃川在桃源縣西南陬，其山周遭四圍，中有平原廣土可居，麓有水繞，疑即漁郎泊舟處也。想當時林木深阻，土人鮮有至者，故避秦君子相與即居之。自後生齒漸繁，土地漸闢，遂與外境合而爲一。傍山有桃川宫，道流數輩棲息其中。告予山後有爛船洲，山前有秦人洞，洞閉不開，皆非事實。因賦此以告好事諸君子。

秦人法網密如織，楚人逃生苦未得。一朝拔邑入南山，咫尺就與塵寰隔。山中風俗何恬然，竹籬茅舍臨平田。男婚女嫁相代謝，歲月無紀誰知年。昨日漁郎忽到此，杯酒殷勤問鄉里。漢龍晉馬相繼興，始知世傳非秦紀。由來静躁迹不同，山人怕與俗人通。送得漁郎出山口，歸來相與滅其踪。武陵太守好事者，謂人可仙官可捨。分付漁郎重問津，溪山宛在眉睫下。初來夾岸皆桃花，再來赤壁横蒼霞。千峰萬壑不可辨，欲從何處尋人家。我聞海鷗識人意，機心一動鷗不至。山人心事閑於鷗，孰謂高風可强致。使君莫厭城市喧，澆漓淳朴各有根。機心不動争心息，武陵處處皆桃源。〇見《桃川集》。

次祁太守順**游西峡韻**

溪洞入玲瓏，尋山半是空。松篁山鬼路，烟雨水仙宮。人立紅塵外，馬行蒼澗東[一一]。忽聞黄太史，詩句落黔中。

溪回見緑樹，路轉接丹崖。春盡客初到，雨晴山益佳。看花憐少伴，聽鳥憶同儕。更待松蘿月，照歸溪上齋。

按：順，字致和，東莞人。天順四年進士。爲陳白沙高弟。成化間知石阡府。才敏稱文守。著《石阡府志》十卷。見《明史》志。西峡山，在鎮遠府西十里，勢若重樓叠閣，有飛瀑數處挂巖端，望若烟綃。

次韻丁天玉游凌元洞四首[一二]

雞鳴桑樹深，犬卧苔花濕。何處課春耕，獨倚斜陽立。

長江春雨過，緑水生青苔。行人過江急，江闊船不來。
石濕雲不起，石晴雲亦逗。對石閑觀雲，蒼翠落衫袖。
江暖雪初作，江寒雪漸飛。一竿潭水上，雪深猶未歸。

按：洞在鎮遠府東五里分水嶺北東巖下，俗呼七間屋。丁璣，字天玉，丹徒人。成化十四年進士。授中書舍人。星變求直言，應詔陳十事，并劾李孜省及僧繼曉疏，留中。以他事謫普安州判。後歷官四川按察使。著有《補齋集》。其詩云：「野日春正暝，山雲午猶濕。布穀不停聲，人人荷鋤立。」「蘭橈泛江水，江水緑於苔。日日斜陽裏，行人自往來。」「空崖蒼翠間，平窪自相逗。有時石上眠，雲來逐衣袖。」「潭静山同色，雲寒鳥不飛。微茫烟溆際，獨見釣船歸。」

趙通政侃一首

侃，字至剛，普定衛人。衛裁地屬普定縣。景泰元年舉人。天順八年進士。累官吏科給事中，疏請優恤邊軍；又陳時政八事。成化六年，丁繼母憂，服闋，起原官，升都給事中，多所糾劾。又陳言禁，革積弊，任賢養民，弭災紓難，振舉公道。凡若干事，上皆嘉納。十五年，擢通政司右通政，恪職不懈。十七年五月卒官，賜祭葬。至剛曾祖文政，洪武初自蘇州嘉定從征雲南，留戍普定，遂家焉。祖興甫，父華，皆有隱德。至剛，其季子也。幼喪母董，而華繼娶於朱。華又卒。育于長兄偉。就學，資性兼人，所見書無不記，爲文有奇氣。景泰首科，詔雲南鄉試、無限雲貴分額，據文字通校爲去取。而至剛舉第二，平壩衛衛蘭第三，普定衛張清第四，興隆衛周瑛、宣慰司鍾震并有文名，稱一時鄉科之盛。後震舉天順丁丑進士，官工部主事。蘭官衢州通判，有聲。清不知何官，三人文章行事皆不傳。惟至剛、草亭略可稱述。至剛當言路，挺直不阿，舉彈無所避。權倖畏憚，風裁凜然，望猶在草亭上，而年才五十八，不竟其用以死。當時章奏百餘上亦散無一存，尤可惜也。今從《方志》録其一律，又搜得上元周原所撰《神道碑》及憲宗《諭祭文》、商文毅輅《書趙給事二親敕命後》三篇并附注。附《諭祭文》：成化十有八年，歲次壬寅八月丁酉朔四日庚子，皇帝遣貴州等處承宣布政使司左參政劉本諭，祭於通政使司右通政趙侃曰：惟爾發身賢科，擢官近侍，服勞有年，才猷茂勣〔一三〕，既遷職於銀臺，乃殫心於所事，顧委任之方隆，何一疾而遽逝。爰推恤典，持賜以祭，爾靈不昧，尚克歆慰。淳安商輅《書趙給事二親所受敕命後》：國朝著令，廷臣三載有政蹟可書者，必推恩其親，贈其歿，封其存，所以勸忠于孝也。吏科給事中趙侃先是蒙頒敕，贈其父華以徵仕郎、吏科給事中，母董以孺人，封其繼母朱以太孺人。至是聞太孺人訃，援例還守制，擬琢石刻所受敕詞，樹兹墓道，昭示恩典，屬輅題其後。臣輅承乏密勿，有以知聖明天地之大德矣。《傳》曰：「體群臣。」謂設以身處其地，而察其心也。察其心，寧有大於榮親者乎？榮其親以遂其心，此恩典所爲有益於世教也。侃由甲申進士擢今官，以言爲職，以有所建白爲賢，凡其有裨時政者，知無不言，言無不盡，是其忠也，固孝之推也。然而天恩下逮，增光先世，豈非忠之所致與？雖然，有忠孝之本，始有忠孝之驗。趙之先本姑蘇嘉定人，洪武中，徵仕隨父謫戍貴之普定，樂善好義，積而能散，奉公之餘，惟篤於教子耳。董與朱皆賢淑克相，由是諸子卓立，如侃者，榮膺寵命，以振耀後先，豈偶然哉！況侃功業未量，將來恩渥殆未艾也。庸書此以俟。上元周原《忠順大夫通政使司右通政趙公神道碑銘》：趙公諱侃，字至剛，厥配封孺人林氏，合葬普定岐山之陽有年矣。弘治庚申，聖天子簡拔賢俊爲郡牧，趙公有子曰穀，以鄉進士銓部，驗其文行咸宜，授奉訓大夫知雲南馬龍州事。便道省墓，顧瞻流涕曰：嗚呼！吾父立朝大節，太史氏吳公希賢誌墓有銘，卿大夫祭有文慶延，吾今有成，父母道德不表著，奚以示諸後人？墓左有碑，索文勒石，以狀授予。予在朝熟公名，來貴，聞公行義，弗容辭。按：趙氏先姑蘇嘉定人，洪武初，曾祖諱文政，從戎征南，留戍普定，因家焉。祖諱興甫。父諱華，以公貴，贈吏科給事中。母董氏贈孺人，咸有隱德。公其季子也。初喪母，父繼娶朱而卒。公幼失怙，恃育於長兄偉，能自樹立，遣游于學，資性絶人，無書不讀。及壯，爲文有奇氣。景泰庚午，以明經中雲南鄉試第二名。養晦於京，久之，學益博。天順甲申登進士第，拜吏科給事中。給事厥職，剛正不阿，舉彈無所避。奏疏有優恤邊軍一事，陳時政八事，皆經濟急務。寅僚服其才氣。成化庚寅，丁繼母憂，居喪慟哀惻怛。與鄉人游，色平氣和，若不有其貴，至今鄉人稱厚德長者必首及公。復起，仍居吏部，轉升都給事中。劾彈大臣不爲公論所容者，朝覲官開報不實進退不公者，奏章不絶，權倖憚之。又陳言有禁革宿弊，任賢養民，弭災保難，振舉公道，悉切中時弊。上皆嘉納之。己亥歲，通政使司右通政缺員。上曰：無逾趙侃，即以授公，進推中質大夫，輿論咸以得人相慶。公位至金紫，恪職不懈。暇日手不釋卷，訓子穀以成名，及孫以武功屢升至普定衛指揮使。公年五十有八，殁于成化辛丑五月二十七日，葬於成化壬寅冬月吉日。皇上爲震悼，遣官諭祭，恩典殊常。公之配贈孺人，有賢行，治家有法，先公二年卒。男女二人：女適普定指揮王璘，男即穀也。初公以進士發身，致升九卿，爲名臣鉅人。居官謹飭謙抑，無纖毫過差，内外無間言。今三十年餘，人皆道之弗已，可謂成德君子矣。穀得五品大夫階，銀魚銅符，輝耀閭里。穀有子曰愈，資器宏偉，人咸異之。趙氏之澤未艾也。天之福善於是乎在。銘曰：有美趙氏，世德昭融。厥分延蔓，爰及于公。發身進士，名顯位榮。黄門清要，銀臺穹隆。敬恭朝夕，蹇蹇匪躬。曰父曰母，褒嘉攸同。嗟嗟夫子，既孝既忠。含真種德，源裕本豊。公亦有子，媲紹父風。受釐食報，天聽惟聰。岐山有丘，佳氣鬱蔥。彼岐之下，惟公之宫。繫綷有石，刻詞于中。式昭公後，嗣慶無窮。

送鄧宗器出守程番

使君五馬出牂州，争頌朝廷簡任優。今日頭蘭還郡縣，往時豚竹費戈矛。自緣妙手多長策，好藉綏邊展大猷。早晚政成行報最，紞如應更挽公留。

按：程番初置，在今定番州。《明史·地理志·貴陽軍民府》：本程番府。成化十二年七月分貴州宣慰司地置，治程番長官司是也。至隆慶二年六月，移入布政司城，與宣慰同治。三年三月乃改名貴陽。鄧宗器名廷瓚，巴陵人，景泰五年進士，知淳安縣，遷太僕丞。當程番新設，吏部難其人，特擢爲知府，規畫一切興建，撫諸夷咸受約束。巡撫上其治行，帝令久任。九載始遷山東左參政，尋進右布政使。弘治二年，以右副都御史巡撫貴州。生母憂歸，服闋，還原任。討平都勻賊乜富、架長脚等，請于都勻衛置都勻府、獨山、麻哈二長官司，置獨山、麻哈二州。清平衛置清平縣隸之，時七年五月也。論功進右都御史，後召掌南察院，復進左。卒謚襄敏。又按：牂州，唐武德三年以牂柯首領謝龍羽地置爲江南道下州，後降羈縻，并隸黔中都督府。見《唐書·地理志》。頭蘭，見《史記·西南夷傳》。云漢八校尉引兵還，行誅頭蘭，遂平南夷爲牂柯郡。《索隱》曰：頭蘭即苴蘭。豚竹，蓋用竹王事。《華陽國志·南中志》有竹王者興於遯水，有女子浣於水濱，有三節大竹流入足間，聞有兒聲，取持歸，破之，得一男兒。長養，有材武，遂雄夷狄，以竹爲姓，後漸驕恣。武帝拜唐蒙爲都尉，開牂柯，因斬竹王，置牂柯郡，以吳霸爲太守。《漢書·地理志》「夜郎縣」下云：「豚水東至廣鬱」，都尉治。莽曰同亭。應劭曰：「故夜郎侯邑。」豚即遯也。唐牂州蓋在今貴陽府東北境。府東貴定縣，即漢苴蘭縣西境。豚水即定番州濛江至廣西會紅水江。定番、廣順皆漢夜郎縣南境。

安澂江康二首

康，字汝錫，思南府人。其先咸寧人，仲用宋時率兵征三十六洞，授義陽元帥府元帥留守。元時世興克復三十六洞九十九砦苗夷，授沿邊溪洞軍民萬户總管。明洪武五年，輝以地歸附，改授蠻夷司正長官。永樂五年，永鋋襲菖蒲溪鬼野坡苗賊寇境，募兵捕殺，大敗之。十八年，鋋子逸襲。逸三子：長洛襲職。汝錫，其季也，中景泰四年舉人，歷官户、工二部郎。弘治間彗星見，上疏請息興作，裁冗員，詰奸慝以弭天變，上嘉納之。出知雲南澂江府。僰衆數萬爲寇，汝錫單騎深入，示以威德，遂解散。澂江民祠之。致政歸，裝衣衾數事而已。放情林壑以終。汝錫總角時，讀書青鸞溪上，夜膏不足，或焚薪以繼。鄉舉入都，師事商文毅輅，學益進。著有《青鸞溪集》。卒，亦葬溪側。孫孝忠穎敏好學，亦工詩文，弱冠領弘治十四年鄉薦，授寧國府通判。操守清介，而善應務。武宗幸南京，孝忠兼攝府篆，咄嗟而辦，民不覺擾。尋乞歸，杜門著述，亦有文集，俱不傳。

香爐灘

香爐巨石倚灘頭，獨對江心白鷺洲。兩岸參差烟樹老，群峰環叠洞雲浮。風和游客扁舟過，日落漁人晚釣收。却怪當年荼毒者，石中赤血至今流。

石馬山

石馬山名接上臺，鬱葱雲樹見龍媒。渥洼氣象由天造，騄駬精神特地來。風過不聞嘶紫陌，春深惟見長蒼苔。時人貪愛同支遁，題咏還歸杜牧才。

按：汝錫雖出酋家，而文采風流翛然自異，以郡中多奇山水，僻在彝服，昔人題咏鮮聞，乃揀擇名雋，創爲《思南十咏》，索名人屬和以張之，編成《十咏集》，江南錢溥爲之《序》。今《集》不傳。十咏者：曰萬聖山、曰石馬山、曰石柱山、曰香爐灘、曰獅吼洞、曰鮎魚峽、曰馬家泉、曰石牛潭、曰白鷺洲、曰青鸞溪。溪即其所居，在城西三十里。野竹萬竿，掩映溪側，昔有大鳥青色來止，識者以爲蓋青鸞，而土人謂之黑鵜，謂溪曰黑鵜溪。汝錫乃易之曰青鸞也。溪上山巔有石，屹立如柱者爲石柱山。溪水入於德江。石牛、香爐、白鷺、鮎魚皆在德江中。萬聖、石馬，夾江而峙。石牛潭上游距城西南三十里，澄清深廣，水際有石如卧牛。循潭下至鮎魚峽，峽長十餘里，岸木陰森，碧潯澄静，江中最幽處也。出峽江，經城東。石馬山據江西，在城南二里，又名天馬，又名席帽。席帽者，石馬轉聲也。下有朝陽洞，其後郡人李同野鑴「不舍晝夜」字於洞中。萬聖在城東，隔江三里。自城下游距東北五里雙峰山下，得白鷺洲，浮沙清淺，宕漾江心，烟水蕭疏，游者忘返。産文石，可供玩。其側有香爐石，石下灘曰香爐灘。循灘下至潮底，灘水勢斗絶，水行上下，易舟乃達。獅吼洞臨其上，洞距城北四十里。中有奔泉，下瀉十餘丈，聲殷巖谷，語不相聞。洞中兩石對峙如門，石壁上白魚若跳起，故有「震地金獅吼，朝天玉鯉飛」之諺。馬家泉在城南十二里，一名馬公泉，與萬聖俱詳後。城北八十里又有石馬山，聳拔爲群山冠。城西八十里又有香爐巖，與婺川、石阡界，皆非汝錫所咏也。

楊參議遵一首

遵，字□□，平越衛人。其先自湖廣衡山以官來籍。天順三年舉人，成化五年進士。官至雲南右參議。遂引疾歸，杜門著述以終。參議文章、政事爲一時所推重，出處造就多知名士。《方志》失其事蹟，僅從舊《衛志》得詩一首。正德中，平越有楊文，以歲貢爲開縣訓導，值藍賊亂薄城，文與當事率衆力拒，城賴以全，擢東鄉尹。流寇肆劫，文多方籌畫，擒其首惡，餘黨悉平。晉漢川守。歷官十八年，囊無餘貲，蓋其族也。

宿月山寺

金刹玲瓏翠巘巔，傳燈誰續遠公禪。經壇鶴去風生翼，梵鉢龍歸雨帶涎。已破碧苔因筍出，欲頹錦石賴藤纏。探奇興劇心忘返，暫借僧房伴月眠。

徐巡撫節 一首

節，字時中，貴州衛人。天順三年舉人，成化八年進士。其先自浙江壽昌有以事謫衛者，因著軍籍。至資，有勇力，慷慨尚氣節。正統末，都清苗叛，圍新添、平越諸衛。巡按閩縣黃鎬聞資名，辟置左右。鎬出巡，至羊場河，猝與賊遇，資奮挺直前，厲聲叱曰：「螻蟻餘孽，敢犯朝廷憲臣邪？我今死此！記明年此日，殲爾群醜！」遂遇害。逾年，賊果平，即時中父也。其母何，苦節撫教時中，至年八十乃終。合葬資墓於貴陽城二里。周僉事孟中題其岡曰「忠節岡」。王巡按鑑之、吴學士寬俱爲之記。時中釋褐，授内鄉知縣，治行最一方，以御史徵去，内鄉民遮道挽留，衣履爲裂。在御史，三上章數錦衣衛指揮牛循罪狀，屢劾閣臣萬安等。風裁凜然，出爲雲南右參政。連破梁山、竹箐諸賊。米魯之亂，率兵出擊，有戰功。正德元年，自布政使遷右副都御史，巡撫山西，以剛直忤劉瑾。三年六月，瑾矯制削秩，罷歸，罰米三百石。瑾誅，乃復職。尋致仕。同時中舉成化壬辰進士亦自州縣爲御史者，有李珉，字美中，烏撒衛人。衛地今隸威寧州。其先自河南淇縣來籍，除知寧國縣，減官田種租，奪還豪家所占民田，公私稱便。擢御史。劾妖人王臣横暴不法，劾中官汪直、尚銘，羅織縉紳及梁芳通妖邪。已而三大璫、一妖人以次誅貶，直聲大振。出按四川、湖廣，擢四川按察僉事。告歸，即時中詩所謂「鐵李」索其疏草者也。時中既引退，豫爲挽歌、行狀以示門人。卒年八十六，賜祭葬。著有《蟬噪集》卷未詳。《千頃堂書目》載亦失卷數。未見。國朝雍正間，臨川李紱有《黔中懷古詩》，於黔人獨有徐中丞節一篇，且以遺文爲言。近新化鄧顯鶴撰《沅湘耆舊集》，於鄧尚書庠下，引有徐節《序》。二公蓋猶見其集，俟更訪之。附李紱《懷徐中丞詩》云：「内鄉治行最稱醇，中外同瞻正氣伸。秉鉞專征殘米魯，抗章三上數牛循。直聲已中權璫忌，晚節終還隱士真。自署遺文號蟬噪，不知鳴鳳更何人。」

簡李美中索其疏草

纔聽人人說，南州有硬黄。至今聞鐵李，喜復在吾鄉。平越黄用章先生守正不阿，時有「硬黄」之目。美中敢言，復有「鐵李」之稱。義命君能澈，升沈我亦忘。不須焚諫草，留取式維桑。

張世侯祐一首

祐，字天吉。其高祖興，臨淮人，爲永寧衛指揮僉事。興子信嗣官，移守普定、平越。以征紫江草塘功，進都指揮僉事，遂家平越。與張邋遢友善。張指月山右地曰：「葬此必世侯，與國同永。」後信以葬其母。又爲葬其父於犀牛灘下，以鐵絙懸棺於石穴穹窿中。兩冢高下相望，灘上石坡脊脊然，負城而來，注於水，一石突起，而峰下垂中空如鳥喿，水浸其鼻，人不得入，無從辨其棺之猶懸否。石坡上杉梓之屬，翠色婆娑若鳥羽，游人目爲飛鳳投江也。建文初，大臣薦信有謀勇，調北平都司，授密敕，令與張昺、謝貴謀燕王。信憂懼，以告母。母曰：「汝父每言王氣在燕，汝無妄舉，滅家族。」信至北平，三造燕邸。成祖稱疾不見。乃乘婦人輿潛入。召見，猶詐風病不能言。信拜牀下，密以情輸。成祖矍然起，立召諸將定計，起兵奪九門，入京師。論功進都督僉事，封隆平侯，禄千石，與世伯券，常呼爲「恩張」。仁宗即位，加少師，并支二俸，與世侯券。正統七年卒，贈鄖國公，謚恭僖，事蹟具《明史》本傳。信子鏞，自立功爲指揮僉事。先卒。鏞子淳，嗣爲隆平侯。淳卒，子福襲。祐，福之弟也。福卒無子，故祐以天順二年襲爵。成化中屢領南京軍府。爲人和易，如儒者。善畫梅，清氣襲人。自祐而下襲侯者，又七世八人。終明之世者曰拱薇，加太子太傅，僉書南京中府。崇禎十一年戰没，亦有名。邋遢之術，竟驗異矣。

入平越〔一四〕

黔江千里浄邊埃，喜趁鈴旗奏凱來。啼鳥有情花露散，遠山如揖瘴烟開。抒懷苦乏驚人語，歇馬聊登疊翠臺。明日椎牛還展墓，好將先澤問頒餄。

按：疊翠山在平越城南十里，隔麻哈江，青翠插天，中有一峰，名金雞。層巖峭壁，下臨深淵，舊有小庵。又一峰以形名曰老人胡。漢征苗，刻詩記其上。下有村名樂岡，居者多壽考。此山大小百峰，九十九在江外，一峰在江内，名將軍山。詩中「疊翠臺」謂此。惟奏凱不得其年月，未知所指。

陳千户庸一首

庸，字□□，祖興，籍河南息縣，以百户調隸興隆衛。父瑜與征麓川功，升中所正千户。庸以天順中襲。七傳至其功，征水西有功，晉指揮僉事。其功子一德殉孫可望之難。附見《解立敬傳》。

呈周草庭先生

童子何知事，隨班覲玉除。得邀青眼顧，那稱白眉譽。詩禮慚無學，韜鈐敢自疏。邊庭欣格化，好讀十年書。

附周瑛《送陳千户還興隆衛序》：今天順三年己卯之八月，天下武臣子弟襲替比試來京者千有奇。夏官司馬以其事請命悉如例，恩至渥矣。吾郡武略將軍千户陳君之元子庸實預焉。夫庸世家河南息縣，厥祖慷慨有大略。洪武中以戎功授昭信校尉百户。卒於官。厥父乃克負荷。正統中南夷弗廷，從靖遠伯王公問其罪，用奇功升千户。兹以年邁六旬，使庸代其職。庸蓋篤實人，頗讀書，諳理道，騎射雖有餘事，然彼較武於東教場者，或爲馬驚，或爲威懼，甚或爲弓矢畏，不稱者多。庸能三試三中，故監試内外大臣咸以遠大期之。庸既拜朝命，南還有日，郡之縉紳士徵余言贈别。粤惟自古國家之所以捍外者武，觀《易·

謙》之《六五》：「利用侵伐。」《書》之《泰誓》：「我武維揚」，《詩》之《皇矣》：「依其在京」，可見矣。然武非法不行，古之太公望《六韜》、黄石公《三略》，皆法之善者，故能成功當時，爲法後世。庸兹歸矣，宜潛心二書，景行先哲，樹立功名，俾無忝於乃祖乃父，則肯堂肯構，庶無愧於《詩》、《書》所稱矣。方今文武并用之際，英雄豪傑之士皆有帝臣之願。庸盍以豪傑自期，事上有忠勇之風，臨下無貪酷之習，則人將指而言曰：陳氏有子如是，國家得武臣如是，興隆之山嶽所鍾如是，顧不偉哉！

熊僉事祥二首

祥，字□□。其先自江西豐城來，居鎮遠府之偏橋長官司，遂籍焉。司地今隸施秉縣。成化十九年以都司知印。舉順天鄉試，二十三年進士。累官廣西按察司僉事，廉明有聲。事蹟不詳，僅傳二詩，存以紀地而已。

飛雲巖

争疑雲化石，不辨石留雲。勢欲開凝聚，形方幻郁紛。延溪迷暮靄，出岫弄斜曛。更愛飛泉落，宵中静響聞。

按：飛雲巖在黄平州東二十里，爲貴州第一名勝，或呼「飛雲洞」。倚山麓，玲瓏奇絶，覆如華蓋，翼若垂天之雲，下可列百人坐，中有小洞，深黑不可究極，或云達鎮遠後山也。巖外三峰壁立，高與檻齊，有亭翼然臨峰上，曰聖果。左有瀑泉淙淙，如鳴佩玉，入於前溪。居人云：巖性好潔，昔有穢者信宿巖下，瀑水突至，彌漫澌濯，再穢復澌。西爲月池，上有月潭寺，松杉繞屋，蒼翠參天。寺與亭并明建。嘉靖末，孝豐吴峻伯爲《巖記》云：興隆東行二十里，月潭寺左巖榜曰飛雲，距地百餘尺，中虚而下嵌，乳液融結，紛詭殊狀。豎者柱矗，懸者絡綴，揚者鳥厲，突者獸蹲。躡級漫瞻，斂衽徐睇，極意所愜，邃洞谽谺而窅際，清渠激柱而前繞，似矣，而不若餘姚王文成《記月潭寺公館》之盡其妙。《記》云：興隆之東有巖曰月潭，壁立千仞，檐垂數百尺。其上澒洞玲瓏，浮者若雲霞，亘者若虹霓，豁若門殿樓闕，懸若鼓鐘編磬；幨幢纓絡若摶風之鵬，翻隼翔鵠，螭虺之糾蟠，猱猊之駭攫，譎奇變幻，不可具狀。而其下澄潭深谷，不測之洞，環密回伏。喬林秀木，垂陰蔽虧，鳴瀑清溪，停迴引映。天下之山萃於雲貴，連亘萬里，際天無極。行李之往來，日攀援下上於窮巖絶壑之間，雖雅有泉石之癖者，一入雲貴之途，莫不困踣厭煩，非復夙好。而惟至於茲巖之下，則又皆灑然開豁，心洗目醒，雖庸儔俗侶素不知有山水之游者，亦皆徘徊顧盼，相與延戀而不忍去。則茲巖之盛，蓋不言可知矣。

東坡途中

飛雲看不舍，迤邐出東坡。田闢青橫罫，山尖翠擁螺。悠悠清客思，嫋嫋送農歌。身世幾時了，來從荷笠蓑。

附王教授訓《東坡月潭寺記》：貴與楚鄰封，當兩疆之界曰東坡，由道左入，躋攀林麓僅百武許，有飛巖倒懸，巑岏巧怪，垂珠滴乳，盡態極奇，若神蛟之駕秋雲、鳴鳳之騫晴漢；又如千乘萬騎浮空以馳，仙子靈姝御風而下，雖以五丁之力、吴剛之技追而琢之，不足以方其妙，蓋天成也。旁有崆峒，邃不可入。而一清泉泠泠自半巖出，奔流平野，居人飲焉。其佳勝無與爲比。惟在夷區，古所弗治，故轍迹罕焉。爰自皇明一統，始制兵衛，隸貴曰興隆；隸楚曰偏橋，而周道由之。由是來往者，得其觀游；間有學佛者〔一五〕，結廬號普陀巖。正統間，游僧德彬來營，寺址名「日月潭」。時貴之都指揮使常智爲衛興隆，倡衆募財，首建正室，中塑法像，金碧麗美；茂林修竹，環擁芳翠，遂有聞於四方。余惟山川因人而顯，宇内佳山水經品題而載《輿志》者固多。若斯巖之美，蓋千百而什一也。

侯總憲位一首

位，字世卿，平溪衛人。衛明屬湖廣都司，今爲玉屏縣，屬貴州思州府。舉弘治八年湖廣鄉試，正德六年進士，授無錫知縣。裁決敏速，日了百餘事，曲直無不饜衆心。民驚以爲神。縣當水陸衝，驛使往來，需索無厭。世卿性剛毅，不畏强禦，一切以法應之，得强項聲。行取兵部主事，轉武庫司郎中。武宗好游幸，累抗疏諫，受廷杖。久之升江南操江巡撫。奏減浮糧，清海防，存恤百姓，興革利弊。母夏守志百歲，世宗敕建坊，不許終養。母卒，賜祭葬。服除，晉都御史。尋卒。著作散逸，惟《平溪志》所載一律而已。

位母壽躋期頤敕賜建坊恭紀

陳情未許遂烏私，優典驚傳到楚陲。朝議競稱龍邸瑞，臣心欣逐鳳書馳。遥知棹楔輝閭表，大勝斑斕慰母慈。薄海自今皆壽域，恬熙歲月樂無期。

附禮部侍郎霍韜《爲副都御史侯位母夏氏百歲請優典議》〔一六〕：古者聖帝明王之御天下，巡狩至於方岳，詢百年者，就見之，敬老也。天下有百年之老，天下和平之氣所徵，帝王所以申敬也。漢文盛德之主，其在位日，不時使人存問長老：八十以上賜米肉，九十以上賜絮帛，此敬老敦孝之實也。皇上登極，屢頒恩詔：民高年八十以上，俱令郡縣有司給賜米肉布帛有差，凡以風天下而敦化基也。今副都御史侯位母夏氏壽躋百齡，是皆我國家敦大博厚之氣，薰蒸衍溢，鍾爲上壽。况夏氏孕和協瑞，産自楚邦，實我皇上龍飛之地，又聖德造命無疆之福。侯位自任巡撫，凡財賦之稽核，百姓之存恤，利弊之興革，竭力效忠，地方甚有賴焉。今拘於例，難准侍養，仍望敕賜本官，照舊供職，仍行湖廣撫。按申敬老之制，於夏氏加酒肉粟帛之惠，則厚其親其子，益以勸移孝爲忠。侯位將感激圖報無窮。厚一人，民德因以歸厚，風化愈淳，政治益有裨矣。

越瀘州英一首

英，字德充，貴州宣慰司人。曾祖昇，宣德間以經明行，修召，將授館職，會播州宣慰求良師化夷，遂授訓導。卒官。德充少從叔某官楚。叔卒，僅足以斂。德充徒手間關歸。其孥年已二十八，始發憤於學。七年舉弘治十七年鄉試。累官瀘州知州，方直不爲勢力所撓。尋棄官歸。居三十年，絶迹官府。闢西園，日静坐其中，以詩文自娱。卒，年八十一。著有《西園集》，今不存。子民表、民牧，舉嘉靖二十五、二十八兩年鄉試。民表除雲南定遠知縣，清直慈敏，均徭役，抑强扶弱，積弊盡除。爲遼府長史，屢諫遼王憲㸅不法事，不聽，遂拂衣歸。居家孝友無閑言。民牧知劍川州，以才能著，州人祠之。其族嘉靖間舉者，復有民範、民樂、民瞻、民化。萬曆間舉者，應虞、應甲、應賓、應捷，皆官州縣。惜文章、政事俱不傳。民表著有《閲書評識》四卷，亦未見。惟得瀘州一律。

秋寺連雨

野寺無人叩，柴門竟日關。暮鐘翻表静，秋雨轉難閑。階草容情積，囊詩割愛删。小窗延濕翠，引目到青山。

楊宣慰斌 八首

斌，字全之，世襲播州宣慰使。弘治十四年，調播州兵五千征普安賊婦米魯等。正德二年升斌爲四川按察使，仍理宣慰事。舊制：土官有功，賜衣帶，或旌賞部衆，無列銜方面者。斌狡横，不受兩司節制，諷安撫羅忠等上其平普安等戰功，重賂劉瑾，得之。逾年，巡按御史俞緇言不宜授，乃裁。仍原職。未幾賜斌敕，令每年巡視邊境，會湖廣鎮巡官撫處。土官向無領敕出巡者。諭斌宜撫綏士衆，輯睦親族，以副朝廷優待之意。因授其父致仕宣慰愛爲昭毅將軍，給誥命，賜麒麟服。斌又爲其父請進階及服色。兵部以愛舊有剿賊功，皆許之。斌復爲其子相請入學，并得賜冠帶。十二年，斌有父喪，請援文臣例守制。十六年賜斌蟒衣玉帶，事具《明史·土官傳》。斌之先，太原楊端。唐季南詔陷播州，應募自瀘州合江徑入白棉軍高遥山，山在遵義府西三十里。出奇兵復之，子孫遂家於播，世有其地。當北宋時，其族分上下楊，常相攻奪。至南渡武經郎選，始尊賢下士，爲子擇經術師。選子軫移白緜堡，治於北二十里穆家川。即明播州宣慰治，今爲遵義府治。《宋史》：端平三年，以白緜堡置播州，亦即此。明萬曆中，平播改流，因宣慰治爲府衛治，而李化龍疏言置府衛，并云於白田壩今治東近地亦猶此稱。治南二十里有半邊街、塘。半、白，雙聲；邊、田、緜，疊韻。然則「白田」、「半邊」，即楊軫時白緜新舊堡矣。《省志》謂白緜在府北三百里，蓋承《輿地紀勝》、《明統志》之誤。緜，前載多作錦，乃形近而訛。以堡政授弟武節郎軾，軾益留意藝文。軾子威毅侯粲乃以《大學》爲行程歷，作家訓十條以示子孫。其子孫亦繩繩善繼，尊尚伊洛，昔之争鬥攘奪，化而彬彬詩禮焉。粲子英烈侯价以功授雄威軍都統制。孟珙、余玠皆倚重之。善屬文。請播州得歲貢士三人。冉從周、楊邦彦、楊邦傑，以次舉進士。价子崇德公文，益厲文治，《移余玠書》，名義確鑿。文孫元忠宣公漢英，勳業炳麟，賜名賽因不花。著《明哲要覽》九十卷、《桃溪内外集》六十四卷。妻田亦善讀書，可謂世傳儒雅，不得僅以忠順士官目之。楊氏有播，自唐元符迄明萬曆，傳二十九世八百餘年乃亡，有以也。潛溪宋濂《鑾坡別集·楊氏家傳》：選字簡夫，始立，值二帝播遷[一七]，高宗南渡，慷慨負翼，戴志務農，練兵以待徵調，士大夫韙之。嗜讀書，擇明師授子經。四方士有賢者，輒厚幣羅致，歲以十百計。官至武經郎。生十有三子：軫、軾最良；軫字德輿，美髯長身，狀貌瓌偉，剛果勇決，人服其能。嘗病舊堡隘陋，樂堡北二十里穆家川山水之佳，徙治之，是爲湘江。軫初鞠軾子粲爲後，晚生三子[一八]，以粲賢，不易初議，尤愛軾。尋授軾堡政，獨築室萬泉以終。畜一虎[一九]，馴服左右，常駕以出，游人異之。官至秉義郎。軾字德載，沈静寬厚，孝友無間言，留意藝文，蜀士來依者愈衆，結廬割田，使安食之。由是蠻荒子弟多讀書攻文。官至成忠郎，累贈武節郎。粲字文卿，小字伯强，幼授《大學》，即掩卷嘆曰：此非一部行程歷乎？必涉歷之至乃可爾。長好鼓琴、投壺。開禧二年，蜀帥吴曦叛，帥師赴援。會曦誅[二〇]，貢戰馬三百、黄白金巨萬。且請：因曦誅，大舉北伐以雪先耻。上優詔答焉。嘉定十二年，復輸馬三百。閩酋偉桂弑父自立，粲聲罪致討，敗其衆於滇池，斬首數千級，闢地七百里。性孝友，安儉素，治政寬簡，建學養士，作家訓十條曰：盡臣節，隆孝道，守箕裘，保疆土，崇儉約，辨賢佞，務平恕，公好惡，去奢華，謹刑罰。論者多之。楊氏居播十三傳至粲始大，官終武翼大夫。累贈右武大夫、吉州刺史、左衛大將軍、忠州防禦使，賜廟忠烈，封威毅侯。子价，字善父[二一]，英偉沈毅。父没以郡政畀其子文，專志養母。端平中，北兵犯蜀，圍青野原。价移檄蜀閫，請自效，制置使趙彦呐以聞，詔帥家世自贍之兵五千戍蜀口。圍解，价功居多，授雄威軍都統制。未幾，復白緜堡爲播州，文領郡，价統兵如故。蜀警又急，詔以雄威軍戍夔峽。价分署所部屯瀘、渝間。遣奇兵擊東，捷多，遷武功大夫、閤門宣贊舍人。嘉熙初制置使彭大雅鎮榆，檄价赴援。价督萬兵屯江南，通蜀聲勢，北兵不敢犯。孟珙宣撫荆、湘，余玠制置西蜀，皆倚价爲重。上屢下詔褒美。一曰大飯群僧，趺坐諷佛書，數語而終。价好學，善屬文。先是設科取士未及播，价誦於朝，而歲貢士三人云。贈開府儀同三司、威武寧武忠正軍節度使，賜廟忠顯，封威靈英烈侯。文字全斌。紹定中，北兵始入劍，文曰閲壯勇爲備。蜀中避地者多歸之。嘉熙中，北兵窺江，彭大雅復來徵師，命裨將趙暹帥萬兵赴戰石洞峽擊破之，以功轉武德郎閤門祗候。父卒，詔起文視事，進武功大夫、閤門宣贊舍人。文移書余玠曰：「比年北師如蹈無人之境者，由不能禦敵於門户故也。曷移鎮利、閬間，經理三關爲久駐謀，此上計也；今縱未能大舉，擇諸路要險，建城濠以爲根柢，此中計也；下則保江自守，縱敵去來耳。況西番部落已爲北所誘，勢必撓雪外以圖雲南。由雲南以并吞蠻部，闚邕廣，窺沅靖，則後門斡腹，深可憂也。」玠偉其論。竟徇中計，後果如文言。淳祐八年，西帥俞興西征，發兵五千人與俱。大戰者三，皆捷，遷左衛大將軍。余玠北伐漢中，文命將趙寅會兵渝上，三次戰又捷。十二年北兵圍漢嘉，文使總管田萬率兵五千，間道赴之，夜濟嘉江，屯萬山、必勝二堡。萬以勁弩射之，敵不能支，遂却。加右武大夫。寶祐二年，北兵由烏蒙渡馬湖入宣化，宣撫使李曾伯來徵師，文遣弟大聲統兵行，大小九戰又捷，轉左武大夫。五年北兵循雲南，將入播。文馳奏，詔節度使吕文德偕文入闖諭群酋内屬，大酋勃先領衆降。六年拜親衛大夫，以解漁城圍，翦烏江寇功，加忠州團練使。景定間，劉雄飛、夏貴守蜀，復江安州餉，禮義山戰懸壺，平而播兵爲多，進中亮大夫和州防禦使、播州沿邊安撫使，爵播州伯，食邑七百户，詔雄威軍，加「御前」二字，以寵異之。歲賜鹽帛給邊用，著爲令。文留心文治，建孔子廟以勵國民，民從其化。卒於咸淳元年，贈金州觀察使，元贈榮禄大夫，同知樞密院事柱國，追封播國公，謚崇德。子邦憲，字仲武，倜儻，好書史，善騎射，授成忠郎雄威軍副都統，通管州事。累遷左金吾衛上將軍、安遠軍承宣使、牙牌節度使。至元十二年宋亡，元世祖遣使者詔邦憲内附。邦憲捧詔三日哭，奉表以播州、珍州、南平軍三州之地降。十五年入朝，詔襲守如故，拜龍虎衛上將軍、侍衛親軍都指揮使、紹慶、珍州、南平等處沿邊宣撫使、播州管内安撫使。十八年升宣慰使。累贈推忠效順功臣、銀青榮禄大夫、平章政事柱國，追封播國公，謚惠敏。子漢英，字熙載，五齡而孤。二十三年其母貞順夫人田氏挈朝京師，世祖摩其頂，熟視良久，諭宰臣曰：「是兒真國器，宜以父爵錫之。」賜名賽因不花，授金虎符、龍虎衛上將軍、紹慶、珍州、南平等處沿邊宣慰使、播州軍民安撫使，贈金繒，弓矢、鞍勒，遣歸。二十四年族黨構亂，殺貞順夫人，漢英衰絰入奏，詔捕賊。至益州，戮以徇。二十七年詔郡縣上計，播州鄰境拒命，漢英即括户口租税籍進，世祖大悦，加播州等處管軍萬户。二十八年入朝，奏罷順元宣慰司，升播州安撫司爲宣撫司，授漢英軍民宣撫使。會羅甸宣慰使斡羅思誘播下邑、黄平諸寨酋，詐爲新闢境土以獻，漢英奏復之。斡羅思恚不勝，誣言舊有雄威、忠勝二軍，思播匿弗奏，請籍征交州。漢英抗言，納土時，已隸别籍矣。御史臺審覈上之，詔寢其事。俄拜漢英侍衛親軍都指揮使。成宗即位，入朝者三。大德三年，奏改南詔驛道，分定雲以東地隸播，西隸新部，減郡縣冗員，去屯丁糧三之一，民大便之。四年部蠻桑柘亂，湖廣行省議用兵。漢英言：「賊勢方盛，宜招諭之。」不聽。兵出，久無功。竟以漢英議，始相繼降。五年右丞劉深討南詔，道出播，漢英輦運軍食無乏。六年閩婦蛇節、宋隆濟叛，詔合湖廣、四川二省兵征之，命漢英以民兵從。甫出師，卒遇賊，漢英力戰，大軍繼之，降阿苴拔乍籠賊。復合拒，竟大敗。縛蛇節，斬隆濟、阿女而平之。以功進資德大夫，賜玉帶、金鞍、弧矢。仁宗立，顧禮益厚，進勳上護軍，增賜金帛。延祐四年，黄平南蠻劉犇叛，新部黎魯亦嘯劫聚亂，詔漢英宣撫之，二賊降，置戍而還。漢英爲政，急教化，大治泮宫，南北士來歸者衆，皆量才用之。喜讀濂、洛書，爲詩文，尚體要。著《明哲要覽》九十卷、《桃溪内外集》六十四卷。賜推誠秉義功臣、銀青榮禄大夫、平章政事上柱國，追封播國公，謚忠宣云云。按：忠宣，《元史》有傳，云卒年四十，當以延祐五年。惜忠宣以後遂隳家聲。入明益尾大不掉。鏗率先内附。子昇頗名好文，開學薦士。輝、愛、斌相繼，亦欲自附雅流，然皆累功桀驁，不能睦族，復尋上下揚干戈者數世。其後乃至禁學愚民，以取覆滅，宜哉！輝字退齋，博涉經史，爲詩歌得唐人音響，大書行草，皆遒勁。見豫章謝一夔《退齋楊侯輓詩跋》。愛字敬夫，有弘治七年《天峰寺僧興壽鑄銅鐘銘》，鐘在綏陽縣西十五里辰山寺。其屬冠帶官李敬德，有弘治十四年《普濟庵鑄銅鐘》，鐘在郡城玉皇觀。并載《府志》。今不録。輝詩亦未見。斌既栽按察，妄意神仙，修真於紫霞山石室，自名「道凝」，又名「洞清」，號「顛仙」，又號「神霄散吏」，於桃源大水田香風諸山洞中，自刻其詩，詫爲仙蹟，香風山在遵義治東二十五里，巖上刻篆書「靜懷深處」四字。居人云：山下有洞，四字乃洞額，洞中刻顛仙草書詩數幅。今洞門已塞，故無從録。以欺後人。蓋猶狡横不受節制之故智耳。然其詩筆字畫尚不俗，在土官中，亦宋昂之流也。獨忠宣著述竟無一存，蓋亡自萬曆庚子四月桃溪莊楊氏家廟之焚，惜矣！

紫霞山中歌

水泠泠兮山蒼蒼，雲隨鶴杖兮風吹我裳。浮生展轉兮春夢悠揚，千萬斯年兮任流光。

按：紫霞山在遵義府北三十里，上有先天觀，有正德十四年顛仙所立碑刻。昆明解元鄒志學撰《紫霞石室記》略曰：神霄散吏有顛仙者，依紫霞洞天建先天觀爲崇奉所，其山乃涵蟾子煉丹地，仙翁嘗振衣長步，時或嵐銷霧斂，景明物熙，乃撫掌而歌云云。據仙翁係古夜郎諸侯國之裔，一元道人冢子，名道凝，一名洞清，字全之，顛仙其所自號。值世運多故，權變自處，其循良之蹟，戰陳之功，寵賚之深，較流輩爲僅有。甫弱冠，太元歐陽先生授清微雷法，召風雨，役鬼神，立有奇應。後雲山道人授五雷法，青霞真人授靈寶法，四十八代天師授正一法；丁丑冬，夢感許旌陽授淨名忠孝至道，累感高真授内外二丹之旨。戊寅春，始從飛霞白仙師游，半載乃以神霄心印傳焉。嗣雷吏玉蟾白真君。宗派間亦旁通儒釋之典，博覽百家技藝。著有《元教大成道法》、《雙明玉書》、《神霄清嘯玉府瓊章》諸書云云。

所述甚怪誕。鄉編《府志·金石》已籍此碑及鶴鳴洞顛仙刻詩下致政憲使印文，證爲楊斌欺妄。昨過郡城玉皇觀，見碑側復有顛仙題記，爲《府志》失收者，云正德戊寅遇異人授道於柳塘大石之東云云。庚辰歲，詈賊與凱人嘯聚栗溪，期端午爲亂。因卦不叶，約初十。余遂啓師召雷定計捍禦，賊果就獄自斃，凱人遁云云。按：異人即鄒《記》之白飛霞。凱即凱里。史載凱里土舍楊弘與重安土舍馮綸等有怨。弘卒，綸等誘苗攻之，更相仇殺，侵軼貴州境。巡撫鄒文盛遣參議蔡潮入播州，督致仕楊斌撫平之。蓋即正德十五年庚辰事，當與所記栗溪事相首尾，亦顛仙爲斌之一證。召雷禦賊，又何誕也！鄒《記》所稱涵蟾子者，不知其姓名。考明嘉靖間周恭王睦㮮校刊《金丹正理大全》，其中彭曉《參同契通真義》、陳顯微《參同解》、陳致虛《參同分章注》、翁葆光、戴起宗《悟真注疏》、葆光《悟真直指詳説》諸種，并題紫霞山人涵蟾子編，蓋元明間人也。

桃源洞題刻三首〔一二〕

破衲蓬頭方竹杖，提壺到處一盤桓。眼前俗事真堪笑，雨後黄花也耐看。酒醉詩懷如許壯，秋高洞口不勝寒。有人欲識無生法〔一三〕，只在身中九轉丹。

沽酒登高一典衣，却看秋草未離披。晴分野色供詩料，涼送西風入鬢絲。人世不堪傷往事，菊花又見繞東籬。飲餘回首誰爲主？洞口斜陽樹影移。

或賣癡來或賣顛，誰能識我是神仙。有人問道家何處〔一四〕，只在桃源洞口邊。

按：洞在遵義郡治東二里桃源山。「破衲」首末款「顛仙醉筆」，「沽酒」首末款「神霄散吏」，「七絶」末款「顛仙」，皆草書，當洞口。其絶句缺者，乃舊尉椎取去。洞内又刻草書五幅，末并有印文曰「顛仙」，驗爲曹唐《大游仙詩》，顛仙特書之。《舊府志》謂明永樂間張三丰住桃源洞，題詩數首鐫洞中，字若龍蛇。《通志》沿之，以爲石壁仙詩，皆誤〔二五〕。

致政公宴有作

碌碌紅塵夢一場，閑雲笑我向來狂。即兹長揖歸山去，莫漫兒童説子房〔二六〕。

鶴鳴洞避暑二首

黑頭猶未是龍鍾，客氣消磨逸興濃。回首湖山烟水在，且從范蠡問高踪。

年來希謝又希陶，肯爲虚名强折腰。獨倚南窗無一事，清風滿袖鬢飄蕭。

夜讀道書

百歲光陰過隙駒，人間閑事早祛除。請看元晦朱夫子，也向寒泉讀道書。

按：四詩刻遵郡城南三十里天池上鶴鳴洞壁池，即《明史》所稱大水田也。周廣十餘里，磡滀溉田，當始在宋、元間。四山環緑，荷柳鳧鷺，映發光景，蓋城南勝地也。

陸工部洙 五首

洙，字滄浪，《御覽·地部》：沅、湘二水間厠滄浪水。引《永初山川記》云：今滄浪之水，合流出鐔城北界山。此蓋後人名之，非古滄浪水。按：今黎平正漢、晉鐔城縣地，則滄浪水當在黎五間。洙蓋取以自號與？高郵州興化縣人。《黎五志》云：滄浪磊落不羈，正德初以詩聞於上，待詔金馬門，晉工部侍郎。以詩諷逆瑾劉瑾，瑾怒，中傷之，擊折其齒，流五開衛黃團驛。日和藥濟病者，放情詩酒，往來五溪十洞間。卒，葬城北關外。按：滄浪忤瑾，謫戍，史失其事。《志》又載臨桂張鳳鳴《祭滄浪文》。云：余待罪斯戾止，訪投荒之故事。徵流寓於往牒，悼才藻如吾子。諷承恩之遺吟，會鳴玉於青雲。胡放逐以永逝，竟澌滅之未聞。均羇旅兮宇內，獨爲子兮霑衣。諒居夷兮不陋，奈白骨兮無歸。望故鄉而魂往，念先壠而心傷。寧圖北郭之岡，長掩青藜之杖。閱三朝兮屢遷，冠蓋暮兮雲烟。欲詢子兮清議，今何如兮昔焉。嗟吾子之同懷，莫起子於泉臺。惟千古之相知，寄微忱於一杯。鳳鳴司理黎平在萬曆前，去滄浪没未遠，其叙滄浪流戍亦與《志》述略同，惟其官當有傳訛，未有朝廷謫戍侍郎而史不書者，豈「侍」衍字與？

南山草堂

南山芳樹草堂遮，中有將軍逸少家。石上題詩收柿葉，甕頭釀酒摘松花。龍眠古洞千峰暝，鹿過深林一徑斜。他日挂冠高卧處，衡門深處足烟霞。

冬　夜

南山石爛夜漫漫，月轉空林不忍看。遠戍天涯衣未授，獨吟霜下影俱寒。良弓有鳥伊誰挂，長鋏無魚只自彈。燒盡畫屏金菡萏，白雲如許宿檐端。

中秋諸子宴集

碧海涓涓一鏡浮，美人妝罷出東樓。狂來自許乘槎客，老去多慚折桂儔。花底清樽邀共飲，匣中長鋏問誰求。莫辭綺席今宵醉，明夜冰輪缺動頭。

感　時

大臣宴罷出龍窩，楊柳春風滿玉珂。正是太平無事日，醒醒人少醉人多。○《黎五志》云：忤璫謫戍，因此詩。

醉歸酬主人

春鳥嚶嚶花樹棻，從君花下倒金樽。余家近傍淮陰住，敢效韓侯一報恩。

【校勘記】

〔一〕清乾隆六年《貴州通志》卷三十八載李夢陽所撰題作「尚書黄公紱傳」。

〔二〕學職：《貴州通志》作「學博」。

〔三〕升南京刑部員外郎郎中：《貴州通志》作「升南京刑部員外郎轉郎中」。

〔四〕出爲四川參議參政：《貴州通志》作「出爲四川參政」。《明史·黄紱傳》（卷一百八十五）作：「遷四川左參議，久之，進左參政。」

〔五〕便：《貴州通志》作「使」。

〔六〕者刻參將：《貴州通志》作「首刻參將」。

〔七〕落晴空：清瞿鴻錫序刊本《平越直隸州志·藝文》（卷七十九）作「畫飄紅」，且有注：「畫飄紅，一作『落晴空』。」

〔八〕殆：原作「始」，今據清乾隆六年《貴州通志·藝文·記》（卷四十）改。

〔九〕復領楚南牧：清乾隆六年《貴州通志·藝文·詩》（卷四十五）作「復領楚西牧」。

〔一〇〕供令：《貴州通志·藝文·詩》（卷四十五）作「供御」。

〔一一〕馬行蒼澗東：《貴州通志·藝文·詩》（卷四十五）作「馬行緑水東」。清乾隆五十六年《鎮遠府志》卷二十二《藝文·詩》同。

〔一二〕次韻丁天玉游凌元洞：《貴州通志·藝文·詩》（卷四十五）作「和凌元洞原韻」，《鎮遠府志》卷二十二《藝文·詩》同。

〔一三〕茂勣：清咸豐元年《安順府志·藝文志》（卷四十四）作「茂著」。

〔一四〕清瞿鴻錫序刊本《平越直隸州志》題此詩名爲「平越省墓」。

〔一五〕間有學佛者：清乾隆六年《貴州通志》卷四十《藝文·記》所載王訓《東坡月潭寺記》作「間有好佛者」。

〔一六〕此文在清乾隆二十年《玉屏縣志·藝文·奏疏》（卷十）中題名爲「爲平溪副都御史侯位母夏氏百歲敬典疏」。

〔一七〕值二帝播遷：清道光刊本《遵義府志·土官》（卷三十一）作「值徽、欽二帝遷播」。

〔一八〕晚生三子：《遵義府志》作「晚生三子：君、居、鼎」。

〔一九〕畜一虎：《遵義府志》作「軫畜一虎」。

〔二〇〕會曦誅：《遵義府志》作「會曦誅，不果」。

〔二一〕子价字善父：《遵義府志》作「三子：价、佐、佑。价字善父」。

〔二二〕桃源洞題刻三首：《遵義府志》卷四十五《藝文・詩》題爲「桃源洞口題刻三首」，署名爲「張道凝」。鄭珍《播雅》卷二《方外》録「顛仙七首」詩，此其三首。鄭珍《序》云：「舊《府志》書楊顛仙云：名道凝，顛仙其自號，又號神霄散吏。《通志》改書張顛仙，世不審確爲何姓。珍按：顛仙，實即播州宣慰使楊斌也。」莫氏此將《桃源洞題刻三首》歸之楊斌所撰，是也。

〔二三〕有人欲識無生法：《遵義府志》作「有人問我無生法」。

〔二四〕有人問道家何處：《遵義府志》作「有人問我家何處」。

〔二五〕莫氏這段語，與鄭珍《播雅》卷二按語幾同，文字僅有小異，今不贅録。

〔二六〕莫漫兒童説子房：鄭珍《播雅》卷二作「漫要兒童説子房」。

黔詩紀略卷之三

明

李教諭藻二首

藻，字□□，平越衛人，舉正德二年鄉試，任四川江油教諭。鄢藍賊起，奉委督餉，守高城，親率勇士決戰，歿於陣，而城獲全。

平越二忠咏

總兵威信若風馳，戰死猶能讋遠夷。十萬溪邊新廟在，果然南八是男兒。南總兵黨。

按：黨，定遠人，永樂初任征蠻總兵官，所到克平，諸苗畏之若虎。至十萬谿，解甲少息，群賊突至，遂力戰死，屍卓立不仆。王巋苗驚爲神，載歸，禮葬立廟。歲時享祀，至今不絶。十萬谿在平越西南境，與王巋囤接。

垂危食盡一孤城，斫陣猶傳百户名。父子死忠城獨在，至今含淚説奚生。奚百户得。

按：得，平越衛百户，性孝友，驍勇善戰。正統十四年，苗圍城，城中食盡，請於參將趙信，願選勇健三百人夜斫賊營。信壯而遣之。得與二子宣、宏出攻賊，賊敗，追之，於羊場斬二賊。宏中傷死，得、宣奮力決戰。賊大至，得、宣手刃賊無算，力竭皆死焉。城圍遂解。後尚書王驥訪其家，僅一子能，尚在襁褓，令有司月給銀米善育之。

田布政秋二首

秋，字汝力，號西麓，思南府人。正德五年舉人，九年進士，授延平河間推官，升户科給事中。歷官廣東左布政使。乞休，屢薦不起。祖萬鍾，父顯文，并有隱德。西麓在諫垣最有聲。雲南差鎮内官恣虐，首奏劾停之。内府監多冗食，太常寺多冗役，光禄多不經之費，悉請裁汰。御馬監用財無節，酌贏縮爲之程，歲省費鉅萬計。《明史·李承勳傳》：御馬監末汰，復因給事中田秋奏，多所裁減。而請以騰驤四衛屬部，覈詭冒，制可。議郊壇不應侵遷民冢，天地壇不當合祭，皆引義侃侃。先是貴州未設鄉闈，就試雲南，近者二千里，遠者三四千里，中隔盤江，夏秋多瘴，往試者不習水土，十病其九。士多裹足，文化不宣。西麓乃請開闈貴州。貴州撫按亦先後有言者，得報允，以嘉靖十六年丁酉科始。又買田供試卷費，鄉里人士亦鼓舞奮興。一、二十年後，文章風節駸駸比中州焉。四川災民流入思南萬餘人，間有劫掠，請增設兵備副使，撫輯以防不虞，報可。請建思南府城，請置婺川、印江兩學。建先祠，置義田，以贍族之不能婚葬者；治橋道，設藥局，以濟鄉之不能醫藥者。鄉人尚鬼，信浮屠，惑不可解，西麓一遵朱子家禮爲倡，陋俗一變。著有《西麓奏議》，《千頃堂書目》題作《都諫田公奏議》，亦不詳卷數。又有《思南府志》八卷，載《明史·藝文志》。錢塘田副使汝成《序》及西麓《自序》，并見《省志》。子時中，舉嘉靖十三年鄉試。時龍，舉十九年鄉試第一。西麓兄弟行有以弘治五年鄉舉者曰穀，性方正，精《易》學，知新津縣，嚴明清慎，賑窮乏，鋤奸宄，學校、城池以次修舉，升曲靖府通判。尋乞養歸，不復出。穀子時雍嘉靖十三年舉人，官湖廣遠安知縣，亦傳穀學，惜詩皆無存。附西麓《請開賢科以宏文教疏》：臣秋竊惟國家取士於兩京十二省(二)，各設鄉試科場以掄選俊才，登之禮部，爲之會試，然後進於大廷，命以官職。真得成周鄉舉里選之遺意，所以人才輩出，視古最盛者此也。惟貴州一省，遠在西南，未曾設有鄉試科場，止附雲南布政司科舉，蓋因永樂年間初設布政司，制度草創，且以遠方之民，文教未盡及也。迨今涵濡列聖休明之治教百五十餘年，而親承皇上維新之化又八年於兹，遠方人才正如在山之木，得雨露之潤，日有生長，固非昔日之比矣。臣愚以爲開科盛舉，正有待於今日也。且以貴州至雲南相距且二千餘里，如思南、永寧等府衛，至雲南且有三、四千里者，而盛夏難行，山路險峻，瘴毒侵淫，生儒赴試，其苦最極。中間有貧寒而無以爲資者，有幼弱而不能徒行者，有不耐辛苦而返於中道者，至於中冒瘴毒而疾於途次者，往往有之。此皆臣親見其苦，親歷其勞。今幸叨列侍從，乃得爲陛下陳之。邊方下邑之士，望天門於萬里，扼腕嘆息欲言而不能言者亦多矣。臣嘗聞國初兩廣亦共一科場，其後各設鄉試，漸增解額，至今人才之盛埒於中州。臣竊以爲人性之善得於天者，本無遠近之殊，特變通鼓舞之機，由於人者有先後耳。今設科之後，人益向學，他日雲貴又安知不如兩廣之盛乎！議者曰：科之不開，病於錢糧之少。臣竊以爲不然。蓋貴州雖赴雲南鄉試，而舉人坊牌之費，貴州自辦也；鹿鳴之宴，貴州自備也；今所加者，不過三場供給試官聘禮耳。鎮遠、永寧等税課司，每歲不下數百兩；思南府又有棉花税，若設一税課司，委一廉幹府官監收之，每歲亦可得數百兩。只此數項，足充其費，況求才大事，又可靳於區區之小費乎？且歷年撫按官亦屢有舉奏，蓋一方之至願，上下之同情，其建置之地，區畫之詳，在彼必有定議。乞敕該部再加詳議。舊額：二省共取五十五名，雲南三十四名，貴州二十一名。臣請開科之後，二省各於舊額之上，量增數名，以風勵遠人，使知激勸，則遠方幸甚！又，《請建婺川、安順、印江學疏》：臣秋謹題，爲乞恩建學，以新化機，以廣文教事。竊惟人才之用，雖有多寡之殊，而賦予之自天，原無彼此之異，特以教化之所及，有先後淺深，而人才係之焉耳。自古聖王皆致謹於庠序之教，有由然也。我太祖高皇帝即位之明年，即諭中書省臣以學校之事，必欲去元室之陋，回淳古之風。洪武八年，又命郡縣凡閭里皆得啓塾立師，守令以時程督之，即今之社學是也。列聖相承，教法益備，雖山陬僻縣莫不有學。惟貴州一省，制度草創，止有府衛建學，而州縣尚無。百年以來，休養生息之餘，似乎富而未教，一方山川之秀，誠爲鬱而未舒。兹幸聖人在御，百度惟新，鴻化溥洽，邇者以臺諫進言，禮官上請，准於貴州設科取士，遠方士子無不感戴天恩，垂白父老拭目以觀文教之興，椎髻夷酋皆有遣子入學之志。臣生長其地，見得婺川縣爲黔南古邑，擅砂場之利，有魚稻之饒，商賈輻輳，民庶殷實。士生其間者，頗多向學，而登科第者往往而有。只以離府五日，山行就學不便，是以閭閻俊秀，雖不乏人，而奮庸致身，終於無路。臣愚以爲婺川縣宜立縣學一區。又安順州設有普定衛，其地上通雲南，下接湖貴，實西南都會之所，號爲多才，科目相望，而該州亦未有學。臣愚以爲安順州亦宜建學一區。又印江縣，離府雖無百里之程，而有三江之隔，夏秋盛漲，未免病涉。且其邑多才，足以自成一學。再照學校教化之本源，教化王者之先務，教化行則風俗美，可以措刑罰，可以寢干戈。貴州邊陲之地，每遇有警，未免用兵，而所費動以萬計。今學宫齋號之設，師生廪餼之費，未免動支錢糧，然事關教化，未可委之乏用也。乞敕下禮部，果如臣言，照州縣建學立師，庶菁莪之化，不間於一方，遐遠之才，咸沾乎樂育，邊方幸甚！生民幸甚！又《陳愚見以備遺策疏》：臣見得巡按四川監察御史戴金奏内開稱：「川東道，飢民流移滿道。」布政使凌相奏稱：「四川各處盜賊漸起。」臣原籍貴州思南府，與川東、重慶、播州、西陽等處接界，中間山溪平壤，連延千里，每遇荒年，川民流入境内就食。正德六年，流民入境數多，賊首方四乘時嘯聚，起於地名任仙峰，攻劫本府婺川縣、石阡府龍泉司。地方官司不早撲滅，遂至擁衆數萬，長驅入蜀，勤三省之兵，延數年之久，僅能除之。傳聞今年流民入境者，絡繹道途，布滿村落，已不下數萬，較之正德六年尤多。本處旱災與蜀無異，去年雖有薄收，人多食少，勢難周給。其間乘時搶掠者，已漸有之。本府僻在省城東北、川貴二省之交，守巡官或因帶管別道，或因山路崎嶇，往往歲不一至。今又延進鎮雄府。撫按鎮守諸臣，并力西向，勢必忽此兩府，守臣當釁孽未起之時，必互相推調，莫肯先事提防。今冬明春，兵變必起。臣請於鄰近知府，或本處兩司，推舉素有才望官一員，量升副使職銜，授以撫民之任，往札思南府，整飭提備，撫綏安插。邊郡儲蓄素少，原無軍衛城池，乞於太倉之銀，量運二三萬兩前去賑濟，備警精選民兵聽用。若有不逞之徒乘機騷動者，即行翦撲。土流巡捕官下鄉擾害者，嚴行禁治。一應保障、撫處事宜，聽其斟酌修舉，庶患可禁於未萌，事得立於豫定而不蹈往年之覆轍矣。臣待罪言官，有此一得之愚，謹以上聞。如賜采納施行，則天下幸甚！生民幸甚！

巖門山

登高縱目盡清秋，萬里雲山在兩眸。地脈不因巴水斷，風光更與聖山浮。鳥鳴木落空林響，竹暝烟生別澗幽。興極馬蹄隨處到，恍疑身已在滄洲。

按：山即思南城所倚，極巉峻；左與五老峰連峙，曰大巖門。門設永勝關，俗稱大巖關。出婺川道由之，右與天馬山連峙，曰小巖門。門設武勝關，俗稱小巖關，出石阡道由之。兩關，郡之門户。

萬聖山

青崖斗絶競崔嵬，曾爲邦人捍大災。今日承平皆隴畝，千家東面看樓臺。

按：山在思南府東三里，層崖峭絶，與城隔德江對峙。山上有仁壽崖，萬曆中，知府樂平趙恒刻字其上。山面有懸羊洞，白石挺出如羊。山半有龍洞，禱雨輒應。洞水分二道，飛流直下，可灌千畝。山背有丹臺、紫霄、上陽子、陳致虛舊迹。致虛，字觀吾，元時人，嘗從緣督真人趙友卿授金丹妙道，遍游夜郎，至思唐，嘗自入籠，浮於江。田宣慰掖出之，乃與宣慰弟至陽子田畸鍊丹於萬聖巖壁中，編注《金丹正理大全》數十卷，爐竈猶存。萬曆間，李同野鐫「卧月眠雲」四字於臺側。詩中「捍大災」蓋別有本事，俟考。

繆封君良玉一首

良玉，字子瑄，烏撒衛人。其先自南直華亭來著軍籍。父仁有隱德。子瑄舉正德五年鄉試，除知營山縣，以清惠著，已而罷歸。以烏撒附雲南鄉試及貢國子諸生，類艱資斧不往，因購地，起城東闗豆腐井，歷北闗下壩，至回紫村北山，凡十餘里。歲入粟過千石，爲科貢費，進取士乃奮以衆。烏撒火，子瑄舍獨存。新都楊慎以謫經過，牓之曰「瑞堂」。撫早孤從子文明如己子，以子文龍貴封御史。當子瑄之鄉舉也，有張演者遺其父仁雞卵，上隱隱有龍文。仁寶而弄之。子瑄婦解適將免，夢踞竈上而生男。仁曰：皆吉徵也。因以卵瑞命曰「文龍」，後果以起其家。

命子辭

張翁遺卵瑞彩射，龍文隱隱鱗角赤。什襲摩挲愈璆璧，婦夢登竈呱在席。老親拍手歡喜劇，命之文龍告先祏。吾家隱德世已積，應有名孫張祖澤，看爾飛騰破空碧。

王僉事木 四首

木，字子昇，或書子升。號晴溪，清平衛人。生而好學，舉正德八年鄉試，授隨州學正，召爲御史。多所彈糾，劾近臣大比典試不公者、勳臣莊户爲民害者，一繩以法，貴戚斂手。奉命巡按，適江南旱，疏請發公帑以賑，報允。海寇董效等倡亂，會兵剿平之，賜白金文綺。嘗薦楊一清、王守仁可大用，時服其知人。出爲雲南僉事，兵備迤西，綜覈郡吏，奬廉黜貪，以鯁直爲時所抑，遂拂衣歸。著有《東巡集》、《晴溪詩集》、《奏稿》各若干卷。弟橋、樸，一作朴。子炯，孫培、墀、塾，曾孫鉠、銓，先後登科目，皆有名行。橋，嘉靖四年舉人，官教諭。樸，十年舉人，自知縣爲雲南大理通判，知昆陽州，有才節，持大體，除易門逆黨王一新。炯，別見。培，四十年舉人。墀，字允敬，隆慶四年舉人，由羅山教諭擢知廣通縣，剖決敏速。縣土主簿段氏骫法，上官加約束，則用術詛咒。允敬廉發其巫蠱物，械送府，置之法，聲譽大起。坐縣庫被盜，降河南藩司理問。父艱，起服，補閩藩，尋擢鶴慶府通判。先是麓川之役，多虛冒升賞。直指屬允敬往勘，盡得其實。尋引疾歸。允敬性嚴急不能容人過，然操履清約，囊無餘貲。先世遺産悉以讓弟侄，時論高之。塾，萬曆十年舉人，知合江縣。鉠，字廷振。父坤，諸生，早卒，幼鞠於鶴慶叔。七歲就傅，視履端莊，出語奇警。弱冠應恩選，以《春秋》中二十六年舉人，授浪穹知縣，轉南陽同知，再補寧國監。蕪湖税羨餘，悉報入官。考績天下清官第二。升知臨安府，平訟獄，練鄉兵，會蜀黔報警赴援，擢曲靖兵備副使。土官安效良發難，烏蒙、霑益六百里屠毁無遺。廷振督轄安普道，儲糧贍兵，民其困始蘇。後效良流言「廷振曾殺降」，遂乞解職歸。部白其事，起原官，辭不就。與同志結寧儉詩社，嘯咏以終。弟欽早没，遺子德洪、德澄，鞠教田宅之。無子，即子德澄。門内雍睦。著有《清平志》、《詩文集》。銓，字廷選，四十六年副貢。天啓三年授金華訓導。朱巡按重其才，委署武義知縣，且奬之曰：「立身如玉如金，圖書在左，在右。」攝事五月，廷無留牘，獄無冤民。遷華陽教諭，兩在教職。造士先行誼，在家敦惠族姓，以推及鄉里，窮嫠皆有以養。著有《二華勝異》、《敦睦雅事》、《嫠婦吟》、《歸林嘯咏集》。

晴溪之先，來自浙江嵊縣。清平自洪武二十三年置衛，隸貴州都司。其爲衛指揮及同知僉事及六千户所、千户、百户者，有嵊縣王氏、合肥王氏、臨淮王氏、公安王氏、豐寧王氏、蒲臺王氏、全椒王氏、遼東王氏、定邊王氏，凡九派。唯嵊縣子孫多顯者，始於王貴子敏，洪武九年以軍功官北平遵化衛，調清平衛，并正千户。敏子聚。聚子溱、漳。溱襲升都指揮同知。漳即晴溪父也，字源潔。正德初，以貢授清苑知縣。歲苦水旱，上狀得免半租。時建乾清宫，部檄陶甓於畿輔縣。陶者欲因爲利賄府胥，白之守。守許之。源潔憤然曰：「此甓惟蘇州陸地土可造，一甓之費白金三兩，奈何基怨以殃民。」立執杖陶人，具陳當事，得減直輸錢。縣民積逋太僕寺馬千匹，計價四萬餘兩，民情洶洶。源潔詣當事，請曰：「自漳之至縣，水旱盜賊，民困未蘇。今以十年逋賦責之一朝，流離嘯聚，將自此始。」言甚激切，得緩三之二。禮部尚書傅珪語人曰：「陶、馬二徵，微王縣令爲墟矣。」内臣劉瑾弄權恣横，奉使至清苑，源潔不爲折，且廷劾之，遂棄官歸。聚，字德輿，正統間襲衛千户，兩從兵部尚書王驥征麓川，累功升指揮僉事。天順初掌衛篆，并領興隆、黄平軍馬。阿榜作亂，奉檄協剿，俘之以獻，擢都閫。成化初守迤東六衛，繼掌閫司，嚴號令，公賞罰，興利釐弊，政令肅然。六十致仕。卒，年八十五。德輿性孝謹，父卒，雖小故，必稟母命；治家嚴肅，誨子弟必以孝弟節義。歲荒，山東陳姓在清平鬻十歲女於蜀人，適征烏蒙還，倍價贖之，厚奩以妻千户胡傑。當衛學初設，士罕得書籍，德輿走閩中，備購經史以歸，人文爲之一振。泰和郭子章曰：「逆長鯨之鱗，捋飛虎之鬚，偉哉！清苑之遺王氏轂也豐矣！」固然。然清苑之賢，成自德輿。德輿武人，而能力儲經籍以惠學者，頓使蕞爾清平，名臣、名儒接踵而起，倡導之功，何可没也！其後裔名德蟬聯，有以也夫。惜數世著述俱不傳，僅從舊《志》得晴溪四絶句。

老君洞

黄茅隱幽室，昏黑不可度。忽接升天橋，疑是函關路。

按：洞在清平縣東十五里黄茅山下，高闊十餘丈。洞左循級上，有石室、石床。又左通一徑，有天生橋，長十餘丈。橋下有泉，秉炬至此，豁然天開。列坐橋上，洞中奇觀一一在目。

雲溪洞

雲溪穴千山，石燕蟄萬斛。怪得九夏來，寒飆刺人骨。

按：洞在清平縣北十五里，又名大風洞，即道書峙蒼洞天也。一曰時蒼後門，在楊老城西，曲折六、七十里。洞中産石燕。流泉自中出，纔入里許，即寒風襲人。暑月須披裘以游，至半有穴如斗，斜漏日光，照見一切。洞門額有亭曰「三遠」，可憑眺。附國朝潘淳《大風洞記》：由清平而北十餘里，距大道數百步，有山焉，與諸山接；而狀如蹲虎。山之西有洞。洞口垂藤挂薜，蒼翠蒙翳，若從未經人出入者。清泉一道，涓涓流出。掬之，寒沁肌骨，雖酷暑不能堪。洞中時殷殷作雷聲，少頃，怒濤坌涌，已則奔屋撼木，勢不減海中颶。土人曰：「洞中大風出矣！」故名大風洞云。邑人高一盧，物外士也，每與朋好三四人挈壺觴，坐洞口緣莎茵，臨流嘯歌，醵飲竟夕。一日謂其儕輩曰：「是洞深邃不知所底，吾等生長於是而不能一探其奇，得不令禽鳥笑人乎！且吾與若皆有濟勝具，何甘讓客兒也？」皆曰：「諾。」於是裹餱束火而入。初甚平曠，約里許，瘦石森立，如奇鬼。上視鍾乳纍纍如瓔珞下垂。徑忽仄，僅通人，冷風颼颼自石罅射入，毛髮俱豎。蜿蜒而行，高高下下不知凡幾里。乍聞鐘磬響答，引火四照，頗寥闊，頭上巖光如鏡，與火相耀。數十步外有數炬炯炯奪目，相與驚悸，不測何物。注目久之，始見一潭廣數畝，火光映水，澄澈晶瑩，適所聞鐘磬聲，則巖間乳滴潭中也。地既坦夷易行，所見多盤龍、鶱鳳、蹲獸之屬，皆石乳凝結，巧奪鬼工，奇勝引人，欣然忘其疲役。有蝙蝠二，大於扇，聞人聲，驚撲下上，盤舞炬光中。一人謂一盧曰：「我輩來不知幾時，行不知幾里，而洞之曲折逶迤正未有窮盡，盍歸乎？」前行，引炬者忽失聲曰：「洞盡矣！」衆共視之，石壁陡絶，壁間一石穴，穴上容人匍匐。一盧縮身入其中，仿佛見天光。餘人亦魚貫入。穴漸大，目漸明，行未數步，豁然雲開，修竹茂林，儼然在望。炊烟縷縷，上穿屋脊。雞犬之聲，依稀到耳。俯瞰則大江千尺洶洶。洞口外四面巉崖，鮮藤蘿可捫，凝矚注望，寂無往來人，相顧恍惚，不知爲何處也。發火燃炬，回穴中，扶向路出，所見與去時同異各半。方一𧁝入洞時，日亭午，出則次日二鼓矣。一𧁝偕諸人，緣山尋數十里内，所謂大江一派隔岸人家者，杳不可得。

太極洞

桓桓石將軍，停戈倦春賊。面壁尋真源，砰然劃太極。

按：洞在清平城北八里，中有泉涌出，甚清洌。嘉靖間，石總兵邦憲所開。

天然洞

穹洞潔且明，可列十客坐。仰見芝蓋飄，天風莫吹墮。

按：洞在太極側，又名小風洞，又名賓陽洞。洞中石乳倒垂，如蓮花千朵。晴溪與侯汝言，復有《天然洞聯句》，今不存。存晴溪一《序》。汝言亦清平人，名問，號雲溪。晴溪同年舉人。嘉靖間知太和縣。通敏愛民，縣附郭，供億倍他縣。舊取辦胥吏多困民，汝言一切更之，民得蘇息。遷工部主事。累官太僕寺卿。附晴溪《天然洞聯句詩引》：天然洞，古無名；有之，自巡按守菴楊先生始。洞右臨官道，東望雲溪僅七里。西脇太極，近纔百步。門中一石下拄，如象鼻然，深約七尺，闊二丈有奇，上平如掌，可列三十席，高約闊之半，懸崖墜乳，上下錯出，鳳騫虬卧，雲彩珠流，奇怪萬千，不可盡狀。而青碧晃白，諸色且犖然雜傳，又皆二洞所無有者。斗折而西，闊幾一倍。懸崖特下，間爲西北二室。自此極幽暗，非秉炬無所見。傴僂而入數十步，崖復高起，深廣奇怪亦倍於外。貴山稱佳勝可人意，其在迤東，曰東坡月潭巖。又，吾清諸洞有名者三：雲溪雖高闊十倍，以距城頗遠，人迹罕至；太極雖中涌洌泉可愛，而石底崎隘不可列坐。視此誠二洞之尤，月潭之偶。然以土石外塞，門不逾肩，望之僅二小穴，故未有知而游之者。今衛官輩有事於此，偶一步出，歸稱奇甚，乃諭以疏鋤門徑，旁刈荆棘。工再舉，豁然明爽，日通賓輿矣。余獨未之至也。是日，守庵以瓜期北還營，余與營繕侯郎中汝言治具其中，飲餞外堂，相與驚賞久之。既盛炬内入，導之軍樂，談飲逾時，比復坐，不覺日西夕矣。守庵喜，劇題額云云，且命聯句，遂成如左。夫萬物在天地間，廢興有時而顯晦因之。此蓋開闢時物也，設衛屬華，又百八十年矣。鄉人之賢，類出前輩，顧今始得以顯，豈非數耶！是可重慨也已。守庵名春芳，字伯生，宿松人。汝言名問，號雲溪，時督木蜀道歸家者。又錢塘田汝成《天然洞記》：古之官於其地而善爲山水游者，若晉謝靈運、唐柳子厚是也。靈運永嘉守，子厚永州刺史也。守、刺史專一州，官尊而政劇，而二子灑然脱略，恣蕩風情，凡州之山水稍可取者，必涉足而寓目焉。又能作詩爲文，以張大景物，使不落寞寰中，斯亦奇矣。然未識二子踪迹所遺者，至於今復有表章之乎否也？方今海内名士善爲山水游者，余所聞姑蘇郁元敬、天水方思道、天台蔡巨源。是三子之好爲山水游也，若飢食渴飲而病就醫也，其有聞而求必得之也，若獼搜而虞逐也。元敬、思道之游，予未之考蹟。若巨源則既知矣。正德中，巨源參議貴州。貴州山水磽硤，鮮可游者，而巨源必游。凡一丘一壑，苟不爲糞壤者，皆涉足而寓目焉，又善爲大書，加勒名稱以紀踪迹，庶幾靈迹、子厚之風者。夫巨源之游貴州，亦密矣，而清平尤熟。清平者，巨源所與民同患者矣。清平城北五里所謂太極洞〔二〕，又其北十里所謂雲溪洞〔三〕。雲溪、太極者，皆巨源因象名之也。挈其間去太極百步許，即今所謂天然洞也。當其時，翳於榛莽，狐狸之宅而螻蟻之封，不爲巨源所甄録。乃今去巨源二十餘年矣。風雨滌薄，門徑呀然，宏邃虚明，可肆筵几，較其奇於雲溪、太極，不啻華屋層軒之與蓬華伍也。晦於前而顯於後，豈非數也。今夫崑山之玉，滄海之珠，千載求之，尚有遺寶，造物之無盡藏也如是。然則人君之求賢也，招以弓旌，聘以圭璧，焉知草澤之下不有懷珍而櫜鑰者乎！何以異於此洞之不得暴白於當時也！雖然，洞之顯，雖後時猶不落寞於世，吾安知此外不復更有遺者，終有能表章之乎否也？是歲巡按御史宿松楊伯生，暨清平士夫僉事王子升、侯汝言游而樂之。其名則楊伯生命之。又子升、汝言聯句咏之，縉紳聞者，屬而和之。錢塘田汝成記之。

汪金華大有 一首

大有，字□□，普定衛人。舉正德十一年鄉試，知金華縣，以廉慎聞。未幾引疾歸。著有《普定衛志》、《宋元品藻》、《陶陶亭集》，并未見。從《清平衛志》得一首。其兄行大章者尤有文名，幼稱奇童。其父聚書於樓扃，使之讀，隔數月抽試之背，無不成誦。謂惟時憲書，須重讀始不訛耳。弘治八年舉人，十二年進士，累官參議。以事忤劉瑾，告歸。惜其文章、官蹟俱不傳。

蔡公祠

盜賊滿黔竹，三年任破殘。賴公提大義，小邑竟能完。後日平猶易，當時守獨難。去今無廿載，廟食擬潮韓。

按：祠祀明貴州參議蔡潮，在清平城北石仙山。潮，臨海進士，《明史》附見《鄒文盛》及《播州士官傳》。并僅載其詣播州，督宣慰楊斌撫定重安土舍馮綸等仇殺事，録功。尚書王瓊尚以專權爲潮罪，不叙。《清平志》云：潮字巨源，正德十一年參議貴州。苗賊據香爐山出没抄掠，聲言奪清平城。潮遂留鎮撫告吏民曰：「去與守等死耳！守猶百全一。」吏民感憤，欲效死，乃大修守備。賊突至，圍城三匝。堅壁力拒，瞷其惰，出兵擾之；急則入保。賊不得利，引去。已去復來，如是者二年，城卒不陷。又逾年，鄒文盛督兵進剿，潮斬馘，功居多，清平人尸祝焉。潮在貴州九年，以讒不預政者居半，所至進諸生，講明經史，嘯咏自得。附録《蔡公祠記》：生祠非古也。記云：「以死勤事，以勞定國，能禦大災，能捍大患，則祀之。」如峴山表叔子之靈，宣城著謝公之姓是也。清平蔡公生祠之作，其亦此與？正德十三年，清平縣苗夷作亂，據香爐山以爲巢穴，憑陵遠近，動摇藩省。清平其切近，蓋門庭之寇也。賊擁數千之衆攻城，公適以少參分守其地，内無勁卒，外鮮强援，止以數百守城之兵，畫地分障，運奇設謀，擒其桀黠，散其黨與〔四〕，不數日，賊俱引去。闔城老幼得再造，皆公之恩也。未幾，公遷去，民不能忍，乃爲生祠三楹，肖公像於中，且私之曰：「此吾清平之羅池柳侯、潮陽韓公也。」祠成三十餘年，爲嘉靖庚戌。麻城喻九山沖以公高弟僉憲貴陽，道經清平，謁祠，下見礲碑尚未有辭，徵《記》於秋。秋惟公在貴凡八九年，不鄙夷其地，所在多品題建置。公之去貴三十年矣，而貴人思公德澤者如昔。公以貴參議升福建參政，轉河南右布政。人方仰其柄用，乃抗疏乞休，時論高之。左布政使思南田秋謹記。

太守湯伯元先生冔 一首

冔，字伯元，貴州宣慰司人，其先自直隸桃源來籍。年十四喪母。繼母韓嚴急，兩弟邦、鼎皆畏咎出亡。伯元事之，委曲盡善，卒致其慈。正德十一年舉於鄉，十六年成進士，累官南京户部郎，出知潮州府。潮劇郡，商旅輻輳，榷税猥雜，士夫又好請託以撓官府。伯元至，裁決如流，監税租不一染指，縉紳有干請者，則糊刺堂壁以愧絶之，人由是銜伯元。甫三月，改鞏昌。未幾，中潮勢家飛語，罷歸。伯元爲京朝官十餘年，守郡纔數月，思親不獲迎養，輒遥望嗚咽，有「腸斷九回情獨苦，仕逾十載養全貧」之句。傷二弟出亡，多方物色，得邦於普城。求鼎終身不得，以爲大戚。暮年以詩自娱。著有《逸老閑録》、《續録》若干卷，卒，年八十一。王陽明先生守仁之謫龍場驛丞也，提學席副使書請居文明書院，爲諸生講「知行合一」之學。席公公餘常就見，論難或至中夜，諸生環而觀聽，常數百人。於是黔人争知求心性。得其傳者首推陳宗魯及先生。宗魯得陽明之和，先生得陽明之正，文章吏治皆有可稱。宗魯名文學，亦宣慰司人，年十餘即能詩文，以諸生事陽明，乃潛心理學。陽明《居彝集》中獨有《示陳宗魯詩》，蓋進之也。正德十一年舉於鄉。累官耀州知州，改簡告歸，杜門不與世事。終日静坐，默記先聖語言與師説相證發，亦游藝染翰。或對客談詩文，唯意所適，殆無一時不自得。日者言其六十歲將不利，乃預爲《五栗先生誌》。五栗，其自號也。又十六年始疾，客來視，曰：「别矣！」客去，危坐而逝。著有《耀歸存稿》、《懶簃閑録》、《餘歷續稿》，或云《餘生續稿》。餘歷者，不利歲後之所作也。其門人統編爲《陳耀州詩集》，又稱《五栗山人集》。邵元善爲《序》，謂其詩大半在溪山花月、杯酒游覽閑語觸趣而發，不强作。沖澹如栗里，蕭散如蘇州，沈鬱藴藉如少陵。而平生落落不偶於時，偃蹇寂寥以終其身，大都相似。今宗魯三《集》與伯元兩《録》并無一存。兩先生承良知之派以開黔學，豈區區詩文足以重兩先生？然而後生不見遺著，何所憑藉以爲師法？三百年來庠序間幾不知兩先生名字。陳先生後裔亦不詳誰某，文獻荒略，惟有慨嘆而已。湯先生有子克俊，嘉靖三十四年舉人，官知州。孫師黄，萬曆七年舉人，官審理。師項，十六年舉人，官治中。師炎，字子農，三十一年舉人，官大理府推官。天啓初，貴州有奢安之亂，雲南霑益土婦設科，武定土目張世臣補鮓，土目李賢等皆起，屢敗官軍，陷安南，圍普安，道路不通，新除雲南巡撫閔洪學由廣西田州迂道赴任，以師炎忠壯，命監軍討賊，不利被執，大罵，遂遇害。事聞，賜祭葬，贈光禄寺少卿。蔭一子入監。師項子景明，字伯昭，同師炎萬曆癸酉鄉舉，四十四年進士，知河間縣，擢吏部主事，升郎中，出爲荆西道右參政。性坦易，不飾邊幅，與人交藹然可親。人或犯之，不校也。有女嫁同郡楊玉聰，流賊入黔，聞玉聰被執，投水死。景暾，崇禎十二年舉人。在明三世，皆能世其家。國朝毛奇齡《王文成傳》本謂其貴州門人有劉秉鑑，正德中進士。考《明史·桂蕚傳》：因事貶謫劉秉鑑等，得量移。世亦稍以此賢蕚。《韋商臣傳》：大禮初定，廷臣下吏貶謫者無虛日，商臣上疏，有群臣「以咈中使逮問，則副使劉秉鑑」等十人之語，蓋即其人，而《省志》不載，殆非黔人也。

表賢祠詩并記

表賢祠，貴州衛站以祀憲副吴公也。公諱倬，字克大，浙淳安世家，登乙未進士，成化間僉事，尋陟兵備副使，剔政蠹，發吏奸，清介剛正，難以殫述。惟吾站役繁劇，舊制未設廩餉，公惻然，欲月食人米三斗。會侍御桂林包公裕巡按兹土，議合馳疏，上聞報，曰「可。」公又區畫贖金七百兩有奇，購附近常稔之田若干畝，以佐不給。今去公遼邈，吾人思公之惠，譚不容口。夫前乎公者未必不賢於公也，後乎公者未必不加意於吾人也。譬之荒墾而畚挶之功，實公伊始。按，祭法：有功德於民者祀之。吾人豈私惠公哉！乃就站境立祠專祀，額其門曰「表賢」，屬走爲《記》，系之以詩，俾歌以祀公，辭曰：

豸冠繡斧，温温春煦。賜我土田，膏澤伊溥。繡斧豸冠，凜凜霜寒。遺我餱廩，百世不刊。

祀事聿修，答公之休。在晉尹鐸，在蜀武侯。碩牲清觴，薦公之堂。惟公降只，雲駢翺翔。我稼我穡，伊公之力。惟公歆只，享兹飲食。歲月孔長，頌聲洋洋。庇我祐我，惟公之慶。

何敏樹一首

敏樹，字□□，播州長官司人。地今隸遵義縣。當正德中，楊氏名欲興文，實忌州人有學，敏樹警敏能詩，恐觸其忌，浪迹山水以終。著有《滄浪童子集》，今無傳。

謁冉進士祠

一自先生貢禮闈，播州山水有光輝。二百年來拜祠宇，令人長憶宋雄威。

按《四川通志》載：宋嘉熙二年，周坦榜舉進士者，有冉從周，遵義軍人，官珍州守。《明一統志》謂時呼「破荒冉家」者也。播州以宋安撫楊价請歲貢士，乃有進士。嘉熙後舉者，復有遵義楊震、李敏子、白震、楊邦彦、楊邦傑，播州猶道明、趙炎卯，凡七人，而從周爲之先。宋後則無聞矣。价曾授雄威軍都統制，詩中「長憶雄威」，蓋有深慨也。進士祠，《方志》不載。道光末，友芝卜宅於遵郡城西南隅直碧雲峰之麓，宅西北榛莽中得斷石，存十六字，爲三行，一云「是宋進士冉」；二云「考矣唯是缺典」；三云「備記其辭俾」。疑冉公有宅在城西南，而元明因其址以建祠，此斷石即祠記也。城南舊多冉姓，亦一證。

李府判廷嘉二首

廷嘉，字□□，思南人，嘉靖元年舉人，官四川夔州府通判。天順間，思南李氏有濬者，以明經任臨武主簿。苗以萬人入寇，濬率衆保舜峰砦，身先壯勇，拒守。賊攻不克而去。冬，苗再入寇，濬煮藥矢射之，中者立斃，遂解。八年賊又大舉，連攻城，終不能克。轉攻陷桂陽城。臨武頻遭寇而卒無恙，濬之力也，遷貳蔚州。蓋廷嘉父行也。

白泉魚樂〇白水泉在思南城南二里，一稱馬家泉，水出半山，爲瀑布。

解却袍簪到白泉，披襟散髮酒腸寬。半篷夜月三更夢，兩岸春花一釣竿。得句詩人移短棹〔五〕，忘機鷗鳥過前灘。陰晴只恁烟波静，流水高山自在看。

德江晚渡

德水滔滔勢自東，從空誰爲跨長虹。舟横夕棹便歸客，風順春江不挂篷，兩岸看時環漢緑，一篙撑處散霞紅。丁寧五馬休先渡，滚滚波心落日中。

按：德江，一稱水德江，即烏江之下流。烏江出大定府之威寧州東北山中，下會雲南鎮雄州西境，溪水經畢節縣，伏流復出，屈曲東北，流經大定府南、黔西州南、修文縣西北、遵義縣南、開州北、甕安縣北、餘慶縣西北、龍泉縣南、石阡府北、思南府西南，又經城東，即德江渡也。又經印江縣西北、婺川縣東北，西折北流，入四川酉陽州西南界。又北至龔灘，會湖北施南府溪水。又經彭水縣西南，折西南流。又折而北至涪州城東北銅柱灘，入蜀江。源流二千三百餘里，亦巨川也。昔人謂之延江水。《水經》云：「延江水，出犍爲南廣縣，又東至牂牁鼈縣，又東屈北流至巴郡涪陵縣。」又云：「江水東至枳縣西。延江從牂牁郡北流，西屈注之是也。」是後亦稱涪江，亦稱巴江，亦稱内江，亦稱黔江，亦稱烏江。《華陽國志》：「漢陽縣有漢水入延江。」又云：「枳縣，治涪陵水會。」《元和郡縣志》：「黔州西有延江水，一名涪陵江，自牂牁北，歷播、費、思、黔等州，北注岷江。」又云：「婺川内江水，一名涪陵水。」《太平寰宇記》：「内江亦名涪陵江，一名巴江。」《元豐九域志》：「黔州彭水縣有巴江。」《輿地紀勝》：「涪江自思州之上費州發源，流經五十八節名灘，與施州江合流，以其會於黔州，呼爲黔江。」《元史·李德輝傳》：「嘗夢主烏江。」是也。至明改元水特姜長官司爲水德江長官司，遂稱思南，郭外江曰水德江。《明史地理志》：「安化縣南有水德江，即烏江之下流。」是也。明人詩文多省稱德江。

段縣令以金一首

以金，字□□，程番府人。其地後置定番州。嘉靖十年舉人。獲解後，武進徐問用中巡撫貴州，既討平都匀土寇蒙越，以善俗化民爲務，乃聚黔士秀異與之講學，而以金爲最優。久之，以金及同學王惟忠、葉履謙、周鑛、黎宇、潘維嶽、吴民皞、顧繼先，舉所問難講授彙編爲八卷，用中復爲審定增損，題曰《讀書劄記》，以金輩爲校刊以傳，都不越五萬言，然于吾身天地事物之理頗能函括。今文淵閣子部儒家所著録是也。《惟忠官知縣，履謙官同知，鑛官知州，并以金同年舉人；宇官知縣，維嶽官知州，并十六年舉人。五人并籍貴州宣慰司。民皞、繼先并宣慰司學諸生。其行蹟，惟維嶽見《方志》，今附見其孫潤民傳，餘俱無考問。弘治壬戌進士，官至南户部尚書，謚莊裕。》以金後官知縣，治蹟亦無傳，惟從初刻《劄記》卷尾得一律。

徐大中丞命校《讀書劄記》畢書後

夫子開黔府，沅頭始解兵。先聲漢德信，近績楚時鳴。美化根儒術，前修有定程。敂轅稀訟牘，講業萃經生。集義推斯裕，群疑質盡明。願傳家户曉，永戢亂荄萌。

按：德信，蜀漢馬忠字，閬中人，曾爲庲降都督，平劉胄有恩威。時鳴，公安鄒文盛字，弘治癸丑進士，正德時巡撫貴州，討平清平香爐山叛苗阿傍等。詳《蜀志》、《明史》各本傳。

趙布政維垣二首

維垣，字師德，永寧衛人。今爲叙永廳永寧縣，隸四川。舉嘉靖十年鄉試，十一年進士，選庶吉士，授刑部主事。以詿誤下獄，得釋，謫大名。尋起用。歷官雲南按察司副使、布政司左參議，晉左布政使。舊《志》稱其長於詩歌，著有《攻玉集》，未見，從滇、黔《志》各録一首。其文有《刻春秋繁露序》及蔡汝楠《白石集題詞》，各見本書。附□□王璜《攻玉集序》：攻玉者誰？龍巖趙先生也。龍巖者何？謫大名前庶吉士也。曷攻玉鐩也？其鐩之奈何？佩之以昭德也。然則文無與矣，曷以名集？會也。觀之者不曰會曰倫也。玉鐩而詩帖兩逢其適，故曰會也。玉以鐩礱，詩以鍊工，理有相方者，故曰倫也。試耳玉取聲焉，清越以長也，詩之聲亦清越以長也。目玉而取色焉，温潤而澤，縝密而栗也。詩之色亦温潤而澤，縝密而栗也。至於氣如白虹，精神見於山川者，亦無有弗倫。璜乃作而嘆曰：嗚呼！玉之達也，爲珪爲璋，爲璆琳與琬琰，國之鎮也，重器之需也。文之達爲館爲閣，爲絲與綸綍，國之華也，王言之代也。胡乃今皆窮焉？不鎮國，徒飾諸躬；不華國，只鳴諸郡，亦會也。龍巖其如會何哉？龍巖之弗會其如朝家何哉？詩曰：「言念君子，温其如玉。」

大觀樓

我從哀牢來，烏鐸連亭障。一望櫟榆城，宇宙何昭曠。瑶峰冠白雲，金魚分玉浪。岫虎川途暉，濤鷺風烟向。豈羨方壺游，可使天台讓。元聖心幽馮，海若亦飆蕩。吾欲問山靈，無言空罔象。但睹巖壑間，森森石門傍。

申柱史歌〇柱史有傳，見前。

柱史耿耿貞元英，精協瑶光千玉衡。紉蘭紆蕙好奇服，胸羅珠斗揚文靈。君年童髫，隨翁采芝。路逢猛虎，翁爲虎噬。君於此時不辟易，走杖擊虎力贔屭。翁脱虎口兒輕生，膽雄不數吞牛氣。青霄射策蓬萊殿，螭頭白簡飛霜霰。豸冠凜凜躍青驄，豺狼遠遁江南甸。英廟鑾輿更北巡，一朝大駕俱蒙塵。黄霾塞天白日暗，征袍血染污車輪。吁嗟乎！兒脱父危，臣爲君死，忠孝之名滿人耳。我歌此曲真傷神，千載誰能秉青史？

繆參政文龍 一首

文龍，字見甫，一字陽泉，烏撒人，良玉子。性孝友，爲事質任不雕飾，不避艱阻。幼穎，强記能文，未成童補衛諸生。嘉靖十年舉於鄉，十七年成進士。觀政户部，出使四川、陝西，以持重名。還，除石首知縣，有能稱。松滋人争墓地，四十年不決。調署其縣，匝月盡得其糾葛狀，數語剖之，兩造皆心服而罷。旋還本任。築江堤二百餘里，擢南京河南道監察御史。時湖貴苗起，殺掠吏民，擾數州縣，致討未獲其渠，兩省大吏遽以捷聞。而苗又大出，朝臣莫敢言。見甫抗疏劾之，時目爲真御史。湖廣蜡爾山蠻叛，嚴嵩秉政，起已斥同年生萬鏜副都御史，相機剿撫。鏜納土指揮田應朝策，誘致其酋，督兵破之。條上善後七事，帝咸報可。召鏜還。未幾銅平酋龍子賢復叛，御史繆文龍言鏜撫剿皆失。詔下撫按官勘覆，歸罪於參將李經，事乃解。鏜得爲兵部侍郎，見《明史·李默傳》。巡視江南，水盜斂迹。乞假省親，父子瑄及其母解，年皆八十餘，欲遂請終養，子瑄、解皆不許，曰：「汝已致身於君，可悉心從事，我二人養，自有汝弟文鳳。」立促之還朝。奉使清軍四川，直巡撫、巡按，以事去職。見甫總攝二臺，批答若流，吏不容奸，而民無屈。時清軍御史與撫、按稱三臺，川人目爲三臺神君。疏罷貴州迤西堡鋪之馬，請加站鋪丁夫糧，築烏撒後所城，建霑益學。內外艱，服闋。起浙江道監察御史，擢四川左參議，分守重、夔，督采木至播州，直吴昆、趙懋之變，計剿除之，論功升雲南屯田副使。禁軍職貪冒折色横徵，清還軍吏侵隱軍田，以有司董輸將不假手軍職，屯軍以爲便。武定土婦瞿氏與子婦索林争權，索林抱土官印，奔雲南會城，撫按遣見甫解諭，納索林於武定。越二年，索林爲鳳繼祖所攻，復奔會城，撫按議討繼祖。見甫謂武定密邇省會，聲討必屯兵聚糧，繼祖聞必速來犯，恐兵未集，糧未聚，會城已受其困，不如姑撫之。且繼祖鳳氏所養而索林欲殺之，致彼此相攻，曲不盡在繼祖也。巡撫曹忭入其言，乃收索林，逮其左右鄭鋐繫獄，令瞿氏暫領武定土府事，貸繼祖罪，令自新。於是武定之亂少定。明年升左參政，尋卒官，年五十六。著有《奏稿》、《詩文集》、《武定或問》各若干卷，皆不傳。從《霑益志》録一首。文鳳，字兆泉，亦有行業。見甫置祭田，葺祠廟，開渠治道，恤鄉里孤貧，皆文鳳贊成紀理。

星迴節咏

戊申六月二十五，黄昏城市喧如鼓。主人抱病强出門，家家然火守環堵。驚心亂目燭天明，千炬萬炬應無數。大者奔馳殊鬥很，小兒追逐正狎侮。尺帶纏腰布裹頭，争先攘臂相爲賭。主人大笑且大疑，胡爾紛紛徒太苦？街頭老人相借問，爲道夷風來自古。憶昔南詔營松明，五詔酣登遽焦土。獨從鐵釧識慈善，舍生不受狂童侮。故今尚結松花棚，斬牲切膾稱祭祖。主人無語老人去，何處邀賓大歌舞？太守設壺信有神，將軍擊節果能武。德源城邈六詔荒，那復星回誇節序。不如試將此火照田禾，爲掃蟲蝗原膴膴。

《霑益志》：六月二十五日，共然長炬爲樂。照田園，視火色以卜豐歉，名曰星回節。

土人以先一日爲歲祭先祖，剁牲飲宴。餘詳一卷此題詩後。

參政李同野先生渭十首

渭，字湜之，《廣東志》作湜甫。號同野，思南人。嘉靖十三年舉人。由華陽知縣升知和州，調高州府同知，擢應天治中南户部郎，出知韶州府，晉廣東副使，遷雲南左參政。學者稱同野先生。同野之先，京兆人，元時，僧以征平枏洞等處功授忠顯校尉，管軍民萬户。明洪武五年，斌改授蠻夷司副長官。宣德四年，子盤襲，即同野曾祖也。鎮筸苗叛，盤領兵討之，大有斬獲，已深入，援不至，戰死留石坡。土人即其地祠之。嘉靖間，績溪胡尚書松按察貴州，弔之以詩。詩云：「楚昔忝藩議，歲維庚子秋。諸蠻實蠢動，禍及辰沅陬。維余職饋餉，亦復參帷謀。鵰巢與挾撫，雜然羅前籌。介胄苦不力，宣慰空俯躊。偶然賴天幸，龍苗咸拘囚。臺臣上功狀，天子嘉予休。金章出王府，奕奕光彩浮。以茲論往事，銅鈴鮮能疇。於今世豈有，有則予何憂。蒿目倭與寇，往往多炰休。安得君爲厲，一洗封疆羞。吁嗟石留坡，坡名藉君留。」盤事詳敖梅坡宗慶所撰《傳》，已附申侍御詩後。《千頃堂書目·史部·傳記類》：《留坡録》二卷。宣德中，思南土官李盤討鎮筸苗死難，其地曰「留坡」，後人録一時哀輓之作，今未見。同野父中憲贈公富，以支子未襲，有學識，所以期同野甚大。同野生有異質，十五病肺，屏居小樓，溽暑散髮箕踞，父以「毋不敬」飭之，奉而書諸牖，目在以資檢束。第覺妄念叢生，又以「思無邪」飭之，又奉而書諸牖。久之，妄念漸除，恍惚若有得。及下樓，友朋談笑，樓上光景已失，於是專求本心。未與人接，自問曰：「如何是本心？」既與人接，又自問曰：「本心是何如？」鄉舉計偕，讀《孟子·耕莘章》，則曰：「堯舜君民事業，自一介不取始，交際豈可不謹？」二十三年武陵蔣信道林視學貴州，同野謁之，因陳樓上樓下光景。道林曰：「樓上是假，樓下與朋友談笑却真。」至一介不妄取，曰：「此猶然樓上意思在，硜硜然小人哉！」同野愧甚，以爲學十四五年只成得「硜硜小人」，不覺面赤，背汗淋淋也。至高州，首謁湛若水甘泉於嵎峒中。嘗宿廉州公署，夢三蛇繞身，亟揮杖，蛇乃去。詰朝合浦吏進美珠、化州吴川吏進兼金，皆叱之，笑曰：「三蛇夢破矣。金珠非寶，固吾人蛇蝎哉！」至韶州，韶先有二源之役，萑苻猶頻警，集諸寮諭曰：「夫子告康子不欲。『不欲』二字千古弭盜張本，倘多欲則身爲谿壑，竭民膏脂不足以填，百姓安得不盜？弭山中盜易，弭心中盜難，敢忘自責！」聞者悚息。嘗構求仁館，與僚友諸生論學其中。國朝于準《正修録》述《同野自紀》云：道不明則仁體裂，天地閉，惟是念念在民，使同歸藹然一體中，吾之願也。蓋此時語。翁方綱《粵東金石記》云：韶州府學有明萬曆二年黔南李渭《重修學記》，惜未録其文。入覲過麻城，從耿定力、楚侗登天台。楚侗示八語：「近道之資，載道之器，求道之志，見道之眼，體道之基，任道之力，宏道之量，達道之才。八者闕一不可。」對曰：「渭與八者，獨愧見道眼未醒耳！」鍥「必爲聖人」四字，隨所居懸以自勵。在副使，清慎寬平，講學如故。顔使署軒曰「毋意軒」，嘗曰：「孔子毋意，孟子不學不慮，程子不著纖毫人力，皆是不安排。知無意脈路，即日夜千思萬索，亦是無意；知無纖毫人力脈路，即人一己百，人十己千。如此用力實無纖毫人力。學是學，此不學，慮是慮，此不慮，知得不學、不慮脈路，任人只管學、只管慮，都是不學、不慮。浮雲人間作雨，天上常清常明，狂風江中作浪，流水不增不減，知得常清常明、不增不減者，可與言學矣。」德清許侍郎孚遠《與李同野書》云：老丈以毋意爲宗，使人人皆由毋意之學，得無所謂欲速則不達者耶？《大學》欲正其心者先誠其意，所謂誠其意者，只在毋自欺而求自慊，此下學之功也。顔子有不善未嘗不知，知之未嘗復行，亦誠吾意而已。吾儕之學，焉可以躐等乎！此理纔有悟處，便覺鳶飛魚躍，觸處流行，而不須一毫安排强索之力。然到得與自己身心湊泊，尚遠孟子曰「反身而誠，樂莫大焉」，程子曰「識得此理，以誠敬存之而已」，識者默而識之也。識得便須存得，方爲己有。時時默識，時時存養，真令血氣之私消鑠殆盡，而此理盎然而流行，乃是「反身而誠」與「鳶飛魚躍」同意。不然，饒説得活潑潑地亦無益也。學者認得容易，翻令中心浮泛，不得貼實，此即誠與不誠之界，不可不察也。凡吾儕平日覺有胸次灑落時，感應順適時，正是誠意端倪，要須存養擴充得去，若作毋意見解，則精神便都散漫矣。參政雲南南城，羅近溪汝芳爲屯田副使，相與切劘，學益進。嘗言：本體原無間斷，學者不可在起滅上做工夫。予昔日工夫亦有起滅，被近溪大喝，通身汗浹，自是欲罷不能。又言：吾於此學，入白下時，覺與官和州時不同；登天台時，又覺與白下時不同；與近溪游月巖，又覺與以前不同也。而滇人學者謂近溪好談性命，同野則一意實踐，其俎豆同野猶愈於近溪。所著《先行録問答》三卷，《毋意篇》合《大學》、《中庸》、《易問》爲一卷，《簡寄》二卷，《雜著》一卷，《詩文》三卷，凡十卷。《家乘》十二卷，《大儒治規》三卷。吉水鄒忠介公元標戍都勻，首訪清平孫淮海、思南李同野。所至講學，必稱兩先生以示聖賢爲必可學。賜環後，詩文時時及之，曾爲同野序《先行録》。《序》云：予昔與友談學，友箴予曰：「學豈在嘵嘵爲哉？躬行足矣！」曰：「子知適燕者乎？先訽道里寥廓，山川紆迴，然後可以適燕；不然其不至於擿埴索塗者幾希！學之不講，徒曰躬行，亦奚異於是？」曰：「先行其言而後從之者非耶？」

曰：「此夫子告子貢問君子意也。子貢墮在聞識，故藥其病而告之。且聖人與君子有辨，曰聖人，吾不得而見，欲得見君子者，此可以見矣。」他日又告之曰：「予一以貫之，此希聖極功也。」未幾，同野先生以《先行録》命予弁卷端。予嘆曰：「偉哉先生之心乎！古之學者，學之爲君臣焉，學之爲父子焉，學之爲昆弟、夫婦、朋友焉。言理便是實理，言事便是實事。近學者談杳渺之論，高入青冥，忽庸行之常，真若跛鱉，其爲不學子訕笑而譏議者甚矣！嗚呼！共是天下，今之天下即古之天下，吾之人心即古之人心，彼訕笑而譏議者，亦吾躬行之未至。與先生論學而以躬行名録，誠末世之瞑眩也。」友曰：「子今左，躬行何居？」曰：「知行一體，識得語知而行在其中，語行而知在其中，語先而後在其中。先生昔嘗以無意爲宗，觀其言曰：學貴修行，若不知德，與不修等，如入暗室，有目不見，以手扶壁，有足不前。子可以觀矣。子知先生之學，則予昔之未以子躬行爲是，今以先生躬行爲正，蓋各有攸當，未可以臆説爲也。萬里聖途，即之則是，凡我同盟，請繹斯語，庶幾爲適燕之指南也夫。

及同野卒，耿楚侗銘之曰「明好學君子之墓」。至泰和郭子章撫黔，鄒忠介送之，惜其不及見孫、李諸先生。子章輯《黔記》，因舉淮海、同野，合以貴陽馬心庵類傳於理學，且曰：「王文成與龍場諸生問答，莫著其姓名，其聞而私淑者，則有孫淮海、李同野、馬內江，讀三家著述，真有朝聞夕死可之意。可以不愧龍場矣！」至今以爲定論。《明史·儒林》失其傳，僅於《藝文志》載《先行録》十卷。故摭青螺《傳》，益以省、郡《志》、滇、粵兩《志》所記著於篇。先生《思南、婺川兩學記》及《射圃記》爲鄉里立教者，附見篇末。子廷謙，字仲吉，萬曆十三年舉人，授真定教諭，遷國子監助教。答諸生問難，辨博無滯，一時服其淹通，官至副使。同野生平無日不以講學爲事。自鄉舉後，學者即景附之。江西萬安人賴嘉謨隨父潔思南經歷，首以師事。嘉謨敏慧好學，大有得而去。尋成進士，歷官四川左參政。又有徐雲從者，亦江西人，曾從唐荆川、羅念庵游，聞同野興學黔中，負笈遠從，以直諒稱。謂荆川文人，近溪學人矣，而不如同野篤實，終身不忍舍去。與朋友講習，所規益多危論。同人爲之語曰：「坐無徐君，諤諤不聞。」思南人能繼同野講正學者，有冉宗孔、胡學禮，其次則田惟安。宗孔萬曆歲貢生，知略陽縣，以廉潔聞。子崟亦能傳父學。學禮，婺川廩生，志尚清潔淡泊，不求仕進，精邵子皇極學，曾持同野書問學於鄒忠介。忠介贈之詩曰：「聖學本無言，言者即不知。貧賤信所遭，富貴亦有時。鵾鵬元萬里，鷦鷯自一枝。萬里元非遠，一枝亦非卑。嗟嗟寰中士，擾擾竟何爲？蹐跼一生耳，徒令達者嗤。置身五行外，庶不負男兒。君更勿念我，久矣玩庖犧。」亦可以知其所造矣。惟安，郡諸生，性純孝。父懋賞襲辦事長官，愛少子惟臣，遂讓弟襲。篤志好學。尋卒，同野哭之以文。萬曆十七年請祀同野於鄉。二十二年知府平樂趙恒復請建李先生專祠，巡按保山薛繼茂爲奏准，乃建祠於郡署。後神宗賜聯曰：「南國躬行君子，中朝理學名臣。」復其子孫二人專奉祀。府城東北有爲仁堂，乃同野講學處，今爲爲仁書院。城西小崖門左有點易洞，亦以同野曾講《易》而名。附同野《思南府學記》：思南學爲宣慰氏舊居，先師廟乃舊居，堂皇兩杏樹，千霄蔽兩階，宣慰氏所植，傳者近三百年云。若爲今杏壇樹者，樹不易果。果惟比士，歲登第數，視果數，樹亦奇矣。弘治前，廟廡規制不稱，正德辛巳李公文敏拓之。日久就圮。逮隆慶辛未，郡守育庵田公關白大吏，出資算，撤朽新焉。起敝棟，葺垂橑，華榱藻幹，纍墁易瓦，自廟廡亭堂、門階臺牖，皆祓舊增麗美。博士宅先在明倫堂左，正德間遷於堂右，撓不可居，遷於左。至於藏修甲乙舍皆墮地矣，即舊址復之。工有緒，將進諸學士綴習其間。置經史若干，費約而勞勸則多也。閭里民毫無喧也。壬申渭自粵入都，過舍省封樹，育庵田公洎司理松滋伍公，晉諸譽彥真武觀中，論孔子之學。育庵曰：「孔學，學仁也。是日陽和清穆，雲行鳥飛，天地生生大德宏㒹兩間。在坐者，長幼循序，荅問取次，誦書歌詩，肅肅雝雝。」渭曰：此即仁，何以加諸？育庵省理甲氓隸庸調，獎孝弟力田者，導不誼以教化，措法比不用。此即仁，何以加諸？命渭撰《學記》，且欲得一二語明孔仁，以勵諸譽髦。今九載尚虛然諸也。萬曆戊寅，郡守王公崑源以名侍御來思南，繼修之。司理王公逢吾、屈公心寰先後共成之，且命場師植翠柏、芳桂數百章。育庵之所未爲者益備矣。其教膠序，給膏楮，視士比偶文，皆罔忤心，乃授軌義，俾由衷還雅。己卯占解額，即倍往歲，興學愛士，汲汲然，渭不得指拾也。感今憶往，記之曰：孔子學，學仁也。堯、舜、禹、周，莫不以此生人。孔子紹述之，授於三千朋徒。非惟三千朋徒嫻其誼指，即顯者邦君、卿大夫，隱者接輿、荷蕢，以至難與言如互鄉，愚幼如闕黨小子，罔不鰓鰓引誘，欲人共立而共達焉。用是皇皇於齊、衛、陳、蔡、宋、楚之邦，席不暇暖，轍不得輟，其心爲何心耶？孔子四方千古之心與？蓋載大德并之無二已。今委蛇膠序間，讀孔子遺書，展帙逐墨，并心而赴，時父師見其誦讀勤劬，不少悖繆，師可之，父兄以至朋戚皆稱可，不以爲非，彼亦怡然自許也。其可而許也，果孔子所謂仁者乎？長獻於有司，信牒宿楮不可窮以辭。有司見其不可窮以辭，而其詞不忤於衆，故有司可之，黨里四方人士皆稱可，不以爲非，彼亦泰然自滿也。其可而滿也，果孔子所謂仁者乎？果爲仁，即日展帙，日逐墨，日日學孔也。否則，道越而欲面冥山，吾見其日皆冥，已比就除，日得莅蒼赤，措注宰割，與往歲習於父師、獻於有司者證合否耶？其不視往昔所爲如故楮弁髦鮮矣！宦足而身退，宮室隆矣，妻妾容與備矣。問其向所謂誦讀者，十不能記其二三也，若夜寐喧囈中事矣。已不用，又使其子弟爲之。子弟能趾其所怡然泰然者，閭里之人靡不哆哆而聲稱。有以孔子所生人者，喁喁款語即相顧，逡巡辟易，莫敢或承，甚或疾視，譙謼以爲遠且迂。國家造士，顧欲得若人已哉！昔兩杏樹，今柏桂初植，培以沃土，灌以甘澤，深其根柢，以猥大其枝柯。既深惟不害其長，不得動揠而增設焉。孔子之仁，即樹根柢也。養士於膠序也，厚其餼廩，縱其游息，士沃而澤甘，欲其拔地千丈，不稱良於崇朝者也。以孔子遺書比偶爲文詞，是枝葉耳。國家課士以枝葉，因以觀士中藏，非教人逐逐外騖也。至於挾無當空言獵榮邀利，斧斤伐之，牛羊牧之，且又濯濯稿矣。吾郡士彥邇共渭明孔學於川上學舍，躬庸德之行，篤信底理，彬彬然近仁，豈若是瀰瀰下哉！育庵田公諱稔，山東高唐人。崑源王公諱琢玉，莘縣人。逢吾王公諱奇嗣，蜀之蓬州人。心寰屈公諱群言，粵之番禺人。又《思南府學射圃記》：民之不能無群，群之不能無爭。在昔先王之御世，欲和讓天下以爲福，有禮射焉，弧矢之利，倪其制也，侯明之典，揚其訓也，歷夏、商以逮於周，而不争之教入於庠，故其時德行立而暴亂之禍不生。我國家考昔爲治天下，尋有學皆設射圃。思南創立雖舊，厥事尚未克講，時楚郢鍾公添以鉅儒知郡教，其作人匪徒文華。凡禮之足以敦化範俗者，次以習行，故其慨射典之荒闕也，懼群争之不可長也，毅然以興滯爲己任。府憲董公翬聞而和之，其事遂。貢生劉魁、田慶遠以請於撫巡徐公問，咸叶厥議。遂相地於學宮西北之間，厥土燥剛，厥位面陽，厥垣庶制，悉以軌，厥弓厥矢，百物胥以備舉，禮且有日。嗚呼！射以教讓也，將以反己，非以人勝也；將以袪戾，非以能角也。孔子曰：君子無所争，必也射乎？揖讓而升，下而飲，其争也；君子執弓以延，昭其族也；鵠已爲射，昭其正也；正直審固，昭其度也；進止揖紆，昭其節也；中的以祈，昭其中也；弛張以別，昭其勸也；采蘩以章，昭其職也。匪族斯亂，匪正斯迷，匪度斯離，匪節斯鄙，匪中斯飾，匪勸斯弛，匪職斯荒。族善天下之比，正端天下之趨，度軌天下之物，節文天下之固，中正天下之一勸，鼓天下之動，職矢天下之勤。讓而敬，可以攝勇；和而平，可以懷强；愛而恕，可以恬忿。他日，濟濟相讓於朝，以養天下不争之化，舉此以措之耳！茲固立射者之意，故爲志之以諗射者，且俾世知斯舉肇自鍾公也。若夫考工考翼，則府經賴公絜之優。又《婺川縣遷學記》：堪輿家，古無有也，學者不道也。嘗讀《詩》，則有之：「崧高維嶽，峻極于天。維嶽降神，生甫及申。」信《詩》言，申甫固崧嶽所生乎？堪輿古者不道，《詩》固道之矣。婺川，黔古邑，僻在西南隅。元以往，聲華文物未著。我國家天啓聖治，函夏沾浹，思州文學，婺先被之。侍御申公祐登甲榜高等，爲南畿文學宗，土木出狩，以臣節著烈；鄒公慶父子，才美與侍御公埒名。鄒公爲滇州郡，卓有吏治，聲稱前哲，發祥遐域，振采宇内。此非輿域環美，何以有是？第皆起家郡庠，婺未有學也。嘉靖乙未，郡人方伯西麓田公秋，在臺諫時奏建焉；中丞梅坡敖公宗慶，在行人卒成之。縣令欒公恕身任構建事，唐生瑞、龔生沖霄往還貴筑、京師間，兩生者則相厥成。時草創，著地未吉，丙寅歲，縣令楊君某再著之，亦未吉也。洪君朝璋乙亥歲來令於婺，以作人爲己任。學宮在榛莽中，心憫之，乃議遷於三山祠。三山，縣之後山，逶迤自北來，入縣列爲三山，二水環前，蓋吉宅矣。洪君分俸鳩工，學諭馬君騰漢贊之，邑人士皆納金助役，肇修於丁丑歲某月，凡幾閱月，工就緒。自孔廟以下，爲廡、爲祠、爲堂、爲齋、爲門，規模拓麗，舊貫僻陋，弗如也。渭記曰：國家設庠序，必立孔孟廟祀，何故耶？欲人人爲孔孟也。洪君，潮州人。潮居東海，唐以前，士鮮嫺道。昌黎韓子者，明道術，遵孔孟，獎進學官弟子。孔孟學術及於皇波。渭治軍旅，曾兩趾潮州官舍，嘗訴訊先哲，竊有慨慕焉。洪君蓋被昌黎矩矱者乎？昌黎《原道》叙述誠正不及格致，世儒每加詬訕。渭曰：格致要規，散見誠正修齊治平傳中，古本非缺也。昌黎不及格致，蓋獨見也。昌黎於孔孟深造與否，渭則不知，然亦學孔孟者。潮至今得比於鄒魯，作人之化，豈不信哉！洪君成就二三子，二三子欲答洪君勤造，則遵何德耶？明孔孟之學而已。今之學典故、習比偶文，則人人能矣。語之以孔孟，則退然嚄唶莫當焉。昌黎曰：「堯以是傳之舜，舜以是傳之禹，禹以是傳之湯，湯以是傳之文、武、周公，文、武、周公傳之孔子，孔子傳之孟軻。」所傳者何事耶？夫豈今之典故、比偶所若爲耶？洪君被昌黎矩矱，必以昌黎所謂傳者詔二三子矣。志孔孟所志，學孔孟所學，則亦孔孟矣。毋退然莫當矣，此則渭之所以望於二三子。至於堪輿家云云，渭則不知，不能爲二三子道也。耿定力《李同野先生墓志銘》：公之學，自却妄念，以至謹一介取與，去拘士豈遠哉？道林先生破其拘攣，余伯兄謂之有耻，仲兄直指本心，近溪先生喝其起滅，卒契毋意之宗。雖由師友得之，非好學發憤不能也。公没未聞，有好學者泣而銘之：「道亡起滅，首尾尼父，發憤没齒。余兄振蒙覺世，揭此一字宗旨。公來秉學，未見其止。其行如疑，其去如慕。勉勉循循，居諸匆莫。嗚呼！瘞玉於兹。余代伯兄銘曰：『明好學君子之墓。』」按：先生墓在思南府東三里萬勝山麓。納楚侗所爲《誌》幾百年。國朝康熙二年七月十三夜，《誌》石忽已在郡祠，祠祀生晨見之，聞於知府葉蕃、司李常時泰，縣令雷起龍，詣墓環視，墓封如故。見《府志》及羅江李調元《稗史》。

和李別駕郡城六詠

聖嶺春耕

巖阿黄虞民，篤志唯田園。日出復日入，不知城市喧。去草培嘉禾，兩者不并存。汲隧甘自拙，抱膝聽禽言。

白泉漁樂

野步任頡頏，所到成流連。况復泉壑清，渡雲澹浮烟。石高坐垂釣，月出歌放船。達人各有懷，那復論百年。

桐崖鳴鳳

碧桐琴瑟材，離離立高岡。上棲鳳鳥雛，有道儀朝陽。不入虞人羅，所謀非稻粱。提扶不易聞，一鳴興聖王。

三台叢桂

三台何蜿蜒，上有叢桂芳。植彼月窟中，移來山之陽。本仁以種之，灌溉元穋漿。寄語天台人，天根毋自傷。

真源洞月

雲渚澄素景，瀲灧披秋夕〔六〕。沙漢沸蓀畹，潦盡見桂宅〔七〕。一鶴自丁零，千峰散虛白。揮手弄潺湲，借茲洗形役。

德江晚渡

山影江半陰，渡口喧人語。東林精舍近，揮麈自來去〔八〕。漁父歌放逸，悠然寡塵慮〔九〕。爲愛乘槎行，直到水窮處。

按：六詩《省志》舍《三台》、《真源》二篇，而録其四，但總題曰《川上雜咏》。今依《思南志》還其舊。李别駕，當是廷嘉，有二詩見前。聖嶺即思南城東一里之萬聖山。桐巖在城北五里，舊有數大桐繞之。演武場在其下。三台山在城東南七里，左有三台洞，洞門三石柱，大俱合抱，中宏廠，頂有穴，漏天光，今稱開仙洞。真源井在萬聖山頂，清澈一潭，甚旱不涸。白泉、德江并已見。

嵇公泉〔一〇〕

吾與二三子，覽勝求前賢。嵇公昔垂釣，傳聞於此泉。披雲尋往事，流水不知年。山空琴欲冷，樹古鶴來眠。

按：泉在思南城南十里嵇公山下。山特起平地，昔有嵇道人廬其上，仙去。泉爲道人垂釣處，有小魚，初夏即潛泉底，明年雷動乃出，方施罾網。

中和山

霜洲木落意踟躕，蘭紉秋風滿客裾。共道吴門如白練，可能赤水拾玄珠。襄中明月人何似，曲裏青山調自殊。寒暑空悲雙鬢去，乾坤還借一身扶。

按：山在思南城中。上蔭修柏，俯瞰江流，一城之勝觀也。巨石屹立如列屏，同野鐫「中和」二大字於石上，而山益名。上有觀音閣。附同野《觀音閣記》：舊華嚴寺，宣慰司祝壽所也。在中和山麓。黔山多奇勝，且在城中，唯中和山云。予嘗登閣引睇，則見錫帽擁於後，萬聖賓於東，三台、天馬拱於右，二峰峙於左。德水西來，環抱東南，逶迤而北，鷺洲浮江，與魚峽上下相望，相爲首尾。中和則端聳卓出，與衆山不類，若賢人正士安處群衆之間。甲舍城堞皆在下目，一方奇覽也。嘉靖戊午，道人魏洪、馮静通，僧人正泰，白於兵憲金公，於山之陡絶處建觀音閣。路左入，金公改於右。兵憲斗坤周公、雁陽李公、郡守杏村何公、育庵田公相繼拓大之。萬曆乙亥，郡守修庵蔡公建樓於閣前，兵憲高公篆「普濟區」於亭楣，僧人滿圓、法通增建六佛堂及左右樓舍。辛巳，正泰募衆建藏經樓，碧空請經於金陵閣，乃稍稍完美矣。古泉張公并觀厥成，渭當載筆記其事。記曰：往者與修庵春朝登閣，修庵述觀音大士本行告渭，因觀見大士爲人。大士前刼妙莊王季女也。孩身悟佛法，浮海入香山，王追之不得處。王末歲，破癰潰痤不治。大士化醫身白王：「得王所生骨肉戚手眼爲藥，問其心許可乃治也。」王骨肉戚惟長、仲二女。問二女，不可。醫復白王曰：「無已，香山佛普濟人苦難，不少恡，得其手眼亦治。」王往構，佛慨然可，取手眼予王。王疾愈，率宫姬、百吏渡海謝，知其爲季女也。大士爲王説法，喋喋以孝言。王問：「割手眼時，癧苦何似？」大士曰：「欲愈父疾，毫無顧惜，是以毫無癧也。」王及宫姬、吏皆化，國人聞法皆回心，而俗變。於戲！觀音大士所爲若此，惜乎不及吾孔門。聞曾子之孝也，曾啓手足幸保全，故兢戰終其身，恐墮手足，殘毁親遺。大士不然，刳目鍥指以愈親患。曾子所爲，大士所不爲；大士所爲，曾子所不爲也。渭與郡中士論學於閣，每以孝弟爲要睹。間摭摘大士孝告友朋，友朋感慘心惻，互相傳許焉。今夫晨昏鼓鐘，人習聞之，聞者不藉藉驚。有乘軺鳴騶行者，鐘磬管籥，擖叩過衢道，皆聚觀傾聽之矣；即深居闉闍者，莫不争趨窺矣。故語曾子之孝，此聞故也，如晨昏鼓鐘然。語之以大士，彼將斂襟衽，忻悦而多之，若聽鐘磬之聲，管籥之音也。夫語以曾子，則不聽；語以大士則聽。人蓋樂異聞，誇詡新奇也。孔子告曾子曰：「小杖則受，大杖則走。」孝如此，已無新奇也。閣成，乃述修庵新語爲記，且告閣中僧云：「爾佛以去父子爲教，何大士喋喋以孝語，爾可以深思矣。」泰和郭子章《題中和山寺壁追懷同野李先生》詩：「山繞牂牁水滿溪，德江深處穴鯨鯢。二田一夕成亡虜，五郡年前冀舊題。文物依稀荆楚北，聲華馥郁夜郎西。中和嶺上人如在，潔比河東與會稽。」

普濟亭〇《省志》此詩題曰「川上學舍」，依《思南志》。亭在中和山上，爲同野講學處，後增葺，改稱中和書院。

高閣峰陰人獨立，碧桐秋色滿江城。松巒月落猿啼冷，雲路風淒雁字驚。紫塞未傳銷甲信，玉樓猶聽擣衣聲。年年對菊誰無賦，此日尊前意未平。

三台山

奇峰在目聳林坰，佳號三台勒有名。峭峻人間争仰翠，巉屼海上亦稱靈。擎天偉績收安鎮，宰物深仁著戢寧。時盼彩雲飛絶頂，萬年光護紫微星。

敖巡撫宗慶一首

宗慶，字汝承，號梅坡，思南府人。嘉靖十三年舉人，十七年進士。初授行人，常典鐵冶，徒役多困斃且死，給布帛醫藥以禦寒癈疾，全活甚衆。分守河南，教民墾田，鑿溪導水以資灌溉，躬課耕耨，河南人乃知種稻利。俗尚侈靡，以節儉風下，其去也，民尸祝之。晉廣西按察使，争戍卒事，三上揭臺使，不報。梅坡曰：「殺人媚人，吾不爲也。」持益力，卒出之。四十二年晉副都御史，巡撫雲南。鐵鎖箐亂，指授方略，卒奏奇功。以閑住歸。父元祐先没，母董年八十猶在，朝夕爲孺子狀以娱之，鄉人多所激勸。梅坡天資殊絶，讀書目數行下。與同野同歲鄉舉。同野以講學著，而梅坡以文章經濟與之齊名。所著《梅坡集》，惜不傳。傳録於梅坡下載《游赤壁詩》，《思南志》以《赤壁詩》爲張國柱作，今從之。别搜得梅坡作一首。

李節婦石氏銘詩

能以儉樸矯侈靡，始能以艱難立孤子。紡車徹宵，血淚盈眦。四十年中，窮迫九死。禮幣之旌，乃動臺史。山鄉煢嫠，念不到此。冀全歸於鯉魚浩之阡，庶有面目以見君子。

附：績溪胡尚書松《李節婦傳》：節婦，印江處士石某之女。成化己丑年二月二十四日生。弘治庚戌歸李宣。姑歐陽氏嚴重，石事之，每可其意。好治麻枲蠶繭，性僻質真率，衣著五六載不易。幃闥中華麗相尚，石獨以樸儉處之，無耻色。弘治乙卯年，宣卒，遺孤子二：長綻四歲，次族歲尚未周，家事窮迫，艱阻萬狀。或勸其嫁，泣曰：「遺孤奈何？且死之日，何面目見君子於地下？」乃紡績以撫遺孤。嘉靖乙未，臺史鯉湖王公按郡，旌以禮幣，是年七月十五日，卒。祔葬於鯉魚浩先墓之右。歸宣時，二十二歲，宣卒之年二十七，嬬居凡四十年，卒之日六十七歲。柏泉子曰：余他日讀《春秋》，見説者謂《春秋》常事不書，是矣。至於紀叔姬之卒與其葬，則亦疑若常事，然先師仲尼至，備書其年月若日而弗遺。彼一國之君與其夫人，若當時之公卿大夫，是何其名寵貴盛也？乃泯然或不見於策書，心竊怪之。既思春秋之世，功利熾然，人心大壞，至於龍蛇戰野，玄黄異色，賣國弑君，弁髦名器。而秉節守義，乃獨見於一亡國無歸之婦人，仲尼安得不賢之，爲天下後世勸耶？乃余居今之世，得傳李節婦石氏，慨然長嘆，爲一泫然焉。誠不以富，亦只以異。蓋古今之同情如此，顧恨非其人，不能使節婦永有聞於後，如紀叔姬也〔一〕。感事悼時，廢書於邑。

【校勘記】

〔一〕臣秋：清道光《思南府續志·藝文門·奏疏》（卷十）此作「臣秋原籍貴州思南人」。

〔二〕清平城北五里所謂太極洞：清乾隆六年《貴州通志》卷四十《藝文記》載田汝成《天然洞記》作「清平地東三里所謂太極洞」。

〔三〕又其北十里所謂雲溪洞：《貴州通志》作「又其東十二里所謂雲溪洞」。

〔四〕黨與：手稿本作「黨羽」。

〔五〕得句詩人移短棹：清乾隆六年《貴州通志》卷四十五《藝文·詩》作「得句詩人來短棹」。

〔六〕瀲滄：清乾隆六年《貴州通志》卷四十四《藝文·詩》作「奩滄」。
〔七〕桂宅：《貴州通志》作「村宅」。
〔八〕揮麈：《貴州通志》作「幽人」。
〔九〕悠然：《貴州通志》作「滄然」。
〔一〇〕嵇公泉：《貴州通志》題作「游嵇公泉」。
〔一一〕此句之下，清道光二十年《思南府續志·藝文門·傳志》（卷九）尚有「雖然，庸詎知世界無其人乎」數字。

黔詩紀略卷之四

明

蔣巡撫宗魯一首

宗魯，字道父，普安衛人衛今爲直隸廳。父廷璧，字文光，嘉靖元年舉人，授青城教諭。立教嚴明，捐俸以贍寒士，遷國子監助教，出判沅江，引歸。平生孝友恭儉，寡言笑，所至人士多淑其化。道父十六年舉人，十七年進士。知濬縣。準田均役，無所私縱。遷刑部主事。三十一年出爲雲南臨沅兵備副使。先是沅江府土舍那鑑弑其知府，那憲攻劫州縣。二十九年奉朝命會師，分五哨進剿。鑑僞請降，左布政使貴溪徐樾以督餉至軍，不虞其詐，慨然請往受之，爲所害。我兵連歲攻之不能克。至是帝敕新撫臣鮑象賢鳩兵討賊。明年調集土漢兵七萬人，剋期分哨進剿。道父率所部先入，諸路兵猶未集。那鑑懼，伏藥死。道父憤樾之死，欲盡誅其黨。象賢不可，僅禽斬首，斮土官及害樾者數人，餘悉就撫。令鑑子恕還所占掠村寨鎮、沅府印，補輸逋賦，納八象，即貸其死。象賢疏聞，世宗厭兵，遂允之。時人語曰：「可憐二品承宣使，只值元江象八條。」道父扼腕而已。升河南按察使。糾伊府之虐，且置之法。歷右布政使。三十九年晉副都御史，巡撫雲南。初，四川東川土目阿得革謀奪土知府禄位官，縱火焚府治，走武定，爲土官所殺。其子阿堂賄結烏撒土官，入東川囚位母安氏，奪其印，遂與貴州宣慰安萬銓、霑益州土官安九鼎、羅雄土官者濟，更相仇殺。位、萬銓等各上書訟堂罪。詔下雲、貴、四川撫按官會勘。堂聽勘服罪，而據印仇殺如故。雲南巡撫游居敬請致討。帝允部議，行川、貴撫按會勘具奏。居敬遽調土漢兵五萬進剿。費用不貲，賦斂百出，遠近騷動。巡按王大任劾居敬違旨輕動，恐生外患，乃命逮居敬而以道父代之。時阿堂聞大兵至，逃深箐不出。道父至，急下令盡撤諸路兵，而陰以土兵誘敗之於野馬川。又授計營長者阿易訶，得阿堂心腹母勒阿濟等，啖結之。明年，母勒阿濟伺間掩殺阿堂於戛來以石。其子阿哲亦就禽。自道父履任至事平，才數月，乃申有司縱盜茸賄之罰，嚴毅精察，吏治一清。大理、太和、點蒼山産文石，可爲屏玩，朝廷采取，大爲民病，奏罷之。因忤嚴嵩，引歸。子思忠、思孝，并四十年舉人。思忠官知縣。思孝四十四年進士，官至副使。孫明良天啓元年舉人。道父鄉舉之年，以巡按奉化王杏及田給事秋請，貴州始與雲南分闈。開科揭榜之辰，黄龍見霄漢間，光燭地，在事官僚争額手相慶曰：「此科目之光，盛世之瑞也！諸生當有應者。」自是得人果盛於前。是科人即多以名德著，而道父文章、經濟尤冠一時。《省志》載道父著述有《治濬款議疏草》、《詩文集》等各若干卷，又有《齊梁監税録》、税，《千頃堂書目》作兑。《吴關奏議》、《牧政事宜》三種。知於所歷官尚不具載，無論行蹟矣。今就在滇一、二事補詳之。諸著述訪求不得，惟見《滇志》一疏、《黔志》一詩而已。其父文光著有《家訓》、《政訓》二書。在青城又著有《璞山教約》，并未見。附《奏罷石屏疏》：臣准工部咨照，依御用監題奉欽依事理，依式照數采取大理石五十塊，見方七尺五塊、六尺五塊、五尺十塊、四尺十五塊、三尺十五塊等，因案行金滄道，分委大理衛、太和縣督匠採取。據耆民段嘉璉等告稱：嘉靖十八、九年，曾奉勘合取大屏石，崖險難尋，壓傷人衆。及至大路，行未百里，大半損缺。衆復採補，沿途丢棄，所解石塊，二年外方得到至。三十七年取石六塊，見方三尺五寸，自本年六月至十一月始運至普淜小孤山，因重丢棄在彼。且自大理至小孤山，止有三百餘里，以半年行三百里，未免有違欽限，徒勞無功，乞轉達，奏請量減數目尺寸等因；又據石匠楊景時等告稱，原降尺寸高大，石料難尋，且産於萬丈懸崖，難以措手，縱使採獲，勢難扛運等因，俱批行布政司，會議爲照，雲南地方僻在萬里，舟楫不通，與中州平坦不相同。先年採取三尺石，自蒼山至沙橋驛，陸運只五程，勞費逾四月，供給不前，所過騷擾，軍民啼泣。今復取六七尺者，其難十倍，況值上年兵荒，民遭飢窘，流離困苦，實不堪命，應請量減尺寸，通詳巡撫蔣宗魯、巡按孫用會題議照。錫貢方物，爲臣子者均當效忠；民瘼艱難，凡守土者尤宜審度。前項屏石，臣等奉命以來，催督該道有司親詣山場，遵式取進，匠作耆民人等俱稱采石處所山洞坍塞，崖壁懸陡，三四尺者設法可獲；其五六尺者，體質高厚，勢難採運，且道路距京萬有餘里，峻嶺陡箐，石磴穿雲，盤旋崎嶇，百步九折，豎擡則石高而人低，橫擡則路窄而石大，雖有良策，委無所施。今大理抵省僅十三程，尚不能運至，何由得達於京師？是以官民憂惶，計無所出，議將採獲三尺、四尺者先行進用；五尺者一面設法採取，六七尺者或准停免，以蘇民艱。實出於軍民迫切之至情，萬非得已，冒罪上聞。

碧雲洞〇洞見一卷

雲水南明萬象天，奇蹤異宇洞中懸。瑶壇翠桂虯龍見，華蓋丹崖鵷鵲旋。澗道風湍開遠巘，石門花霧帶平川。蓬瀛仙侶耽春勝，對酌滄洲思爽然。

王郡丞烔 四首

烔，字幼明，號闇齋，清平衛人。木子，幼敏惠，授書一過不忘。十歲能詩文，弱冠舉嘉靖十六年鄉試，明年成進士。授南部知縣，以循良徵遷興化同知。未幾，引疾歸家。居二十年卒，年六十。郡丞強仕投簪，泊焉自適，繼晴溪以風雅爲鄉里倡。好平越衛山水幽勝，習静於高真觀。興國吴川樓、雲南嚴直甫皆亟稱之。孫淮海先生曰：「闇齋清高正直，方勁廉節，負人世卓絶之行，含宇宙太沖之氣，世俗不攖其心，萬物不擾其慮，可以想其爲人矣。」著有《闇齋詩稿》。曾見友人許畫幀《題四隱詩》，署闇齋名，亟録出。既檢《淮海彙稿》，亦載四詩。不得《闇齋集》，末由證其果否也。附興國吴國倫詩三首。《王闇齋先生隱居高真庵屬贈》：「不睹遺榮賦，誰知好道心。巢雲開石室，采露入青林。遂與世人絶，杳然仙路深。浮丘如可遇，吾意亦招尋。」「握手看童面，無疑是玉光。別來醒寤寐，物外擬行藏。書罷青牛去，琴鳴赤鯉翔。古來得道者，棲息太清鄉。」《夜過高真觀訪闇齋不值》：「爲覓游仙侶，重過禮斗壇。松雲開閴寂，蘿月護高寒。葉落疑捐珮，泉鳴憶洗丹。盈庭霞似雪，益作剡溪看。」孫淮海《壽闇齋丈》云：「壽筵高傍菊花開，柱史家聲學士才。六甲已周仍肇起，我今裁曲鶴飛來。」「才名掇錦看花晨，回首風流四十春。雲雨交情蕉鹿夢，老來一笑見吾真。」「一命由來堪報主，弦歌蓬閬挹清芬。至今南部存遺愛，百里烟花説使君。」「交臂每憐時眼白，輸心惟對故山青。年年下詔求賢佚，誰識西南處士星。」「掄才相馬古今同，激羽流商調自工。猶有西江兩御史，薦書曾達建章宫。」「禮斗壇西學閉關，小山招隱竟誰扳。婆娑松桂聊吟嘯，銷盡豪心是此間。」「少不封侯老即休，邊鄉風月若爲酬。登高望遠情何極，五岳三山一卧游。」「佐郡爲郎歲月深，歸家不道有餘金。里閭盡愛輕裘者，蔬布誰知太古心？」「楊山耕稼結柴扉，杜德逃名願不違。獨有慈幃常在念，時時歸覲舞萊衣。」「痛飲淵明是我師，閑情感賦見襟期。紛紛萬事浮烟裏，多少英雄不遇時。」「身到耆年經萬態，勸君自酌自高歌。從今滿歷三千歲，獨抱玄同養太和。」「靈骨仙風出世情，前身遮莫是方平。摩挲雙眼乾坤老，海水滄田任淺清。」

四隱圖詩

漁　隱

收拾絲綸付釣竿，更誰豹隱與龍蟠。古今萬態雙篷捲，風月千層一艇寒。洗耳滄洲烟浪闊，潔身漚國酒杯寬。短蓑長笛吾生事，嘆盡人間行路難。

樵　隱

雲間仄路何逶迤，伐木空林穿曲碕。某水某丘日孤往，暢歌暢舞心自知。江村賣薪行沽酒，石室投斧看弈棋。夷險陰晴不具論，山中生業常相期。

耕　隱

學道無成學老農，村居一徑野雲封。招呼雞犬塵寰隔，長養桑麻雨露重。劉毅不愁無儋石，陶潛惟喜有孤松。負鉏植杖幽山去，知在烟霞第幾峰。

牧　隱

炊黍蒸藜林塢外，騎牛吹篴水田中。青青草長初過雨，脉脉泉鳴欲送風。十里烟郊春鳥亂，千重雲壑夕陽空。紅塵赤日何須問，白石南山意不窮。

陸審理天衢 三首

天衢，字時亨，號兑峰，都匀人。嘉靖十六年選貢舉鄉試，十七年會試乙榜，授威遠學博。受諸生修脯，恒不歸橐，以爲期會諸生角藝魚糈，或以周士貧者，士大奮起。擢知成都縣。以和惠勝繁劇，桀黠者轉無所施。吏懷金夜投，厲色揮之，詰朝且正其罪。罷額外徵三千兩有奇，釐豪家飛寄之役，弱民者得蘇息。縣民劉朝貢漆無賂，致耗減長繫，白監司原之，朝不知何以得釋也。量移唐藩審理，時時規切藩不法事，亦報聞。未幾，遂拂衣歸。兑峰所至流惠，而性不偕俗，浮沈薄宦，他人爲之不平。兑峰不計也。既返初服，放情詩酒以終，一時推其高致。卒年五十九。忠介鄒元標表之曰「明時循吏陸先生之墓」。子書，有學行，工古文辭。三十四年舉人，亦官審理。孫從龍、德龍別有傳。附吉水鄒元標《承德郎兑峰陸公表》〔一〕：予閲兑峰陸公狀，而致艷於其群子弟也，彬彬乎文矣。語有之：沃土豐穀，長淵長鮪。夫非探本之論邪？以故楊世忠勛却金之遺也；萬石崧慎躬行之化也。予於陸公請得而表章之。公之先，有以貢起家者曰璋實，生公，甫髫齔時，嶄然見頭角。隨父官楚，文聲郁然，砰隱歸而爲郡諸生。舉明經，意殊不屑也。比省試，遂中賢書。次年上春官，登乙榜，擢威遠學博。諸生具修脯，不恒歸橐，捐之以賑貧士。每爲期會，羅多士角藝文，且爲給魚糈，一時磨厲，士以奮揚。無何，擢令成都，邑務故繁劇，而民多桀黠，公一鬯以惠和，蓋優優乎德政布而周澤渥矣。居常致嚴於簠簋，趙吏懷朱提二百兩，暮夜以投，可幸無知者。公厲色揮之，吏惶懼不得意去。質明且正其罪，靡不人人股弁也〔二〕。邑有額外徵三千有奇，先任利於濡染，因循條貫，罔恤民艱，公毅然請於上，得報罷。先是里甲之編豪有力者，率飛寄影射，叢其役於文弱之民，力不支則有撤其寧宇而翦爲逋逃耳。地相望甌脱也。公爲閔焉，紓籌畢智，釐刷而裒益之，以務底於平，著爲潔令。是役也，無論流移感集，而大豪亦惴惴受計矣。閭巷致有前謝後陸之謡，非倖致也。邑民劉朝往年貢漆尚方，貧不能修賂贄，漆不以時收而耗減，因以長繫，白監司釋之，朝莫知所由。其愷澤類如此。人謂公德政如是，當膺不次之擢，乃公素骫髒，不能選耎滑稽以奸時好。尋量移唐藩審理。藩多不法狀，公時有所規切，輒報聞，公亦既倦官拂衣歸矣。歸而益務爲躬行，事後母，以孝聞。凡期功強近以及所知待公而黔其突者，轄其骨者，振其緩急者，不下數百人。而公日陶陶焉，課督嗣子外，輒放情於詩酒，浩唱究浪，擲雉呼盧，與客爲歡也，庶幾哉塵囂不干其府矣。行年五十有九而卒。公名天衢，字時亨，號兑峰。先生能一介必矜，而不見廉以使人名。能起偃爲豎，而不見惠以使人戴，豈非人心爲質、爲而不宰者乎！乃位不稱才，壽少稱德。人於先生殊有餘恨，抑昔人有云：「不竟其禄，子孫之穀。」睹今玉樹林林焉，則先生之植本也固，而遺榮也大矣。予故爲表之曰「明時循吏陸先生之墓」，而揭其事於貞珉，以備史官採焉。

凱陽山

凱陽巉巉立四壁，險絶幾與香爐同。香爐傍革久授首，幺麽何有向與聰。繩兵如飛自天下，火光騰騰亂中夜。墜崖落澗命如雞，負固群蠻應自怕。

按：凱陽山，在都匀府西六十里平浪司境，上有凱口囤。《兵略纂聞》云：嘉靖十六年，阿向據凱口囤爲亂，宣慰使安萬銓提兵萬餘相持三月，仰視絶壁，無可爲計，獨東北隅有巨樹斜科偃蹇半壁間，然去地二十丈計。萬銓令軍中能爲猿猱上絶壁者，予千金。有兩壯士出應命，乃鍛鐵鈎傅手足爲指爪，人腰四徽一劍，約至木，憩足，即垂徽下引人。人帶銃炮，附緣長徽而起。候雨霽，夜昏黑不辨咫尺，時爬緣而上，微聞刺刺聲。俄若崩石，則一人墜地，骸骨泥爛矣。俄而長徽下垂，始知一人已據樹，乃遣兵四人緣徽蹲樹間。壯士應命者復縣木間爬緣而上，至囤頂，適爲賊巡徼者鳴鑼而至。壯士伏草間，俟其近，揮劍斬之，鳴鑼代爲巡徼者。賊恬然不覺也。垂徽下引樹間人，樹間人復引下人，纍纍而起，至囤者可二三十，便舉火放銃炮，大呼曰：「天兵上囤矣！」賊衆驚起，昏黑中自相格殺，死者數千人，奪徑奔下，失足墜崖死者又千人。《讀史方輿紀要》：凱陽山險峻，上有砦，即凱口囤也。圍十餘里，高四十丈，四壁斗絶，獨一徑，僅尺許。盤旋而登，上有天池，雖旱不竭。嘉靖十五年，部苗阿向據此爲亂，撫臣陳克宅檄水西安萬銓討之，屯囤下三閱月〔三〕。募壯士乘夜攀緣至囤頂，舉火發炮，賊驚起，自相格殺及奪徑墜崖者甚衆。會撫臣失士心，阿向走免。月餘，復襲殺守囤官軍而據之。詔安萬銓進剿。萬銓招下之。又引《平凱記》云：凱口苗阿向，自正德末據大囤爲亂，官軍屢討之不下。嘉靖十五年，檄水西兵與官軍合勢俱進。尋破其囤，斬向。向侄阿四者，更名王聰，聚黨襲破戍軍，復據囤爲亂。官軍復進討。聰乘夜來犯，官軍擒斬過當，追擊至囤下，沈賊於溪河甚衆。隨援繩梯，直擣其巢。賊皆降潰。進攻老虎山，克之。追擒聰於甲聳山中。繼而其黨王佑、王毛復乘虚據囤，官軍購旁砦順民攻復之。餘孽走谷坡箐中，次第撫定，悉擒其黨，賊遂平。於是更凱口囤爲滅苗鎮，益兵守禦。

合江地低先得春，二月未半桃花新。石潭游魚去復至，見人不避如相親。江干間田可耕鑿，江上風光良不惡。安得初衣趁健時，稱心來逐漁樵樂。

合江

按：合江乃宋元廢州，在都勻府東南百五十里，獨山州東百二十里，爲州屬爛土長官司境。附先猶入府君《元定雲府及合江陳蒙二州考》〔四〕、元定雲府，當在今獨山州東百二十里之爛土長官司。司南有董領寨，與定雲聲近，或當是。州南黑神河經司西北，《明史》所謂獨山江，入廣西天河縣爲龍江者也。又東北流二十里許，得巴開汛、巴開場，有普安河受八寨廳、王家司諸小水，南流東折西屈來會於場、汛間，即古合江。州治舊址猶存。自合江而北四十里許，有陳蒙坡，坡下亦有城趾，即陳蒙廢州也〔五〕。顧景范《方輿紀要·都勻府》下云：「合江廢州。」《志》云：在府東南二百五十里，宋所置羈縻州也，元因之，尋改爲合江州長官司。元《志》有峽江州、屬管番軍民總管府，蓋訛爲合江也。明初廢。又陳蒙廢州，在府東南百里。《志》云：亦宋所置羈縻州，元初因之，尋爲陳蒙蠻夷軍民長官司，亦屬管番軍民總管府〔六〕，初廢。又定雲廢府，《志》云：在府東百五十里，元置，而元《志》不載云云。考崇禎《獨山州志》、康熙《貴州省志》并云：爛土長官司，宋置合江、陳蒙二州爲羈縻州，元改置定雲府，領合江、陳蒙二州，爲思明路〔七〕。又合置陳蒙蠻彝軍民長官司，與《紀要》皆本明萬曆《省志》。而乾隆《貴州省志》以《宋史·地理志》不載合江、陳蒙二州，謂舊

《志》宋置爲無據。唯《續文獻通考》於廣西思明路内載二州名，元置。故於「都匀府古蹟」云：廢定雲軍民府，在府城東一百里，元置，明廢。合江州與陳蒙州皆元置，隸廣西思明路，明改爲長官司，隸都匀安撫司。其言二州去府道里與《紀要》亦同。今按《元史·世祖紀》：至元二十八年十月丁亥，洞蠻爛土立定雲府，改陳蒙洞爲陳蒙州、合江爲合江州。即一府、二州建置之證。其稱以洞，立府州，即自宋爲羈縻之證。宋自崇寧以來，益、梓、夔、黔、廣西、荆、湖南北迭相視效，斥大土宇，凡所建州、軍關城砦堡，紛然莫可勝紀。宋《志》載羈縻州縣之外，又有羈縻洞，如龍聳、古佛之類。其洞或升州，州或降洞，史益不詳。爛土、陳蒙、合江俱以洞立府州，而諸舊《志》并謂二州本宋羈縻，史雖無文，安知非宋末降州爲洞，至是乃復之耶〔八〕？《方志》舊文，正可藉補史闕，而《乾隆志》删之，與顧景范疑合江、定雲之不見於《元志》，又疑合爲峽訛〔九〕，皆弗深考也。《世祖紀》又云：至元二十九年正月壬子，八番都元帥劉德禄言新附洞蠻十五寨，請置官府以統之。詔設陳蒙、爛土軍民安撫司。元安撫管府州，於是定雲一府二州，蓋亦隸於安撫矣。其時府州亦只用蠻酋爲長官，故《明一統志》云：合江州、陳蒙、爛土長官司，元置。合江州及陳蒙軍民長官司，其曾隸思明路，又隸管番軍民總管府，移自何時，不可得詳矣〔一〇〕。知定雲府之即在今爛土司者，定雲以爛土洞置爛土，以沃埊田中土，屢填屢消得名。其司治又數百年未移也。合江州在定雲東北，陳蒙又在合江東北，相距各僅數十里，故明洪武十六年并置合江州、陳蒙、爛土長官司，顧成招諭合江州十五寨來歸，當亦即劉德禄所言新附之洞蠻十五寨耳。《明史・地理志》及《一統志》於此長官司并書「州」作「洲」字，誤也。《紀要》云：合江在府東南二百五十里者，明弘治始置獨山州治，在今州南二十里獨山下，故謂州在府南百五十里，合江又在州東百里，正二百五十里也。其云定雲在府東百五十里，陳蒙在府東南百里者，皆别取東道〔一一〕，不由州往，里數亦略相當。今《省志》言定雲去都匀百里，則奪「五十」字也。乾隆《獨山志》於陳蒙、合江皆略及之，而證古未析，又不知定雲在爛土，故考其梗概如右。

按：合江之水即古剛水。《漢書・地理志》：牂柯郡，毋斂剛水東至潭中入潭。鬱林郡，定周水首受毋斂，東入潭，行七百九十里。定周水即剛水，以出受相明也。此水自發源州城西東南，至合江，又東南經三脚坉、都江廳、古州廳入廣西合柳江，約九百餘里。柳江即潭。附先猶人府君《獨山江即漢毋斂剛水考》：《貴州通志》叙獨山江、都江云：一曰紫泉，一曰遯水，一曰牂柯水〔一二〕。《山海經》所謂浪水。《水經注》所謂南至鬱林，東至蒼梧，又東至高要，由番禺入海者也。漢武伐南越，發夜郎精兵下牂柯江，疑即此。以今考之，皆近是而非，實則漢之毋斂剛水也。《漢書・地理志》：牂柯郡，毋斂剛水東至潭中入潭。鬱林郡，定周水首受毋斂東入潭，行七百九十里。《華陽國志》：「毋斂縣有剛水本作火，誤。」按：定周水即剛水，以出受相明，如夜郎縣，云：豚水東至廣鬱，豚，《華陽國志》作「遯」，并同遯音。而廣鬱縣，云鬱水首受夜郎豚水，東至四會入海，過郡四：行四千三百里之例，故剛水但言入潭，定周水則兼言里數，亦如夜郎、廣鬱、豚水之互相足也。剛水至定周，即過牂柯、鬱林二郡，《志》不言過郡二者，脱文也。漢潭水，前人多謂即今柳江，而以漢潭中縣即今廣西柳州府之柳城諸縣，良是。驗柳江出黎平府之永從縣北，挾諸小水至廣西柳州府柳城縣曰柳江。而獨山江自州城西之飛鳳井及簡麗新寨之水鏡潭，會羊角屯，經城東南，東南流經本州同知駐之三脚屯，挾本州及八寨廳、荔波縣、都江廳、古州廳及廣西思恩府屬諸小水來會。《明史》所謂「南入廣西天河縣界，爲龍江。」《元豐九域志》所謂「宜州龍水郡治龍水縣，有龍江水道。」提綱所謂龍江經思恩縣南境曰龍江。自源至合柳江處，曲折已九百餘里，受納群流甚多，實柳江西源者也。柳江會獨山江，又經柳州府治，又經象州北境，又經州西北而南，至天益山西南麓。而雲南、貴州界之兩盤江，自廣西泗城府會流爲紅水江，一曰都泥江，至來賓縣來會。考《漢志》：武陵郡鐔成玉山潭水所出，東至阿林入鬱過郡二，行七百二十里。《説文解字》：「潭水出武陵鐔成玉山，東入鬱林。」段氏注云：林字賸，當删。俗人不知鬱爲水名。《漢志》洭水入鬱，離水入鬱，皆沾林矣。王，《集韻》引作玉。《韻會》引作五。《漢志》作玉。未審當何從。《山海經》：「沅水出象郡鐔成西。《水經》：沅水出牂柯且蘭縣，爲旁溝水。又東至鐔成爲沅水。《淮南子·人間訓》：秦利越之犀角、象齒、翡翠、珠璣乃使尉屠睢發卒五十萬爲五軍。一軍塞鐔城之嶺。高注：鐔城在武陵西南，接鬱林。驗沅水正源，即今都匀邦水河下流爲清水江。清水江自施秉縣之下，施秉以下經清江通判界，又經黎平之黃寨，又經天柱縣之甕東，入湖南靖州界以東北入洞庭。柳江既出永，從清水江，又經黎平及清江。天柱、靖州之接黎平一帶，適當漢武陵郡之西南境，則自鎮遠府之台拱廳、清江通判、天柱縣及湖南靖州，倚黎平之通道縣及黎平一府，除古州廳外，皆漢之鐔成縣地無疑。鐔成之水，下受毋斂；而毋斂爲牂柯縣，必不能越鐔成而東。鐔成之境，經且蘭所出之沅，則毋斂必不能越且蘭而北。然則都匀府之八寨廳、獨山州、荔波縣、都江、通判、廢平州、夭壩、丹行、丹平、平浪諸司，黎平府之古州廳及廣西之慶遠府、南丹州，接獨山、荔波一帶，適在鐔成之西、且蘭之南，其爲漢毋斂縣無疑。而其間入柳江之水，唯獨山江最大，則獨山江之爲毋斂剛水益無疑矣。獨山江于柳城合柳江，所謂「潭中入潭」，所經柳州府之懷遠縣、融縣一帶，所謂定周水首受毋斂，柳城諸縣即漢潭中、懷遠諸縣，即漢定周，源流八九百里，即《漢志》之行七百九十里。診其出受，驗以地望，計以道里，罔有不合。故《漢志》剛水，即《水經注》之毋斂水。以其入定周縣，《水經》又謂之周水，而《水經》及《注》敘此兩水，皆極謬戾，故前人不得毋斂縣水所在，蓋千餘年矣。《水經·存水》曰：存水，出犍爲郁鄢縣東南，至鬱林定周縣爲周水。又東至潭中縣，注於潭。酈《注》曰：存水自縣東南流徑牧靡縣北，又東徑且蘭縣北而東南出也。存水又東徑牂柯郡之毋斂縣北，而東南與毋斂水合，水首受牂柯水，東徑毋斂縣爲毋斂水。注中兩「存」字，近刻并訛「周」，四「毋」字并訛「無」，依庫本。訛又東注于存水。存水又東徑鬱林定周縣爲周水，蓋水變名也。按：郁鄢，當今四川敘州府地。而潭中在廣西柳州府，相距幾二千里。其間赤水、烏江、鎮洋江、清水江諸大水，皆自南趨北而首接南北盤江，安能有横截諸流自叙州以入柳州之水？故《漢志》「郁鄢下」不云有水入潭中。「定周潭中下」不云「受郁鄢之水」，最爲明確。則《水經》實誤，而酈氏强以附合之耳。然《水經》出三國魏人纂述，不應不悉兩漢圖經。意經文：「存水出犍爲郁鄢縣」之下，「東南至鬱林定周縣」之上，當有脱簡。爲叙存水所入及毋斂剛水所出之文，或存水、剛水之間，更叙有一二水并在脱中，皆不可知。酈氏據脱漏之本，而南中地理典籍無徵，目驗不及，自不能覺其非，不得不依傍雜糅，荒率成篇。故既以存水爲入潭之周水，又以毋斂水爲别一水，又温水注云：鬱水即夜郎豚水。豚水東徑牂柯且蘭縣，謂之牂柯水。牂柯水又東徑毋斂縣西，毋斂水出焉。又徑中留縣南與温水合。又東入柯林縣，潭水注之。水出武陵郡鐔成玉山，東流徑鬱林郡潭中縣。周水自西南來注之。潭水又東南流，與剛水合。水西出牂柯毋斂縣。王莽之有斂也。東至潭中入潭，潭水又徑中留縣東、柯林縣西，入于鬱水。據此，則又于周水、毋斂水之外，以剛水爲别一水，殊瞀亂無端緒。其所叙温水、延江，盡然不獨一存水也。幸《漢志》郡縣下載明出受，有條不紊，藉可杷梳。若但據酈《注》數篇，欲究南中地理，實是治絲而棼，考古者不可不知也。至《通志》所謂遯水，考《漢志》夜郎廣鬱，皆見豚水。漢夜郎縣即今安順府地及貴陽府之西南境，則漢豚水即今定番州之濛江，至廣西泗城府會盤江，至來賓會柳江之水。所謂牂柯江，據史漢皆云：夜郎者，臨牂柯江。又云：發夜郎兵下牂柯江。蓋即濛江及永寧州西境之北盤江。北盤江東合南盤江，入廣西以合濛江，即《水經》出牂柯夜郎縣之温水也。所謂淁水，《漢志》不見。據《水經》所叙，當即《漢志》鐔成下康谷水，東西入海者[一三]。蓋在灕水、潭水之間，同入鬱江，以注南海之水。則淁水尚在潭水之東，亦非獨山江。所謂紫泉，蓋據田山薑《黔書》謂。《潯州志》：貴縣有水，出于鬱江，長而狹，色如紫練，其出不常。分兩派：一自縣門下流，一自縣上流下，名曰紫泉。前人以貴縣爲唐貴州，遂冒黔之稱，曰紫池。乾隆初編《通志》者以獨山江爲鬱江之一源。又援紫泉爲其稱，而好事者即指州城南十里，時有丹砂流出，春則水淡赤之，涼亭井以實之，後州建書院，主者不能考剛水以爲名，而即以紫泉名之，甚無徵也。《通志》又謂獨山江源出都匀邦水河。驗邦水河，即馬尾河上流，乃入清水江之水，不入獨山江。蓋自顧景范《方輿紀要》、晏一齋《黔中水道考》，已承明《通志》之誤。

麥沖砦

細雨行經麥沖砦，主人餉午客意息。鳥聲乍逐東風歡，馬首亦欣西日晒。明霞倒射八檬潭，雙溪紅紫襯浮嵐。神魚解事莫輕出，連歲兵戈已不堪。

《讀史方輿紀要》：「麥沖河在平浪司東南十里，岸有古砦。正德三年，都匀、清平間富架重惡龍作亂，官軍討之。一由楊安答干麥沖進，即此麥沖河也。」《都匀府志》：「麥沖河在城西南，有巨魚二，不輕出，出則群魚隨之，其年必有兵。後魚爲暴雷震死。」按：麥沖砦，在都匀府南五十里，有麥沖塘，有溪自西北平浪司來，流經芭秧村曰芭秧河；又經塘西曰麥沖河。《明史·地理志》「平浪長官司，東南有麥沖河」是也。河中大魚，今猶存其一，仍不輕出；出則麥沖人必有捷鄉會者，竟易昔之兆殃爲兆祥矣。麥沖河又東南流二里許，曰八檬潭，有良畝河自南來會。良畝河出獨山州東北三十里彭比山北麓，西北流經翁奇砦，曰翁奇河。又經櫟木砦，又經吴家司南境入都匀界，又經黄梁堡，又經良畝塘，有谷里河來會。又西北至八檬潭，距彭比可六十里許。麥沖河既會良畝河，折而西南，流經平浪司南境曰王政河，有獨山西北境之深河自東來會。又西南入平洲司境，有凱口河自北來會。又經平洲司南曰平洲河，中有大洲，土人開肆其上。又經大六洞砦及丹平廢司，有藤茶河自北來會。又西南入山洞伏行入廣西泗城府界，懸出注於紅水江。此水源委屈曲，約三百餘里，會都匀府西南境諸溪澗數十，與都匀河、獨山江鼎足分馳，在府境内亦非小水。《方志》不言源委，齊次風《水道提綱》遂棄不録。顧景范《方輿紀要》則誤。謂麥沖河下流入都匀河。洪稚存《乾隆圖志》及《貴州水道考》亦謂麥沖河入沅水，竟强西南入鬱之津，使之逾嶺而東北以會九江，可乎？故藉記正之。八檬潭，今語訛，或爲把猛潭。

内江馬心庵先生廷錫三首

廷錫，字朝寵，號心庵，貴州宣慰司人，舉嘉靖十九年鄉試，知四川内江縣。洗寃澤物，以慈惠聞。遽棄官歸，講學不復出。學者稱心庵先生。王文成守仁之謫龍場驛丞也，見武陵蔣信道林之詩而稱之。時道林方爲諸生，與冀元亨闇齋證《大學》「知止」是「識仁體」。闇齋躍曰：「然則定静安慮，即是以誠敬存之矣。」而皆未敢遽是。相攜走龍場受業文成之門。居久之，大有所得而去。楚中傳姚江學者，雖有耿定向天台一派，流至泰州王艮，然後多破壞，不如武陵蔣冀得其真醇。心庵鄉舉後一年，道林以副使提學貴州，重整舊祀陽明之「文明」、「正學」兩書院，擇士秀者養之於中，示以趨向，使不汩没於流俗，教以默坐存心，體認天理。一時學者翕然宗之，而心庵爲之冠。道林又置龍場陽明祠祭田，以永香火。湖廣偏橋、鎮遠、清浪、平溪、五開五衛，地錯貴州境，諸生鄉試險遠，多不能達，請增貴州解額，使之附試。尋告病歸。御史劾以擅離職守，削籍。後奉恩例，冠帶閑住，築精舍於桃花岡，聚徒講學，置學田以廪遠方來者。終日危坐其中，弦歌不輟。貴州舊從學亦有往者。而心庵已謁選蜀令。在官嘗念所學不盡澈，每自嘆曰：「吾斯之未能信，無乃賊夫人之子乎？」才二歲，即投簪走桃岡，就道林居。數年卒業乃歸，與清平孫淮海先生爲性命交。構棲雲亭於會城南漁磯上，静坐其中，爲箴以自警，略曰：必極静極清，以至於極定，始長覺長明，以至於長存。澈頭方了道，入手莫言貧。其勵志如此。久之，悠然自得，於道林，所謂理氣心性、人我貫通無二者，更不思索，隨所感觸，渾是太和元氣。自嘉靖三十六年巡撫王紹元疏薦於朝，即謂其篤信好學，妙契聖賢之經旨，默坐沈心，遠宗伊、洛之淵源。南方學者爭負笈請業，漁磯棲雲間，儼嗣桃岡之盛。撫按復連疏以真儒薦。堅辭不肯起。提學宜興萬士和、巡撫南昌阮文中、布政龍谿蔡文、按察慈谿馮成能，相繼延心庵主講文明、正學兩祠院。兩祠院一侵於郡治，一寄於郡庠，湫隘傾漏，不足以居諸生。成能乃更擇地於城東隅，別建陽明祠，仍牓其堂曰「正學」，謂之「陽明書院」，即今貴山。移心庵主講其中。時隆慶四年也。心庵講誨不倦，興起成就者甚衆。成能復時時來會，聽者常數百人。蓋自陽明、道林後僅見云。久之卒。距桃岡歸里時，又三十餘年。心庵祖和、父實、子文標、孫彥龘與心庵五世，皆舉於鄉。和舉弘治五年，官知縣。實舉正德十四年，未仕。文標舉嘉靖三十四年。彥龘舉萬曆二十五年，并官知州。心庵著有《警愚録》、《漁磯集》，惜不傳。

登　山

爲學如登山，且欲躋其巔。望道如望洋，誰能涉其淵。振衣上高臺，善也風泠然。兹行良有得，不在山水間。知音苦遼絶，俯仰復何言。

磯　上

○漁磯灣見卷末。

悠然坐磯石，塵慮忽以祛。垂綸不設餌，淵鱗方躍于。亦知君子心，在適不在魚。君不見沙邊鷗鳥解忘機，物類浮沈宜不殊。

山中吟

春陽律轉先深山，村村花柳回雕顔，鳥鳴高樹聲關關。幾家烟火自村落，春酒熟時相往還。

李巡撫佑二首

佑，字吉甫，號培竹，清平衛人。其先自福建崇安來籍。祖純，歲貢。官保康、洪雅教諭。以身立士範，既去，兩縣人祠之。家居撫孤厚族，有古君子風。父夔，字竹泉，嘉靖七年舉人，歷官南刑部員外郎。吉甫嘉靖十九年舉人，二十六年進士，官至廣東巡撫。《明史》附見《譚綸傳》。初授南大理評事，以折獄明允稱，升寺正。三十六年三殿災，擢工部郎中，充川、貴採木使。深入嵐瘴，爲有司先，巨材無所隱，而商値出納，一聽有司。故終役，皭然無物議。部檄促運急，而民力匱竭。吉甫調停其間，民不困而大工以濟。晉南贛兵備副使。南贛與閩、越、楚犬牙錯處，故盜藪。自王文成經略後，草薙禽獮，稍有寧宇。近歲以來，漸復萌孽。三十八年殺副使汪□□。吉甫至，即單車入岑崗三巢，諭李文標、謝允樟諸劇賊，各革面聽命，立還所奪人民土田。廣東程鄉賊温鑑、梁道輝，挾上杭賊餘黨及他賊吴志高等，肆劫江西州縣，而江西下歷巢賊賴清規等互起相應。吉甫首敗之於上杭、瑞金、石城，以次追擊之於曲江、洪田、長汀、漳平、永安、始興、長樂、平遠、連州、陽山、英德、信豐、下歷，屢戰皆捷。鑑、道輝等窮蹙逃竄。尋爲廣東僉事徐宰甫所獲，清規等亦就擒。賴清規之起，曾殺信豐簿李鳳朝。鳳朝，貴州衛人，嘉靖三十七年以歲貢主縣簿。清規等肆掠城下，鳳朝屢督兵禦破之。四十二年二月，賊入青郁谷，鳳朝攻之，賊距山逆戰，鳳朝奮力先登，遂爲所害。數日得其屍，顏色不變。縣人哀之，呼其山爲「主簿腦」。後先上首功凡二萬餘級，俘獲、招徠稱是。請立定南縣，控諸巢，南贛境内悉平。進江西右參政。廣東河源翁源賊李亞元等猶肆逆，偕總兵官俞大猷，分五哨進剿，擣其巢，生擒亞元。論功獨多。是時廣東沿海盜賊未息，時糾倭作亂。隆慶元年，廷議復設廣東巡撫，以吉甫前後功，特超拜僉都御史，充其任。諸務創造，總理精密，嚴號令，汰冗費，雖羽書轉餉絡繹，未嘗增歲額，而甲兵、戰艦、城郭，無不整繕，士卒無不勁練。二年四月，澄海大家井民亂，討平之。先後剿平翁源叛賊張韶南、長樂糾倭賊黄允惠、湖賊梁有川、林道乾、林爵、歸善賊林金、黎尚德、瀧水賊黎希文、恩平、新興、新寧賊倉步、謝廷賓、韶州賊吴子和、張子賢、程鄉賊楊子亮、李春又、藍松山。一歲捷書十餘上，先後凡受銀幣賜十有三。吉甫謀定後戰，應變不窮，鼓舞將士，人人樂爲用。即當盤錯，迄有成功。穆宗登極，即下璽書褒勞。至是廣東賊以次殄除。四年議裁巡撫，而吉甫被劾。閑住久之，事白，當起用，已卒。吉甫博識强記，爲文章浩蕩自如，胸坦夷而操履不弛。居常儉素，手一卷，樂引後進如不及。執親喪，事伯兄，皆極情禮。撫幼弟俶，教愛篤至。子大晉，字伯康，少負奇偉，十歲通經史，能文章。中嘉靖四十年舉人，隆慶五年進士，知宜賓縣。父服闋，補臨川，移判温州，再知隨州，轉重慶府同知，遂引歸。嘗曰：「吾歷官無他長，惟不欺君，不虐民，成敗利鈍聽之天命，差自信耳。」自號大愚，在鄉里不徇俗尚，而喜恤人。俶後舉萬曆十六年鄉試，歷官晉寧知州，亦有聲。吉甫著有《南法寺駁稿》六卷、《撫粵疏草》八卷、《詩文集》四卷，皆未見。附孫淮海《培竹李公墓誌銘》：培竹李公，貴州清平人，舉嘉靖丁未進士，授南京大理評事，升寺正。丁孫太夫人憂歸。孫太夫人者，鼇太姑也。已，又丁竹泉公憂。先後服闋。赴銓部，改繕部督木郎中。五年升江西按察兵備南贛副使。秩將滿，留加參政，仍掌兵備南贛事，先後四年，升都察院右僉都御史，巡撫廣東。又二年，以致論聽勘歸。歸三年，遘疾考終。初，公舉進士時，三百人皆推公器識。暨官南京，讞獄明允，得訟之情，以麗於法，南京縉紳大夫莫不推與公。於是公聲名日起。會丁巳春三殿災，世宗欲鼎建，殊亟求可稱任使者，遂特改公繕部，往董川、貴大木事。先是，採木使第稽籍款數，公必深入嵐瘴，不辭險阻，爲有司先，一時報發獨多公；又不似他採木使理商值，第令有司出納。終其役，皭然無物議。西南民力匱竭甚，部檄日旁午，公調停有宜，事畢集，民不爲苦，巨工實賴攸濟，於是公聲名愈益崇重。朝廷遂畀公南贛兵事矣。南贛者，盜藪也。犬牙於閩、粵、三楚之交，自陽明先生經略後，垂數十年萌孽滋長，歲辛酉殺汪憲使，猖狂彌甚。公莅任，僅浹辰，即單車入岑岡三巢，譬曉李文彪、謝允樟諸劇賊禍福，各斂束聽命，還返擄奪人民田畝，思革面向化。適鄰省桀寇梁道輝、温鑑、蘇阿普、李仕政輩或擁勁兵乘間内劫，或抄鹵屬邑，慘毒不可言。時下歷巢賊首賴清規盤踞尤久，互相響應。公倡勇敢，定方略，盡討平之。一捷於上杭瑞金石城，斬首千數百級；再捷於曲江，斬千級；三捷於洪田、長汀、漳平、永安，斬九百級；四捷於始興、長樂，斬五百級；五捷於平遠，斬三百級；六捷於連州、陽山、英德，斬四百級；七捷於信豐，斬四百級；八捷於信豐，斬百級；九捷於翁源、河源，斬萬二千級；十捷於下歷，斬三千六百級。諸俘獲與招徠迫脅者，悉稱是。立定南縣治，制控諸巢，安恤旄倪，南贛境土賴公廓清蕩平，士民如解倒懸，神人之鬱憤盡泄，室家始相慶更生。餘風所被，罔不震慴，誠東南用兵以來所未有。無何，廣東賊煽亂遍滿，耳目不能戢，廷議請設撫臣。公以在南贛有大勞效，特膺簡命，開府其地。當百務創造，無所承襲，公總理周密，號令嚴明，省汰減費，雖羽檄紛馳，饋餉連絡，未嘗增歲額，外繕兵甲，造戰艦，修城郭，練士卒，勤瘁不可殫述。剿翁源叛賊張韶南，斬三百五十級；剿長樂糾倭賊黄允，斬百六十級；剿惠湖賊梁有川、林道乾、林爵，斬五百七十級；剿歸善賊林金、黎尚德；剿瀧水賊黎希文；剿恩平、新興、新寧賊倉步、謝廷賓，斬千級；剿韶州賊吴子和、張子賢，斬三百級；剿程鄉賊楊子亮、李春又、藍松山，斬千級。公用兵，謀定方戰，應變不窮，鼓舞將士，人人樂爲用。即當盤錯，迄有成功。凡虎噬於山林，鯨吞於瀚海，積累跳梁，莫敢誰何，一一誅鋤芟刈。終歲内，捷書相繼十餘上，受金幣之賜者十有三。先皇御極，首録公功，賜璽書諭勞。鼇嘗謂：人君莫不欲求禦侮奔走之臣以爲楨幹，以保土宇，然敗績厭覆相隨屬，而倜儻非常之人稀曠世而不可見，非惟才智之難兼，抑以得精白忠貞之士尤不易也。公才智既卓絶，任國家事，當封疆責任，但知有國家，有封疆，不復知有身有家。庶幾哉，可儷美精白忠貞，不忝社稷臣矣！廣東賊業已次第殄除，廣東人不欲再建撫臣，公緣是瑕釁頗起。及解組歸來，輿論既定，朝廷又謀及公再用者，乃公遽長逝。嗟乎，重可惜哉！公諱佑，字吉甫。先世福建崇安人，遠祖琦，洪武初以仕寓清。祖純，官教諭。父夔，南京刑部員外郎，是爲竹泉公，贈如公官。公讀書史，能强記，文章浩蕩渾雄，自中意趣。樂汲引後進，胸次坦夷，而操履不弛。執親喪，事伯兄皆極情禮。撫幼弟俶，教愛篤至。居常自奉儉素。時時考究典籍。見人侈靡不學者，不悦也，謂烏宜有是？生丁丑九月十一日，卒辛未十二月二十五日，年五十有五。配白氏，贈夫人。繼吕氏，封夫人。子大晉，辛未進士，授四川宜賓知縣。大有，庠生。大鼎、大恒業儒。女三，長適孫應鶚。孫二，敦孝，敦性。孫女一。著有《南法寺駁稿》六卷、《撫粤疏草》八卷、《詩文》四卷。都匀府建有宸翰樓，在城西居姓宅左。以今壬申十二月二十日安窆於翁沼山之陽。銘曰：於鑠華裔，建佳城只。胥宇黔埉，世業亨只。中丞崛起，聲聞宏只。射揚藻殿，陟方瀛只。南都掌理，天下平只。明堂前矗，信峥嶸只。東南寇盜，僉滿盈只。狼心梟響，古虔郡只。非公孰哉，飭五兵只。揚麾指日，神鬼驚只。韜鈐變疾，風雲横只。威靈赫奕，群醜攖只。幕天氣祲，盡廓清只。士女簞壺，馬首迎只。獻俘奏凱，歸帝京只。授鉞東粤，得專征只。赤心白刃，耀光聲只。迅雷破竹，何鏗鍧只。商返賈肆，農復耕只。皇錫絡繹，金幣擎只。功高讒興，徒猙猙只。公兮歸來，投素盟只。憂樂先後，國老成只。徽美矩矱，鄉耆英只。鶴縻好爵，子和鳴只。没安存寧，耿嘉名只。沼南葱蒨，阡岡瞥只。志辭無慚，視我銘只。

歸來有懷前撫孔韶文侍郎

韶文老邊陲，單騎掃嵐瘴。蠢爾溪與刺，豈直一鞭向。我經高雷間，懷畏猶不忘。勳名鬱江流，不在麒麟上。

按：孔韶文名鏞，長洲人。景泰五年進士。成化中巡撫貴州。清平部苗阿溪者，桀驁多智，其養子阿賴尤有力，横行諸部中。守臣皆納溪賂，驕不可制。二十三年，韶文行部至清平，詗得溪所昵者二人，遂以計擒溪，磔之，并討平谿公背苗。群蠻震懾。事詳《省志》及《史傳》。韶文知高州府，分巡高雷時，單騎撫降，及討平猺賊數十部，致廣西猺獞斂迹。歷仕三十餘年，皆在邊陲，乞骸不許。以工部侍郎召，道卒。玩詩意，蓋吉甫方罷粤撫歸，似自況也。

經香爐山

爐山壓千峰，雄奇冠黔服。上溯五十年，咫尺仍異域。鄒公故長者，天兵乃生翼。放意著詩篺，敢忘翦除力。

《讀史方輿紀要·清平縣》：香爐山，縣東三十里，壁立千仞，延袤三十餘里。衆山環立〔一四〕，若弋鋋相向，盤亘三四重。鳥道懸崖而上，可容百萬人；有瀵流一溪，沃疇千畝。聚落峰屯，保以爲奸。正統末，苗韋同烈者，憑險旅據於此，官軍討之，久而弗克。景泰三年，乃就撫。正德十二年，苗阿旁等復據舊巢作亂〔一五〕，列栅數十里，積粟聚兵，結都黎、都蘭、天漂、夭壩、龍對諸苗相援。詔湖、貴合兵討之。環立山下〔一六〕，弗克攻。偵知苗俗以長至日爲歲朝。至其夜架梯懸崖，直擣其巢。焚其砦柵，遂平之。因城香爐爲官戍。嘉靖十三年，撥清平衛中左所兵戍守〔一七〕。按：山在縣東三十五里，接黄平州界，形圓若爐，累三成，頂闊於腰，四面削壁，止一綫通，曰「南天門」。頂平可容數萬人，有井深黑，時作波濤聲，蓋伏流所經，入重安江。韋同烈之亂，景泰二年命右都御史王來，代侯璡總督湖廣、貴州軍務，進討連破三百餘砦，會師香爐山下，發砲轟崖，石聲動地，賊乃縛同烈降。正德十一年，苗阿旁、阿革稱王，據香爐山，興隆、偏橋、平越、新添、龍里諸衛咸被其患。鄒文盛巡撫貴州，檄川、湖兵協剿，以貴州兵擣炮木砦，禽阿革。川湖兵抵山下小徑，五賊皆樹柵。仰攻不能克，乃制戰樓與崖齊，以繩梯、鐵猫、爬山虎諸具，乘夜雨，選精鋭附崖登，拔柵焚廬舍。賊奔據絶頂，官軍乘間梯藤木以上，遂禽阿旁，斬之。乘勝討龍頭、都黎、都蘭、都蓬、密西、大支、馬羅諸砦苗，斬降無算。撫三百七十五砦，賊盡平。事詳《明史》本傳及省、縣《志》。來，字原之，慈谿人，宣德二年會試乙榜，官至南工部尚書。文盛，字時鳴，公安人，弘治六年進士，官至户部尚書。謚莊簡。嘉靖間移戍所，今廢。崇禎元年，李若量城其下成。

陳行人珊 一首

珊，字鳴仲，一字近衡。其先自廬陵來籍銅仁府。以歲貢中嘉靖十九年舉人，三十二年進士，授行人。以忤嚴嵩，官齟齬不達。終兖州府同知。嘗銘其座右曰：「士大夫能以居鄉之心居官，天下必無寃民；能以居官之心居鄉，天下必無請托。」人以爲名言。近衡之謫官也，在真定，題詩有「憂時頗恨成名晚」之句。孫淮海先生見而傷之，賦詩云：「朗誦河舟賦，憐君憂世心。成名良以晚，興謗一何深！威鳳摧長翮，賓鴻滯好音。冶田言笑在，懷想淚沾襟。」及卒，淮海銘其墓曰：「厥賦伉隆，厥才顯融。厥節巃嵸，以殢其躬。仕官不逢，業傳五經。子挺八英，文擷犀菁。以昌以聲，芳華允明。折渚若流，環岫若棣。密樾若因，公品式修。藏兹允休。青山何依，白雲何霏，西岡何傾。公詩孔暉，信哉如歸。」八英者，鳴仲有八子：揚產，隆慶四年舉人，萬曆二年進士，官知縣。吴產，元年舉人。周產，二十八年舉人，官知州。荀產，三十一年舉人，官知府。楚產、淮產、嶽產、漢產皆以明經貢。孫如日、廖瑞并崇禎十二年舉人。如日官推官。曾孫佳士，天啓七年舉人。佳允，此敬避字，以《省志》題名作印，《傳》又作「應知之」。今依史例改寫。《銅仁志》作「徹」，則本字形誤也。崇禎三年舉人，并官知州。明時貴州父子甲第：普安蔣氏宗魯、思孝；清平李氏佑、大晉；普定梅氏月、惟和與鳴仲、揚產四家而已。附興國吴國倫《訪陳鳴仲》詩：「逢人白眼竟紛紛，奈可南游一見君。金筑萬山深繫馬，銅崖片石好論文。别來齒髪看猶健，怪殺林泉謗未分。蘭桂滿庭生計足，乾坤何事不浮雲。」孫淮海《近衡六衷》詩云：「三月正當三十日，衡山岳降屬佳辰。桑青榆緑盤幽景，燕舞鶯啼弄好春。」「侃侃風裁亹亹詞，昭昭心事有天知。雪霜剥盡嚴寒退，始信君爲松柏姿。」「屠龍妙技誰能用？小試襄城即善刀。傳説兖城遺事在，罷官之日萬民號。」「稱觴爲壽舞氍毹，繞膝佳兒盡鳳雛。記取三槐成蔭日，一門陳氏五經儒。」「不煉丹砂不草玄，披襟隨處樂便便。名山游遍歸來晚，鐘鼎長棲小洞天。」「兵擁提溪烟霧睽，夫君持論轉堪嗟。信知鄒衍能吹律，寒谷齊令草木花。」國朝通政徐如澍《雨芃雜記》：陳公珊，既成進士，因無子，請假回銅。置妾七人，有乩仙謂公應得丈夫子八，當更取一妾，適得姜氏。公復出，携諸妾之任，各生一子，因諸妾姓與地以名之。姜子即曰嶽產，荀子荀產，而揚產母則揚州人是也。公致仕歸，郡學諸生有文昌閣人龍會，會中詩文皆就正公，掇巍科者甚衆。公諸子亦在會，相次登第。子孫蕃衍，思南、思州多其支派云。公寓西門公樂園，頗具林泉之勝，所謂「冰山雪洞」也，又曰「文筆洞」，亦陳公珊書室。

晚登東山

向晚東山寺，徘徊著意看。雨餘城郭淨，月上浦烟寒。勝友相期會，高談興未闌。一聲清夜磬，身在碧雲端。

按：東山倚銅仁治東，有梵宇在山東，冠峭壁，俯澄江，水石清奇，據遊覽之勝。又有大觀樓，明知府李資坤建。吴明卿來提學，有詩。又有澄江樓、川上亭，并明參議蔡潮建。在山上下，今皆廢。

石總兵邦憲一首

邦憲，字希尹，號南唐，《銅仁志》又作南溪。清平衛人。嘉靖七年嗣世職，爲指揮使，累功進銅仁參將，終貴州總兵官。《明史》有傳。今摭史所未備者著於篇。希尹之爲參將也，沅州麻陽苗殺僞百户，推二花頭爲主，擁衆奔貴州。會貴州白苗龍許保與吴黑苗合爲寇，據六龍山出掠保靖間，附之。嘉靖二十七年，命侍郎張岳總督湖廣、貴州、四川軍務，剿諸苗，甫進兵，值苗陷印江，寇石阡府，教授毛淵統民兵嬰城，希尹大破諸苗，擒斬千餘人，許保恐，聚母妻子女變所衣，詐爲湖商婦，令麻陽苗以絲繩束之闖舉，行過侯村，餒甚，攫村人漿飯曰：「我苗也。」村人走報希尹。希尹追及之，殺諸苗而鹵其所闖舉者，唯許保與黑苗跳不獲。二花頭還湖，密結湖苗田應朝等爲應援，而身與許保入思州，詐稱瞿塘卒番戍，入城執知府李允簡以去。希尹知其情，乃復提兵邀賊歸，驟擊之，奪允簡還，殺二花頭。許保仍遁，而希尹坐停俸待罪。《思州志》云：苗方出寇，參將石邦憲令二卒星馳報。次日午後，二卒醉於城外，未及報。而苗已入城，衆猶不知。知府李允簡被執，投崖死。而崑山歸有光撰《允簡墓碑》云：嘉靖三十年，麻陽苗爲亂，思州知府融縣李君可大有銅仁之役。還郡五日，苗龍許保等僞爲哨兵，突入城殺掠。君巷戰不勝，與其孫文炳俱被執，留郡二日，劫以歸寨。君書告清平鎮將石邦憲：「急進兵，勿以我爲忌。」邦憲不應。君乘馬出盤山關，至稍寨，崖高水深，遂自投下。賊驚共拽之出，氣息僅屬，棄之途而去。思人舁還，至清浪衛卒。又云：清平去思僅一宿程，太守困賊已數日，守將若不聞，知朝廷於兵吏有軼罰云云。據史志，希尹先遣報可大，未達而被執，復邀奪以歸。且坐停俸待罪，則初非不應，後非軼罰明矣。清平去思州凡五驛，非一宿程。希尹方由銅仁來，不由清平。駁文顯然。震川依家狀一偏之詞，非實録也。乃購降苗麻得盤、吴老猈等偵許保所在。老猈，史作老格，《清平志》作來格。則許保方匿靈溪洞中，裸而居，翼日變衣過苗家吊喪，乃伏於路擒俘之。《省志·柳之文傳》云：「龍許保就擒，鞫之，曰：石老虎大將軍不要錢，柳守備不怕死，吾是以就擒耳。」之文，普安衛人。是役以守備從征，戰没。而遣土目斬黑苗於别洞中，燻其頭以獻，并捕殺湖苗之陰附者田應朝等，賊平。上據毛奇齡《蠻司合志》，下據《省志》、《清平志》石氏狀。而張岳卒。始，岳開府沅州，希尹入見曰：「興師十萬，日費千金，久將不繼。若先以奇兵挫其鋒，即用賊攻賊，以一日費撫其順者爲心腹，以一日費賞其順者以誅叛，不一年而賊可平也。」岳深然之。故剿賊事悉以委希尹。賊素畏希尹，以方逮問，遂進逼銅仁江南岸。而希尹兵突至，皆大驚曰：「石老虎來矣！」遂遁。希尹追至龍塘，大破之，斬馘幾盡，賊勢日蹙，乃捐厚資散其死黨，購擒斬諸首惡，卒如其計。時貴州總兵官沈希儀以病歸，推代者二人，不稱任，遂進都督僉事，爲鎮守貴州總兵官，詔加提督酉陽、麻陽等處，節制川、湖。駐銅仁則自希尹始。三十三年偕總督馮岳平播州賊李保。而真州苗盧阿項據險爲亂，倚播州爲强援。希尹即以七千人渡江，壁磨子崖而軍。真州，本《傳》作「播州」，依《土官傳》。阿項，《清平志》作「阿頂」。磨子崖，「作磨子巖囤」。乃調水西安萬銓攻烏江以制播，樹旗百步外，招諸軍曰：「我射中旗杆，賊當平。」三發三中。軍士皆踴躍，氣百倍。既水西兵至，勞諸軍曰：「吾親執枹鼓勵陣，明日必破賊。」士卒歡呼，争先登逼其巢，斬關擒賊首，摧勁苗如振槁，其善料敵、鼓士氣類如此。進署都督同知。三十九年銅仁、都匀苗相煽叛，率守備安大朝進勦，獲賊首龍老羅、王三等，平其餘黨。尋進右都督。四十三年勦平龍里賊阿利等。是時水西宣慰安國亨跋扈，嘗以十八萬衆環逼省城。希尹檄召責之曰：「爾兵孰與雲、貴、川、湖多？爾四十八酋長，吾鑄四十八印畀之，朝下令，夕滅爾矣。」國亨悚懼泣謝，乃揮衆解去。爲總兵官十七年，大小數十百戰，無不摧破，部内帖然。前後進秩俸者三，蒙賚銀幣者十四。三，《史》云「四」。「十四」，《史》云「十三」。依《衛志》。隆慶二年卒官，贈左都督。石氏之先，山東壽光人玉，洪武二年以功授百户。子榮升指揮，調清平衛。榮子宣，洪武二十五年亦襲衛指揮。好禮，嗜讀書，捐地建學，廉平有威。事嫡母賈、生母韋，以孝稱。升都指揮。宣子宗，宗子英，英子堅，即希尹父也，相繼襲本衛指揮，世有武功。至希尹而益大，追贈三代，廕二子。子嶽，官都指揮僉事。孫鴻薦仍襲衛指揮。希尹方在娠，庭丹奈數株實皆并蒂生，而姿貌英異。十歲時苗賊逼城，希尹於階下立壘有度，持鏢作禦敵狀曰：「以我當一隊賊不足平！」其將材蓋天授也。以衛職進守備都清。四川流賊糾思南，石阡苗據江村囤叛。調希尹會勦。令堅守囤下勿動。希尹詗賊食且盡，驟進攻平之。升雲南都司，擢參將，守銅仁。龍許保等既平，威名益震。當嘉、隆之際，群蠻膽落讋服，不敢弄兵，定遠之威西域，德昂之督庲降，殆無以過。而當憩師脱甲，復能與文壇健者競病争豪，抑又奇也。《史》稱希尹與何卿、沈希儀齊名。希尹固較卿、希儀爲少起，蹶然而老死行間，侯封不及，功高賞薄，其抗懷憤激，無以結歡在朝秉任重臣者，蓋未嘗不同也。希尹卒，安大朝代爲總兵官，鎮貴州。大朝，字對山，平越衛人，深沈剛毅，力能持千斤，親賢好施與，曾置田以增衛學廩餼。自衛千户即從希尹平諸劇賊，屢立戰功，開拓疆土，數增秩。官至都督同知。威名稍亞於希尹。銅仁有石公祠，祀希尹。乃嘉靖時建。

次韻答張子儀先生

嘆息西南服，頻年未解兵。無才當重任，野戰浪馳聲。聖主恩何厚，微勞報已輕。殘軀能健在，誓靖百蠻城。

按：子儀名翀，號鶴樓，廣西柳州人。嘉靖三十二年進士，授刑部主事，疾嚴嵩父子亂政，上章劾之。逮下詔獄考訊，謫戍都匀。穆宗嗣位，乃召爲吏部主事，遷大理少卿，出撫南贛，移撫湖廣。召拜大理卿，進兵部右侍郎。以待養歸，遂不出。天啓初贈兵部尚書。謚忠簡。子儀居都匀最久，匀士爲構讀書堂，争從之游；多所興起，稱鶴樓先生。又構道院於城西蟒山上，易其名曰龍山。有《讀書堂》、《龍山道院》兩記，載《省志》。附子儀《贈石南塘總戎》詩：「老將西南日，雄提百萬兵。斗牛横劍氣，草木動風聲。得士黄金賤，投壺白玉輕。池中誰赤子？天外有長城。」

劉巡撫秉仁二首

秉仁，字子元，貴陽人。父恒嘉，靖四年舉人，官至府同知。以母老乞歸。其郡人留之不得，爲立「去思碑」。家居屢舉鄉飲賓。子元生有異操。先是恒官國子學録，携之往，方總角。祭酒林瀚一見以公輔期之。稍長能文章，有聲譽。中二十二年舉人，明年成進士，授德興知縣。縣有火災，風甚熾，子元疾走當風火衝，瞬息風反，火滅。縣人大嗟異。久之，擢主事，累遷工部郎中。於工政弊竇，多所釐正。出爲參政，累官右僉都御史，撫治鄖陽。俄以終養告家。居二十五年始卒。弟秉禮，三十一年舉人，官同知。又一弟失其名，與子元咸有孝德，事父極盡色養。當其父之陳情也，服闋亦不赴選。家居者四十年。及子元撫鄖陽，又不樂就養，故子元亦早乞歸以養恒。恒之卒也，子元兄弟哀毁幾至滅性，時論稱之。興國吴國倫提學貴州，頗以文章風節自負，而獨重子元，其文行可知矣。有集不存，唯傳《武侯祠》一記見《省志》。及二詩耳。孫芳名。芳名子紹祥，一作兆祥。并諸生，穎敏。年不三十而死。芳名妻尤撫紹祥。紹祥妻羅撫子藩，俱自襁褓，備極荼苦。婦姑相繼，皓首完貞。有司榜其門曰：「一門雙節。」附吴國倫《元夕同諸大夫宴劉子元中丞宅觀燈》詩：「高館長筵樂事賒，春燈焰焰吐飛霞。金鼇遠駕三神島，火樹旋開五色花。漏下星辰依客聚，曲終河漢倚城斜。千金卜夜歡相戀，肯向樽前負物華。」

題并蒂梅圖

比肩人去謝鉛華，二十年中似斷楂。直到泉臺方一笑，墓門開遍并頭花。

并頭花繞歲寒枝，壓斷春光更不疑。從此貴山添韻事，越家墳上競尋詩。

按：二詩蓋咏越淳妻張氏事。淳，貴州宣慰司人，正統六年舉人，授訓導，旋卒。張年才二十三，無子，苦節爲淳立後。又二十年卒，葬淳墓側。明年梅生其冢上，作花皆并蒂。鄉人目爲梅花冢。一時題咏甚衆，今皆無存。子元後淳百餘年，蓋猶有圖畫留傳也。詩當更有小序，傳者失之。

羅通江國賢二首

國賢，字□□，思南府人，嘉靖二十二年舉人。學博行飭，精敏有守。知四川通江縣。勤於蒞事，除弊政殆盡。處林下，終日一卷書。言笑不苟發，鄉譽翕然。從弟廷賢漸同野先生風行己，一以聖賢爲期。飯疏衣布，窮約自甘。事孀母至孝，侍疾常累月衣不解帶。育教幼弟明賢成名，行知四川西充縣，縣人祠之。升湖廣長沙同知，并著循績。明賢萬曆七年舉人，在鄉里以謙謹稱，知雲南蒙自縣，有聲望。時目爲「三羅」。通江子萬言，十三年舉人，河南武陟知縣，亦有聲，惜詩皆無傳。

四个山○山在思南城南二十五里，一名四角。四峰鋭矗，其一尤特起，雲滃霞標，陰晴殊態。

突兀群山聳秀峰，天工巧削玉芙蓉。紅霞紫霧浮還斂，瑶草琪花淡復濃。一水環流青帶繞，四山高插白雲封。尋奇我有登臨興，須結芒鞋任短筇。

白鷺洲

地涌江心白鷺洲，拖藍一水兩分流。漁樵夾岸閑來往，鷗鷺眠沙自唱酬。芳草鋪英浮止水，貞珉堆玉積成丘。游人趺坐忘塵慮，恍若滄溟一釣舟。

楊太守秀冕一首

秀冕，字□□，銅仁府人，嘉靖二十二年舉人，官至知府。事蹟不詳。孫如皋，字師虞，萬曆三十一年舉人，三十二年進士，授玉田知縣。以循卓擢監察御史。持大體，不以矯激取名。繡斧所至，一尚簡静，吏畏而民懷。銅仁楊氏有兩孝子：通照、通杰，蓋秀冕之族也。母周疾，兄弟争拜禱，求以身代。閲三年不入内室。萬曆三十六年，群苗流劫，至其家，母被執去，二人追鬥數十里，被傷不顧。至鬼空溪，見賊縶母，大駡，聲震山谷，横擊萬衆中，爲賊所磔死。通照年二十五，通杰年二十二。泰昌元年，貴州巡撫李橒、巡按史永安上其事，旌曰：「雙孝之門」。見《明史·孝義傳》。省、郡《志》皆失之，故附記。

飛　泉〔一八〕○一題作《飛瀑泉》。泉在銅仁府北十八里，府北五里南岳洞亦有飛泉。

雪乳泠泠翠濕衣〔一九〕，水晶珠箔夜生輝。雙流漱玉巖邊出，匹練横空樹杪飛。川谷草香仙鹿過，石潭雲浄毒龍歸。武陵歲歲桃花發，幾度漁郎問釣磯。○《鎮遠志》載此詩，又題云《西峽瀑布》。起句作「峭壁嵯峨挂落暉，水晶簾捲雨霏微。」「香仙」作「腥疑」。「浄毒」作「碧有」。結句作「到來對客多仙意，誰向桃源問釣磯」。

徐贈君辛六二首

辛六，字北樓，嘉靖初自江西臨川遷居銅仁府。以孫穆貴，贈按察使。

百丈山○山在銅仁府西一里。

極頂幾人到，雲生户牖間。千年留片石，百丈俯群山。蒼壁啼猿斷，青松老鶴還。頻來爲幽勝，天許一身閑。

宿六轉山寺○山在銅仁府西北境。

靈窟仙樓六轉山，諸真羅列玉宸班。階前老樹銅爲幹，檐下群峰黛作鬟。枕上夢皆相與適，林梢鳥亦欲忘還。若教早歲誅茅卜，兩鬢何因似此斑？

宋　炫二首

炫，字廷采，貴州宣慰同知昂少子也。能承父學，以詩鳴於嘉靖初。著有《桂軒拙稿》，未見。

漁磯二首○漁磯灣在貴陽城東南南明河左岸，芳杜洲在其東。漁人鼓枻往來。晴沙芳草，雲影鷗波，與青箬緑蓑相映發，恍坐瀟湘烟水間也。詩首句「明霞」謂與磯相近之明霞洞。

水光瀲灎接明霞，蕩漾扁舟泛水涯。峽口雲封間白晝，幾行歸雁夕陽斜。

烟波常作畫圖看，盡日磯頭俯仰寬。釣罷歸來天欲暮，笑呼稚子接漁竿。

【校勘記】

〔一〕表：民國四年《都匀縣志稿》卷十七《人物志·陸天衢傳》作「墓表」。

〔二〕股弁：《都匀縣志稿》作「股栗」。

〔三〕屯囤下三閲月：清顧祖禹《讀史方輿紀要》卷一二二（中華書局一九五七年版）此句爲：「屯兵囤下者三閲月。仰視絶壁，無可爲計，獨東北隅有巨樹，斜科偃蹇半壁間，去地二十丈許，乃」。

〔四〕清光緒間刊本《貞定先生遺集》卷二此文名爲「元定雲府及合江陳蒙二州治所考」。

〔五〕「有陳蒙坡」至「即陳蒙廢州也」：清光緒間刊本《貞定先生遺集》卷二作「有陳蒙坡，亦爛土司地，而分屬普安土舍，坡麓亦有城址，即陳蒙廢州也。合江以水會名，陳蒙以居人姓名」。

〔六〕管番軍民：「軍」字原脱，據《貞定先生遺集》卷二補。下同。

〔七〕爲：《貞定先生遺集》卷二作「隸」。

〔八〕至是：清光緒間刊本《貞定先生遺集》卷二作「至元初」。

〔九〕又疑：《貞定先生遺集》卷二作「又謂」。

〔一〇〕《貞定先生遺集》卷二無「矣」字，且於此句之下有「宋景濂《楊氏家傳》云：大德三年，楊漢英奏改南詔驛道，分定雲以東地隸播西，隸新部。新部豈即管番總管邪」數句。

〔一一〕東道：《貞定先生遺集》卷二作「王家司道」。

〔一二〕牂柯水：《貞定先生遺集》卷二無「水」字。

〔一三〕東西入海者：《貞定先生遺集》卷二作「東南入海者」。

〔一四〕衆山環立：清顧祖禹《讀史方輿紀要》卷一百二十一(中華書局一九五七年版)作「衆山環列」。

〔一五〕阿旁：《讀史方輿紀要》作「阿向」。

〔一六〕環立：《讀史方輿紀要》作「環列」。

〔一七〕撥：《讀史方輿紀要》作「增撥」。

〔一八〕飛泉：清乾隆六年《貴州通志》卷四十五《藝文·詩》題作「《飛瀑泉》」。

〔一九〕翠濕衣：《貴州通志》卷四十五作「濕翠衣」。

黔詩紀略卷之五〔一〕

明

文恭孫淮海先生應鼇 一 古體詩八十首

先生字山甫，號淮海。其先自南直如皋來，爲清平衛官，遂世爲清平人。舉嘉靖二十五年鄉試第一，三十二年進士，選庶吉士。改户科給事中，出爲江西按察司僉事，遷陝西提學副使，晉四川右參政。隆慶改元，擢僉都御史，撫治鄖陽，罷歸。萬曆初起故官，二年入爲大理卿，明年晉户部右侍郎，改禮部充經筵講官，掌國子監祭酒事。逾二年，以病引告。十三年起刑部右侍郎，尋晉南工部尚書。年五十□卒〔二〕，賜祭葬，贈太子太保，謚文恭。學者稱淮海先生。淮海生之日，衛人饋六鯉於父郡丞衣，因以名。就塾，日誦數千言，正襟危坐，務解大義。年十九試儒士，督學貴溪徐樾大奇之，許必魁多士。放榜果中第一人。僉事江西，流賊起，捍禦有方，一道晏然。九江三百人誤坐賊黨，一言出之。提學陝西，實意作人，身先爲範。嘗與楚黄耿定力書云：「世道理亂，關於人才，人才成就係於師道，人人能言之。至師道之以稱職名於時者，力勸較閲，品評不爽已耳，獵名詞華，馳譽經學已耳〔三〕。某意不然。荀卿子曰：『師術有四，傳習不與焉，尊嚴而憚，可以爲師；耆艾而信，可以爲師；誦説而不陵不犯，可以爲師；知微而論，可以爲師。』此荀氏大醇之言，似矣而未盡也。孔子曰：『温故而知新，可以爲師。』此則萬世師道之極則也。温故知新，學者多以所聞所得爲解。某妄意爲：故者，當如孟子言性則故之故；新者，當如《大傳》日新盛德之新。凡天下萬物之實體，燦然具陳，故也。其真機昭然不息，新也。二者雖有顯微，其總括於人心，運行於人心，生生之妙，一也。能温則實體之總括不晦；能知則真機之運行不滯。不晦不滯則天地萬物合爲一體則仁。仁則成己成物，位育參贊，皆其能焉〔四〕。成己成物者，師道也，師職也。故子思作《中庸》，亦以温故知新，承聖人發育峻極之大道。此孔氏家法也。故某妄以孔子温故知新之旨，爲孔子示人萬世師道之極則者，此也。」在秦所取士，悉一時名碩。參政四川，土夷薛兆乾執參將賀麐以叛。都御史谷中虚問計曰：「參將與天子孰輕？昔英宗北狩，于肅愍數語，國威益振，卒返英廟。今者，豈恤一參將耶？」中虚從其議，擒兆乾，麐竟免於害。初撫鄖陽，以上方沖年，莅政伊始，防杜宜蚤。乃因境内災，疏請勤學勵政，親賢遠奸等十事，上嘉納之。太和提督巨璫爲民蠹，疏劾其欺悖貪謬狀，上爲斥逐。有蜚語，遭言者誣陷，遽乞骸骨以去。比再撫鄖陽，有詔録建文死事諸臣，至革除事，人皆諱言之。因推衍德意，上疏曰：「褒揚人之子，必先其父，則子之心安。故褒揚人之臣，必先其君，則臣之心安。建文諸臣，委質致身，志節甚偉，陛下深爲恤録，真厚幸矣。建文君未沾曠絶之典，恐諸臣有知，且不能安受地下，亟復位號，量擬謚法，事有繫空名而輿論悉歸，人心愈固者。此類是也。孔子作《春秋》，每年必書，每時必書，見天道王政上下維屬不可缺也。建文君在位凡四年，書以革除，舉其事，綴附洪武間，名實紊淆，軌迹惑貳，何以補國家信史之缺？」疏奏留中，舉朝目爲昌言。掌祭酒在監，雅意持風化，作人才，仿吕柟遺意，疏言舉人率多回籍自便，以入監卒業爲耻，不知當其在籍，師儒之訓弗及，憲臣之令弗加，閭黨矜其資望，有司遇之隆重，身靡所檢而易蕩，及入官，材質已壞，莫可如何矣。宜徵天下舉人悉入監。祖宗設太學，非舉貢，非勳胄，恩蔭不入。祭酒司業爲朝廷作人於内，提學爲朝廷作人於外，必在内樹風教，而後在外振紀綱。今提學所擯斥者，盡歸之太學，倒置若此，則太學毋乃爲生員不才者之逋逃藪與？甚且至愚不肖資貨一入，咸厠其中，太學之污衊極矣。疏上悉著爲令。丙子八月駕幸太學，進講《周書》、《無逸》章〔五〕。上嘉納，命坐賜茶，蓋曠典云。先生自見知波石即傳其所受陽明心齋之學，終日樞趨與李同野、馬心庵、蔣見岳同勵聖軌，既又走桃岡，印證於道林，所造益實。通籍後，徧交羅念庵、胡盧山、鄒穎泉、羅近溪、趙大洲、耿在倫、楚侗諸巨公，往復切劘，温故知新，浩然自得。其《與楚侗論師道書》蓋自道也。提學爲秦中師，有《教秦緒言》。祭酒爲天下士師，有《雍諭》。今在鄉里築學孔精舍以居學子。撫鄖時有《幽心瑶草》之寄。乞身在告有《易譚》、《四書近語》，不能悉見。觀其《近語》云：「一部《論語》，聖人惟教人以求仁。」「學者學此而已。」又曰：「明道先生謂學者先須識仁，識得此體，以誠敬存之。三言者大學之要領，格得此，身與天下國家共是一物，而致其知，無一毫疑惑障蔽便是識仁體。由此著實下誠意功夫，以正心修身便是以誠敬存之，便是大人之學。識仁則大，不識則小。」又曰：「《中庸》首言天命之性，終言上天之載，始終以天，則中庸之道不過盡人合天而已。慎獨者，盡人合天者也。高乎此者是佛老之空寂；卑乎此者是世俗之功利，以其外乎天不中不庸也。」蓋先生之學，以求仁爲宗，以盡人合天爲求仁之始終，而其致功，扼要在誠意、慎獨。平生難進易退，任事敢言，不以依違徇人，亦不以激烈取異，物來順應，沛然有餘。海内群以名臣大儒推之。惜傳業無人，當時行蹟百不存一，本朝修《明史》遂不爲立傳。謹摭郭子章《黔書·理學傳》益所聞見述於篇。其著述見明史志者：《淮海易譚》四卷、《律吕分解發明》四卷、《論學會編》八卷、《莊義要删》十卷、《學孔精舍彙稿》十六卷。《四庫》著録已少《論學》、《莊義》二種。其見於《理學傳》及毛在《遺稿序》、黄虞稷《千頃堂書目》者，復有《春秋節要》、《四書近語》、《左粹題評》、《教秦語録》、此種西安有手書石刻本，題作《諭陝西官師諸生檄》，即《理學傳》之《教秦緒言》。《雍諭》、《學孔精舍續稿》、《千頃目》於《教秦》一種下繼之云：又《南雍彙稿》，又《續稿》。按：先生未官南雍，其「南雍」二字蓋「雍諭」之誤。又誤以文集之《彙稿》、《續稿》爲在雍條教，皆未見本書，徒因他人總記筆之，而讀未審也。《道林先生粹言》。《千頃目》云：二卷蓋約蔣信論學語。其見於温純《恭毅集》者，又有《教秦總録》、《千頃目》云四卷。《歸來漫興》。友芝訪求數十年，僅得《易譚》四卷、《四書近語》七卷、《左粹題評》十二卷、《教秦緒言》一卷、《幽心瑶草》一卷或題作《寄學孔精舍諸會友瑣言》而已。其《莊義要删》十卷有萬曆庚辰滇中刊本，近曾見之吴中，蓋依褚伯秀《義海》并宋以來説莊家删，輯其要略，如焦竑《莊子翼》，藏者靳借録〔六〕，後遂不可復見。咸豐癸丑，麻哈艾嗣宗據其祖侍講茂所録《學孔精舍詩稿》約九百篇録副相寄，乃得遍讀先生之詩，謹略取其半，編爲四卷。先生餘事爲詩，當弇洲、于鱗、明卿諸子雄長壇坫時，使其拔幟并馳，正不知誰執牛耳！而先生不屑也。五言樂府，沈雄森秀，直逼魏晉而無何、李、王、李太似之嫌；七言及近體舒和蒼潤，品亦在初、盛唐間，尤講學家所未有。先生以儒術經世，爲貴州開省以來人物冠。即以詞章論，亦未有媿於先生者也。《明詩綜》僅録其《華山》一絶，殆不可解。《詩稿》、《瑶草》二種，前人著録皆不及，蓋并摘自《彙稿》、《彙編》中。《總録》爲秦中正學書院諸弟子彙記口授語，《漫興》爲初撫鄖歸所作詩，亦當與《彙編》、《彙稿》等相出入也。其家世別附《述祖》、《送叔》諸詩後。

附《淮海易談自序》：《易》以著天地萬物之理，妙於人心，古之聖人生而明諸心矣。欲人人皆明諸心，於是作《易》自經之意晦，於是諸儒爲之傳。愚自學《易》嘗求諸儒之説於傳，求諸聖人之説於經，未窺測也。已乃因傳以求經，因經以求心。噫嘻！天地得《易》，以清以寧；萬物得《易》，以生以成；吾人得《易》，上下四方，往古來今，罔不畢臻。心之理若是至精至純，至大至一也。得其心斯得其理矣。繼自今，請終身是《易》也。隆慶二年戊辰中秋日。　《四書近語自序》：余既以病廢家居，得日與吾黨二三子講明孔門之學，隨所論析，二三子各有緝録，已乃成帙。余謂其贅益甚。二三子審能察識，斫輪之技，非勞筋苦骨搰搰椎鑿之間。以天合天，得之自我，用力少見功多，終身由之而不舍，是聖人誠死猶有不死者存。所謂不可傳者，豈真不可傳邪？二三子寧盡無懸，解予言於談笑領略者乎？　《左粹題評自序》：《左氏内外二傳》世未有不稱美者，豈非以羽翼聖經耶？故論世則事核，綜變則術該，辨理則意密，程藝則旨深。信樞管文字，莫能相爲競高矣。然稱美而能舉其辭者鮮矣，能析其義尤鮮。雖諸家各有採録，然未睹大體，甚者模擬以爲引重，乃又振暴其短，獨吴郡施宏《濟摘取類纂》可爲諸家决正。余爲諸生時，亦妄有裁取，既仕，見施氏所纂而罷。於是即施氏所纂，爲加批評以明己意，庶幾參會作者之辭義焉。嗚呼！學士大夫總攣古今，欲擷其精英是矣。顧一卷之中，淑可爲法，忒可爲戒，遐足資理，邇能鑑形，皆毣毣然，若莫之闚省，即識無不博，微無不通，於一己奚有哉？是又非特讀左氏者當知已。嘉靖癸亥七月望書。《諭陝西官師諸生檄自書後》：余初視陝西學事，既條所以爲教者，凡十有六□布諸下矣，學官輩復請余書而鐫諸石。夫農師舉樹藝之美誇于人，棄己之田蕪而不治。聽其言者，遂勤樹藝，果獲其美，農師猶不免於飢；其不聽者笑之。余方懼余條所以爲教之類是也。敢復取不聽之笑，乃學官輩固請之。夫教者，因體能質而利之者也。若川然，開其源，迎之以浦，水斯益大。苟得開迎之方，固不在言語，若體質利成，視言語尤附贅矣。敢又附贅於斯石，乃學官輩請益力。雖然，諸生於余，所謂譬諸草木，固臭味也。而何敢差池？世以醫鳴者，業雖在愈人疾，均度人榮衛，誠知自考鑑于榮衛，則用諸人者爲暫事而已，所利賴誠厚矣。於是勉依所請，書而鐫之，亦因欲自知考鑑，非專均度二三子也。嘉靖壬戌秋九月。　南充任瀚《孫山甫詩集序》嘉靖初，五星聚東壁，明德中興，海内文章道術至是隆盛。閲四十年來，擒菁掞藻之家，朝野相望，孫淮海山甫以辭翰起家黔中，入史館，遷諫議大夫，上命督關西學，善作士，與邃庵、漁石齊名。甲子春，移鎮劍南。始按部訪余江門釣臺。余逃空谷久，見君嫻雅蘊藉，栩栩若平生歡。明日，從事來齋，所得南游以後諸體詩五百餘篇相印可。余掃石披雲一再讀，嘆曰：吳大帝之後散亡列國，若淮海者，其詩蔚然有江左風流，其雋永閎艷，自鮑、謝諸人不能過也。吾始讀李獻吉詩，謂如媧皇搗鍊補天石，奔走百靈，雷電日月星辰并躔爐冶；讀何仲默詩，如黄鐘在縣，金石發作，伶坊供奉之官莫不按宫商，謹節奏，其横放處如項羽提三尺劍出江東，不必斬將搴旗，而登壇嘯咤千人皆廢；讀張愈光詩，如巨靈擘太華，黄魔太翳决瞿塘，其險怪詰屈，雖不中繩墨，定知出鬼神手而無斧鑿痕；今吾讀山甫詩，如七十二君封泰山，望見滄海有無中，蜃氣樓閣，盤薄烟霏，景光萬狀，便翛然起仙靈霞外之思。如君茲選，當與高子業、顧華玉格力相埒，誠足剗建安鋒，劘六朝壘，惜二君已宿草，不及見也。吾聞龍噓氣成雲，雲之靈，龍馮之，然龍非雲之能使爲神物也。人噓氣成聲，聲之精者爲詩，人豈詩所能使爲聖賢君子者哉？語曰：明珠彈于飛肉，其得不復周鼎鑄錘而龁其指，明大巧之不可常也。淮海固欲爲聖賢君子者，其神明内蘊，思若懸河，吾思其或嘗試於大巧也，故以是節之。　三原温純《教秦總録序》：嘉靖中，吾師淮海先生以臬大夫督秦中學，既以經義課諸弟子正學書院中，日與講魯鄒之業，冀他日爲縣官用，茲《録》蓋諸弟子各彙輯先生口授者云。初，先生入秦，以經義流弊即宇内人士且十九而作媒贄，既售，不啻冰炭，世用之謂何？乃取魯鄒微言爲弟子告，其指詳《録》中。大要以天地萬物一體爲仁，而其功嚴於慎獨，妙於默識，融於勿忘、勿助之間。綜之，爲成此仁於身，使世之學士知誠意慎獨爲己，知幾集義、養氣主静，定性無兩軌轍，即繇之從經義出，而委身縣官，不知有我安知有人？是先生教諸弟子意也。先生去秦且一紀，諸弟子見用者、未見用者，不知視先生教若何？顧純不佞，往謬爲先生期許，今且無能裨益縣官，安能不面赤汗浹背哉！雖然，召伯故以利澤導齊民耳。其所遺甘棠，民且不忍伐，況以弟子而學魯鄒於先生，目是《録》而不惟先生言是聽，徒若純面赤汗浹背何益？純故刻此將與諸故從先生游者共服膺焉，則先生之甘棠且世世在。　又《歸來漫興序》：夫詩豈不關切世教哉？純聞之劉勰矣：詩者，持也。古以詩持性情，即以性情持世教。後業詩者，乃往往離去本質，即所模擬唐矣、漢魏矣。然令當官事事不啻弁髦土梗焉，卒乃使用。世君子諱談之。夫詩病我耶？我自病耶？吾師淮海先生故喜爲詩，已在蜀登峨眉，涉汶嶺，眺錦江、玉壘，盡發爲詩，何減工部夔府以後諸什？然先生先深於性命者，自謂詩之一道，雕情繪物，故禁不爲。已自郎中歸，又爲之。不必爲，不必不爲，先生深於詩可知已。初，先生自弱冠學道，以默識尋孔顔真樂，又往來武陵，與道林蔣先生相印證。久之，忘形宇宙，收春肺腑，興至景值，性觸情流，吟咏成聲，無斧鑿痕。即造化可與通，庶物可與偕，學術治理可與該。純既得先生《歸來》稿，卒業領之矣。會先生拜上命再撫鄖中，純當以職事奉約束，乃所部諸大夫即以純故先生弟子，知先生。即先生至，純以職事奉約束，將安所從事？純以先生官禁中、官藩臬、官中丞，往事一一爲諸大夫郎告。大都先生治狀，大者在以數言收平薛、蔡二寇，功詳具南充任太史《叙》中，不論。論督關中學，一時關中博士弟子事先生如山斗，乃闡明道妙，揭示默識本旨，即世世可師承矣。日先生不以純不佞，目爲國士，既入官，視向所聞於先生，然且如弁髦土梗，純大懼焉。第侍先生久，知先生精神所綜該，意脈所流貫，一切注措即其發爲咏歌者，今以往，以詩理我，以我理民，是純與諸大夫郎所奉先生約束者也。諸大夫郎唯唯，乃付程郎遜梓布之。　江陵張居正《答中丞孫淮海書》：辱惠佳刻，略讀數種，皆入元造奥，含英咀華，且其議論不詭於聖人。向也，吾見公之貌而已，今乃得窺其深矣。蘇氏有言，千金之福，卿相之貴，苟非天之所與，求一言之幾乎道不可得也。公以涉壯之年早窺道域，天所與也。願勉旃自愛，歸見令叔慮吾，證以山中所得何如，恐當遠遜阿戎矣！　太倉毛在《孫文恭遺稿序略》：萬曆甲子〔七〕，予領巡按貴州，命吾鄉荆石、鳳洲二公三致意於公。比入境，過清平，則捐舘矣。因檄清平令搜公遺稿，得若干卷，稍爲詮次刻之。嗚呼！公月旦在鄉，清望在朝，功業在仕宦，精思詣力在文章，謂公不亡也亦宜。又云：文恭公所著《學孔精舍彙稿》、《彙編》、《易譚》、《春秋節要》、《四書近語》、《律呂分解》、《左粹題評》等書行於世。先生自少穎悟絶倫，博極群書，時已志於道。長游四方，得定性求仁之學於宋大儒程純公。中歸本於學孔，故《彙稿》、《彙編》標以「學孔」云。　太和郭子章撰《文恭傳論》：予督學川中，川中故有大儒祠祀周元公、二程子、張敬夫、魏了翁諸公。至明，止祀合州鄒吏目，即司馬長卿、揚子雲不得與焉。蓋慎之矣。予至，始祀公及趙大洲先生、予師胡廬山先生。趙，内江人。公與先師後先宦於蜀，人嘖嘖無異議云。予入黔，式先生之墓，問其嗣，斬焉弗續。爲請謚於朝。嗚呼！伯道亡兒，中郎有女，從古如兹，寧獨先生！　《四庫全書總目提要》：《淮海易譚》四卷，兩淮鹽政採進本，明孫應鼇撰。是書謂天地萬物，在在皆有《易》理，在乎人心之能明。故其説雖以離數談理爲非，又以程子不取卦變爲未合。而實則借《易》以講學。縱横曼衍，於《易》義若離若合，務主於自暢其説而止，非若諸儒之傳，惟主於釋經者也。自《説卦》、《乾坤》六子以下即置而不言，蓋以八卦取象之類無可假借發揮耳。其宗旨可知矣。　《律呂分解》二卷、《發明》二卷，浙江巡撫採進本，明孫應鼇撰。是書考辨律呂，多出臆斷。如旋宫之法，以十二律相生爲次，每調用五聲、二變，止得七聲。如通計一均五調所用之七律，則三十五聲只十一律。今以黄鍾一均言之，自黄鍾而上用夷則，夾鍾、無射、仲呂四律，自黄鍾而下用林鍾、太簇、南呂、姑洗、應鍾、蕤賓六律，并黄鍾爲十一律，其不用大呂者，以旋宫之法所不及也。應鼇不解其義，乃云「大呂助黄鍾宣氣后妃之象，地道無成而代有終，故虚而不用。」穿鑿殊甚。其算漢斛銘文之徑，尤爲疏舛。嘉量方尺圖，其外方斜即圓徑也，方求斜術，以方尺自乘倍之，開方得斜，即以之爲圓徑，用祖氏密率得圓周，乃不易之法。今應鼇以徑一圍三最疏之率起算，命斜徑爲一尺四寸有奇，周四尺二寸，是以開方乘除所得之數，無一不謬，與祖氏所有徑一一四、周三五五密率相去殊遠。乃自云依祖氏布算，何也？況即以徑一圍三論之，則斜徑一尺四寸有奇者，周亦不止於四尺三寸。總之，根柢不明，故無往而不牴牾也。　《學孔精舍彙稿》十二卷，兩江總督採進本，明孫應鼇撰。《明史·藝文志》載應鼇《彙稿》十六卷。此本十二卷，前有萬曆己卯劉伯燮《序言集》首奏疏，終於古風、絶、律，今第十二卷，止於五言律詩，而絶句、七言律詩皆闕，知非足本矣。　秀水朱彝尊《經義考》：孫氏應鼇《淮海易談》四卷，存。引《自序》云云。《春秋節要》未見。《四書近指》七卷，存。引李延昰曰：孫氏《近語》自爲之《序》。又有李蓘、楊一魁《序》二篇。友芝按：「二《序》今本失載。《近指》、《近語》一書二名也。」　德州田雯《黔書》云：黔之人物，尹珍以上無論已。明之以理學文章氣節著者，如孫應鼇、李渭、陳尚象以及王訓、詹英、黄紱、秦顒、蔣宗魯、徐節、田秋、徐卿伯、易楚誠、張孟弼、許奇、申祐、吴淮、邱禾實、潘潤民、王祚遠、蔣勸善，皆大雅復作，聲聞特達者也，而文恭爲之最。　王橒震來康熙甲午《重刻四書近語序》：清平孫淮海先生，生有明盛時，得孔孟不傳之秘，與南城羅公、近溪内江趙公、大洲黄安耿公楚侗，講明正學，著《四書近語》。每發一論，親切著明。當時講學清平，已梓行世。歷年既久，遂致零落。橒癸巳讀《禮》，搜得於敝笥中，缺《論語下》及《孟子》，會施秉顧孝廉其宗、同里趙守戎起龍，乃輯成全璧。聖賢精藴，猶有傳人。因與諸及門亟加校讎，復繡之梓。又乙未《後序》云：求言不自近，是行遠不自邇，登高不自卑，欲其馴致於道，豈可得哉？孫文恭公《四書近語》蓋此意也。融貫大意，非徒以訓詁字句爲工，或詳朱《注》所略，或略朱《注》所詳，或滙數章聯爲一説，或綜全部，括爲一義。根據六經，貫串性理，引經説書，真得程子體用一原、顯微無間之旨，蓋言近而指遠，學者欲求近道，舍此何由？又《合刻文恭三書跋》云：吾黔理學首孫文恭、李同野、馬心庵三先生，各有著述。振起前修，彪炳六藝，未及百年，消沈過半。橒二十年前猶及聞文恭《學孔精舍彙稿》爲撫黔者檄購以去。夫能購取賢矣，而使一綫之存竟成絶響，故非徒追慕之難，而表章傳述之爲難。《近語》一編，始亦未之見。自田山薑師撫黔，力事徵采，予始録於同里趙氏以應，有草本存笥中將三十年。讀禮歸，檢閲復遺其半，求之清平公族裔，無以應，會張生維際盛子以寄《學孔精舍瑣言》見復，如獲拱璧。又得《論語》下卷於施秉顧孝廉進也。至武陵得《秦中教士》十六條於張太史志尹家，乃合刻以行世。夫存其十一可以見先生於羹牆矣。　武陵戴嗣方《重刻四書近語序》：聖賢之書，雖千言萬語，其教人皆有旨歸。但其旨歸散見於千言萬語中，讀之者擇焉弗精，語焉弗詳，則茫乎莫測其津涯，而聖賢教人之意旨終晦而不明。《學》、《庸》、《論》、《孟》之書，孔、曾、思、孟傳心之法盡於是，教人之術亦盡於是，非泛然陳設而無旨歸明矣。自秦火後，表章於漢，歷代非不寶重之，然自宋以前，儒者多未領其意旨，各出意見以解。説解者愈多，愈失其真。考亭朱夫子起而力辨之，排其非以哀其是，集衆説之不悖於旨者而爲之章句，孔、曾、思、孟教人之心始昭然若揭日星。蓋考亭於孔、曾、思、孟之書，先有以獲其旨歸，故能於紛然淆亂中，獨有以得其精詳如是也。有明以來，去朱夫子幾何年？而講章之説興，名曰宗朱，實與朱子相悖謬。名曰體注，實與《集注》相矛盾，皆由不得聖賢所以教人之旨歸，徒支分節解，豈能有其貫通哉？嘉、隆間，清平孫先生淮海爲切問近思之學，窺知行合一之原，其於四子書融會貫通，詳説反約，著《四書近語》，務得聖賢大旨所存，不拘拘一章一句訓詁。《論語》開章言學，未言所學何事，先生提「仁」字貫之，曰：「學者學此而已。」今試取《論語》二十篇，反覆玩味，何一非聖人教人求「仁」之事？論《大學》則以「格致」爲聖學之安身立命；論《中庸》則以「慎獨」爲盡性之始終條理，而謂孟子一生之學爲「性學」，故可以正人心，息邪説，回治道，端學術，尤爲深切著明。雖其標新立異，不無一二間與章句互異，然異在發明，實非牴牾。既有以得夫聖賢教人之旨歸，則有裨於世道人心不少。其於考亭《集注》之苦心，亦未必不同條而共貫也。書在當日雖已梓行，值兵燹，幾更百餘年，梨棗蕩然。黄平王先生震來得其殘篇而讀之，喜發揮透徹，語不離宗，而深惜書之不全，於是旁搜博訪，得片語隻字，珍如尺璧。久乃輯成全本，付欹劂以公於世。蓋先生不忍淮海一生之精靈，竟湮没百年之近，且不忍百年以後之學者，知尊孔、曾、思、孟之書，而不知孔、曾、思、孟所以教人之旨歸各有在，而聖賢千言萬語皆非泛設也。予小子於《四書》誦習有年，亦未得其要領，展卷伏讀，不覺恍然有悟。悟夫聖賢之所以教人者，真有在也。故敢妄有所贅云。康熙乙未歲季夏。《過庭碎録》：孫淮海先生書法遒勁。清平城北宗伯橋側石壁上鐫「雲晴天影澗，山静水聲幽」十字，先生擘窩手蹟也。水石相蕩，歲久如新。相傳先生於此讀書。太玄亭遺址當不遠。

東陵寺○據詩云：「東陵表黔中」，蓋即會城東之東山寺。詳第一卷。

逸客無俗軏，靈區寡塵迹。躁静實異緣，趣景各有適。東陵表黔中，奕奕清虚宅。長巒莽回抱，峭壁隱絡繹。漸次入雲林，潛覺市途隔。洞天忽開朗，徑磴遞掀擲。飛崖覆遠空，坐卧平於席。風雨萬壑驚，泉響瀉淵淸。芳木沈遥翠，素烟突浮白。以兹飄瀟境，契我泓澄積。度阿願考室，故里況咫尺。終當謝世鞅，托此忻晨夕。

養痾秋懷

涼飈凝肅辰，秋宴百草折。稜稜商氣深，蒼蒼芒熛撤。弘景怨寒夜，惠連悲淑節。陳思嗟轉蓬，文通慘離別。憂來無端倪，矧復疾病結。將因餐落英，味苦不能説。

山　堂○汪之珩《東皋詩存》作《東皋山堂》。

山堂忽已暝，寒雲千嶂肅。蒼烟交叢桂，玉露凝佳菊。狂斟濁醪飲，細檢《離騷》讀。久病儔侣稀，端居憐幽獨。

省覲暫息太玄、亭咏懷十首○亭在清平縣，今廢。

羈旅若泛舟，檥泊孰能擬。園亭夙棲遲，爲別徒邐迤。假節今歸來，山川信開美。浄境洽素襟，嘉緣續芳履。森森萬象間，坐對渾忘已。移文非我譏，至人本無累。

角里常棲巖，於陵亦灌園。達性慮累遣，適分道能敦。譬彼鸞鶴翼，常畏紲丘樊。我生良非晚，心淵懷靈根。拔迹忝薪櫨，雅情惟隱淪。物色列筵几，幸此怡芳樽。

千章擢秀木，百畝臨平莊。蔚茂當炎夏，多陰正可涼。礌砢實本致，斯景況幽藏。清風娱疏荷，細籜抽叢篁。丘壑響俄定，泉溜聲琳琅。薄態與願違，遐舉偕情長。

十年選奇勝，不假筮與卜。靈皋得奥區，編蓬遂成屋。聽琴疾能愈，習静念自伏。朅來整冠佩，宿業負深恧。鳴鳳功伐疏，舞鷗生計縮。回首清泠游，蒼翠慰心目。

高士有洞觀，亦貴居要妙。別墅兹澄鮮，神情啓臨眺。青丘帶暘暉，翠烟上蘿蔦。往古不可興，遺言窺末照。覽書意有合，悠然發長嘯。賞理林壑間，自信匪凡調。

聃莊方外人，言詮頗奇崛。雌雄貴知我，蝴蝶乃齊物。朗鑒信斯存，世途何牽拂。力競詎足伸，天全未爲屈。自緣幽興生，轉覺道情鬱。飄飄何外慮，華苑真薈蔚。

倚檻矚暮坰，天際亂歸羽。川氣斂夕曛，山影淡秋霧。遥遥群牧還，忽與樵侶聚。微鐘度松風，苔徑紓閑步。東嶺朗魄升，月色在高樹。廣心若空虛，道勝復何慕。

中扃抱静慧，觀化思太玄。機緣互倚伏，哲士寡累牽。把釣有春渚，洗耳稱潁川。愚公谷隱秀，洎子巖棲賢。兹山足靈僻，披豁心油然。他年遂初服，前修倘比肩。○洎，疑「蒲」或「涓」誤。

玄亭有桂樹，蒼蒼烟霧林。其幹一何直，其根一何深。植木有本性，由來堅固心。撫景日偃仰，開軒獨長吟。華葉迴馥鬱，風霜惟蕭森。三復淮南辭，攀援情難禁。

公程難久留，王事況繫紲。税駕未云幾，綴賞忽將别。本乏舟楫才，且復去巖穴。良辰違奇懷，踟躕念方結。先聖亦有言，出止無定轍。知味在聞韶，至理非外説。

南望鬼谷山山有蘇秦亭張儀井

女愛不敝席，男歡不盡輪。功名烜赫時，能不思逆鱗。蘇季既入燕，張儀亦相秦。吁嗟鬼谷子，千古稱高民。高民今何歸？山水仍熹微。

贈别王敬所三首

瑶華耀海月，七采開清暉。丹水濯鳳羽，錯落揺黄璣。至寶豈常倫，嘉祥世所希。寂歷廊廟間，夫君獨振衣。圭瓚秀追琢，簫韶偕音徽。紛予懷德情，眷戀徒因依。聽之不盡響，玩之有餘輝。

荆榛滿世路，結交古今難。肝膽異畛域，誰爲同志歡。美人何綢繆，高義故多端。酌我醴泉水，佩我芝田蘭。披我錦繡段，餐我金琅玕。永願依聲韻，詎云齊羽翰。瞻彼樅與檜，歲暮殊凋殘。

别促怨已深，交遠念方永。睠兹佳人期，行旅戒夙請。飛蓬獨長征，轉盼嗟俄頃。章江春水增，歸鴻鳴何迥。青堤帶横烟，丹霞清夕景。心曲亂流波，遥遥隔林影。浮雲何再逢，居然嘆萍梗。

南岳道中

懷山夙昔志，兹行方悠哉。逍遥入長林，泠泠谷風來。旖旎變真境，膧朦轉曲隈。松深儼行列，泉響相紆迴。眷景淪心慮，烟雲行當開。

登　山

好山孰云癖，名岳矧崇遠。遵途指靈扃，攝袂陟奇巘〔八〕。沿湘徂千里，凝睇重華阪。九向若縱横，九背復舒卷。及兹游混濛，采真獨偃蹇。望美先釋懷，探幽數忘返。自覺青天潤，誰云白日晚。○躡袂，字疑有誤。

半山亭

侵晨發山麓，亭午憩山半。仰止若易窮，攀援益玄宴。雲游導和風，樹交排絶岸。在路泉石分，開林晴暝判。清曠藻野鮮，歷歷引雄觀。逶迤不知疲，絶頂冀佳玩。翻嘆入谷初，望此已霄漢。

衡山絶頂二首

扶桑拂晨明，廣輪豁方域。高春轉懸車，群動肅棲息。五岳信棱層，耿兹奠南國。屢覺陵阜迷，方訝星辰仄。下視連蒼蒼，孰云非正色。以我寤寐懷，豈憚險艱力。行行陟冠峰，不假雙飛翼。冥心四時春，異景萬古特。欣樂偶澹然，敦曠自兹得。

平生不能至，湘夢隨南流。既至亦恬然，情愫良悠悠。乃知寄幽賞，惟以追冥搜。迴岡隱佳樹，列苑標神丘。五峰何鬱盤，三春復佳柔。渟泓朝夕池，芬藟几席浮。何當返初服，對此長淹留。

南　臺

山勢本非別，啓途何殊觀。境界稱疏密，氣候異燠寒。中峰日正杲，南臺雨未乾。岳靈不可測，長嘯青雲端。哀罄一以叩，幽堂居能安。虛牝清泠聲，況復契中丹。

朱　陵

靈臺鬱迢迢，太虛森寶棟。上懸紫蓋峰，下注朱陵洞。芙蓉映水底，赤日奇葩動。萬壑隱新鮮，千巖互將送。曲澗濯星衣，長簾綴霞緵。調琴孃遺音，鼓籥展餘弄。緬彼雲罊姿，届此松筠夢。變化愧卧龍，行藏思蹲鳳。

方　廣

昭晰既已眺，幽邃杳難尋。祝融一何高，方廣一何深。秀峰簇蓮崿，危磴環香林。靈春舒光彩，沙界逾蕭森。仙源寶玄逖〔九〕，萬叠移迷岑。採藥更何往，踟躕西日沈。感兹曠世懷，孰識非滯淫。○寶，一作「實」。

兜　率

孤界抗長暉，净緣愜幽甸。路絶徑仍通，流芳突舒顯。山際萬木叢，巖端一樓見。豈不畏詰屈，偶此脱浮戀。華風起豐茸，曾嶺發葱蒨。耳目信韜映，物外復誰擅。振衣千古豪，歷落迴英盼。

集　賢

玩水豈聽響，登山非眷崇。懷遐意有適，體逸興罔窮。駕言古高民，英游揚令風。著書竟卒歲，談道屢契衷。衣冠悲斷續，覺夢驚朣朦。石室藏既滅，絶壁題亦空。眷予卜鄰心，投迹倘無同。

青玉壇

奥區一咏游，遂與烟霞偶。心迹兩寂寞，身世復何有。橋危僅累足，景絶自揮手。居然頑似鄙，攀蘿坐傾陡。懸均無重輕，趣如任奔走。倒影上出岫，横野下藏斗。珠瑛氣俄封，林籟聲乍吼。遐哉耳視人，崇岱一培塿。

黄庭觀

深澗獨静明，崇丘頗薈蔚。嘆逝情轉長，攀高道孰貴。聊耽熙曠游，數向蓬壺憩。雲幄燦繁星，丹房蒸三炁。草木饒花實，錯落皆滋味。招隱結幽棲，巢居得所慰。

卜築衡山四首

山岳鍾神秀，衡霍美今昔。春服結勝游，時景會有適。徜徉坐晴林，綢繆倚幽石。挹佩意非遠，釋衮情自赤。蜉蝣不知年，寸晷煩憂積。願以和静心，一得混芒迹。壤父歌道中，耕鑿更何擇。

經世乏長策，見素實寸心。爰卜萬古宅，一寄紫雲岑。越鄉詎非遥，逃名夙所欽。五峰雜昏曉，四時稠卉禽。飄瓦豳浮怨，道勝非陸沈。何以寫我懷，高泉流商音。又何清我神，光風披空林。

老氏有高踪，不爲屈玄纁。法真身難見，唯有名可聞。誰能混泥淖，所志希青雲。開軒敞華宿，歸璧藏靈文。步虚夜逾静，時禮祝融君。山北撫喬幹，山南採苾芬。既與水石友，載隨麋鹿群。

養性托柔境，栖翔眷秀鄉。一投初始地，旋復返清涼。隱弁恣遐登，思慮已盡忘。目睹芝蕙馥，想屬水雲長。松風播韶夏，端默游虞唐。河清未有期，花落寧再芳。再拜申尋盟，斯言式我將。

別山

愛山復出山，既出行當返。路逢數少年，執筆作書卷。行行欲相親，化鶴飛絶巘。機心久消忘，道情日紆遠。何事驚且疑，烟林隔蘿幰。招摇可歸來，與爾棲神苑。

華山詩八首

玄致夙亹亹，登臨資内觀。仙迹富華岳，巖谷迴芒端。凝目神已豁，躡足興不痺。倚岸聊解佩，擇枝先脱冠。崎嶬豈肯礙？天機動新歡。奇翮奮空遠，清風生晝寒，冥契自偕樂，獨游誰稱難。平生幽遐心，覽兹逾舒寬。〇「天機」句，《華嶽集》作「結束便躝跚」。蓋初稿，此爲定本。

雲薄散烟姿，山深發泉響。還復窮神奇，孰云適蒼莽。俯投磐石底，轉出險徑上。日影隨峰横，金翠亂消長。寥閴理無涯，卷舒情還爽。仲尼昔聞韶，忘味愜心賞。緬余滌塵容，眷此高山仰。丈夫遠覽懷，古來稱骯髒。

入谷千萬盤，絶頂信難至。身前石峻嶒，足外壑深閟。纖鐵穿寸橋，削木綴單騎。欲止負初懷，擬進轉驚悸。來非不貳心，寧免遺書淚。蹈水在無私，涉山亦同類。尺寸罔愆步，冠峰竟能企。始知歷高曠，穹壤皆俯視。鄺生云：綴嶺須騎行，謂拾級移步不可并足也。〇自注：依《華嶽集》增。

華山若君子，先民遺良言。盡日望靡厭，松柏茂以繁。山上茂松柏，谿邊饒蘭蓀。滿香亂烟道，平翠迷雲根。香翠長不歇，雲烟互吐吞。仙都出欲界，塵世何囂煩。一身本自由，驅時易寒温。既以同彼視，何能喪吾存。

山峰芙蓉秀，山澗芝蕙芳。客至暮春候，高歌月幾望。晚色漸收照，林皋何混茫。崖際映微白，流暉突飛翔。孤嶂激幽籟，萬樹披寒光，俯境擷玄潤，屏息怡清涼。安道曾破琴，馮亮亦結房。二妙誠高步，予何獨彷徨。

神岳本峻美，標奇發苞結。谷轉晴晦分，谿迴巒岫別。東西鬱相望，兩壁何巀嶭。屈曲陟南峰，九州幾丘垤。玉井一何甘，十丈蓮初茁。飲水醴露凝，採花芳香擷。笑談伫襟抱，容易塵想絶。前山日月巖，光景倏明滅。

女蘿互纏綿，猶欲附高檜。矧我青雲志，寧不履塵外。獸檻羨豐林，魚懸慕清瀨。志樂安知疲，失路豈興慨。卓哉偶良游，適與玄覽會。理冥任寂喧，物齊均小大。高寒蒼翠叢，遠近遞烟靄。澹然山水音，蕭蕭滿天籟。

昔年躋岣嶁，已極平生心。今窺素靈宫，幽悰益蕭森。名山偕夙嗜，高民多雅音。不觀西游子，來隱此山岑[一〇]。菖蒲發舊池，丹竈間空林。指寶誠可拾，要在探其深。湯湯大河流，日落生重陰。感物增嘆息，徒令時變侵。

附文恭刻《太祖高皇帝夢游西岳文記後》：臣應鼇至陝之明年，得登華岳，周覽其勝，仰惟我皇祖嘗神游斯境發爲文章，古所謂宇宙入於胸懷，風雲出於掌握，造化協其隱顯，陰陽順其卷舒，發虛無之藴森，爲衆形收雷霆之動。得諸精象者，霏潤春容，卓哉！備矣！昔皇帝齋心服形，夢游華胥氏之國。我皇祖以天授神聖廓清海隅，再奠乾坤。今觀御製所載夢中睹記之詳，所由肇國家清寧之景運者，冥冥之中獨見曉焉。且畏上帝於咫尺，祈民和於屢豐，一念融結，精至誠純，寢寐須臾，罔有間隔，何俟舉云亭之吉儀，然後受羲姒之珍籙耶？臣備員文學，掌一方之史，謹書斯文於石，傳諸將來，非欲爲玆山增厥崇高，實以覘上天眷命之貞符，卜世卜年，允垂無疆之慶，其殊尤絶迹，可考於今者，固如此昭赫云。嘉靖壬戌長至，陝西按察司提督學校副使臣孫應鼇謹書碑記。

鄜　畤

秦文昔游獵，車馬闐渭汧。大蛇感幽夢，史敦强稱賢。上帝豈徵祠，迂哉祀皇天。赤帝兆遠祥，萬事非偶然。鄜畤西南隈，長城力徒慳。廢興本尋常，令人私自憐。

别周苺厓

叩君朱絲弦，和君白雪篇。知音在同調，異代誰稱賢？女蘿附喬松，托根長自憐。薈蔚嘉難逾，纏緜意已傳。君行振羽翼，輔佐堯舜年。爲樂信能幾，惜别翻凄然。高吟引心旌，歷亂梅花前，梅花入君懷，我夢應句連。

磻　溪

磻溪何粼粼，邃壁亘長藪。石上烟靄封，兩膝迹未朽。本非持釣人，常釣但在手。强起離溪頭，風雲復何有。鳳鳴山尚存，麟游水猶瀏。徘徊欲言旋，月落渭川口。

種　菊

昨夜春雨滋，曉起自搔首。分菊二百莖，繞徑皆佳友。遲爾霜下傑，對我尊中酒。故園繁露叢，感此情何有。

疑　冢

疑冢七十二，曹公慮已極。王業況難存，枯骨豈能必。高原下牛羊，日暮生寒色。

銅雀臺

銅雀何從來？銅雀何從去？銅雀空有名，美人果何處？無情漳水流，滔滔竟何注？

具茨山

黃帝游具茨，道過襄城野。當時七聖迷，憐予獨駐馬。南華有真詮，自愧悠悠者。

紫霄福地

丈夫萬古志，安能守隅窔。結髮游名山，五岳恣臨眺。熙曠愜兹游，福地結幽妙。百折俯靈標，千盤陟仙嶠。南巖翳紫霄，天柱迴孤照。蒼莽玉虛中，五龍倏吟嗷。須臾風怒號，聲止空衆竅。雲月霽宵晨，霱霞散榮蘿蔦。猿禽不驚人，飛走互繚繞。巖棲昔所欽，隱几懷高調。良晨惜難再，老至豈復少。吾將尋靈源，採藥垂常釣。儻逢偓佺子，一叩環樞要。天地自久長，萬物不相肖。濯足漱正陽，瞠然振柔嘯。

緬懷

緬懷達人軌，夙志静者樂。中齡游楚澤，五岳偕幽約。靈奇襲峰澗，紫蔚焕丘壑。高迴日月姿，秀㚖松筠蕚。虚危轉乾樞，河漢縈坤絡。雄俊杳莫倫，神明詎能度。峻峻中極表，五城燦樓閣。萬有列儀像，九光散煜爚。對此怡心神，悠悠入寥廓。始知登高者，大觀非妄托。千古瞬息間，六合何浩博。丈夫圖不朽，安足較龍蠖。遐哉環中理，握者竟何泊。大道儻有聞，聖智信如昨。

述祖德

炎黄闢慶原，後代承綱維。風雲燦英烈，雲仍信委綏。物理重初始，族系傳德滋。懷我上胄裔，雉皋繁幹枝。皇朝開天地，從龍興義師。功成裂爵土，世禄清平陲。三傳奮大祖，業儒崇聖規。褎然舉上第，政教揚當時。郡丞八桂林，掛冠不可追。高風動宥府，肅任贊偉奇。祖氏即嗣興，粱益芳譽垂。循良挺謡頌，磨湼眩磷緇。依然振遠調，納綬歸江湄。吾父纘前服，文彩光陸離。講幄横六經，弦誦環犍爲。百里歌神君，盡化哀牢夷。總管佐滇雲，豈復恤所私。例滿罷謁選，焚牒甘自頤。榮華亦健羨，清約信足持。鄉里懸雅躅，祚閥崇厚基。遂令高大積，允及菲薄兒。載質二十稔，列秩參中司。拊循轉竦仄，寧非逾分涯。戴勝既堪憂，履滿誠當思。進慚責任隆，退恧報補遲。獨不鑒往昔，何能待來兹。爰抗引疾疏，庶偕舞彩期。大道無險徑，哲人有廣居。生平諒靡負，冀免皓首悲。本源安可忘，請觀先世遺。

按：文恭之先華，如皋人，洪武二十五年調龍里衛總旗，尋升副千户，調清平。四世至欽，升正千户，因征香爐山，晉指揮僉事。文恭曾祖瀚，字□□，成化丁酉舉人，官桂林府同知。孝友端直，爲鄉里矜式。瀚子重，字威清，正德庚午舉人，知縣竹縣。罷繁苛，鋤蠹梗，性戇直不苟。爲順承，改學博，遷雲南左衛經歷。尋乞歸，賦詩娱老，垂二十年。卒之日，御史張岳銘其墓。重子衣，字□□，即文恭之父，嘉靖辛卯舉人，知雲南保山縣。杜絶苞苴，寬民而嚴於吏。遷雲南府同知，任滿，當謁選晉秩，遽告歸。

小飲少華宅少華初得子〔一一〕○少華，未詳，當是文恭同里人。

我生同君庚，葭親托肺腑。少年共嬉游，半百今何補？忽聞英物啼，君始爲人父。一杯遞相斟，山房月初吐。不速客偕來，三人共歌舞。明星照疏筵，烏鵲翻庭樹。得子何在遲，晚器成圭瑀。原知父母恩，新有琴書主。頭角聳鳳麟，善慶兹驗取。我亦望懸弧，期慰高堂苦。歡劇醉莫辭，三復螽斯羽。○子雲乏嗣，伯淳無兒。古賢已然，天道難問久矣。雖玄亭刊落世榮，守道自得，而傳業之慮，未免有情。如此詩之我，亦望懸弧「三復螽斯羽」，欣羡溢于言表矣。集中如《王杜陵連得子》云：「何日吾兼此，逌然慰老親。」《庭前千葉榴結實》云：「安德曾誇多子兆，高枝相對意俱忘。」《瑞竹詞》云：「峭蒨已看楨幹别，交加又喜子孫多。」《謝及門諸友爲余祝嗣華峰》云：「玄天香火開聰聽，倘鑒諸君款款情。」殆無一日此事去諸懷抱。《至漢中歲暮書懷》云：「兒女看人大，風塵入鬢多。」尤沈痛難禁也。

空夜

月色湛空夜，繾綣松桂林。流光散叢薄，蕭然生道心。良朋共邀□〔一二〕，一杯行自斟。防微在戒寵，遵晦偕雅音。虚壑射蒼靄，微茫盤夕陰。永言托幽迹，三嘆揮素琴。

毁　譽

毁至詎足惻，譽來靡堪悦。素秉松苓心，永抱商皓節。讒深慈母疑，交移故朋絶。禍福兆無垠，倚伏自更迭。墜鼠憫虞氏，遇盜悲牛缺。萬事付虚胎，行矣遵前哲。

選卜偉拔山○山當在清平。

兹山信偉拔，選棲願靡違。青翠鬱高重，巖壑莽千圍。融結挺靈異，藏育生光輝。雅宜虚豁境，日夕娱清暉。石構劇幽險，吾廬恰因依。山南饒水竹，山北多蕨薇。既已足吟眺，且得慰渴饑。貴賤各有適，君子重知幾。悠悠猿鳥性，冉冉雲霞衣。四序渾忘憂，百年堪息機。野老時過從，農桑話荆扉。身世兩相棄，焉知是與非。寄語城市人，巢由吾同歸。

家大人植杜鵑花一株於松竹行窩栽已十年高逾三丈開時如火扶疏艷麗的的可愛

躑躅繁山花，紅葉開無那。飛霞映長天，列炬艷高座。栽培歲滋深，抽聳益崇大。對月酒杯空，舞風顔色破。愛爾殿春殘，慰我孤齋坐。

送郭慊菴

投交二十年，會面含深情。旅邸雖濡留，愜我故舊盟。君侯金閨彦，西臺播芳聲，孤操罹讒詬，郡邑歲屢更。調補復荒徼，嶮崎萬里行。世路有伸屈，人事多虧盈。願君慎居諸，俯仰保令名。博南山獨高，瀾滄水獨清。山水意不極，悁悁懷西征。

送別訪川不及悵懷

青郊送君行，新晴轉初昱。嗟予來偶遲，君往一何速，心旌遠招摇，回盼隔幽谷。折楊意徒殷，停雲情相逐。高才世莫知，令德信有俶。一官憐栖栖，老至走夷陸。近約雞黍盟，永矢碩人軸。氣味方綢繆，去住俄反覆。踪迹杳莫偕，久要見吾獨。春光隨日變，韶景紛可掬。〇末二句，《東皋詩存》作「寧知懷良朋，千里長在目」。

按：清平王氏有念祖，字修甫；從祖字義甫；習祖字紹甫，并有文行，稱三甫，不與晴溪同派。修甫以貢知新寧、保山兩縣，率悃愊無華，保山有監司門役需索，怒語相侵，修甫曰：「爲政有體，吾綰綬一邑長，肯曲節受若輩侮邪！」執役杖之，遂拂衣歸。性孝友，父卒，哀毁幾絶。既葬廬墓，待弟侄繼妹如子。己物惟父所斥與，無難色。居恒布衣糲食，非客不市肉，非祀不殺生。好讀書，年八十猶手不釋卷。淮海贈之文曰：「孝德以處家庭，友德以處宗族，恭德以處鄉里，信德以處朋友，儉德以處士民。若詩追盛唐，文追大蘇，又其剩技也。」義甫幼孤貧，力絶忮求，晚以歲貢爲山陽訓導，履繩蹈矩，卒與時忤，尋乞歸。饔飧不繼，晏如也。紹甫博聞强記，見賞於督學吴川樓，以歲貢入太學，授華陽主簿，以當省會，鬱鬱不得俯仰，未幾退歸。訪川，爲念祖别字。詩云：「一官憐栖栖，老至走夷陸。」蓋其之官滇中時也。其詩文屢訪未得。

夢陽明先生述懷

平居學道心，晚路孰期許。年往慚無聞，歸來宅幽阻。先覺遺良模，神交倏相與。纏緜心曲事，懇款夢中語。精爽偕寤言，意氣同居處。徒增覺後悲，拊循轉淒楚。擁衾結長思，望斗懷遐舉。遺我大還訣，誓以銘肱膂。

江門叔約坐禪林

相知豈在多，即事見真契。招邀入雙林，朋簪偕佳麗。草木何豐茸，空城靄初霽。雨氣尚鬱紆，鳥聲互迢遞。澹然生曠懷，撫景獨凝睇。名理恣高談，賞心愜良憩。屈蠖已藏身，優游卒吾歲。一樽聊共傾，雅歌庶爲繼。

坐對南山〇當即指清平城南木級、將軍諸山。

南山鬱崔嵬，蒼翠日引領。城府紆僻地，衡門敞幽境。高棲十畝間，自覺百慮屏。石牀春正溫，松籟夜逾靜。超然悟至理，天光發真景。浮生懷深盟，坐對獨循省。

懷胡盧山

春月何姣姣，春風何啬啬。我正有所思，我正有所憶。故人美意氣，故人美顏色。遠緘千里書，遠寄千絲織。慰我長相思，增我常嘆息。君處粵之西，我處黔之北。所欣同肝膽，所嗟異邦國。我懷轉綢繆，我情轉淒惻。願作雙樹枝，願作雙飛翼。言語不可竭，襟抱不可即。努力加餐飯，努力崇明德。

按：盧山名直。《明詩綜》：胡直，字正甫，泰和人，嘉靖丙辰進士，除邢部主事，出爲湖廣按察僉事，歷四川布政參議，乞休。起湖廣提學副使，升廣西左參政。歸有《衡廬精舍藏稿》，引孫山甫云：山甫胸次，洞然有物，我同體之懷，故其詩暢而鬱，直而婉，天趣獨深，非追琢可及。

廣福觀偶坐〇觀，一作寺，《省志》題作「迴龍觀」。

竹柏浮陰森，雲霞吐光耀。奇哉坤靈區，玄扃入深峭。孤標脱塵鞅，來往時舒嘯。野興布清賞，前期洽高調。突然虚白生，風止齊虚竅。復命在知常，達始惟觀妙。偶坐已忘言，遐致即壺嶠。

連得鄒穎泉書〔一三〕〇鄒善，號穎泉，江西安福人，文莊守益子，嘉靖丙辰進士，歷官太常寺卿。

我家金華墟，雲山接楚甸。重君千里情，書札屢軫眷。人生深相知，豈必見顔面。款曲書中意，耿耿迴英盼。勉我修令德，期我展嬿孌。空齋望所思，良會未有便。不教蕙草殘，香風時宛轉。

憶萬合溪

蠙珠貫星彩，鴻寶綴露華。本質既貴重，世目同賞嗟。夫君美無度，令儀清且嘉。感君結約心，容輝偕三巴。歡劇遽爲别，横舟鍾灘涯。不惜乖離苦，但傷音徽賒。一書何方來，驚喜不可加。仕止雖異轍，君心非我遐。友道久缺絶，君言能攻瑕。直調和朱弦，高誼凌紫霞。欷歔宿昔意，蒼蒼咏蒹葭。

顧會塘間過草堂○會塘，蓋清平人，未詳。

異患得遣釋，處約良自安。便嬛三徑中，不知春色殘。時有野客來，披裘岸鶡冠。握手忘揖讓，談笑投交歡。山空卉木深，天遠雲水寬。徘徊物外心，傾倒誠非難。幽棲保微尚，因之歌考槃。

同蔣楊二丈《清平志》作「同見岳醴泉」**沿二水交流處坐嘯**

溪流抱曲城，瀠波鎖崇巘。半壑相延緣，孰謂川途遠。隔巖水氣涼，盤石烟姿暖。清瀆涵空明，臨淵坐忘返。睠兹魚鳥情，行雲自舒卷。高嘯投素心，野曠白日晚。

按：見岳，名世魁，又字道陵，清平人。少能詩，有俊逸才，十舉不第；應歲薦，授全州訓導，卒于官。見岳潛心理學，初謁蔣道林，知萬物一體爲聖門宗旨，繼又謁湛甘泉，乃登岣嶁、羅浮諸山，俯盼六合，襟抱洞開。歸玩《易》治《書》，借宅以居，冬夏一褐，絶無病容。父良，字素齋，正德癸卯鄉舉，爲吉藩長史，寄居湘潭。父没，不欲傷繼母心，盡以田宅予弟。所著詩曰《蔣見岳初稿》。文恭爲之《序》，惜今無傳。清平有楊泰，以拔貢官都匀教授。又有楊國華，字應文，以歲貢官常德府訓導。性耿介，正己範士，多所嚴憚，并在隆、萬間。未知誰爲醴泉也。

同陳伯謙袁時汲王憲甫諸友雅坐〇三人未詳，蓋并清平人。

平楚簇水石，鮮雲披巖阿。左右皆吾徒，浄宇屢相過。一笑合襟抱，千觴詎云多。暢飲非在酒，依韻遂成歌。落日澹城陰，深烟明薜蘿。居然滿幽趣，餘歡其奈何。

與王允嚴諸友游東園〇允嚴未詳，蓋亦清平人。園在縣東郭外。

萬物何芬芸，人生貴自適。蓬茅縛數椽，已足羅几席。東郭偶行游，南薰滿阡陌。朝翠裊山靄，暮紫縈蟾魄。韶景漸微茫，烟樹孤村白。流水且潺湲，環溪濯靈液。良朋方相羊，雅懷信絡繹，契濶亦云展，深期獨脈脈。幽貞儻同操，黽勉望三益。

向伯真覓松子〇伯真未詳，亦文恭鄰里。疑「真」當作「貞」，是李培竹子大元或鼎之字。

君性本介持，北郭構虚室。種松二十秋，今始結佳實。纍纍凝素髓，挺挺散香質。生成各有期，寧能測徐疾。伊予望穎心，毓美信可必。分少豈見辭，食甘剖芬苾。自顧有微棕，願君加護恤。剪伐勿頻施，栽培益寧謐。年年奇果垂，採摘遺親密。不防共招邀，陰森共永日。

侯將軍築小堂三楹於太玄亭後坐對南山題賦

懷痾不自怡，依然返初服。美人傾素衷，殷勤款茅屋。鋤烟滋芳蘭，芟莽挺貞木。清風披我襟，皓月濯我目。石棱旋緑沍，雲埒飛金瀑。南山九叠姿，窈窕紛在掬。道超世若遺，境寂念同伏。鳥嚶谷響虚，鶴夢茶香熟。夙兹静者心，胡爲久干禄。悠悠愧前非，容容遲後福。緩帶時過從，白駒共三復。

白望行

白望人共趨，清談世所貴。聖規愕波頽，俗言競鼎沸。傷哉群力衰，誰爲總經緯。遠念信鬱紆，獨懷日歔欷。理窟堪泳游，義根足滋味。滋味真苾芳，其如君不嘗。

鴻飛引

鴻飛絶天首，積遠衆莫悉。越人號作鳧，楚人稱爲乙。楚越自喧拏，誰知鴻常一。鴻飛願益高，鴻鳴勿嗷嗷。指摘苟非實，何能損毫毛。

桃李笑歌行〇十六首録六

桃李寂無言，芙蓉堪笑把。下里歌正繁，陽春倡原寡。
不必誇肝膽，何須辨贋真。從來承寵客，多是負恩人。
夏罟不趣淵，春斤不上山。只爲存敦厚，返令苦心顔。
天地忌盈滿，鬼神瞰高明。若自知趨避，方堪托死生。
雙手遏群邪，片言除衆譖。忠信誠宜仗，勇力恐難禁。
鉛刀擅一割，白璧有微瑕。快意逞報復，忍心忘國家。

【校勘記】

〔一〕手稿本卷首莫氏貼有紅色浮頁云：「是册二十八頁，計大字捌仟零四十五，小字陸仟四佰零柒，共計大小字壹萬四仟四佰伍十貳字。」

〔二〕「年五十□卒」：各種文獻傳記均未言孫淮海先生具體的生卒年。明人郭子章《尚書文恭孫公應鼇傳》云：「年十九，以儒士應試，督學徐公樾一見大奇之，許必魁多士。放榜果中第一人。」清乾隆六年《貴州通志》卷三十八《孫應鼇傳》：「嘉靖丙午鄉試第一。」明嘉靖丙午年爲公元一五四六年，前推十九年，也即孫先生生于一五二八年。莫氏此云「萬曆初起故官，二年入爲大理卿，……十三年起刑部侍郎。」明萬曆十三年（一五八五）孫先生任刑部侍郎已有六十歲，此記孫先生在任刑部侍郎之後，「尋晉南工部尚書。年五十□卒。」恐有誤。孫先生的卒年當在其六十歲之後。

〔三〕「獵名詞華，馳譽經學已耳」：莫友芝手稿原無。此據莫繩孫在其父手稿該葉下所批記而增。

〔四〕皆其能焉：清乾隆六年《貴州通志》卷三十八《藝文・傳》作「皆其能事」。

〔五〕進講周書無逸章：《貴州通志》卷三十八作「公舉虞書無逸章進講」。

〔六〕藏者靳借録：手稿本作「藏者不肯借録」。

〔七〕萬曆甲子：萬曆無甲子年，「甲子」疑有誤。

〔八〕攝袂：原誤作「躡袂」，據清光緒六年莫氏刊本《學孔精舍詩鈔》改。

〔九〕寶玄逖：《學孔精舍詩鈔》作「實玄逖」。

〔一〇〕此：手稿本和《學孔精舍詩鈔》作「玆」。

〔一一〕小飲少華宅：《學孔精舍詩鈔》作「小飲許少華宅」。

〔一二〕良朋共邀□：《學孔精舍詩鈔》作「良儔共邀伴」。

〔一三〕連得鄒穎泉書：《學孔精舍詩鈔》題作「連得鄒善穎泉書」。

黔詩紀略卷之六

明

文恭孫淮海先生應鼇二古體詩七十首

南游得寶劍上有赤符作《赤符曲》

南游炎方，神物攸藏。雲火其光，掘精拭芒。靈異孔彰，赤符載揚。北斗夜霜，南星炯昌。照耀飛翔，四達靡常。蛟龍在陰，虹霓在陽。倚臨八荒，焕海文章。可以愛身，爲君子防。晝影朦朧，騰空霞終。胡爲來斯，奇英景叢。琉璃作函，蓮花爲緵。鐔彘室衣，金鑽罕同。提携氣忼，佩服志崇。魑魅伏僵，幽隱潛通。寶器難逢，逢當致功。感慨激昂，爲丈夫雄。四方多尤，一人多憂。干戈不休，廟廊忍羞。何物可酬，終當見求。揮斥九州，直萬貔貅。霞呑烟收，雲迷鳥愁。插干胡丘，殄殲旄頭。功可全修，物不暗投。結約邀仙，朱陵同游。

謁南岳廟祭神三章

精意嚴兮叶寧，德盛昭兮式聽。舞雲門兮楚伶，禮樂備兮廣庭。實沈光兮中星，温風純兮赤靈。神之來兮山青，藹都房兮芳馨。

昭順樂兮布舒和，神威靈兮南陸圖。奸紛亂兮四海嗟，乞靈睠兮民望多。羌庶幾兮翳舞歌，奠寶鼎兮永不磨。處高明兮百禮加，玉帛陳兮紛列犧。

朱鷺咽兮斕斑，禮卒度兮意閑。雲飄揚兮滿山，神穆穆兮欲還。神不言兮中間，恍倏見兮和顏。望神馭兮誰扳，耿湘流兮潺潺。

鞠歌行送陳羅江還海南

近幸食桃，野人美負暄。窮達有命，仕宦難爲言。粵山朱鳥，高棲無卑枝。大江急流，豈復能逶迤。是非孰定，辨別拙與工。皎皎肝膽，陸地波濤風。昨來今往，拮据問鹿蕉。不爲禍逐，雄飛何寂寥。入猶蛇竄，出則似雁行。東山採藥，媿美潘茂名。

堅白行

誰謂玉白，茖草可使血。誰謂玉堅，礎石可使穿。堅白在我，外來一何頗。君子安常，小人立易方。

鶴鳴山辭

蜀國五城山陽，鶴鳴鬱兮老蒼。金躔玉壘當中，焚熅寶術雲房。仙人旖旎來居，貞心淨景靈思。握氣含精養虛，道成冲舉高遐。投予之佩遠游，揚節騰躍丹丘。松霞隱鮮慶霄，玄踪往矣何求。玄踪雖往道存，守靜自然妙門。中根百靈我尊，治身幼眇不煩。日月西馳浩波，骸影委滅奈何。車馬衣服弦歌，從來恩愛易移。高翔寧須跨龍，遠覽寧須登崇。清泠寧須御風，我茲既見則降。是時甲子元輪，秋中月午夜匀。獨聽廣樂甚真，永願交屬所親。

靈臺引

昔夢太岳高峰，今游雲臺祕宫。靈顔威儀沕穆，真境影迹葱蘢。崇標雲變爲雨，幽壑氣噫生風。大道何言可假，塵根長此安窮。仙藥一丸五色，鴻寶萬畢八公。天地古今如寄，對博六箸從容。

再歸來

病慘意結難舒，秃髮不勝把梳。萬美歸宿總虚，事往誰復憐渠。山光冉冉暾初，倏忽中宵玉蜍。胡不浩哉歸歟，苦蹀莽棘淤洳。衣帶翩翻白蘋，苕亭巍若仙居。行雲來去橌除，回飇披蕩林箊。曠邈目游几籧，葆真罷詩廢書。混迹隴畝樵漁，終老洞穴吾廬。即填溝壑怡如，達命那更求餘，高天曠野踟躕。

哀二華譚公

颯來何方悲風，天地慘淡冥霿。宗臣奄忽遐終，蒼生涕淚汎汎。靖氛海漠舉空，樞管偉陟稱雄。簡兹帝眷獨崇，憂勞憔悴股肱。邦楨摧折長辤，緯曜隕墜高穹。蹇予黯淺更惷，何當推轂九隆。締交四方友朋，知己今古難逢。非私汲引無雙，但感顧許意同。報陳彷徨罔從，音徽結滯素悰。永睠令德昭融，殊謚厚錫豐功。束芻漬酒我衷，道遠莫致哀叢。

春堂夜宴歌

華星出雲輝蘭池，金壺啓夕嚴更移。懸景東秀映峨眉，春堂張宴淑氣熙。春風風人不可支，新花舊跗香颸颸。碧雲將合褭褭垂，美人至止肅光儀。濯色江波錦四披，玉盤瑪席清流離。明釭列錢朱火曦，綺穀紛錯四膏隨。抽弦效謳鸞鳳吹，傾瓷酌醑羽爵施。綴賞接坐款眷兹，主人爲壽千金貤。佳賓爲酬萬年卮，歡愛未央景刻遺。雅會難常君自知，愷樂令終勿言疲。東方未明且莫疑，折枝繼佩諧心期。

公無渡河哭波石先生先生爲雲南左方伯，提兵征元江，我軍敗績，遂死。

公無渡河，公竟渡河，墮河而死，當奈公何！河水何湯湯，毒癘淫瀾滄，魚不敢游，鳥不敢翔，公獨何爲駕旌旃？旌旃去迢迢，游魂杳難招。遐夷不庭國之恥，提兵只欲掃蠻妖。蠻妖掃未得，國恥幾時消？陰霾閟天雄風起，落日昏黄殺氣紫。軍敗力盡北面呼，不受骪屈寧受死。目樂之山猛虎屯，混龍之橋惡蛟瞋。芳草蕭艾異今昔，可憐同作戰場塵。皇穹萬里豈復照，孤忠一點誰堪論。瘴烟雰兮草斑，彗蠱迴兮林殷。燐火青兮雲黑陣，鬼往來兮雨淚潸潸。南方不可托，公當何時還？嗟乎！使人聽此凋心顔！

《明儒學案》：徐樾，字子直，號波石，貴溪人，嘉靖十一年進士，歷官部郎，出任臬藩。二十九年升雲南左布政使。元江府土舍那鑑弑其知府那憲，攻劫州縣。朝議討之，分五哨進剿。那鑑遣經歷張惟至監軍僉事王養浩僞降，養浩疑不敢往。先生以督餉至軍，慨然請行。至元江府南門外，鑑不出迎。先生呵問，伏兵起而害之。先生少與夏相才名相亞，得事陽明，繼而卒業心齋之門。心齋嘗謂先生曰：身與道，原止是一件，至尊者此道，至尊者此身。道尊、身尊纔是至善，故曰：天下有道，以道徇身；天下無道，以身徇道；若以道徇人，妾婦之道也。今以受降一事論之，先生職主督餉，受降非其分内，冒昧一往，即不敢以喜功議先生，其於尊身之道，得有間矣。吉水鄒元標《徐公祠堂記》：貴溪徐公爲滇左轄死事，贈光禄卿。光禄少即摳趨新建，歸依泰州而學大明，仕而學大行。睹土酋鑑之不臣也，身先請纓，冒鋒鏑死。無尸裹革，有魂歸葬。遐方人士，至今悲之。元標待罪黔竹，一日有黔州士述光禄開講時，聞鳥鳴。問諸生聞否？諸生曰聞。既鳥聲息，又問，諸生曰不聞。光禄語曰：若是，是以境聞不聞也。元標惕然有省，如侍函丈。既接少宗伯孫文恭，乃公所造士，口公教不忘。

送孔振齋任瀾滄

巖巖烏洞山，冬門羅落雄内關。浩浩金沙江，吐蕃九賧通外邦。一官萬里贊戎衛，五奇三略看裁製。幕府清秋白日間，梧陰郁郁邊氓憩。立馬都門送此行，翻憐半百始成名。鳳凰池上牽離夢，晻曖山川一望明。

按：振齋名鐸，清平歲貢，官瀾滄衛經歷，衛與北勝州同城。烏洞山在州西二里，下有洞，深不可測。金沙江在州治西，自麗江鶴慶流入境，由西而東，一名麗江。

海上行

年年海醜何猖狂，更入今年劇跳梁。捷書方報殲滅盡，又看羽檄馳明光。柘林乍浦元相接，蟻聚蜂屯任踐躝。天塹由來形勢雄，何事揚州復焚劫。真倭無幾半中華，一時得利忘身家。賈舶當時空阻絶，旌干此日總咨嗟。咨嗟今日成何事，祭罷海神仍贔屭。東市纔懸上將頭，南方已奪元戎幟。把總調得截海艘，摇到中流入賊中。回頭揮手看岸上，爾輩何愚想立功。不記五十三人惡，吴越周遭任揮霍。於今千艘何怕來，談笑歡歌且杯酌。瓜州争看餉船飛，運道原争一線微。只知民命堪長痛，還恐漕儲漸日非。士兵驕恣民兵弱，插營布隊齊盤薄。無邊白骨蔽林坰，何處美人倚江閣。共言廟筭如神明，樞密大臣新遣行。繡斧鐵衣親拜節，揮戈萬里志澄清。君不見江之南、江之北，白日慘烈無顔色。又不見浙之東、浙之西，顛風淒切增悲啼。正名大義須洞曉，兵家韜略亦難少。莫使鯨鯢再掣翻，佇看鶢鶋齊鵰剿。聖人在上原無爲，海不揚波守四夷。況聞大内日祠禱，百萬神靈應護持。○《東皋詩存》録此詩，不同者七十餘字，恐係潤色失真。今悉依原本。

韶松歌呈三叔

君有百畝園，非培亦非塿。十年種松俱長成，蒼蒼枝蓋盤蚴虯。披襟豁俗諧心期，《南華·逍遥》歎對時。煩景漸除星漢垂，秋露將墜雲影遲。此時中谷微聲起，漸入林端不移晷。瀟灑如從天上來，縱横忽漲尊前止。將寂復作意何長，琴音泉溜同琳瑯。翠濤忽漲兼天涌，清夢初迴滿耳涼。颯颯誰知風雨散，驚起龍吟仍歷亂。堂上吹簫將九成，廟中奏瑟惟三嘆。須臾叢薄含沕寥，明月朗照澄層霄。空外沈冥空外響，静中發越静中消。自然噫氣元大塊，至和不假竽與籟。出虚吹萬總天機，秀萼貞姿但烟靄。我試問君君不知，神游太古何希夷。惟應仿佛唐虞世，忘味聞韶今在兹。

紫芝行爲見岳作

紫芝初生光未滿，浮雲翔覆榮氣暖。紫芝漸大柯已成，星華曜彩含金精。讀書結舍蕭兮瑟，何意嵁巖産靈質。幽祕佳祥渺莫傳，六英三秀特新鮮。風和雨潤滋培久，日麗烟消莖葉厚。珊瑚出海華蓋移，煌煌煜煜盤貞姿。羅浮岣嶁神護守，君曾游之得見否。乃知瑞種不擇生，岑寂相對雙眼明。漢時甘泉毓嘉運，亦有涵德垂芳韻。君今好持獻九重，五色威蕤七采籠。不然服食亦爲得，天地齊老壽無極。商顔商顔君莫歌，今代唐虞多網羅。

題李咸熙畫

南原叔父飲我酒，坐我竹林興何逸。此身宛在畫圖中，更出李成墨妙筆。李成稱畫仙，曠迹久絶傳。生綃四幅何所得，一展遂使百慮蠲。信手揮掃迷雲烟，濛濛翠壁含清妍。懸崖綴石藤蘿覆，萬木參差松舍連。衆壑水漲擁光怪，忽然洞口分餘派。不知誰處委陂陀，耳邊恍若聞澎湃。曉霽開林宿霧輕，避世沮溺相耦耕。復有寒巒瀟灑客，坐者自坐行自行。何獨區區辱泥土，蓬萊迴隔玄芝圃。滿眼風流悵望多，百年功業驅馳苦。静中日月易擲拋，膏肓病疾休相嘲。

古來畫士豈專畫，脱穎標格元飄旓。即論山水家，唐有李思訓。五代出荆浩，人品擅奇問。李成元自荆浩來，出藍點染稱異才。范寬、郭熙豈足比，一時瑣瑣空塵埃。試觀此景特文理，近者咫尺遠萬里。陰陽明晦轉盼間，造化神秀蘢葱裏。成也成也本業儒，磊落大志空四隅。才命不偶精畫圖，詩酒之間氣調孤。片紙落世如金珠，徒令覽者常嗟吁。

泛彭蠡歌

春滿三月湖水闊，風濤雪浪翻木末。雲夢洞庭孰與比，一葉舟航杳難越。憶昔僞漢趨吴中，身與皇祖争兩雄。樓船蔽翼此湖内，天地澒洞雲霧蒙。帝王真命符瑞集，成敗之間異呼吸。白日忽照赤烏臨，鯨鯢竄伏蛟龍立。世事悠悠二百秋，江連九派只東流。榜舟漁父吹夜篴，採草兒童唱野謳。青蕪已没枝撑骨，黄烟長掩咆哮窟。誰識當初血戰勞，鬼神泣破寒霜月。我復巡風擊楫來，氣吞南國滄溟開。低垂象緯挂河漢，陽雁叢居鳴正哀。康山巍廟功臣輩，仰瞻不啻如嵩岱。拔山墮水力與徂，後人更有何人在。翻憐廬阜周顛仙，倏忽變化如騰鶱。太平告得即隱去，長卧雲霞忘歲年。

重游白鹿洞歌

白雲齊開瀑布飛，逸客復來登翠微。山影照耀轉日暉，忽忽滿空烟雨霏。穿林渡岸苔蘚肥，野花襲人香氣馡。洞口波長没釣磯，石脈泉溜衝荆扉。愛景步涉忘曲碕，隨到杯酒相與揮。氣志瀟灑偕音徽，盤桓送目良未幾。群峰散紫晷色稀，不覺明月乍沾衣。濯出混沌流光輝，移陰曜彩星宿稀。嘯歌逍遥言旋歸，百慮澹然理無違。世事浩渺何是非，回首陳迹莫歔欷。古來曾點得所依，不見風雩與浴沂。六極放懷且忘機，松風悠揚露漸晞。

尋訪龍虎山名迹

嵐靄歷歷山之峰，崖外之洞紫緝重。鞭鸞驂鳳我何術，石髓蟠桃隨所逢。忽看滿地簇瑶草，欲拾不拾清春容。明日下山出塵世，回頭一嘯多奇踪。萬古高懷向誰盡，玄城千步題蒼松。

望日臺

天雞初鳴海烏泣，翔陽弭節六龍集。扶桑既登始將行，攬衣起向懸崖立。滄波萬里驚濤急，只尺溟濛如可挹。映處重淵雲錦鮮，望來大壑瑶華濕。是時羽鱗咸伏蟄，空山凍肅寒風襲。廣遠初看蕩漾開，扶摇尚覺升騰澀。突爾飈輪吐爚煜，烟飛雲散嗟何及。諸方連彩孤曜流，萬色層暉滿空入。浮天元氣轉歙翕，壯懷奇觀不可戢。會飛東極狎群仙，合璧精熒一吞吸。○第十八句《南岳志》作「壯懷盡向奇觀釋」。

望月臺

望月臺古雲霧棲，靈圖秀發祝融西。人間朗魄已落盡，此地清光猶未低。我聞佳境特凝眺，露散雲開欻幽妙。虚明夜色蕩初晴，錯落霽華浮晚照。晚照亭亭月漸中，南山桂發映寒叢。碧流冰壑陰平布，素展星河影乍空。春風微微琪草茁，縹渺湘靈來鼓瑟。望而不見起長嘆，欲賦青峰轉愁失。浮杯几席洞庭涯，海外三山不可期。坐惜凋年憐急景，惟應明月最相知。

觀昭陵六駿碑

九崚峻嶒雲晝暝，陰飆蕭爽山谷冷。拭碑細玩六駿圖，駿骨如生神炯炯。秦王英雄古來少，龍飛虎視風雲繞。天生猛士肇洪基，奔踶還與生騕褭。騕褭當年誰可見，流傳仿佛追風電。身上多存槍斧痕，鬉前各帶疆場箭。青騅特勒拳毛起，金剛劉竇立誅死。平仁杲者白蹄烏，平東都者颯露紫。最後賜名什伐赤，清旌凱歸赤汗劇。萬軍一躍火生睛，世充建德齊辟易。宛西冀北世常産，生不逢時老何限！吁嗟此馬雖已徂，猶有雄姿照青眼。感恩服乘倍增價，金石精光驚泛駕。千里真空遠塞塵，一鳴更響清秋夜。秦王念馬常興慨，馳驅何況功臣輩。請看昭陵左右傍，薛國鄂國墳相對。鄭國墳墓亦咫尺，見者參差生愛惜。今日還瞻六駿碑，當時何仆旌忠石。

南山篇爲陸百川乃翁壽南山，陸翁别號。

南山之山何蟬聯，東瞰浮玉南别鮮，紫發赤靄相迴旋。造化含靈通日月，山中融秀何當發，瑞浮縹緲欻展越。山中高人獨愛山，曾丘薈蔚水潺潺，日玩朱鳳娱朱顔。朝廷有道奏韶夏，山人安車不肯駕，朱鳳來儀虞廷下。生年五百當鳳儀，遺榮得遂巢由期，日日種朮來朮芝。桂樹叢生復偃蹇，未須招隱賦連卷，獨游混濛得自遣。長嬴啓時開遠空，薰風翩翻南山中，來往牖北與牖東。酌仙九醖試八斗，仙人携媪酹斯酒，更問媪也能飲否？山人百事頗自宜，寄言鳳兮鳴爾時，南山有圖銜獻之。

夢登太和

神游武當忽超趨，輕風吹夢到帝宅。迴馭丹梯度危索，手捫三天振奇翮。衝林出巘立穹石，不知何處□踪迹。芙蓉開霞麗彩射，芝草挹露清暉積。步虚聲□月色白，紫霄下聽五龍咋。萬壑空濛足枕籍，九州□藹何跼蹐。三千年來只朝夕，琪花亂落真可惜。乞帝賜我靈藥核，玄鶴忽唳驚魂魄。覺來但訝真境隔，閑雲在目不得借。金精想像竟誰益，問道藐姑興轉劇。烟塵何必相拘迫，期脱世紛叩瓊液。坐玩山青蕩天碧，逍遥内外忌所適，太和之峰日岸幘。

無麥謡

三冬無雪春無雨，誰人迎龍誰置虎。雲脚欲聚風脚生，官家茹甘農茹苦。邊取軍需倉收租，十人催捉九人逋。麥苗不生稻不種，子棄父母妻棄夫。難得上身難入口，貧者何薄富何厚。手足盡折眼盡枯，相食寧論復相守。不求珠玉不求金，惟求膏澤求甘霖。今宵望月倘見月，願言離畢又離陰。

昭陵筆

行路莫悲道里寒，種花休傷蕙蘭晚。地生草木天生時，古來得失何近遠。盜跖吹笙曾孔憂，絶糧結鶉走不休。邯鄲才人嫁厮養，開笥窺鏡空嘆愁。宇宙展轉任甲乙，今夕何須問明日。生前一杯萬事畢，嵬鎖之徒自啐啐。君不見烏馬樵徑昭陵筆。

聽彭兩泉彈樵歌

海中方壺聯員嶠，我欲負薪山顛爛斧柯。滄波渺茫不得往，聽君今夜把酒彈樵歌。樵聲初入朱弦裏，滿眼雲山叠千里。明月天高蒼徑開，歌罷歸雲落松子。我聞山謳野語寡音律，何乃寫在號鍾應宮徵。群峰萬木相盤旋，水遠霞明物外天。蓬風倏至散巖谷，笛韻平吹飛澗泉。竹雞啼殘野花發，嬝嬝餘吟正蕭䨟。我今一聽伐木已忘情，何況在山之人不洽恰。方壺員嶠雖難尋，寰中五岳有知音。斸取珊瑚煮銀母，酒瓢高挂紫芝林。醉來豪興氣出唱，不信琴心非我心。

再聽彈梅花

朱明氣赤陽已盛，脱巾露頂夜稍静。招摇清風不肯來，何處有此梅花咏。滿堂疏響漸生寒，玄雲白雪巧相攢。參差瓊佩低鳴鶴，摇曳朱裳細舞鸞。舞鸞突迸幽香出，翻念霜花與露實，隴上淒凉送别年，江頭狼籍憐芳日。對此徒然憶故林，年華荏苒自銷沈。流水高山千古意，杜陵姑射七弦心。斷魂難寫羅浮夢，香散悠然月滿襟。感君奏我梅花弄，還許相遺緑綺琴。○細，當是「絅」，音忽，亦回旋之意。

又彈雙清

初彈《樵歌》已瀟灑，再彈《梅花》更有情。三彈音調突别出，聞此猿鶴之雙清。空山岑寂秋氣平，長河晼晚午夜明。悠悠空谷相和鳴，細聽轉覺意態生。九皋亂落風雨聲，三峽波濤魂夢驚。次第出脱偕韶韺，恍如置我白玉京。妙響入耳身體輕，又如採藥游赤城。青雲長嘯何鏗鏗，迴谿緣谷不知暮。鹿豕同群本朋故，愛君彈此愜衷素。流商激羽君且住，不彈吾已知其趣。待君策杖烟霞路，爲君更著雙清賦。

張子儀買鶴行〇子儀見三卷

鶴樓山人買鶴行，日日相對雙眼明。羡君嵇紹早同調，爲吏實有滄洲情。還須買琴同宦游，冰壺碧海清風流。功成倘叩赤松術，騎此一訪蓬萊丘。九轉丹成定入帳，真訣茅君期好修。

太岳朝天宫

一丘之木深如屋，滌除玄覽吾不辱。一溪之石平如席，乘乘無歸吾以息。一竇之泉清如弦，汜兮左右吾在懸。三天門外朝天宫，十年夢魂遥相通。我今來游發深省，靈踪歷歷夢中境。泰清何必問無窮，只恐斯游亦夢中。

四山四歌

春雨亂落日夜劇，溪頭春水長數尺。光風一洗萬山碧，滿眼新晴散阡陌。我今避世忘蹋躢，日坐樹根倚幽石。白雲宛轉丹霞射，迷津渺渺桃花隔，時有玄猿伴蕭索。

深林草長麋鹿游，仙山壺嶠方之洲。採芳飼鹿仙者疇，海天長嘯情悠悠。藤蘿百丈翠色流，九夏對此如清秋。披襟何言行且休，藏舟藏山百不憂，空濛雲水相夷猶。

空山閑寂夜景發，天風萬壑湧溟渤。星辰熹微避明月，道人兀坐肅毛骨。琴心三叠轉清越，蕊珠之宫水精闕。衆竅忽虚群籟歇，素影空碧散叢樾，知音何人思超忽。

紫扃不掩朔雪驕，策杖獨往凌飛橋。百川凍合萬木凋，曳衣丹鶴隨飄飄。俏蒨青葱竹柏標，乾坤懷抱何蕭蕭。梅花消息春不遥，誰知此意窺參寥，獲我心者邊景昭。

憂　來○四首録一

嗟吁憂煎摧肺肝，來日晼晚真大難。仙之人兮杳何許，望而未見起長嘆。蛟龍原不類蚓鼃，燕雀安能知鳳鸞。終年勃谿在一室，九州八極徒自寬。

鄭滇仙障子

古來畫家奪妙理，精思奇氣貴具體。有筆無墨蹊徑多，有墨無筆意態死。近代懸解能得幾，喜見滇仙之鄭子。雲日繚繞湍瀨雄，巖壑僻邃林木詭。荒遠閒暇偕我懷，坐玩行歌忽移晷，不分真山與真水。

閻道士自太和寄拂子

幽居石徑開牖户，獨立蒼茫萬花圃。道人書來自天柱，贈我談玄之玉麈。緑陰清晝日卓午，水木鮮新互吞吐。龍髯飄飄拂塵土，薜蘿高垂玄鶴舞。倚天翠壁散青縷，千壑輕颸落花雨。指揮烟霞了無取，時招良朋話今古。

閻道士再寄瓢

武當道人何飄飖，寄我玉麈拂塵囂，又寄鶴嘴之丹瓢。我聞許由箕山吹風聲蕭蕭，又聞顔回陋巷飲水樂陶陶。高踪千古不可招，辭榮今得歸山椒。從今出處同漁樵，萬樹濤生月上潮。

千巖寒色横空寥，飛樓縹緲白雲饒，近天浮氣層爲霄。揮麈几上，歌南華之逍遥，挂瓢杖頭，游臯之溪橋，人間之世何嘵嘵。我憶道人太和碧落一别如馳飆，道人憶我浄樂紫宫偶坐同謳謡。何時提携瓢麈再訪玄岳之嶕嶢。與爾擣煉藥石烹服五色之靈苗。顔色千齡永不凋，羽翰八極隨扶摇，悠哉我心真漻漻。

送五叔父南還歌

羇心遼莫不可支，病懷黯淡深自思。叔父遠來特相訪，開罇下馬情何其。去年省覲離鄉縣，諸父北橋同飲餞。轉盼風烟曾幾時，七叔遽已來悲唁。昨夏叔父病亦危，恨不奮飛相護持。青囊徙藥幸强健，得此對面談衷私。諸父孔懷如手足，年來不忍聽隔谷。二叔六叔久懸封，豈期七叔仍局促。吾翁中丞今壽昌，賴有叔父同徜徉。更賴三叔共朝夕，桑青榆緑時相將。叔父少年才行煜，挾策干時不克捷。負米常懷孝養心，逃名早棄膠庠業。壯年蹤迹半江湖，酒渴詩狂氣調孤。逍遥不數董威輦，偃息真同鄭重虞。只今忽忽過半百，陳迹倏然一駒隙。遠道他鄉醉莫辭，五宗六戚情偏劇。嗟余奔走苦風塵，屢疏蒙恩遂乞身。古人四十號强仕，出處有道難具論。叔父先歸動高興，殷勤爲我開三徑。待我秋風歸去來，同穿霞竇披雲磴。我携僮僕耕山丘，種出秔稻釀薄酤。跪斟瓦爵起舞彩，叔父爲勸吾翁疇。吾翁吾母偕難老，偕榮并壽誥詞好。幼弟二童漸長成，捧榼携觴供灑掃。先歌南陔後白華，田園風景清且嘉。物情世故不復道，人貌榮名何用嗟。

按：本集前有《呈三叔韶松歌》，又《題李咸熙畫》詩中稱「南原叔父」，後又有《思慮吾先叔》絶句。此詩送五叔而并及二叔、六叔之久亡，七叔之遽逝。蓋文恭父爲重冢子，凡有五弟也。《省志》載嘉靖庚子舉者孫褒，癸卯舉者孫裒，并云重子。《清平志・人物》於裒前，又載有孫衮，字補之。又引文恭《哭補之叔》詞曰：叔父幽密戒懼，不愧屋漏，可謂居身有道；孝親敬長，友愛宗族，可謂處家有禮；官十餘年，蕭條淡泊，可謂不負於君，不負於民；力崇古道，厭薄輕靡，可謂邦之典型、後之模範。位不在大，壽不在高，生順死安，是曰無忝。然則文恭諸叔可考者三，失其名者二，一即此五叔也。衮以歲貢，官順寧訓導。褒官建昌府通判，特不知孰爲南原。裒，一字慮吾，詳後絶句卷中。

采葛篇

問君嘗膽何不苦？宴安本腊毒，盤豫作奴虜。問君嘗膽何若飴？上山須縛虎，入澤須斬螭。葛之虆虆可作絺，君今采采自忘疲。摻摻女手苦莫辭，草皮之良胡棄爲。至物在邇非遠而，杼軸儻可成，服之遨以嬉。豈但服之遨以嬉，且比錦綉段，還將遺所思。

四時懷遠曲

予從病歸，日遠同志，山川既阻，音訊亦稀，見《三百篇》義闕朋友〔一〕，詞托夫婦，爰凖《子夜》之古詞，翻爲《懷遠之清曲》，久要永矢，奮修不忘〔二〕，庶以見志云耳。

自别夫君杳莫攀，嘆音絡繹響聯環。苦心黄蘖隨春長，縱發枝條亦等閑。等閑休羡開桃李，素質朱顔同逝水。爲誰離緒亂三辰，傷我幽懷隔千里。涼臺朝登駘蕩倚，蘭池夜宿清泠裏。秉芳乘月採芙蓉，夜夜誰知得蓮子。蓮子中間多苦心，羞持房菂滿衣襟。風吹不斷絲千尺，得耦殷勤意更深。記得三春别五溪，九秋風物已凄凄。君心一似東流水，終日滔滔不顧西。西來鴻雁飛相亞，萬木驚飈激中夜。自嘆身非金石姿，寬憂釋恨從誰假。三尺冰堅觱栗悲，雪飄千里沍寒時。我心耿耿如松柏，不識君心更似誰。君心莫向歲寒改，七宿三星更何待。時慘難令萬物歡，枯槁徒然後時悔。

喜睡謡

興至不讀書，困來不飲酒。翕目齁鼾孤樹根，世間萬事吾何有？内化已與外化同涬冥，大夢已與大覺同攖寧。試問老夫一月二十九日睡，何如他人一月二十九日醒？

見岳送藤枕

蓬蓽編門茅蓋屋，竹牀紙帳鋪籧篨。五尺布被聊可覆，一緉兜鞋安所如。感君贈我草藤枕，重之不減冰蠶錦。静來歌玉正清温，醉後眠雲獨安寢。君不見仲尼當時百口憎，飯疏飲水枕曲肱。但得居貧免驚辱，白日羲皇心自足。○歌，疑是「歆」。

洞庭圖歌

天開九派九江水，滙澤奔濤洞庭涘。誰人縮入片楮間，氣概雄披數千里。高懸茅屋波光流，冰壺蕩漾風颼颼。翻愁排浪衝四壁，五月對此如深秋。憶昔遨游遍湖楚，岳陽樓上常容與。北斗南箕互吐吞，黃雲蒼靄時來去。孤興繽紛不可支，憑高望遠意俱遲。江山未改題詩舊，歲序空遺吊古悲。九疑嶚嶫青不斷，虞皇旟節仍零亂〔三〕。何處湘娥十二鬟，生離遠別增長嘆。蘭莚含榮蕙若馨，屈平餘韻轉清泠。懷沙憂憤歌難狀，舉世誰人知獨醒。跨鶴仙人真綽約，滄桑更變隨談謔。棋老楸枰蟾魄低，聲殘鐵笛梅花落。自古神仙原渺茫，忠臣聖帝同銷亡。世間萬事復何有，濯髮長嘯晞朝陽。江湖年來異踪迹，陰晴景物殊昕夕。松暝酒香人已歸，芝草瑤華幾回碧。閑居試展畫圖看，結想前盟尚未寒。赤瀦迴涵天鏡闊，君山宛列錦屏丹。乾坤一笑豪吟起，佯狂好學鴟夷子。蹈海逾河本素懷，買斷扁舟入烟水〔四〕。湖中巨蚌深夜游，展殼張帆光彩浮。莫教明珠自我得，抱膝掀髯笑未休。

重游太岳返均陽坐滄浪精舍

自從拂袖歸故丘，武當別去空凝睇。今日重來尋舊盟，萬壑千峰盡開霽。三月春風生蕙烟，九光曦彩籠玄天。曲阿危磴層層轉，鳥語花香處處鮮。層層處處舒高曠，積翠流丹鬱相望。盤礴俄穿幽澗中，扳援倏出澄霄上。揮手凌空路不迷，秘圖載啓瑞氛齊。松深時聽謳韶作，天闊驚看象緯低。昔年游此僅大概，茲游細覽窮幽態。自憐奇勝偶多緣，誰説江山真有待。一迴相見一迴新，安得崖棲同隱淪。策杖褰衣仍下岳，白鶴蒼猿俱惱人。侍中文雅留行旆，滄浪精舍開高會。九疊芙蓉指顧間，五城樓閣嫳姗外。臨風脈脈轉含情，倚檻觀瀾萬木平。莫論濯纓并濯足，只須逃世與逃名。

家居秋懷○六首録四

江山回首情何極，一望郊原慘顔色。曉日昏黄隱隱村，秋風零落叢叢棘。戍鼓黔南不斷嗚，三苗氛祲竟誰清。虞廷原自敷文德，何事頻年不解兵？

蚤辭京國事離披，三殿烟銷滿目悲。當宁已頒罪己詔，群臣誰上責躬詩。一時天意堪憂惴，四海蒼生皆涕淚。徵財綉衣絡繹行，採木使者聯翩至。

暮雲天末飄飄起，遥憶美人隔秋水。耀彩翻憐妒羽毛，秉芳徒自懷蘭芷。鳳沼龍顔日漸疏，還思珥筆殿庭初。儘教愁極多詩草，敢謂時清乏諫書。

南夷歲歲接兵戈，北虜年來生聚多。空月半山沙上骨，合雲連陣海中波。漁樵誰是安閑者，調發中原疲士馬。宦况鄉情總不勝，滿園風露瀟瀟下。

道吾山人讀書處三首○文恭叔哀，號慮吾。此「道吾」，疑亦其父輩。

道吾山人讀書處，瓊樹玉芝鸞鶴翥，天高月明自來去。

幽人風轉烟霞舉，道吾山人讀書處，抱玄高卧忘天曙。

醴露滋蘭滿幽署，燕鶯清畫星辰夜，道吾山人讀書處。

關塞曲十首

城南轉戰城北死，關山月照春閨裏，隴頭泣盡嗚嗚水。

四月青草八月雪，交河水流層冰結，元戎功名壯士血。
頭曼北徙無烽火，長城被邊盡遼左，嗟哉斯高從中頗。
金吾子弟寄名姓，不出長安受賞慶，戰卒陰山自殞命。
折楊柳兮春女思，寄征衣兮秋士悲，落梅花兮歸何期。
身無完衣腹無飯，令嚴天凍格鬥困，朝廷歲例四百萬。
數行寒雁一聲角，陰火燐燐鬼遞哭，戰場無人魂觫觫。
莫愁覆師玉門域，冠軍自來得氣力，鉦鼓候迎賞功敕。
身作健士誅賊宄，不向衛霍啓唇齒，一身一死報天子。
國家威靈將軍武，莫問從軍樂與苦，紫騮馬驕美人舞。

題孝友堂三首

黔州城下江晝昏，六月六日雨翻盆。波濤雲擁蛟龍游，檛鼓鳴榔何處村，洪流天外迎王孫。
七曲浮江千里轅，巨濤端坐神明尊。左右使者相隨來，魚龍拱護登平原，鄒君此事人驚喧。
鄒君孝友誰可譬，小兒温款大兒粹。書堂築卜最奇勝，帝子擇人尤擇地，龍媒慶祥開百嗣。

按三詩本集所無，見《思南志》云：萬曆七年夏，德江大水，有文昌像及左右神從千里浮至，盤旋於鄒孟哲書室前。他舟欲舉，輒沈。孟哲舟至，舉之，祀於室中。李同野爲《書孝友堂》紀其事，淮海爲之題詩。孟哲，思南水德司人，力行孝友，嘉靖丙午與淮海同鄉舉，官興國知州，以清慎聞。有《實政録》垂後。又按：思南府爲唐務州地，貞觀四年改名思州，屬黔州觀察使。唐黔州當在今四川黔彭廳彭水縣，爲黔州都督府理所。詩云「黔州城」，特舉統部，非其實也。

【校勘記】

〔一〕見三百篇義闕朋友：清光緒六年莫氏刊本《學孔精舍詩鈔》原序作「見三百篇諸詩義闕朋友」。

〔二〕奮修不忘：清光緒六年莫氏刊本《學孔精舍詩鈔》原序此句之下尚有「將寄天末故人」一句。

〔三〕虞皇旛節：《學孔精舍詩鈔》作「虞皇旛節」。

〔四〕此句之下《學孔精舍詩鈔》尚有「不論古今不談玄，惟與漁父相盤旋。對月琴樽還在在，浮空舟楫自年年。醉來儻夢鈞天奏，有焱之頌吾何又。大道可載吾與俱，無言心悅天機逗」八句。

黔詩紀略卷之七

明

文恭孫淮海先生應鼇三近體詩一百四十四首

發懷化

平林開曉發，香靄冒清氛。野色籠江日，霜華滌浦雲。五溪愁裏度，三楚望中分。客思方蕭索，哀猿不忍聞。

秋　興二首録一

虜馬秋來便，長年劇羽書。邊關愁正絶，廊廟計何如。山繞胡雲暗，霜拖塞草疏。幽陵雄要地，今日帝王居。

悼弟應豸四首録一

應豸生庚子二月十一日。初，母宜人孕時，夢鳳立左肩。生之夕，再如其夢。父大夫夢文廟東哲火〔一〕。既生，資質清妙，性靈敞達，甫三周，即知嗜書。漸長，孝敬和謹，言行動容，卓有禮法，蓋得之性成者。壬子甫十三歲，乃五月二十三日病熱，六月七日死矣〔二〕。痛手足之戕殘，悲枝輔之脆剥，賦詩以紓哀悰〔三〕。

蚤算亦何促，池空春草疏。屢年常苦病，三歲已貪書。積薄難鍾爾，情深易慘予。向來靈鳥夢，曾是慶充閭。

傳　臚

禮士開三殿，臚傳候曉過。賢良超漢選，詞賦陋唐科。日麗黄金榜，風鳴白玉珂。湛恩不可極，惟聽奏雲和。

寄禺山張公〇二首録一

絶域傳風雅，明時有隱淪。張華真博物，杜甫是前身。泊艇烟波闊，横琴麋鹿親。山阿渺難見，遥想薜蘿春。

上元觀燈應制

元夕燈光麗，春風發夜梅。月隨華蓋轉，珠綴火雲開。淑氣披瓊琯，祥烟滿露臺。願言萬方樂，長此得趨陪。

朱時法寄春興詩依韻裁答〇二首録一

想見幽居地，春來花不遲。披烟穿細籜，吮露綴芳蕤。濟勝憐康樂，含情憶惠施。逍遥聊物外，世事有前期。

夢侍法從跪陳民事覺後漫賦

五年居禁籞，夢裏識天顔。獨有孤忠念，猶存一寐間。神情真太苦，時事已多艱。覺後空愁我，虚慚玉笋班。

喜李雲壁至京賦懷○五首録二

昨日如昔别，童童且八年。交情隔雲水，世路足風烟。形變驅馳後，心驚夢寐先。淮陽一片月，故向帝城圓。

聽説家居日，兵戈事正繁。戰雲横海岸，殺氣隱江村。何計弭長寇，無人樂故園。一官聊避地，語罷倍銷魂。

河南道中述懷

旌旆孤軺發，鶯花滿路繁。青霄辭漢署，白日下中原。獻納違心事，栖遲負主恩。勞勞且行役，出處總難言。

博望亭

登高成小憩，博望有佳亭。雲叠長溪白，山連遠樹青。寒城餘壁壘，灝氣故淒清。頗怪逢幽景，偏令野興生。

周洞崖招坐静觀亭

宵分不盡興，乘月敞幽襟。曲沼浮虚白，長松散遠陰。時危真戀别，語合即知音。伐木相求切，寧忘皓首心。

舟中

木葉蕭蕭下，空江夜雨霏。秋清雲影澹，水闊雁聲微。國事日多難，羈懷胡不歸。坐憐白鷗鳥，個個繞船飛。

九江晤吴明卿〇明卿見後

南楚龍頭士，西清鳳閣臣。一爲天路別，三見柳條春。官遠應懷主，途危幸愛身。近聞襟抱好，知爾出風塵。

開先寺驟雨

勝游誰易得，天意故難猜。鳥鼓微風起，虹驤驟雨來。深潭疑吸日，飛瀑但聞雷。總是澄鮮景，應遲蒼翠開。

柴桑

栗里紆徐道，柴桑有故村。風標今已遠，松菊可猶存。酒豈當年癖，名應後代尊。折腰正愧爾，俯仰欲傷魂。

寄方奎山

自到新安郡，羈懷近若何。世途已如此，長日但高歌。天地塵沙滿，江湖風浪多。官窮應達命，道勝肯焚和。

謁濂溪墓次羅念庵韻

地切名儒墓，瞻依洽素襟。水蘋成獨薦，風葉自相吟。廬阜高何極，潯江信幾深。卜居鄰有道，灑掃亦吾心。

念菴公寄示近作

一函天上至，瑶草寄幽襟。古洞石蓮發，遥知相對吟。道高名并重，心隱迹俱深。三嘆應忘味，非徒識雅音。

沙河阻水過石佛寺

風雨何凌亂，川原共渺茫。勞歌憐宦轍，小憩得禪房。啜茗僧分榻，將雛鶴上堂。遥遥看彼岸，吾欲藉慈航。

過翠巖僧院

仳別招提境，風塵嘆長年。片心雲渡水，半榻月窺泉。清籟依朝磬，叢林澹晚烟。浮生真幻夢，欲締住山緣。

送劉仁山榷税回家

爲别匡山下，重逢章水潯。翻憐充國計，不盡憫窮心。曉雨消清醞，春風洽素襟。因君懷岣嶁，爲我卜幽林。

匡廬雪霽

巨阜迴蒼蒼，明霞落黛光。朝來一夜雪，奇絶更難量。色界披銀海，清都鎖石梁。還應慧日出，處處照迷方。

同楊台峰游衡岳

孤緣祝融頂，萬轉會仙橋。殘夜日初起，空山雲亂飄。潮音何不斷，天路若相邀。莫惜來游晚，同心得共招。

寄余九厓二首録一

無論仙可見，隱士亦難尋。爲問辭官興，還同出世心。階移蒼蘚密，屋寄白雲深。滿目匡山色，從多灌木吟。

四月八日游終南二首

萬壑翠娟娟，憑高興灑然。偶來逢浴佛，不醉亦逃禪。得暖蜂喧樹，開晴草宿烟。藤蘿澄夜景，月色凈諸天。

千里山相屬，岧嶤勢不分。中條賓曉日，太華閣晴雲。幽谷花香出，遥空鳥語聞。未須談捷徑，歌嘯且同群。

坐青柯坪

曉散千峰色，盤空獨往還。樹滋烟影碧，花迸露痕斑。懸瀑飛雄雨〔四〕，迴飈肅峻關。本無婚嫁累，何事不棲山。

游空同山

山隱栖真窟，宫餘問道名。登臨空偃仰，雲日半陰晴。冰蝨奇花滿，烟郊古木平。何由尋地軸，亹亹抱秋情。

七月十五日同張滄崖游清凉寺

結璘當既望，壬戌正初秋。偶作青蓮會，渾疑赤壁游。蘭侵霜氣薄，樹雜野光浮。自覺清凉甚，非關此地幽。

寄吴中峨

鼎山曾酹月，錦里試爲霖。借問栽花興，能移鼓枻心。光分還憶劍，音在不須琴。隴蜀憐吾汝，梅開思轉深。

清　微

翼翼清微道，迢迢太上家。星環九芝蓋，日麗五雲車。靈藥盡濯露，仙人如列麻。願分三徑地，鋤月種梅花。

送雷橫泉二首録一

聲名二十載，今日遽言歸。離緒當春晚，行踪與世違。崎嶇原末路，馥郁有初衣。章水連彭蠡，憑君選釣磯。

褒　城

地轉褒斜谷，天雄楚蜀關。輕雲千壑暝，落日萬峰斑。農隙各鼓腹，客行多苦顏。曙雞待明發，棧閣任躋攀。

棧　道

棧閣八百里，雲山千萬重。行游暮冬候，草木轉豐茸。茅屋隱村落，遥林蹊絶踪。泠然玄水興，楚楚拂寒松。

病中聞京師警三首〔五〕

世難有如此，病懷其奈何？至尊憂定劇，諸將捷誰多。詎恃金城險，能令鐵騎過。莫須三北後，猶奏凱旋歌。

節鉞須名帥，邊關滿健兒。論功終有日，報國此何時。臺諫齊封事，倉忙競慮危。只疑露布喜，未及失亡悲。○大敗必諱，小功必上，自當時已然矣。

一紀紓籌策，防危只晏然。淒涼庚戌事，嘆息祖宗年。三輔皆要害，諸陵況接聯。孤懷惟痛哭，此日仗皇天。

寄懷鑑川王司馬○四首録三

苦憶離君日，淒涼灞滻西。楚雲千片繞，秦樹萬行低。歲月心空切，關山夢總迷。偏憐同氣味，踪迹更難齊。

殊錫膺中衮，奇功縛左賢。風雲間八陣，種牧滿三邊。心折全軍後，忠殫奏凱先。看君扶社稷，白髮照凌烟。

天上傳芳訊，秋齋氣色開。籌邊多暇日，作賦見雄才。承寵新麻檢，論文舊酒杯。山中白雲滿，持贈獨衷徊。

寄答張助甫〔六〕

才名時輩在，大雅佇君先。讒妒尋常事，低徊二十年。青山隨笑傲，白璧慎周旋〔七〕。知己艱難盡，悲歌明月篇。

太和宫

天柱開金闕，虹梁綴玉墀。勢雄中漢表，氣渾太初時。日月低雙璧，坤靈肅萬儀〔八〕。名山游歷遍，誰似此山奇？

感　懷八首録二

疏狂應罷免，踪迹自江湖。老去空迷野，歸來尚畏途。神奇誰復化，牛馬任相呼。獨喜無增益，翛然只故吾。

一笑憐生計，千憂感歲年。世情從貝錦，心事可青天。削迹寧藏壑，資貧但力田。時因翻彩服，轉覺興蹁躚。

與見岳夜坐〇二首録一

相期千古意，相對百年身。老醜猶防妒，嵁巖獨避人。鄉愁隨漏轉，交態逐時新。海上任公子，還同理釣綸。

訪五山勝壽禪林〇《志》作《勝壽寺訪宋五山》。按：五山未詳，當亦清平人。

空城存古寺，寂寞已無僧。獨有横經客，時分供佛燈。淡雲盤老桂，寒日隱荒藤。斟酌談時事，相看百感增。

送陳敬亭

一封身已退，四海德爲鄰。世事惟揮麈，官階自積薪。春光堪作伴，歸計不憂貧。轉盼湖山遠，風烟阻越津。

宿李伯貞百畧莊三首

長林同出入，秋色起山阿。織日懸飛雨，繰雲倒亂禾。村醅能引醉，蠻語自成歌。信是居夷好，淳龐更孰過。

野屋全依石，幽扃半掩山。出郊期信宿，對客破心顔。高樹夕烟外，亂禽秋渚間。自然清宴足，城市不思還。

茅廬依枕簟，對榻見情真。白谷應容我，青山不負人。柴桑穿窈窕，户牖出星辰。禾黍登場近，爲農自愛貧。

喜接明卿

別久憐愁斷，名高想德馨。輸心頭欲白，對面眼全青。樂府迴風雅，儒林重典型。看君振文教，多士待傳經。

按：吴明卿名國倫，一字川樓，興國州人。嘉靖二十九年進士，給事兵科。以楊繼盛遇害，倡衆賻送，忤嚴嵩，謫按察司知事，量移推官，棄去。嵩敗，起建寧同知。隆慶六年累遷貴州提學副使，課士以禮讓爲先，風氣一變。遷河南左參政，罷歸。先是爲諸生時，貴州王伴讀節爲武昌教授，激賞其文，爲之延譽。及來提學，伴讀没已久，著述亦無存，乃拜其墓于銅鼓山，有《謁王右史墓》詩云：「銅鼓山前霜露深，玄臺白石晝陰陰。十年問字三湘夢，匹馬將芻萬里心。日落松楸聞野笛，風生猿鶴助哀音。行藏差擬長沙傅，不必新書重士林。」紀其事也。明初，廉吏貴州參議、泰州楊彦清葬會城東三柯林，墓見侵于土人，復爲文表之，黔人益多明卿。行部畢，編其所得詩文曰《西征雜述》。其全集曰《甔甀洞稿》。有《孫山甫中丞道故》詩云：「壯歲簪貂出總戎，紆籌清切在隆中。即看西峴碑重勒，豈是南陽戰未工。解組尚懸明主問，懸車真與古人同。却慚青瑣追陪客，垂老無聞自轉蓬。」又《過山甫書院因贈》云：「城上諸峰赴講堂，如雲門客儼趨蹡。横經案倚三辰麗，問道津懸四瀆長。冠冕舊通羅鬼國，弦歌新滿鄭公鄉。居然坐我清虚府，一語無聞百慮忘。」〇附《文恭西征雜述序》：《西征雜述》爲吾貴督學使明卿吴公行部羅施所得諸什。中間指陳山川風土，因以寓懷紀事貽諸將來，足爲西南天地增光。兵憲使沈公從善梓而傳之，有以也。余嘗覽柳子厚永州、柳州諸著作，凡談永、柳遺迹必舉爲口實。古今聞人有經游題品後之欲藉名高者，咸引以爲重，大都若此。獨惜以彼其才，顧少壯嗜進，累于王叔文、韋執誼坐廢，遂不振。余每讀所賦《解祟》、《懲咎》、《閔生》、《夢歸》等篇，哀憐之。今明卿公直道守節，冠冕一世，秉正衛善，贊毀無所撓躭。權貴銜忌，罔能踣躓，光煜俊偉之業，蒸蒸日起，鬱然爲海内儒宗，不但以文詞稱雄。回視子厚所自立，奚啻倍蓰什伯，益信士君子當見微而知清濁，此身一敗，百美崩解，不可苟然已也。余又反覆子厚洎公著作私評之，子厚研精於色澤，公脱穎於風骨，又各似其爲人。夫色澤者，采飾具足，真宰罕存；風骨者，氣志妙凝，規程自雅。孔子曰：「詩可以觀。」詎不信夫！詎不信夫！萬曆紀元中秋日。

新法

秋心正無那，曠野盡層陰。田里悲新法，朋疇惜舊簪〔九〕。人烟三户少，偃仰一毛侵。嫋嫋滋繁慮，端居嘆陸沈。

平旦草堂咏懷〇三十首録十五

中野霞千片，前峰翠萬重。分襟披小草，結屋藉高松〔一〇〕。懶止儲新釀〔一一〕，貧惟具宿舂。村居無外户，一任白雲封。

蕩潏天風起，高歌落翠微。山川散雲日，物色盡光輝。村醴同仙醴，初衣即布衣。丈夫千古志，誰復慕雄飛。

曙色判初霽，嵐烟一瞬齊。案存《周易注》，家有太常妻。雲起泉争涌，花開鳥亂啼。漁人任來往，不作武陵迷。

妙筌冥契久，即事道吾真。靈谷天光滿，虛堂夜氣新。北山羅水竹，南極挺星辰。好是安耕鑿，長爲擊壤民。

藏書都賣盡，買斷一溪雲。天籟依林發，漁歌隔岸聞。金芝滋爛漫，瑶草茁繽紛。日日臨川上，觀瀾到夕曛。

依約烟霞境，風光擬鹿門。聊因娱水石，自可長兒孫。白雪詞難和，青山道自尊。天游忻遠韻，涉趣復何言。

往事如昨夢，世途殊飄摇。寒熱遞相苦，歡怨安可調。既得反淳素，且足辭喧囂。肉味久不識，何能一聞韶。

道德一何懼，山林未足勞。身宜隨地隱，名莫向人高。造化憐蟲臂，雲霄識鳳毛。曠懷千萬斛，時復寄詩騷。

回也簞瓢樂，參乎金石歌。斯人不可見，吾道欲如何。韶景東隅晚，英才後輩多。將無自補綴，隨分葆天和。

及肩牆已築，交臂樹初遮。我道蓋如是，人言安足嗟。天焭千澗月，風灑萬山霞。一笑無何有，瀟瀟處士家。莞爾歌中谷，悠然坐太清。棼氳都蕩滌，耳目儵空明。漁父思逃姓，庖丁悟養生。從誰證奇璞，洒濯陋南榮。寧不濯冠冕，豈能臨濁涇。蕭艾覆荃芷，終難霾德馨。顯晦各有適。中和古所經。非無璠璵美，行矣珍性靈。乍可開三徑，將因緩五游。鳥穿烟翠落，魚躍藻丹流。皎潔成姸美，清泠慰好修。孰哉陶謝手，賦此小壺丘。野趣諧澄景，幽期洽道心。長林森夏氣，積水閟春陰。樵牧山相近，蓬蒿徑轉深。未須憐閒甚，滿目盡知音。高致傳三世，新篇愧二南。鳩桑惟任拙，蟲蓼不從甘。野色披寥廓，波容雜蔚藍。雖無軒冕樂，隨地有奇探。

於信夫約余餘仙洞天余至信夫未至懷賦

垂野迂禪徑，臨江敞洞扉。相期三月久，獨到寸心違。霜葉翻秋色，烟波澹夕暉。出山非我願，行矣欲言歸。

《沅湘耆舊集》：於文徵，字信夫，一字獻夫，武陵人，嘉靖庚子舉人，歷官睢州知州。循績甚著，以乞養歸。就澴公漁仙寺卜居，改「漁」爲「餘」，自號方外餘仙。其《餘仙洞寄孫淮海詩》云：「記得前旌發習池，醉餘同望峴山碑。三年蹤迹勞心寫，萬里雲霄見羽儀。偃仰洞中聊自適，交游海内幾相知。題書漫附黔西使，雞黍重逢未有期。」○按：吴國倫《甔甀洞集》有《與於夢元書》云：「孫中丞之起家也，人情夢卜固然，而弟竊尤爲私喜。此其家累世清德，而蒙不情者之誣，今公論一伸，世氣愈植，天固佑善人，獨何爲必老丈所同然也！」按：文恭此詩云「出山」，則川樓書正此時作也。其云「不情之誣」，即前《感懷》、《咏懷》諸詩所指，蓋隆慶初撫鄖時事，惜不可得詳耳。

西苑觀穫應制

帝籍收禾日，親承法駕旋。百夫初輟耦，七月正鳴蟬。聖念欣時熟，農功喜歲躅。翠華迎露潤，黄穎飫霜圓。省斂應施惠，修嘗擬薦先。小臣叨侍從，稽首永豐年。

同凌洋山陳海渠馮養白泛舟章江

偶泛江中櫂，真同象外游。萍蓬還此地，雲物已初秋。澹月山光合，涼波水氣收。放歌非庾亮，乘興亦王猷。岸曲通漁火，沙長隱釣舟。豈緣牽簿領，應共惜風流。五老渾如見，三□不可求〔一二〕。滄浪有真趣，回首愧輕鷗。

送姜蒙泉兵備淮揚

分閫淮揚地，新兼節制尊。旌旗開遠道，弓劍擁高軒。銅虎占儒略，朱衣識主恩。氣雄同海壯，令出共雷奔。却憶當年事，堪憐戰鬥繁。供支無處所，離亂幾人存。天地悲蕭瑟，風雲藉吐吞。地形元險隘，國計有耕屯。陵寢衣冠域，京都鎖鑰門。看君勒鐘鼎，别意滿清樽。

邵台山寄碧雲洞賦到輒興遠懷○普安邵元吉黄裳、文恭曾爲作《邵隱君傳》。有詩，見九卷。其弟元善最有文。台山，其字也。碧雲，已見第一卷賦。《賦》見《台山傳》。

早罷荆門鎮，言尋石户耕。風塵閒老眼，丘壑澹秋清。忽枉騷人札，深懷勝地盟。洞泉開僻壤，詞賦振韶韺。一徑層林入，千崖曲竇平。軒窗含宿潤，箭括引新晴。雲彩羅青壁，霞標帶赤城。龍蟠潭隱隱，猿嘯谷錚錚。五韙俱稱美，千奇不辨名。鬼神留斧鑿，造化見生成。日浄沈朝彩，天澄起夜聲。蔚藍盤島嶼，花鳥映空明。信矣遺塵世，悠然薄太清。會心思得象，閲世欲餐英。何日褰裳去，同君策杖行。鈎玄紆雅況，發興出高評。獨往探牛斗，相知洽弟兄。斯游如可遂，豈羨接蓬瀛。

瑞虹橋

夜影月空萬壑，瑞虹橋左披襟。水石下潨上藹，風籟殊竅異音。嗒焉機象外朗，仙乎神理内沈。愧我濟川舟楫，懷兹伐木山林。

牡丹砌

小園魏紫初放，一本五十二花。瑞色盡誇此種，春光更數誰家？嬝嬝相輝日永，亭亭獨立風斜。陋殺千年舊事，山丹驚詫雙葩。

君子亭

願結幽人雅會，稍栖君子新亭。魯褒貧素自立，孔淳農田可經。物意花香鳥語，詩懷雲白山青。異日遍游五岳，著書老此柴扃。

歸來有懷經筵一時同事〔一三〕馬乾庵汪遠峰林璧東申瑶泉王荆石陳對溪何震川許海岳張洪陽余谷山十君子輒成短咏

滄洲此日懷友，玉殿當年奏經。羣籍紛披聖理，十臣綽約國楨。星辰光護蒼極，劍佩聲鏘紫冥。好見同心翊主，太平老我躬耕。

謁昭烈祠

昭烈曾爲新野牧，到今祠祀尚相仍。三分遂使雄圖盡，百折能令壯氣增。相有孔明星既殞，運非光武業難興。我來瞻禮思流涕，雲日沈迷暮靄凝。

九日舟泛芷水〔一四〕

木落洞庭秋始波，孤舟明月影長河。只今千里懷鄉遠，獨是重陽向楚過。黄菊嶺阿芳露綴，白鷗沙畔野烟和。杯寒竹葉蕭蕭夜，自採香蘋咏九歌。

憶安鄉令李孟博

落葉流蘋牽夢思，别離猶憶昨年悲。有時雲物吟孤嶼，何處山川共屈卮。飛舄正須霄漢上，鳴琴一任芷蘭涯。洞庭東接秦淮水，知爾曾題去國詩。

平溪高指揮請登獺崖○崖在玉屏縣。

平溪岸頭江水迴，高閣憑虚結伴來。鄉思暗隨秋色老，旅懷重向故人開。風淒落木催寒切，雲破驚鴻逐侶哀。一覽西南邊徼地，鐵橋銅柱費雄才。

送鄧春塘守新化○嘉靖丙午同文恭鄉舉者，有鄧學，亦清平人。詩言「聯征」、「揚舲」，知春塘即學也。《志》稱學官永州知府，而此云守新化，蓋自寶慶改永州耳。

初沾恩命綰銀青，五馬驅馳照使星。把袂正憐新舍軷，聯征却憶舊揚舲。春風雅什能頻寄，夜月夷歌自可聽。只恐鄧侯挽不得，册書盤鳳下彤庭。

送松溪先生南行○二首録一

暫離蓬島下春宫，名與當年謫宦同。祖席東都殊藹藹，征帆西潞轉沖沖。賜環恩在時非遠，戀闕情深夢易通。回首金陵舊游地，應憐世路似飄蓬。

送王會沙歸長沙

早年載筆入文光，乞得君恩卧草堂。涼氣開秋蘇病骨，新亭張樂緩離腸，題詩岣嶁凌千壑，拾佩湘潭紉衆芳。此去桂叢聊偃蹇，清陰華月正相望。

同翰林諸寮院内觀紅蓮次黄泰泉韻○四首録一

瀛洲亭畔勝游多，六月蓮開雨乍過。叠叠露珠浮翠蓋，翩翩霞綺拂金河。風流迴在蓬萊島，灌溉元通太液波。愛惜芳華意無限，美人持贈欲如何？

送任冽泉宰蘆山任谷暘倅撫州〇文恭同年舉人有任效忠，官同知；後三年舉者有任效廉，官蘆山知縣。《省志》并云思南人。《思南志》并云印江人。冽泉即效廉。谷暘蓋即效忠〔一五〕，先爲撫州通判也。

西南秀士稱連璧，早向明庭共乞官。郡邑分符家慶滿，郊原鳴轡别情難。金川風過波瀾静，蜀水春回雨露溥。莫以姜衾分兩地，青冥終許接鵷鸞。

巡壩上簡鳴仲〇鳴仲有詩，見三卷。

京國緇塵染素衣，偶乘公暇出郊畿。花飛忽訝春垂盡〔一六〕，雨過仍憐麥尚稀。凝日青林渾隱隱，翻風黄鳥自輝輝。投車好共題詩侣，下榻陳蕃願不違。

送白沙村往真陽

廣陵才子舊知名，乍見翻憐别夢驚。酒畔葵榴同索笑，路歧烟樹總含情。朝廷此日須良令，燕趙當年有頌聲。想到汝南官界静，桑枝麥穗野雲平。

王杜陵約游城外

一官盡作愁中過，六月初爲郭外行。暫假霜威同慰藉，偶看山色若平生。雨收殘暑吹風澹，林隱幽蹊起霧輕。强欲細詢匡世略〔一七〕，知君同有補天情。

志　懷〇四首録二

窮陰萬里闕春暉，偃仰翻然念式微。大廈柱撑應有托，高堂几杖獨相依。匡衡經術愁誰用，汲黯風流願已違。心事難從詹尹卜，鄉園曾是闢荆扉。

干戈滿地連秋色，久爲寒心感右軍。雨雪衝闢烽轉劇，樓船横海捷空聞。諸公廊廟安危在，二祖江山創造勤。我已迂儒慚黼黻，請纓誰更掃塵氛。

咏榴有序

予庭前有千葉榴一株，繁花既謝，數實漸垂；露霜飫滿，朱顆碩美。凡花千葉者，多不實；即實亦不成果。覽玆嘉樹，心頗異之。

石榴庭外綴芳蕤，花後仍看碩果垂。信有千重開爛漫，不妨聯蒂挺瓌奇。初霜漸斂光珠迸，滿露潛滋碧玉披。安德曾誇多子兆〔一八〕，高枝相對意俱遲。

送張少源兩淮巡鹽

漳浦蒼鱗護紫烟，身從詞苑早騰騫。獨持綱紀蘭臺上，忽擁旌旗泗水邊。僑肹老謀元自許，東南新賦轉堪憐。皂囊封事含霜入，翹首聲名赤漢懸。

送蔣毅所按南□

天上初分鵷鷺行，遠持綉斧下江鄉。高標獨映青驄馬，麗藻曾輝白玉堂。路入桂林翻彩服，風迴淮甸肅秋霜。欲知瑣闥相思夢，梧竹烟消月到床。

奉旨閲視京營將士

十萬分戎下禁鑾，近臣銜命閲材官。烟開細柳旌旗濕，霜肅前茅甲仗寒，此日龍韜誰上策，古來麟閣本雄觀。紛紛南北飛兵檄，感激休言報主難。

將至彰德簡張竹亭

石渠一别更參商，滿眼交游忽老蒼。鄴下近傳磲碗賦，臺中曾作綉衣郎，艷歌念我何嘗樂，遥夜思君不敢忘。遠道他鄉重會面，計程明日下河陽。

渡　河

春風三月渡河水，夾岸楊柳生暖烟。中流浩渺有舟楫，長路驅馳空歲年。南北兩都地勢迥〔一九〕，波濤萬里天漢懸。乘槎寄遠昔所羡，安得一上崑崙顛。

簡謝四溟

詩名常憶謝玄暉，鄴下相期願不違。五岳佳題應爛漫，四溟高翮任翻飛。從來志士難逢世，獨羡閑情早識微。故山筋力須强健，定有新篇賦息機。

汀　洲

汀洲歷歷戍更殘，烟雨冥冥入夜寒。坐對清江憐往迹，與誰濁酒罄餘歡。蓬心猶在思三益，機事難忘愧一官。回首鄉園隔湖楚，白雲時復向南看。

太岳張公爲余談衡山之勝因示登游諸作

見説高峰迥不群，游仙特禮祝融君。遠從千里游湘浦，獨立孤峰辨禹文。紫蓋瓊雲時縹緲，朱陵瑶草正氛氲。諸篇一一思玄興，何得相隨坐日曛。

安仁冬夜志懷

羈懷冬緒夜如何，窅窅離憂獨抱痾。瓠落世途惟感慨，觥羊吾道已蹉跎。鄉山舊業蕭條甚，天地新愁戰伐多。振樹長風驚不定，夢魂遥夕隔烟蘿。

同方雙江張水東夜坐東林寺

雙林何意成三嘯，今日芳游亦古人。野雪寒衡山影破，岸梅高映月華新。禪心法界元俱幻，酒盞爐熏且共親。最勝天池看不遠，相將明發陟嶙峋。

天　池

廬岳登臨天正晴，壺天孤秀一尋盟。倜然逸駕神靈境，倬彼前修曠達情。烟浄九江開夜色，月明千壑散風聲。竹林遺迹今何在？時有曇花舞雪瑛。

白鹿洞

匡山遊覽意不盡，挾翼飛下五老峰。崖壑纍纍漱瓊玉，穹窿嶽嶽開芙蓉。洞中鹿去草花合，林外鶴鳴烟霧濃。學道采真本吾志，興來直欲凌喬松。

棲賢橋

雨霞變幻少定色，掃石共坐巖溪頭。鐵船紫霄峰獨秀，金井玉淵山更幽。巾裘隨意郭文舉，獵釣無心翟祖休。采采仙源有靈藥，得之還贈同心疇。

歸宗寺尋逸少墨池

兩晉逸士特矯出，風流無那王羲之。蘭亭已張籠鵝迹，紺園復傳洗墨池。游雲驚龍不可見，疏竹亂萍空所思。自緣山水偶同好，徙倚長林西日遲。

演法觀

飛升臺上放歌聲，俯眺其如物外情。四照烟霞花并發，百層泉澗月齊明。獨憐遠道能乘興，誰向深林學隱名。望鶴不歸秋欲老，坐看崖際晚雲生。

上清宫

看山兼作訪真行，望斗乘風到上清。白日不驚呑易夢，玄都還聽步虚聲。銀河霧冷仙壇浄〔二〇〕，玉洞花香寶篆輕。莫問當年生羽翼，只須方外學逃名。

楊源山聞予遊龍虎有詩來贈倚韻和答且訂弋陽龜峰之約

雲嶠游仙生野心，傲賓何意突相尋。百年夢入名山境，一札詩傳太古音。别有中流通絶巘，只持懷抱對長林。龜峰入望聞多美，曳屣同君嘯碧岑。

信州望靈山偶覽海岳從游稿因懷蔣丈○蔣丈當是見岳。《海岳從遊稿》殆其詩集之一種。

高人詩賦掇雲霞，海岳從游興不賒。路近諸天邀玉女，月明千里度香花。憑誰爲買翀霄鶴，將我同浮上漢槎。指點靈山看不遠，登臨無伴日西斜。

同趙南庵謁濂溪祠次陽明韻

湓溪對眼照還真，緑草離離映葛巾。共爾後游尋聖軌，啓予先覺是天民。滿庭風月應無盡，千古心知合有神。泣路昔曾悲白首，採芳今得薦青蘋。

會秋榜山○山在玉屏縣東十里。

輕舠東下水雲鄉，望裏沅陵正渺茫。旅客心期齊九咏，故人名價美三湘。清風江霧開林暝，明月烟汀散野涼。莫話五溪蕭瑟甚，相逢且共酌天漿。

九日飲梁鳴泉宅見鳴泉清查疏稿行邊諸詩〔二〕

天長路遠歡相迎，白酒黄花何限情。鶺鴒别後結交盡，塵土年來悲感生。塞下諸詩可杜甫，□□兩疏敵匡衡。聯床燈火夜深夢，風葉棱棱魂易驚。

游方廣

方廣潆洄鳥道攢，蓮花洞裏秘奇觀。先賢曾設春風榻，佳句猶懸白雪壇。正學千年昭日月，斯文萬里聚衣冠。堂開嘉會瞻依在，翹首清光北斗寒。

登祝融峰是夜夢白沙先生

靈轍到來山作主，層霄飛上我乘風。諸方勝概同心賞，千古高民有夢通。天柱泉聲吟不盡，江門月色照還空。超全俊逸輝南斗，隔是當年寤寐中。

喜　雨

滿空佳雨落不盡，朝來華山生片雲。天地之詩何靄靄，民物有命皆欣欣。麥苗零亂忽競秀，林花參差齊吐芬。誰言散吏竟無補，逢運均休情更殷。

寄喬三石

觀察何年拂袖歸，逸民高節古今稀。著書函谷遺風在，賣藥長安生事微。三楚香蘭猶雨露，五台霞綺日芳菲。逍遥我亦逃名侶，肯許衡門酒共揮。

按：三石，名世寧。《明詩綜》：世寧，字景叔，耀州人，嘉靖戊戌進士。由南京刑部郎中遷四川按僉事。歷湖廣提學副使、河南參政，終四川按察使。有《邱隅集》。引孫山甫云：三石子詩，不作唐以後語，蓋洗剟敓繁陋之習，一裁於造化，性命之真傳也，必遠。

仙　掌

仙掌峻嶒太華東，首陽仙趾亦玲瓏。亭亭赤漢雙輪下，隱隱黄河一線通。行處物華同跌宕，望餘元氣只鴻濛。放歌不盡凌雲興，月滿深山衣影空。

題韓兩亭别業

宦路應憐早息機，司徒舊業尚芳菲。孤雲乍入常分席，萬杏齊開不掩扉。共訪郊居閑索笑，偶依泉石澹忘歸。南山未負烟霞侶，幽意知君與世違。

輞川四首

白日晼晚孤興發，搴裳獨來游輞川。雲霞谷氣亂林石，空翠山中飛澗泉。高韻瀼瀼夜吐月，遺踪渺渺春坐烟。桑麻絡繹隱村舍，野老荷鋤歌葑田。

沿溪忽轉翠微半，一徑突入開禪扉。結緑揚白濬靈液，瀲霞懸魄娱清輝。積岨雲歸據梧暝，幽篁風迴鼓瑟希。去者來者竟何有，思托澄景相因依。

川光半落樹欲彈，虹影將翕山更明。葱蒨滿樓撼野色，鷇雛千種翻春聲。題詩尚想求友興，施宅獨傳好佛名。空林借榻百感寂，游居何日能遺榮。

秦中山水善復善，峭峙三百崑崙陬。兹川特地迸奇美，有客乘春探阻修。著論達莊稱阮籍，作詩招隱惟閭丘。殊音鳴鳥異心木，明日别去何勝愁。

重經華陰感别名岳

太華少華何絶奇，我昔登覽偕前期。朝發山陽夕陟巘，北飲飛泉南採芝。紫雲暫憩不滿意，玄圃重游空繫思。明日出關彌遠路，私微所傷當語誰。

題培竹李公仰泉書院○培竹有詩，見四卷。

喬木深深卉草芳，中丞别業午橋莊。樓臺盡攬山川秀，綸綍高懸日月光。萬竹曉寒開翠幄，一泉春暖浸銀塘。異時强爲蒼生起，猿鶴翻憐秋夜長。

題□南精舍

瀟灑郊坰向秀園，水雲千頃映柴門。披襟獨鼓南薰調，愛客時開北海尊。烟浦疏風閑鶴侶，石苔新雨長龍孫。種桃他日塵寰隔，雞犬林深自一村。

懷馬心庵〇心庵有詩，見第四卷。

萬桃岡上共歌游，十載離心繞故丘。得意烟霞今税駕，有時風雨獨登樓。東西南北知音少，泉石沙汀卜地幽。折盡梅花難寄與，停雲落月兩悠悠。

聞心庵欲來同隱〔一二〕

白頭願得一心人，萬歲爲期屬所親。對榻平分孤月影，杖藜偕賞四時春。蘇門嘯罷能同調，彭澤歸來不厭貧。漫道漁磯烟水闊，玄亭風物更清真。

送李槎溪〔一三〕

嵾峨奇阜仙之槎，突兀青壁披紫霞。芝房丹竈足煉藥，草衣木食今移家。日翻林壑萬頃浪，春釀洞天千樹花。何日策杖探靈秘，高踪飛步登雲車。

按：嵾峨山在平越州東一里，一名峨萬山。有宋嵾峨寨故址。本集復有《贈李槎溪》詩云：「少年學武老耽玄，大道君今合自然。丹自獨棲金鳳頂，詩成高咏翠微顛。」蓋平清間人，失其名。

哭柳洞陽

哀來叢木改秋光，目渺關河恨別長。枉渚梟鷗吾失侶，道林門徑爾升堂。鴻逵偃蹇官三黜，彩服離披淚萬行。末路傷心蘭蕙晚，武溪吹笛亦山陽。

送英蘭洲游蜀

別路勞歌蜀國弦，予懷渺渺錦江天。題詩杜甫應千首，賣卜嚴遵但百錢。重到銅城傷舊事，早歸榆社樂新年。乾坤雙眼孤蓬轉，白髮青尊自悄然。

似王筆山

昆明池曲大華隈，卓筆爲山草閣開。一落江湖誰借箸，若論時事但銜杯。輸心讀《易》多能解，信口談天百不猜。我正艱虞君亦老，好同賣卜混塵埃。

寄孟月波

重開絳帳擁諸生，管領春風到石城。泮水能兼高士隱，鄉關常係故人情。采芹對酒詩初就，炙簡傳經歲屢更。何日公車看待詔，祇因儒服有光榮〔二四〕。

甘太溪寄東游詩因懷泰山二首

蜀川高士懷瑰奇，東覽岱岳多新詩。漢柏秦松鬱森爽，天門日觀何嶵峴。黛烟一縷散九野，空同三宮繁五芝。孔父從游不可遂，君能試見榮啓期。

泰山之山滄海水，我生不游心不休。七十二君金玉篋，萬八千丈仙靈丘。夜半天雞叫日出，空中野鶴盤雲浮。登高望遠果何意，一笑桑田天地秋。

紫霞宴坐〇紫霞宮在清平縣城北隅，天順七年衛指揮石宣建。

比鄰西接梅花觀，間日遲留坐晚曛。松影滿盤千片月，鶴聲高入萬重雲。王褒石壁才難盡，陶景仙風思不群。迫阨悲時懷遠舉，寧從人世嘆長勤。

醉歌

醉後狂歌不自由，希微人外復三秋。陸機明月王猷竹，謝眺青山李白樓。老疾轉思凌海岳，飛沈隨意取棲游。皇天終惠容高尚，莫遣浮雲亂客愁。

寄答鳴泉中丞〇二首録一

常山投轄興婆娑，尺捶流光一紀過。曉雁倚樓時極目，春風對酒獨勞歌。中原節鉞安危在，北闕星辰照耀多。珍重故人懷友意，緘題猶自寄羊何。

輓顏淮漢

剖符得意嗟懷璧，投杼離憂學釣鼇。吾道獨看三代直，君名應并五峰高。陽秋物色歸題品，湖海文章振羽毛。欲向楚西尋舊隱，采蘭何處奠江皐。

同馮治齋楊醴泉秋郊游飲〇清平嘉靖癸卯舉者馮選，官曲靖同知，蓋即治齋。

物候孤城驚落莫，年華雙鬢寄風流。北山松桂還高隱，南國烟霞總舊游。紫蟹紅萸供酒琖，閑雲遠水趁沙鷗。更端世事隨棋局，且向登臨數散愁。

宥府蔡公謬薦

逃名歲晚久懸車，宥府誰緣辱薦書。掉臂風塵憐潦倒，側身讒妒愧吹噓。宋纖形像從圖畫，馮亮棲游稱隱居。獨望雲霄謝朋舊，只應初志老樵漁。

按：蔡公未詳。文恭請告家居，中外大僚巨公争欲薦起之，此其一也。集中《寄楚侗》有云：「提携何太劇，慚愧若無憑。」當亦答其薦剡之語。故鄒忠介萬曆十二年《敬采輿論，共推士品，乞查明録用疏》云：「原任國子監祭酒孫應鼇數經薦剡，無容復贅也。」

送秦黄門册封東王府

奉使今推諫省才，九天閶闔曙光開。沂山星斗金函過，北海風雲玉節來。羽騎城邊秋縱獵，歛鐘花底晝行杯。懸知六轡勤咨度，清瑣明年待客迴。

送復齋劉太史册封韓府

頒封并命將周典，閶闔烟開玉檢齎。藝苑才名空冀北，宗潢恩數重關西。蓬萊家近依紅日，蘭桂堂高照紫泥。莫向鄉園淹使節，早歸天禄待然藜。

送衡野劉太史册封周府

近臣暫輟花磚草，持節分封下紫微。楚澤風雲干氣象，梁園詞賦發光輝。仙槎北斗高銀漢，壽斝南山照彩衣。自是鳳毛能瑞世，羽儀家國似君希。

【校勘記】

〔一〕父大夫：清光緒六年莫氏刊本《學孔精舍詩鈔》作「先大夫」。

〔二〕此句之下，《學孔精舍詩鈔》尚有「嗚呼！父母生子二：予與豸。豸今棄予，予將疇依？假使豸得成立德業，所詣或不可限」數句。

〔三〕賦詩以紓哀悰：《學孔精舍詩鈔》作「賦詩四章，用紓哀悰」。

〔四〕雄雨：原作「雄兩」，據《學孔精舍詩鈔》改。

〔五〕病中聞京師警三首：手稿本作「病中聞□寇京師三首」。莫氏于該頁旁貼紅色浮簽云：「此題或作『病中聞京師三首』。」

〔六〕寄答張助甫：《學孔精舍詩鈔》作「寄答張助甫兼訊乃弟四首」，此爲其第三首。

〔七〕白璧：《學孔精舍詩鈔》作「白壁」。

〔八〕坤靈：《學孔精舍詩鈔》作「神靈」。

〔九〕朋疇：《學孔精舍詩鈔》作「朋儔」。此蓋係莫友芝避父「與儔」名諱而改字。

〔一〇〕結屋藉高松：清乾隆六年《貴州通志》卷四十五《藝文·詩》作「結屋倚高松」。

〔一一〕懶止儲新釀：《貴州通志》卷四十五《藝文·詩》作「懶尚儲新釀」。

〔一二〕三□不可求：手稿本作「三兵不可求」。莫氏在此詩上首書眉空白處有紅字注語云：「『兵』字闕。」然於意未安，似當作「公」字爲宜。

〔一三〕一時同事：《學孔精舍詩鈔》作「一時同事諸公」。

〔一四〕九日舟泛芷水：《學孔精舍詩鈔》作「九日舟次芷水」。

〔一五〕谷暘：原作「暘谷」，據詩題改。

〔一六〕春垂盡：《學孔精舍詩鈔》作「春都盡」。

〔一七〕强欲細詢：《學孔精舍詩鈔》作「强飲細詢」。

〔一八〕多子兆：《學孔精舍詩鈔》作「多士兆」。

〔一九〕迴：原作「逈」，據手稿本及《學孔精舍詩鈔》改。

〔二〇〕仙壇浄：《學孔精舍詩鈔》作「仙壇静」。

〔二一〕《學孔精舍詩鈔》詩題末有「感作」二字。

〔二二〕聞心庵欲來同隱：《學孔精舍詩鈔》作「聞馬心庵欲來同隱」。

〔二三〕送李槎溪：《學孔精舍詩鈔》作「送槎溪」。

〔二四〕祇因：原缺，據《學孔精舍詩鈔》補。

黔詩紀略卷之八

明

文恭孫淮海先生應鼇四近體詩一百六十三首〔一〕

闇齋王丈話別〇三首録一。闇齋有詩，見第四卷。

病懷愁對酒，惜別憶何長。明朝秋色裏，旌旆下河陽。

玄亭蓮開口號〇二首録一

首夏初移種，初秋爛漫開。競芳何太劇，端爲主人來。

道旁見梅開憶草堂

寒葩臨路發，客行驚早春。故園有佳樹，誰作詠花人。

開先寺偶得〇三首録二

白晝雲未合，青山雨忽來。樹聲轟鸛鵲，衣色晃莓苔。

遐心愉芳林，音韻恬初地。行遊月外山，回望烟中寺。

衡　山〇四首録一

烟薄沙生影，林遮路絶踪。爲尋雲母石，特上石榴峰。

蔡白石甘雨堂〔二〕〇四首録一。白石名汝楠，字子木，德清人，嘉靖壬辰進士，官至南京工部尚書。所著《自知堂集》有《爲孫參知淮海題白鹿圖歌》。

堂前多徑竹，堂後足園蔬。雨洗青青色，官閑但讀書。

期袁雲麓不至〔三〕

靈崖坐欲暝，美人期不來。山空明月滿，樽酒向誰開？

題王摩詰風竹

繞徑清風起，高秋月更明。翠鬟雙導引，疊奏玉鸞笙。

太岳天池

一片秋光静，千山夜影孤。洪源開寶鏡，明月浸冰壺。

辰沅舟行〇六首録三

久雨開新漲，隨山疊浪輕。沅江千里道，只作一朝行。

林邊晨雨嶂，水外夕陽村。時見逍遥叟，科頭倚樹根。

日出消川氣，雲移只尺間。滄浪水正闊，濯足看青山。

卧龍潭

玉峽飛雄瀑，深潭久卧龍。年年長未起，可有五花供。

五老峰

五老重相見，真如遇所親。獨看青眼在，共作白頭人。

會仙橋

兩巘亘長虹，絶谷十萬丈。橋下望人行，宛宛在天上。

獨陽巖

日照月光生，日蔽月魄長。沈冥獨陽巖，玩理愜真賞。

青　崖

明月照已醉，和風吹又醒。雪留九夏白，崖擁萬年青。

松蘿峰

幕地翠雲滿，松蘿拾作衣。憑衿不盡興，凝眺澹忘歸。

靈應峰

帶阜嫋佳條，纓巒迸幽樹。我愛房長鬚，植木即成悟。

七星峰

雲蕩金城北，天迴斗極東。解衣聊宴坐，盤礴七星中。

隱仙巖

棋石横蒼嶺，巴園橘已空。世間無限事，索莫一枰中。

憩龍泉洞爲李默虛隱所(四)

老去學神仙，深隱龍泉穴。家傳五千言，盡是長生訣。

同見岳伯貞游華峰醴泉以事不往二首

幽棲澹無營，特抱紫霞想。結約登華巔，探奇足心賞。

縹緲靈之岑，秀峙在邦域。美人不共游，攬結空相憶。

登華峰○四首録一。清平城東十里有小華山。

群峰發朝翠，特立表中峰。下界風烟隔，白雲千萬重。

華藏寺談酌

爽霽散烟水，精廬偕倡酬。檻外星河夕，山中桂樹秋。

再宿龍江寺

月出不知夜，石牀山翠深。鶴鳴驚客夢，繞地起潮音。

華巖採蘭歸植草堂○四首録一。

託根三徑側，荏苒映寒姿。秀色日在眼，清芬方自兹。

梅花落〇三首録一

梅花開又落，歲月坐消亡。何必關山月，方能斷客腸。

李伯貞邀酌雲溪洞

雨霞鋪洞滿，松竹照巖幽。遲暮歌空谷，曠然懷遠遊。

焚　香

盡謝浮生理，焚香宴坐時。幽居心曲事，惟有翠禽知。

明月篇

孤城飛片月，處處動砧聲。無限悲秋意，都從此夜生。

緩聲歌

廣除剩佳樹，遊礜緩聲歌。歲序不自保，芳華將奈何。

晤李同野〇同野有詩，在第三卷。

南雲媚歸轡，春日曉風遒。如聞一妙語，爲破半生愁。

别羅近溪

孤證喜逢君，投心美芳夜。欲去仍遲徊，月坼青雲罅。

陳愚所見訪

六詔玉驄鳴，憐君攬轡情。相逢一夜語，愁絶爲蒼生。

次答張禺山〇五首録二

碧海迢迢玄鶴，青天皦皦白龍。可惜驚人文彩，羽鱗不在王宫。

山水老來興味，詞華少日聲名。聞道雙龍豪氣，匣中寶劍猶鳴。

聞克平倭賊作破陣樂〇八首録二

十萬精兵南下，謀臣猛將齊行。天日迴看朗照，海波坐見澄清。

草木風聲披靡，雷霆火勢交加。驍騎三江破陣，征人一夜思家。

辰陽行次二首

宿嶺陰雲少霽，沿溪毒草常新。嘆惜住山茅屋，桃花落盡無春。

片片溪流繞渡，層層谷氣生嵐。兵甲頻來未解，山川蕭瑟西南。

觀衡岳諸峰泉〇七首録三

蚰蜒靈澗壽澗，延緣舜溪禹溪。半出長空雲雨，横分斜日虹蜺。

雨潤蒼涼雲樹，霞明浮動水花。朝日臺前樵徑，夕陽西畔漁家。〇《東皋詩存》誤以此首入《辰陽行次》。

金牛石畔秀犨，黄藥洞口繁花。愛景不思歸去，踟躕月轉風斜。

山中吟和虎谷〇二首録一

上界塔翻虹帶，南山烟鎖雲根。松陰滿地不掃，歌罷消摇洞門。

由洵陽至金州

峻嶺千重雲矗，小灘萬點花輕。歷盡秦中道路，今朝暫得舟行。

收菊花貯枕

枕簟金風涼夜，英葩玉露清秋。苦憶鄉園三徑，好憑飛夢歸遊。

九渡澗

密樹低柯翠鬱，雄潭隱日青空。雨過黄精苗長，風來朱草香濃〔五〕。

雲母岩

泛泛桃花春水，萋萋雲草晴洲。烟抹半山欲捲，雲飛萬木俱浮。

觀運甫弟寫竹○二首録一

密葉低翻鸞鳳，高枝秀拔琅玕。六月相看無暑，清風疑在林端。

按：文恭羣從諸弟，見《清平選舉志》者：應鵬，嘉靖戊午舉人，官大理府通判；應軫，萬曆癸酉舉，路南知州；應揚，丙子舉，江夏知縣；應對，字心海，己酉舉，由泚鄉教諭，遷北直大成令，不爲魏璫建生祠，挂冠歸；應雷，字養靈，歲貢，爲潛江教諭、廣安學正，并以古道造士，有聲；應鯤，以貢官定番學正；應駒，以貢官陳州府經歷。以鵬運求之，運甫當是應鵬也。應鵬卒年二十九，妻趙以節聞。

李伯貞邀北郭觀莳禾〇二首録一

身世已同沮溺，執杖來助耦耕。飯香茶熟月上，細話田家五行。

賜枇杷

甘露枝枝玉映，黄金顆顆紗籠。惟有萃芳亭上，宋家橙實堪同。宋仁宗以萃芳亭橙實折賜經筵講官。

賜　耦

天上千年碧耦，頒來冰雪猶新。未忍自嘗君賜，緘縢先寄雙親。

賜　笋

瓊苑林中迸出，金鑾殿上擎來。一段雨園風味，昨宵鄉夢初回。

賜貂鼠

栗烈風威漸緊，温和衣被偏親。勸講已叨恩渥，願應念到邊臣。

辟雍詩〇十首録二

降輦橋門肅入，更衣幄次升禋。日麗宫牆化國，運回禮樂昌辰。

翠葆和鸞莅止，洋洋帝範堪親。特召司成坐講，制傳天語諄諄。

山　中

天上乍醒浮夢，山中細閲澄暉。萬花含笑相向，今日主人又歸。

按：文恭萬曆三年以禮部侍郎掌國子祭酒，二年即告歸，故集中辟雍詩後即繼此詩。

吴川樓《懷孫祭酒山甫》詩云：「山甫金玉人，一出爲世寶。明經冠時雋，掞藝發天藻。少握中秘書，旋焚掖垣草。翺翔涉中外，結志遵大道。晚遘聖主知，視學修三老。陳言辟雍時，尊禮屬師保。魚水方見諧，縣車一何早。逍遥不赴徵，匪學商山皓。」即此時所寄也。至十三年，文恭再起刑部，尋晉尚書。集中無一詩及之，殆并未上歟。

西峰小景和見岳

石虹飛梁何者橋，翠澗含雨遲春朝。山色水容兩不惡，長留清影伴歸樵。

登高明樓即事

浪闊帆驚水倒流，挽舟乘興直登樓。四山月逗鐘初定，萬木風微雨漸收。

雨後望西山應制

霽雨三朝滋緑壤，黄塵千里淨邊庭。西山亦識君王喜，豁盡雲烟遠送青。

送劉貞齋宰青神

待送劉郎辭紫鑾，濯枝新雨濕旌鞶。縣中無事北鴻便，細寫峨眉一寄看。

送程武分教東安〇疑脱一字，在「武」上或下。《東皋詩存》所録亦如此。

三月春風柳滿堤，翩翩征旆下湖西。東安八十四渡水，采藻濯芹明月低。

聞歸雁

東風孃孃雨霏霏，家近衡州音信稀。客身不及隨陽雁，一度春來一度歸。

過白溝河有感

將士當年戰白溝，天時人事不相侔。可憐百萬英雄血，化作長河日夜流。

裕州贈熊雙明

雙明別駕太清狂，十里將迎夜宴張。莫惜笙歌度長夜，明朝雲樹隔南陽。

桃岡泛舟

幽徑貞林步紫苔，回源一舸水雲開。臨行細記歸時路，還許漁郎幾度來。

平溪別顧約齋三首

海内高人顧虎頭，深交已是十年流。獨憐此別無他贈，惟有青萍雙玉鈎。

銅江此去路歧分〔六〕，匹馬看山興不群。作賦好尋陳户部，談兵須過石將軍。○陳當是鳴仲。石謂希尹，時鎮銅仁，并自有詩。鳴仲未聞官户部，蓋《志》失之。

蕭條秋色真無賴，風雨相隨幾日程。賓雁可同鄉國夢，章江應比故人情。

廬　山○四首録二

澗水自流花自穠，幽源屈曲覓仙蹤。舉頭一笑不相語，獨對亭前五老峰。

千山掩映萬山低，一徑縈迴百徑迷。風静雲消還獨嘯，滿輪孤月在天西。

泛雲錦溪○四首録二

高秋爽氣落長川，薌水溪南雲錦鮮。杼軸已空環珮遠，清泠河漢只依然。

丹崖何處是仙家，碧藕冰桃總浪誇。山鳥一聲舟已過，滿溪浮出石蓮花。

湖口石鐘寺

湖口波濤繞石林，上方聽罷悟禪心。宫商亂落鈞天奏，雨後風前何處尋。

見都門酒肆偶題

典衣曾脱賜袍新，都邑重來已數春。處處青旗共摇颺，壚頭誰是昔年人。

寄桃岡諸友〔七〕

愛桃老子今何在？萬樹桃花手自栽。黄鳥嚶嚶溪水緑，獨憐芳蕊爲誰開。

衡山感懷○八首録三

衡岳高高湘水深，重瞳當日翠華臨。九嶷可得如都廣，鳳舞鸞歌已不禁。

開雲堂後開雲嶺，指點名山信有神。何意我來亦晴霽，雨霞飛盡萬峰新。

白龍潭上仰天臺，臺畔桃花無數開。魏母玉簫聲已斷，彩鸞不向月明來。

簡桑南臯○四首録三

林隱庵中習静緣，廬山紀事茁新編。齋心已悟三千界，謫宦休嗟二十年。

少小承恩紫禁深，一爲去婦老江潯。江頭舊有琵琶曲，可似當年淚滿襟。

邗江東去無多路，不比潮陽嘆八千。雲色又銷春草發，王孫何日是歸年。

按：南臯名喬。《明詩綜》：「桑喬，字子木，江都人，嘉靖壬辰進士，除户部主事，改授監察御史。駕幸承天，扈從，未行乞歸，逮赴詔獄，廷杖，謫戍九江，卒戍所。隆慶初贈光禄少卿。」《静志居詩話》：「子木按大同還，一日劾四尚書，嚴嵩與焉。可謂敢言矣。然幾殺其身，得不死，幸爾。」

景德鎮御廠謡〇八首録五

御器燒成白雪纅，接聯監督有官曹。共言敦朴先天下，不用金銀只用陶。

製作誰過宣德間，午門兩觀積如山。年來色色皆灰燼，補造於今尚苦顔。

盡同埏埴是生涯，一鎮人民十萬賒。中國貿遷連外國，官家制度滿私家。

起解官員盡有名，先差散騎報前程。黄旗緑蓋翩翩過，碟碗瑶觥細細行。

一夫領作十夫陪，一件生瑕十件摧。官價莫嗟難給取，還愁中貴復差來。

都會三庠行射禮示諸生二絶

樽俎弦歌射禮成，威儀肅肅爾諸生。還應貫虱能聞道，豈爲穿楊但獵名。

調弓見爾能穿的，用鵠憐予愧失鵰。兵甲年來天地滿，不知誰有四方情。

遊沈香亭翻清平調〇三首録二

濃艷娟娟已散香，秋風落燕惜紅妝。當年雲雨憐腸斷，此日淒涼更斷腸。

欄杆何處可消憂，有限春風不盡愁。帶笑君王翻墮淚，名花空發鳳池頭。

遊驪山温泉華清宫懷古〇二首録一

《雨霖鈴》曲調歌新，柳色花陰不借春。一出西川空有恨，得歸南内已無人。

華山雜咏〇十首録三

玉女窗開眼倍明，仙童肅隊奏鸞笙。海雲初散蓬萊殿，人在蒼龍背上行。

洞懸石室釀烟霞，滿界金英雜絳花。乞取峰前三徑地，荷鋤來種棗如瓜。

雲氣初成山影飄，仙人環珮坐相邀。月前共飲金精醴，吹徹雙鬟紫玉簫。

鑑川夢鶴二公枉過講院看桃花〔八〕

桃花片片鬥春妍，上客開尊落舞筵。日日出郊尋樂事〔九〕，不知春在小堂前。

千丈峰

洞庭始波木葉脱，千丈峰高蒼翠叢。方壺員嶠若可到，我欲更問扶桑東。

大小蓮花峰

兩山同峙天之闕，笑而不語相對閑。大蓮花開似雲錦，小蓮花開如玉環。

落帽峰

飛昇戴孟曾遺帽，不比人間説孟嘉。世遠漸忘當日事，春來時發滿山花。

白雲峰

山高雲興多變態，如鵠如珠如車蓋。森如樹木垂如纓，四旋八轉如飛帶。

仙人峰

崢嶸玄圃紫芝榮，仄徑飛華落絳英，無數仙人不可見，閑依老樹看雲生。

九卿峰

共訝端紳列九卿，九峰磊落勢俱傾。道人獨向西巘宿，夜半唯聞鐘磬聲。

試心石

泰豆履危隨步驟，吕梁蹈水任浮沈。年來夷險都忘却，不向崖前更試心。

紫霄峰

紫霄倒景落青蓮，元岳天空澤國前。夢裏松濤聽不盡，千山明月對孤眠。

玉簡峰〔一〇〕

百仞層峰苞紫篁，四時含雪復含霜。中宵滿月穿林破，山影扶疏共我長。

與周懶拙小談因贈

舉世皆忙爾獨懶，衆人皆巧爾獨拙。懶忙巧拙是邪非，明日溪頭拂衣别。

望仙臺

望仙臺迴草花籠，掣蹋真仙落故蹤。永樂聖人書誥在，誰知不爲覓三峰。

下太岳

何不同生寂寞郊，萬雲回首掩松巢。世途歷盡誰知己，惟有青山是故交。

懷胡盧山

松喬賓友神仙宅，今我龍蟠復鳳棲。賦就遊仙三百首，故憑秋鴈寄江西。

耿楚侗信來遊太岳

山空未斂嶽雲隈，遲爾仙人駕鳳來。七十二峰都覽遍，因風我欲到天臺。

懷顏沖宇

小分雲水坐孤槎，種出仙人五色瓜。無奈孫登頻發嘯，可能顏闔更移家。

按：沖宇，名鯨，浙江慈谿縣人，官至湖廣提學副使。《明史》有傳。鄒元標《顏先生銘》云：元標赴戍，道辰沅、郴桂間，楚人稱後先督學必首先生。余曰：「三楚其蘇湖耶？」過清平少宗伯孫公淮海，談間必曰：「予友顏公言若何？」予曰：「慈湖絶學，其復興耶？」先生字應雷，别號沖宇，己酉舉於鄉，丙辰進士。

瑞竹詞有序。十二首録五

隆慶己巳，余移疾得歸田里，卜築城西别墅爲草堂，譽髦多士時來從遊。奉親之暇，日與講道談藝。明年堂成，産瑞竹，一本上分兩枝，與古圖籍所載合。親朋多攜酒爲賞，且寵以詩文。余亦述數章〔一一〕，用誌歲月，答群公〔一二〕。

小築茅堂石徑斜，超然燕處卧烟霞。忽看筋竹生連理〔一三〕，愧比東陽道德家。

一本高抽八節奇，即從九節挺雙枝。滿林時引鈞天奏，聽到無聲只自知。

翠葆聯翻紺葉攢〔一四〕，從今日報竹平安。寧知勁節冰霜骨，也似芙蓉結合歡。

題詩載酒發狂歌，每日朋從看竹過〔一五〕。峭蒨已誇楨幹别，交加又喜子孫多。

皇祐名臣元祐賢，宋家瑞物至今傳。一鱒細向門人説，期爾前修得并肩。

附興國吴國倫《瑞竹吟和孫中丞二首》：「九節離奇雙箨分，含風浥露灑青雲。惟應南海琅玕樹，連理相輝似此君。」「一片清陰朗玉壺，風生鳴篠自相呼。聽來江水龍成匹，看到崑墟鳳不孤。」

并蒂梔子花

藥圃新開薝蔔林，玉葩爲友結同襟。雙因久識如來意，不待聞香始悟心。

枯櫞復發榮

春意融融隱士家，稊生枯木發叢芽。年年學《易》占消長，静玩山齋枳殻花。

梅花落二首録一

一度梅花一度春，春來梅蕊特精神。芳梅不與春相待，春在梅殘惱殺人。

雪　吐

雪吐長空花吐林，早梅消息競春心。羅浮歌罷香風積，誰似今宵得意深。

滿　榻

滿榻疏風曳素琴，茅齋隱几自蕭森。山光寂寂溪聲遠，明月高縣太古心。

杏　花

講壇不是緇帷地，休坐弦歌意自同。一夜清烟纏絳雪，春風開到杏花紅。

桃　花

脈脈無言照水樓，自憐春意滿枝頭。不教風雨空相妒，盡對斜陽笑不休。

沈慎齋惠筆

霜管相遺意有餘，井蛙久自笑拘墟。即今不寫籠鵝帖，猶得時抄種樹書。

李伯益郊亭

烟蘿深處野人家，散髮溪橋濯水花。風洗碧天無暑氣，夕陽齊擁萬山霞。

贈近衡

之子高懷未有涯，投車遠訪野人家。山齋相對忘言説，開遍金釵石斛花。

辛未九月二十二日夢與見岳登遊元岳作絶句一首覺記後二句因爲足之

金頂光華敞帝扉，靈標遊夢轉霏微。坐來月色如秋水，亂落琪花滿客衣。

荒城謡十二首

秋日荒城隱暮笳，太山猛虎永州蛇。稜稜黄葉漫空舞，繞郭茅炊只幾家。

土司糧馬衛家當，怒氣瞢騰化眚祥。淚眼已枯骨髓盡，九閽何處叫天皇。

一衛軍餘二佰人，千般差役在軍身。遺氓自合甘心死，敢向何人訴苦辛。

大道通衢流水過，扛擡日夜兩肩磨。清官行李猶堪送，輜重多時更奈何。
歲歲修城不得休，已無毛血待誅求。城門不閉城隍圮，白日街逵饑虎遊。
一番巡歷一番悲，觱篥吹寒骨肉離。軍賣月糧官賣俸，更無到口上身時。
教場草長蟪蛄鳴，數十操軍不滿營。但願承平似今日，國初屯戍九千名。
弟作生員兄養馬，子爲官宦父當軍。家家問有誰閑逸，優免徒然感聖君。
開衛屯田美不貲，周遭二十四屯基。屯軍逃盡田何在，雞犬無聲宿莽滋。
邏警官兵意氣豪，弢無弓箭鞘無刀。殺人白晝何須問，拄腹撑腸没野蒿。
張翰秋風興有餘，歸來感事淚盈裾。鱸魚不美蓴羹苦，無限窮愁難著書。
宗祖墳丘繫所思，高堂白髮況難移。故鄉東望如皋族，欲往從之路險巇。

按：清平自洪武二十三年設衛指揮司鐸，始築土城。弘治八年設縣，與衛同城，有警常不足蔽捍。萬曆四年巡撫羅瑶乃請帑銀五千三百兩，命參將山東侯之胄督建石城，亦文恭詩啓之也。明貴州通省驛站，俱用衛所跕軍扛擡。至本朝定貴州，乃用州縣協夫，既又改募長夫，給之月廪，其法始善。附文恭《繕城奏績序》：清浪參戎少泉侯公程督清平城，將成，鄉之士大夫相與周游而環睇焉。觀於垣則内外甃石，四墉如一，曰美哉！攀援無階，莫得上下，可謂險矣。觀於堞則飛雉鱗次，百堵馮異，曰美哉！瞰敵有餘，罔繇相窺，可謂密矣。觀於埤則雉減堞半，堅厚與埒，觀於隍則就易不傾，居危堪恃，曰美哉！宜障宜疊，深壁有守，可謂固矣。觀於郛、觀於櫓，則爰度爰定，鼓倡方起，曰侯之哉！麗譙在茲，護抱必終，行將媲衆美矣。遂相與過淮海孫子別業，欲徵一言爲侯公贈，則相與語曰：「疇昔乙亥，羅中丞因清平劇盜乘城入行抄擄，面向三司寮寀曰：『吾欲更城清平非難，獨得肩事之人爲難，其奈何！』時侯公在列而曰：『清平誠不城耳，誠城，而豈復憂肩事人之難乎？』於是羅公揖侯公曰：『賢哉參戎，即事屬君矣。當今封疆諸臣，治隸所職，地專爲轄，猶多詭避，不以公家一攖心念，公於斯城，於立談間，慷慨自承，何其任也！』命既下，一二同事若秦越人肥瘠相視公操，莫助之。權綜難聚之衆，鳩易撓之工，籌未至之帑，心勞力奮，體癉貌瘁，不啻恫瘝在身，何其切也。已乃握樞挈要，漸得經會爲量功日分財用。平板幹，稱畚築，程土物，議遠邇，略基址，具餱糧，度有司，慮定以動，不愆於素，何其周也。兩年所，什八九在清平，什一二在清浪，暴衣露蓋，日凡三出，衝冒寒暑，爲百役先，又何勤也。猾民之不給傜賦，貪吏之匿財没貲，黠卒之妄肆哃喝，悉置諸法，不虞誹怨，又何肅也，忌公者欲以度支出入中公，顧掌記有主，刻覈至再，竟莫能媒孽，又何潔也。茲城信非公不成，安可無頌？」孫子曰：「春秋重民力，凡城必書。茲城果不可以已乎？」諸士大夫則又相與語曰：「何可已也？明興，草闢貴筑，星羅衛戍清平。至正統，苗距爐山叛，攻城，當其時公私充牣，民有固志。至正德，苗仍據爐山叛，攻城，當其時上下豫附，邦無携政。今之日，無論正統，以擬正德日，何如？行伍非無人，儲餉寖竭，睥睨盡圮，虎狼接迹，桴鼓不衰，蓋域中凋殘極於貴筑，而貴筑極於清平矣。夫鳥猶封巢，魚尚潛澤，即二三遺黎，其忍棄之？故茲城不可已也！」於是孫子喟然嘆曰：「古今倜儻非常之士，能爲國爲民，布德宣力，垂勳不朽，其挾持至大，斯建造自殊。」公之先中丞嘗撫大同，雄聲駿績，到今照耀塞漠，故所憑甚厚。公少博學多聞，蜚聲庠序，以不得志，輒投筆自起功名，故所蘊甚深。公爲西北偏裨，草《滅寇長策》上督撫，督撫不斥其躐，而心壯其能，故其所志甚奇。公既統京營，道遇司馬屬，不避竟，不折節，而甘外遷，故所立甚偉。素所蓄積如是，茲城何有？抑予聞楚囊瓦城郢，沈尹戌曰：「苟不能衛，城無益也。」公既懋保障清平之烈，凡擇官平政，杜釁堤患，毋爲行伍增虐，毋爲儲餉增蠹，毋爲睨睥增剥，身即不得盡行，口寧不得盡言？言焉不效，自有攸責；言焉而效，厥利猶溥，斯保障之烈，世世無斁矣。《詩》曰：「哲夫成城。」敢以是爲鄉之士大夫致頌於公。又曰：「無俾城壞。」敢以是爲鄉之士大夫致望於公。

和晦翁武夷櫂歌〇十首録一

禪關岑寂隱驚灘，晴後山容雨後看。石轉樹迴迷七曲，蒼雲素瀨照衣寒。

述懷寄温一齋二首

年來欲賦武溪深，千里居能一和音。滿目毒淫題不盡，淵魚林鳥總驚心。

西京別緒不勝情，瑞世文章彩鳳鳴。月色當樓書札到，懷人迴憶武昌城。

按：一齋名純，字景文，三原人，嘉靖四十四年進士，由知縣累官至都御史。清白奉公，五主南北考察，澄汰悉當，肅百僚，振風紀，時稱名臣。卒贈少保。天啓初，追謚恭毅。又按：文恭在秦拔，肄正學書院，諸生以一齋爲冠，其文章亦具體淮海。外此有李發，字道充，涇陽人，嘉靖甲子，同一齋計諧，歷官青州府同知。一齋誌墓，述其名行甚詳。又，一齋子自知，記所刻書後云：先公從諸生日受知淮海孫太師講明聖學。構學一堂，課諸弟子，肄習於六經，多所闡發。兹刻理學書，所以明至學也。

辛未正月二十四夜夢遊一密室景象極清和桌下數銅印有童子取一印與予形方而長盛以銅池曰此伏羲心印也印文如薤葉狀奇古莫辨上有柄可手握云覺後系詩八絶○録四首

萬仞峰晴雲盡散，千株松響鶴初還。夢中的意誰能會，一笑圖書未畫前。

我所思兮在太初，還醇返樸夢何如。未須細辨龜圖字，心領奇文薤葉書。

温凉密室坐鴻濛，愜意誰知是夢中。學道何成人已老，光陰隨水又隨風。

老懶公然不讀書，高眠過午日蘧蘧。羲皇夢罷開雙眼，物色天光滿太虚。

同醴泉坐紫霞宫

雲洞班荆談《老》、《易》，爐烟簾影日初斜。三花翻蕊條風度，片片階前落紫霞。

徽宗鸜鵒

金風吹倒木槎枒，鸜鵒之巢正可嗟。魯國童謡遺恨在，忍將毛羽向人誇。

思慮吾先叔

我家叔父賢觀察，文藻今歸白玉樓。藥院尚餘新蓓蕾，竹林無復舊風流。

按：慮吾，名裒，字益之，嘉靖丁未進士，選庶吉士。授陝西道監察御史，巡視南城，於中貴宅産，悉束以法，請托不得行。奉命清戎兩粤，凡閭閻隱痛、官僚貪墨、胥吏黠猾，一以便宜施行，諸司股栗。又疏劾雲南巡撫鮑象賢黷貨，有旨褫象賢職。象賢素結權貴，造飛語誣益之，坐謫定州州判。未三月擢汝寧推官，伊藩坐違祖制，當勘兩臺以屬，益之爲一一辨復之。遷常德府同知，未上，擢南户部副郎。逾年，出爲蘄黄道江防僉事。蘄黄爲水陸盜藪，益之選材官衛使，程督訓練，繕諸城邑，創造器械、戰船，專責守令，嚴覈勤惰，甄别廉污，黠盜次第就縛，境内肅清。引疾歸。會象賢再起，復造飛語中傷之，已在林下矣。時人服其警。益之在臺時，曾疏議清平夫馬之疲累，催科之嚴急，鄉里得少蘇息。蘄黄去官時，屬吏饋遺，悉屏弗取。家居篤孝友，桑梓親黨，周恤無少吝。暇則讀書課農，怡然自樂，卒年才四十七。有集，訪求未見。

同少松遊宿華峰〇八首録二

擁被談玄静夜分，兩身同寄萬重雲。莫教覿面猶匆劇，空向名山訪赤文。

荒陬何處可移家，瘴雨蠻烟未有涯。獨愛此山多瑞氣，春風不到亦開花。

答川樓〇二首録一

鑄人久擅黄金術，懷友先題白雪詞。更欲御風金鳳頂，吹簫採朮故相期。〇文恭遊宿華峰又有句云：「金鳳高樓白雪樓」，則金鳳頂蓋清平城東小華山之最高處也。

附興國吴國倫《報孫山甫中丞書》：「見答一章，詞旨温逸，殆非鄙薄所能承。至於《華頂》八絶，意以象生，而率多無象、無意處，使人誦之躍然。如所云『春風不到亦開花』，則妙悟甚也。一二君子不解妙悟，謂公近以詩文爲戒，偶一揮灑耳。夫有意而戒，孰與無意而作？甚矣，知言難哉！歲晏疾作，擁雪高卧，適蔣生辭去，附謝教諸不一一。」又，《抵清平不得遽見山甫中丞先賦一詩奉懷兼訂金鳳山之約》：「駐馬山城裏，嚴更坐寂寥。曾無一水隔，其奈美人遥。問禮將從野，陳詩合在朝。且懸金鳳榻，携我宿雲霄。」

聞王鳳洲大徵材官閲武郥郊奉贈〔一六〕六首録二

講武乘春將士豪，吴鈎雄色倚天高。發生氣暖傳鈴柝，長養風和繞節旄。

漢家武節盡龍驤，雷走雷奔陣色揚。真有先聲飛萬里，坐令嶓冢殄星狼。

大理卿署小亭感賦二首

誰道斯民盡不寃，小亭深念轉淒然。明刑漸負唐虞化，一歲書囚滿二千。

焚香披對儼神明，法令森森犯轉輕。每到獄詞無害處，却憐何地爲求生。

講筵恭述〇四首録三

瑞旭初分散曉鴉，青雲宫闕敞文華。句陳閣道傳清蹕，經幄輝煌北斗車。

衮衣縹緲五雲間，侍從威儀玉笋班。講罷典謨因諷勸，即看喜氣滿天顔。

圖書天上羅奎壁，羽衛階前轉日星。盡頌聖君勤訪接，時臨朱夏尚諏經。

密　意

雲蟠山影蕩漁磯，泛泛漣漪日色微。密意相看誰領略，春風吹石長苔衣。

附文恭《寄學孔書院諸會友瑣言》：「立志以聖賢爲歸，學道以倫理爲準。」「天惟虚故萬物皆容，心惟虚故萬善皆納。天之生物若有一刻之停，則造化便息；心之生理若有一刻之閑，則道義便泯。」「不以君之心爲心，爲臣便不忠；不以親之心爲心，爲子便不孝；終身可行，信惟一恕。」「道不稽諸孔孟，雖貫穿百家不足以言道；學不本諸身心，雖涉獵千古不足以言學。」「忠信之資，聖凡同具，能充之便做得聖人，不能充便止於鄉人。」「此身與天下國家共爲一物者也。不知立其身以爲天下國家之本，失此身矣。此心與天地萬物合爲一體者也，不知充其心以盡天地萬物之大，失此心矣。」「人之所以同於禽獸者，血氣也；所以異於禽獸者，義理也。終身惟血氣用事，不知義理爲何物，是不能存其異於禽獸者，而惟存其同於禽獸者耳。」「虚名客氣，冗具羨財，貪求而不知止；怨府畏途，禍胎鬼趣，顛冥而不能出，雖有人之身，殊無人之實。」「命數既定，豈容强求？稟賦有限，何以妄想？不知修德反身，惟欲行儉僥倖，過用其心，自喪厥善。」「世人莫不有聰明，可惜不在自己性分上留聰明；世人莫不有作用，可惜不在自己性分上善作用，終歸無益，其何有成！」「心是活物，出入靡常，知就規矩，則日精日微；任其放蕩，則愈騖愈遠。造入精微則天地萬物且將貫通，流於騖遠則百骸四肢亦無管束。」「人心至神者也，物蔽之則不神；人心至明者也，欲昏之則不明。去我本無有，何煩難？復我本有，豈不易簡？」「義利關頭，即有夢覺之別。悔吝介內，遂爲生死之歧。差但毫釐，謬逾千里，故大易惟揭知幾，而宣聖首示慎獨。」「古之聖人惜寸陰，古之賢人惜分陰。今之學者去古聖人遠矣。悠蕩自遂，老大無成，真可怪嘆，何異暴棄？」「氣浮者其心亂，言多者其心粗，色矜者其心驕，容傲者其心窄，斯人也難與爲仁矣。心實者其外莊，行修者其辭謹，内虛者其容謙，衷和者其氣平，斯人也可以入德矣。」「獨立不懼，真是在我，天下非之而不顧者也。遁世無悶，真得在我，世不見知而不悔者也。今之學者一人非之，便立不定，只見有毀譽，何曾見有道理？一人不知，便懷不平，只見有得失，何曾見有義命？」「度量如海涵春育，處事如行雲流水，操存如青天白日，威儀如鳳毛麟趾，言論如敲金戛石，持守如冰清玉潔，襟抱如光風霽月，節概如泰山喬嶽。」「富莫富於蓄道德，貴莫貴於爲聖賢，榮莫榮於守義理，安莫安於盡倫常，樂莫樂於養性情，亨莫亨於行仁義，大莫大於充學問，壽莫壽於全性命。」「心若有主，不拘應事接物、讀書作文，全是真宰運用，是我制外。心若無主，不拘應事接物、讀書作文，全無安頓去處，是外制我。」「市井之愚夫愚婦看雜劇、戲本，遇有忠臣孝子、義夫節婦，觸動良心，至悲傷泣涕不自禁，卒有敦行爲善者。吾輩士夫自幼讀聖賢書，一得第後，即叛而棄之，到老不曾行得一字，反不若愚夫愚婦看雜劇者，雖謂爲市井之罪人可也。」「視朝廷重，則爵禄輕；視父母重，則妻子輕；視兄弟重，則財産輕。輕其所重，重其所輕，不知類也。視性分大則宇宙小，視道義大則禍福小，視綱常大則死生小。小其所大，大其所小，不知務也。」「根本盛則枝葉茂，泉源長則流派遠，故學者務先修德。鏡明則物無遁形，衡平則物無隱數，故學者務先養心。」「仁者惻隱之心，今且不必講别的惻隱，但能知道自家惻隱，便可與言仁矣。知者是非之心，今且不必講别的是非，但能知道自家是非，便可與言知矣。」「孔子曰：『仁者天地之心。』須時時以此激昂，不失了我的心，便不失了天地之心。」「孔子曰：『天地之性人爲貴。』須時時以此策勵，不墮了我的性，便不墮了天地之性。」「人祇有這點心，却使之不能自作主張，東挨西靠，而卒無以自立，所以此身只東倒西歪，而無以自立於天地之間。」「聖賢言語如遍地黄金，今人皆窶夫也。若肯低頭拾起，便可足衣足食，而卒無其人，寧甘饑寒以斃，悲夫！」「六經四子如藥山，今人皆病夫也，若肯審究己病，或攻或和，始因病以得藥，終病去而藥忘，亦卒無其人甘諱疾忌醫，滅身不悟，悲夫！」「萬曆甲戌七月朔日，會末撰於鄖臺之冰玉堂。」友芝按：《明史·志》載文恭有《論學會編》，著録家皆未之及，其講學書僅存者，此《瑣言》及《教秦緒言》耳。《緒言》文多，當别行。《瑣言》爲鄉里立教，故謹附卷末。先生《彙稿》亦久失傳，其遺文已附是集數篇外，尚有《新鎮道題名記》、《賀沙城阮公撫定水西序》二篇，見《省志》。

附三原温純《誄大司空淮海孫文恭先師》文：嗚呼哀哉！樹伐需材，大道貴夷。津梁不作，孰指我迷？篤生先生，爲世真儒。悟在象先，拓我廣居。追惟筮仕，讀書中祕。及拜夕郎，抗直當世。出按豫章，奸墨辟易。視學關中，文章赤幟。純時弱冠，實侍絳幃。不謂散樗，國士被知。歷遷蜀楚，保釐聲施。岷峨頌德，雲夢縶思。南北藩臬，聲稱藉甚。遂拜中丞，撫治是任。兩鎮鄖陽，如木斯蔭。今上拊髀，召還中禁。廷尉未幾，晉陟南宫。侍講經筵，教胄辟雍。時有啓沃，上爲斂容。乃戀親幃，辭陛引躬。上念老成，典刑攸寄。召起陪京，司空是畀。謂即登庸，翺翔鼎司。和羹鹽梅，庶幾無愧。天胡不憖，遽殞其生。訃聞之日，中外動情。閭里罷市，縉紳涕零。國有恤典，士無師承。嗚呼！痛哉！世豈乏才，亦豈乏賢，其根不沃，光寧華然。先生學孔，妙契言筌。默識慎獨，體仁溯源。近世學派，先生要矣。聖人有作，或弗易矣。純也飲醇，廿年于此。習氣爲累，毫無踐履。念於先生，三沐芬芳。青衿歲除，日侍門墻。受約於鄖，則部淯陽。受教於京，則官奉常。昔在一堂，猶多扞格。今業死別，安望聚樂。即把遺言，以求領略。恐躡前踪，欲追復却。嗚呼！痛哉！梁木其壞兮，喬嶽其頹。斯文中墮兮，圖書陵夷。緬懷春風兮，抱心孔悲。鬱瞻南斗兮，潸然涕洟。萬里遣使兮，生芻一束。地不能縮兮，悲不能贖。含愁夜雨兮，五内若斸。

山川間隔兮，爰訴我曲。　又《與孫南翁先生尺牘》：自從吾師淮海先生遊也，習太師家學風度，不啻身坐春風中，然無有執鞭之幸。謂吾師無恙，且還朝，可北面以質，即北面太師也。頃訃至，則疑已；知其信真，則傷痛無已。不知天何以厚賦吾師，又何不令竟施若此也！然斯文正脈，有遺言則吾師在。獨沐教廿年，策之不前，負吾師甚！今死別無復立雪之期，故傷痛無已。敬使使以薄奠往，幸命從者同去，使告吾師位，衷曲略陳誄文中。太師其爲道珍重，以慰吾師泉下。師母何以享餘年？念之後嗣得賢哲否？國恩未請何也？統希詳示。有可爲地者，純當畢力圖之。臨發西望淚如雨。　又《哭先師孫文恭公集杜》八首，一云：「淮海維揚一俊人，湖南爲客動經春。古人已用三冬足，歸赴朝廷已入秦。朝廷衮職誰爭補，枉沐旌麾出城府。童稚情親四十年，使君高誼驅今古。風流儒雅亦吾師，藥餌扶吾隨所之。川合東西瞻使節，白頭吟望苦低垂。」二云：「文章日自負，經術昔相傳。天地身何往？溪風爲颯然。自知白髮非春事，離別不堪無限意。中天月色好誰看，更爲後會知何地。輕輕柳絮點人衣，蜀道兵戈有是非。念我能書數字至，總戎楚蜀應全未。」三云：「開府當朝傑，主恩前後三持節。公堂宿霧披，物色生態能幾時？仗鉞褰帷瞻具美，楚宮臘送荆門水。城尖徑仄旌旆愁，一體交態同悠悠。形容勞宇宙，心折此淹留。」四云：「北闕心常戀，蒼生起謝安。早春重引江湖興，隱几蕭條戴鶡冠。學冠天人際，願聞第一義。低空有斷雲，俯仰悲身世。十年不見來何遲，搖落深知宋玉悲。中夜起坐萬感集，反思前夜風雨急。此道未磷淄，門户無人持。高天意淒惻，清秋望不極。恨别烏驚心，修文地下深。」五云：「時來知宦達，北極捧星辰。尚愧微軀在，蒼生倚大臣。往時文彩動人主，南極一星朝北斗。講殿闢書幃，側身天地更懷古。斯文去矣休，屈注滄江流。便與先生應永訣，琴瑟几杖柴門悠。」六云：「致君丹檻折，天際傷秋别。子規枝叫舌，益嘆身世拙。悲風爲我從天來，城闕秋生畫角哀。但話夙昔傷懷抱，江山故宅空文藻。慘淡陵風烟，淒凉憶去年。寒雨颯颯枯樹濕，木葉黄落龍正蟄。吾將罪真宰，真宰上訴天應泣。吾道竟何之？鷗歸祇故池。向來憂國淚，不愧史臣詞。」七云：「往在西京時，到今耆舊悲。已墮峴山淚，排悶强裁詩。尚書踐台斗，近淚無乾土。上有行雲愁，鬱結回我首。孤魂久客聞，何處出塵氛。露從今夜白，風處急紛紛。」八云：「道爲諫書重，書歸故國樓。蓋棺事則已，涕泗不能收。朝廷非不知，豈徒恤備享。嗚呼就窀穸，牢落吾安倣。名與日月縣，死亦垂千年。杖藜嘆世者誰子，春渚日落夢相牽。墓久狐兔鄰，浩歌淚盈把。向來披述作，垂之俟來者。」　太和郭子章《孫文恭公祠碑記》：人情所極慮於身後者，在易世之裔與易名之典。而此二者恒相因也。有子孫陳乞，雖中才可獲褒稱；亡子孫陳乞，即高賢未免埋坳，抑勢使然乎！亡論往故，如我國家李韓公之功不遜於武寧、武順而李不謚，祺不善終也。解大紳之賢不遜於楊文貞、黄文簡而解不謚，家徙遼陽也。鄒吏目之忠不遜於羅文毅、舒文節而鄒不謚，雖云秩庳，亦其嗣斬也。人臣生暨太常之勳，死爲若敖之鬼，非國家念其故、恤其私，誰爲然已溺之灰，而反既失之履？故人情所極慮而不可必得者，國家曲體之，令其世絶而祀存，骨朽而名揚，所以彰往而勸來也。隆、萬以來，此論稍明章耳。而目之無子孫陳乞而褒謚如故，得四人焉：少保于公謙，改謚忠肅；少師夏公言，謚文愍；中丞海公瑞，謚忠介；尚書孫公應鼇，謚文恭。文恭之謚，實章與御史宋公興祖、李公時華同請者。公賜謚詔下，章又與御史畢公三才作公祠於清平，市田以供歲祀。平令劉啓周等以公祠記來請予。計公督學秦中，爲三秦士師，暮宗北雍爲天下士師，及門入室弟子，當有善言師者，乃請於今御史大夫三原温公。温公故公所簡秦士也。温公曰：「弟子即誦師，無若公言公。」且以哭公《集杜》八首示余，讀之令人涕落。予辭不獲，乃稽公履歷記之：公姓孫氏，諱應鼇，字山甫，揚州如皋縣人，占籍清平衛。嘉靖己酉舉鄉試第一，癸丑成進士，選庶吉士。改户科給事中，出僉江西。歷陝西提學副使、都察院僉都御史，撫治鄖陽。入爲大理卿，遷户部右侍郎，改禮部，掌國子監祭酒事。隆慶改元，上幸學，公進講《無逸》，賜茶，請告。起刑部右侍郎，晉南京工部尚書。卒賜祭葬，墓木拱矣。萬曆庚子，章等爲請謚於朝，壬寅詔下，謚文恭，錫之誥命，始祠公於清平城中。予按謚法，「恭」有九義。謚公曰恭，其尊賢貴義、執事堅固之謂乎？予師胡正甫先生嘗語章曰：「宇内講明正學，楚有黄安耿公，蜀有内江趙公，黔有清平孫公，吾豫章有南城羅公，皆賢人也。」已，予入蜀，予師與趙、孫二公皆捐館舍，乃合祀三公於大儒祠。及予入黔，别鄒爾瞻江上。爾瞻曰：「黔中孫淮海、李同埜、馬心庵皆致力斯學，君此行惜不及見三君耳。」予平播後，輯《黔記》，乃合三公類傳於理學。已復爲公請謚而得「恭」，乃知正甫先生與爾瞻言不我欺也。嗟乎！公亡易世之裔，而得易名之典，人情所極慮不能必得之身後者，公不慮而得之，遭逢聖明，視李、解、鄒三公千里矣。公所著有《學孔精舍彙稿》、《易談》、《四書近語》、《教秦語録》、《春秋節要》、《律吕分解》等書共若干卷，發明聖學，具載諸書，立朝大節，他日國史當有大書之者。兹紀公請謚及建祠顛末。祠即公書舍故址，袤若干丈，廣若干丈，中爲堂，祀公，堂外爲門，顔曰「工部尚書孫文恭公祠」。祭田若干畝，俱在碑陰。國朝德州田雯《孫文恭公祠碑記》：余於戊辰奉撫黔之命，驅車萬里，道經楚南湘沅地，見三閭大夫、新息侯二祠，幾徧五溪七澤間。入黔則不祠，祠竹王。夫三閭大夫楚之放臣；新息侯壺頭一戰，楚人惜之，尸祝俎豆之，千百載不少衰，宜也。夜郎竹王，其事怪誕不經，黔人何以祠？武鄉侯度瀘之役，大有功於黔，貴筑銅鼓山爲諸葛貯甲處，陳迹猶存，黔之人又何以不祠？余入黔，慨然爲立丞相祠堂於涵碧潭上。迨考《黔志》所載，清平孫文恭祠今廢，墓在邑西五里，蔦葛蒙薈，狖語熊鳴。公之一抔土，雖樵蘇莫辨矣。嗟乎！當明世廟時，邊寓乂安，崇尚儒術。公一鬼方産耳，以著書講學自任，樹立勳名，入爲司成，出應節鉞，有古仲山甫風。何以歷今不二百年，里之父老及公之子孫，遂無傳聞紹述之者？所以於入黔時，搤掔抵掌，慷慨論列，流連追慕其爲人，且重有感於祠之廢而彖歔流涕也。公姓孫氏，名應鼇，字山甫，别字淮海。先世揚州人，以流寓占籍清平，舉嘉靖癸丑進士，累官南京工部尚書。卒其謚文恭，則萬曆間，從黔撫郭青螺之請也。公著述數種，有《學孔精舍彙稿》、《易談》、《四書近語》、《教秦語録》、《春秋節要》、《律吕分解》諸書，詩賦若干卷。夫蠻髦之邦，農不習耒耜，士不治詩書，官斯土者，必表章一二前哲，所以扶植綱常，祓濯習俗，庶可潛移而默化之。不然，羅施鬼國，未有積十數年，近或五、七年無疵癘、夭札、刀兵、水火之患者，以公文章理學事功，而顧可使之闕而不耀耶！則余今日之祠公，亦猶青螺請謚之意也。余嘗謂畏壘祠庚桑，有垣墻蓬蒿之喻。大抵人情各樂祀其鄉里之聞人。齊人高石慶之行，立石相祠。白居易以文章名，没而鄉人祭其墓，以視欒公之社，朱邑之桐鄉，有間焉。武鄉侯功在征蠻，余既爲黔人祠之，則文恭可知矣。祠之上，高柳澄潭，小山叢篠，可與丞相祠堂遥相望也。是亦黔人之幸矣。清平令許君國幹曰：是不可以無記。蓋祠成於辛未之春，遂以文請。值余以憂去黔，逾三年，官京朝，殆復二年，許君書凡六至，始爲文寄之，鋟之石而系以辭。香爐峰童，麥沖瀧黑。嶌音駭駭，苴風瑟瑟。毒霧運帚，碧空垂蔓。粹靈雧集，王後鄒前。曰誕偉人，淮海山甫。伊吕其疇，程朱之伍。神囂獨立，仙的孤臨。絳花枏落，翠筑幽尋。經行牢牢，儒林長德。輷輷啟啟，髹人樊客。遺文墜翰，駢出横陳。周情孔思，一代名臣。經師人師，大雅俩佛。歷位司空，才猷躒違。迓鼓盜竽，僞體别裁。醇儒正學，範往圍來。李杜雄辭，徐庾麗句。焱逌容裔，鈞天磬頀。爰有遺廟，平邑宝岡。何以妥之，不疚其光。胸春旦鐵，梳烟劉草。鳳衰雉噫，日晚官道。剡楔磨石，紺文紫錢。擺雲捩風，用永千年。平仲君遷，干霄蔽日。擽其下者，徉獚狫犺。許君賢宰，百廢聿興。無隕芳躅，齣齧馮陵。萬里而來，蕩櫛鯉雁。俾余摛詞，青螺再見。舊植荒落，華顛白紛。倪腕渴筆，何以爲文？岙研覃思，言齇且陋。觸懷誰昔，遥酹酘酒。堙山塹谷，狁鼉雨風。長卿晚翠，蔄子秋紅。友芝《書淮海先生楷書〈諭陝西官師諸生檄〉石本後》詩：孫先學孔開精室，手闢山荒衍儒術。偶然游藝逐文人，事事元超俱第一。緒言近語伴詩卷，逦歲搜從鄭鄉出。小編已括洛閩要，短韻亦登顔謝匹。水聲天影蕩壁窠，騰擲蒼崖記雄逸。剩珍手迹十字奇，斷楮零碑難更覓。東皋草堂坐逃暑，連屋書堆比禾秩。眼明一卷古斑斑，樂輪黄庭相甲乙。循章訝即使秦教，署尾模糊辭可質。請書伐石餘系言，更補叢殘舊亡失。先生蹈道薛蔡儕，體用自抒經國實。史家行蹟慨奪漏，名姓依稀藝文帙。傳業無人朝市改，舊録消沈逾十七。平生師道頗自任，温故知新啓程律。燕雍秦嶺兩薪火，衣德紹聞争屹崒。農師授藝效美豊，不免饑寒取嘲詰。醫家榮衛匪自度，暫事治人寧愈疾。圜橋書闕此巋在，過化知根檢身密。況兼楷法足摩挲，心畫精英粲元筆。我生苦晚三百載，不得摳趨承作述。爬逡斷簡致恭敬，稍稍不摇邪説詸。年來烽燹赤沅首，村郭荒煙莽蕭瑟。北來副墨尚無恙，後死孳孳定逢吉。乞歸襲入子本藏，遍示同方味芬苾。遵義鄭珍《和邵亭題淮海先生書諭陝西官師諸生檄石本韻》〔一七〕：古人已入長夜室，不賴後死固無術。精閎零滅俚俗在，幸否早嘆歐六一。雖然此中有堪信，虎氣所在必騰出。孫公學孔開南荒，邃藪同時幾人匹〔一八〕？但論位業足佳傳，鄰子門單史因逸。後生不復重國故，遺著至今難覯覓。君於鄉獻誠殷勤，拾盡群翚得秩秩。一篇瑶草寄幽心，十紙緒言申命乙。作詩遠逼郭景純，近語尤似羅文質。前賢傳者亦不盡，但見奥要餘可失。每從吟諷想聲貌，若遇其人大而實。摳衣奉手慨末由，鄉往徒珍轉鈔帙。宗伯橋邊有心畫，久恨苔封十六七。何期手楷此無恙，紫陽學諭黄庭律。真儒信是無不能，岱華峰峰總嵬崒。獨嘆師儒繫邦國，古風一去何由詰。當時弊蠹固不淺，病雖賁治猶號疾。而公破迷與嚴範，已令汗下如雨密。貨取兵選愈曠奇，問公儻見作何筆。咄哉養才造士具，大質小劑那忍述。與君誓守萬金璧，自度營衛莫受詸。世有升降道不變，箏琶敢敓古琴瑟。蒐訪心勞鬼當相，特要康强又逢吉。心葬同野仍闕如，瓣禱爲君致芬苾。

【校勘記】

〔一〕一百六十三首：原作「一百六十四首」，今據此卷實收詩數校改。
〔二〕蔡白石甘雨堂：清光緒六年莫氏刊本《學孔精舍詩鈔》題作「咏蔡白石甘雨堂」。
〔三〕期袁雲麓不至：《學孔精舍詩鈔》題作「望袁雲麓不至」。
〔四〕憩龍泉洞爲李默虚隱所：《學孔精舍詩鈔》題作「憩李默虚龍泉洞」。
〔五〕香濃：《學孔精舍詩鈔》作「香叢」。

〔六〕銅江：《學孔精舍詩鈔》作「銅山」。
〔七〕寄桃岡諸友：《學孔精舍詩鈔》題作「寄桃岡諸人」。
〔八〕鑑川：《學孔精舍詩鈔》作「鑑州」。
〔九〕日日：《學孔精舍詩鈔》作「昨日」。
〔一〇〕玉簡峰：《學孔精舍詩鈔》題作「玉筍峰」。
〔一一〕余亦述數章：《學孔精舍詩鈔》作「余久荒于詩，亦聊述數章」。
〔一二〕答群公：《學孔精舍詩鈔》作「因答群公之貺云」。
〔一三〕筋竹：《學孔精舍詩鈔》作「斤竹」。
〔一四〕紺葉攢：清乾隆六年《貴州通志》卷四十五作「紺橐攢」。
〔一五〕朋從：《學孔精舍詩鈔》作「朋儕」。
〔一六〕此詩題，《學孔精舍詩鈔》題作「聞王鳳洲大徵材官閱武郠郊賦此六詩奉贈」。
〔一七〕此詩鄭珍《巢經巢詩集·後集》卷三原題曰：「前八九年，訪得明清平孫文恭《教秦緒言》一卷刻本於其家祠中。今年夏，莫郘亭從吉安周小湖作楫觀察寓所搜得石本，前題《諭陝西官師諸生檄》，其文即緒言也。末多自書後一篇。尾行款識模糊，審識是嘉靖壬戌秋九月淮海山人孫應鰲書，乃知爲公筆迹。訊小湖，云得之西安，則此石或即存碑洞也。郘亭作詩書其後，因韻和之。」
〔一八〕邃蓺：鄭珍《巢經巢詩集·後集》卷三作「邃詣」。

黔詩紀略卷之九

明

邵明經元吉二首

元吉，字黄裳，普安州人。父華譜，舉正德十一年鄉試，官重慶府同知，發奸白誣，郡人稱神明。黄裳性孝友，博通經史，嘉靖二十五年省試首場出，若聞行路人語：「重慶邵郡丞病者。」黄裳心動，急返旅舍，束裝倍道走重慶省父。比至而父已没。哀毁骨立，匍匐扶櫬，經播州遇虎同行指茅屋令避，黄裳泣下弗忍離父柩，虎竟去。鄰火延其廬，左手抱父主，右手掖母出，再入取圖書曰：「有先人手澤在。」火亦旋息。應貢入都，視仲弟元善於通州，不語不食，時時泣下。弟問故。曰：「我思母欲歸，不願仕也。且有我奉母，爾始得一意報國。」即棄牒歸。母方思子致病，一見良已。黄裳以母病，遂善岐黄云。弟元善、元哲、元高皆黄裳教以成。孫淮海先生爲作《邵隱君傳》。元善自有傳。元高三十一年舉人，官同知。元哲三十四年舉人，四十四年進士，萬曆間知淮安府。城東澗河通射陽湖入海，爲輸灌咽喉，久淤，疏濬之；增築城西長堤，障黄河下流之决。建閘壩以通漕艘。淮人肖像祀之。歷官雲南右參政。黄裳兄弟皆有文名。今惟黄裳、元善僅有存者。

寄孫山甫二首

聖代何容隱，無才況有親。世皆嗤我拙，君獨喜其真。勤遲初衣暇，相存荒澗濱。高歌出巖谷，風物與光新。

人人能學孔，聞者遽難尋。有善同堯舜，精言見古今。黔牂數先獻，尹謝久希音。勤子張斯道，慚余老病侵。

按：尹、謝蓋謂漢道真、晉茂理。道真已見第一卷。《華陽國志·士女目録》：「忠義，冠軍將軍、寧州刺史謝恕，字茂理。毋斂人。」又《後賢志·侯馥傳》：「王遜議欲遷牂柯太守謝恕爲涪陵太守，出屯巴郡之把口。表馥爲江陽太守。」「馥招降夷獠，繕舟艦爲進取計。預白遜請軍移恕俱出涪陵。」又《南中志》：「永昌元年，晉用南陽尹奉爲寧州刺史、南夷校尉，威刑緩鈍，政治不理。咸和八年，遂爲李雄弟壽所破獲，南中盡爲雄有。唯牂柯謝恕不爲雄所用，遂保郡，獨爲晉，官至撫夷中郎將、寧州刺史、冠軍將軍。」《晉書·載記》：「李壽遣其鎮東大將軍李奕征牂柯，太守謝恕保城拒守者積日不拔，會奕糧盡，引還。」據諸前載，茂理守牂柯，遷涪陵，皆當在永昌前，而咸和猶爲牂柯。保郡爲晉，豈守牂柯之文猛爲雄執，仍以茂理爲之耶？《省志》謂茂理永昌元年守牂柯，官至忠義冠軍將軍，則誤以尹奉刺寧之年屬之。又不知「忠義」是常《志》品目，如「文學」、「政事」，比其官名，止冠軍將軍也。

邵僉事元善一首

元善，字台山，普安州人，元吉弟也。嘉靖二十二年舉人，授峨知縣，擢民部郎，謫通州判，改知涿州，被逮獲釋，謫判辰州府。所在有治行，至是乃得卓異薦。四十四年，吏部尚書嚴訥奏請破資格拔幽異，擢廉能吏九人，下僚競勸，其一爲邵元善，即是其事。《明史》載平湖陸光祖爲文選郎中時，破格擢廉能吏九人，下僚競勸，其一爲邵元善，即是其事。光祖擇而訥奏之。《方志》失其行蹟，爲可惜也。普安諸邵，文譽噪一時。台山尤長詞賦，工吟咏，著有《賢奕稿》。□□陳宗虞爲之序，擬以元道州，可想像其風概。《序》云：《賢奕稿》者，今普安郡大夫台山所爲詩。大夫初令峨，遷司徒郎，謫通州，量移涿州，載謫辰州，皆有佳政，不論。論其值之變者，涿畿輔首，地衝而費鉅，憊極矣。民間窮者骨立；勢者虎負；繇不得供命者，日益水火，則繹繹而亡。仕者即不官，不樂刺其地，雖覲謁者苦其途，誰振而理之？大夫至，不逾月，檢籍均徭，抑豪强，稽隱脱。自是疲者少解，亡者繈負而歸，閭閻甫如更生。顧豪姓不便者，含沙其旁矣。果中於中貴人飛語，上聞，收大夫焉。乃涿父老扶杖携兒，叩闕三上疏，白其事。昔杜子美覽元道州詩，誌之云：「今盗賊未息，知民疾苦，若得結輩十數，落落然參錯天下，萬物吐氣，治安可待矣。」嗟乎，良吏之難，自子美時然矣。今海内兵戎俶擾，憔悴日劇，不獨一涿州然。顧大夫者可多得邪？乃道州《舂陵行示官吏》之作及所著《元子》等篇，照耀簡册，長與金石不磨，則豈謂大夫今《稿》不萬千祀愛而傳也？惜訪求未見，惟《碧雲洞賦》、《五栗山人詩序》

及一詩存耳。《序》已附見《湯伯元傳》中，《賦》尤瓌偉。其辭曰：推古今之物理，慨巨靈之神元。奠萬彙之位置，配真宰之自然。惟兹洞之奇妙，非此乎其誰先？承滇首黔，面坤負乾。吞三川而爲一，納萬壑之風烟。翠屏當門以爲立，雲石歷亂而懸垂。鬱澒洞而噴出，髣重沓而翔飛。青黛緑玉，焕彩生輝。顯敞朣朧，乍明乍蒙，踐莓苔而始入，迥然攝蓬萊之仙宫。飛流澎湃，溶溶落落，挂清光於露壑。晨光熠燿，煙霏漠漠，象啓明於閶闔。爾其峭壁如肺，厚薄殊形。擊之而神鉦清越，扣之而珠玉哀鳴。雜流泉其間奏，況聞廣樂於洞庭。緑波澹澹，金沙淋漓。當盛夏而凝冱，入隆冬而温熙。此其洞靈之醖釀，而氣候之均齊也。軼淩陰之地室，穿窈冥之洞壑。上嶢峥以曡崖，下嶄巖而嵒崿。眇塵世之踪迹，分洲渚其脈絡。雖假曜於松膏，乃須臾而有獲。足進目朗，豁然陽開。劃天梁之高館，偉造化之鴻裁。縱耳目之觀聽，駭神識之恢恑。仰矯首以高視兮，目冥眴而亡見。徒徘徊以徨徨兮，魂渺渺而昏亂。於是斂衿危坐，發蓋揮麈。凝神定志，以遊以睹。望天窗之洞啓，漏陽靈而迸射。中無微而不照，粲明珠之不夜。既泬寥以爣朗，亦鴻紛而糺錯。恍天宇之浩蕩兮，厥高廣而不可虞度量。湯湯驚波，滔滔駭浪。觸石則雹激雷奔，安流而淵渟演漾。夏潦既盡，澄潭載清。漏石分沙，坐空明而數遊鱗。飛濠梁之逸思，得世外之閑身。沈度潛溢，去無止極。層石清瀾，此焉遊息。巘巘珍臺，目以流雲。越潢溪而超陟，聊肆志以怡神。景炎燎爤，浮烟滿宫。祥光灝氣，浮游空中。信鴻筆其莫狀，何繪事之能容！乃有碧眼番僧，依倚崖阿，儀狀突兀，舞袖婆娑。西方佛子，東土大士。或踞石而趺跏；或蟠厓而仰唏。絶壁巖巖，有龍升天。華蓋垂珠，鱗甲新鮮。虎豹獅象，大小殊狀。斯乃靈液之所融結，故經歲月而益長。石龍之下，懸水之濱。晶石爲田，畎畝匀紜。高低連絡，溝塍困輪。天草琅玕，羅列繽紛。酌玉醴以解渴，茹芝英而頤神。將呼龍而鞭虬，乘雲霧而爲霖。尋不死之大藥，冀古仙之所云。削壁嵌空，鳥道才通窅然一竅而莫知其所入，非夫羡門赤斧其奚從？煉丹遺竈，紫泥舊封。丹器畢具，烟霞豐融。雖靈仙之幻蹟，亦譎詭而奇工。天窗之裏，浮屠崛起。上柱天極，下維地紀。界天光而兩分，蓋日月之所蔽彌。乃若層級之狀，玲瓏之象。大小相連，疏附拱向。青蓮倒垂，緇衣揖讓。盡礬繭之居，蓋猶未能萬一其模放者也。天宇晶瑩，玉雪飛空。迴環往復，并包兼容。靈奇恍惚，變現出没。晴嵐朝凝，紫烟暮屬。容光所遺，蘭膏是續。爾乃結裳扶藜，岑岑高躋。猿猱避續，潛虬登梯。仰通天而直上，俯萬山而皆低。坐石牀而少憩，復迴盼以神迷。但一氣之鴻濛，分仙凡其在斯。吾亦莫測其神妙之若此，即方壺、蓬島其誰知？想八駿之皇輿，泛覽乎崑崙之墟。遺神州與赤縣，即皇帝之仙居。倘荒忽而謬戾，即比況其焉如。遠眺川原，平楚寒烟。林麓之饒，彌皋被阡。溝洫脈散，沃野墳腴。黍稷油油，芳樹離離。涌川滙瀆，渺渺悠悠。水當春而澹渌，花夾岸而芳柔。周道臨溪而紆曲，恣士女之行遊。擬桃源之幽秀，豈金谷之人謀？亂曰：仰止至人甘遁藏，韜名晦迹含伭光。遺世獨立還太清，何必飄舉朝玉京。廣入空同與世忘，涓栖巖壑褰衆芳。徐入海島隔渺茫，大藥可就天難升。今者不樂將何營？御風而行徇我情。佩蘭紉蕙雜杜蘅，枕石漱流調絲桐。拳石可娱矧洞中，於焉逍遥以徜徉。

紅崖

紅崖削立一千丈，刻劃盤迴非一狀。參差時作鼎鐘形，騰躑或成飛走象。諸葛曾聞此駐兵，至今銅鼓有遺聲。即看壁上紛奇詭，圖譜渾疑尚詛盟。

按：紅崖在永寧州西北，崖側有洞，深廣數十丈，或時聞銅鼓聲，恍見崖上紅花如雨，其年必有瘴癘。土人率以烏牛、白馬禳之。圖譜者，《華陽國志·南中志》云：「其俗徵巫鬼，好詛盟，官常以詛盟要之。諸葛亮乃爲夷作《圖譜》，先畫天地日月、君長城府；次畫神龍，龍生夷及牛、馬、羊；後畫部主吏乘馬幡蓋，巡行安恤；又畫牽牛負酒齎金寶詣之之象以賜夷。夷甚重之。」附友芝《紅崖古刻歌并序》。《序》云：紅崖削立貴州安順府永寧州西北六十里諸葛營後山上。深刻其端，凡四十許字，參錯不作行，不正均，大者逾徑尺，小或五六寸，字所占，高可七八尺，廣三之。字赤而石青。晚晴日射乃畢露，望若圖五嶽，形若鼎鐘糾結，銘劃若雜寫物象。其土人習稱「孔明碑」。嘉慶中，武威張澍介侯縣令撰《續黔書》〔一〕，乃指爲高宗伐鬼方紀功之刻。道光之年，陽湖吕佺孫堯仙開府與守刺者謀崖下〔二〕，爲十尋架閣，以施氈拓，費不貲。又地高多霧雨，常十日不得一紙，故堯仙亟縮本以行。尋新化鄒漢勳叔績郡丞撰《安順志》〔三〕，輒省併其字爲二十五，著釋文，助吕跋，伸鬼方之説，其詞甚辨。自是府州又依鄒釋省併，仍字大小比密以就篇幅，别刻木本應索者，以故行本百無一真，轉不若堯仙縮臨尚存仿佛也。文匪分隸，其不自諸葛不待辨，高宗撻伐，亦于地理乖錯不安。因思《禹貢》雍、梁，并以黑水爲州距，又有導黑水至三危入南海之文，驗蜀南入南海之水，以滇、黔之南北盤江會爲鬱江者爲最大，斯崖適近二盤之會。二盤源處左右夾滇池，《漢書·地理志》「滇池縣」下云〔四〕：「有黑水祠」。鄭康成即引以注《禹貢》。見《史記·夏本紀集解》，是即二盤爲禹所導黑水之確證。禹導黑水至三危，而是崖近其會。然則是刻殆三危禹蹟與！貴陽本唐矩州，宋、元併于羅氏鬼國〔五〕，明設衛，置行都司，開行省，乃并云貴州。矩、鬼、貴，一聲訛轉，非有三地。且在安順東北，不能越而西南。鬼方無他師説，惟干氏《注易》以爲北方國。《毛詩傳》但云「遠方」。余意殆即鬼侯九侯國耳。武丁縱勤遠略，而三年懸師萬山中，亦事理之必不然者矣。儀徵相國考黑水，以爲在雍、在梁，名同地異，最是。三危亦然。故梁州所距當自滇池循南盤以達于北盤之會，雲、貴俱包其半，乃于經文地形兩無搘拄，顧不能核兩源之夾漢祠以定一説〔六〕。猶歧疑于瀾滄禮社之愈荒遠，亦其疏也。

咸豐庚申四月，友芝將出都，吴縣潘伯寅祖蔭大理趨爲歌詩，書其藏拓卷端，因傳經義，正昔謬，冀屬和以張之。歌云：「《禹經》黑水既茫昧，《箋疏》苦索金沙壖。三危入海向何處？一任北轍馳南轅。紅崖攫出夜郎國，龍畫螺書長結蟠。我循漢祠肸源受，神蹟恍遇隨山刊。洪水坤維患匪劇，四載所勩排瀹便。衍亨南瀆在指顧，馮高息橋千峰寒。劖辰鑿宿恣興會，六丁雷電相後先。形成五嶽氣九鼎，光怪爛溢朱明天。邊荒不識明德遠，但記諸葛威群蠻。齊火銘勳久放失，訝此磥硌猶孱顔。千秋萬歲一丞相，舍彼不屬當誰專？矩州鬼國貴行省，循聲誤讀訛仍沿。儒生考古別羿些，寅車漫附弇山鐫。湯孫中興撻殷武，有截不越荆楚間。鬼方九侯一國耳，何事鄙遠勞三年。從知等爾匪事實，武威誤筆承呂佺。疆州頗怪朏明隘〔七〕，梁徼竟斷巴符關。分明南交著《堯典》，正夏宅已逾宛盤。三危黑水異梁雍，儀徵要義精不煩。惜哉弭節失刓剔〔八〕，禮社蘭滄歧未删。衡碑作僞敗楊慎，嶽麓棄擲無人憐。斯崖晚出見典則，副墨脱手争騰騫。字青石赤又岣嶁，氣壓周鼓商杅槃〔九〕。誓當箋詁詔永久，奉此石祖彌經藩。叔重古文換秦篆，十不存一苦斠銓。稍從乘馬究虞孚，水書竹曆參摩研。略明格西戊辰字，象象龤舞承白環。意爲部居就屬讀，斷續瞀眩愁難安。伯寅廷尉喜創論，趣實歌咏開其瀾。壽陽馬平助旁督，取證更拓張南山。浪書肥見了逋負，才薄奈此苔花斑。庶緣索和博大句，持壯里典榮南還。」「濟火銘勳」者，濟火從武侯南征，摩崖紀功，隸書二行，有「炎興」年號，在大定府北柯家橋側。今訪求猶未獲。章永康子和所言。「乘馬虞孚」、「水書竹曆」者，《管子·乘馬》數篇云：「有虞策乘馬，已行矣。」蓋虞幣有乘馬之名。今流傳乘正當金，尚乎及虞一釿等幣，頗有文字相證處。吾獨山土著有水家一種，其師師相傳，有《醫》《曆》二書，云自三代，舍弟祥芝曾録得其《六十納音》一篇，「甲子乙丑金」作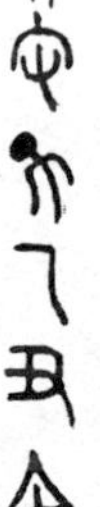；「丙寅丁卯火，戊辰己巳木」作，且云其初本皆從竹簡過録。其聲讀迥與今異，而多合古音。核其字畫，疑斯籀前最簡古文也。南海張南山維屏爲《鬱水考》，亦以南北盤江爲《禹貢》梁州黑水。

徐秀才潞 一首

潞，字文邦，龍里衛諸生。衛今爲縣。其先浙江山陰人，族有來戍龍里者。其父鏓因著衛試，籍龍里。士人嘩之。鏓以教讀自晦，授童子《孝經》，故謬其讀，士人笑曰：「是不足逐也。」已而舉弘治二年鄉試，官雲南巨津知州。歷攝嵩明、鎮南、江川、禄豐、三泊諸州縣。以先後撫定孟密臨安亂功，升夔州府同知。生三子，潞其次也；長淮，少渭。淮亦衛諸生。據《貴陽府志》。《徐文長集·伯兄淮志》乃不及此，姑存疑。并鏓詩俱無傳。渭返山陰爲名諸生，詩才絶勝，在仙鬼之間。以其不嗣父籍，且所著《文長集》及《逸稿闕編》等流傳已久，無俟表章。雖《貴陽志·人物》所收，今亦不録，惟存文邦一詩。附：徐渭《仲兄墓誌銘》：兄諱潞，字文邦，長兄淮同母弟也。始與長兄俱隨父仕滇、蜀間。後歸，補府諸生，考輒不利。私念：父昔以貴州龍里衛戎籍鄉舉，而隨父官滇時，嘗記姓名於衛學，於是一旦挈嫂氏往入衛學，考輒第一。衛諸生忌之，相鼓告詐冒，其後場中文已中選，拆糊名，竟以是避忌落榜。後三年，丁繼母苗宜人憂。迄庚子復得應試，而布政使職提調者，故紹興知府洪公也。素忘分，日與兄銜杯，心注焉。而兄竟以痢舁歸衛。追唱名，入諸生，驚問：「徐生安在？」令卒遍號之城中，而兄竟以是病死。死年纔四十。於乎，兄亦勤矣！兄在家，煦煦一公子耳。乃因困發憤，舍其貲，走萬里道，與僮僕食糲衣麤，入洞箐，穴虎處，取縠息於蠻子，而嫂則自釀酒，漉菽爲腐，或爲人縫刺以自給。於乎，兄亦勤矣！兄性聰明純厚，善諧俗，其去之衛，學益進。都御史陳公討叛土官阿向，久不克。上策一篇，大奇之，立簪花，袒絳繒，給筆墨札。其後稍爲古詩文，而衛固少文，故自撫按大吏以下，至百户軍人家，靡不敬藉兄。然俗獷悍，少焉輒忘其好，或拳歐，而吾宗人爲甚。兄生弘治某年月日，去家若干年。死時嫂童氏火之，拾其骨以歸，葬父旁。無子。始兄將去，筮之，得《離》之九四，人至是以爲驗。銘曰：父入虎穴得虎子，其子從之焚如死。同所行，異所止。命也夫！

叫　泉〇蓋即今龍里縣南五十里之呼應泉。

靈泉能濟衆人渴，默對曾無一勺多。千呼萬叫應不爽，滿腹豈異江與河。荒山叢叢孰主宰，閶脈隱隱空巖阿。安得移之九馗道，遍酌堯尊飲太和。

來集之《倘湖樵書》：「呼應泉在龍里衛，俗名叫水泉。脈淤滲，呼之則涌出，僅足掬啜，後涸。雖日百呼，皆應，亦甚異矣。」

金秀才鳳 一首

鳳，字梧岡，平越衛諸生。楊義司副長官金鼇弟也。嘉靖八年，長洲陸粲子餘以給諫劾張璁、桂萼，謫都勻之都鎮驛丞。驛在麻哈州介都勻、平越間。驛舍廢，無可居，常寓平越城，衛諸生爭相從問業。鼇爲供束脩薪米。子餘喜衛士多質慤，惜其見聞之狹也。舉所携《三蘇文粹》授讀以資文法，鼇請刻而傳焉。子餘深于《春秋》。諸生授《春秋》學者，又鳳爲之冠。故其父副長官洪卒，子餘爲之銘墓。其同學生有劉祥、劉奇、徐濂、馬章、彭遵、歐陽世雍、徐柯等校勘蘇文，見于卷末。今惟鳳、奇各存一詩。附陸子餘《貴州楊義司副長官金翁墓誌銘》：貴州蓋古牂柯之域，今其地爲戎衛者，以十數，平越最大。自平越之境所通爲安撫若長官司者以十數，楊義最大。楊義地可數百里，其所治曰楊山，其爲之長者曰金氏。金氏之先世雄於其土。明高皇帝時，遣大將軍出師，下滇僰諸夷。道出平越，金氏母聞之，率所部詣軍門降，且以羊酒獻，大將軍喜，承制慰勞，始奏更其司曰「楊義」以旌之。命金氏母之子孫世爲副長官領其衆。其衆咸喜曰：「嗟！吾君之有此爵土，乃吾媪力也。」迄今稱之，以擬洗高涼云。三傳至翁。翁諱洪，字某。自始仕，即以才諝知名。每有寇警，方鎮大臣以檄調諸司兵，諸司狐疑，相杖莫先發。檄至翁，翁捧跪，戴首起讀一二行已，即瞠目援弓刀上馬，令其衆敢後出者死。及戰，又甚力。所嚮有功，常爲諸司最。至他賦税徵發，率先期辦集。以故方鎮大臣咸愛重翁。迨其老，猶不聽卧家，遇重大事，常以屬之。有奸民造僞印謀據城爲亂，翁詗知之，密白上官，以計縛其人，餘黨驚潰，一境獲全。翁既曉暢世務，又多權略，臨事翕張，人莫窺其際。頗喜讀書。爲奏牘若文移，操筆動數千百言，自老宿吏誦之，未嘗不稱善也。嘉靖九年十二月十六日，以疾卒，得年六十有七。妻某氏。子四人：長鼇襲副長官；次鳳衛學生；次某；次某。鼇等以某年月日，葬翁楊山之原。貴州去京師殆萬里，諸酋豪依阻厄，擅殺生自娛，一方倜然，謂中國孰與我廣大，卒乃犯天怒，至舉種殄滅，無炊火焉。若金氏有土數世矣，恭謹不懈，子孫相傳，聲光益榮，曰爲善之福，非邪？陸先生曰：語有之：「順天者存。」余於金氏睹其教矣！是故録焉以勸忠也。鳳治《春秋》學，自余以謫寓平越，實始來從游。余銘翁，亦以鳳故。銘曰：楊山峉峉，閟此玄室。夫人不死，我銘在是。匪夫人則，銘以訓臣子。

送陸子餘先生次留别韻

先生來幾時，忽忽到别觴。明發一揮手，頓成山水長。先生有明教，畢世豈能忘？漸覺侏離風，换作詩禮鄉。我學苦未精，中夜起徬徨。安得從一笈，卒業稱所望。此願定遂未，宛轉愁中腸。

附子餘《留别金生詩》：「去年楊山宿，懸燈照華觴。今年發楊山，燈影如舊長。黯黯照離人，戀戀情難忘。豈不念良朋，客子懷故鄉。感子禮意勤，援手徒徬徨。後會焉可期，一别永相望。願言慎加餐，慰我愁思腸。」附先猶人府君《陸給事流寓傳》：陸粲，字子餘，長洲人。少謁同里王文恪鏊，許其必以文名天下。嘉靖五年舉進士，選庶吉士。七試皆第一，少師楊一清，稱爲達治通儒。遷工科給事中，勁挺敢言，曾下詔獄，廷杖三十。還職，又劾張璁、桂萼專權植黨，帝感悟，已罷璁、萼相。而詹事霍韜又力詆粲爲楊一清所使，竟召還璁、萼，而罷一清相。謫粲貴州都鎮驛丞。驛在麻哈州城，當都勻、平越之交。粲以歲庚寅至驛舍，廢不可居。粲往來兩衛間，僦舍以處，考誦經史如故。諸生有請業者，親爲講授。士始知文學，有掇科第者，在平越曾攝衛學教授。後稍遷永新知縣。尋以母老乞歸，不出。粲在謫，著《春秋胡傳辨疑》四卷。嘉靖辛卯二月自爲《序》略曰：《春秋》旨微而顯，胡氏說庶幾得之，惜其或失過求辭繁而聖意愈晦。謫居多暇，復披誦其《傳》，遇疑處輒書焉。久而成帙，以示從遊之士，多有駁而問者。余曰：「非敢異胡氏，實不敢異孔子耳！」雖然，敢遽謂是哉？當質深《春秋》者，儻取二三策乎？否則，無惑乎？諸君病吾言也。其《邊軍擔夫謠》述驛役之苦，深得古詩之遺，詩載《省志》。

劉秀才奇 一首

奇，字可大，平越衛諸生。長洲陸給事粲謫都鎮驛丞，寓居平越，可大從之遊。在衛士中頗能修飭文行。給事爲撰《平越西劉氏族譜序》，見《貞山集》。《序》云：劉奇氏譜其族，陸先生觀之曰：「不亦善夫！不亦善夫！」夫譜也者，宗法之遺意也。昔先王因生以賜姓，胙土而命氏以重本，始辯系類，明親疏也。小大之宗，源流秩然，罔有殽雜。故仁讓行而天下密如也。及其衰也，猶有譜牒焉，以識夫始終分合之故，使無忽忘而已。洎乎末世譜牒淪廢，族姓滋舛，故士有服冕乘軒而其族混于甿隸莫之收恤者。嗟乎！先王之禮不行而民之散也久矣。其孰能修而合之？劉氏之先，望于汝南，自宣武君聚從高帝戡亂，以功延世，賞其子義，始奉詔徙平越，人稱西劉氏。至奇五世矣，乃爲之譜，奇可謂有志者也。余也聞諸君子曰：「宗子之法立，乃有世臣。」信哉斯言也！今國家自通侯以及列校，罔弗世禄。然於宗法猶未遑及。是故奢麗同流，而象賢濟美之道闕焉。夫變俗者，庸衆之所驚也；復古者，中士之所難也。必也爲之以漸，則莫要於爲譜矣。譜立，故分明；分明，故義達；義達，故仁讓之道著，而宗法可行也。奇也爲此，將無意乎俾世禄之族，胥慕而效之。禮，其有弗興乎？故序之以勸有禮也。又《書劉氏先墓記後》：劉生奇，葬其父於外氏之墓次。陸子曰：「何居？我未之前聞也。」或曰：「生有爲爲之也。劉氏之外族，遠從而遺墓不葺，生之父念之，以屬其子曰：『我死則于是葬焉。子孫以吾故，乃無忘外氏矣。』故生之爲此，以卒父志也。」陸子曰：「生可謂不死其親矣，言合于禮則未也。昔者曾子稱子從父之令爲孝，仲尼非之。楚屈到嗜芰，將死曰：『以芰薦我。』其子弗從。君子曰：『違而道。』今夫念其外氏而以身殉之，雖篤于親，其于禮也遠矣！如之何從而弗違也？」曰：「如墓之不葺何？」曰：「存則謹視之，没則書其言，著其不忘之意以示子孫而已。子孫而賢也，不忍忘其親，而忍忘其言乎？其不賢也，雖以身殉之，無益也。」「然則爲生之道者奈何？」曰：「夫孝者，必以禮處其親，則不憚改作。爲生之道，無亦卜地而遷諸，猶爲善也。」生聞之曰：「諾。將遷矣。」

呈陸子餘先生

萬里柱蒲路，欣來君子行。文章傳震澤，經訓續陽明。陽明在龍場著《五經臆説》。先生來都鎮著《春秋胡傳辨疑》。道在忘遷謫，山荒起俊英。翻愁賜環去，術業驟難精。○牂柯郡有柱蒲關，見《漢書·地理志》。

陳主事治安一首

治安，字□□，貴州宣慰司人，嘉靖二十八年舉人，明年成進士，官南京工部主事。《千頃堂書目·子部·雜家》有《陳治安貞言》六卷。

送江長信中丞致政歸歙〇見《瑞陽阿集·附録》。又有《送行序》一篇，今不録。

秉鉞曾提百萬師，歸來松菊舊襟期。尊浮緑蟻餐金瀣，社結青山采紫芝。五畝久耽司馬樂，一枰猶戀謝公棋。徜徉信有林泉在，恐負蒼生社稷思。

宋主事儒二首

儒，字大中，麻哈州人。其先自定州以征南功，元時爲犵狫砦長官司。明洪武五年，改置麻哈長官司，隸平越衛。弘治八年升麻哈爲州，隸都匀府，改長官爲土同知，皆宋氏世襲。嘉靖二十八年，儒以土官支子舉于鄉。隆慶五年進士。選庶吉士，改禮部主事。開麻哈科第之先。而《省志》、《鄉會題名》皆注云：「都匀人」。是時麻哈未設學，試籍皆附都匀也。禮部少在子衿，大有令譽。一通朝籍，遽負初心。萬曆初，與兵部主事熊敦朴不相能，時張居正秉國，遂誣敦朴欲劾居正，屬尚書譚綸劾罷之。既而誣漸白，遂爲兵科右給事中陳吾德所劾，亦謫之外。歸復恣横於鄉里，竟以法死。

送督學吴川樓先生〔一〇〕

昨夜文星出夜郎，馬頭綉斧晝飛霜〔一一〕。名成七子還稱最，學冠三吴早擅場〔一二〕。南國衣冠瞻海嶽，西征風雅壯黔牂。何堪一曲梅花調，吹送離情入楚湘。

答張鶴樓刑部分韻

忠言留諫草，文彩焕天葩。一入滄浪後，誰能念國家？

黄太平堂一首

堂，字□□，平壩衛人。舉嘉靖三十一年鄉試第二，選浙江常山教諭，遷知江南太平縣。尋，升太平知府。以仁厚廉明稱。弟宇，宇子運昌，并自鄉科有聲。守令宇字禮門。隆慶初選貢，中萬曆四年舉人。知雲南呈貢縣，師宗、羅平二州，升廣南知府，調廣西潯州知府。奉命賜副使銜，佐敕使封安南國王。善辭令，爲安南君臣所敬禮。復命敕建五膺坊獎之。播州楊應龍反，監雲南、廣西軍進討。事平遂致仕。生平好古力行，品性芳潔，爲鄉里宗法學者稱「禮門先生」。運昌，字鼇潭，萬曆三十四年舉人。由蘇州通判晉北直永平知府。屢經兵燹，防禦安輯，備極勞瘁。其告歸也，督師孫承宗飭貴州有司，建「望係蒼生」坊以旌之。其牘云：照得永平殘破之後，廷乏簿書之吏，野遺戰死之魂。太守黄運昌獨能迅掃腥聞，肅清膻穢，方且張空拳爲百應，方且推赤胆於多紛，方且爲公家察吏安民，方且爲百姓求田問舍，方且集中澤之鴻雁於稻粱，方且弄壁上之貔貅於股掌。其懇惻則陽春先行百骨，其愷切則燎光夜映青燐。所藉繕械儲器，秣馬厲兵，安反側於片言，照逃亡於寸燭。獨坐抱龍山曉月，特標來孤竹清風。温温訓將吏之驕，澤澤還士民之氣。提携左右，佐我股肱，亦且紲絆後先，恃爲犄角。乃自當勿藥，而道在知幾。頓失良朋，有懷高尚。漸逵可儀鴻羽，旌閭庶念勞人。

合就施行。未幾，水西叛酋安邦彦圍衛城，傾資募守，城賴以全。其學行亦能世禮門之家，惜詩皆無傳。

觀音山絶頂〇《思南志》載此詩，當爲中和山觀音寺作。

荒城聳碧岑，久坐淨禪心。不雨苔常濕，無雲洞自陰。僧閑祇樹冷，鳥語落花深。高陽有元度，支遁足相尋。

黄　閣二首

閣，未詳何許人。《黔風録》次黄堂後。載其《雙明》、《峰亭》二詩，皆今鎮寧州地。閣，其安莊衛人與？

雙明洞〇洞在鎮寧州西五里，又名紫雲洞。

天外鍾佳勝，偏憐避地開。懸崖喧一島，虚谷響如雷。水自群山落，人從曲徑回。寄言車馬客，知否是仙臺？

附貴溪徐樾《雙明洞記》：樾按考畢事之日，州守莫子讚、漆子登及守備謝欽以遊觀請，願半日留爲山洞光。予一笑而往。抵洞蒼然，兩山夾道，下有寒泉注爲澄潭，怡然我懷。從者曰未也。白石壁立，半折崖側，下有通徑，劈竇圓如滿月，奇哉洞也。從者曰未也。緣門以入，小徑夾崖，前峰屼嵂蒼碧，潭流穿石折而西迴；又一方渚，磷磷有聲，雲氣覆面。静觀山色，山影沈澄如鏡。東西風日相射，南北繚繞，石盤如蓋，衍土一區，可坐可憩。往百步餘，而輿入風泉雲壑之外矣。顧崖間石笋數尺，形類莊點佛座，虚可容背，傍婉曲侍童環立者可數人。俯皆平石。檝欣然據笋而坐其巔，莫子、漆子左，謝子右，席平石也。小子者數人負歌而前，命之歌，予盼流泉而莫測其往。小子再歌，予再和之。莫子歌《伐木》，節以磬，水石泠然，交奏好音。徐子頽然發浩歌。童冠者八士摳衣而進，立斯須，間歌《湛露》。前溪横小梁渡涉者，莫子起以請，曰未也。渡此則雙明洞矣。徐子臨水却顧，步小橋微吟，半聽流泉之漱穿石洞，援步而登，六七步間，恍然光敞堂壁，四周洞開一面以吐日月，上圓下方，奇偉一室，環壁靈異，莫窮變態。徐子中坐而四顧焉。轉而忘其美，隔水鼓吹，聲希奏雅而歌者繼作，二三子列席酌旨酒，俎雜山肴，有事於奔走，數十人環崖而侍者，翼如也。山水之奇，足以洗心。如是夫誰謂其娱於觀聽之美而已哉！歌酒話言，方極懷抱，葛衣輕飄，山色半黯，紅光入水。起視郵人，秉燎東楚以繼夜遊。揖二三子起賡再歌，凛乎其不可留矣！

峰亭環翠〇環翠山在鎮寧州北一里。

高岑疊疊草菲菲，中有幽亭繞翠微。烟火萬家青嶂合，寒林幾處白雲飛。探奇繞徑粘濃蘚，攬月臨流浸緑漪。還共老僧分榻坐，城頭芳景正依依。

梅侍御惟和 一首

惟和，字□□。其先自陝西三原來戍普定衛，籍焉。父月將生時，其大母熊夢月墮厩側，晨於其所拾雞卵，赤色。食之而免，故名月，字雙清，舉正德十四年鄉試，嘉靖五年進士。歷官川南道副使。百姓歌之曰：「操如梅，明如月，雙清那可得？」工詩古文，惟和能繼之。惟和舉嘉靖三十四年鄉試，三十八年進士，歷官御史，嚴毅有風力。巡按廣東，又按山海關。境内一寺，僧三百人多不法，欲捕之，無主名。陰遣幹僕投寺落髮。居久之，盡廉得其殺人奪財、開土室、匿婦人狀，乃爲僧帽數百，刻日令諸僧走院受施，至則盡閉院中。發寺神座下，白骨無數，出土室婦女百餘人，訪歸其家。焚寺駢誅諸僧，遠近稱快焉。弟惟詩，子豸，并有文名。惟詩萬曆元年鄉舉，官知縣。豸，字鳳陽，四十六年鄉舉。由良鄉教諭，知完澤縣，以幹略著聞，官至按察僉事監軍。其官良鄉也，遇異人贈詩云：「一枝先報江南曉，次第清光遍九州。」蓋示龍興不遠也。大清取南京，遂歸隱。丁亥孫可望陷安順，二子士良、士舉得匿免，人以爲累代清白吏之裔，有天祐云。梅氏世傳文行，爲明代習安士家之冠，遍訪，惟侍御一詩存耳。

清坐

晴霞一曲照沙汀，迴合林陰覆野亭。花氣微微風裹度，泉聲汩汩雨餘聽。鳥伸時藉舒筋力，獺祭終嫌少性靈。萬籟不聞清坐久，小窗内觀亦惺惺。

白刺史采一首

采，字□□，貴州宣慰司人，嘉靖三十四年舉人，官□□知州。

寄挽江長信中丞〇見《瑞阿陽集·附録》

憶昔雙旌出隴郊，攀轅卧轍祖前茅。紆籌自壯饒經國，尸祝毋庸欲代庖。老去風塵看早厭，悲來蒼赤動長號。也知不朽人間世，日昃誰占大耋爻。

蔣刺史其才一首

其才，字叔英，銅仁人，嘉靖三十四年舉人，官知州。

六洞嵐光〇洞在銅仁江濆，空闊幽渺，朝暮嵐薄其上，自遠望之，洞若與飛嵐動摇也。

誰將寒谷比崆峒，上有巒烟鎖幾重。林影分明青嶂外，猿聲隔斷翠微中。愁雲漠漠山疑失，霽色霏霏路欲通。萬里晴光應有待，遥瞻日上海門東。

蔣其賢一首

其賢，字□□。《銅仁志》載其詩，次其才前，蓋其兄弟行也。

兩江春色

銅水交流見兩川，光吞曉翠日浮烟。柳陰已占西湖地，花氣渾如二月天。夾岸香風牽荇帶，驚濤石瀨起龍眠。手揺歌扇誰家子，玉袖金壺酒滿船。

《方輿紀要》：銅仁大江在府西南。源出烏羅司北九龍山，東南流經城南。又東入湖廣麻陽縣界，謂之錦水。下流入於沅江。銅仁小江，在府城西。源出府西北甕濟洞，東南流，至府治西北，合於大江。今城西南雙江渡，崖削水深，即二江合流處也。按：九龍山，一名飯甑山，一名梵淨山，一名月鏡山。跨銅仁、思南二郡之邊，北接四川酉陽州界。山下九十溪，環繞紆折。其東南諸溪會爲銅仁江，即辰水源也。《漢書·地理志·武陵郡·辰陽縣》下注云：「三山谷，辰水所出，南入沅，行七百五十里。」銅仁爲漢辰陽縣，西境梵淨山，殆即三山谷歟？

吴瀘州嘉麟三首

嘉麟，字明祥，一字元郊，都匀人，嘉靖三十七年舉人，歷官瀘州知州。其先自泰州，洪武中以兵從太祖南征，遂籍都匀。三傳至裕，號松庵，郡諸生，隱居好義。拾鄉人宋普黄金，普，《志》作「晉」。湖廣指揮張淵寓其家，遺白金，先後牓門候還之。鄉里競稱「還金公」。嘉靖二十三年卒，年八十三。事具明祥所撰《還金傳》《傳》附末卷。裕三子：時中，雲南安宜學正；時宜，字西漁，歷江油黄岡、鍾祥知縣，遷雲南大理府通判；時美，巴陵知縣。時宜子從周，字尚文，號遲齋，即元郊之父。以諸生侍。時宜官楚、蜀，故不得竟學。侍大父疾，極勞辱，無厭色，教兩子有法度。年七十，萬曆八年卒。鄒忠介元標誌其墓。《誌》云：故封文林郎雲南臨安府推官遲齋吴先生者，都匀人也。庚辰夏，先生躋七秩，惟時諸戚黨，懇不佞爲壽詞，大要謂世之人席父兄子弟之勢，廉恥道喪，先生爲别駕西漁公之子，瀘州守興安令之父。乃布衣疏食，僻處窮巷，似世之安貧樂道者，壽先生蓋風世也。未幾先生没。又二年，爲壬午春，伯子瀘州君告不佞曰：「孤府君襄事有期子大夫，蓋辱通家之雅，得徼一言，則先德藉允傳。」辭不獲，則取瀘州君狀先生之大者銘諸篇。先生諱從周，字尚文，别號遲齋。早遊郡庠，以獨子隨官楚、蜀，遂不克竟學。别駕令楚鍾祥，肅宗南巡，興獻后梓宫南祔，舳艫蔽江，薦紳以供伺故，獲嚴譴者數矣。先生陰以吏事相别駕，用以才名顯。大父獨居遘病，篤滌穢，澣垢衣，不解帶者月餘。大父籲天曰：「冢孫孝，願其後有興者，事彼如今日可也。」説者謂言至今驗。性最仁，好行仁義里中。歲戊申大祲，損直以糶。而妹有適華者，夫貧不自給，割負郭田膳之，有持隻牛來酬夙負，詗其以聘女故，卒折券棄責曰：「吾不忍也。」里中人無不願吴氏滋大。家固常乏，輒釀金百里外爲延師費。

郡中盡笑其所爲，今始信之。闤闠中，崇師課子，動以爲口實。二君在宦邸，所寄書纍纍，罔非奉公語。興安令俸博一帛爲壽，即貽書督之曰：「吾有若兄，在官箴凜凜，爾善守之，無以老我故持二心。」二君固克自砥樹，亦其義方所致云。夫世之人汲汲爲自潤計，故寧斬詩書之澤，視子之愚否勿恤。寧競錐刀之末，視人之溝瘠罔聞。先生以利遺人，亦以詩書之澤遺子，卒之子食其報，而慶歸於身，可謂厚於自遺。天之報施善人，真不爽矣。垂纓弁，譚古昔，人人能之，乃出不悖其所聞者誰歟？以先生行若此，蓋自爲重，豈以兩君重哉？先生初膺詔授儒官，褒今官者，伯子爲臨安李官故也。生正德辛未六月二十六，卒萬曆庚辰十月十六，享年七十。祖諱裕，即郡之稱「還金公」者。父諱時宜，大理府通判。母楊氏。初娶趙氏，繼徐氏，封孺人。側室何氏。子六人：長嘉麟，戊午經魁，任瀘州知州；次嘉善，同兄榜，任興安知縣；嘉賓、嘉夔，郡廩生；嘉魚、嘉鶴。麟、善、賓、夔，徐氏出。魚、鶴，何氏出。賓洎魚先卒。女四人：長適户侯黄朝用；次適廩生葉時登；次適户侯朱國臣；次適千户楊世恩。孫六人：鋌，賓出，郡廩生；鏞、鐸，麟出；鈁、鐵，善出。錦，夔出。生無愧而死有後，宜爲之銘者。銘曰：位不獲，施一奇足以庇民；澤不究，好施而薄積，亦庶幾哉近乎仁。振振厥後，衍枝自身。勒我銘匀渚之濱，百世之下，公之澤猶新。讀我文者，可以概公之爲人。

元郊幼穎，年十二，巡按御史陳邦敷賞異其文，以奇童檄入學，試輒冠曹。嘉靖三十七年以《易》領魁，才弱冠，再下第。授仁壽縣教諭。廉静自飭，動必依古，諸生嚴事之，薦攝蒲，賢聲益起。晉臨安府推官。潔己愛民，持法不阿，而不以苛細取譽。署建水。普文景、刁梅憑山峒嘯聚，擅一方租税。縛文景抵法，梅匿不可得。再權建，篆檄諭之。梅果出曰：「愚民敢抗官府者，以逋賦也。願公翼我，蠲賦若干，齎輸若干，誓革心事公。」立受而釋之，梅卒爲良民。其威慈能感人，多類此。五列薦剡，所在有去思。兩擢知瀘州，務與民休息。置義倉，均賦役，行鄉約，表孝義，尤重庠序，創書院，群秀異子弟，親爲講授。割俸以資膏火，青衿并奮其後。曾士彦、李實、韓偕甫等，皆歷官有聲，元郊教也。事封翁，曲盡其歡。遺業盡讓諸弟。弟嘉善，《省志》題名作「嘉鳳」。字元復，與元郊同年舉人。友愛相切劘，期以大就。七上公車，皆不利，授興安縣知縣。子鏞、鐸。鏞字翊韶，平湖訓導。鐸萬曆二十一年舉人。嘉善子銑，天啓四年舉人。萬曆四十年吴氏舉者曰嘉明、曰錫。崇禎三年舉者曰鉉，官同知。則元郊群從子弟也。元郊留意宋儒，猶子鋌孤，訓植尤至。鄒忠介戍勻，與友善，使鋌師忠介，卒業焉。勻學益開。歷官不手一錢，而割捐囊，親疏不問也。出片語規人，沃如藥石。決善敗先事斷若蓍龜。有逋負者鬻宅以償，辭不受，立還其券。萬曆二十六年卒，年六十三。著有《仕餘草》，未見。鋌自有傳。《過庭碎録》：都勻吴氏自松庵還金，世傳名行。其曾孫元郊先生，崇尚濂洛，頗以奇傑自命。雖官不過教職州縣，而治規家則皆有古人風。其猶子鋌、子鐸，事鄒南皐，不屑屑作經生，爲鄉里正學舉首，皆先生教也。鄉人謂先生在瀘州時，一日假寐，見城隍神儼然臨焉，酬酢久之。叩以治事，神首肯者三事。近語怪，然公之處心涉事，所以厲衾影質神明者，亦可見矣。其子孫繩繩儒業，至今不墜，豈偶然哉？

書座右○在仁壽諭時作。

惡乎道曰察性，惡乎性曰循理。惡乎察曰動静，惡乎循曰人己。譬人唯己，根動唯静；静定動定，己正物正。

贈湯和

閉户懶復出，君來成雅遊。登高時有作，對鏡不須愁。但勿嫌鷗鷺，何妨作馬牛。桑榆多野趣，興到與同收。

按：湯知蓋鍾姓，都勻隆、萬間明經能詩者。鄒南皋戍勻，引爲詩友。惜失其名。都勻鍾氏以成化癸卯舉者曰祥，以孝友稱，知姚州，有惠政。萬曆己酉舉者曰大章，官知縣，當是其族。湯和著有《藝圃蛩吟》。其子一麟等刻於南京，今未見。附鄒南皋《書藝圃蛩吟》：鍾故豫章里人，徙入黔勻，又爲勻名宗。衣冠鱗次相望。湯和自少負俊才，貢上國，以親老乞禄連蹇歸。歸而理竹素業，積久成帙。其子鍥於白下，尊父命，題曰《藝圃蛩吟》。蛩，秋聲也。江空木下，零落庭虛，淒淒切切，無愁不盡。予睹其名，潸然悲之。以湯和才，不使之鳴春而秋吟也。勻僻在叢山中，或丹冥投烽，綠林無恙，士縉時得攀磴披雲，含毫掞藻。往予待罪行間，時荷瓊瑶之賜。茲睹斯集，益可念也。昔人有《梁父吟》、《五噫吟》，皆瓠落於時所爲，卒有出而襄大業、名垂宇宙者。湯和有三子：一麟、一鳳、一鶴。吾聞麟見以時，鳳鳴也於朝陽，鶴鳴則在陰，倘翩翩而翱翥皇路，則斯集固《陽春》之先聲乎哉？麟乎，鳳乎，鶴乎，勉矣夫！

書盤江郵亭題壁詩後有序

宋氏，越金華人，景濂學士之族，嫁衢州進士某，守閩中，遭誣陷下獄，瘐死。母妻編戍金齒。氏有子，又道歿。獨奉姑萬里之戍。經盤江，題詩數百言於郵壁。經過者罔不哀其遇，稱其孝云。

夫亡囹圄兒還殀，弱婦衰姑萬里携。豈料一官翻至此，誰憐孤驛對含啼。衢州已在扶桑近，金齒猶當黑水西。何事遲疑無了局，啾啾唧唧苦留題。

附《安南志・宋孝婦題壁詩》：郵亭咫尺須投宿，手握親姑憩茅屋。拖薪就地攤枕衾，交頭相向吞聲哭。旁人問我是何方，俯首哀哀訴衷曲。妾家祖居金華府，海道曾爲上千户。舉艘達粟大都回，金牌敕賜雙飛虎。弟兄晦迹隱山林，甘學崇文不崇武。今朝玉堂宋學士，亦與妾家同一譜。笄年嫁向衢州城，夫婿好學明五經。《離騷》子史遍收覽，志欲出仕甦蒼生。前春郡邑忽交辟，辭親千里趨神京。丹墀對策中殿舉，泥金馳報全家喜。承恩出守閩中行，飄然畫舫西南征。到官未幾訪遺老，要把奸頑盡除掃。白日陞堂治公務，午夜挑燈理文稿。守廉不使纖塵污，執法致遭僚伍怒。府推獲罪苦相扳，察院昏昏向誰訴？臨行囊橐無錙銖，惟有舊時將去書。城中父老泣相送，道旁觀者咸嗟吁。一時徵贓動盈萬，妾夫自料無從辦。經旬苦打不成招，暗屬家人莫送飯。嗟嗟餓死囹圄中，旗軍原籍來抄封。當時指望耀門户，豈期一旦反成空。親鄰憐妾貧如洗，醵餅般勤饋行李。伶仃三口到京師，奉旨編軍戍金齒。阿弟遠送龍江邊，臨歧抱頭哭向天。姊南弟北兩相痛，別後再會知何年？開船未遠子病倒，求醫問卜皆難保。武昌城外野坡前，白骨誰憐葬青草。初時有子相依傍，身安且不憂家蕩。而今子死姑年高，縱到雲南有誰望？八月官船度常德，促裝登途整行色。空林日暮鷓鴣啼，聲聲叫道行不得。上山險如登天梯，百户發放來取齊。雨晴泥滑把姑手，一步一仆身沾泥。晚來走向雲中宿，神思昏昏倦無力。五更睡重起身遲，飯鍋未熟旗頭逼。翻思昔日深閨裏，遠行不出中門外。融融日影上欄杆，花落庭前鳥聲碎。瑶髻斜簪金鳳翹，翠鈿鮮簇畫眉嬌。象床新繡雙蝴蝶，坐久尚怯春風饒。豈知一旦夫亡後，萬里遐荒要親走。半途日暮姑腹饑，欲丐向人羞舉口。同來一婦天台人，情懷薄似秋空雲。喪夫未經二十日，畫眉重嫁鹽商身。血色紅裙繡緑襖，終日騎驢走長道。穩坐不知行路難，揚鞭笑指青山小。取歡但感新人心，那憶舊夫恩愛深。吁嗟風俗日頹敗，廢盡大義貪黄金。妾心汪汪淡如水，寧受饑寒不受耻。幾回欲葬江魚腹，姑存未敢先求死。前途姑身少康健，辛苦奉姑終不怨。姑亡妾亦隨姑亡，地下何慚見夫面。説罷傷心淚如雨，咽咽垂頭不成語。道旁過者爲心酸，隔嶺孤猿叫何許！

許副使一德 一首

一德，字子恒，號吉莽，貴州衛人。《省志》云宣慰司人。嘉靖四十三年舉鄉試第一，隆慶五年進士，爲御史，多所論建。出爲湖廣承天荆西僉事、雲南副史。乞休。家居十餘年，淳厚謙謹，有長者稱。留意鄉里文獻。貴撫江東之招，與都匀陳尚象見義共撰《貴州通志》，今所稱「萬曆丁酉志」者也。其先得名自直隸泗州，以武功爲貴州衛指揮僉事。子孫世其職，遂著衛籍，四傳至奇，子恒父也。奇字文正，號長泉，嘉靖十年舉人。授雲南巨津知縣，歷太和、昆明、鄧川、趙姚等縣州事，以廉幹稱，憂去。起補禄勸州，遷四川順慶府同知。巨寇爲民害，已就擒。遍通賄，上官欲釋之，力持不可，與監司忤。鹽課闕征，臺議均攤于糧。長泉爭曰：課井出，糧田出。齊民無井，而代鹽課，是甲疽而乙之困也，又大忤直指，免官歸。長泉少聘易氏女，未歸而得瞽疾，遂鄉舉，卒娶之無間言。生子五：子恒外，曰崇德、裕德、厚德、成德。孫欽所、善所、貞所、讓所、新所。曾孫世穆、世皞、世康、世寧、世英、世常、世璧、世傑。元孫光達。《貴陽志》誤作允達。來孫斌、翔、耀。世有科第，敦名節，人以爲盛德之致。崇德、善所自有詩。裕德，字子貽，號鶴臺，隆慶四年舉人，官雲南麗江知縣、蒙化同知。成德，字子興，號鶴宇，以貢知雲南富民縣。有四子，失其名。舉家殉國難。光達，字嵩岳，籍新貴，爲諸生。崇禎初，奢、安二賊雖就平，而餘黨猶時爲亂。光達輸貲充餉，從巡按御史胡平運征巴香黄草壩諸苗，屢有戰功，遂授武職。洊陞四川夔州營參將，總十三隘軍事。流寇至，拒守功多。永曆稱號于肇慶，進都督僉事，參將如故。大清兵定川貴，光達及其子斌、翔、耀、叔父世英、世常、世璧、世傑，皆抗拒死。斌，指揮僉事。翔，千户。英、常、璧，并諸生，餘見善所傳中。

送江長信中丞還歙○見《瑞陽阿集·附録》

驪歌一曲祖筵開，萬里南中擁蓋迴〔一三〕。黄海久懷高隱志〔一四〕，虹橋新有去思臺。獨便佳菊陶公徑〔一五〕，更戀清尊畢氏杯。收得繞朝詩滿篋，郡人休訝載珠來。

附許子恒《贈江耽翁中丞致政序》〔一六〕：愚歸田久矣。嘗見夫畫疇而均田者，損鬱壘以就乎苗，其他農者聞而咻焉，謂鬱壨者難損，而苗也庸。詎知鬱壨者苗，而苗者益拓而苗乎？不則逼我畛〔一七〕，不則礙我佳禾，又不則荆棘蘩蕠，火耕流種〔一八〕，爲農病不少也。是可謂時事譚矣。夫黔、益接壤，中間漢者十七，苗者十三。顧今苗益浸浸，非昔比也。往不過左帶侏儸、顧瞻應化已耳。兹且以不淑任遊俠，詛譎方上，勢踆盭而難舉也。往往譚者任羈縻，爲彈壓羈縻久而弊日成，是羈縻固養驕術也。丙申歲冬，歙州江公持斧鉞來撫吾黔。黔人曰：「黔極稱民淳事簡，較他藩最省，而治難於他藩，則諸苗强悍故也。」公雅望素著，得藉吾黔，黔苗可無慮矣。蓋般般有何暮想焉。至則撫其馴，趣督其悍曶昧，勤渠靡休沐暇，奚啻夫畫疇而均田也者。居無何，公欲密而議者，不密而揚；公欲嚴而議者，不嚴而疏；公欲疾而議者，不疾而緩。圜鑿枘方，了不相入〔一九〕。語云：「偶王在亶。」噫！若公者，其誰爲偶而亶也？然則公將何似哉？内牽於議，外牽於力，勢見公形於謦欬者，隱隱有山林思耳。未幾，詔致公政，吁，又奚異夫畫疇均田者其不諒於他農也！公其遂而山林志哉！愚因異夫諸苗者，懲艾不可彈壓，不可僅僅抱羈縻以滋其不遜，若厮養牧畯而難爲，近又不可。然則苗洵難治哉？愚不自知，竊以爲治苗非難，難於難公者耳！雖則云然，可以致公政而不可致公德也。公釐此苗，其勛不獨在今日焉。漢與苗，若邪與正不相敵也。漢日就而盛，則苗日就而衰矣。黔士往待周於萬、馮兩公，今復購田如右文而不但已也。貧無居者，葺舊社以貽爾安，而尤有姻事不能自舉，捐金以畢其姻。噫嘻！今且彬彬禮義方穀矣！則糴備一牘，往意非不肫肫淑，而操糴者以糴故累其民。是荒凶常不在歲，而在官也。爲田以祛其弊，而名曰賑。丘陵墳衍，居恒寥寥，鮮麥飯矣。而爲田曰澤，幽已則疲癃。殘疾者有藥餌，貧妊露産者有隱局，薄城畜水，捲簾爲病，就下流結石，築堤以注其水，峨峨作奮鼉狀，命曰鼉頭。成於不日，觀者鼓手而騰歡焉。《通志》舊帙故多磨滅失次，公著意手編，繁簡有法，至於創縣序有議，通河流有檄，事雖未竟，而敷菑美意，未始不悠悠具也。率兹數役，費及幾千金，而人不言費；勞及幾千人，而人不言勞。此其故何也？蓋額充開府費者五千金有奇，例得收以佐輜重，而公無纖毫不以資前數者費也。尤佐以贖金，則財匪帑出，力緣雇募，其不怨而喜也有由也。直今貧者贍，疾者起，而市門無珠米而桂薪矣。黔將伯仲中原，優優咸稱樂土。由是兵强食足，諸苗當望風俯首，以奉至尊，而分比惟命，其厚貽非公而誰也？方於洿邪百車，蟹堁宜禾渠農家者流，將復爲咻耶？將頌權輿而稱賞耶？此其功，誠不獨在今日也。是爲序。萬曆己亥孟夏〔二〇〕。按：子恒又有《江公遺愛碑記》，文繁不録。《瑞陽阿集》所附，尚有陳治安、李時華、邱禾實、胡仰極《送江耿翁序》四篇，馬文卿《江公堤碑記》，時華《江中丞去思碑記》。又有十五人詩。今已備録其諸文，則惟仰極一篇附其詩後。

許縣令崇德一首

崇德，一德弟，字子智，號鶴田。嘉靖四十年舉人，官湖廣湘鄉知縣。

西賊平憶江中丞

負固由來長蜀酋，九重一怒肅如秋。元戎肆伐貔貅壯，窮壘蹂殘狐兔愁。劍閣烽煙行息警，夜郎砧杵坐銷憂。獨嗟李廣無封骨，櫜矢先歸卧隴丘。

周鄧川文化一首

文化，字元淑，貴州宣慰司人。幼穎敏，工古文詞。嘉靖四十三年舉人，授欒城知縣，擢鄧州知州。有治行，不爲上官所知，作《浮游公子問答》以自況。其辭曰：有浮游公子問於空谷大夫曰：「蓋聞没世不稱見疾於尼父，爲事無功不信於淳髡。斯傳記可考，非無據而云。子大夫領郡南荒，身爲遠臣，亦既三載於兹矣。吾見子卧不暖席，口不齒肥，手足濡於塗泥，鞬勒御於巇危，瘴癘之與函，豺狼之與規。顔色憔悴，齒髮彫摧。可謂殫心竭力，奉職無回。而迺偃蹇困抑，聲譽不彰。上之不能焜煌薦牘，奮揚乎天路；下之不能需次稍遷，按轡于康莊，而徒甘守寂寞，候察壺刻，殺人受誣，盜飲起惑，何抱璞若斯乎！子不見巧宦者乎？速若羽化，便若轉圜。乘堅曳縞，排闥叩關。縱碧雞之雄辨，騁白馬之微言。暮處巖穴，朝入鵷班。氣惴纖纊，見移衡權。寵賂公行，淫朋是攀。春叢瘁葉，寒谷成暄。永懷風和，交味醴甘。靡不網户朱綴，邃室珠簾。籍雁鶩之稻粱，傾斝爵之餘醑。露雞雕螭，密餌粔籹。陳鐘按鼓，齊容鄭舞。軼翅碣石之鴻，附力翼北之駟。襲影響爲步驟，邀末光而趨附。斯非世俗之雄者與？故能圜者，歛頤蹙頞，涕唾流沫，可以詭世。甕牖繩樞，蓽門圭竇，可以得志。其不者，即龍翰鳳雛，蘭薰雪潔，棄之若弊箒。金玉淵海，黼黻河漢，遇之同土梗。故嫫母戲妍，明妃改語。伯嚭專柄，子胥積毁。燕石昂值，楚璧委地。瓦釜雷鳴，黄鍾毁棄。物不在良，明有所遺，而子絶俗守株，舍此務彼，固難以取貴矣。吾爲子憐之。」空谷大夫仰面笑曰：「鄙我陋乎？宵貌脆體，罔超於埃壒。棄輔遺轂，行困於泥滓。殆謂子耶？聽子之爲我謀也，若聆桑濮之音，久之使人志蕩，志蕩而善心忘矣！若視美曼之色，久之使人神移，神移而正理解矣！若爲隴西之游，久之使人意躁，意躁而遠道悖矣！若效越人之射，久之使人力竭，力竭而上往阻矣！聖人惡紫奪朱，惡鄭亂雅。子言殆合軌紫鄭者邪？夫忠臣報主，致身爲美節，賢士行己，規名爲深慚。是以《大易》致贊乎盈缶，詩人垂戒乎素餐。明道不以計功，正誼非以謀利，盡瘁存乎我，成敗非所知，而後可無愧於往哲，軌道於所趨。且夫然藜蔀屋，鑽研一經，受知有司，作賓鹿鳴，挾策天曹，分符王庭，餼稟稱事，鞶帶終榮，固將冀其輪芹曝之愚也。如使静言庸違，放誕邪僻，榮利蟻赴，蹇難鼠避，尋靡萍而爲能，削棘刺以爲智，摇尾乞憐，甘昏夜之求，内荏外厲，驕白日之氣。貽承福所譏，逃距心所罪，知谿壑可盈，而罔知清議可畏，斯於身家之計，較然弗爽矣。語以臣道莫齒也。故五乘受賞，舐痔則難。好官足羨，笑罵則殫。廉愛爲合，脅肩則慚。容悦可全，脂韋則厭。爲枉尺而直尋，畫虎而類犬。詎鉛刀之無割，愧穎處之先薦。語曰：魚熊難兼，隴蜀過望。吾是以不敢易其行也。且子習見者巧耳，亦豈知有危，道不邪方，掩人不知，乘人病盲，飾貪鄙爲廉節，務矯詐爲公忠。撲取孔方，驟獵名職，時人謂其多才，鄙士稱爲賢特。及其圖窮匕見，水落石出。器小寇來，量滿足折。親背勢衰，交乖利竭。或謚同鴟梟，或惡并檮杌，家殆身頹，譽毁名詘。冰釋火爍於旦暮間，世俗雄安在哉？故宋人飾寶，觀者掩口。卞和遭刖，連城心讎。玉藴山輝，珠含澤媚。真僞枉直，誠中形外。是故夷齊以采薇流芳，景公以千乘無名。顏子以屢空致譽，盗跖以貪得霣生。魯連以高節逃辱，儀秦以口舌干榮。屈原以行吟悟主，范雎以游説求嬴。石門以奉職約己，雍渠以驂乘自刑。賈誼以積薪流涕，公孫以布被欺冥。申屠以材官正君，武安以腑肺滋横。張季以長者不阿，君房以懷詐殄行。仲舒以王道陳策，充宗以口辨飾經。朱雲以倜儻厲節，禹山以泰侈自傾。與其行私忘忠，孰愈葵藿自獻，影無愧蔭。與其封殖自私，孰若松柏爲心，歲寒凜凜。況乎升沈有數，富貴有命。一金之産，不可偶得。天爵之重，胡可趨競。方朔九尺，而囊粟以比侏儒。蔡澤俯僂，而挾策以佩相印。子雲窮玄而取譏，千秋一言而獲進。馮唐老尚爲郎，終軍少而克任。瓜并蒂而大小迥殊，果均枝而華實分占。彼默默各有司存，固冥冥厥有分定。作僞者徒勞，奔競者曰病。吾惟順造物之自然，明苦節以守正。雖九載不遷，無一介愁瞖。故曰智周通塞，不爲時窮。才經夷險，不爲世屈。此之謂也。」乃擊節而歌曰：「大音緬逸兮蠅蚋營，鮑肆彌殠兮蓀蕙掩馨。鳳鷺路窮兮駕鵝榮，涇以渭濁兮世路冥。人既定兮昊蒼明，桃李何言兮塞馬何情。吐吾赤衷兮，無汲汲而營營。」浮游公子聞之，憮然起而拜曰：「嗟乎！世俗之敝也久矣！繹子之言也，昭然發矇。吾自是知子也。」遂乞歸。所至輒有吟咏。所著有《鄧睒稿》、《紫亭雜稿》，又次韻唐律，別爲《彙稿》四卷，今皆不存。從方志中得詩一首。

鴉　關

列戟屯雲俯萬山，雲垂鴉翅馬蹄艱。一爲行省冠裳地，便是雄圖鎖鑰關。使者銜恩通十道，中郎飛檄走諸蠻。棄繻叱馭無人説，何用長纓過此間。

按：貴州關以「鴉」名者非一。貴陽府北十里有「老鴉關」，或單稱「鴉」，俗對城北五里之小關稱大關，爲入修文至遵義孔道。《志》言去城五里，意小關亦有「鴉」稱也。大定府有閣鴉關，在城北十五里。畢節有「鴉關」，在城西三十里，層峰疊峙，中通一綫，極峻險，爲走七星關入滇之道。安南縣有「老鴉關」，在城南里許，出兩峰間，亦入滇道。遵義縣東南百十五里亦有「老鴉關」，與羊崖關對峙。兩關之足，即羊崖渡，詩有「行省冠裳」語，則爲貴陽之鴉關作。《安南》、《畢節志》皆引之，非也。

【校勘記】

〔一〕武威張澍介侯縣令：上海有正書局一九一二年版《莫友芝正草隸篆墨迹》和《郘亭遺詩》卷六均作「武威張介侯澍縣令」。

〔二〕陽湖吕佺孫堯仙開府：《莫友芝正草隸篆墨迹》和《郘亭遺詩》卷六均作「陽湖吕堯仙佺孫開府」。

〔三〕新化鄒漢勳叔績郡丞：《莫友芝正草隸篆墨迹》和《郘亭遺詩》卷六均作「新化鄒叔績孝廉」。

〔四〕滇池縣：《莫友芝正草隸篆墨迹》作「益州滇池縣」。

〔五〕宋元併于羅氏鬼國：《莫友芝正草隸篆墨迹》和《郘亭遺詩》均作「宋元併于羅氏，謂之羅氏鬼國」。

〔六〕以定一説：此句之下《郘亭遺詩》有「以申鄭義」四字，《莫友芝正草隸篆墨迹》有「申鄭義」三字。

〔七〕彊州頗怪胐明隘：《郘亭遺詩》和《莫友芝正草隸篆墨迹》均作「彲來頗怪錐指隘」。

〔八〕刓剔：《郘亭遺詩》和《莫友芝正草篆墨》均作「檢剔」。

〔九〕氣壓：《莫友芝正草隸篆墨迹》作「氣奪」。

〔一〇〕此詩題之下，《都匀縣志稿》卷二十一《藝文内篇下》有注云：「川樓，名國倫，興國人，嘉靖進士，提學貴州。歷官河南左參政。才横放，好客輕財。楊繼盛死，嘗倡衆賻送，忤嚴嵩謫官。工於詩，與李攀龍等號『後七子』。」

〔一一〕晝飛霜：「晝」原誤作「畫」，據《都匀縣志稿》和《麻江縣志》卷二十《藝文内篇上》改。

〔一二〕學冠三吴：「冠」字原缺，據《都匀縣志稿》和《麻江縣志》改。

〔一三〕萬里南中：江東之《瑞陽阿集》卷九作「萬里中丞」。

〔一四〕黄海久懷：《瑞陽阿集》作「鶴馭久懷」。

〔一五〕獨便佳菊：《瑞陽阿集》作「獨便黄菊」。
〔一六〕《瑞陽阿集》題爲「贈耽翁江公祖致政序」。
〔一七〕�：義不通，疑爲「畋」之誤。
〔一八〕火耕流種：「耕」原作「根」，據《瑞陽阿集》改。
〔一九〕了不：原作「了不不」，據《瑞陽阿集》改。
〔二〇〕孟夏：《瑞陽阿集》作「孟夏朔吉日」。

黔詩紀略卷之十

明

邱瀘州東昌二首

東昌，字泗源，號應臺，新添衛指揮東魯弟也。與隆慶元年鄉試，萬曆間授四川營山縣教諭。歷知北直河間阜城縣、大名開州、四川瀘州，并以清操著。告歸，建書堂曰「虚白」，自號「虚白道人」。杜門著述凡若干種。今唯《千頃堂書目》載《法喜隨筆》五卷可知耳。教子禾實、禾粟、禾嘉，皆以文章、官蹟顯。禾實、禾嘉自有傳。禾粟字有獲，號萊峰。萬曆四十年舉人，官至太平知府。邱氏之先，本山東即墨人。安從征遵化、大寧、蔚州、大同，皆有功。洪武三十年除貴州新添衛後所百户。子銘有征草塘、破飛練堡功。銘子勝，弘治四年征都勻陳蒙爛土，復有功，升後所正千户。勝子昂，正德六年征乖西巴香功，升本衛指揮僉事。昂子潤，字天澤，號西橋，有文武才，從征都勻凱口苗，以計解散之。守備銅仁，禽白蓮教龔安國及苗魁吴龍、吴鳳，築平頭司城，晉官貴州都指揮使。善書，著《貴陽圖考》。又互見《林晟傳》。潤子瑚，自以爲學職不授衛官。瑚子東魯襲焉。東魯字少源，曾以諸生食廩。有文，善草書。其後又襲三世而明乃亡。泗源爲瑚次子，瑚字廷器，號兩河。偉幹美髯，丰棱秀整。顧不好武，屢試提學，爲徐波石、蔣道林所激賞。以歲貢授四川長寧訓導。近都掌俗甚悍，以鄉約化之，士遂興讓。改雲南府訓導。雲人祀平章賽典赤與孔廟并。瑚謂典赤雖德滇夷耳，甚不宜，宜徙祀城外，而以其屋爲啓聖祠。當路韙之。府學生楊忠惠奉檄諭武定軍，爲所劫，駡而死，淹數十年，子孫且行乞。瑚録上其事，乃得旌恤。佐其父征都勻、銅仁，多所籌畫，佐治軍獄，多活其寃囚。邱氏科名雖始泗源，繼乃益顯，植之者，天澤、廷器也。

陽寶山靈霧〇山在貴定縣北十里，極高峻，有寺。夜光朝霞驟霧，并靈異。詳十一卷。

爲霖欲遍四天遥，作霧何期蔽九霄。豈有龍蟠工變幻，聊堪豹隱遠煩囂。

重遊片雲閣懷文仙子〇閣在都勻城北五里，即張三丰觀瀾處。

片雲閣下遇文仙，抵掌長談至樂篇。個裏乾坤誰解得，勞君一笑卅年前。

王太和大臣 一首

大臣，字以道，五開衛人。衛今爲開泰縣。舉隆慶元年鄉試，官雲南太和知縣。先是五開置衛，雖在黎平府境，而衛隸湖廣都司。衛人應舉必帆洞庭，走武昌，諸生憚其險遠，率皓首裹足，充貢以終。至嘉靖中，提學蔣信請以湖廣五衛在貴州境者即附貴州鄉試。於是以五開附黎平、永從學。隆慶丁卯，以道乃以黎平舉。胡志相以永從舉。志相，字轉宸，亦五開人。今傳以道絶句，則其獲雋時偶記也。

丁卯試畢口占

讀罷月初上，吟餘夜未央。黎陽寥寂久，好與破天荒。

袁來鳳應福二十五首

應福，字華宇。袁氏譜以爲萬曆庚午貴陽舉人。而萬曆無庚午科，《貴陽新志》遂謂其明季舉於鄉。蓋就譜年約略後移以崇禎庚午當之，皆非也。據集中《棲雲亭詩》，知華宇與馬心庵先生舊爲鄰好，故心庵自内江歸，爲之賦詩。然則，華宇嘉隆間人，於心庵年齒、輩行亦相若也。隆慶有庚午科，檢榜額無闕人；又遍檢嘉靖以下鄉榜，并無華宇名，或更籍他省，或以選貢、副貢入仕，亦未可知。舊記於諸貢并不載，莫能詳也。以及交遊心庵，約略譜之庚午，次隆慶諸人中。華宇初知湖廣來鳳縣，有流寇將入境，日率士民講拒守具。寇至，以有備，縣境獲全。憂去，服闋，知雲南昆明縣。以供億上官不給，自投劾歸。愛城南漁磯灣水石幽勝，買宅其上，日與弟應鍾垂釣爲樂。野夫漁叟争與往還。興到爲詩。詩多詠漁家事，編集爲《漁磯詩草》。又嘗自述其先，宋代在衢州信安，有君載先生采，著世範於立身處世之道，出以淺語，反復詳盡，因師其意，爲宗族規約，頗明切易從。論者以爲治家極則云。其詩亮節清音，獨具風格，當文恭之後、君采之前，亦幾幾自樹一幟也。

偶　吟

末俗競豪奢，被服繡與文。黄金買戲劇，歲月供一嚬。盈滿苟不戒，終焉委泥塵。猗與君子儒，所志惟儉勤。絲竹豈不佳，有耳如不聞。非無綺羅色，耻爲兒女人。况當清明時，擊壤歌堯仁。幸無漆室憂，寧甘環堵貧。藏書數千卷，亦足陶吾神。彭澤嗟已矣，永懷葛天民。

謁横渠先生祠

洙泗咽不流，道源眇於絲。寥寥千載下，濂洛起浚之。源深流以長，波及秦之郿。至今横渠派，河洛争分馳。萬方被澤潤，豈但九州滋。我生半江海，望洋徒爾爲。兹行竊一勺，頗覺心神怡。窮源願未得，臨流動遐思。

詠　史

文人欺世者，莫如謝靈運。秦帝魯連耻，韓亡子房奮。龔勝無餘生，李業有終盡。持此矛盾言，書逆彰史疢。王維爲給事，僞署阿犖官。秋槐悲落葉，讉比青蓮寬。其下次一等，動筆畏權勢。徐廣老流涕，坐羞西録議。馬融設絳帳，草奏污梁冀。楊雄工美新，不識忠孝字。惟有陸放翁，寃哉南園記。呼對山救我，應不在此例。所以許衡言，作文當擇人。非所與而與，與拒罪維均。

棲雲亭有序

鄰人馬朝寵新作一亭，名以「棲雲」。距余家後園纔數武，余喜，便於登覽，得朝夕與共樂之，因爲賦詩。

作亭在荒陂，叢篠亂其址。倐然林莽間，空翠來不已。入門苔徑滑，疏籬間多枳。亭前挂長松，牆西放郁李。花塢與藥欄，一一位置美。吾園及此亭，相距咫尺耳。來不問主人，相見翻共喜。尤愛修竹林，摇碧映窗几。想見六月涼，風露浩如洗。剔蘚露奇石，高懷緬長史。解組内江歸，息影棲於此。寤歌真自適，窮愁未應耻。

春曉釣溪上

老夫家住煙波曲，漁弟漁兄來往熟。一寸鱗浮鏡面紅，三分鴨長槎頭緑。呼童截取青竹竿，香綸裝餌信手安。携竿在手影在水，春風欲動須眉寒。大魚撇波摇尾去，小魚戢戢釘頭聚。愚哉魚也不用驚，先生略寫依蒲趣。早年滄海釣巨鼇，珊瑚一拂虹霓高。老乞閑身買蘭槳，頭銜新换江湖長。門外遥山疊研屏，溪邊流水聞琴響。曉起閒行杖履遲，桃花宿雨兩三枝。緑蓑青箬閑鷗識，那更紅衫誤畫師。

漁磯築室

漁磯近在城南曲，漁磯主人清不俗。結茅作屋幾歲年，有琴在牀書在屋。東家桑柘西家禾，漁人樵子時相過。公租私負兩無累，乾坤俯仰樂如何。看人塵土長安道，欲歸不歸心慅慅。人生難得老來閑，身退還應健時好。北來恩詔恨不早，溪山舊盟終潦倒。爭似南磯歸及時，緑鬢朱顔未枯槁。門前載酒紛如雲，惆悵舊遊今幾存？手種青松盡成蓋，移來慈竹總生孫。登高眺遠恣歡謔，水邊行吟松下酌。多少低頭拜下風，利綱名韁甘束縛。白雲渺渺山蒼蒼，漁磯不愧嚴陵鄉。有人問吾何所樂，爲君擊節歌滄浪。

漁翁樂

漁翁樂，漁翁樂，衹向煙波寄生活。長江水明魚潑潑，入手不厭霜刀割。前村老嫗新醅醱，沽與妻兒恣歡謔。世間萬事耳不聞，兒啼嗥嘈猶費説。兩舟結鄰自來往，翻笑廛居真束縛。吁嗟乎！江淮以南罾罟多，五湖三泖皆風波。漁翁之樂樂如何？擬樵山中懼豺虎，欲耕户外愁征科，黄蘆瑟瑟秋風滿，何處寒江無釣蓑。桃花夾岸暖春波，請君試聽滄浪歌。

偕友登東山

老夫平生好山水，十年車馬泥塗裏。歸來幸免纓祓累，布襪青鞋從此始。曉聞騎馬去看山，多病相違負吾子。漁磯灣下一溪烟，雪崖洞前雙屐齒。瘞鶴舊銘多漫滅，十數字存而已矣。定知崖石有新題，合與山靈先志喜。因思漢朝重風節，束帛安車猶不起。紛紛塵網誰能逃，空羨巢由能洗耳。君看脈脈山中泉，依舊流行還坎止。

歸　來

歸來無一事，花竹伴吟身。落日清秋暮，荒園叢菊新。病憐高興減，老愛舊書親。猶有忘言趣，停杯望可人。

積　雪

至後新陽復，春前積雪深。江山萬里色，天地一元心。荏苒歲云暮，馳驅力可任。前程不須問，緩轡且行吟。

商山道中

躑躅秦關險，飄蕭旅鬢雙。地塵經雪盡，馬力爲冰降。敗蘚深藏凍，流澌半帶淙。商山何處所，吾亦厭紛龐。

白馬寺

元龜浮水後，景運此間開。忽見青牛去，還聞白馬來。中原標古刹，落日到香臺。爲問伽藍記，東都已劫灰。

黄　河

活活真源渺未知，乾坤於此判華夷。鑿開積石從天降，吞盡群流到海遲。九里潤多資下土，千年清合應昌期。不緣砥柱龍門在，浩浩三川恐不支。

詠雪用東坡韻二首

舞空千片門穠纖，竹樹無聲静夜嚴。琢句會須除絮縞，點茶未許入薑鹽。長圍行獵衣生稜，短彴尋香帽側檐。高興全消枯坐後，瓦溝銀笋自垂尖。

經冬晴日閃金鴉，官道游塵已壓車。乍驗五紋初轉律，恰逢六出正飛花。山城履迹稀來客，板屋炊烟有幾家。小霽微陰知待伴，飢禽瞑立樹雙叉。

過王翁家被留餉午

天上歸來路幾千，故鄉風物尚依然。蒼茫忽醒三年夢，邂逅真成一飯緣。到處浮萍皆逆旅，幾家喬木重當年。匆匆不盡筵前話，又聽離歌落照邊。

故人過訪二首

林下音書久未通，相逢猶喜未成翁。蒭言獻納條陳在，藩省知名保荐崇。兩岸青山江月曉，千章落木暮天空。漁磯穩坐君休怪，廊廟經綸有鉅公。

孤村細路轉逶迤，躡磴攀蘿自賞奇。直向水窮山盡處，更逢雲散雨晴時。野僧待客炊先熟，沙鳥忘機狎不疑。老去尋幽聊自樂，挂冠猶恨得歸遲。

故人久客歸訪

病起篷窗眼倦開，兒童驚報故人來。雲隨野鶴書先到，路隔仙塵棹早回。歸路重逢天假便，往時深坐僕生猜。鳳皇覽德今千仞，容我烟蓑作釣臺。

漫興六首

世上幾多閑歲月，浮生誰是散神仙。風光如此不同賞，空羡日高花影眠。
老覺后山精力盡，病愁元亮酒杯空。百年强半歸何處，多在春花秋雨中。
山中雨多烟草浮，幽人閉門不出遊。衝泥城市非我願，未脱塵羈可自由。
數畝方塘數尺牆，功成聊向此深藏。青林日午鳥啼歇，花氣晴熏入畫堂。
水面微風意入秋，園亭溽暑不曾收。繁陰匝地雨初霽，忽聽蟬聲在樹頭。
閑來却苦詩爲債，病起還將酒作箴。解識微醺有真趣，不妨開口一微吟。

越州判應揚二首

應揚，字□□，貴州宣慰司人，英從孫也。同知範子。舉隆慶四年鄉試，官□□州判。《華山志》載四詩。今録其二。

遊華山蓮花峰得妝字

炯炯靈臺對嶽光，井蓮之説豈荒唐。寶源丹屋金生液，瑶蕊瓊枝玉靓妝。僊子千幢開逐隊，真人一葉駕飛航。誰除欲障無根蒂，藕自如船花自芳。

洗頭盆

嵂崒危峰層復層，雲深徑昃半空凌。試從玉井分甘露，疑是仙家釀緑澠。不死人傳松有粒，長明吾愛月爲燈。洗頭盆也洗腸胃，言會靈源萬境澄。郁詵謂山行盡洗五年塵土腸胃，想山靈真味洽于骨髓乎？

楊參政秉鉞 一首

秉鉞，字□□，貴陽人，隆慶四年舉人，官至參政，與弟秉鐸俱有文名。秉鐸，萬曆七年舉，官至副使。

送江中丞致政還歙〇見《瑞陽阿集·附録》〔一〕

一疏殷勤遠帝鄉，承恩暫返瑞陽莊。玉環舊賜光騰壁，丹詔新開墨帶香。事業幾人兼將相，君臣千載際明良。蒼生正爾思霖雨，未許高眠舊草堂。

趙府判時雍 一首

時雍，字□□，貴陽人，隆慶四年舉人，官通判。

寄懷江長信中丞分得虹橋春漲

宛宛長虹墮碧霄，南明春夜雨瀟瀟。龍撾雷鼓雲根裂，桃擁鯨波雪片消。擊楫中流歌浩浩，乘槎銀漢水迢迢。青鬐赤尾何心羡，真欲投竿掣巨鼇。

艾松滋世美二首

世美，字尊五，號桂樓，麻哈州人。其先自成化間有鳳瑞者，自新建來賈，遂家焉。隆慶末，尊五由選貢爲馬湖訓導，陞廬陵教諭。以文行薦擢，知廣西上林縣。未上，喪母。服闋，知湖廣松滋縣。所至皆有聲，見直道不行，遂拂衣歸。課農訓子以終。尊五天性和藹，遇人至臧獲，無疾言遽色，雖有褊心夙怨，對之立消。孝慈温恭，門以内讀者、耕者，少長承順，無一誶語。迄今三百年，傳若干世，故宅猶存。族不甚蕃，而書澤不絶，孝友姻睦之風猶未墜，亦可謂難得也。萬曆初，鄒忠介元標謫戍都匀，常主尊五家。其子友芝、友蘭、友芸皆受業焉。忠介書聯贈之，猶懸兩楹間。尊五謁選北上，忠介餞於碧波橋，賦詩云：「春風同聽鷓鴣鳴，把酒殷勤餞友生。莫訝臨歧惜離别，茫茫宇宙幾同聲。」亦可想其爲人矣。後忠介爲銘其母鄧墓，而《願學》、《存真》兩集不載。尊五卒，忠介又爲之銘，而《艾氏譜》失之。《譜》又有忠介誄其兄世蕃，《詞集》亦不載，故并附焉。附鄒元標《艾母鄧孺人墓志銘》：孺人姓鄧氏，世爲平越人。年及笄歸麻哈艾君英。君祖故新建，系籍麻哈，自成化間鳳瑞始。君性坦夷，而孺人以儉慈佐君，爲鄉善士。男四：世蕃、世美、世魁、世芃。其孫有九：友芝、友蘭、友夔、友桂、友梅、友竹、友芸、友文、友仁，俱業儒。友芝、友蘭郡庠生。世美，馬湖訓導，薦陞廬陵教諭，以文行雅馴，復薦陞廣西上林知縣。未任，聞孺人憂遄歸。予棹小葦吊之。世美哭之哀曰：「予始不忍别吾母就升斗，遵母命而母竟棄子也。」余憶庚辰歲拜孺人，睹孺人神矯色健，百年不啻，且能需寵命，不謂子方膺百里之寄，遽遭風木之悲！人生酸楚，更無逾此者。乃取孺人事，銘以慰其子。且余習孺人家世雍睦，曾書聯贈云：兄友弟恭，樹後世弟兄楷範；母仁子孝，留將來母子規模。孺人信無愧余銘也。銘曰：孝友之家，世澤緜長。詩書慶衍，誰發其祥。有子姱修，百里騰驤。佇膺褒寵，發潛振光。承歡旦夕，道貴顯揚。勉矣令德，無自摧傷。筆山巀嶭，泮水湯湯。勒文貞珉，母也不忘。又《松滋令桂樓艾君墓誌銘》：溯縣令艾子友芝，昔以孝廉叩予山齋，丐其甫翁銘，予未暇應。乃艾子令溯縣，復以其季父數千里來請。予受溯縣父子間情不淺，不得辭。按狀：君名世美，字某，别號桂樓，江西新建人也。艾故江西世族，以其先商黔，遂家焉。曾祖某，祖某，父某，俱有隱德。君始發憤應有司試，即餼于庠，爲名諸生，膺貢授四川馬湖縣訓導，陞諭廬陵。兩邑俱膺繡衣使者薦，而在廬陵猶難得士心，獨君以廉正不苟多士得之，陞湖廣松滋縣令。松滋澤國，而君平賦、息訟、興教化，所築堤爲民永利者，猶膾炙人口。乃君睹時感事，遂拂衣歸。歸而杜門，課農訓子，絶不聞臬外事。郡大夫以賓禮請，始一赴，不再出大都。爲人孝慈恪慎，與鄉里姻婭，下至臧獲，無疾言遽色，儀度容與，即至褊心有夙怨者，見君盡釋。門以内，和氣薰蒸，耕者、讀者，長幼承順。無敢出一誶語。元標以流人常過君境。君家父子兄弟六年間，無失禮，而睹其一門藹肅，竊謂其家必有興者。乃君父子蒸蒸起，爲州治斯文鼻祖，天未必無意。然君褆身居官，以一詩書起家者，其遭世凌誶百折之狀，君之子有未及知者。予故不得不銘以貽汝子范。銘曰：世争雄，君守雌，爲良令，爲明師。危巒宛泚，于焉此止。君以未盡者還造物，而以有餘者付爾子。我銘爾墓，以俟惇史。又《孝子艾世蕃誄詞》：四十髮燮，别久諧君。河山遂渺，霜露慘聞。露何以稀？楚畹蘭馨。丹崖翠壁，竹汗驚心。

碧波橋○在麻哈州北十里。

一線黔州路，西南萬里通。碧波翻錦鯉，青壁挂長虹。峽響多因雨，山鳴不爲風。石闌堪駐馬，宛在畫圖中。

貴人山次鄒南皋先生韻〇山在麻哈城南隅。南皋詳十一卷。

攜手同登第一峰，共開眼界蕩心胸。歸來把酒酕醄醉，忘却江鄉幾萬重。

劉歲貢邦基一首

邦基，字□□，麻哈州歲貢。

次韻艾尊五遊碧波橋

萬里西南道，幽然一徑通。游鱗翻白浪，駐馬踏青虹。巖峻長栖霧，溪深易作風。桃花開不斷，人在武陵中。

黄定遠裳一首

裳，字魏門，平壩衛人。藎堂之兄弟行也。田隆慶丁卯選貢，中萬曆丙子、己卯、己酉三科副榜，選雲南定遠知縣，有惠於士民。告歸，諄諄講學鄉里，多服其教。子運遠、運久、運景，并死安氏難。附見《陸德龍傳》。

思過亭

覆茅短短兩三椽，隱几澄思意惕然。那得置身無過地，即教還我太虛天。仲由喜劇曾聞後，伯玉心存未寡先。希聖希賢此成法，予何人也敢忘鞭。

徐封君鶴年一首

鶴年，字丹崖，銅仁人。辛六子。以子穆貴，封中憲大夫按察使。

翀鳳山〇山在銅仁府北三里，高峻矗雲如翥鳳。

脚踏千仞青崔巍，拍掌狂呼真快哉。南岳飛泉簷溜下，二乙雲氣空中來。好風泠然如可御，何當引我扶搖去。王喬赤松安期生，欲往從之今何處？

王布衣蕃二首

蕃，或作藩。思南人，生嘉、隆間。讀書不求仕進，安貧尚義。自號一瓢道人。工篆隸，善畫梅，爲詩清逸。所交遊多名流。著有《一瓢齋集》。明代貴州布衣隱居著述不求聞達者，自一瓢而外，則貴陽王璘、汪成、顧璇、王佐，安莊陳嘉瑞，平越盛仲芳、張茂英，都匀潘子安、吴頌，清平陸楷、周綱，安化余中瑞，銅仁李標。璘，字樵隱，性耿介，工詩詞，著《樵隱雜稿》。成，著《納庵詩集》五卷。璇，字良玉，工詩畫，晚好道，構「來仙樓」以居。巡撫孔鏞造其家，爲作《東樓記》。佐工詩，與郡人士結社唱酬，與纂《貴州通志》，有集行世。嘉瑞，敦樸孝友，耽吟不出庭户。仲芳，成化間人，著《獨齋集》，居深山中。茂英，居城西。蘇州金聲時僑平越，與仲芳、茂英結世外交，以文行矯末俗，號「黎峨三隱」。子安，詩文清麗，遊蹟遍滇、蜀，著《清嘯集》。頌、楷，并淹貫典籍，隱於友教。綱，以詩古文名，著《南坡集》，學者稱「南坡先生」。中瑞，字静齋，博學能詩，隱於岐黄，沈痾遇之無不起。標，喜居蕭寺，終日彈琴賦詩，畫尤精妙。

今皆無詩傳，惟一瓢存二首。

珍珠泉〇泉在思南府沿河司南，水自石窟湧出，纍纍如貫珠，又頗温，亦稱温泉。

氤氲和氣藹江湄，出自温泉作白衣。幾度隨風迎客棹，有時和霧點漁磯。清陰幕幕籠春意，素影飄飄弄夕暉。大地蒼生望零雨，從龍正好伴雲飛。

金山寺〇寺亦在沿河司。嘉靖十三年，播州銅佛寺七佛忽失去，司人網得其四，故立寺奉之。

紺殿清靈絶世喧，琅琅梵語誦朝昏。香飄翠篆曇花現，燈閃寒光貝葉翻。側耳老龍應自悟，點頭頑石亦忘言。居人聞此成深省，欲問三生到法門。

【校勘記】

〔一〕瑞陽阿集：原誤作「瑞阿陽集」。按，江中丞即江東之，其詩集名爲《瑞陽阿集》，故改。

黔詩紀略卷之十一

明

孫副使世禎 一首

世禎，省、郡、縣《志》并作「正」，依《太學題名碑》改。字興甫，清平衛人。其先暹自南直淮安之安東縣來，爲貴州衛官。子貴襲百户。三世孫洪調清平衛，於是清平有如皋、安東兩孫氏。洪裔繼武，嘉靖丙午與如皋孫之淮海先生同鄉舉。由教諭知廣東新會縣，即興甫父也。興甫自幼從淮海遊。萬曆元年舉于鄉，益扃户力學，每有心得，輒録之就正淮海，久而成帙。五年成進士，授知廣西桂平縣。土猺嘯聚爲患，單車抵其巢，諭以威信，賊羅拜聽命。兩臺交薦，行取南工科給事中。上疏悉數閹寺不法罪，詞甚激切，政府報之書曰：自巨璫馮保擅權十餘年，內外章奏，無敢一字及中官者。大疏入，心甚憂之。昨得旨始釋然。會禁中促取翠屏屏料及雕鏤甚細，出窑見風多碎難成，督敞內臣嚴治，敞工斃箠楚無算，言者輒得罪。興甫上疏極諫，有旨報罷。出知韶州府。居六月以父憂去。服闋，補順慶府。府舊有官店，守徵其租，悉捐之。以店舍爲社學，以餘租給貧士。陞雲南按察副使，備兵瀾滄，紆道歸里省母，相聚月餘。母卒，興甫哀痛過甚，尋亦卒。生平謙退，即貴顯，往返經里門，恂恂若處子。在官清約，自爲縣至郡領將二十年，囊槖蕭然。西充劉啓周令清平，嘗曰：「吾果城三巴名郡，守其土者，餘潤及數世。唯我朐山先生朐山，蓋興甫别字。不及其身，而行資尚乏，得毋清廉而過者乎？」著有《就正詩稿》二卷，已逸。僅從舊《衛志》得一絶句。

雪中同友聖壽寺小集〇《明一統志》：聖壽寺在清平衛，永樂初建。

十年裘馬倦風塵，此日驚看故里春。漫憶舊遊從載酒，祇園飛雪亦親人。〇《黔風録》及《省志》以此詩爲文恭作，乃承誤也。檢《槀稿》無之。

李緜州承露一首

承露，字□□，貴陽人，萬曆元年舉人，官四川緜州知州。事蹟失傳。咸豐丙辰，黄編修彭年過蜀，出落鳳坡，於靖侯祠石刻中得其一詩相寄，尾署萬曆辛卯。則刻於十九年知緜時也。

落鳳坡謁龐士元墓

偉矣鹿門士，方駕伏龍疇。遭遘中山主，言借西川籌。兼弱非爲富，所志在宗周。鼓行馘懷沛，揚戈無益州。的驢竟爲讖，落鳳豈先謀。兵機歸箭鏃，遺蜕委山丘。漢月心隨住，天壤譽同流。青青發蒼葡，絡絡叫鈎輈。往者幾何時，空餘鳥樹幽。異哉仍蕭條，怛焉興我愁。

劉知州學易 一首

學易，字□□，貴陽人，萬曆元年舉人，官知州。《志》云：知縣。

西賊平有懷江長信中丞

百戰功成士女休，岷江從此定安流。三藩誰是探珠手，六月今爲克壯猷。鐃吹奏回千騎部，甲兵洗凈五溪頭。那知祖逖鞭先著，緜上何人慰隱憂。

薛縣令彦卿 一首

彦卿，字葵軒，貴陽人，萬曆四年舉人。其父廷珠有文不售，憤投烏當河死。其母蔡驚悼投井，救免；日夜泣血待盡。其大母許提彦卿示之曰：「爾欲從吾兒地下，無論孀姑既耄，如此三歲乳子何？」蔡感悟，乃强饘粥，躬紡績，奉姑，教彦卿，時時以廷珠事感勵之。後官温江知縣，乃贈父旌母。子紹魯、師魯，又以二十八年同鄉舉。紹魯官知府。人以爲苦節之報。

寄挽江長信中丞

梁木真同秋草萎，承天柱石竟何之〔一〕？生前大造黔民福〔二〕，死後深慚國士期。佩有古花三尺鋏，郵通新擬四愁詩。白冠絮酒澆長恨，耿耿惟應地下知。

李雅州廷正一首

廷正，字心存，鎮遠人，萬曆四年舉人。官至雅州知州。以母老告歸，遂不出，居林下者三十餘年。

石屏〇屏在鎮遠治後，削起千尺，端立如屏，山半石竇出泉。泉若下瀉爲虹，江必溢，居民避水以此爲候。

千里巃嵸百丈屏，從前金湧結山靈。西南巨鎮芙蓉傑，遠近奇觀岱嶽青。一郡好風春樹曉，四時佳氣岫雲停。具瞻元爲蒼生設，孕秀還期聚德星。

龍教授起淵一首

起淵，字時躍，黎平府人，萬曆七年舉人，官江西南昌府教授。其兄起春，弟起雷，子作霖，并有文名。起春，字時雨，先以萬曆元年鄉舉，歷知江寧、雲南兩縣。作霖舉三十七年鄉試第一，并無詩傳。起雷自有傳。

秋夜登樓

秋露騰文月滿光，晴江夜彩焕南昌。老夫乘興倚樓望，彭蠡煙清鴻雁行。

曹同守維藩 一首

維藩，字□□，貴陽人，萬曆七年舉人，官□□同知。

寄挽江長信中丞

十年白簡重朝班，黄鉞遥持到百蠻。天意尚驕殘敵暴，聖恩特敕道民閑。蹉跎泣涕從戎事，想像峥嶸報主顔。修短即論何所恨，千秋疏草照人寰。

給諫陳見羲先生尚象 二首

尚象，字心易，號見羲，都勻衛人。萬曆七年舉人，明年成進士，十一年授中書舍人，十四年分校武闈，十六年遷户科給事中，十七年分校禮闈，十八年巡視京營及光禄，十九年典四川鄉試，轉刑科左給事中，復轉吏科右給事中。鄒忠介《陳君墓銘》又題云「刑科右給事中」。與《史》、《志》異。《明史》

附見《李獻可傳》。見義在户科，值河南飢，疏請蠲帶徵逋糧七十三萬有奇，報可。又請命潞藩之國。復疏浙運丁夫之苦，獲免其半。司禮監張鯨在東廠兼掌内府，供用庫印，頗爲時相所憚，及其黨鴻臚序班邢尚智，錦衣都督劉守有招權受賕，相與爲奸，專擅威福，見義極疏暴其罪狀。御史何出光、崔景榮等亦先後論列。鯨、守有、尚智切責削職，論死有差，視京營宿弊一清。奏減光禄經費。復劾錦衣諸不法事，金吾横暴驟爲之斂。分校典試，并得士稱盛。轉吏科之明年正月，偕禮科都給事中李獻可及六科諸臣疏，言：「元子年十有一矣，豫教當及首春舉行。」請敕元子出外朝親師保。疏入，帝大怒，摘疏中誤書弘治年號，責以違旨侮君。獻可貶一秩調外，見義諸人奪俸半歲。大學士王家屏封還御批，吏科都給事中鍾羽正請與獻可同謫，吏科給事中舒宏緒申言豫教出之南京，而羽正及獻可并以雜職徙邊方。大學士趙志臯論救，被旨誚讓。見義復抗疏争，豫教定儲係國本安危，且論救諸人語尤切直。帝益怒，予廷杖，斥爲民。户科左給事中孟養浩，御史鄒德泳，户、兵、刑、工四科都給事中丁懋遜、張棟、吴之佳、揚其休，禮科左給事中葉初春，各上疏救，亦杖，養浩除其名。德泳、懋遜等六人并貶一秩，出之外。獻可、羽正、宏緒亦除名。當是時，帝一怒而斥諫官十一人，禮部員外郎董嗣成、御史賈名儒，特疏爭之，御史陳禹謨、吏科左給事中李周策，亦偕其寮論諫。帝怒加甚，奪嗣成職，名儒謫邊方，德泳、懋遜等咸削籍，禹謨等停俸有差。禮部尚書李長春等亦疏諫，帝復詰讓，於是見義等十三人遂長廢。久之吏部尚書蔡國珍、侍郎楊時喬先後請收叙，咸報寢。天啓初録用先朝言事諸臣十三人中，見義等九人已先卒，皆贈官有差。見義得贈光禄寺少卿。見義之先，慶南直鳳陽府定遠人，洪武四年調官都匀衛指揮，命世守焉。慶將卒，以子景幼弗任職，請傳侄原。原偉丰儀，有勇略，善謀能斷，尤重文事。時居定遠，奉調至，益增慶之政。建學繕城，賑饑撫苗，民夷率服。正統末，苗寇圍城，原罄家財以饗士，城賴以全。子輔襲，晉級都司。輔子趦。趦生純。純生大賓。大賓業儒弗襲。見義繼厥志，此世系乃《持綱陳給諫傳》所述，惜不明畫，豈輔子上脱「景」字？大賓即其父耶？疑莫能定。《省志》又載都匀衛指揮陳昱妻馬恭人，年二十一，昱卒，閉門自經，詔表其門曰「貞烈」。昱於原、景以下輩行，未詳。并附記俟考。見義，景元孫也。年十二補諸生，神識通敏。吉水鄒忠介元標言事謫戍都匀，一見許爲偉器，即以仔肩正學相期勉。既經忠介指授，知行交進，駸駸不能自休。逮官中翰，而忠介起驗封，既入掖垣，忠介亦再起家，所以淬厲見義者愈至。見義學益進，守益堅，毅然思以見諸行事。視去就、生死泊如也。故在言路，知無不言，言無不盡，直聲震朝野。曾受給同官陳與郊劾罷沈文端公鯉禮部尚書。疏入，始知與郊賣己，立與絶。而不習見義者，頗持爲議端，至論建儲策蹇出都門，向之議者，亦罔不翕然稱之。見義歸，杜門掃軌，惟以興起學術爲事。憫文獻闕略，後生無所依仿，曾抵書貴撫江東之長信。長信即禮延見義及許副使一德，主纂《貴州通志》。時副使已老，纂述多出見義。歲丁酉書成，故稱《丁酉志》，爲黔書善本。見義、長信及鄒忠介皆有序文，載《省志》。見義一介不妄取。在志局，土酋安國亨夜持千金欲有所關説。厲色麾之。晚歲筆耕疏食，有寒畯所不堪者，處之怡然。而恤鄉里，急師友，罄其力無所吝。四十一年，賦詩談笑而卒。其弟象晉學博乞鄒忠介銘，深悼斯文之喪。嗚呼！出處如見義，可謂不負所學，不愧師門也已。惟《銘序》謂兩臺疏君賢，奉旨起用，又巧詞尼之，史失其事實。《省志》則謂庚子復原官，以母老歸。考見義一時同譴諸臣，終神宗之世無起復者。熹宗立，乃予録敘十三人，惟懋遜、養浩、德泳、羽正四人在，以漸嚮用，是見義并未復官。蓋萬曆二十八年，曾以臺諫薦，奉旨起用，未行。尋即仲化當國，當路者恐觸其忌，令以母老辭邪？《扶綱給諫傳》云：庚子復故官，以母老弗拜。又十三年卒，則《省志》「歸」乃「辭」之誤。忠介天啓初起刑部右侍郎，所上《敬陳末議疏》中，曾一及見義光禄之贈，仍發自忠介也。著有《疏草》四卷，亦忠介爲之《序》。《存真集·陳心易給諫疏草序》：「此余友人陳心易氏官拾遺時《疏草》也。拔茅射隼，綏民窮，圖國本，幾數千言。其氣直，其心赤，洵可傳也。給諫先是《請潞王之國》一語，借沈宗伯寤主，意匪有他。後宗伯歸，疏請召用，胸次朗如皎日。宗伯《報友人書》云：給諫公事見督，正爲國精意，與他下石者不同。兩俱無猜矣。後宗伯召入執政，宵人齮齕，相國幾不堪，而追論宵人者，遠及給諫單辭。不知《疏草》生平可覆而數。二十年間事，轉瞬若隔世，何論千秋萬祀！夫世可得而點者，若没若滅之影耳。給諫自爲諸生，事親孝，待弟友，取與甚廉，兢兢先程矩矱。既入朝，諸搢紳争遠器之，以讜議罷歸。韜光戢影，若處子然，誰得而掩之？常欲手獻給諫，代余報君父萬分一。顧給諫同余歸山，且二十年，廊廟緣淺，林壑情深，余每念及，輒爲仰屋。因其門人刻《諫草》成，系數語，竊附知弟莫若師之義，世或以我爲頌美徇知，則吾生平於璞玉，不忍向無縫處下一錐鑿，是余初心也，亦學道人公心也。」詩文集若干卷。子時康，仍襲都勻衛指揮，加守備。時揚、時寧、時行，孫朝仰、朝璧、朝薦，曾孫梁澤、世澤、天澤，并諸生，能守其訓。獨山州袁肇鼎學於陳氏，才敏，爲都勻府學廩生，遂妻見義孫女。肇鼎未壯卒，遺孤中吉在襁褓，女迫飢寒，數瀕於死。豪富强委禽焉，誓不可奪。中吉成立，不永年，又撫孫萃，孤苦萬狀，以存袁氏一綫。年八十八乃終。獨山州稱節婦、女師以陳女爲冠，亦可以徵教矣。附鄒忠介

《刑科右給事中見義陳君墓誌銘》：往予入夜郎，諸生陳君首以文贄，朝夕譚經，莫予逆已。君成進士，予起家移司封郎，則以官中翰從。庚寅再起家，則以官掖垣從。予調選郎，忽忌者中沮，奉旨調南。君祖我郊坰，泣數行下，予謂離別尋常，何得爾爾！既兩人各歸，魚雁絡繹，猶謂班荆有日，不謂一淚作千古別矣！嗟痛哉！君弟學博尚晉以狀屬銘，余安忍辭？君諱尚象，字心易，號見義。先世定遠人，以祖慶官指揮使，來勻。慶生景，景三傳爲君。父諸生某，贈中書舍人。母張氏封孺人。君將生，張母夢天門劃開，紫衣人從雲霄下，始生。幼甚敏，十二歲補諸生而孤。十五歲餼於庠，己卯舉鄉試高等。庚辰成進士。癸未拜中書舍人。丙戌入武闈，代閱卷，得干城若干人。戊子選户科給事中。諸落時趨者，拾人殘瀋，伺重臣頤指塞責明得意，而君一意攄胸中所欲吐，如喉中有物必盡乃止。大都糾官邪，扶國是，培君德，恤煢獨，具奏副中。庚寅巡視光禄及京營。辛卯典蜀闈試，皆殫厥心力，海宇人頌之。轉刑科右給事中，睹皇儲十齡，預教册，立未定，即閣臣宗伯争之不得，舉國皇皇。君奮然曰：「是余畢命報主之秋。」草疏以爭。客有危者曰：「如白髮何？」君謝客曰：「有家弟晉在，臣子不得復顧其私已。」奉旨罷爲民。束圖書，乘蹇驢，出都門。都門人共詫曰：「今黔竹亦有逐客邪？」君歸，杜門掃軌，廉靖孝友，修長者行。江中丞長信禮修《省志》，安酋夜持千金，有所關說。君麾不省。播州兵起，斗米千錢，人閉户，或死或徙，不逞者思爲亂。君私計以身倡之捐。子幼，給銀三十助餉，而景從者紛至，黔蜀交争，都門有問策者。君曰：「黔苦兵久矣！」廟堂聽君言，黔不得再苦兵。馮大參成勻，客死，後先護持如手足然。業師尹之訓，丞歸貧甚。棄簣捐地以葬。而諸空乏者、無告者，藉君以爲外府甚衆多，然君又空甚，囊時罄，不著一錢。以故没之日，不足具棺斂，此可觀君矣！鄒子曰：陳君崛起黔中也，難哉！天寔生材，爲國家使，豈日夕可得一人？君論國本，浸商丘也。一時悟主精意，既知其賢，復薦之穽人者，如是乎？兩臺疏君賢，奉旨起用，正可開孤臣一綫路，又巧詞尼之，不階不媒，朝無援者，坐受人扼不之白，君奈何不死？然君生平表表偉偉，能扼君進不能扼君品，君亦可以死。竊常偉君於貧賤，去就間無大罣礙，乃臨終賦詩而逝。於死生之際，亦甚翛然，世豈得窺君際哉！銘曰：嗟哉諫議，祖我都門，有淚浪浪。不謂兹别，竟成千載，胡不摧傷。孤不損志，貧不墮行，維德之行。鳳池青瑣，振振其羽，將翺將翔。一言忤主，角巾私第，廿載徜徉。帝有召命，輒復咨且，道豈終藏。年不配德，位不竟才，乘雲帝鄉。我銘君墓，匪君之厄，斯文之喪。聖主恩深，行有特恩，永賁泉壤。又《與陳見義給諫柬》：士有都將相洋洋歸梓里者，其人多齷齪，取高位，市童雖憐，至以身爲。鄉里後日指名，君子鄙之。足下今雖布衣歸里，然榮于三公多矣。海内歸田者不少，又皆馮其意之所欲爲，或淩爍有司，或魚肉鄉里，爲人所傳笑者，與前人等，君子惜之。善乎先正云：鶴鳴九皋，聲聞于天。又曰：無易由言，耳屬于垣。蓋言誠不可掩，獨不可忽也。足下無忘愚言，西北苦虜又苦倭，主上猶然高拱，政本深計〔三〕，賈生所謂直須寺者，良足悼惋。然黔國在萬山中，二者之患，俱無一及。足下素心王室，一劍酬主，能無南望涕零耶！不佞擬仲秋疏乞身，會少司寇沈鑑老薦舉自代疏，以不佞身濫其間，似又稽延我行。喜鄧大司成至，又朱鑑師至，名賢輻輳，如蘭斯馨，飲醇沐芳，每念足下獨宿遠方，則令人罷談麈矣。足下幸自愛，泰階朗耀，賜召在旦夕間矣。

便河詩并序

雲故有便河，實始于正德間。兵憲李公麟鑒往事，妨來患以貽千百年之安者也。歲久迹湮，居民多鞠爲蔬圃，年來内侵之患，往往而有。頃播賊猖獗，大中丞郭公頒有城書，維時所司，僉議及此。會徵兵運餉，力不暇及，識者殊以爲憂。今憲使袁公甫下車，既平播平黎，内安外攘，威德懋著。一時野有寧宇，頌聲翕然交作。而公所長慮，却顧未已也。一日譚及便河，周巡次慨然曰：茲綢繆之至計也，可廢不舉乎？遂屬司理楊君應第與視衛篆者圖新之，捐俸斥鍰，計徒採石，簡材官有心計者董其役，自小河口築長堤若干丈，引水灌於故道，歷兩西門而南與東山左掖諸水會流，以達于龍潭。民不告勞瘁，工不易歲時，而長河如練，與金城相表裏，真可謂賢于勝兵十萬矣！余聞諸父老言，建城之初，高皇命有司繪圖以進，恐諸苗憑高俯窺，遂以御筆指點于東山之顛，嗣是雖間有憑陵，絕無敢有從東門入者。獨西北一帶，地形稍下，故遠如正統之變，圍城至十閱月，近如壬、癸之際，軍民士大夫咸不得帖枕席，則茲河所係，良非尠矣。按：小河口在城北一里許，引劍河之水入便河，至城南一里許復與劍河會于龍潭。潭深不可測，旱禱輒應。東山在城東隅，垣跨其顛，上建鼓樓可遠眺。正統之變，謂正統十四年爛土凱口苗攻都勻城，官軍却之。壬、癸蓋萬曆三十、三十一兩年，時播皮林并平，而東西二路仲苗盤踞貴、龍、平、新間，與介于思、石、銅仁之水銀山苗，爲紅苗羽翼者，并以黔大兵，役財力殫竭，有輕漢心，經年剽掠無虛日。三十年六月，巡撫郭子章乃命總兵陳璘、布政使趙健分討水銀西路苗，平之。又專命璘討平東路。昔蜀大夫李冰鑿離堆，辟沫水爲民除害，蜀人至今祠之雲固僻在一隅，無他擾，獨其害在苗耳。公修舉永賴之利，於百十年廢壞之餘，體中丞公如保之心，以慰高廟奠安南服之至意，功德于吾雲者，詎有涯哉！余烏得無紀，乃爲詩曰：

高城蕩蕩，跨于東山。高廟所經，既雄既堅。西北迤邐，漫無坡陀。以帶以礪，寔爲便河。上釃江流，達于龍潭。金堤屹屹，而北而南。便河未開，士不帖枕；便河既開，賊至安寢。維袁憲使，紹蹟李公。徹彼舊湮，以護崇墉。役不瘁民，成不易歲。我爲銘詩，以詔後世。

按：便河湮塞，復侵没於蔬圃者，已不計年。咸豐初，粵西用兵，勻守令始率勻人濬之。然非盛漲，常涸無水。得更深濬四五尺乃善也。便河所釃，所會者劍河。劍河會馬尾河，馬尾河即邦水河，實沅水正源也。　附先猶人府君《都勻邦水河爲沅水正源考》：《漢書·地理志·牂柯郡》：「故且蘭，沅水東南當作北。至益陽入江。過郡二行二千五百三十里。」《説文解字》：「沅水出牂柯，故且蘭東北入江。」按：沅水凡三源：南源曰邦水河、劍河；中源曰魚梁江，合流曰清水江，經鎮遠府之清江廳及黎平府之西北境入湖南靖州界，至黔陽縣，會鎮陽江。鎮陽江，沅水之北源也。出鎮遠府之黄平舊州，西經施秉縣、鎮遠府及思州府之清溪、玉屏兩縣入湖南界，經晃州廳，又經沅州府，至黔陽縣合清水江。考《水經》，沅水出牂柯且蘭縣，爲旁溝水，又東至鐔成縣，爲沅水，東過無陽縣。《山海經》亦云："沅水出象郡鐔城西。"秦漢鐔成，當今黎平府大半府及鎮遠府湖南靖州之接黎平一邊。漢無陽，當今思州一府及鎮遠府東北境、湖南沅州府上游、靖州下游。沅水先經鐔成，後過無陽，則清水江之源。都匀半府及貴定縣、平越州南境者，實爲沅水正源之旁溝水。而鎮洋江，則《漢志·武陵郡》無陽下，所謂"無水首受故且蘭，入沅八百九十里。"《水經注》所謂"無水出故且蘭，南流至無陽故縣，縣對無水，因以氏縣"者也。故今鎮遠府猶謂之㵲陽矣。而鎮遠府之施秉縣、黄平州，都匀府之麻哈州、清平縣及府屬首縣倚北之半及貴陽府之貴定縣，倚南之半及平越州地爲沅、㵲二水所源者，皆漢且蘭縣地也。嘗驗都匀邦水河，實出貴定縣舊城南三十里之擺忙呰山中，去都匀城六十餘里，南流經江肘，爲江肘河。折而東，入都匀邦水司界，曰邦水河，又曰板水。今邦水司，即元之板水等處也。又東經府南二十里之大河鋪曰大河。大河經馬尾呰北，又曰馬尾河。折而東北至茅灘，與劍河會。劍河亦出擺忙山谷，東去邦水河源才數里。二小源曲屈東南流入府界，納諸小水，會于龍場、青苔二堡間。又東南流經府城，北折而西，曰劍河。下有龍潭，又曰龍潭河。東南流經馬尾呰東，亦曰馬尾河。又東至茅灘，會邦水河也。二水自源至茅灘，各曲折行百七八十里，受納小水數十。又東南經楊安汛南，又東北經巖坦砦。又經平定司東。又經凱里營北。又經臻洞司西、甕壩營東。又經重安司東南。魚梁江自西南來會。魚梁江出麻哈州西七十里，壩忙山中涌石穴中，如三斗盎，謂之水頭。去劍河源處不遠。東流經壩忙場側。又經蔣岡塘西。又經樂平司西，曰樂平河。又東北經大箐、小箐。又東入平越州界，經黄絲塘西、酉陽驛南。又東爲響琴峽。峽中有萬善橋，驛傳之通道也。至是，稱魚梁江。又東北得葛鏡橋。又東北有豬梁江、卡龍河。自西北各相次來會。又東經楊老驛北，麻哈江自南來會。又東北流折而東，經清平縣北之大風洞北。又東經香爐山北、重安驛南，曰重安江。稍東會于邦水河，乃謂之清水江也。其知爲沅水正源之旁溝水者，邦、板、旁，聲近；擺忙、壩忙，皆旁之切音。餘二千年水地正名，聲音文字閒猶可得其彷彿也。由邦水河、劍河源處至會魚梁江，約五百餘里。由魚梁江源至會邦水河、劍河，約三百餘里。劍河、邦水河自都匀城外及大河鋪，即通舟楫。而魚梁江至重安驛下，將會之所，方可命船長短大小又不同。則《水經》、《漢志》所指沅水之源，尤必以邦水、劍河爲正。洪稚存先生《水道考》已有此説。且由劍河源處計，至入鎮陽江約千二百餘里。又計至入洞庭湖，合二千四百餘里。由鎮陽江源處計，至入清水江約八百餘里。并與《漢志》沅水行二千五百里，無水八百九十里相應也。黄梨洲《今水經》乃混無、沅爲一，固非。齊次《風水道提綱》知無、沅爲二，而以出平越北境之豬梁江，及自牛場來會之卡龍河〔四〕，定爲古出故且蘭之沅水，謂牛場東北大山北麓水，北入烏江南麓水，即卡龍河，會豬梁江。此河源與豬梁江源山東西相去才五十里。其北二百里即遵義府南之烏江。蓋緣《方志》誤指。且蘭在遵義，遂牽就爲説，亦未爲確。又失載魚梁江一水，至其謂清水江實沅水上源，較黄平尤遠。又謂重安司北金鳳山，即鎮陽江源。豬梁江至此已流三百餘里。又謂馬尾河至重安司東，曲折行四百餘里。夫豈不知沅水正源在都匀也。

結交行

古交冬松青，今交春花團。一世競新好，誰爲尋古歡。古歡淡若忘，新好濃不解。安知天地間，大有歲寒在。

犖令余德翥先生顯鳳二首

顯鳳，字德翥，獨山州人。未設州學，寄都匀府學，爲諸生。鄒忠介戍都匀，即與陳見羲先生尚象同師事焉，亦同中萬曆七年舉人。見羲通籍，德翥下第歸。復與吴金廷先生鋌同事忠介。忠介居匀六年，從學何啻百數，而聞道者推三先生。先生又從最久，所得尤深。吴、陳并先忠介卒，得其銘墓。其學問大略猶可考見。先生銘傳遍訪不得，得其二詩，亦可以知其所至矣。

官某縣教諭，升知河南鞏縣，或云四川珙縣。州人講正學，有科名，并自鞏縣始〔五〕。

過觀音寺有懷南皋先生追次其韻示同遊

夫子談經處，林巖皆教思。言歸舍我輩，過此同君稀。東望邈難逮，索居無所施。澄觀悟心理，千載若相期。

按：寺在都勻城内。附鄒南皋詩：「余僦居湫隘，僅能容膝。都勻觀音古刹，余每旦同二三子往焉。静坐中偶興到，不覺成韻。病骨淹旬久，乏裁還爾思。殘經談去遠，香積到來稀。默識同尼叟，忘言憶惠施。未須嫌寂寞，吾學貴心期。」〔六〕

南皋書院落成呈陳給諫尚象吴解元鋌

鄒先西江來〔七〕，清風被吾里。竟挽劍河流，换却西江水。西江下鄱陽，劍河滙湘澧。朝宗殊遠近，入海無彼此。講堂喜突兀，俊秀冀連起。珍重平生心，識路勿暫止。

按：書院在都勻城内東南隅，即先生同陳、吴兩先生因南皋僦宅址創建以惠學子者。貴撫歙江東之爲之記。見《省志》。附先猶人府君《鄒忠介公流寓傳》：鄒元標，字爾瞻，號南皋，又號瞿農，吉水人。萬曆五年進士。觀政刑部。十月輔臣張居正奪情，上疏劾之。予廷杖八十，謫戍都勻衛。居六年，江陵没，乃罷戍。召拜吏科給事中，仍以切直敢言。小起輒仆里居，講學垂三十年。天啓初，乃以大理卿召。累陞左都御史，加太子少保，告歸四年卒。崇禎初，贈太子太保，吏部尚書，謚忠介。事蹟具《明史》本傳。南皋九歲通五經。

泰和胡直正甫從歐陽德南野、羅洪先念庵，得王文成良知之傳。南皋弱冠從之遊，即有志爲學。登第，出朱金庭相國賡之門，賞其文字，有骨鯁。廷杖，下詔獄，金庭往視，泣數行下，懇懇以正學相勉勵。時清平孫淮海先生方請告在家，與金庭、正甫皆講學交素。都匀、清平相去才百餘里，屬南皋往必時請益，故忠介至都匀益究心理學。歲數訪淮海證可否，學以大進，雖在萬山中，夷獠雜居，怡然自得。匀士從講學者日衆。匀守湖口段孟賢既葺鶴樓張公讀書堂以居忠介，復結茅於堂右，朝夕與諸生提倡心性。暇則扳磴梯雲，含毫抒藻，尋龍山盤谷舊蹟。旁溝豚水之間，風氣彬彬比中土焉。得其傳者，首推陳給事尚象、余羣令顯鳳、吴解元鋌；而陸從龍、德龍、艾友芝、友蘭兄弟次之。其以詩酒往來稱文字交者，則有艾縣尹世美、吴刺史嘉麟、陸審理書、鍾明經湯和諸人，一時以爲盛事。南皋之《草疏》劾江陵也，懷以入朝，適廷杖吴中行等，俟杖畢，取疏授中官，紿曰：「此乞假疏也。」及入，江陵大怒，立予杖，挾而入獄。時天寒雪深數尺，獨與平江艾穆席地卧，幾死者數矣。故人龍袍溪者忽至，慷慨泣下，曰：「君以身殉國，予奈何不以身殉君？」時醫刺兩足，血淋漓不止，袍溪以身翼之，數日送別於蘆溝橋。逾年，袍溪授雲南永昌衛經歷，過都匀，爲南皋留數日乃去，誠俠士也。而巡按御史某，乃承江陵指，將害南皋於戍所。行次鎮遠，一夕暴死，南皋卒無害。誰謂天道遠哉！南皋通籍杖遣，年才二十七，其夫人吴已先卒。除夕抵家，省太夫人羅，爲娶於江，偕奉太夫人以行。太夫人不任跋涉，半道返，乃携江之戍。

時有閩人陳銓之，其子粤西任道文江。登堂拜太夫人，解囊助養。已而泰和劉起鵬來爲都勻推官，乃時時得太夫人消息，歲庚辰有傳太夫人疾，亟私乞假鎮巡一歸省，無恙，即返戍，恐江陵之或知也。江夫人亦曉大義，當驚語肆傳死生危疑之際，夫人常引命數相慰解。已而夫人釀盡赤，喜曰：「吾鄉謂釀赤爲紅娘子，主大吉利，黔亦有此語，吾兩人可幸生還也。」果罷戍。旋有給事之召。南皋自遭譴來，凡諸相知，時時畔去。同年曾健齋乾亭曰：「此足扼鄒生乎？」賜環回朝，撫今追昔，健齋嘆曰：「子之夜郎，過計者，曰：『待江陵罷政，子得歸，髮鬖鬖白，老矣！』世間兒女口如是，燕雀安知鴻鵠？從古而然。」南皋曰：「髮白而老，不官何如？」健齋大笑。南皋在勻時，著有《龍山志》、《雲中存稿》、《戍記刪後詩》。賜環後，作别編爲《願學》、《存真》兩集。合前後《奏疏》爲《太平山房疏草》。又有《語義合編》，則其門人會其講學說經之語編次者也。南皋去勻十五年，勻門人思之，乃即其講學處建南皋書院祠之。二百餘年，俎豆不衰。

解元吴金廷先生鋌二首

鋌，字金廷，都勻人。嘉麟猶子。父嘉賓早卒。嘉麟弟嘉善鞠教之。自官所歸，應舉未有名。鄒忠介謫勻，見其試卷，詫爲黔第一士。果兩試提學使皆舉首。舉萬曆十年鄉試第一。忠介謂其文不作經生口吻，神識常溢筆端也。與講正學，默領不違，而警悟健蹈，有進無已。忠介得金廷晚，謂自見義外，一時來學者未能或之先也。故忠介賜環，匀士多從金廷遊。金廷亦毅然以師道自任，教從弟鏞、鐸、甥朱振祚，能不替其傳。金廷性敏而潛自知，嚮學中夜獨坐，非聞雞鳴不休。金父母早喪，淚涔涔達旦，以是常病嘔血，連躓禮部試，發舊疾，客歿。同歲生李時華芳麓爲侍御，棺斂之以歸。忠介寄《銘》誌其墓。其文云：余寓匀，最後得一吴生鋌。鋌幼孤，鞠於伯父。州守、明府二公時初從桐城歸，尚未知名。一日試得生卷，不覺擊節曰：「此黔第一士。」驟聞者無不過駭。未幾，督學歸善李公、蘇州馮公後先皆至，首生且曰：「無逾吴生。」壬午中鄉試第一〔八〕。人駭者始服。蓋生文浸浸不作經生口吻，神識時溢筆端。連蹇春官不第，則匿古之過也。予常以正學勖勉生，生第默默領之，不吐一語。最後訪予金陵，始知生不弁髦余語。聖學有圖，日課有紀。即昔與生語者五經，手自抄寫俱盡。匀諸士多有從之遊，生毅然以師道自任，而其弟鏞、鐸及甥朱振祚咸信之深。没，猶心師之。生不死，所至未可量也。記昔在金陵與余友蔣德夫商學，余與德夫不謂然，生執之堅，別而致書予，近悟於師旨也。生性敏而潛，每坐必至雞鳴，書聲達旦。常思及父母早喪，淚沾沾下，遂以嘔血卒。卒時囊空如洗，賴同年侍御李公助之。而自薦紳知余者并知生，咸爲余并世首悼惜生，不獨余傷生也。生生於年月日。子一：昌春。銘曰：有鳥於此，其文五色。宜瑞王國，鼓翼何之？俾吾求其故而不得，君豈厭塵寰之偪仄者邪？

示學者二首

至寶在吾身，萬物無不有。如何一世中，皇皇各奔走。世路歧又歧，奔走將安之。回頭見閭里，一笑得吾師。

詞壇遍九州，爭新各雄長。可憐千萬篇，豈著痛與癢。大道在六經，口榮忘身榮。試持一二語，鑽仰足平生。

李太僕時華 十首〔九〕

時華，字芳麓，貴陽人，舉萬曆十年鄉試，累官監察御史，以峭直聞。歷按四川、河南、廣東及漕運，多所興除。先是水西安萬銓挾據播州水烟、天旺、地平。播置遵義、平越二府，分屬川、貴。議遵義以渭河爲界，而命安疆臣歸昔侵地。巡撫郭子章以疆臣與有平播功，且許裂土，不宜奪故地，總督王象乾主畫渭還地，互訐奏，累年不決。芳麓疏謂征播之役，水西不惟假道，又且助兵，矧失之土司，得之土司，播故輸糧，水亦納賦，不宜以土地之故傷字小之仁。尚書蕭大亨主芳麓奏，以地歸疆臣。四川科舉弊竇滋甚，芳麓條上貢院事宜，皆施行。貴州新貴設縣，未有學。芳麓上平播善後事宜，及之下。貴撫子章及巡按宋興祖、畢三才議皆以爲便。三十一年八月始設新貴縣及黄平州學，改普定、平越二衛學爲安順、平越二府學。附芳麓《疏》：爲三省干戈幸戢，萬年計畫宜周，恭陳一二膚見，以備善後採擇事。内款開：一曰議增縣學。貴當開荒草創之初，經制未備，省城故無府，而有府自隆慶元年始附郭，故無州縣，而有州縣自近始。規模初定，已儼然省會之具體矣。惟是新貴有縣而無學，尚非全制。今播事蕩平，諸凡創建，焕然一新，獨令首善之地有此缺典可乎？謂宜增一縣學，官不必添，取諸府司，二學改授一員；廩不必設，取諸府司，二學各撥十名；廟不必建，府學原與司學共。近方改於城外，則縣學仍府學舊制可也。教官衛舍俱全，一轉移間，而規制自大定矣。此非臣一人之私言也，地方先後撫按諸臣皆有此念，獨以加廩之難，又不欲割府司之所有，以是中擱耳。今播已剿平，何難處此？廩餼應行，撫按酌議，詳細具奏云云。芳麓奏議甚多，惟見此條，猶非此疏之全，惜哉！其他文有《江長信中丞去思碑》、《送中丞致政還歙序》，見《瑞陽阿集附録》。清平孫尚書應鼇理學文章冠黔服，卒無子。芳麓誦言請謚得「文恭」。黔士乃益勵於正學。廣東税監李鳳肆虐，劾逮鄉官通判吴應鴻等，乾没五千餘萬，他珍寶無算。致潮陽鼓譟，粤人爭欲殺鳳。芳麓首劾之，尤爲時所稱。《明史·王正志傳》：「自礦税興，中使四出，跆藉有司。謗書一聞，駕帖立下。」「二十八年，則廣東新會在籍通判吴應鴻，舉人勞養魁、鍾聲明、梁斗輝，雲南尋甸知府蔡如川，趙州知州甘學書及富平知縣王正志等，皆逮繫詔獄。御史李時華言：近日所逮吴應鴻、勞養魁、蔡如川、甘學書、王正志等，俱宜敕下撫按勘虛實，不得以一人單詞枉害良善。」不報云云。按：芳麓此奏，不知與劾李鳳是一事否？未見其《疏》，附記於此。時三原温純爲總憲疏曰：「自礦税肆害，未有如廣東税使李鳳所爲者，内結粤夷，外鈎紅夷，圖逞私胸，輒開邊釁，飛而食人，甚於虎狼，豈止欺孤虐寡，積寶堆珍，淫穢慘毒，如按臣李時華所陳耶！」累遷太僕寺卿，告歸卒。父梅，字元年，爲郡諸生。試輒高等，而屢舉不售。爲桃源某令客，叱却暮夜百金，令廉知益重之。伯兄大寧教諭，卒官。迎櫬歸，中流舟覆，自翼櫬浮水上，救至得免，人以爲神。其師某病疫，家人咸染，多死者。梅侍湯藥不去。或微諷之，曰：死生有命，在三之義，寧可恝也。卒無患。迨芳麓貴，人咸謂盛德之致。《過庭碎録》：「前輩仕而歸，入里門，皆徒步，無有安坐輿馬者。今則漸不然矣。明李芳麓先生以冏卿致仕，在鄉里，肩輿垂簾往來，時人爲語曰：『坐轎垂簾，芳麓李公聲價重；臨鄉喝道，小屏楊子骨頭輕。』芳麓殊不自安，門巷近者，即斥肩輿不御，今安有此哉？小屏，蓋霞標參政之族，或曰參政秉鉞，所未詳也。」

涵碧潭〇潭在貴陽城南武侯祠下。

一水繞山城，曾將洗甲兵。秋波涵碧玉，春漲點紅英。龍卧歸雲濕，犀沈夜月明。寒潭深萬丈，徹底本來清。

高真觀

直上高真第一宫，主人愛客意何濃。開壺元自金莖味，剪燭分來丹竈紅。竟夕高譚聞遠略，一腔忠赤許誰同。文園愧我相如渴，猶借刀圭起困蒙。

凌雲寺〇寺在九頂山中。山在四川嘉定府城東北一里，隔江山有九峰，曰：集鳳、棲鸞、靈寶、就日、丹霞、祝融、擁翠、望雲、兑説也。旁有烏尤山，下有爾雅臺。又有注易洞、千佛巖、釣魚、紫雲、雨花諸臺。以下八首見《凌雲詩鈔》。據録《粤東金石記》。廣州府靈峰山有明萬曆壬寅李時華詩碑。南海神廟又有萬曆辛丑李時華《次韻蘇文忠浴日亭》詩刻，惜未録其詩。

蓮身凭岸起，鷲嶺倚雲開。月渡青衣水，煙沈爾雅臺。松濤迎吹入，江浪載天回。何處菩提樹，移來勝地栽。

物外塵都淨，山中日更長。龍孫如獻客，魚舅盡乘陽。山樹連天碧，江烟入夜蒼。澄清吾有志，一曲到滄浪。

九頂山二首

九頂芙蓉一日看，翻飛客興碧江干。雲穿曲徑蒼苔濕，月抱雙流樹影寒。易洞圖書天著象，峨嵋煙雨夜憑闌。登高且盡樽前酒，香國棠花尚未殘。

石磴縈迴霧半沈，上方高絶石嶔崟。茶煙洞鎖僧朝入，江雨春肥龍夜吟。山髻香浮薝蔔樹，江風寒度海潮音。雲門迤邐如如葉，知是慈悲片片心。

登洗墨亭見三峨入望江水如練不但爲蜀中山水之奇即海内亦不多得志以四詩

孤亭突兀枕清流，四望郊原麥欲秋。江上鵜鶘朝放舸，田間鸜鵒晝乘牛。雲開日吐諸峰秀，水落沙浮竹舍稠。天地文章隨處是，不須更向畫圖求。

倚天高閣水雲涯，九頂三龜此最奇。方沼碧存學士墨，大峨修似美人眉。花飛龍藏風來細，僧出鴉巢日上遲。静會塵襟無處著，元探獨許野鷗知。

絶勝風光屐底逢，幽林在在遇秦踪。江深夜雨添宫徵，山市朝煙染淡濃。巖際松稠原養鶴，洞前雲往正從龍。短笻千里生平足，不數蓬萊第一峰。

半晌閑遊謝俗棼，名山況復暢靈君。不從雕飯溪邊入，那得疏鐘世上聞。身負暖緣亭就日，閣憑虚爲寺凌雲。此中正是棲真地，物外塵緣未許分。

金太守待取 一首

待取，字□□，貴陽人，萬曆十年舉人，歷官員外郎，終知府。

送中丞江兟翁致政還歙

燦燦長庚燭太清，當朝耆舊久韜真。百餘二十籠中鴿，萬有六千海上椿。堂下彩衣明晝錦，天邊駟馬駕蒲輪。東山莫漫貪高卧，尚爲吾皇壽萬民。

蕭僉憲重望 一首

重望，字劍斗，思南府人。父亮自江西豐城來，寓府之水德司，遂著籍。舉萬曆十三年鄉試第一。十四年進士。授知河南閿鄉縣，調祥符。行取拜雲南道監察御史，晉都察院僉都御史。卒官，賜棺斂馳驛歸葬。劍斗及同野先生之門，與先生仲子廷謙同年鄉舉。操性嚴正，學有根柢，令河南多異政。擢御史。凡四奉代巡，條奏數十上，彈糾、陳請皆國是之要。告養歸，仍疏安邊五事：請置偏沅巡撫，復雲貴總督，設思南府同知，建印江縣學，增置安化縣，輒報可。先是水德江正長官張鎔死，無子，族人争襲，訟十餘年不决。至是，知府陰鎔議改縣，僉以爲便，劍斗爲疏請。三十四年賜名安化縣，置令尉，革張氏世襲，改副長官楊龍爲土主簿。其後張氏復襲土縣丞者，則以張講征水西督運功，貴州巡撫王善題請也。服除，起官進僉都，不竟其用，遽卒。時論惜之。著有《奏草》，今失傳。惟存《請增申侍御土木堡忠臣廟名位》一篇，已附《侍御傳》下。其他所條上，莫能覼縷也。

同野先生祠下作

我讀先行録，爲儒始有程。治規懸典則，王道在誠明。天日光常滿，風雲態自更。滔滔德江水，終古見澄清。

附劍斗《李先生祠記》：生里之下走，於先生名德，非若風馬牛不相及也。以嘗聞之閭丈人與夫束髮所睹記者。仕英廟則土木之忠魂可招，留坡之生氣尤烈。兩公者，尚已仕世廟，則敢言如田都諫風節，如敖中丞立德立功，皆可不朽於世。同翁李先生業與諸君子分豆於賢祠。頃又與申侍御逬祀於省會，而復爲之祠者何？特舉也。特祠者何？道學之傳自先生始也。夫道學者，大聖大賢所爲，天地立心，生民立命，繼絶學，開太平者也。夫乞火之於取燧，寄汲之於鑿井，易辨也。尼山開萬世道學之統者也，周茂叔開宋儒之統者也，薛文清開昭代諸儒之統者也。貴筑之學，倡自龍場。思南之學，倡自先生。自先生出，而黔人士始矍然悚然知俗學之爲非矣。《先行録》，天德之橅也，《大儒治規》，王道之昊也。歘歷中外，卓乎名臣。治行之最，天子嫈之；難進易退之節，朋儕信之；甘棠之澤，隨地而尸祝之，先生之道徵也。夫祠先生以特典，奚過焉？同門諸生循陳公甫、鄒羅二先生故事，請於有司。雖然，微陳、鄒諸公，先生不當特祀耶？乃徵言於生。季郎仲吉君，走書數千里。雖然，微二三同門，甚仲吉君不以尺素來，生不當爲先生作記耶？唯是款啓寡聞，亡當於放佛是懼，政自逡巡㦔恧耳。祠崇踞爽塏，俯瞰百雉。枕輢犍牂，跨躡二酉。表以萬聖，陪以三台，帶以德水。椅山嶙峋于東，鷺渚汧涌于北。爾乃龜謀叶吉，般爾貢能，東載孔嚴，方虔維歫。跂而恭者，正寢也。翼而張者，廚庫也。小大井逬者，梁桴椳楔也。修短爛朗者，檷榱枅櫨也。間以重門將將也，繚以周墉言言也。後有老樹壽藤，葱蒨相糾，前有翠柏蓊蔚，森若列戟。秀色映發，烟靄交浮，是足以妥先生之神而饜二三子崇報之萬一矣。昔子贛謂子石：「子學乎？」子石子曰：「吾暇乎哉？父母求吾孝，兄弟求吾弟，朋友求吾信，吾暇乎哉！」子贛曰：「請投吾學以學於子。」是又生與諸君所宜閔免征邁，以昭假先生者，胡亶粢盛升獻間也。斯舉也，太守趙公忠菴關白台使者薛隆華公，輒報可，且曰：先生夙所皈往也。復其家一人守之，題曰「李先生祠」。司理劉公望龍議祭春秋饗祀。督學使者沈公邃庵、前司理立峰周公，皆樂觀厥成云。銘曰：道州眼藏，湘澤之靈。澠池心印，河洛之英。餘姚衣鉢，洙泗之精。於戲三公，百代豪傑。千古斯文，疇與揖遜于孔門，曰思南李先生。

龍評事起雷 二首

起雷，字時聲，五開衛人。其先自靖州綏寧移成著籍。《省志》云黎平人。舉萬曆十六年鄉試，明年成進士，知江西清江縣。行取授南大理評事。《明史·趙志皋傳》：「志皋爲首輔，年七十餘，耄矣，柔而懦，爲朝士所輕，詬誶四起。值西華門災，御史論之，吏部顧憲成等空司而逐。南京評事龍起雷等相繼披詆。」又《李戴傳》：「戴，萬曆二十六年爲吏部尚書，明年，京察。南京評事龍起雷等嘗以言事忤當路，咸置之察中，時議頗不直戴。」據此，則時聲以劾志皋爲戴掌銓所黜，其風節頗見推於清議。其守官之勁正不阿，必非一二端可盡者。省郡《志》但謂其官評事告歸，淡泊自甘，無所請屬，并忤當路，被察之錚錚者，而没之何哉？陳文政《龍廷尉梅銓部合傳》謂：時聲治獄多才，累官大理少卿。識同里朱萬年於兒時，謂必爲忠烈臣。其告歸也，聞抗章建儲，攖神宗怒，刑政紛糾，將釀東林之禍，急流勇退云云。按：史載立東宮在其被察後三年，其論及與否不可知。至東林之禍，後此時二十餘年，爾時正人決無有避禍鳴高者。矧評事方繼顧涇陽論時相者乎？文政此《傳》作於乾隆時，其進理卿，怵禍勇退之説誣矣。銓部名友月，詩見後。時聲與兄起春、起淵，文行并有聲，時稱「三雷」。時聲又黎平進士之始，尤足以式鄉里云。

王少伯墓

龍標天遠接龍溪，黯黯青山月欲低。千載羈魂應不怨，詩荒開遍夜郎西。

《唐書·孟浩然傳》：「王昌齡，字少伯，江寧人。第進士，補祕書郎。又中宏詞，遷汜水尉。不護細行，貶龍標尉。」「昌齡工詩，緒密而思清，時謂王江寧云。」《省志》：「龍標山，在開泰縣西北龍里司。」又云：「唐王昌齡墓在龍標山。」又云：「廢龍標縣在開泰，屬龍里所。」按《通典》：潭陽郡巫州理：龍標縣領龍標、朗溪、潭陽。又，龍標郡業州領峨山、渭溪。《元和郡縣志》：叙州潭陽郡西溯流至獎州八百里……南逾嶺至融州，水陸一千五百里。武德七年置龍標縣，因龍標山爲名。朗溪、潭陽皆析龍標置，在舞水東岸。其叙州即巫州。其獎州龍溪郡，即業州龍標郡，所領同。少伯《送崔參軍往龍溪》詩云「龍溪只在龍標上」，即謂獎州。獎，當今鎮遠、思州間，在龍標西。龍標地，又當舞東岸與融州接境。則自今湖南、黔陽以上跨清水江而南，及於黎平數百里間，皆龍標故地。龍里之山，不知即因以名縣者否？而其在龍標南境内，固無疑也。或謂少伯詩，龍溪當指古州江。《元和志》：柳州龍城縣有龍溪，經縣南入潭。即此江，亦龍標地，廣遠直接龍江之一證。然詩「送參軍」，自指郡名爲是也。《唐書》又云昌齡「以世亂還鄉里，爲刺史閭邱曉所殺。張鎬按軍河南，兵大集，曉最後期，將殺之。辭曰：『有親，乞貸餘命。』鎬曰：『王昌齡之親欲與誰養？』曉默然。」是少伯實未死於貶所。龍標之墓，特附會耳。《舊書》謂少伯京兆人，曾遷江寧丞。而《新書》乃謂江寧人，不言爲丞。豈少伯爲丞後，遂寄江寧，《新書》未審而失之歟？

徐知府墓

徐公死事實堪悲，竟以英靈讋遠夷。可惜不留名字在，斜陽衰草卧殘碑。

《明統志》：「徐知府墓在新化長官司東南，相傳宋辰州知府徐姓者，因入洞招撫蠻夷被害，棄尸河内，日逐下流，夜復上流，人皆驚異，遂收葬之。」

蔣副使杰一首

杰，字美若，號象巖，普安衛人。其先自蘇州吴江來爲衛官。美若舉萬曆十六年鄉試，十七年成進士。《省志》云：美若以比部郎出守南雄，文采風流，雅有時譽。罷歸，流寓荆州，放情山水，以琴書自娱。雖屢空，晏如也。詩文清麗，書法效顔真卿，與黄、董、米，稱四大家。錢養廉國維《序王禹聲遵考白社詩草》云：「辛卯需次，銓人與姑蘇王遵考、天台蔡稺含、新安洪平叔、黔中蔣美若、荆溪張以登五君子，以臭味相徵逐爲清言社，采芳擷勝，擊筑飛觴，六合内外，靡所不談，亦靡所不樂。諸君子即景賦情，悠爾徐于。余心賞之，恨才短不能屬和。無何，各領一職以去。升沈聚散，不能如曩時歡。」可想見一時風致。華亭董其昌《寄詩》有「貴竹幾年無解甲」語，蓋以安氏亂避地荆州也。惜自《舊聞録》一詩外，單詞片楮，皆不可見。當於荆渚間更訪求之。著有《十七史摘要》、《普安續志》，無卷數，見《千頃堂書目》，并注云「廣東副使」。國朝王士禎《皇華紀聞》云：「予在京師，士夫齋壁見蔣杰書，筆力奇矯。杰字美若，普安人，萬曆己丑進士。以副使罷歸。家居喜臨池，晚年筆法益蒼勁。喜遊，足迹幾半天下，所歷輒有詩。喜琴，喜歌，喜禪，喜弈，多與高僧遊處。崇禎間自楚歸，卒於家。」據此，則美若在廣東已晉官副使，而《方志》遺之也。董華亭又以參知稱之，附以俟考。附華亭董其昌《寄壽參知蔣象巖年丈時避地荆州》：「帝都花下佛名經，獨旅荆南漢客星。貴竹幾年無解甲，遼城何日擬還丁。寓公且賦非吾土，太史仍書舊御屏。當宁即今勤憲老，四朝人物剩儀型。」

平播行

蜺妖毁王度，恣凶若乳虎。播人亦何艱，蹂躪遺黎脯。逆旗指綦江，血肉膏草土。氛祲蝕東隅，千里聞桴鼓。妖凶竟不悛，天王赫斯怒。穆清軫靈略，慷慨奮神武。樹牙選車徒，文武今吉甫。分道引旌麾，連營羅練組。六師矯猶龍，戈矛集如雨。前旌蔽白日，流飈捷飛羽。鼓行破危關，席捲平田滸。狼奔恃險囤，兀若魚游釜。虎臣翕以奮，批吭搗其塢。賊徒倒前戈，狂羯伏鑕斧。頑梗如轉燭，蕩滅同摧腐。獻捷歸朝廷，揚威耀邊圉。天子晝麒麟，功臣錫圭組。從今横吹聲，增入鐃歌譜。堪嗟螳臂微，安足污强弩。珍重封疆臣，慎勿生跋扈。

《綱目三編》：萬曆二十五年播州宣慰司楊應龍叛。初，應龍數從征調，恃功驕蹇。知川兵脆弱，間出剽州縣。詔逮繫，匿不出，所部何恩等詣有司告變。四川巡撫王繼光發兵討之，覆於白石。應龍上書自明，乃命南兵部侍郎邢玠爲總督往勘。值東西用兵，不能窮治，因招撫之。應龍請執罪人，獻金贖罪，遂縛獻黄元等，論輸四萬金，羈其次子可棟於重慶，追贖，可棟尋死。應龍益恨，遂糾諸苗反，殘餘慶，掠大阡、都壩及興隆、都匀諸衛。進圍黄平，殺官吏，後復大掠洪頭、高平諸屯，浸及湖廣。命李化龍總督貴州軍務討之。賊乘官軍未至，率衆陷綦江，盡殺城中人，投屍蔽江，楚黔道梗。二十八年夏六月，川湖總督李化龍帥師平播州，集三省兵，分路進。賊奔據海龍囤，總兵官劉綎先入婁山關，直抵囤下。諸軍繼至，築長圍疊攻。時久雨，將士馳泥淖中苦戰，大破之。應龍自縊死。七子皆就擒。詔磔應龍屍，以其地置遵義、平越二府，分屬川、貴。

吕副戎應陽一首

應陽，字□□，五開衛新化所人。萬曆十六年武舉。十七年進士。官浙江都司，歷黎靖參將、浙江副總兵。

軍中遣懷

于役南蕃恨不平，還家客夢夜頻生。曙鴉啼罷悲笳起，忍聽蕭蕭戰馬鳴。

胡聞喜蒞一首

蒞，字濱瀾，五開衛新化所人。萬曆十七年歲貢，官山西聞喜知縣。

贈星士張見魁

非顛却善顛，辟穀飲流泉。拂麈星辰動，揮豪風雨懸。吉凶參太素，修短識天年。見鬼知名誤，三丰是洞仙。

邱庶子禾實 十四首

禾實，字登之，新添衛人。瀘州守東昌子也。文思穎贍，爲諸生已有善譽。舉萬曆十九年鄉試第一，成二十六年進士，改庶吉士。散館授檢討閲十年，遷左庶子。旋告歸，家居卒。著有《循陔園文集》八卷，《詩集》四卷。載《明史·藝文志》。又有《經筵進講録》，今咸佚。子懋樸、懋素，并能文章，繼父業。而弟禾嘉致身方面，爲有明捍東圉，亦有名，別見。懋樸累官湖廣按察司僉事，分巡上荆南道。懋素累官南陽知府。崇禎末并殉寇難，一門雙忠，尤足以張世澤，詳在《懋樸傳》。附庶子《新添衛馬政記》：觀察王公莅新鎮之二年，百廢具興。已察民疾苦，無如馬館。而馬館困累，無如編僉。乃下令許民自陳利害，於是清平、興隆、龍里、平越以及吾新皆同時告困，願易編僉爲召募。公曰：「編僉、召募，豈有説乎？」於是民推三老詣堂廉對，其略曰：今夫下之所以供上者，有編審以定户，有條編以定租，未有不問其户與租，止就人丁差次責以重役者。上之所以責下者，有征解以入，有支領以出，未有不征不支第額賦償之不問其逋不逋者，而編僉實兼之。編僉者，三年一編僉，第曰某户某人應役，某人某歲應輸。主者徇耳目於人，役者聽喜怒於上，出入在手，苞苴公行。但今日入案，明日即赴郵，一乘後期，琅璫隨至。於歲額錢糧，又第曰某所應於某司取價，某人應於某户追賠。應役在前，追賠在後。勢已不堪，而富户善操奇贏，勢豪不輕出納，得少爲足，幾如久旱逢霖，十謁空回，大類沿門持盞。自是民入編者，除一二積猾外，雖中人之家，勢必蕩廢。其貧者則有鬻妻子，逃蓬藋，歌行野而怨樂郊，不暇返顧耳。以此知編僉不但誤百姓，亦復誤郵。乃若召募者，賦額猶是也，而官爲徵應役猶是也，而聽其赴。積金在帑，則羶存而蠅必趨；刻期以頒，則汲先而鮒不涸。所望以積年之逋，煩有司數日之勞，庶可以不費之仁，紓小民剥膚之禍，以此知召募便。對竟，觀察公憮然者久之，乃嘆曰：「嗟乎！國家力役之征，使民出其力；粟米之征，使民出其財。未有明征其力，陰盡其財如爾黔之編僉者！夫救焚者不擇水而揚，振溺者不擇水而提，況召募者古之免役法也。今天下多仿此，何黔獨不然？」於是削牘奏記，中丞胡公徐召郡大夫及諸衛所弁帥，諭以力行召募，令悉心具列所爲收支之狀。其在吾新則額馬二十二四；額賦，新添大平伐、小平伐。把平的貢額數，每馬匹銀捌拾肆兩。公悉令均田則賦，無隱無濫，一以徵。責成所在有司，以時支放，有不足者悉從民請，聽其便而贏縮之，語具本府馬公條議中。部署既定，於是諸部民無不鼓舞，願應募。明年，其曾鬻妻子、逃蓬蓽者咸歸。築百堵願緩須臾死，更爲太平之民。史官邱禾實曰：「吾聞之長老，編僉非古也。黔自國初甫入版圖，其土民如在縲之鹿，一惟吾所驅，馬館其故役也。因一再軍興，羽書旁午，土人苦之，因詭言左衽侏離不任役，則皆走，不知所往，於是軍舍代役。《詩》曰：『有兔爰爰，雉罹於羅。』代役之謂也。代役久，乃有編僉。自有編僉以來，訴者接踵，而當事者以爲非常之原不任弦轍。嘉靖中，衛人段秀、黃金全者，赴闕下，得勘如本省而亦報罷。蓋利倍變法，其難猶如此。余嘗讀陳御史邦敷《養馬謡》、孫文恭先生《荒城謡》，畢竟以戴盆不可望天矣！乃觀察公不詢左右，不籍文移，不憑甲乙之口，第延訪三老於呼籲之間，而遂爲民捐百世之害。且夫所謂免役法者，非子瞻與君實爭之政事堂者乎？夫差役者法窮於兩盡，免役者事藉於通融，所從來矣！乃公行之，則又有治人而後有治法者。爲記其概，因附輿論，以俟後之君子考焉。」

雨中望淮海先生墓○在清平城南三里。

鬱鬱松楸樹，云是尚書墓。碑苔字尚新，龍劍知何處。我來望松楸，滿目雲霞流。雲霞凝作雨，咫尺迷荒丘。欲往從之路無由。時方事襏襫，三農占有秋。疑是先生靈，沛爲零雨匀桑疇。先生有德開堂燕，身後立孤身不見。先生有望爲國耆，今日易名知不知！遺文藏石室，賜額挂山鄗。谷鳥鳴喬處，林猿泣夜時。凄風來隴早，明月下山遲。感此何異山陽地，對此難禁曠世思。願言矢私淑，不忍問遺規。神理如緜緜，斯文應在兹。

登陽寶山僧舍二首

晚宿芙蓉第一峰，起來寒色動塵容。天門早射扶桑影，虛谷猶傳子夜鐘。自有野猿能獻菓，携將笻竹恐成龍。前生知否浮丘是，已覺無生分外濃〔一〇〕。

縹緲危峰碧落齊，攀躋竟日有招提。雲生户外諸天近，月掛松梢萬象低。元嶽何年歸玉笈。清談中夜共闍黎〔一一〕。一聲喚醒浮生夢，不是靈雞不敢啼。

按：陽寶山在貴定縣北十里，絶高聳。登甫及半，周視羣峰，若在几席。及頂，則培塿矣。舊有寺宇。萬曆中，僧白雲更建於絶頂，夜光時起，殿中若長虹。烈風碎瓦，乃易以鐵。山頂茶茁雲霧中，爲貴州冠。今猶以充貢，歲出，常不足額。

西華山中○山在新添衛西五里，峭拔幽勝。

一任雙輪似轉郵，山癯終是癖林丘。借花解夢僧微笑，燒竹長歌女莫愁。熱若因人還畏夏，清如拔俗豈悲秋。丈夫射雉成何事，後圃鋤蘭且自休。

馮虚洞

咫尺巑岏别有天，寒雲莽亙不知年。我來踏破蒼苔徑，風月無邊會共傳〔一二〕。

贔屭登高路轉賒，華圭宛似野人家。煙霞泉石皆如意，只少魚竿與釣槎。

不厭貪奇覓路窮，漸登樓閣與虛空。乘飈便欲淩霄去，莫是人間有閬風。

交枝結蒂任侵尋，愛爾長年護碧森。試問行人遥望處，何如子敬在山陰。

石壁雙嶄護玉臺，高門千古爲誰開？相傳道是黿鼉窟，今日欣逢駟馬來。
不知澗水自何來，野老遥疑積擇隈。撥盡火雲堪畫處，珠簾半捲石門開。
夾岸迢迢枕玉虹，碧雞金馬駟車通。築堤恨不高千丈，只恐津頭有卧龍。
盡日轟轟錫杖前，徐聞聲響自重淵。就中莫有蛟龍吼，驚起孤僧外道禪。
懸崖到處鑿鴻蒙，莫有秦人托此中。見説渡頭楓葉落，年年秋水似桃紅。

按：洞在貴定縣西十五里，今呼牟珠洞。庶子《遊憑虚洞記》云：余既改鳳皇峭路於山之麓〔一三〕，因由麓得所謂「母豬洞」者。洞高數十仞，玲瓏層複，宛然樓居。洞左有水自半山東下，勢如建瓴，前與洞水合流去爲澗，覓水所自來不可得。蓋此山爲藤蘿所封幾千年矣。余既詫其勝，則趣左右芟夷蘊崇之，行火焉，火燼得洞門。門於洞稍折而西，曲捲逶迤，宛若天構。顧陡峻不可級，則先後各一僮附葛，余以手若足，屬僮登焉。洞廣數丈，深倍之。前俯臨澗，尚有藤蘿封之。蒼翠交映。其後爲沈泉，深數尺，清可以鑑。泉後崖最穹窿，稍左有門方丈，厥中黯如。余不能渡泉，亦不敢就視。第循崖而西，有滴處可級，可達上洞。然循崖處，耳相錯也，級處趾相籍也。稍失足，則墮泉中。余畏甚，然不能捨上洞，則呼僮掖余如初，再登焉。登處有罅，下通者二，余不敢旁睨，第以目屬僮，以足捫級，凡再喘息，得達。余坐洞門，縱觀之，則懸崖繽紛，如伏龍，如蹲虎，如委佩，如流蘇，不可狀。乃前一罅直貫山頂，罅上一石直立如人形，崖漿滴其首端。蓋千百年來漿所結也。洞上睨下，洞如百尺樓。瞷澗水，又似在重檐下。鳳山前峙，若相拱揖。而北風襲人，令人有馮虚御風之想。余因名洞曰「馮虚」，以更其陋。方余登洞時，余弟嘉捷甚，凡先余上下者，再不恃僮。又數數代僮掖余。余既下，則鼓余渡水視石門，余辭不能，則褰裳獨往，久之，出謂余曰：門内方丈餘，更有重門，其中若明若暗，若泉若洲，且重門上纍纍若有所屬，殆龍蛇之屬乎？弟又前視泉中一物，長丈有咫〔一四〕，鱗甲皆具。余恐其真龍也，挽俱出。然弟猶惜不以火竟云。出洞已晡時，相與就壺觴，然意水所從來，不勝豪舉。因復從左山索之，復得一洞，深入無内，履其旁，則聞聲如吼。稍入，則聞聲如雷。然不知何物也。深入而後乃知爲澎湃聲。有坎巉巖，下臨無際，則渟泓一潭也。余不敢入，第聞之僮若此，因名洞曰「雷鳴」。乃余弟索奇無已，仍援石下視建瓴處，則當小洞下有尾閭，爲灘水所洩，水三疊，如珠簾云。此洞去馮虚洞百餘步，仍處高，然水不下洩，而旁穿爲瀑布，乃余所改路徑，旁穿之上，石生如梁。小洞當路旁，雖有聲，然不令人見險。噫嘻！水亦有情，避余馮虚之勝，又避余雷鳴之險，造化之密，亦靈怪矣哉！此外巖洞疊出，在在現奇，時方誅茅，未及盡覿而日暮矣。因爲興盡之返，歸誌之。

寄懷江躭翁中丞分得貴竹清風

巖岫高連似首陽，淇園分種得瀟湘。禰衡撾管驚鸚鵡，弄玉裁簫引鳳皇。弱晉七賢資放達，盛唐六逸倚猖狂。清標勁節稱君子，千古高風振廟廊。○庶子又有《送江中丞致政歸歙序》，并見《瑞陽阿集·附録》，今不具載。

梅通政友月一首

友月，字望舒，黎平府人，萬曆十九年舉人。二十九年進士。官四川重慶府推官，或云通判。擢吏部稽勳司主事，歷員外郎郎中，通政司副使。明季夫役浩繁，五開、銅鼓輓運荆鄖軍糧，冱寒酷暑，死者枕藉。望舒爲曹郎，力以征徭艱苦狀白當路，得豁免。鄉人德之。郡西一里福禄江，棧木爲梁，屢有傾壞。其父孟春欲甃石橋，未就。望舒乃以俸餘成之。黔撫王三善爲之記，命曰「成德」。

寓居雜詠

暖意浹堤沙，春痕動柳芽。朝回看苑雪，門静掩庭花。薄宦情非學，流年客是家。鳳城光景異，留滯老京華。

周都轉九齡一首

九齡，字太瞻，黎平府人，萬曆二十二年舉人。歷官四川開知縣、雲南永昌同知、鶴慶知府、福建都轉鹽運使。父歲貢文清，潛心伊洛，以篤行稱。太瞻恪遵家學，守官廉正，有古儒吏風。其族有大謨者字荆川，舉隆慶四年鄉試，由國博歷部司務員外郎郎中、雲南布政左參議，亦以清介聞。惜其詩無存。

之鶴慶任

六詔風煙去復回，皂旗青蓋過關來。垂天日脚懸如纛，劈海風聲吼似雷。楚澤秋懷元亮酒，益州文字子淵才。專城始惜山川險，敢謂登臨笑口開。

黄舉人桂華二首

桂華，字□□，貴陽人，萬曆二十二年舉人。

寄懷江長信中丞二首

風清萬里鎮邊陲，鎖鑰三關肅漢儀。一點赤心惟主識，平生清節畏人知。却金酋長膽先破，卜築鼇磯去後思。父老口碑猶載道，莓苔遮莫護殘碑。

秋風幾度憶鄉關，海上思歸放白鷴。抗疏當年曾折檻，挂冠今日自投閑。堂開緑野餘荒徑，政洽蒼黎望峴山。聖主中興思補衮，蒲輪應起五雲間〔一五〕。

陳舉人九功一首

九功，字□□，定番州人，萬曆二十二年舉人。

江長信中丞挽詩

大星陡落暗長虹，真氣那隨形骨融。見謂邯鄲炊午夢，知從松柏下秋風。遮須國主陳思在，兜率宫居白傅同。眼底江堤成利賴，鼇磯千世憶膚功。

周太守仕國一首

仕國，字□□，普安人，萬曆二十二年鄉舉。歷知雲南尋甸州，升知府。《省志》失其事蹟，從《雲南志》得一詩。

易隆驛〇驛屬尋甸州。

爲吏不自由，雞鳴戒前途。問君何爲爾？將事謁且趨。上官前導至，走馬臨長衢。馬上極咆哮，風火不停驅。盡欲飽其腹，遲則生禍虞。昨日郵書至，爲言餉傳逋。疲卒八九家，形影半凋枯。門户塞荆棘，妻子匿菰蘆。苦稱被水旱，畝地盡荒蕪。僅餘皮骨在，典鬻無完膚。詔使日夜至，愷澤同春敷。而我獨重困，何以偷須臾。倉卒感斯言，仰天長欷歔。攬衣亟起去，耳中聞追呼。

徐按察穆 一首

穆，字鍾汝，銅仁人。鶴年子。舉萬曆二十二年鄉試，二十九年進士。授吏部主客司主事，出知福建興化府，歷河南、雲南參政、雲南副使按察使。所至廉静有惠澤。詩文集經燹毀，唯存詩一篇及《萬印山表》一篇。

寄萬元實

河上神明宰，頻年乏寄書。惠人知有效，報政近何如〔一六〕。好慰高堂意，應殫撫字劬。中州轟治最，孚理若璠璵。

附鍾汝撰《萬印山表銘》〔一七〕：萬曆乙巳冬，吾友萬元實卜葬封翁印山先生，屬司馬喻從甫銘其墓，予小子表之：公諱宗孟，字進卿，印山别號也。其源本洪州人，元季商蘄避亂徙内江。公生而穎異，爲制科藝，一揮數百言，自中彀率，而屢不偶於試。復早孤，家計浸圮，兼族人豪悍，因荷擔走黔，移家於銅仁，入掾於藩。無何，元實補銅弟子員，而公亦以上考除延慶左衛經歷。延故上谷地，外捍强虜，内屏京邑，至嚴重難轄。公爲之清占役，核邊工，捜庾廪，積蠹井井就緒。安肅鄭制府、泰安蕭司馬咸剡薦之。延故有學，學不妥舍，公攝事，聞學政捐俸新其址，青衿貧子，曲周其隱，俾不以挫志。某不能婚，請學使出帑羨，以諧其伉儷。諸生爭俎豆公於家。延戍有任俠植黨者，虎視鷹擊，有司莫敢問。按之，伏其辜，巨猾斂迹，境内歌之曰：「十虎去，百姓安，千官易得萬公難。」治獄多所平反，殺人當坐而非其情者釋遣之，一時囹圄幽滯瀕死而生還者踵相屬也。延需鹽糧備餉，奸商賂守尉得以糠秕充數，部使者下公覈治。上官善商者，左右請未減。公笑曰：「法不可撓。」竟逮治商，因獲怒，遷韓府護衛經歷。公曰：「屈於官不屈於法，可以去矣！」遂解組歸。年尚未艾，囊裝索然，逍遥自得。歲丁酉元實舉於鄉，明年成進士，拜祥符令，即以公治延右者治之。隨事奏績，旋報政，得封公如元實官。公卒萬曆甲辰八月，年六十有五。墓在城南三里木里薩河之陽。元實名士英。銘曰：印山少穎，佚宕懷琛。托足捷徑，已非素心。蘧廬一官，飄忽淪沈。泉石與居，藜藿爲珍。不有令子，幽蘭誰芬。草木盡剥，乃榮乃英。龍蛇蟄極，乃蜿乃伸。知公落落，匪奇匪屯。正以未盡，遺彼昆仍。我銘孔質，百代其徵。

王尚書尊德二首

尊德，字存思。其先居南直鳳陽之泗州，有得、萬一兄弟，皆以軍功，得官貴州前衛，萬一官普安衛，職世襲。得子孫遂居貴前衛。數傳至敬，嘉靖二十二年舉人，官知縣。敬生元佐。元佐生存思。舉萬曆二十二年鄉試，三十二年進士。授行人，典試雲南，改中書舍人，擢監察御史，與左光斗交章擊方從哲依阿欺誑，他舉劾亦無慴忌。出按廣東，吏治爲之肅清。天啓二年，安邦彦圍貴陽城，屢疏請援。朝廷始命巡撫王三善、總理魯欽出師。三善入貴州遷延，存思與徐卿伯又疏趣之，貴陽圍乃解。遷太僕少卿，擢副都御史，巡撫廣西。崇禎元年，入爲刑部侍郎，尋改兵部侍郎，總督兩廣。存思剛方有志操，風裁峻整，客魏亂政不與通聲息，又不爲忠賢立生祠，時論翕然稱之，故莊烈帝未幾即自廣西召還。然在廣西久，綏靖苗猺，勞績最著，故旋有兩廣之命。後以勞卒於官，贈兵部尚書，賜祭葬。存思性儉素，敭歷方面，而布衣蔬食，無異寒儒。卒之日，家無餘財云。所著《疏草》惜不傳，僅從《瑞陽阿集·附録》中拾得一篇。弟命德萬曆四十三年舉人，官治中。子孫齊、孫章，孫承禎、承祐、承祥，咸世清德，以文章科第顯於本朝。附《奏疏》：雲南道監察御史王尊德，爲黔省盜賊難制，兵餉全無，懇乞聖明垂憐邊方艱苦，敕賜從實際以保疆圉事。切照臣貴州山岡瘦瘠，從民稀少，大半皆苗仲之賊也。二十年來，縱横更甚，殺官民如刈草菅，此撫臣張鶴鳴所以不忍仍前推避而慨然征剿之是舉也。今夷黨皆已慴服悦歡，而不幸災疫頻興，死亡過半，彼逃竄餘賊，衣食無措，勢又必出而爲盜者。且非獨旱歲然也，後事無備，即豐豫之時難保無虞。故太宰趙焕稔知遠方疾苦，于策遼之次，即及于黔，乃力破舊時之俗套與臨時之俗議，精選才望撫臣相代，老成謀國，出于尋常，可謂西南之大幸矣！然欲制賊則必須兵，欲繕兵則必須餉。黔賦既無所出，而川、湖協濟又多逋負不完，無米懸炊，巧婦實難。臣謂每年必得餉銀一二萬金，以爲選練精兵，爲各要口戍守之費，不得以他事挪借，而此項或自京運，或于鄰省額定每年解京某項降解貴州，則有餉有兵，可剿可撫。虎豹在山，賊情自然讋服，而以安全黔以保滇南孔道，當事者何靳焉？昨撫臣張鶴鳴請賑之疏，幸已得旨，而該部議于本處各衙門搜括，無礙錢糧。嗟乎！貴州此時官吏呻吟，庭衙闃寂，養廉之具不足供朝夕之需。據按臣沈洵之疏，誰不悼嘆，而謂有他經費之可搜哉！然則邊方痛苦，全不關當事之情矣。今新撫、舊撫臣交代之後，定各有經久允賴之策。爲西南請命，臣不敢贅，而大要皆不出于餉者。若猶是尋常畫餅充饑黔之腹，誤撫臣，誤地方，誰當任其責者？臣願皇上之即爲俞允，而尤望該部之不可仍以虛文應也。夫邃事急如拯溺，臣何敢私及于黔！然黔亦有黔之急，皆是皇上之封疆也，所係非小，所需不多，待其決裂而後圖，則何及乎？抑臣猶有陳焉：貴州之安危，全係于撫臣，而撫臣之勸懲，尤係于賞罰。往者前撫江東之，自己捐俸，爲貴州買數萬金賑田，一時士民災沴克濟，雖繼任者以之自利，而美政至今人能言之。至于播州一事，問罪開疆功實創者，其去地方之詩曰：「空懷忠赤竟無成！」可概見矣。如此清貞勞瘁之臣，當十世宥之。而以潘經歷妄進失事，使其無功有罪，非公道也。彼繼任者朘民縱賊，遺貴州不了之禍，而坐倚播捷濫蔭金吾延世之賞，及于淫人，何以服聽睹者之心乎？邊方輿情，久鬱未暢，臣不以公祖之分、已故之臣，而不爲直言以㬥後來任事者之心也。臣今雖陛辭，而桑梓安危之慮，實不能已。謹略陳其梗概如此，惟冀聖明之軫念而別白焉。邊方幸甚！愚臣幸甚！萬曆四十八年月日。

立夏

驚心尋勝事，轉眼易佳辰。人喜初來夏，花留不盡春。臨池翻帖始，改火瀹茶新。高枕西窗下，綠陰何負人。

移菊有贈

迎霜競秀出籬英，月下移來瘦影橫。初到官家應匿笑，乍離故土似含情。門無雜客猶堪傲，架有奇書可伴清。盛則護持衰則棄，豈因榮落遽寒盟。

張縣令慎言一首

慎言，字□□，貴陽人，萬曆二十二年舉人，四十一年進士。官□□知縣。

寄懷中丞江公分得聖水流雲

勺水何年得聖名，臨流幾度漫推評。涓涓細浪騰方沼，滴滴回潮露片璚。應有山靈司吐納，豈因月魄作虧盈。吾翁已會其中趣，坎止流行理自明。

按：江東之《瑞陽阿集》附黔人送行、寄懷、哀挽諸詩，慎言等十五人略可考者，已依次編録。尚有舉人楊春芳之《銅鼓遺愛》，選貢黄裳言之《靈泉映月》，教諭余鴻漸之《獅峰將臺》，參將吴光宇之《鴉關使節》，爲分題寄懷者。其人無考，詩亦未録，附存其目于此。

汪府丞良一首

良，字明卿，清平衛人，萬曆二十五年舉人。初授陜西環縣教諭，温厚安和，以身爲教，與人言忠孝大義，娓娓不倦，俗爲之變。遷路南知州。州有險溪，往來徒涉多淹没。捐俸建橋，其患乃息。州人肖像祀之。遷慶遠同知。土弁莫姓素玩法，欲謀不軌，明卿治酒設伏，擒以獻。兩臺交薦，加四品服俸。尋乞歸，與同歲王鋏撰《清平志》。天資曠達，剛毅敢爲。文章亦勁古，能成家。有集已逸。

登香爐山○山已見。

爐山之高高入雲，嶙峋壁立無支分。雄關未許容雙馬，殺氣曾教走萬軍。林翠濕衣人不覺，猿聲嘯壑客驚聞。攀援直到層巔立，回首相將日已曛。

艾橫州友芝二首

友芝，字□□，麻哈州人。世美子。鄒南臯戍都匀，率諸弟師之。講學於州之静暉寺。州未有學，寄都匀學中。萬曆二十五年舉人，授溆縣知縣，陞知廣西横州。告歸養母。闢怡園於州城東，今其址猶存。

静暉寺○寺在麻哈州西一里，永樂九年建。

高樓捲幔得閑憑，山國秋容四面升。一室梵音傳遠磬，千峰寒影護孤燈。丹崖疑有長生藥，破寺應無久住僧。人語忽然飄下界，始知身在白雲層。

次鄒南臯師登貴人山韻

聳翠峥同海上峰，曠觀萬物羅心胸。今朝俗累隨流水，目送雲山幾萬重。

楊參政師孔三首

師孔，字願之，一字泠然，號霞標，貴州衛人。《省志》云貴陽人。其先德字克明者，自廬陵來爲貴州衛官，遂籍。願之中萬曆二十五年鄉試，二十九年成進士。天啓四年，歷官雲南按察使僉事兼提學。轉臨元副使，晉布政司右參議。崇禎元年轉浙江左參政。久之卒官。願之性孤峻，丰裁整肅。工詩文，好游覽，善真行大書。所至題咏榜署，人爭弆之。在提學，範士以嚴，士皆敬憚。在藩參弛闒吏爭自振刷，或投劾去。文集失傳。又不得其家狀，莫從縷其行蹟。其詩傅氏《黔風録》僅《解圍》一首，今增二首，皆非佳構。其歷官蓋曾選庶常，出爲淮南州縣，又爲藩府官。召入，歷户、工兩部主事郎官，復出司浙江關榷。天啓元年，安邦彦圍貴陽城，願之蓋在籍，與潘閬陵同拒守。明年圍解後，不得安居，閬陵移家沅州，願之移家金陵。四年乃奉雲南提學之命，在浙卒官。仍歸葬貴陽。妻越，亦讀書，有賢行。以謝君采詩，及授臨元副使制，及王彦泓、邢昉詩，及《解圍》詩，及其子文驄《台蕩日記》參互知之。文驄自有傳。句容孔真運敬事草《雲南按察司臨元道副使楊師孔制》曰：「朕新撫方夏，永念荒徼。矧臨元爲要害之區，而鎖鑰兼軍民之寄，漢夷雜沓，綏輯爲艱。朕惻然慮威德之不克究，非藉良翰彈壓而撫循之，南顧未易釋憂也。爾雲南按察司分巡臨元道副使楊師孔，器範弘潤，才識沈深，方蜚譽於草玄，尋絶塵於杏苑。循良製錦，早騰豈弟之聲；農父持籌，益著核綜之績。屢司文鐸，分職水衡。鳩工而輪奂聿新，功高宸極；榷算而闢門臨福，澤滿錢江。遂晉臬藩，出高壇席。伯樂執轡則追電之足皆收；匠石揮斤則干霄之材自出。爰咨偉略，分憲遐方。雨洗蠻部之煙，三軍壯色；日生貿谷之曉，六詔蒙安。式懋乃功，矧與慶會。是用授爾階中憲大夫，錫之誥命。於戲！西夷文教之開，肇自司馬；牂柯威武之立，首賴武侯。比者，衰文竟漸返於雅醇，而伏莽亦潛消其箐瘴，伊誰之力也？爾尚其益景前哲，彌恢新猷。永固圉於金湯，即遥臨夫節鉞。欽哉！」金壇王彦泓《龍友尊慈七十壽歌》：「金筑峰巒雙鳳翅，茗蘭柯葉香風熾。拔秀鍾靈到碩人，閨閣典型林下氣。濬源遥溯自塗山，拾得神螺贛水灣。國士當年楊萬里，才華獨步卧龍番。良姻妙選高門簿，婉嫕渾如出寒素。薑橘親調奉舅姑，荆簪一洗鉛華御。同看淮南一縣花，懸魚拔薤在冰衙。橫經講席三年後，桐封驕僭消萌芽。越東佔客滇南士，謳吟是處題碑記。次第看山到永嘉，携歸只有酬恩淚。鳳詔頻褒内助賢，翟珈輝映紫泥鮮。閨房風義相師友，人羨齊眉鶴髮仙。買得名姝曾勸進，靚粧深夜待茶問。整容拱手誦尚書，温公心感清河郡。荀家龍種謝家雛，和璧隋珠豈在多。片玉已成清廟器，一鳴飛占上林柯。鱣堂暫息鵾鵬駕，聲誼文章動天下。廣被頻招氣類遊，米車恐觸尊慈罵。鍾陵遥隔彩雲西，夢裏時因嚙指啼。於今益信無投杼，自古何勞有斷機。壯遊不用離腸繞，臚唱應偕鶴觴到。雷電催開夢筆花，露華益茂忘憂草。憶昔狂童犯順年，腥風血雨暗蠻天。訛傳夢怪日千變，怪夢驚心徒懊煎。須臾風霽烟霾息，愛女門楣森鼎立。相逢一笑話團圓，不羨珠圓欽玉潔。玉潔珠圓搶攘時，造物疑於阿母私。定知仙樹穠枝葉，各有吉祥雲護持。只今蘭玉盈階砌，繞膝含飴還問字。置笏終須滿一牀，藏書近欲過千笥。況復修心向鹿車，香台時禮妙蓮華。故應不羡生天福，慧業文人聚一家。」高淳邢昉《華亭與龍友别因送之暫還南中葬其先大參公》詩：「楊子官清舊石渠，臨歧黯淡美人祛。滄江夜冷輝銀燭，白雪山深泣玉魚。人在汗青家有誄，客多冠素巷無居。棹迴泖月梅花發，鴻雁西飛數寄書。」〔一八〕

補附董文敏撰《明故亞中大夫浙江布政使司右參政魯源楊公墓誌銘》：憶昔甲子之歲，不佞昌與楊公同在輦下，未相聞也。既歸山中，公官括蒼，以詩投贈，意氣論交，則公子孝廉文驄爲先導焉。甲戌孝廉官吾郡，爲多士師，而以公墓中之石請，予何能辭？按狀：公諱師孔，字冷然，號魯源。遥遥華胄，盡載史册。唯一派分入德安，高皇帝以功授千户。征蜀著功，調守黔。黔之楊自此始。世以武功升都指揮使。數傳生淮。淮生均。均生庠。庠生雲衢。後以子貴，屢封參議。娶屢贈恭人。胡生公，公生而英敏，幼年喪母，百罹備嘗。性嗜書，聞有藏書，必假鈔録，過目成誦。取材既博，藻思横生。食餼于庠，試冠曹耦。臺使者郭公、楊公有人倫鑒，奇公才，引重之，不以爲諸生數。既喪丁恭人，義不再娶。郡守劉公曰：「此奇節，非孝子所安也。」爲締姻於越公女，荆布相莊，勸讀益力。萬曆丁酉舉於鄉。又三年辛丑成進士。筮仕爲山陽令。山陽屬淮郡，東南一都會也。部院開幕府其中，時有礦税中使陳增、魯保怙寵同城，横甚。大中丞李道甫欲以法裁之，而有司攝於齒馬，不能應。公爲政，但以潔己愛民爲要領。淮民好訟，公以訟止訟，凡蠻觸之爭，不令游徼操勾攝之權，第使訟者自拘其所訟，即解讐，不復赴讞，亦聽之；即擬罪而求未減，亦聽之。要使無所利於終訟，則訟心自微。鷹化鳩，雀化蛤爲是耶？公蓋寬然長者，似無擊斷。忽一日捕麗閹諸大猾，格殺百數十人，郡中大快。識者曰：公蓋神勇不怒者！藉令公當日先見鋒穎，渠魁能無佚罰乃爾！於是撫臣能公，條上山陽治行最江南北。而二閹爲公摧角距則大怨，欲迹其瑕中傷之。賴公伐葵，清操無可點，而一切故常奇羨，豪末不得入，足關二閹口。至省防河之費，均踐更之役，善政在輿，誦者甚衆，無所置議端，但敕有舉動，勿使令聞耳。外邑有令取幣於市不酬金者五十，當事有授意公發覺之者，公曰：「事關一家哭，翹人過以阿上官，吾不忍也。」曲爲之補，令以得全。聞者皆服之。甲辰春，公入覲，舉最，父母得封典。丙午分較南闈，得名士九人。丁未再覲，考功第，公天下卓異第一，歸任俟新命。初，公北上，增瞰公遠，恣其横。公還，聞將訪横黨人置之法，黨賄逆民邸，因乘公丁祭，昧爽行刺。雖刺客非觸槐者流，而裴晉公賴冠氈之力得無恙。公嘆曰：「怨深矣！不去，閹人將鉗我於市。」力求去，撫臣下檄固留，民哭擁縣門者萬衆，公不得去，而擢公户部主事。命下，公乃去。去之日，攀留亦萬餘人，車軔不得發。巡方黄侍御有望於公，公不副，憾之劾公。當補外調簡僻，公乞補學職，得順天教官。庚戌加翰林院檢討，充福王講官。聞繼母王恭人訃，讀禮歸。而前劾公者適拜京兆，修舊怨，并下石。例服闋外調，公無意出山，戀封公膝下歡，奉養甚樂也。封公捐館，搶地呼天，絶而復甦者數數，幾死孝焉。徒跣登山，經營宅兆且三載。丁巳冬，補昌平州學正。已，升國子學正。已，升工部都水司主事。時則知公者淮撫，扼公者侍御輩，皆已物故。半生恩怨，轉眼成虚。宦路升沈，閲來幾遍。公懷益曠，公智益煉。際此夷塗，思重展經國之略。而大司空爲會稽王公，有道君子，雅重公。凡將作之役，如皇極門工等，皆托重公。公亦不避勞怨，節省金錢以數萬計。明年奉命榷浙南關。先是，浙撫急軍興，得請兩關皆加派。公不立新條，但悉覈故額，以羨餘充數，不加賦而用足。昔聞其語，處脂膏而不潤，今見其人，又爲祛寒陋之習，定梱載之期。日計不足，月計有餘。菜傭可寬，吞舟不漏，商民均感，立石頌德焉。癸亥事竣，報命，量移屯田司郎中。拮据陵工，功力不淺。其後以裁損中涓帽價，觸逆璫賢，公不自安，遂有去志。會滇省學使缺，當事以屬公。滇於公爲歸途，過家上冢，買臣榮際，而安酋爲梗，須從蜀道。公間關叱馭，得官兵五千護行，脱于豺虎，險遠極矣。滇士于公，殘膏剩馥，沾溉有年。而公之抽祕談經，故其長技，爰宣詔旨，更定章程。伏波馬式，潛通制舉之科；王子雞神，轉作得賢之頌。質一變至於文，文一變至於道，蒸蒸雅化焉。乙丑叙陵工，加參議銜，督撫閔檄公兼攝備兵事。公自官昌平學正，以課士餘閑，從大將軍較獵較射，邊庭要害，習□□門兼，一當戎機，及是動中廟算，陰使人間道徼曲靖之師，夾攻安酋。安遂夜遁，逆璫令天下富民入粟助工，予之子衿，公不許，捐學田子粒銀二千兩爲工助。而寢其令，兩臺韙之。丁卯實升臨沅道參議。逆酋普，名聲上謁。公一見即知其有反志，謂長公孝廉曰：「禍滇者非安也，普也。」卒如所料。在滇三載，俸薪、贖鍰、學租凡若干。公三分之，以其一助餉；以其一鋟經史古文，助多士誦讀；以其一採形家言，於大理、楚雄建書院，築浮屠，助多士科名。蓋父母之邦，洗橐爲德，不盡不止，即留櫝不啻也。戊辰升浙江參政，分守温處，駐括蒼，海防倭，山防礦。公文武具宜，政成游刃，綽有餘裕。會當入賀，次於南徐，未病委頓，從孝廉諫，將請急矣。忽報虜騎薄都城，亟投袂起，扶疾就道。至於德州，喟然嘆呼侄文驊曰：「死無他恨，恨不能戮力滅虜以賊遺君父耳！」目遂瞑。嗚呼！《宋史》稱元兵入吉州，丞相楊萬死之。公於祖武何愧哉！公遊道甚廣，而不以言色假當塗之人；宅心甚厚，而不以是非供流俗之口；居身甚儉，而不以纖嗇廢緩急之義。平生無聲色便嬖之好，有山水鼎彝之癖。至其孝友天植，内行純備，儼然陳仲弓、王彦方之流。而功名之際在通塞間，董仲舒《士不遇賦》所爲作也。可悲也已！所著有《秀野堂全集》、《遠遊漫紀》行於世。是宜銘，銘曰：高辛之裔，弈弈弘農。白環黄鳥，四代五公。支分貴竹，駿發人龍。神則幼清，腹爲經笥。銅墨循良，干將犀利。驅翦城狐，風行雷厲。用我鋒稜，不煩投畀。玄雖尚白，紫亦奪朱。名高忌起，實繁有徒。回翔皋比，官拙道孤。劍豈終沉，玉過三刖。蠖屈之伸，豸冠執法。文衡月旦，滇海窮髮。以範以模，是衮是鉞。祝庖兼應，韜鈐亦攻。料敵決勝，其道猶龍。爰參方岳，煉鼎之封。既新旌旆，遂歇歌鍾。嗚呼！國萎楨幹，士喪師資。神昧於仁，何可度思。玄宇深邃，龍光逶迤。德音孔昭，視我豐碑。賜進士出身、光禄大夫、太子太保、禮部尚書、兼翰林院學士、掌詹事府事、修實録館副總裁、經筵講官、通家侍生董其昌撰并書。錢唐梁同書《跋》云：楊泠然先生善擘窠書。每牓書，輒署「吉州某」，不知爲楊龍友文驄父也。父子異籍，閲此卷始了然。此古人所以重碑版文字也。《志銘》凡二千餘言，文敏書時，年已耄耋，故前後大小行楷不倫，閲者往往以此少之，不知古人作書唯無名心，故能成大家，看精神到底不懈，其性情自在流露處，豈復他人所能仿擬？今留之几案間年餘，録其副而後卷還之。俑之其善藏焉，弗爲墨豬算子輩所惑也！嘉慶四年五月八日，山舟梁同書跋，時年七十有七。

先君子輯是編時，于楊參政事實莫由采訪，故傳語從略。同治壬申春，繩孫隨九叔父奉先君喪，自江寧歸葬遵義，道經銅仁，先君門人胡教授長新言，昔見持售董文敏撰書《參政墓誌》墨蹟册子。郡太守袁公開第曾録副本，因丐教授假録一通，郵寄江寧旅寓。比至而是卷已刊成，乃易末三板并梁《跋》補附於右。莫繩孫謹記（一九）。

登羅漢寺歌〇見《雲南志》。

誰鞭太古一片石，縹緲下浸昆明坼。巑岏突兀古宿尊，袈裟静染天雲碧。云自鴻濛入定來，日月跳波雙眼開。等閑一坐三千劫，風輪石火無纖埃。携將托鉢置天涯，一滴醍醐萬頃霞。浩浩驚濤翻不定，毒龍静制深無嘩。化城蘭若逗空見，鬼斧劈雲開素練。紺殿璇宫青壁巢，覺路天開爭一線。俯瞷虚無只見水，白毫隱映空明裏。鐘聲遠激海鷗心，峰陰倒幻蓮花蕊。振衣卓錫摶空起，跨鶴飛來一萬里。旋采松花醉紫霞，指餐石竅青泥髓。悟來且證酒中禪，芥子須彌未剖前。無縫法門何用地，到來彼岸不須船。個中消息向誰求，海月初生水倒流。共君細話三生石，羅漢峰高亦點頭。

解圍志喜〇解圍事，見後潘閬陵卷。

朔風凜凜正重圍，倏報王師指義旗。將略從天乘勝下，蠻營捲地望塵歸。城頭殘壘聞嘶馬，委巷尫羸笑啓扉。自是天威雄絶徼，新標銅柱答垂衣。

寄懷江鮲翁中丞分得龍井秋陰

何年貴竹開藩省，帝遣龍來奠此邦。木閣峰前通石罅，貫城溪畔瀉璚漿。居民昏夜爭餘瀝，古木蕭疏透夕陽。神物豈能巖竇久，五花高舉鎮中央。

余太守興賢三首〔二〇〕

興賢，字存素，興隆人，舉萬曆二十八年鄉試，官至□□知府。父懋學，舉萬曆七年鄉試，知光化縣。白江岸浮尸之冤，邑人驚爲神。擢知騰越州十年，有修屯城、嚴武備、減糴運、平暴亂之績。晉順寧知府。府初設流、城池、官署、學校、祠廟、錢糧賦役以次修舉裁定，爲後利賴，任十八年，陞金騰道去。郡人并繼者永寧李忠臣，爲余、李二公祠祀焉。工古文詞，其集不傳。存素行蹟不詳。謝君采三秀、陸鍾陽德龍，并有與存素詩，亦無事實。

遊鼓臺山和楊卷阿刺史韻

共醉平原已及期，杖藜出郭更探奇。磴邊瑶草寒香細，山半扶桑霽色移。泉引一泓堪泛酒，崖磨千尺欲題詩。追隨軒蓋登臨後，異代風流此一時。

按：山在黄平舊城南五里，四周塹削，頂平若鼓，鑿梯挽鏈緪乃可上。卷阿，名鳳翥，巴縣舉人，萬曆四十□年知黄平州。附楊鳳翥《遊鼓臺山記》：出東平門，越溪去，則相寶寺也。不越溪西折數武，則馬苑也。溪水從苑口透出，春夏交揞，石瀦水以灌田，秋冬石折，水落苑中，巖石坦如也。坐臥其下，流觴曲水，勝敵蘭亭。其中積石百頭，大則如犀，如象，如虎豹、虬螭；小則如蓋如几，或斜敧欲墜，或重疊玲瓏，奇奇怪怪，莫可名言。右巖壁立千仞，左則山石嶙峋，令人蹲踞摩弄不忍去。當瀦水時，往來有厲揭患，僧性祖，募工開徑，旁植桃若千本。春來花紅滿苑，余呼爲小桃源。徑盡處，敞一坪，所謂山之頭天門者也。由此進多土田，耕樵唱答，下有磷磷韻和之。度溪山行，草樹蒙茸，非杖青藜不前也。上至山腰，開一隙地，則后土祠，所謂山之二天門者也。自苑口至此，計五里許。至此，必憩定而後下。下石磴千百十級。下畢則攀榆柳過板橋，紆迴而上，需一時許。抵茶亭，三天門巍然也。盥漱飲茶，復下石磴數十步，至凹處仰睇之，山則在雲霧中，而路杳然矣。從空鑿梯垂以鐵鍊者三，共四十餘尺，捫之始得上。上畢則靈官殿也。過此而松亭，而梅塢，而竹徑，玄天門外别是一天。進此登玉虚府，陟空中樓，推窗四眺，身在五雲深處矣。兩廊有舍，舍各有室，環山皆松柏竹木，風起鏑鏑有聲，疑欲捲此鼓臺去。少頃，從殿外觀井，坐飲一巨碗，涛涛作透骨狀。呼童汲而烹之，試以名山茶，清泓味足，香氣撲人，惜鴻漸不同啜也。要之，此山之奇，不奇於形懸天半，周遭如削，而奇於絶頂孤峰上有此真泉也。天下名山亦多矣，不無人工點綴之巧，此山如村谷中人，不知致飾而一種率真自然之態，令人可仰可親也。登臨雖未盡興，薄山紫靄，不得不揖山靈歸。歸至馬苑坦巖下，乃同二三寮友暨明經胡太韶、孝廉余存素呼盧浮白，至月上，始携手入東平門。時壬子年中秋後三日也。

安江渡

重安江色緑於蘿，江艇迴環疾似梭。鳳嶺烟開曦馭出，霓旌風裊使軒過。閑窺鷺步沙清淺，静守漁竿水不波。更是四時饒景色，青山兩岸白雲多。

鳳　嶺

鳳嶺岧嶤接絳霄，琳宫深處彩霞飄。十洲不羡神仙地，一徑頻來士女朝。林靄經風青不斷，石嵐過雨翠難消。老來結得同心侣，共向山中采藥苗。

孫郡丞光啓一首

光啓，字仲熊，興隆衛人，萬曆甲申歲貢。見聞博贍，注《易》間參用瞿唐，而講學必主洛閩。喜爲詩，飲酒終日不亂。由校官累遷府同知，所至以廉明著。

鼓臺山

突兀危巒如湧出，空中樓閣接重元。緑雲靄靄穿松徑，銀漢迢迢透石泉。拾級捫蘿驚野鹿，幾回搔首動星躔。傳聞喬偓翩來集，待與吹笙萬仞顛。

【校勘記】

〔一〕承天柱石：江東之《瑞陽阿集》卷九作「承天八柱」。

〔二〕生前大造黔民福：《瑞陽阿集》卷九作「生前業殫黔民計」。

〔三〕政本深計：《都匀縣志稿》作「政本生計」。

〔四〕卡龍河，原作「卞龍河」，據手稿本改。

〔五〕并自鞏縣始：《都匀縣志稿》卷二十一《余顯鳳傳》作「并自顯鳳始」。

〔六〕《都匀縣志稿》卷二十一所録鄒元標南皋此詩題作「游觀音寺」。

〔七〕鄒先西江來：清乾隆刊本《獨山縣志·藝文志》作「鄒師江西來」。

〔八〕壬午：原作「壬辰」。前言李時華芳麓與吴鋌之爲「同歲生」；清乾隆六年《貴州通志》卷二十六《人物·選舉·舉人》：「萬曆壬午科：吴鋌，都匀人；李時華，貴陽人，官太僕寺卿。」據改。

〔九〕十首：原作「二首」，今據實收詩數改。

〔一〇〕無生：二字原作墨釘，據《貴定縣志稿》校補。

〔一一〕中夜：《貴定縣志稿》作「終夜」。

〔一二〕風月無邊會共傳：清乾隆六年《貴州通志》作「風月無邊會與傳」，且於詩末有注：「右初得洞」。

〔一三〕峭路：清乾隆六年《貴州通志》卷四十《藝文·記》作「哨路」。

〔一四〕丈有咫：原作「尺有咫」，據《貴州通志》、《貴定縣志稿》改。

〔一五〕應起：江東之《瑞陽阿集》卷九作「詔起」。

〔一六〕惠人知有效，報政近何如：原作「惠人知有政，報效近何如」，據稿本改。

〔一七〕鍾汝所撰「《萬印山表銘》」，清道光四年《銅仁府志·藝文·墓表》（卷十）題爲「木薩河萬印山墓表」。

〔一八〕此下文字非莫友芝《黔詩紀略》手稿原文，乃其子莫繩孫手書補加之文字。

〔一九〕稿本「莫繩孫謹記」上有「十二月甲子獨山」七字。

〔二〇〕三首：原作「一首」，據實收詩數校正。

黔詩紀略卷之十二

明

潘布政潤民七十首

潤民，字用霖，號朗陵，貴州前衛人。《省志》云貴陽人。萬曆三十一年舉鄉試第一，三十五年成進士。改庶吉士，散館授禮部主事。四十年進本部員外郎郎中。四十三年出爲廣東督糧副使，攝布政使事。明年擢四川布政司參政，備兵建昌。尋告歸。天啓四年秋，召起河南參政，分守河南道。旬日擢廣東按察使。尋進雲南右布政使，管分巡安普道。越二年，進左兼備兵曲靖。後以病請告。崇禎十二年起金滄道副使。逾月擢雲南左布政使。十四年三月卒官。年七十。事蹟具其子馴《行狀》者，不具述，述其未詳者。朗陵之自四川參政告歸也，未半歲而水西土目安邦彦之亂作。邦彦，水西宣慰使安堯臣族子。堯臣死，子位幼，邦彦遂專其兵權，懷異志，陰與永寧土酋奢崇明合。崇明既反，天啓二年二月或傳其陷成都，邦彦遂挾位叛爲聲援，自稱羅甸大王。首襲畢節，陷之。諸部頭目且蜂起爲助，乃分兵西破安順、霑益，東下甕安、偏橋，而邦彦自統水西軍渡六廣河，直趨貴陽。當是時，貴陽城中藩臬守令皆入覲，巡撫李橒將受代，聞變乃與巡按御史史永安招朗陵等在告官亟議守城。橒、永安與提學僉事劉錫元等分門當衝要。朗陵首以千金倡助餉，率鄉官楊師孔、周思稷等，與學官周良翰鎮遠人，字拙存，以是年任教授。勵諸生率民兵分陴拒守。賊攻不能克，則沿巖置栅，斷城中出入。鎮將張永芳率兵二萬赴援，隔龍里不得進。諸將馬一龍、白自强皆戰没，外援遂絶。賊攻城益急，朗陵庶母程懼辱，仰藥死。城中糧盡，食糠覈草木，敗革亦盡，遂食死人，以漸食生人。朗陵至殺十歲女，周思稷亦有所殺，并以饗士。故士益奮死守，不遺餘力。賊盡攻擊之術，夜已登陴，天明忽自退；明日又梯而登。守城止餓卒六人，荷戈强起，殺賊一人。賊復驚退，墮梯死者無算，以爲城中尚有精兵數萬也。十二月新撫王三善始分兵三道進奪龍里城，擊殺别賊目安邦俊，邦彦駭走。乘勝抵貴陽城下，先以五騎傳呼曰：「新撫至矣！」舉城歡呼更生。時被圍十餘月，城中户十餘萬，至是僅存數百人，而孤城卒全。大吏則橒、永安、錫元功；鄉官則朗陵功最多。事詳《明史》橒本傳。橒字長孺，鄞人，萬曆辛丑進士。朗陵之自備兵曲靖病歸也，總督朱燮元以貴陽人忿讎安賊，使者恐壞其撫議，執千户胡朝棟并無辜數人，戮之以謝於賊，且以變上，株連縉紳。朝棟，字杞楠，世襲貴州衛百户，性戇直，敢言。自安氏之亂，圍陷郡衛，省城十萬户，死喪略盡。城外冢墓悉爲所發。貴陽人銜次骨。督撫數易，撫剿互用而未有當。崇禎三年，安位遣其把目周世儒來議撫。世儒，安邦彦謀主也，巡撫王三善之敗，實世儒陷之。黔人士惡其反覆陰險，群言於總督朱燮元，請誅之。朝棟言尤激切。不許，於是舉國大譟，蜂擁軍轅，立取周世儒臠食之。巡按蘇剡嗾燮元以變疏聞，斬朝棟等四人以謝，餘俱重杖。朝棟臨刑惟極言督撫之失，引頸就刃，無懼色。時三月廿三日也。晴日忽風沙晦冥，遠近震駭，爲罷市。剡復嗾燮元疏劾黔紳之在事者，株連甚衆。而猶匿殺朝棟等狀，不以聞。後燮元將没於任，時時見朝棟，乃使人鳴鉦遍白於貴陽城，謂爲蘇剡所誤云。吴中蕃、朗陵子馴，并爲之傳。

朗陵遂移家武陵，久之乃還。朗陵童年能古文詞，在庠序，聲名藉甚。巡撫泰和郭子章、提學僉事會稽胡琳，并自負知人鑑。琳初試黔東諸郡還，子章問已得元否。曰：「銅仁饒生楷可元也。」逮畢省試，見子章則又曰：「元已屬潘生潤民矣。」子章以爲然。比撤棘，楷獲雋，而朗陵果元。著有《味澹軒詩集》若干卷，毁於安賊之亂。其子馴掇所記憶，合以被兵後作，才九十餘首。今汰存三之二。《圍城》諸篇，慨慷悲壯，讀之使人忠義奮發，想見其人。

附閬陵族孫淳《味澹軒詩跋》：右詩若干首，吾族曾祖朗陵公所作也。公當前明萬曆癸卯，以第一人舉於鄉，丁未成進士。由庶常仕至雲南方伯。《傳》曰：「太上立德，其次立功，其次立言。」是三者輕重懸殊而世人不察，肆力以求工於文章，謂得其一亦可以不朽。嗚呼！何傎也。德者，本也；功者，德之推也；言則必載功德而後可以行遠，否則誇誕而已矣。憶幼時嘗聞先王父言，朗陵公端慤剛大，忠孝之性，輪囷勃鬱，立心制行，必求無愧古聖賢，誠《傳》所謂立德者矣。生平宦轍所至，無久暫，皆令人愛慕，如桐鄉之於朱邑。然捐金運籌以全貴陽城，視爲分所當然，無沽譽心，非本德性以爲事功者耶？今讀《味澹軒詩》，不事浮華，獨根至性。《訣命》諸作，孤忠浩氣，薄日月而挾風霆，公之言即公之德也，功也，其足以行遠，夫復何疑！或以篇什太少爲公惜，予謂唐睢陽曠代偉男子，學尤該洽，而所傳詩篇寥寥，不聞以是病睢陽者。顔魯公書法，有唐豈無頡頏之人？獨魯公偶一起草，而後世珍同球璧。蔡京書儕蘇、黄，以其奸回，當世黜京而進蔡襄，元祐黨籍一碑，只留供後人唾駡。士無功德之可稱，而區區以文藝獵名，讀《味澹軒詩》可以憬然悟矣。乾隆戊午季秋。

華亭王奕仁《味澹軒詩序》：詩以人傳，不在多也。黔中前輩不乏能詩，然非有政蹟彪人間，能爲桑梓捍大患、救大災、樹不可一世之功，則其人不傳，其詩亦不久澌滅，求一二垂之後世，使後之人捧讀而俎豆之，不可得也。貴陽潘朗陵先生，前輩之能詩者也。由解元成進士，讀書中秘，前後歷官由觀察進方伯，所至多善政，没而以名宦祀滇粤，以鄉賢祀貴陽，政蹟載入告章，炳如也。中間請告家居時，會安酋竊發，圍貴陽，先生則出千金助餉，爲薦紳倡，豫求殺人藥草，誓城破嚙之以死。復爲當事借箸，一切戰守機宜，深中竅要，而城賴以全。嗚呼！何其志之烈而功之偉也！然則先生自有足傳者，詩其餘事矣。矧是集也，僅解圍後所作，於先生片羽一斑耳，何足爲先生重？顧吾思先生年十四即能詩古文詞，著作盈篋，設使當日城不圍，著作必不焚，則詩雖多而全城之功不顯，其於傳不傳猶未可知。今則集中所載，不滿百篇，讀其《圍城訣命》及《答史侍御》諸作，悲壯激烈，發乎至性，即他酬贈登臨之什，無非抒其忠君憂世之思，非俗士倡和標榜、留連光景之詞可比，是則先生之詩必傳於後無疑。此數十篇者，直可作數百篇讀也。又奚以多爲？乾隆己未仲秋。朗陵之先，明初自武陵徙貴州，遂世著貴州前衛軍籍，七傳至維嶽，字伯瞻，號抑庵，嘉靖十六年舉人，知永平縣，歷霑益、昆陽知州。所至廉介有惠政。維嶽子思聰，字予忍，即朗陵父也。萬曆中爲武定府司獄。部民樂應舉爲仇家誣陷，知府者欲立斃之。思聰教其家控於臺使，事得白，樂氏世世祠祀焉。事詳吴中蕃所爲傳。傳載《省志》。朗陵子馴、驤，孫德徵，曾孫奕快，玄孫文芮、文苞，來孫曉，昆孫以澂、以溶，仍孫桐、槼，傳七世十二人，皆有集藏于家。馴詩尤名雋。槼子元炳、元煒會編爲《潘氏八世詩集》若干卷，二百年風雅不墜，固朗陵有以植之，亦昆陽武定之遺澤遠矣。附潘馴撰《朗陵行狀》：先府君諱潤民，字用霖，别號朗陵。先世武陵人。始祖諱興，國初用内地實邊法，徙黔。六傳至先高祖古泉公，諱松，隱居不仕，富而好義，嘗輸鏹若干佐縣官之急，事聞錫冠服。先曾祖抑庵公，諱維嶽，登嘉靖丁酉賢書。自永平令，歷霑益、昆陽州守，所至清惠，居鄉尤謹厚，屢祀名宦鄉賢。先祖中憲公，諱思聰，幼警敏，識度過人，從事例仕武定府幕，活瀕死而非辜者若而人，以是忤上官意，竟拂衣歸。從來冗僚非罷黜不去。官無致政者，致政自中憲公始。事繼母張宜人，視志愛諸異母弟甚於宜人。析箸之日，田取其污萊者，臧獲取其老羸者。宅一區，無可曲行其讓，悉推與諸弟。又不欲遠違晨昏，而倍值市鄰宅以奉宜人歡。宜人往來諸弟所，一日必數造定省，不就寢不歸也。一味之甘必馳奉，不舉箸不敢嘗也。其篤孝如此。先是河陽令省庵余公有女，相攸不輕字，得中憲公歸之，是爲先祖母。先祖母既歸中憲公，能以中憲公所以事母者事姑，內外無間言，咸曰：「潘氏之後將大矣！」以府君兩考績，累贈中憲大夫太恭人。中憲公四子：長府君；次仲朗公濟民，漢州刺史；次柏源公澤民，次季朗公滋民。府君及柏源公，太恭人出；仲季側室程孺人出。而繼祖母周孺人則均有撫育之恩者也。府君生而凝重，不與群兒嬉戲，七歲就外傅，旋遭太恭人喪，哀毀如成人。十三通制舉義，十四能爲詩古文詞，十七補郡諸生，試輒冠曹。偶受知於太守文炳謝公、督學思充沈公、璞完胡公、大中丞青螺郭公。郭公夙負人倫鑑，知府君尤深，而卵翼倍篤焉。庚寅中，憲公即世。府君畢力襄事，不以遺兩弟。先產一無取，筆耕自給，先恭人早夜操作以佐之。迨庚子，仲朗公哀然上第，而府君僅録副。或以弔，府君曰：「自亡祖先君没，潘氏中微，不絕如綫，今也吾弟幸徼一第，人力不及此，及此天也，其敢貪天乎？」癸卯府君舉鄉試第一，或以賀，府君第舉鄰石城先生馬上口占答之。甲辰，公車不售，次武陵道，病且革，夢無數瓔珞幡幢導至一所，類王居，袞冕上坐，朱衣峨冠侍，俄呼府君前曰：「汝三世純孝，已注冥籍，福禄未艾，何緣至此？趣出。」府君驚寤，霍然良已，懼涉不經，秘不傳。既曰：「是亦可以教孝。」詔駉、驤識焉。往，孝廉公車畢，輒放情於杯酒平康之樂，鮮衣怒馬，曹相徵逐。府君獨下帷如諸生時。丁未成進士，改翰林院庶吉士。讀書中秘，慨然以氣節自持。嘗曰：「士人行己須於服官之始，脚根立定，一或失足，即後來建樹終難補。」蓋以故清剛爲忌者所軋。庚戌，散館，僅授儀部主事。同列不能平。府君曰：「前年一措大耳，郎署不爲薄，必欲辭枯集菀，恐非古人抱關擊柝之旨。」壬子奉使肅藩，轉祠部員外郎，再轉客部郎中，主春曹政凡六年，多所釐飭。乙卯遷廣東督糧道副使。粵固財賦之區，經制無籍，猾胥豪右相穿貫，爲奸民病焉。府君攝藩篆，朝夕討求，勒成《賦役全書》垂爲制，至今賴之。有「潘副使潤民不潤己」之謡，以某御史屬對焉。明年代方伯入計，用廉卓最，擢四川參政，備兵建昌。建昌爲蜀極邊，古稱不毛地，夷猓數跳梁爲患，或難其行。府君捧檄，五月渡瀘，逾九折坂叱馭去。至則嚴簡練，裕儲偫，核虛冒，謹烽堠，信賞罰，軍紀一新。諸夷聞風喙息，邊境以安。未幾，忽倦游，予告歸。未半載而安酋之難作。府君聞變，首輸餉千金爲諸紳倡。賊圍既合，積薪草樓下，曰：「吾雖非守土，世受國恩，旦夕城陷，有自焚耳！不可辱賊刃也！」一切兵食戰守，每爲當事借箸，深中事機，而一段貞誠慨烈之氣尤足以廉頑立懦，當事時倚爲重。三百日孤城斗米百金，析骸易子，卒保無虞者，府君勷居多。圍解，當事上血守功，評曰：「忠心可格日，天真品獨高。」月旦又曰：「忠忱自許，意氣特抒。」皆實録也。府君痛黔人無噍類，爲之賦《大招》，對客輒泣數行下，實不忍以功著。甲子秋召起河南參政，分守河南道。入洛，見供張甚盛，嘆曰：「一官如此，民何以堪！」悉屏去。浹旬拜東粵廉憲。府君曰：「憲府與諸司不同，總其大綱而已。無俟毛舉也。」下車首嚴貪污之禁，墨吏多望風解綬去。若民有疾苦，皆得進於廷而噢咻之。無情之辭，必折以理勢，喻以利害。武健之俗少衰。有母訴其子不孝者，府君曰：「吾不難置若於典，恐汝後日無子耳。姑徐之，明日來。」訴者大悔悟，遂爲母子如初。府君先教化而後刑威，多此類。會黔難孔棘，滇實輔車，主爵者往往執同仇之誼，用鄰省人爲規便者地，乃晉府君右布政使，分巡安普道，疑於左遷。粵紳在輦轂者昌言借寇事，雖格不行，然天下想望丰采矣。於時滇途尚梗，仕者裹足。府君單車就道。蓋滇，府君舊游地，抑庵公中憲公之餘澤在焉。彼中父老猶能言抑庵公、中憲公遺愛事，而中憲公所活瀕死而非辜猶有存者，聞府君來，咸額手曰：「此仁人之後也，必能保我子孫矣。」府君治滇，一準蜀與粵。偶歲大旱，有司徧走，群望雨不即得，府君爲文禱於城隍神，頃之，甘澍大霈，遠近沾足，人以爲誠感。再逾年，晉左布政使，備兵曲靖。尋有水西之役。廷議三方并舉，制府檄滇師，由烏撒趨瓦甸、黑章，而會於畢節，以府君護軍。師既集，苦無糧，初派民運，責之稍有身家者。而擔夫販豎，反得操其力以相難，米一石約費數金，計且浮於值矣。民遂困不支。府君惻然，覘滇帑自大中丞太涵謝公節嗇之後，稍有贏餘，餉兵外，可以佐民力之不及，乃下令改派運爲募運，民争趨之。部署稍定，單騎往，先復烏撒城以壯軍聲。時黔師與賊相持久，府君檄諸將暫屯守，俟進止。議者恐蜀師先至畢節，而滇無功，疑府君過持重，直指手書，督促數四。府君曰：「孤軍深入，兵法所忌。滇之去畢節也，視黔蜀雖近實險，必黔蜀相聞，然後間出奇兵，一鼓而扼其吭，庶幾得當。不然，未易輕言畢節也。」土夷雞世昌近在霑、烏間，中雖叵測，而陽受我戎索。議者謂當兵之以示威，諸將志在鹵獲，躍躍欲往。府君曰：「世昌一營長耳，破之譬千金之弩潰癰，何足爲威？設令他逸，是大敵未除，又添一敵也。且彼巢穴逼我肘腋下，詎保他日不爲邊患乎？宜姑示羈縻，俟水西既平，觀其向背，貳而執之，服而舍之，不勞餘力矣。」當事者陽諾，内實相齟齬。府君鬱鬱不得行其志，痰症間作，遂決意初服。府君去，即以前議者代護軍，黔、蜀兩師卒不至畢節，滇師亦中止。再舉，加世昌兵，爲所覺遁去，僅獲老弱數輩。厥後世昌無所歸，屢出没爲滇患，始服府君見事之早。府君既得請，將營菟裘爲終焉計，適西事議撫酋，遣諸夷目輦金入黔，招摇道路，士民憤甚。羣噪于督府之廷，督府爲戮數人以慰酋意。御史某更屬意紳衿，株連蔓引無虚日。府君曰：「無故而殺士，可以去矣。」遂策蹇東下武陵卜居焉。然松楸在念，未嘗一日忘故鄉也。居無何，復買棹還，日唯葛巾野服，散步里門〔二〕，暇則讀史兼課驪、驤兩兒，里人文酒之會，間一赴而已。每見時事紛紜，憂憫形於詞色，甚於身之負疴。而家政之不齊者，或以爲不必然之慮。府君曰：「朝廷多事，而謂山澤能安枕乎？」先後直指臺稔府君忠猷未竟，不宜久家食，章數上。己卯秋，不孝驪叨中鄉試，而金滄之命至，府君曰：「聖恩浩蕩，遲暮之年，奈何碌碌作夜行不休乎？」擬控辭，屬上方以先君父後身家之義責天下士大夫，不得已一出，與親朋别，多不祥語。至金滄逾月，又拜總藩之命，進諸有司，告之曰：「悉索敝賦，民脂竭矣。澄源塞竇，敢不唯力是視？寓撫字於催科，寬一分民受一分之賜，願諸君勉之。」諸有司或不盡躬行，而無敢以苞苴通悃款者。滇有二大患：歲額貢金二千兩，實不産金，加派閭左市以入貢。加派窮而逋欠者六千金。先是鼓鑄議行，始事者迫欲見績，歲報息二萬兩，比錢值日輕，子不償母，遂議停鑄。而二萬之息無所出，反縮之兵餉以充數。餉詘而逋欠者又四萬金。府君議曰：「骫骳而忘國恤，罪人也。民隱壅於上聞，亦罪人也。明主可與忠言，請據實入告，萬一天威不測，願以一官徇之。」當事怵於公令，旋報罷。全滇兵餉不知何故缺額至有壓欠經年者，以乙年之入補甲年之逋，復以丙年之入補乙年之逋，丁年、戊年亦然。究竟餉不時給，而日以無餉見告。庚癸之喧囂，尺籍之虚冒，不可問也。府君議曰：「餉固恒詘，兵亦恒虚，猶之無兵，猶之糜餉，不若月核其虚籍而漸汰之。兵漸汰則餉漸足，餉既足則兵可按籍而求，庶幾緩急足恃耳。萬一衆怒不可犯，願以一身徇之。」當事牽於物論，亦報寢。府君無日不仰屋而嘆，至廢寢食，積憂薰心，其徵爲怔忡，爲麻木，猶手不停批，夜分始罷。不孝驪屢跽請節勞。府君曰：「吾所職者，上關國脈，下繫民命，詎敢忽諸？」是日早猶召驪指畫數事。午衙退云：「稍倦。」旋就寢，鼾聲如雷，不殊平昔。不孝驪猶不知異。質明，遂抱終天之慘矣！不孝驪哀煢迷離，扶櫬東旋。滇人士思府君者，謀祀於澤宫。既抵黔，黔人士思府君者，亦如滇主者，皆從輿論而允焉。謹按：府君生平端慤直諒，無機械，無城府，孝友出於天性，能承中憲公之志，而得其歡心。既通籍，痛禄養未逮，遇諱日，必疏食，慘怛行之終身。待弟仁且恕，同寢食，共田宅，代婚嫁，自髫及艾，無纖介之嫌。與人交至誠無僞，嚬笑不輕。初見以爲凛凛難親，久而知其坦然温然也。莅政簡而不擾，廉而不劌，不妄取一介，不輕撻一人，雖期月之治，而百姓戀慕如慈母不忍舍，有甚於藏鞭截鐙者。居恒食不重味，衣不御帛，衣不敝不更，不邇聲伎，不蓄玩好，不規膏腴，不營亭榭，所得俸積，悉以贍族人親舊之貧者，闔城中惠澤尤多。鄉里有爭訟質于府君，片言而釋。若非義所當爲者，不敢令府君知。人比陳太丘、王彦方。獨恥干謁，從不以片牘溷諸有司。非公事不履公庭一步。嘗署座右曰：「活截惡龍角，生撩猛虎鬚；若將兩事較，還比干人易。」請託者望門而返。孜孜好學，老而彌篤。書文恒自抄寫，點畫不苟，即一剌亦自手出，雖貴無佐書也。若夫臨大事，決大疑，當大難，不震不驚，確乎不可拔，儼然古大臣之風矣。詩文追正始，抑華麗。著《味澹軒集》若干卷。「味澹軒」者，府君晚年茹蔬，自號「味澹居士」，謂於功名富貴聲色貨利無所深嗜，故曰「味澹」云。府君生於隆慶壬申年七月二十一日，卒於崇禎辛巳三月二十三日，享年七十。先嫡母齊氏封安人，贈恭人，文學一庵齊公女，年十六歸府君，不及事太恭人，事中憲公、周孺人，程孺人，有順無拂也。事府君有規無拂也。睦姻婉而閑家肅，從府君於艱難，有内助功。享年四十三歲，先府君二十六年卒。生母楊氏，生男二：長不孝馴，己卯舉人，娶楊氏鄖陽知府楊公起鼇女；次不孝驤，選貢生，娶杭州府同知劉公元翰女。女一，適岳州通判許公善所子，己酉舉人。世康孫二：長德徵，馴出；次德蔭，驤出。女一，驤出。今將以某年月日奉府君厝於先塋中憲公墓之北，謹泣血詮次如左。

岳陽樓

地擅東南勝，樓憑霄漢間。杯棬七澤水，襟帶九疑山。柳色含離思，花光映醉顔。喜悲隨所寄，陰霽有何關。

別東粤父老

一枝栖未穩，萬里覲神京。彩鷁乘風駛，朱旛映日明。瘡痍方起色，調劑最關情。回首珠崖遠，驪歌百感生。

七星巖

鬼斧何年劈，嶄巖北斗齊。攀蘿穿曲磴，倚杖躡危梯。天半疏鐘度，雲中好鳥啼。振衣千仞上，四望衆山低。

贈别友人

素交零落盡，獨爾結心知。真契芬蘭茝，清言重鼎彝。十年肝膽共，千里夢魂隨。不忍臨歧路，悠悠雲樹思。

贈白巖李隱君○白巖在修文縣北七十里。

風塵能擺脱，畎畝獨逍遥。愛客頻投轄，逃名懶折腰。清芬流澗谷，高誼薄雲霄。余亦倦游者，逢君慰寂寥。

鄉　愁

痛定還思痛，驚魂憶昔時。親朋半宿草，弟妹尚分歧。狐兔憑三徑，鷦鷯借一枝。刀環空有約，未敢卜歸期。

贈釋真如

迹與支公并，心同惠遠俱。烟霞生逸韻，水月湛靈珠。挂錫雙鳧隱，參禪一鶴癯。無勞分半芋，知我是凡夫。

悼王彭伯大中丞

虎穴驚深入，龍韜竟不回。巢空逋賊狡，星殞重臣摧。碧血埋荒徼，丹心耿夜臺。懸知英爽在，叱咤馘渠魁。

按：彭伯名三善，永城人，萬曆辛丑進士。天啓元年十月，擢右僉都御史，代李橒巡撫貴州。二年安邦彥反，圍貴陽。趣三善馳援。始駐沅州，調集兵食，次鎮遠，次平越，乞兵四川。十二月朔乃分兵爲三。自將二萬人由中路當賊鋒，次新安，抵龍頭營。奪龍里城。邦彥疑三善有衆數十萬，乃潛遁。七日遂抵貴陽城下，圍解，不入城，營南門外。明日破賊澤溪。賊走陸廣河。三善左右二部兵及湖廣、廣西、四川援兵先後至。三善以二萬人破賊十萬，有輕敵心，欲因糧於敵，分遣將渡陸廣，趨大方搗安位巢，渡鴨池搗邦彥巢。别遣將出黄沙渡，剋期并進，連戰皆捷。明年正月，官軍失利，急遣將四出攻擊，復屢敗賊。總督楊述中駐沅州，畏賊，屢趣始移鎮遠。會奢崇明逃入龍場，依邦彥。三善議會師進討，述中暨諸將多持不可。三善排群議，以閏十月自將六萬人渡烏江，次黑石，連敗賊。邦彥狼狽走。三善渡渭河，降者相繼。師抵大方，入居安位第。位偕母奢社輝走火灼堡，邦彥竄織金。三善屯久之，食盡，述中弗爲援，不得已議退師。四年正月盡焚大方廬舍而東，賊躡之。中軍參將王建中、副總兵秦民屏戰没。官軍行且戰，至内莊，後軍爲賊斷。三善還救，士卒多奔。陳其愚者，賊心腹，先詐降，信之，與籌兵事，故軍中虛實賊無不知。至是遇賊，其愚故縱轡衝三善墜馬。三善知有變，急解印綬付家人，拔刀自刎，不殊，群賊擁之去。罵不屈，遂遇害。三善倜儻負氣，多權略。救貴陽時，得邸報不視，曰：「吾方辦賊，奚暇及此？朝議戰守紛紛，閲之徒亂人意。」其堅决如此。然性卞急，不能持重，竟敗。先以解圍功，加兵部侍郎。既没，請優恤，格不行。崇禎改元，贈兵部尚書，世蔭錦衣僉事，立祠祭祀。九年贈太子少保，詳《明史》本傳。附國朝傅汝懷《明貴撫彭伯王公墓地記》：讀史至明中丞王公三善内莊師潰，未嘗不痛恨于總督楊述中之坐視也。中丞入大方，安邦彦竄織金。述中假出一師攻比喇，邦彦救不暇，且將立奏蕩平，何至乏食潰師數年流毒耶？是役也，同死文武百餘人，其名氏可考者，僅四十餘人耳。馬革之裹，知無其人；抔土之封，遑問何所？心竊悼之。道光甲辰，余主萬松書院，黔西徐生壽春、潘生元炳爲余言：「内莊去州二十里，有呼萬人冢者數處，未知中丞墓所在也。」庚戌春，余移主獅山，有王生汝舟，居近内莊，言有王將軍墳。一日携徐、潘二生，主王生家訪之。生祖年七十餘矣，倜儻喜談古事，躬導余歷岡阜，越山之阻，上寬廣可容萬人，曰：「此舊壘也。」壘畔隱然若牆門，指山左右麓及對山曰：「某丘某丘，皆萬人墳也。又東阜曰『沙子坡』。師潰時，後軍爲賊截斷，死者尤多，舊呼『殺死坡』，忌言改今稱。」明晨乃導至王將軍墳所。其墳周圍數丈，高可六七尺，有墓門。門中碑高廣尺許，字剥蝕不可辨，左有堆，低小於墳之半。翁言：「古老傳墳極靈，村里有病者，禱於墳，取石置枕邊，病立瘳。每以雞酒賽之，乃反石焉。今未改也。

旁堆或傳爲馬姓墓，或云將軍乘馬死瘞此，俗稱馬墓云。」考諸紀載，内莊同死姓名，首即湖廣總兵官蔚州馬炯，當賊擁中丞時，馬公必同死其地。然則俗所謂馬墓者非馬，必馬總兵。而所謂王將軍墳，必王中丞之訛，蓋無疑也。因與州人士聒刺史，爲建祠立表。督學使者翁公同書過境，爲撰楹聯云：「死綏不復一軍，熸鬼國蟲沙，當日有人堅議撫；戰骨猶香千古，恨漆山麾蓋，荒園立石與招魂。」郡守黄公宅中適修《府志》，故記而存之。

寄訊仲朗弟病

吾弟病維摩，驚聞愁鬢皤。少無分寢食，老苦隔關河。藥雜醫難試，心安氣自和。寸懷懸萬里，書尺莫蹉跎。

送汭源弟參幕西粤

露綴楓初冷，清秋客路長。通綸除百粤，鼓棹泛三湘。幕次需先後，邊猷籍贊襄。君恩難報塞，慎勿易遐荒。

羅婺道中

小邑千家聚，孤城百雉開。平疇禾黍秀，中澤雁鴻來。傲吏仍兼隱，清時愧不才。停驂原上望，感舊首重回。

弔王清川大參知

不謂余來日，君先與化齊。雲荒栽菊圃，月冷釣魚溪。事業千秋在，圖書幾卷遺。巫陽不可問，挂劍意凄迷。

送馴驤兩兒之武林

快風乘彩鷁，計日到杭州。泛酒明湖月，裁詩觀海樓。老夫空積興，兒輩早能收。好倩丹青手，携歸我卧游。

贈江伯通

世業兼文藻，箕裘付一身。詞華珠錯落，標格玉嶙峋。才鉅堪張楚，學成宜入秦。秋空霜羽健，會見出風塵。

雜　詩

吟罷倚修竹，醉餘盤古藤。補巢妨墮鳥，解網縱飛蠅。静室發孤磬，晚窗明一燈。諸緣俱淡盡，擬作在家僧。

里人喧傳起用解嘲

畏路君休問，閑居我自甘。但知三可罷，未許七能堪。夢入冲烟鶴，綸垂映月潭。誤傳登啓事，翻引北山慚。

元日早朝二首

春宵漏永肅趨朝，雪色高寒逼皂貂。聖代旗常輝日月，尚方珍錫焕雲霄。風開閶闔瞻銀牓，凍合昆明積玉條。仙醖捧來鶯籠渥，還聽仙樂奏咸韶。

黼扆垂旒萬國朝，螭頭侍從佩蟬貂。欣瞻寶扇開黄道，驚賜銀幡出絳霄。帶雪宫梅寒吐蕚，迎春御柳暖抽條。小臣深愧霑殊錫，拜手賡歌咏舜韶。

送邱尼山應詔之京二首

翩翩匹馬向長安，兩袖清風五嶺寒。六載棠陰垂玉井，九重簡召出金鑾。主恩緑鬢文鵷列，客夢青雲鸑鷟看。努力明時惟獻納，好將封事述艱難。

多君意氣拂雲天，折柳河干思惘然。冰鑑夜懸珠浦月，錦帆秋挂鏡湖烟。暫從子舍披萊彩，好向中原著祖鞭。此去金臺霄漢近，垂衣聖主正需賢。

送從孫學海還黔

爾來未久話猶長，底事匆匆遽束裝。單騎風霜辭百越，輕槎風雨渡三湘。更無餘物充行李，唯有新詩佐别觴。去後家山懸夢寐，勤書身世慰相望。

圍城訣命《省志》作《圍中自誓》。

嬰城苦守歲云徂[二]，望斷援師淚眼枯[三]。烽火連天雲黯慘，僵尸滿地血模糊。爲憐拳養垂三世，遑恤伶仃有一孤。力盡自甘拌一死[四]，昂藏寧肯負吾軀。

圍中次史磐石侍御韻四首

雉堞荒凉形影孤，凄風冷露剥征襦。四郊密壘腥膻惡，十月重圍鼠雀無。敵愾有心才已盡[五]，叩閽何路淚將枯。牂柯亦是西南郡，應遣貔貅破豕狐。

亦知劫運復何尤，敢謂綢繆計未周。去食圖存唯有信，多兵無補反添愁。堪憐屠割同兒戲，更苦徵輸作縶囚〔六〕。遐想他年憑弔者，西風夜雨不勝秋。

經年血守鞏金甌，河上中軍幾逗遛。仗鉞何人能破斧，驅神無術可通郵。千家已燼烟逾慘，萬骨成陵涕欲流。忠憤滿腔應不散，願爲厲鬼殄逋酋。

厭聽荒城震鼓枹〔七〕，干戈滿地動兵符。從來職貢原遵軌，可奈負嵎未訖誅。滿眼青燐昏日月〔八〕，無端白雪染髭鬚〔九〕。睢陽節烈男兒事，留取丹心報帝都。

按：磐石名永安，武定州人，萬曆□□進士。改庶常，授御史。天啓元年出按貴州。明年水西叛，或諷以巡行去，不聽。賊圍城久之，援不至，食且盡。召諸將士誓死，作《飲血歌》以見志。有泣下者，正色曰：「吾輩爲朝廷守封疆經年，城即破，得死所矣。正當談笑而道，何泣爲？」新撫王三善自元年十月奉命，永安與舊撫李檈連章告急，趣之至，匝歲猶徘徊平、新間。永安乃作四詩邀朗陵屬和，以蠟書達平越，皆有刺逗遛語。新撫見之，親率諸軍即日進發，一鼓破賊解圍。永安晉太僕少卿，官至兵部右侍郎，總督三邊。其四詩惟存二，云：「仗劍山墉匹馬孤，手揮矢石下征襦。可憐草木根皮盡，更苦巢窠雀鼠無。萬里天高心似靖，四圍路斷眼空枯。新來節鉞猶臣子，忍把封疆付豕狐。」「人工神庇兩無尤，力戰孤城歲已周。血染山河風景慘，火連郊郭夕陽愁。皇天有意培完節，義士何勞效泣囚。留得此腔忠憤在，好隨張許共千秋。」城初被圍，總兵張彥方、都司黃運清來救，敗賊于新添。賊誘入龍里，二將皆敗，乃縱之入城，曰：「使耗汝糧。」城中果大困。後官廩告竭，升米直二十金。彦方、運清部卒公屠人市肆，斤易銀一兩，詩之「多兵無補」、「屠割兒戲」斥其事也。

解圍後移家沅芷仍次前韻四首

寒夜蕭蕭旅興孤，愁看明月照衣襦。萍浮楚澤鄉心亂，夢繞黔山信使無。鴻雁分飛腸九折，松楸遥望淚雙枯。只今一統皇輿世，肯今且蘭吠野狐。

回首當時孰怨尤〔一〇〕，飄蓬倏忽歲將周〔一一〕。窮途空洒千行淚，浩劫難消萬緒愁。六出仗誰籌妙略〔一二〕，八番何日馘俘囚。可憐城市今陵谷，慘淡風烟殺氣秋。

插羽徵兵遍越甌，王師何事久淹遛。也知井邑頻塗炭，誰念封疆急置郵。敗壁陰燐愁落日，荒原野哭咽寒流。殘黔那復堪戎馬，欲請長纓繫逆酋。

邊風凛凛動征袍，多少材官佩虎符。應有元戎張漢幟，寧教小蠢抗王誅。徘徊終夜星臨曙，憔悴他鄉雪滿鬚。計日欃槍應迅掃，好音依舊報皇都。

按：《通鑑輯覽》載，壬戌圍城時，有糧盡，至親屬相啖。里居參政潘潤民一女被食，語其裔元煒云：「朗陵公助餉千金外，復募五十人助守，自食之；當捕雀掘鼠俱窮時，涕泣殺少女以啖士。士食後始知之，益感激，氣十倍。」詩中「徘徊終夜星臨曙」，殆借曙後一星寄感與？

黔事有感次蔣象巖韻 〇象巖詩見前。

無端小醜肆炰烋，敢惜微軀報國仇。徼外重圍驚乍解，師中三錫望先酬。烟迷故里家何在？月冷荒原骨未收。此際登壇應不少，誰將一劍奏咸劉。

舟中遇雨

移家又上木蘭舟，行李蕭蕭一敝裘。霧暗白鷗迷遠渚，風回青雀亂斜流。孤懷寂歷偏逢雨，瘦骨凄其不耐秋。鴻雁分飛勞夢寐，雲山悵望幾回頭。

奉贈蔡元履大司馬督撫黔中

胸蟠蝌斗擅文雄，武略還看節鉞隆。凛烈邊聲嘶萬馬，光芒劍氣淬雙龍。渠殲羅甸烽烟息，甲洗天河雨露濃。半壁西南今鞏固，高標銅柱紀元功。

按：元履，名復一。《史傳》略云：字敬夫，同安人，萬曆二十三年進士。天啓二年，以右副都御史撫治鄖陽，奢崇明、安邦彦反，貴州巡撫王三善敗没，進兵部右侍郎代之。兵燹之餘，斗米值一金，勞徠拊循，人心始定。尋代楊述中總督貴州、雲南、湖廣軍務，兼巡撫貴州。賜尚方劍，便宜從事。遣將發兵，長驅入織金。窮搜不得邦彦。請敕四川、雲南出兵，犄角平賊，可之。因命諸郡鄰貴州者，聽節制。而朱燮元亦以尚書督川、湖、陝軍，以故復一節制不行於境外。自劾解任聽勘，以王瑊代撫貴州。復一候代，仍拮据軍事。至十月，卒於平越軍中。帝嘉其忠勤，贈兵部尚書，謚清憲，任一子。復一好古博學，善屬文，耿介負大節。既没，槖無遺資。

贈諸將二首

東方千騎盡豪英，猛氣横空拂旆旌。猿臂弓彎霜月冷，龍津劍擊斗星横。丈夫應有封狼志，聖主何須嘆狗烹。努力西征收大捷，無將鵲印讓班生。

旌旗獵獵影飛翻，十乘元戎出薊門。幕府貔貅千隊肅，巖關儲糗萬家屯。森嚴刁斗聲先震，叱咤風雲氣欲吞。此去西氛須早靖，南中猶有未招魂。

送楊震標學憲之任滇南震標詩見前。

星軺夙駕出金臺，益部遥瞻紫氣來。去日正逢梅雨節，到時應是菊花開。千秋山斗歸人望，一代文章屬匠裁。處處標題留彩筆，知君不負子雲才。

送莫瑞明郡丞之任潮州

并州喜復近雲天，拂曙雙旌向海壖。六案寒冰名貫耳，一簾秋水澤盈川。褰帷露冕行春日，棲鳳馴魚續舊年。看取棠陰千樹滿，明廷課最讓君賢。

贈越卓凡僉憲監軍赴黔二首

劍南司馬擅非熊，詔領貔貅十萬雄。匣露青萍寒北斗，手揮白羽讋西戎。良平計策籌邊外，韓范威名震域中。猛將如雲皆却避，知君饒有古人風。

途分文武爾兼通，狡賊情形在目中。草檄雄文淋鼻盾，枕戈壯志貫長虹。笑談尊俎烟塵浄，指顧風雲蛇豕空。從此南人知不反，捷聞天子賜彤弓。

青惠烈祠次韻

龍陽尉血濺天閽，三萬停租荷主恩。蕞爾江鄉蒙利澤，巍然廟貌表忠魂。有司奉詔嚴時享，野老追思尚淚痕。我欲薦君慚不腆，大招歌就代羔豚。青文勝，字質夫，夔州人，洪武時爲龍陽典史。縣瀕湖，歲罹水患，逋賦數十萬，敲朴多死。質夫三疏爲民請命，不報。更具疏，擊登聞以進，遂於鼓下自經。帝驚悼，詔寬龍陽租二萬四千餘石。定爲額。縣人立祠祀之。萬曆十八年詔有司春秋致祭，謚曰惠烈子孫守奉祀。

別姚性之次來韻

召起田間握使旌，紅亭尊酒別君行。晴原花柳迎車蓋，春夜笙歌擁市城。自愧山林叨主眷，敢言屏翰副時名。君家宦迹留中土，願借餘波策治平。

過荊州蔣象巖以詩見投依韻奉答

太史占星駐郢城，翛然三徑似元卿。襟期絶俗翔千仞，詞賦登壇步二京。客子光陰重握手，詩家筆勢益騰聲。那堪一聚還成別，班馬蕭蕭落日情。

捧檄入洛

帝念中原望作霖，謭材猶得辱華簪。天開嵩嶽黄河注，地控函關紫氣深。孤劍尚存堪報主，素絲不染獨盟心。惟憐微尚耽泉石，清夢悠悠繞故林。

得閂允脩銓部書寄答

金臺握別十年餘，喜得瑶華慰索居。卓犖風塵拋舄綬，從容烟水伴樵漁。丹心皓首仍憂國，石室名山久著書。莫道深林長寂寂，鳳毛今已續簪裾。

太乙宫

太乙清都氣鬱葱，石林鐘鼓振元風。雲根盤礴三珠樹，雪色晶瑩百丈松。聽罷真詮心地浄，悟來妙境性天空。倦游每意塵囂外，河上仙人恨未逢。

荆門贈别霍養純刺史

荆山北去路漫漫，知己相逢握手歡。菡萏香風迎皂蓋，梧桐新月照雕鞍。幾年擘畫馴槃瓠，計日旌綸下禁鑾。更羨征途攜二美，憑君談笑入長安。

入洛浹旬尋拜東粤之命

中原攬轡矢澄清，又向珠江捧檄行。自愧風塵侵白髮，可能雨露潤蒼生。馬經峴首思羊祜，舟下湘江弔屈平。循省舊游成底事，多慚父老遠相迎。

代庖選士次楊霞標韻

萬里昆明聖化翔，彬彬俊乂鬱相望。雲邊早下弓旌詔，徼外争依日月光。健翮鵾鵬思振翼，空群騄駬自騰驤。玉衡水鏡非吾事，越俎題材浪笑狂。

按：朗陵權提學，時當選拔，有攜千金求貢者，聞使者潘公也，廢然去，曰：「是雖萬金，亦安用哉？」試卷必親閲，不假幕客，黜落者無怨言。

初度柴馮二都閫招飲西樓

此日勞君折錦箋，相邀共集彩雲邊。月明海氣侵城堞，夜静濤聲落酒筵。羡爾鷹揚誇二妙，慚余蹇劣負三遷。憑高漫遣淳于興，起視參横醉後天。

蔣象巖貽書見訊并惠新詩依韻奉答

尺一瑶華寄海湄，開緘喜極轉生悲。七弦妙解誰能識，三素高風信可師。楚水烟霞清夢遠，黔山猿鶴暮雲低。只今桑梓風烟息，共把漁竿理釣絲。

送馴驤兩兒還黔應試

送爾南歸意惘然，索居形影倍堪憐。三秋羽翰飛騰遠，千里關河夢寐懸。愁見孤鴻依塞外，好將雙鯉寄江邊。勉旃皇路聯翩上，屈指看花盡少年。

劉又庭觀察視師凱旋以詩見投依韻奉酬

鐃歌聽罷羽書稀，氛浄蒼山靄翠微。犬豕敢將潢澤弄，雁鴻還向舊巢飛。謀臣自有攻心策，戰士何勞濺血衣。從此天威欣遠播，野人稽首共來歸。

請告答同寅

自憐消瘦沈郎腰，忽枉軒車慰寂寥。静檢方書祛老病，閑扃户牖避寒飇。駑蹄未許馳千里，短翮何能奮九霄。籌略幸逢公等在，容將衰朽混漁樵。

元日憶早朝用前韻二首

鵷班曾綴紫宸朝，深愧迂儒誤續貂。鷗鷺自宜游碧渚，鳳鸞端合翥丹霄。絪緼元氣憑葭管，駘宕和風綻柳條。十載栖遲驚白髮，强簪花勝媚春韶。

只緣多病乞清朝，一卧江干老敝貂。自分閑身安隴畝，更無舊夢到雲霄。春深寒谷噓銀竹，凍解東風墜玉條。極目故園烽火息，兩階干羽慕虞韶。

越卓凡將歸白門以詩言别用韻奉贈

停舟未久又帆開，不耐歸心萬里催。鷁首旌旄衝雪去，雁頭書訊帶霜來。人情到處堪揮淚，世難何時共舉杯。後會安知黔與楚，羈懷别緒總難裁。

題閔允修冰壺玉尺卷

毫端寫出見風流，長駕盧敖汗漫游。詞賦千篇高白雪，襟期千仞俯丹丘。情酣山水琴尊共，骨帶烟霞杖履收。試看擎霄雙玉柱，閑情自合對滄洲。

還鄉和劉文成韻二首

萬山落木帶斜暉，冉冉征人此際歸。乍見令威城郭是，深慚元亮菊松非。浪游博得霜盈鬢，感舊還看淚濕衣。向後閑身堪自適，期從野老采山薇。

十年浪迹嘆萍浮，此日還家已白頭。開徑乍驚群犬吠，入門猶喜四松留。長貧那復營金谷，垂老吾將問菟裘。烽燧漸消耕釣穩，不歸端負此林丘。

送謝鶴岑銓部入都兼簡諸相知

皇華賦罷聽驪歌，折柳長亭慷慨多。漢水雄風看縱棹，薊門芳草佇鳴珂。君從闕下瞻龍衮，我自山中卧薜蘿。京洛故人如問訊，爲言衰病且蹉跎。

再起滇藩誌感

賦遂初衣已十秋，忽傳徵召到林丘。應知守拙何堪用，自審時艱豈易酬。金馬舊游藩翰重，紫微新寵簡書優。爲憐垂老蒙恩渥，感極翻令涕泗流。

喜盤江鐵橋成○下二詩遺集所無，從《安南志》録。

黑水由來波浪狂，何人石上架飛梁。千尋鐵鎖橫銀漢，百尺丹樓跨彩凰。可信臨流無病涉，因知濟世有慈航。瀾滄勝蹟今重見，遺愛謳歌滿夜郎。

喜盤江江西坡等城以次落成

剛夷千落盡殲平，次第經營十一城。疏入至尊嘉偉績，敕教司馬下新名。兵民互恃烽烟熄，雲貴相望井邑清。碎葉受降前蹟在，盤江今古共邊聲。

按：橋、城并天、崇間安普副使朱家民建。《明史·王三善傳》云：家民，字同人，曲靖人，萬曆三十四年舉於鄉，天啓二年官貴陽知府。奉三善命，乞援兵於四川，又借河南兵，共解其圍。撫傷殘，招流移，寬徭賦，遠邇悦服。丁父憂奪情，擢安普監軍副使，加右參政。崇禎時就遷按察使、左布政使，以平寇功，加俸一級。久之，致仕歸，卒。自邦彦始亂，雲、貴諸土酋盡反，攻陷安南等十六衛，雲南路斷。其後路雖通，群苗猶出没爲患。家民率參將許成名等討平盤江外、阿野魯頗諸砦，於是相度盤江西坡、板橋、海子、馬場諸要害，築石城五，宿兵衛民。又於其間築六城，廨舍廬井畢備。群苗惕息。行旅宴然。盤江居雲、貴交，兩山夾峙，一水中絶，湍激迅悍，舟濟者多陷溺。家民仿瀾滄橋制，冶鐵爲絙三十有六，長數百丈，貫兩崖之石而懸之，覆以板，類於蜀之棧，而道始通。按：十一城，盤江曰連雲，西坡曰有嘉，板橋曰靖氛，海子曰恬波，馬場曰奏膚，是石城五蒙賜名者。又於歸集小黄河建龍新城，亦資孔建資孔城，頂跕建鼎新城，定頭建定邊城，尾灑建維藩城，阿機建石棋城。天啓六年六月始功。崇禎四年五月成。詳□□閃繼廸《創建十一城碑記》，載《省志》。

鐵橋在永寧州西三十里，安南縣東四十里，爲入滇通道。雍正六年改新路渡毛口，遂罕由鐵橋者。盤江，已見卷十二。南盤江源處與滇池相距才百餘里。《漢書·地理志》：「滇池縣有黑水祠。」《禹貢》梁州之華陽黑水，説者有謂即導黑水至三危入南海之水，與雍州黑水同名異地。又證以漢祠，遂舉南北盤諸水當之，故詩言黑水。

春日郊游

春郊晴正麗，逸興野偏長。曳履過漁浦，尋僧到雁堂。一篙新水緑，半面遠山蒼。雲淡疑無影，花深别有香。多情忘潦倒，小醉發疏狂。恰好前溪月，歸途晚未妨。

有感

野人懷國恤，老眼閱封章。品已淆涇渭，材尤雜缶璫。廈傾荷作柱，火厝燕怡堂。兵甲塵爲飯，金錢雪沃湯，狡酋仍虎視，逋寇更鴟張。未集中澤雁，誰驅當道狼。杞天非過計，桑土豈迂防。獨使憂君父，無臣良可傷。

又讀惠烈傳

青尉氣嶙峋，重民輕一身。如何芻牧者，秦越視斯民。

咏竹二首用韻

黔山宜竹不宜柳，凝翠琅玕到處有。一自兵甲滿四郊，新枝得似舊枝否？

漫説三軍屯細柳，可憐寒玉化烏有。而今培護漸成陰，許我歸來林下否？

元　日

元日江城瑞靄生，烟霾收盡泰階平。清泉白石皆君賜，《擊壤》謳歌頌聖明。

扁舟五湖圖

烟水茫茫一棹孤，平吴覇越想雄圖。功成正好銘鐘鼎，便肯扁舟去五湖。

莫郡丞天麒二首

天麒，字瑞明，貴陽人，萬曆三十一年舉人。歷壽陽知縣、禹州知州、潮州府同知，皆有惠政。其地父老咸立祠以祀。家居篤孝友，兄弟共爨，終身無間言。郡丞善屬文，工吟咏，與同郡潘朗陵、楊霞標齊名。朗陵子馴、驤，霞標子文驄及女婿周祚新，皆從問業。惜其集無存。惟見《潘氏譜》載其爲馴作《迴文詩序》及此二詩而已。

月夜喜客至

風蘿飄似帶，月樹影微波。適有懷人意，欣逢高士過。共酬新景物，不用俗笙歌。試問塵中客，歡悰誰最多？

聞王斗瞻南溪報最以藺亂未行寄之〇斗瞻自有傳。

聞道南溪令，廉聲滿蜀中。照人黔右月，最治漢循風。夷蠢干鈇鉞，書生習戰攻。會看當一面，旗鼓樹邊功。

陳大理荀産一首

荀産，字□□，銅仁府人，珊子。萬曆三十一年鄉舉，歷雲南推官、大理知府。事蹟失傳，惟一詩載《滇志》。

九鼎山○山在雲南縣西北二十里。

佛初不住寺，古穴蔽岩篠。化身那知年，深洞詎覺曉。遠公倚空虚，净室凌縹緲。飛樓挂花棚，石磴上不了。尋到岩路窮，方達僧居嶁。傍花方丈幽，共坐蒲團小。人語出雲竇，鐘聲低樹杪。問師悟何時，雲破山月皓。

王尚書祚遠一首

祚遠，字無近，普安衛人。其先自應天句容來爲衛官，遂籍焉。舉萬曆三十一年鄉試第二，四十一年進士。選庶吉士，授檢討。歷官祭酒、禮部右侍郎，轉吏部左侍郎，晉尚書。尚書少負異才，下筆萬言立就。試牘不起草，既成而後補之。詩文閎肆，書法尤工。充經筵講官。丰儀秀整，音吐洪亮，熹廟常目送之。總銓政進退，人才各當其任。崇禎初屢與枚卜負重望。以請急歸。未及大用而卒。所著詩文甚富，其集無存，惟見《遠條堂詩》一《序》及一詩而已。附：《熹宗賜曰講官禮部右侍郎兼翰林院侍讀學士、協理詹事府事掌院事王祚遠制》曰：「貳卿峻秩，班聯北斗之台衡，學士榮稱，望重東觀之領袖。蓋典禮斟酌乎四代，必藉鴻儒，而絲綸斧藻乎三朝，卓稱名世。予一人特薦中和之極，子大夫宜膺寵錫之隆。爾日講官禮部右侍郎兼翰林院侍讀學士、協理詹事府事掌院事王祚遠，奎璧騰輝，丹彝鑄古。備虞廷之九德。品重蓬瀛；著漢史之三長，藻芬石室。掄才首善，寸璣與尺璧俱收；晉位宮寮，秋實偕春華并茂。爰崇論思之任，簡在帝心，丕納啓沃之忠，玉成朕德。成均專席，多士環橋。業已見美，富於宮牆，何難賡喜，起於堯舜。陟容臺之右弼，資其寅清，兼玉署之中權，備在顧問。而爾討惇庸之故實，期《三謨》、《二典》以上；陳司案纂之權衡，詎《八索》、《九丘》之徒博。經筵任巨，調爕功深。是用覃恩，授爾階通議大夫，錫之誥命。於戲！粵虞周之制，專典神人，以房魏之才，猶慚禮樂。欲陳古誼，非誠無以格神明；難穆師虞，惟平可以化君子。尚其創一代足徵之史，應百年積德之期。無忝訓詞，有光揆路。汝其懋哉！」見句容孔貞運《敬事草》。

何燕泉先生讀書處在偏橋衛。

氣節平生事，煌煌議禮書。遂令後來者，長憶授經初。棹楔光山國，鶯花護草廬。餘冬誰續録，望古一躊躇。

《偏橋志》：何孟春，字燕泉，郴州人，弘治癸丑進士。歷仕雲南巡撫，召爲吏部侍郎。世廟登極，以議大禮泣諫，左遷工部侍郎。尋削籍。久之卒。穆廟初贈禮部尚書，謚文簡。高祖仁海，明初戍偏橋衛。祖義堅積軍功，官衛指揮。孟春在偏橋學成，以衛未設學，乃歸應試。及貴，建坊於偏橋。著有《餘冬序録》。

【校勘記】

〔一〕散步：清道光三十年《貴陽府志・藝文略》（卷五十二）作「安步」。

〔二〕嬰城：清乾隆《貴州通志》作「孤城」。

〔三〕淚眼：《貴州通志》作「淚欲」。

〔四〕拌一死：《貴州通志》作「拋一死」。

〔五〕敵愾有心才已盡：《貴陽府志》作「報國敢言心已盡」。

〔六〕徵輸：《貴陽府志》作「徵求」。

〔七〕厭聽荒城：《貴陽府志》作「十月孤城」。

〔八〕滿眼：《貴陽府志》作「愁見」。

〔九〕染：《貴陽府志》作「滿」。

〔一〇〕回首當時孰怨尤：《貴陽府志》作「血守金湯泯怨尤」。

〔一一〕飄蓬倏忽歲將周：《貴陽府志》作「解圍歲序又將周」。

〔一二〕六出仗誰籌妙略：《貴陽府志》作「六出誰人抒妙略」。

黔詩紀略卷之十三

明

王光禄碩輔一首

碩輔，字亮揆，又字斗瞻，畢節衛人。其先有曰鏞者，景泰四年以衛籍，舉於鄉。官訓導。七世至斗瞻。幼事親定省，色養逾成人，時有孝子之目。年十二補諸生，舉萬曆三十四年鄉試，除南溪知縣。布衣脱粟如寒士，罪鍰賦羡無纖毫入己。南溪人爲之語曰：「黔右一輪月，照見南溪徹底清。」大計最四川，於天下爲第二，時又號「第二清官」。天啓初，以主事内召，未行而藺酋奢崇明反。四川州縣多破，亟募兵，修戰守具，斂馬家巖哨兵入捍城。賊兵薄城，斗瞻晝夜防守。伺賊少懈，猝以兵出南門與戰。於蕭家坎擒僞總兵羅祖貴，斬首十七級，獲崇明兜鍪。越十日，又戰於雞鳴鋪，斬首十六級，獲馬三十四。賊氣沮，我兵勢大振。永寧舉人汪澤素爲賊用，僞爲北上過南溪者，遣使願假城中一閑屋暫避賊，俟退就道。斗瞻誤信而許之。居數日，斗瞻復出擊賊，澤窺城中空虚，舉火招賊入，城遂陷。斗瞻聞變，急返署，衣冠望闕拜，端坐公堂，將就縊而賊部羿子鑾出不意，挺矛刺斗瞻死，攘印去。賊之初攻城也，令其部曲曰：「王知縣孝子，又清官也。城破無驚，驚者殺無赦。」及遇害，崇明不知，使人視之，端坐如故，以爲猶生也。崇明薄視，始知其死。憾揮矛者，慮弗得，乃繆懸金刀於庭，曰：「殺王知縣者，受此賞。」羿子抱印趨出，乃使士人周鼎爲文，戮羿子爲牲祭之。尸乃仆。賊目何谷、王樊龍畏其靈，以大夫禮葬之。明年，賊退。南溪人爲立祠事。聞贈光禄寺卿，予祭，改葬，蔭一子錦衣千户。子爾公當襲，泣而曰：「吾父死忠，吾不能死孝，何忍更以爵乎？」辭弗受。有司弗許，卒辭之。至崇禎中，始令斗瞻孫瑛改蔭畢節衛中所千户。當奢酋發難貴州，永寧衛本寄治藺地。有家居參政李忠臣、舉人胡縝《省志》作纘。先殉義，遂陷。接壤之赤水、遵義，赤水衛致仕指揮張大壯，弟奇韶，指揮張夔升、張景升，及大壯子諸生陞升，遵義威遠衛指揮袁鼎，衛經歷袁一修，參將周萬全，湄潭知縣儲至謀皆死焉。其在蜀禦賊死者，復有羅文垣、羅文才，建武所守備龔萬禄。忠臣，萬曆十三年舉人，由知縣升雲南順寧知府。政寬大，儉己而厚施。郡人并其前守興隆余懋學祠祀之。晉松潘參政，告歸，奢賊適起，家在賊中。募死士，密約總兵楊愈懋，令以大兵薄城，已爲内應。事泄，合門遇害。縝，萬曆四十年舉人。預策崇明必反，上書當事，不納。賊起，被執，嚴刑錮獄中。弟緯傾家救免，乃糾義徒，潛結賊將張令等，執其僞相。部勒行陣，自當一面，數斬馘，賊甚畏之。既而爲火藥焚死。令，亦永寧人，時爲宣撫土目，忠勇善戰。藺酋反，令不爲用。崇明自成都敗還，令結宋武等乘間禽其僞丞相何海若，率衆以降。崇明怒殺令一家，夷其先墓。巡撫朱燮元言令爲國忘家，請優擢命，與武并授參將，以功洊至川北副總兵。崇禎十三年流賊張獻忠至重慶，令年七十，馬上能用五石弩，與女將秦良玉扼之於竹箘坪，大殺賊。乘勝前進，中伏弩死。乾隆中賜謚忠烈。《明史》有傳。赤水五張見《僧繼慶傳》。鼎、一修見《袁蕙芳傳》。萬全，遵義人，擊奢賊於桐梓，力戰敗死，遂葬桐梓黑石溪。妻李爲武弁所迫，閉户自縊。朱燮元《奢崇明陷重慶紀略》云：「遵義參將萬全同遇害。」蓋即其人也，贈襲未詳。子希賢，明末爲四川威茂總兵官。至謀，銅鼓衛貢生。衛後爲錦屏縣，今又降爲鄉，隸開泰縣，尋復爲縣。至謀知湄潭。奢賊陷遵義，湄土賊王倫導之攻縣。至謀禦之，屢敗，城將陷，自焚死。文垣、文才并仁懷縣人，其父乾象，字紹治，先爲奢酋頭目，從攻成都，首先反正。誘崇明至城下，擊走之，圍乃解。事詳《明史·朱燮元傳》。先是童謡云：「石打石，緊閉城門一百日。」自圍城至乾象輸款，適百日。乾象遂率二子從平藺，功最多，官總兵。燮元爲建坊藺州，署曰「平藺元勛」以旌之。文垣、文才并勇敢先人，授冠帶總旗，從剿藺，相次戰歿。萬禄，貴州衛人。目不知書，有膽智，膂力過人。從劉綎征楊應龍，先登海龍囤，署守備，戍建武所。奢賊反，衆推萬禄游擊將軍，主兵事。指揮李世勛，名位先萬禄，亦受節制，戮力固守。崇明謀犯成都，憚萬禄牽其後，遣部將張令説降。令與萬禄結，紿崇明以降。崇明果遣他將來戍，萬禄脅降之，誘殺無算。復微服走叙州，説副使徐如珂曰：「賊精鋭萃成都，留故巢者悉老弱，誠假萬禄萬人搗其巢，彼必還救，成都圍立解矣。」如珂奇其計。未幾，賊悉衆攻建武，萬禄邀擊十里外，兵少敗還，城遂陷。世勛具衣冠再拜，率家屬自焚死。萬禄手刃兩妾、兩孫，自刎不殊，乃握矟馳出，大呼：「我龔萬禄也，孰能追我者！」賊相視不敢逼。走至叙州，乞師巡撫朱燮元，遂以師復建武。會官軍敗於江門，賊四面來攻，萬禄力戰三日，手刃數十人，與子崇學并死。詔贈都督僉事，立祠賜祀，世蔭百户。《川志》云：乾隆四十一年，萬禄賜謚烈愍。誤也。時於奢、安死事諸人皆未謚。其得謚者，乃别一龔萬禄，天啓二年禦徐鴻儒死者。萬禄，《明史》有傳，在《忠義》，而《省志》失載。忠臣縝，附見《史·忠義·董盡倫傳》。《省志》誤以爲永寧州人，又不言其死事。而斗瞻之烈，不亞萬禄者，乃遺之。得瞻一詩爲互詳焉，亦快事也。

赤水道中作〔一〕

盛明威德無前古〔二〕，南暨誰言禹甸寬。一自層臺通赤虺〔三〕，至今天險失烏蠻。幾年建議頻休甲，諸將多材想據鞍。寄語夜郎輕自大，東州前事試回看。

《方輿紀要》：畢節衛東北至赤水衛百八十里，南至水西奢香驛百六十里。洪武十五年傅友德平烏撒諸蠻，置衛於烏蒙境内。明年，請徙治〔四〕。因畢節驛爲名。層臺驛，衛北六十里，接赤水衛界，川、貴之通道也。西去烏撒三百里。又云：赤水衛、層臺山衛，西南百里，山高箐深，烟霧晦冥。接畢節衛界，層臺驛置於此。赤水河源四川鎮雄府，經衛西五十里之紅土川，東流經衛城南。每遇雨漲水，色深赤，一名赤虺河，當川、貴驛道。又云：烏撒軍民府東至畢節衛界二百五十里，故名巴凡兀姑，烏蠻居之。唐時，烏蠻之裔烏些居此，至阿蒙始得巴的甸。宋時烏些之後曰析怒者，始并其地，號烏撒部。元初歸附。明初改軍民府，置衛。據高臨險，地形衛要。按：赤水出雲南鎮雄，經貴州畢節、四川永寧、貴州黔西、仁懷，至四川合江縣，入於江。《漢書·地理志·犍爲》：南廣，又有大涉水，北至符入江，過郡三，行八百四十里，即此水也。其將入江，又名鰼部水，又名安樂水。《水經·江水篇》：又東過符縣北邪東南，鰼部水從符關東北注之。今仁懷縣有高洞河，出仁懷、綦江之閒，至高洞以下，土人謂之鰼水，産鰼魚。下至仁懷廳三江嘴，與赤水合數里即入江也。《水經注》云：符縣治安樂水會水源，南通平夷郡鼈縣，北徑安樂縣界之東，又徑符縣北入江。《太平寰宇記》：安樂溪水從牂柯生獠界來合，汶江、漢晉符安樂，當今仁懷、合江閒。安樂水，即謂赤水也。其稱赤虺者，駱賓王破姚州，露布云河淪赤虺。川多風雨之妖，前人或以爲即赤水。

管指揮良相一首

良相，字□□，烏撒衛人。初舉武鄉試第一，繼襲衛指揮。慷慨負氣節。天啓初，藺酋奢崇明陷四川郡縣，水酋安邦彦猶未動。貴撫李檼召良相籌軍事。良相曰：「奢氏反，安必繼之。黔中無兵餉，猝有變，將何以應？宜招兵萬人，積二年穀，用許成名將之以觀其變。」檼以當受代，力不及而止。良相尋以祖母病，乞歸衛。泣語檼曰：「烏撒孤城，密邇水西，且與烏酋安效良相仇，水西有變，禍必首及。良相無子，願以死報國。乞建長策，保此一方。」檼亦泣。良相去逾月，邦彦果反。效良首以烏兵附邦彦，并力攻陷畢節，遂圍烏撒衛城。良相固守九閱月，食盡城陷，遂自縊死。妻妾皆自焚。同官死事者復有李應期、朱運泰、蔣邦俊。應期聞城陷，闔室自焚死。運泰、邦俊先手刃妻女，然後自刎。時稱四家爲「四忠門」。事平，皆予旌建祠。《明史·忠義》有《良相傳》。應期三人亦附見。時衛指揮復有祖允昌禦安兵於望城坡，力戰死。允昌妻王，後以守節奉旌。衛人致仕知縣鄒近魯與普德歸站百户鄒道東，率站軍、市民結堡拒賊於清水溝。近魯及子朝屏皆被執，罵而死。軍民婦女死者數十人。附羅英《清水溝紀事》云：天啓二年，烏撒之陷，自管、李、朱、蔣四忠之外，又有致仕家居知縣鄒近魯及其子朝屏，站軍陳尚節、毛朝宗、張允德、闞大興，市民余近，皆從普德歸站百户鄒道東，結堡拒賊，不勝而死。道東世爲百户，其先有朝爵者，常以站軍之苦言當事，得紓減。父百户承恩，兄指揮道統皆早卒。烏撒不守，道東以站城不可保，乃收集漢人，分保清水溝、吴二溝，據險自固，誓不爲賊用。叛人俞大貴引賊入，破吴二，七十餘家咸爲所擄，無死者。道東在清水，約束其衆，申以大義，屢出奇邀擊賊，輒有功，殺夷目得勒及僞中軍將校三十餘人。俄而，賊大至。叛人唐應臣舊爲水塘鋪卒，知清水曲折，引賊入，清水遂破。道東走免，保清水者二百餘家，老弱居洞，餒死數十人。壯者力戰於外，死亡殆盡，無降者。近魯、道東之近屬父子皆爲賊執，罵之而死。尚節、朝宗、大興有勇力，賊欲屈之，且問道東所在，咸不應。或奮前擊賊，賊幾斃，遂與允德、近皆遇害。允德妻毛氏年十八，賊調之，罵而死。大興、近本婚姻，大興妻劉、近妻闞率兩家男女相繼自經。道東繼母謝，嫂蔣，皆守志，携其妻蔣投崖死。謝女瓊英，年十四，爲賊獲，常以刀自衛，賊不能犯，遂遇害。至事平，道東乃出，始終不污賊，卒死牖下。崇禎十五年，請旌諸死節者，乃立碑清水溝以表之。按：普德歸跕，又名普歸驛，在威寧州南境可渡橋側，清水、吴二亦相附近。畢節之陷，都司楊廷明殉城，衛千户樊衛巷戰死。事聞賜祭葬。在籍知縣謝名臣、字兩和，萬曆三十四年舉人，以丁父憂家居。在籍學正羅仕儒，萬曆十九年舉人，時罷歸。并闔室自焚死。衛諸生馬行健、行義兄弟相抱赴火死。衛百户徐黔英救南箐兵敗死。赤水衛指揮張佐率兵護行人戰死。土人祠之路旁。邦彦遂分兵陷安順、平壩，自率水西羅鬼苗仲數萬東渡陸廣，直趨貴陽。别遣王倫下甕安，襲偏橋，以斷援兵。洪邊土司宋萬化復率苗仲助，陷龍里。邦彦復遣别部攻陷廣順、普定、威清、普安、安南諸衛。貴陽以西千里盡爲賊據。巡撫李櫄、巡按史永安督會城文武、鄉官、士民登陴困拒。新撫王三善驟未至黔，事孔亟未有甚於此時者也。其諸府衛城陷死事者，普定衛指揮王明重，指揮僉事葛公衮，及鄉人張大猷、牟嘉粢，威清衛指揮邱述堯，平壩衛指揮金紹勳、諸生劉安鼎，壩陽把總簡登，龍里衛守備劉皋、鄉人張文衡、吴忠，新添衛千户白尚文，平越衛指揮郭鎮黔及鄉人劉應泰、劉繼位，廣順土知州金燦，白納司長官周如唐。明重、述堯、紹勳、登、皋，《明史》

并附見《良相傳》。省、郡《志》皆失之。道光戊申，安順守胡林翼浚城河，至曹家街後岸，得普定衛印。印旁有枯骨，移葬城外。岸距舊衛署僅百武。豈明重掌指揮印抱以殉，印旁骨即明重骨與？葛氏自洪武中晟授普定指揮僉事，七傳至公袞。禦賊門急，其弟公袍率衆赴救，同門死。公袍妻周先携幼子三賓以逃，長子三俊亦殉父難。女貞姑赴火死。大猷、嘉粢同死義。其鄉安上達爲之合傳，今不傳。安鼎自有傳。劉臯死，子景亦死焉。而龍里訓導劉三畏，賊至不避，兀坐齋中，見殺，人稱「龍里三劉」。文衡、忠，未詳何官，龍里城破，力戰被執，罵賊死。尚文以先世功襲千户，安賊入新添，拒戰於甕城河，敗績死，贈指揮同知，立祠甕城。子孫升襲指揮同知。鎮黔，世衛指揮。天啓元年，土苗叛應安酋，鎮黔以兵往剿，被害，祀忠臣祠。水西賊遂以是年圍平越城。某官劉應泰戰没。繼位爲潢水營把總，率兵與賊力戰，斬馘數百人，圍解而繼位死，城賴以全。燦父大章，萬曆中爲金筑安撫司土舍，四十年乞改土爲流，從之，乃以金筑置廣順州，改授大章襲土知州，而管事則聽流官。安賊起，州尚無城，燦與知州事龍溪鄭鼎，督民樹柵實土以守。及賊入，燦副鼎端坐州堂，并爲所殺。史附見《徐朝綱傳》。省、郡《志》皆失之。如唐之先可敬，明初從總兵傅友德平蠻有功，授白納長官，世襲至如唐，殉難，加授服色。

其赴援而死者：壩則貢生黃運寧、黃衷惺，平越則生員劉國柱、劉應翼，都匀則在籍知縣楊鳴高，鎮遠則守備劉以仁、土推官楊昌祚。運寧，平壩歲貢，中萬曆丙午副榜。貴陽圍急，撫按知其才，以蠟書召援省。運寧傾家募義勇，得萬餘人，與猶子衷惺星夜馳赴。至太子橋，直突賊營，斫其柵門；賊悉力拒之，并戰死橋下，全軍皆没。事聞，贈光禄寺丞。國柱、應翼以參將黃運清援省，至龍里失利，倡率義兵赴援，至麻子鋪遇賊，并力戰死。鳴高，都匀貢生，曾任浙江湯溪知縣。安賊起，募兵援省，至谷龍司，敗績死之。其次子廷烈年十八，聞耗走省，謁當事，請以募旅前驅，誓報父讐，屢有奇功，授官，晉參將。後轉戰至鴨池河死之。昌祚，鎮遠庠生，襲土推官，代其父領兵援省，至甕城河遇伏死。以仁，鎮遠臻洞司人，官守備，亦督兵援省，力戰死。而良相獨保孤城，至九閲月，尤非僅以一死塞責者比。朝廷方急遼左，置黔事不問。撫按亦束手待斃，良相欲不死，豈可得哉？使李檼不以五日京兆自怠，勉從良相計，早爲備，賊雖起，破壞不至是。良相當不至死。徐與許成名諸人籌辦賊亦易爲力，而竟不可得，惜哉！成名，字賓實，貴陽人，以赤水衛諸生襲衛指揮，勇毅有將略，與良相鄰衛相推重。時已累功爲參將，是後擊走安效良，平盤江外賊，通雲、貴道，充貴州總兵官。崇禎初復赤水，即移鎮之，始有赤畢總兵。從總督朱燮元征水西，三方深入，安邦彦、奢崇明俱授首，功爲多，復鎮貴州，移湖廣，皆有威名。後人謂良相知人。

城守寫懷

藺賊紛紛滿蜀州，水西尾大早堪憂。水當積雨終須漲，火未然薪那遽休。愧乏將才當一面，苦無軍實佐邊籌。男兒七尺嗟何用，危難空拌一死酬。

劉秀才安鼎一首

安鼎，字□□，平壩衛諸生。天啓二年三月，安賊圍衛城，城中人紛紛遁逃，多從賊者。城遂陷。安鼎憤激痛駡，遂閉户登樓，舉家焚死。後人傳其憤語，若有韻者，今亦列爲一家。

城陷憤語

生爲天朝人，死爲天朝鬼。安能披氈椎髻忘平生，屈膝逆猓以緩一死乎！

陸光祿德龍一首

德龍，字鍾陽，都勻人。審理天衢孫。鄒忠介元標謫戍都勻，與兄從龍同師事焉。許以道器。從龍舉萬曆十六年鄉試，官教諭，有文行。鍾陽舉二十八年鄉試，計偕時，忠介與之書，勉以淮海、同野。附《願學集・答陸鍾陽孝廉書》：吾弟青年英英，宜以古人爲必可學，願取胸中所最喜者上嘉下樂，若只從今世人眼目過日，雖容易過，亦可謂負天之與我矣。世間科名不少，究竟與草木同朽。吾弟開此眼目，舉足再無了期。貴地孫淮海、李同野當時在，人爭易之，今爲貴州人品。吾弟輩有一人向此路行，吾志遂矣。自愛自立。鍾陽益自刻勵，不以俗學小就自安。授新化知縣，治術媲古儒吏。天啓二年，安邦彥反，圍貴陽城。鍾陽方致仕家居，撫按以蠟書召援省。鍾陽毀家募兵，得千人，將以赴會。新撫王三善至，貴陽圍解。《明史・王三善傳》：「十二月朔，分兵爲三，僉事楊世賞從都勻進，爲左部。」鍾陽兵殆隨世賞進乎？三年，從三善渡陸廣，次黑石，渡渭河，抵大方，屢有斬獲。四年春，食盡，還軍至內莊，敗績。三善遇害，鍾陽等百二十餘人皆死焉。依《大定志》。《史・三善傳》則但云陸廣官軍敗，諸將姚旺等二十六人殲焉。三善遇害，同知梁思泰、主事田景猷等四十餘人皆死。《省志・忠義傳》有陸從龍，而無德龍，蓋誤以弟事屬兄。據《大定志》書死事者陸德隆，及《省志》題名德龍下載贈官知之。「隆」字誤耳。黔人以將弁死者：貴州前衛李紹忠，平越衛王建中、葉鳳雍，清平衛孫英，都勻樊體坤，鎮遠黃如龍、周仕達，偏橋衛許國柱，新添衛邱懋廉，遵義縣王達，平壩衛黃運遠，思州府周懋德。紹忠，世襲貴前衛千户，中萬曆四十七年武進士，擢都清守備。調征死，贈二級，子孫升襲指揮同知。體坤，都勻衛指揮僉事，死，贈襲未詳。建中、鳳雍，《省志》失載。《史·三善傳》云：天啓二年十二月，自將二萬人，與參將楊明楷、王建中等，由中路當賊鋒，抵貴陽城下，賊解圍去。三年正月，陸廣官軍敗，賊復蠭起，圍青崖，斷定番餉道，令宋萬化、吴楚漢爲左右翼，趨貴陽，遠近大震。三善遣建中等救青崖。建中燔賊四十八莊，定番路通。後遣建中搗楚漢八姑蕩，燔莊寨二百餘，薄而攻之。賊溺死無算。萬化不知楚漢敗，倉皇出戰，被禽，邦彦爲奪氣。又云：四年正月，盡焚大方廬舍而東，賊躡之。中軍參將王建中戰没。舊《衛志》則云：建中世平越衛指揮，調督撫中軍。三年從征水西，十二月攻火著囤，大霧迷路，遇伏死。鳳雍，平越衛百户，以功升龍新參將，亦從三善征水西，遇伏死。體坤，都勻衛指揮僉事，調征安賊，死於大方，題叙有「負英雄之志，探虎狼之穴」語。英，平越衛□□，既死安酋之難。其子枝榮字奕葉，聞耗日夜號泣，氣絶復蘇，携僕往尋父骨。時賊黨充斥，枝榮從僻徑，夜行晝伏，半月始得達。至一官署，見封甕上書清平衛弁孫英骸骨，泣負歸葬。人以爲孝感。生平謹厚端潔，言動不苟，力貧筆耕以食，衛人甚重之。如龍，鎮遠縣人，萬曆間從平播州，靖黎九股，勻、哈、甕、壩諸苗，累功參將。仕達，鎮遠衛指揮，至是并贈都督僉事。國柱，偏橋衛指揮，隨父攀龍征水西死。懋廉，新添衛指揮。□子，征安賊戰没，其子爲嵩襲衛職。達，本貢生，官浙江湖州府判。奢、安繼叛，達請從事戎行，改官貴州都司，恢復遵義，至是死。運遠，以游擊隸總兵魯欽部，屢戰皆捷。至是與弟運久同戰死。懋德，都坪司正長官，萬曆庚子從征播州，有挽運功，至是血戰死。贈襲并未詳。懋德，以上諸人并從王三善祀忠烈祠，唯英未詳。運遠復有弟運景，以武生從戎，授剿夷守備。聞兩兄戰死，日涕泣，誓滅賊。賊圍普定，以伏兵破之。聞賊已抉其父冢墓，忿勒所部邀擊，全軍俱覆。運景爲賊執至大方，罵不屈死。其事未上聞，贈襲不及。《省志》又載：天啓三年水西死事。里籍莫考，參游、都守三十六人。參將五人，賜祭，贈都督僉事，襲升三級：陳濟民、劉應龍、劉仲時、楊鯨、羅袍。游擊八人：照本職贈二級，襲升二級：李師沆、張纓、宗延齡、聶應德、周國臣、楊通增，其一即平越王建中，一爲開州陳富。富幾死，復逃而活。後死流賊都司五人：藍補袞、劉廷舉、馬武、余報國，一即遵義王達。守備十八人：王得勝、田有龍、周國用、龍國正、曹柱、易登洲、覃事君、劉象麒、羅承富、曹思敬、張倖、張懷邦、董兆麟、陳我謀、耿良將、覃天應、羅承寵、黄中和。都守亦照本職贈二級，襲升二級。今可考者，建中、富、達三人，皆黔人。則餘三十三人，疑十九皆黔人也。

其文職在籍從而死者，鍾陽外，貴陽則李毓陽、周思稷、李國棟、孫枝衍、楊之寧、胡仰極，思南則田景猷。其失傳者更不知若干人。嗚呼！慘矣！當三善以二萬人破賊十萬，趨進軍大方，御史徐卿伯聞之，上言：「邦彦招四方奸宄，多狡計，撫臣得勝驟進，視蠢苗不足平。不知澤溪以西，渡六廣河，皆鳥道，深林叢箐，彼誘我深入，以木石塞路，斷其郵書，阻餉道，遮援師，則彼不勞一卒，不費一矢，而我兵已坐困矣。」後悉如其言。三善一勝輕敵，遂覆將卒數萬人，雖一死塞責足以自明，而黔人至今未有不怨其失於持重者也。毓陽以貢生爲某官，致仕家居。從三善軍死。思稷，字育寰，白納長官可敬八世孫。父世用，字念山，舉嘉靖三十一年鄉試，除蒙自知縣。愛民有清操。思稷，舉萬曆十三年鄉試，除新會知縣，升夷陵知州，未上告歸家居。邦彦圍貴陽，助城守經年。妻薛抱女赴水死。思稷幾死。王三善至，思稷與國棟、枝衍、之寧、仰極咸見三善於澤溪。三善勞與語，使皆贊帷幄，從進大方，返爲賊邀擊，并死於内莊。《省志》云思稷守城以食盡自縊，《通鑑輯覽》謂思稷守城食盡自殺以饗士，并失事實。從《貴陽志》。國棟，字承明，萬曆十六年舉人，累官鄧州知州，解任歸，囊橐蕭然。家居閉門著述，殉難後竟無一篇傳。枝衍，萬曆二十八年舉人，官知州。之寧，隆慶四年舉人，官同知。仰極，自有詩見後。之寧，新寧知縣禬孫，知縣文煥子。煥，嘉靖十年舉。禬，弘治十六年舉。禬子希祥母曹有心疾，曲盡其孝。父歿始謁選任新寧，撫流移，有仁聲。文煥、之寧以孝友忠義世其家。景猷，字覲野，天啓元年舉人，二年成進士。甫釋褐，憤邦彦反，疏請賫敕書宣諭，廷議壯之。即擢職方主事。賊方圍貴陽，景猷單騎往，曉以禍福，令釋兵歸朝。邦彦不聽，然素懾景猷名，欲厚禮屈之，日陳寶玩以誘，不爲動。賊乃留景猷遣其徒，恐以危禍，景猷怒拔劍擊之，其人走免。羈賊中二年。會三善解貴陽圍，景猷乃取間馳至軍告以賊虛實，遂大破賊。而三善乘勝窮追，倉卒遇害，兵皆散。景猷下馬嘆曰：「臣不能報陛下，死有餘憾矣。」遂遇害。事聞，贈景猷太常少卿。思稷鴻臚少卿，而鍾陽得光禄少卿，并各録一子入監。毓陽、國棟諸人贈蔭未聞。鍾陽以講學人見危授命，本不以吟咏重。《懷存素》一律又格韻不凡乃爾，益足珍矣。

對月有懷余存素

天風掃白雲，萬里浄纖氛。獨夜此明月，清光應照君。桑乾一揮手，秋色正平分。三載滄江卧，音書竟不聞。

胡縣令仰極 一首

仰極，字□□，貴陽人，萬曆二十五年舉人，官□□知縣。天啓二年，方家居，安邦彦圍貴陽城。新撫王三善至，迎之澤溪，從其軍幕至大方，同于内莊被害。事具《陸德龍傳》。仰極志懷澄清，鬱鬱無以自見。鄉里多故，慷慨捐軀，惜矣！爲文亦艱澀成體，而留傳太少，不盡所長。其父允平，隆慶元年舉鄉試第一，官長史，亦有文名。更無一篇存者。

送江中丞師治政還歙

撫我經三歲，山圻已宴然。窮鄉勞富教，惠澤永温延。盗弄生鄰服，歸心却祖鞭。蒼生知有待，高卧豈能專。

附仰極《送長信江中丞公還鄉序》：天下公論不在廊廟而在輿情，天下大患不在外虞而在中制。當炎漢時，大將軍七出，驃騎六出，率戈指風靡，即甌越、葱嶺、駹筰靡莫之屬，罔不繫屻叩額稱廷，天子晏如明光，馮扆內享。彼豈獨其富强徼積數世哉？惟是中外矢心，捐回釋貳以協勱威嚴之治，故東戡西磔如左右手無難者。國家制紀綜牽，輓近攣閺益甚，壹弁群咻，難與慮始。竊者噤啄，鯁者寡和，饕者潰腹，蚓者陸沈，豎者揀津，練者落拓，巽者噂云，敉廌震者覆曰攤隟，彼以巧匽，此以貞淪，雉罹兔爰，往往而是。則剛大果毅之氣不伸，而倜儻奇侅之才日绌，朝廷需才將奚寓哉？黔故隅在西南，夷漢相半，苗民嘯聚，晝都攫刃，兼以土裔盤錯，絿之則玩，競之則㚕，又苦乏戎糗以佐緩急，即衛霍都帷晝奚産哉！乃吾師江公以臺棘名弼，蜚直聲於海內，敭歷中外，懇懇侃侃，讀宰揆戚璫、場弊等疏，天下想望丰采。迨備兵辰沅，威霆澤澍，筸酋槃瓠，諸醜悉爾喙駾。用夏諭夷，不三月而清江苗民相格以化。當是時，黔已鄰彈壓矣。比公以極諫卧瑞金，上特詔賜環大理，簡鎮黔服，黔之人相賀曰：於褘哉！撫我者匪向彈江陵縛馮璫者乎？匪向鎮五溪遏順苗者乎？其何有於吾土？楚以北，蜀以東，歡聲雲矣。既度沅，輒趨銅江，置天柱邑以控諸苗。入黔，旦晡不遑，一意保釐。清屯甽，歸侵田者則幾千畝，備大祲則置賑田者幾千石，優寒畯則增右文者幾千頃。廣聖訓則振鐸有編，翼國乘則通志有纂。仁疕瘍則惠藥有田，憐字妊則恤隱有局。闢風氣則謂地氣自北而南，參差煥耀，乃甃鼇磯以擅厥勝；麥新平月，有警指麾定之。比者幺麿匪茹耶，撊然奏討，天朝簡戎，籌餉一剿，忽之以發舒華夏之氣，時方枕戈待旦以奏膚公。人曰：「新息重來，武侯再出矣！」乃峭介牴時，螯於萋菲，致政以去，則所云公論者，果在廟廊耶！所云大患者，果在外虞耶！夫春種而輟之耕，緒就而投之，柚，是爲不類者伸快，而豪杰扼腕矣。亮哉公《疏》所云，議事與當事殊局也。然極聞吾師家居，孝友修文，正故事，廣置義畝以贍宗黨，故今撫貴，治國如家，蓋天性然者。節鉞三載，纖毫不入。諸所經畫，胥萬世利。黔父老子弟胡以叩閽而臥轍哉！夫至人隱見，變幻如龍。吾師不以去留爲重輕，而天下以去留爲欣戚。周公至東而東喜，周公去東而東悲，公之篤棐，無二于周公，而公之休休，不殊于几几。故今日都臺省，明日謫郎署；今日卧山林，明日起大理。世所駴者，公履爲常。安知後日徵公綠埜，不猶昔之賜環晉秩耶！九廟鑒之，今上識之，正人君子知之。黄山黟水之間，不得以徜徉矣！仰極伏在蘿蘆，蒿目已久，門牆親炙，固將師公之忠誠大節，以弼朝宁而清四履者也。則夫詞之贛而不顓，烏乎！恤之！萬曆二十七年閏月。

安博士上達一首

上達，字□□，安順軍民府人，舉萬曆四十六年鄉試。謁選得良鄉縣教諭。崇禎二年十二月，大清兵薄良鄉城，上達率諸生與知縣三原黨還醇、訓導李廷表等，同督士民乘城拒守。救兵不至，力屈城破并死焉。上達闔門殉難，死尤烈。諸生梅友松等十五人亦從死。事聞，還醇賜祭葬，贈蔭建祠。上達等亦贈恤，給驛歸其喪。已而吏科上言：「還醇城亡與亡，猶曰有守土之責也。上達等微員末秩，亦能致命遂志，有死無隕，宜破格褒崇，以爲世勸。朝廷必不惜今日之虛名，作將來之忠義，仍僅贈國學教職，于聖主優恤之典謂何？」帝感其言，下部更議，乃贈上達廷表五經博士，配祀還醇祠。劉忠介宗周時爲順天府尹，極稱安教諭得死難之正，復上言請贈上達翰苑宮坊，不報。事在《明史·忠義·黨還醇傳》。鄉里以其死事亦稱之曰「安良鄉」。《省志·鄉賢·忠義》皆失載。當天、崇之際，黔人殉封疆先良鄉者：遵義袁見龍，同時者銅仁楊熑、遵義周鎮。明亡，依桂藩偏隅與天兵抗者，猶有黎平鍾肇元，思南鄒國棟，貴陽吴中蓋，清平司顯枝。見龍，附見《袁蕙芳傳》。鎮，附見《女士傳》。熑，知灤州，崇禎二年大清兵破灤州，自刎死，贈光禄少卿，任一子。《史》亦附見《還醇傳》。肇元，選貢，知溆浦縣，升知沅州。大清兵入沅，被執不屈死。國棟，明末貢生，初知河陽縣。桂王召授中書舍人。大清兵入粵，死之。中蓋，烈愍子麒少子，亦大清兵入粵，以兵勤王死。詳其兄《中蓄傳》。顯枝，字玉達，官清平衛指揮。順治十五年，大清兵定西南，被執。經略洪承疇慰而釋之，令復舊職。慷慨太息曰：「天命有歸，國恩思報。」至家縊而死。後良鄉以教職死寇難殉國者：貴州衛王紱、天柱龔國瑄、綏陽何忠、興隆衛狄琨、盧聲先。紱，以貢，崇禎十四年官湖廣邵陽教諭。十六年流賊張獻忠遣其黨陷城，紱與寶慶知府李振珽、邵陽知縣何三傑皆不屈死。當寇黨猝至時，官吏多倉皇逃避，學署舊在東郊，或勸紱逃。紱曰：「我輩讀書學道數十年，今日正見危授命時也。」邵人祠之曰「三忠」。國瑄亦以貢，官茶陵州訓導，正己率士。崇禎末，流賊破城，正衣冠自縊於學宮。子宏盛同殉。忠，以貢官成都府教授。十七年獻忠陷蜀，夫婦對縊於署。聲先，天啓時歲貢，任桂陽州學正。山寇郝賊逼城，謂家人曰：「玆城不堅，人心涣散，必不能全，我職分當死。汝等可暫避之。」皆泣去。獨女金姑，年十五不肯行。城陷，聲先衣冠坐明倫堂，駡賊死。金姑亦投井死。琨，字瑞石，天啓四年貢生，任平溪衛教授，升知四川中江縣，未往；聞甲申之變，北向痛哭絶粒死。大清乾隆中，良鄉、紱、國瑄、宏盛并賜祀忠義祠。廉謚烈愍。國棟、肇元、中藎、顯枝、忠、聲先、琨，《省志》皆失載，故謚祠弗及。良鄉頗講學，能文章，惜著述無傳者。

守城口號

守城先守心，心定即堅城。此心無去就，此心無辱榮。此心無勝負，此心無死生。屹立天地間，萬古誰能傾。

烈愍朱太常萬年二首

萬年，字鶴南，黎平人，蓋宋朱子之裔。明初，福自南康徙廬之無爲州從太祖，以功授百户，世襲。洪武十二年從征黎平，遂留五開，爲衛百户。鶴南，福十世孫也。舉萬曆三十七年鄉試，知山東定陶縣，行取授中城兵馬司指揮，遷户部河南司主事，晉員外郎郎中，出爲山東萊州知府。平生慷慨持大節，見國是日非，每酒酣耳熱，語僚佐曰：「生作奇男子，死爲烈丈夫。吾輩不當如是邪！」卒殉寇難。《明史》有傳，在《忠義》。鶴南之守萊也，以慈惠得民心。崇禎四年十二月，聞援凌將孔有德、李九成等叛於吴橋，連陷郡邑，即召同城官師士民條約二十四事。城中戰守具倉卒悉辦，壁壘一新。附：是月十三日，《鶴南示城守約》：一、議收斂。凡官吏師生人等，有願入城守者，聽；在城婦女，一人不許出城，違者重治。

一、凡縉紳百姓有糧草在外者，許速搬運入城，以備自用。凡城內一粒一草不許移出以資敵人。

一、十字路口即立栅欄一座，責令附近民輪流看守。至定更後即行封鎖，非奉令箭不許擅開，五更後聽炮啓鎖。失誤者重治。

一、有疾病、生産緊急事情，許執燈往來，以便認識，訊問的實，方許放行。仍不許夜聚飲賭，以生事端。違者以軍法從事。

一、十家爲一牌，鄉地挨户清查。知一户男婦共幾名〔五〕，口某人，年若干歲，某處人，係何生理，或男若干歲，何生理，或弟若干歲，何生理，不許隱漏一人。遇有外來寄居已久者，一例入册。新來者，取具保結才容入内。若無保結，即令移居出城，以杜不虞。牌内有素行不端踪迹詭異者，即公同舉首，如有容隱，事發十家同坐。

一、每牌備麻搭五把，火鈎五杆，以防火災。仍於各家門首設水缸一個，若遇有火，止許本牌十家互相撲滅，不許別牌來援，以防奸宄竊取財物。其左右兩牌人等，各持猛棍站立門首，若有忙亂招呼鼓衆者，以奸細論。

一、牌册已定，即查册内每户，取壯丁一名，編派城頭以充垛夫。

一、萊城周圍三里十八步城垛，共一千七百七十八個，并大樓、角樓馬面量安紅夷大炮一尊，用四輪車駕之，以便轉移那動，且防退崩傷人之患。

一、守垛之夫，各執猛棍一根，高出人頭，粗如鵝卵，每十斤爲度，務以堅實之木爲之。

一、每垛置箭簾一挂，既可避矢，亦可蔽人眼目。我更可以陰施炮矢。

一、每隔一垛，用磚石壘之，高厚皆與垛齊，上堆擂石以禦敵人。

一、五垛置一小燈，十垛置一大燈，用長杆引索挑出城外；燈下以石墜之，燈上另有燈蓋，以免摇動濕滅之患。或用鐵籠，即然乾柴，以省油燭，更便也。

一、每垛派守夫五人，至夜每人守一更爲度，令箭不時巡查，晝則止用一人，其四人下城各作生理，有驚鳴金〔六〕，務必各守其地。違者以軍法從事。

一、城垛夫并守栅欄，人夫俱備，梆鈴有驚〔七〕，不許喧嘩，違者以奸細論。

一、敵人攻城多用雲梯，以矢石禦之，多不得近，至城下或已豎起，即用鈎鈎住，提上城頭，或用撞杆撞之，可應手而碎，或鈎住梯左，或叉住梯右，順城一推，無不斜倒零碎者。

一、萊營防汛，三山女姑海口者俱撤回，派守城頭，萊、膠、靈、鼇、雄五衛所，春班邊軍俱題留在城，一同護守。

一、大樓、角樓下各屯軍五百，晝則升旗，夜則挂燈，有驚以此爲號〔八〕，一處有事，只令左右屯兵救援，其他不許亂動，以防指東擊西之虞。

一、守城人衆錢糧易盡，倉穀支發，勢必不足，擇日齊集城隍廟，各出義助銀兩，數目登記各人名下，銀數少，并粟少者，公議另加。

一、守城人衆，公議餉兵，其少有力者，兩家輪流，不得慳吝推諉，以取罪戾。

一、四門四角重地，專任有司武職協同，以在城鄉紳謀畫指揮，悉聽約束。　一、敵在近郊，貧民勢必乏食，擇日約衆鄉紳并富民，公議某家糶若干石，并議定價值，不使抑勒，以致不堪。　一、賣官柴，查官房棚敞倒塌無用者，悉令折毀，劈柴出賣，每斤定價銀二分。　一、四大樓前各壘墻一堵，以護樓門。　樓中坐臥可恃無恐。　一、城下四門外各壘大墻，以護城門。　周圍亦壘矮墻，以護避難諸人。　一、南北二門各執千斤鐵葉牐一具，上用大繩引繫滑車，以便啓閉提掇。十八日賊抵萊，見有備，引去。賊前赴援經萊，鶴南厚犒之。逮叛歸經過，秋毫無所犯，以報太守前犒爲言，實見防守嚴，不敢動耳。而山東巡撫余大成聞變，託疾不能出，遣將禦之，又皆敗走，遂定撫議，而薦有德等之登萊。巡撫孫元化亦同其議上，本兵熊明遇主之。賊所過無敢加一矢。及登州陷，大成遂以兵駐萊，唯日誦經。鶴南屢謁問攻守計，默不應。五年正月，部郎張炘自京師至，鶴南因之請大成許委武德兵備道徐從治監軍。從治知兵，鶴南曰：「吾萊生矣。」發參將余五化通賊奸，以計弭客兵爲亂者。再嚴士民逃城之禁，雖貴要寓居，一齊以法，無得擅出，于是危城中人人有固志。自正月初七日，士庶多易服逃城者，趨南城不絶。鶴南以法斥者三，乃驚散。十三日分守南門，爲木橛以絆馬，復示於衆曰：「共此城，即共此城安危，無論權豪貴要，敢有先去以爲民望者，本府決不與之俱生。」闔郡凛然，而逃者猶不能盡止。時御史黄縣范復粹自江西巡按憂歸，聞登州陷，携家居萊城，至是聞黄陷，復欲西去，乞巡撫令箭，將發城南門以行。鶴南適分守南門，争於巡撫曰：「縉紳，民之表率，不可令去，以爲民望。」巡撫以客居爲復粹解。鶴南脱冠擲地曰：「老大人只管得卑府官箴，難管卑府封疆，今日之事，一身任之，請勿爲越位之謀。」語畢，率生員二十人各操猛棍，諭曰：「敢有出此門者，打殺勿論！」比復粹率三十人，擁男女轎二至門，諸生碎其轎，男女血流被面，蹌踉還。北海張炘方佐浙江藩幕，携家至萊，將之任。鶴南復示城中曰：「連日東信緊急，百姓各欲逃遁。今張官聞信，星夜至萊，共守封疆，論身家性命，張官與爾等自有輕重，乃舍身倡義，以全城池。本府不勝仰重。」張遂不敢言出，逃民乃定。見東萊毛霦《平叛記》。朝廷聞登州陷，革大成、元化職，遂擢從治巡撫山東，詔駐青州，調度兵食。謝璉巡撫登萊，駐萊州。從治曰：「吾駐青不足鎮萊人心，駐萊足係全齊命。」乃與璉同受事於萊。萊州道以憂去〔九〕，鶴南遂署道事。内臣翟昇、徐得時先後以左右軍至總兵官。楊御蕃亦以兵入。二月賊至萊，連攻數日，鶴南協諸將士禦之。賊又縱兵掠村鎮。十九日昧爽，發卒搫賊，斬若干級，獲盔甲、槍刀、白鑼。賊百計來攻，互有死傷。城中人晝夜不得息，會神武營參將彭有謨以步卒二百人來援，有幹略，覺賊穴地爲數道，教鶴南多聚釜沸油，貯石灰伺灌之。賊死者數百。賊秘然紅衣炮碎敵樓之半〔一〇〕。鶴南適在樓，顧無恙，城人不爲動。賊坎西北隅，瘞火藥城，旦夕且破。鶴南與有謨計，從内爲重城，累木几、牀櫃，填以土，幔布畫灰若墼形，伏勁弩炮其上。甫畢事，夜，城崩丈餘，賊蜂擁入，詫曰：「奴乃有重城邪？」中箭炮死者無算。衆驚退。即繕完如故。又以計毁賊炮臺。時時出死士搫擊，多斬獲。而本兵明遇卒惑大成撫議，遣主事張國臣爲贊畫往撫。國臣先遣廢將金一鯨入賊營，國臣繼而入，爲賊移書，遣一鯨報城中毋出兵壞撫局。從治、鶴南等知其詐，叱退之。一鯨三入賊營，每入而賊攻益急，從治遣間使三上疏，言賊不可撫狀。於是廷議更設總督一人，任以兵部右侍郎。劉宇烈，調薊門、四川、密雲等兵，以右布政使楊作楫監之來援。宇烈率諸將次昌邑，惟鄧玘、劉國柱、王洪、劉澤清至，萊軍氣甚盛。而宇烈無籌略，諸師懦怯，抵沙河，日十輩往議撫，縱還所獲賊，陳文才賊盡得我虛實。日以撫愚我，而潛兵焚我輜重。宇烈懼，遂走青州，撤兵就食，玘等夜半拔營，賊乘之，皆敗。舉朝嘩然。而明遇見官兵不可用，撫議益堅。鶴南等堅守待救。萊素無海市，圍城中忽見之。四月十六日，從治遂中彈死。萊人大臨，守陴皆哭。鶴南恐人心懈，益制守禦具，日夜督士民巡衖栅，城中得安枕。先是，兵餉不繼，集郡士稱貸銀米，徵芻糧，以太守誠，皆踴躍，輸兩石束者各萬計。鶴南逐事持簿計，若靳惜，故圍半歲。度支得無歉，上下咸呼「掌家翁」。五月復議稱貸。萊人雖踴躍猶曩時，而力漸不支矣。賊盡掘城外墳，附城數十里殺戮幾盡。攻城益急。萊人莫不憤助。鶴南守益堅。而宇烈復疏，請撫賊。山東士官南京者，合疏劾宇烈，且請益兵，乃令總兵陳洪範統昌平兵往，亦受明遇意主撫。侍郎劉重慶、御史王萬象亦疏論宇烈飾詞罔上。六月城中食盡，和麩粃以餌；捍圉者又竭，至啖井泥，人胥瘻痺。鶴南巡行，撫摩慰籍，未嘗不强起讙呼。重慶、萬象復交疏，言萊守朱萬年守死不易，圍久食盡力竭狀，請調靳國臣關寧兵以解萊圍。報可。時宇烈復次昌邑，洪範等至萊。推官屈宜陽請入賊營講撫。賊佯禮之，宜陽使使言賊已受命。宇烈奏得請。七月朔，乃手書諭賊，令解圍。賊邀宇烈。宇烈懼，不往。營將嚴正中舁龍亭及河，賊擁之去，而令宜陽還萊，言文武官出城開讀，圍即解。御蕃不可。璉曰：「圍且六月，既無可奈何，宜且從之。」六日，遂偕鶴南及監視中官升得時出。有德等叩頭涕泣，僞爲悔罪狀。璉誤信，慰諭久之而還。在籍左副都御史賈毓祥極言不可再往，璉目以迂。明日復令宜陽入，請璉、鶴南等。鶴南曰：「叛兵殘郡邑，殺命吏，自知不赦，必無降理，且未經大創，其志驕甚，再往徒損國威耳。」賊又以必得朱公要我爲辭，璉强以行。鶴南嘆曰：「知府食禄爲王臣，此身固不敢惜也。」璉又拉御蕃曰：「我將家子，知殺賊，何知撫事？」鶴南等偕璉出，有德并執之。猝攻城，鶴南紿之曰：「徒執我無益，速以精鋭從我，呼守門者出降。」賊果以精騎五百擁至城下，鶴南大呼曰：「我被賊欺，誓必死。彼精騎盡在此，可發炮急擊之，無顧我！」御蕃猶不忍，鶴南復頓足大呼，賊怒，亂剚刃，鶴南大罵不絶而死。城上見鶴南死，始發炮，賊精兵死過半。事聞，逮宇烈、大成下獄，罷明遇，棄元化市。萊人拘屈宜陽，餓死之。八月代從治者朱大典乃督關寧兵解萊城圍。而璉及二中官皆爲九成所害。明年六月，贈鶴南太常少卿，賜葬，蔭一子位元入監。命有司建祠。乾隆四十一年賜謚烈愍。附東萊張霖公《雜記》云：朱公在圍城中，穿緞圓領汗背，成黑色，右袖因書寫撫物，遂短一塊，帽紗與竹胎離而不合。日夜勞苦，面乾黑，髮鬚焦短。一日在街心分派事務，有王生前致詞曰：「宗師面目恐將致病。」公曰：「吾若自愛，汝輩死矣。」流淚上轎而去。又云公出，楊鎮阻之。公曰：「有濟足解倒懸之厄，無濟則棄我一人，而將軍可以完萊事。」臨發有張生口咬公衣而諫，公疾走，扯落其齒，不顧而去。國朝膠州張謙宜《朱太常死難狀略》：孔有德反，圍萊云云。萊州守朱公在南關被害於街西，今立祠處也。事平，乃晉公秩，建祠，春秋祭。門樹卓楔，刻聖旨「贈太常寺少卿，東萊太守朱公萬年殉難處」。康熙九年，予拜祠下，仰瞻遺像，身不逾中人，色黔微髭，顴骨高而頦削，可四十許，冠服儼然。一老生司香言：「公初歿，停屍小屋中。守視者，公之故吏，通畫，意私貌，而藏之。故塑工能不失真。老生在城頭日侍公，知之親切者。」言及泣下，曰：「真父母也。」後來知府柴望倡義捐修廟，加閎麗而像設如舊。郡人以七月七日爲神忌辰，歌舞牲醴倍官祭，士女拜祈者日萬計，至今七十八年矣。己丑八月晦，公之鄉人劉縣尹鉽待次京邸，同寓太史志尹家，向予詢公軼事。始知公爲貴州之黎平府人，幼穎異。鄉先生龍起雷侯其過門，挽袖問姓名，戲之曰：「朱萬年，年災月厄。」公掣袖，嬉走答曰：「龍起雷，雷打火燒。」似有定識。龍翁嘆曰：「此子功名在我上，惜不令終耳！」公之子名位元，孫四，曾孫七，皆以儒術世其家。方公遇難時，家累未從，故子孫不知東萊在何處，因書所聞以慰孝思。其年月始未，詳前刑部尚書張炘《圍城日記》同事各官載盧宜《表忠録》。　烈愍曾孫毓英《萊州省祠記》：　敕贈太常卿曾祖鶴南公拜萊守，會孔有德叛，圍萊，先太常悉力捍禦，得不陷。然守已八閲月，城中饑甚，賊亦稍疲，乞撫。要之出，左右虞其詐，先太常曰：「吾開城諭之，果退則便，我芻糗，活此一城民。」毅然金帶緋衣出。賊索餉四萬，遂大罵死。越月餘，萊圍解，覓先太常尸，痛不全。先伯祖位元年尚幼，斂其餘歸葬黎平，與元配曾祖母陳淑人合冢。後天下鼎沸，道路多梗，先大人每課業暇，言及殉難事，輒潸然泣下，曰：「士君子成仁取義，垂名青史，固屬快事。不獲全尸歸葬，爲子孫者固覺抱憾！」繼以英復不肖，不能表揚先德，常念先大人口屬諄諄，頃刻不忘。己丑歲，膠州張稚松先生寄《表忠録》，謂萊郡後有得先太常骨者，展視之，心益切。丙午仲春，迻迤水陸六千餘里，孟秋六日抵萊郡，泣拜祠下。明日即先太常忌辰，郡人畢集，歌舞牲醴，老幼羅拜不絶。詢其軼事，則娓娓稱述不置，且有言及涕下者。英以未盡收遺骨請，咸云：「先太常歸葬後，更獲一臂，業塑入像中。」嗚呼！斯亦慘之極矣！念先太常忠孝節義，澤被生民，捐軀死難，尸骸兩地，即欲收之以歸，父老力言再三，謂「朱太守生死爲我萊人，祇禱必應，願勿輕動，況已入像九十餘年，望之儼然，忍毁而取之耶？萊亦如公親子孫，其遺骨與在黔無以異也。」遂祇敬書額聯致祭以歸，其心終有不能釋然者。爰記之。　萊州□□□《朱太常祀事記》：　嗚呼！萊自明興沐浴休洽，士民安居樂業，不知有兵革者二百七十餘年矣。辛未吴橋兵變，掠而東。公適爲萊州守，遂修戰守之備，計儲峙，調軍兵，夙夜無暇。壬申被圍八閲月，城垂破者數次。公同楊、彭等禦之，卒以完。後議撫不果，死之，是歲七月七日也。甫逾月而圍解，惜乎！萊城户口數十萬，致公鬚眉幾枯，心血幾竭，而卒賴其力以全活，而公不之見之。聞登郡失陷，主客居民凡數萬無孑遺，其屠戮剥炙之慘，不忍言聞，而萊之獲免者，誰耶？是安得而不爲之深泣也。嗟乎！天殆預計我萊城之變而賜之公也耶！由今以思，疇非公之力者？當兵之西也，公備牛酒犒賞，民免騷動；及至吴橋東，旋攻陷七邑，變起倉卒，戰守未具，自非先行款諭緩日時，得以修備，而萊烏可守？迨其圍也，日夜以攻之者無遺力焉。自非公隨機應變，謀同而斷獨，不避勞不辭怨，誠以格天，信以孚人也，而萊烏可守？斯時在圍城將士，楊沂人、彭楚人、張趙人，各統勁兵不相下，自非公居中協和，俾克同舟共濟，無二心焉，萊烏可守？抑先後來援兵凡數萬，統集昌、濰之間，不敢渡河者累月，及公遇難，天子震怒，改命督師關寧兵至，圍乃解。自非公以死上格九重，下厲諸將，則兵之逍遥河上，將不日不月矣，而萊烏可守？是公之生爲萊也，死爲萊也，則公之有功德於萊，真可俎豆千秋也。　壬申距今廿餘歲。其間之荒蕪者日以墾，焚毁者日以葺，壯者日以老，少者日以壯，生子育孫，室家完聚，時經革化，僻處海隅，猶然一樂土焉。然我公之功德，或未盡知而盡憶之也。先是，朝廷嘉公烈，賜璽書，立廟坊於死難處，春秋致祭，迄今鄉人於七月七日不過遵循故事焉，是可嘆也。夫世之人不應祀而祀之者多矣！揣其意不過祈福焉耳。於大有福澤於我者，不克思所以報之，而乃他爲干求冀受多祜。噫！何其愚也！愚時過公祠，揖公像，嘆公之大有造於我萊人，而無以報也。爰合同郡於公之殉難日，修祀事，一牲一醴，率其群子弟歌咏瞻仰，拜其像而告之曰：凡我萊人，不致靡有孑遺而休養生息獲安全之樂以至今日者，皆公之力也。則斯舉也，烏可已！諸天下事，特患無倡之者爾；有倡之者，焉豈必無和之者乎？是爲記。順治庚寅仲秋七日。按：萊州至康熙壬戌復新朱太常祠，至辛丑復修祠，又以官田五十畝供祀守。張含輝、陳留武先後記之。萊州黄鴻中《朱太常家廟文》：吾萊守黎平朱公之殉寇難也，載於史，列於志，而詳見於《表忠》、《平叛》諸記録，迄今且百年矣。萊之官秩而祀之，春秋匪懈，伏臘村翁走其祠而薦盎豆者，趾相錯也。七屬士子以試事至郡者，輒肅衣冠謁公像，欷歔流涕，想見其爲人。嗚呼！忠節之感人如是耶！當賊犯萊城時，百道進攻，公固守八月，被誘不屈，城卒以全。説者或比之張睢陽，然羅雀掘鼠，誓厲鬼於江淮之蔽，斷吭決脰，保生靈於蹂躪之餘，其於節則均哉。公獨於萊有全城功，宜吾萊之俎豆而不忘也。乙巳春，鴻視學湖南，晤公裔孫毓英於靖州，讀公傳，道公殉難事甚悉，乃吾鄉張進士稚松所撰述者。詢其家廟，則毁於兵燹久矣。將聚於族而創焉，并以碑請。嗟夫，忠節之在人也，不金石而固，不土木而存，不史策而榮，不祠宇而永，磅礴於日星河岳之表，而感泣於匹夫匹婦之心，正氣之不泯，固不在乎祠不祠也。然而平原罵賊，河北泣其壯烈；文山殉宋，湘南猶爲尸祀。以今類古，無往不然。吾萊人之於公，百年而後，迹往風微，猶肖像拜舞之不遑，而况於其子孫乎？抑君子之祠其先也，將以示孝焉。祖有功，宗有德，不可殁也。作而述之，以示後之人，象賢敬承，於是乎在。至於孤忠大節，炳彪天壤，則其垂模也彌大，而其風厲也愈遠。由是言之，則朱氏之聿修家廟，而碑以示後也，尤有出於《表忠》、《平叛》諸記録外者。不然，《明史》具在，《郡志》如故，忠節之感，所在皆是也。獨吾萊也乎哉！高密李師中《祭朱太常墓》詩：余萊屬人也，髫年郡試，過前太守朱公殉難處，拜於祠下，郡父老言公事，猶有泣下者。今以校士至公里，謹修薄奠以伸寸誠，更賛七言，用當祭誄：海上危城舊不支，聞公遺事動人思。張睢陽絶援兵日，顔杲卿當罵賊時。骨冷秋風萊子國，魂歸夜月竹王祠。衣冠未遠青山在，澗水溪毛一薦之。曲阜桂馥《書朱萬年守城事》云：萊州城頭多石礮，土人云，明季朱太守所置也。按毛霦《平叛記》：崇禎五年，李九成、孔有德擁雲梯轒車攻城，知府朱萬年用炮箭木石射打，而不言石礮所施。考《魏略》：魏使郝昭築陳倉城，諸葛亮攻昭，起雲梯衝車臨城。昭以火箭射其雲梯，又以繩連石礮，壓其衝車。然則朱公用古法，毛《記》失載耳。乾隆六十年乙卯，余重至萊州，石礮已移他處矣。《黎五志》：朱萬年及從弟萬化，幼同就傅，兄被責，弟泣請代。弟受責，兄亦然。日常飧，必同坐乃食。萬年、萬曆己酉舉人。任定陶令、萊州守，俸餘悉散之族人。每語家人曰：「居家以和睦節儉爲先，吾以身許國，四方多故，不知死所，吾子孫能和睦節儉，吾無憂矣。」後果殉節。萬化，崇禎癸酉舉人。黎平守靖州牧旌其門曰「孝義」。

龍里所弔吴井二忠

國初平五開，夷黠不易撫。設衛羅府兵，衆置千百户。自從經制定，群蠻各安宇。逆寬胡梗化，恃隔裏外古。自以妖術神，公然犯疆圉。唯時龍標山，殺氣逼城堵。烈烈吴與井，倉卒厲枹鼓。開門奮攻擊，一劍當百弩。斬其十餘人，賊氣亦稍阻。惜哉寡不敵，憤血灑原土。我師一以集，神術亦膏斧。只令二忠名，英英照王浦。

《明史·本紀》：洪武三十年三月庚辰，古州蠻叛，龍里千户吴得、鎮撫井孚戰死。五月乙卯，楚王楨、湘王柏帥師討古州蠻。三十一年二月辛丑，古州蠻平。又《忠義·牟魯傳》：吴得，全椒人，龍里守禦所千户。洪武三十年古州上婆洞蠻林寬作亂，得與鎮撫井孚守城。賊燒門急攻，二人開門奮擊，得中毒弩死，孚戰死。贈得指揮僉事，孚正千户，子孫世襲。《五開志》：寬以妖術叛。按：五開衛，洪武十八年平五開蠻，置於五腦砦，即今黎平府城。十九年設城内五所，復於險要置龍里、新化等十所二屯。龍里所治在今龍里司，字一作「隆」，在府北六十里，有龍標山，即唐龍標縣地也。古州，宋舊名。《宋史·地理志》：崇寧四年三月，王江古州蠻户納土於王口砦，建懷遠軍，尋改軍爲平州。又於安口隘置允州。又於中古州置格州及樂古縣。五年改格州爲從州。政和元年廢平州，依舊爲王口砦。又廢從州爲樂古砦，并隸允州。又廢允州，權留平州。紹興四年廢平州，仍爲王口砦。十四年復以王口砦爲懷遠縣。《通鑑輯覽》注：允州、從州，故城并在今永從縣境。而古州廳所管砦，以口砦爲大，即與王砦相接。是宋王口砦當在廳境。府屬諸土司，又有古州司，在龍里之西、廳之東。然則宋古州蠻地，據今府境之大半矣。明時僅有古州司，而廳地尚在化外。謂司爲外古州，謂今廳爲裏古州。今古州司管砦無上婆名，而龍里司管，在司北三十里之砦，有婆洞；中林司管砦，有下婆，即在婆洞北，蓋後割隸也。王江即今古州江廳境。溶江、車江至廳治西南，與獨山都江會，即謂之古州江。詩王浦，蓋即用王江。江去龍里殊遠，因便耳。

與友人論皮林事兼悼閔千户 有序

永從縣皮林蠻，當播逆發難時，糾諸苗反，佐逆攻陷縣城，焚五開衛。播滅，沅撫江公鐸會師，命總兵陳公璘等七道進討，平之，時萬曆辛丑三月也。方皮賊初起，新化守禦所千户閔公宗騫字繩武者，奉檄以屯兵三百進討。孤軍深入，直搗賊巢，殺傷過當，賊悉衆圍之。糧盡援絶，力戰死。賊四裂其尸，三百人唯郝姓一人走免。先是公整隊出門時，所乘馬仰首長鳴，反走不前者三。公厲策之曰：「爾知此行凶耶？丈夫得死疆場亦幸矣。」既遇害，馬縱横蹄嚙，賊莫敢近。破圍，疾奔至家。公妻薛見而號曰：「馬獨歸，夫子死矣！」夜，馬亦悲鳴不食死。璘等尋奏功，亦公先剉其鋭，故易爲力，而公死事狀，猶未上聞也。

播酋數十世，其地千餘里。一朝萌逆節，誅滅因之始。蠢爾皮林蠻，怒蛙居井底。爾之所據險，與衆復有幾？持而與播較，未及身一指。助逆已無功，而尚不自揣。居然破城邑，浪欲謀不軌。懸知一旅來，定作刀下鬼。銅關鐵爲砦，一笑豈能恃？獨傷千户公，全軍没於此。鬼馬獨歸來，悲鳴亦同死。旌忠猶有待，誰聒當路耳。

按：今永從縣南三十里有皮林山。近山有上皮林、下皮林兩寨。五開衛今爲開泰縣，與黎平府同城。新化所亦五開屬，守禦十所之一，在府東北五十里。新化司諸所地，今皆隸縣，諸司則隸府。銅關鐵寨山，又曰甘坤，在府西南六十里，亦征皮林之險路。指揮李楷與游擊沈宏猷破之。《明統志》：「銅關鐵寨山，在潭溪長官司西南，上平廣，可容千人，三面據險，唯南可登。」是也。《明史·土官傳》載，賊起時，殺百户黄鐘等百餘人。《五開志》載，是役死事，尚有五開衛指揮僉事劉繼光、衛右所百户唐世臣。《省志》并宗騫失之。

節愍何夔州承光 一首〔一一〕

承光，字□□，鎮遠府人，萬曆四十年舉於鄉。崇禎中歷夔州同知。七年二月，流賊渡漢，由荆州入夔門，犯夔州。副使周仕登在涪州，城中倉猝無備，通判、推官、知縣悉遁。承光攝府事，率吏民固守，力竭城陷，整冠帶危坐。其妻趙謂之曰：「男忠女烈，理也。」先自刎。賊遂入，殺承光，投尸于江。事聞，贈夔州知府。《明史》有傳，在《忠義》。本朝乾隆中，賜謚節愍。節愍之後，黔人以守土殉寇難者，黎平董三謨、袁世琦，新添邱懋素、懋樸，貴州衛劉英，貴陽程春化，定番劉一麟，龍泉歐陽昌東，昌東，《省志》及《殉節録》并作東昌，考《石阡志》，載其兄亦歲貢，名華東。其族又有瑩東，則作昌東爲是。《志》又引舊册，謂華東官墊江知縣，死難。昌東官叙州訓導，與《省志》、《殉節録》乖異，不可從。思南鄭安民，平溪單之賓，平壩何國瑾，鎮遠劉湛。其三藩時殉者，安順梅運昌，平壩孫開先、李蔚、劉澤遠、張守位、楊德昌、劉燿煶，石阡冷陽春，普安白必勝，平越劉之蘭，黎平楊永泰。三謨，天啓四年舉人，知山陽縣。崇禎七年諸賊盡趨秦中，山陽陷，三謨及父嗣成、弟三元俱死之。妻李亦携子女偕死。贈光禄丞，立祠，與嗣成、三元并祀。妻女建坊旌表。蔭幼子廷獻入監。《史》附見《龐瑜傳》。《黎五志》則云蔭廷獻户部主事。世琦，崇禎六年舉人，授山西平陽推官，遷知北直涿州，在京未上。流賊至，殉難。懋樸、懋素自有傳。英以歲貢，崇禎十三年知遂平縣。十五年李自成再陷河南州縣，英誓衆死守，城破被執，罵賊死。《史》附《許永禧傳》。一麟，崇禎十五年知邛州，尋禦流賊死之。惟一孫。其女嫁戢氏者爲之授室孫又死，女選劉宗子爲嗣，授田宅焉。人稱之劉孝女。國瑾，天啓七年舉人，知安岳縣，亦調守重慶，禦獻賊死。賊以崇禎十七年六月圍重慶，二十日夜穴地陷城，自瑞王常浩、巡撫陳士奇及副使守令外，州縣官之聚保重慶者，凡二十八人皆被執，罵賊不屈。時忽雷雨晦冥，咫尺不見。獻賊詬天，叢大炮仰擊，俄而霽，遂肆戮諸人。昌東、瑾，蓋即在二十八人中，而《史》失之也。安民，字敬修，以選貢歷蜀府左長史。其先自浙遷思南，故《史》云浙江人。是年八月，獻賊寇成都，與副使張繼孟等佐巡撫盧文光守，安民分守南城。城陷，獻賊僭帝號，欲用諸人備百官，皆不爲屈。蜀王赴水死，安民走王府大慟曰：「今日忍令我王獨死乎！」亦躍入水，抱王尸死。《史》附《張繼孟傳》。有《別傳》，見潘驤詩後。之賓，以選貢爲中江教諭。《省志》云：「劍州學正，攝劍州事。」獻賊破城，整冠帶，罵賊以死。贈國子學録。《史》附《王勵精傳》。春化，有孝友稱，以貢生知仁壽縣。崇禎十六年流賊陷城，整衣冠，向闕拜，自經死。其父聖訓，字心魯，先以歲貢知巴縣。賊破城，抱印投水，流三十里不死。歷遵義知府，有仁聲，卒官，貧不能斂。仁壽十三、十七兩年，皆陷於賊，知縣劉三策、顧繩貽先後殉，時與春化稱「仁壽三烈」。春化妻竇，未之任，撫子桂奇、桂蕃。奇死，又率奇婦撫孫珣，并有節行。湛，以貢，明末知湖廣寧鄉縣。流寇至，土寇應之。出請兵，爲所殺。運昌，崇禎己卯拔貢，十七年知四川江津縣。獻賊陷城殉死。運昌妻李撫子建，有節行。事詳《建傳》。開先，以貢歲丙戌知梁山縣。時姚、黄十三家賊縱横川東南，明年五月，城陷，被執死。蔚，亦以貢，丙戌歲知資陽縣，甫莅任，即爲姚、黄賊執，不屈死。澤遠，中江知縣。守位，雲南教諭。德昌，宜賓縣丞。并自歲貢爲桂王授官，皆禦賊，殉城死。陽春，崇禎十二年舉人。桂王稱號，官晉寧知州。歲丁亥，聞流賊孫可望、李定國等入雲南，率州舉人段伯美、諸生余繼善、耿希哲等守城。定國衆奄至，拒戰死；伯美等亦同殉。必勝，爲桂王霑益知州。丁亥流賊屠城殉難。州人葬之龍華寺後。之蘭，崇禎十五年舉人。至是爲桂王臨安通判。賊至，被執，脅受僞官，罵不屈，闔室被害。永泰，亦十五年舉人，赴試時客責逆旅。主人債急，將以女償。夜，母子哭別甚哀。永泰解囊資之，女得不行。遂獲儁，知湖廣耒陽縣，永明時歷四川重慶、廣西平樂知府，晉平樂道，監兩廣軍。紅夷爲亂，單騎往招之，遇害。土人葬祀之。祠墓在廣東龍門鎮。

自崇禎初流賊起陝西，轉寇山西、畿輔、河南北及湖廣、四川，陷州縣以數十計，未有破大郡者。至承光死夔州，天下震動。十年而明遂亡矣。而黔邦人士有守土責者，殉城殉邑，史不絶書。至大命已移，奉其遺蘗爲之死守，猶有陽春、之蘭諸人，亦可謂忠義之邦也已。乾隆中，賜謚殉節諸人：英、之賓、陽春、之蘭，得烈愍。三謨、昌東、春化、安民，亦得節愍。嗣成、三元，同祀忠義祠。世琦、國瑾、運昌等十二人，《省志》不爲立傳，故謚祠不及。《過庭碎録》：「貴州萬曆壬子鄉科，多忠義之士。其以死事見於史者，何公承光、盧公安世、譚公先哲、吴公子麒、胡公縝五人。而邱公禾嘉、徐公卿伯，皆有名於時。至思南田仰，官雖顯，頗多可議。而思南人祀之於鄉，乃與西麓、同野諸公并，亦太無黑白矣。此殆與貴陽人之祀越其杰，亦以其淮撫耶？」

張節婦詩

長吉當年賦玉樓，未亡人是杵嬰儔。但期易簀言無負，詎料丸熊志竟酬。枯樹猿啼山寂寂，長堤草碧水悠悠。千秋惟有豐碑在，莫恨流連古柏舟。

按：《鎮遠志》載此詩。而《烈女傳》載，惟崇禎八年舉人張繼遠，訃偕道卒，妻胡撫子奉舅姑一事，在節愍後。詩所咏，則《志》失之。

戴舉人崇召一首

崇召，一作宗召。字□□，平越人。父璇，以選貢官河南鄏州學正。崇召以鄏州官籍，舉河南。崇禎六年鄉試，適流賊破城，被執，罵賊死。事見舊《衛志》，而《省志》失載。史稱崇禎六年，群盜大亂河北，其冬乘冰渡河，始入河南。屢陷名城，殺將吏、鄉官，舉貢多被難。崇召之死，豈即在其時與？

葛鏡橋

峽江當去路，往往斷奔洪。削壁愁飛狖，淩虛度玉虹。卅年持一志，再挫竟成功。安得希賢者，專精似葛公。

附潁川張鶴鳴《葛鏡橋記》：平越之東五里，有水瀎潏嶈嶈，深不可測。兩岸皆岝崿沓障，拔地插天。薄岸視之，澶湉[illegible]窟，若有異物盤焉。渡舟往往覆没。平越人葛鏡誓建橋。初建崩壞，再建費倍初建。建渾沸處又崩壞。鏡誓曰：「吾罄家資，必成此橋！」乃於岝崿沓障、拔地插天之處，募工鑿其麓，崆峣之石悉展爲平陸。東西岸合開約六丈[一二]，壘趾於淵爲蹲鴟、雁齒，屹然亘石虹於江上矣。予以萬曆四十三年乙卯四月過此，江尚舟渡。鏡祈檄運木者，予爲允行。四十六年戊午三月，予有事匀哈之役，鏡橋已成。四十八年庚申二月，予奉命督陝西三邊，移沅交代，鏡已物故。夫鏡一匹夫耳，非有陶朱、猗頓之富，建橋一念，之死不移。一建而壞，人情已厭之矣；再建再壞，三建卒成，計費不下五六千金，人情所更難者。聞鏡饒田，計歲米糊口外，悉用之橋，前後三十年，功始成。此其從容樂善，不吝不倦，豈世俗人所能企其萬一者！予嘉鏡之行，憐鏡之死，又喜其橋之成而死得救寧也，因名「葛鏡橋」，勒橋上[一三]。又爲《記》紀之碑，如左云。

【校勘記】

〔一〕赤水道中作：《續遵義府志》卷三十四《藝文·詩》題作「赤水道中」。

〔二〕盛明威德無前古：《續遵義府志》作「盛明盛德無前古」。按手稿本原作「盛明盛德」，莫氏後在該詩上方書眉空白處以朱筆改「盛德」之「盛」字爲「威」。

〔三〕層臺：《續遵義府志》作「層巒」。

〔四〕請徙治：顧祖禹《讀史方輿紀要》卷一百三十三作「請徙治于此」。

〔五〕知：光緒十八年《黎平府志》卷三十六作「如」。

〔六〕〔七〕〔八〕有驚：《黎平府志》作「有警」。

〔九〕萊州道以憂去：《黎平府志》作「萊州道宋獻以憂去」。

〔一〇〕賊秘然紅衣炮碎敵樓之半：《黎平府志》此句作：「前一日，賊置炮隧道中，城幾破」。

〔一一〕一首：原脱，今依例校補。

〔一二〕東西岸合開約六丈：《平越直隸州志·藝文·記》(卷三十六)作「東西岸合開五六丈」。

〔一三〕勒橋上：《平越直隸州志》作「勒石橋上」。

黔詩紀略卷之十四

明

謝君采三秀上 古今體詩一百十二首

三秀，字君采，一字元瑞。其先自南直揚州興化來，爲貴州前衛官，遂著衛籍。《省志》云貴陽人，蓋以衛人附府學。《明詩綜》云貴竹人，則當時貴州通稱也。《志》云：君采天才卓越，博覽群書，早有令譽。爲諸生時，巡撫郭子章、副使韓光曙皆深器之。晚以明經起家，三任教職。旋棄去，爲萬里游，歷覽山川，與東南大家建詞壇旗鼓，有「正始遺音，天末才子」之目。著《雪鴻堂》諸集行於世。其他行蹟皆不可得詳矣。貴州自成祖開省，迄於神宗，閱二百年，人才之興媲上國，而能專精風雅，雋永沖融，馳騁中原，卓然一隊，雖前之文恭，後之龍友、滋大，未有先於君采者也。《雪鴻集》千餘篇，屢訪不可得，僅得《遠條堂小集》。曩曾碎拾他見附之，山陰王介臣爲刊以傳。同治初元客皖口，乃得陳允衡伯璣《詩慰》所録七十四篇，因以《遠條小集》爲上卷，以《詩慰》增出合碎拾者爲下卷，于全集蓋略具十之二，亦足以傳君采矣。附京山李維楨本寧《雪鴻堂詩集原序》：古者太史陳詩以觀民風，世道汙隆從可考鏡。我國家不以詩取士，而成、弘以來，稱詩者與李唐初盛時相等埒，盛極而衰，萬曆末年，二三好事嗜晚唐宋元俚語，謂臭腐有神奇，淺衷弱植之徒喜其易就，靡然從之。萎稿不振，踳駁無倫，《洪範五行》言之不從，則有詩妖，有口舌之病，其謂是耶？方內果脊脊多事矣！文章關乎氣運，氣運密移，莫知其所以然。余讀謝君采詩，而幸詩道陵遲之日，得此治世遺音也。其詩獨境生情，緣情體物，本原漢魏六朝，軼大曆而上之，規制若胡寬之營新豐，色態若優孟之學叔敖，神情若錘鉤削鐻之進乎技，幾於化。其格整而不滯，其氣雄而不亢，其指深而不晦，其致清而不薄，其詞麗而不浮，詩家諸體無不精當，詩品諸妙無不備具。比日藝林豪舉之士，當避三舍；里巷歌謠誤後生者，讀之當咋舌自愧矣。李供奉不云乎：「大雅久不作，吾衰竟誰陳？」雅者，正也。周續之解曰：「物由我正，則謂之雅」。當吾衰年而見大雅，足以起敝維風，國家中興之象於焉可徵，豈不快哉！余所知東南大家郭相奎、湯義仍、王百穀、何無咎，及君采之鄉楊、王、邱諸君子，力振雅道，推詡特至，洵非溢美。君采俠骨文心，蚤有令譽，博極五車，周游萬里。晚以經術起家，三仕掌故，極山水之觀而擷其華，締金蘭之交而擷其勝，第不能揜阿諧俗曳王門裾，委而去之，如脱敝屣。立身本末如是，詩可以觀，故宜卓越乃爾！要以君采論君采，余則以君采占文運、國運耳。陳詩觀風自有任其責者。

王祚遠無近《遠條堂草題詞》：今海内嫛札染烟以詩賦自命者，無不人人合作，家家當行，而於黔率擯斥使不與盟會。夫才各有優有不優，情各有至有不至，國門之縣書具在，必有出隻眼者。余實黔人，無所辭於淺陋，然讀余友君采氏所爲《遠條堂稿》，若近若遠，若淺若深，若建萬石之鐘，撞之以莛；若舞長空之雪，御之以風，隱見出没，造微入化，即雜之北地、信陽、長沙、京口諸名集中，無以辨也。即雜之開元、天寶、大曆諸名家集中，亦無辨也。其爲黔人耶？其非黔人耶？抑以黔人之目視黔人之詩耶？余皆不敢知。而據其才情所擅，發越清迥，遂成全璧，欲句摘字比而不可得。即以前驅海内，夫誰曰不可？蓋老杜爲詩家不祧之祖，而其所亟賞者乃在清新。子山、小謝，振響元嘉，何足當唐人一盼？而太白爲之吐舌。試使人上下千古，寧復有置六朝在口者？故知君采之詩，不問其爲黔人可也。此編爲君采近作，而曩所爲詩若文尤富甚，業播之天下，若吳，若越，若楚，若閩，若嶺南，若江右，皆知黔有君采。而蒼麓馬先生，故詞壇牛耳，其分藩余省時，迭相唱也。是已有定評矣。則余之目，亦非黔人之目也。萬曆丙辰夏。

吴中蕃滋大《雪鴻堂詩選序》：有明成化而降，重熙累洽，聲教極於無外，士大夫家有其學，人自得師，齔齒未脱，已談聲律。滕頭酒次，屬對賦詩以相娛樂。故其於風雅之林，若農夫之辨菽麥高下早晚之宜，莫不曉然於心目。童而習之，長無越畔，孰使然也。君采先生起自南荒，力追大雅，爲諸生時，撫軍郭青螺、督學韓璧哉、大參謝太涵、太守徐公綰諸公，咸折節交之。晚以明經起家，三仕掌故，已乃棄去，遍游東南，與郭相奎、湯義仍、王百穀、何無咎建詞壇旗鼓。當時如李本寧先生已有治世遺音之目，而以大雅歸之，久而論定，陳少游輩尚推爲天末異士，揚厲之不少衰，亦足見先生之所存矣。詩不下千首，入陳伯璣選者七十四首，自謂可無增減，而余猶從無可增減中去一十八首，僅存五十六首，而先生之精采益見。其所以愛先生，亦如先生之所以自愛也已。先生之詩沖融淹潤，絶無鬼趣嚚習。蓋涵咏於三唐，蜂釀卵伏，神情氣味無不肖，得之揣摩爲最深，謂非童而習之，長無越畔，孰使然之效歟？苟無先生之學力與先生之交游，而欲道其隻字以取重於後世，豈可得哉？然其得力又不始於宦游。方其未釋青衿，所漸摩於韓、郭諸君子正自不少也。夫以開府之尊、邦伯之重，而俯接素士，列諸上賓，造廬請謁，相與游衍咏歌，講求聲氣，其好士虚懷亦何可及哉！益令人嘆盛世之休也。《黔風録》云：先生詩精警超詣，其全集千篇自必非苟然者，陳、吴所選，精益求精，今皆不可得見，不益深可惜邪？又云：遠條堂草凡百餘篇，得之杜藕莊所，皆卓然可傳。既具録之，益以不得見雪鴻全集爲恨。又念其精氣光怪，終不磨滅，必有寶藏之者，附記以俟〔一〕。友芝《雪鴻堂詩蒐逸序》：黔自明始有詩〔二〕，萌芽於宣、正，條衍於景、成以來，而桐豫於隆、萬。自武略而止庵，而用章、廷潤、竹泉、汝錫，而時中、西園，而唐山、子昇、宗魯、伯元，而道父、吉甫、徐川、元淑，百有餘年，榛莽遞開，略具涂軌。山甫、湜之、内江諸老，又一意儒術〔三〕。《學孔》一編，横厲獨闢，然亦餘事及之，寥焉寡和〔四〕。洎乎用霖《味澹》、卓凡《屢非》，炳麟鏗訇，道乃大啓。一時方麓、鄧州、泠然、瑞明、心易、循陔、美若、無近、少崔、小范，旗鼓響應，延、温、沅、潕間，幾於人握靈珠，家抱荆璧，而其咀嚼六代，步驟三唐，清雄宕逸，風格俊遠，尤以君采謝先生稱首。故吴滋大序其詩，謂「爾時士夫風雅之味，若農夫菽麥，高下蚤晚，童習長，孰以使之然。」特推美郭開府、韓督學諸公之折節誘掖，與夫湯義仍、王百穀、何無咎諸君子交游切磋，然亦豈非鄉里多賢，夙有以成之也？而其沖和之音，恬憺之味，蒼潤之色，初若易至，索而愈遥，則天工人事并有獨到不關師友者。故其時「公安」、「竟陵」，先後提唱，詩道荆棘，而先生崛起萬山中，擺脱習染，逌然高舉，非其中有得之深者而能然邪？桑梓同輩，科第仕績，皆有可稱，而先生并棄去校官，名乃在諸公上，豈苟然邪？友芝少讀竹垞《詩綜》，始知有《雪鴻堂集》；讀滋大文，又知有陳伯璣七十四首之選。而滋大復約爲五十六。惜諸本俱不可見。道光甲辰，遵義鄭子尹教諭乃於貴陽傅雨亭孝廉許，得先生《遠條堂稿》二卷，留余影山，蓋即傅竹莊大令據録入《黔風》之本。雖全集千餘篇僅當十一，而萬曆、己酉前後三數年作〔五〕，尚首尾粗具。因鈔先生詩他見者，除複重別附，通爲三卷，題曰《雪鴻堂詩蒐逸》。藏匣笥八年矣！今歲初夏，山陰王个峰上舍過余湘川講舍，論黔詩及此本，个峰資促上板，余以非完未遽應。个峰曰：「安知《雪鴻全集》不藉此引以出乎？其終不出，則是刻遂可已乎？」因序而授之〔六〕。昔《遠條堂稿》，以萬曆丙辰校刊於先生門人台郡高存恕子言、林承軒良軸。今重刊又得吾个峰。浙人好事，洵可尚也。咸豐元年六月〔七〕。鄭珍《書君采先生詩刻後》：山陰王个峰取莫郘亭鈔次謝君采先生詩三卷本刻成。二君皆余素友，把酒讀新刻，并以不盡得《雪鴻堂》之全爲恨。个峰謂是後力訪當必得。余曰：「固願，然大難。爲子孫者多不肯僅以文苑待祖父，即一二著述，隨亦朽散於腐鐀塵案間。間有傳刻獲見者，又無張飾鄉先生君子之風，未粗過一卷，首尾輒已漫毀而蔑置，不數十年，後生小子至且不識其姓名。此所以先輩詩之美如《雪鴻》，其至今不没於黔中者止此。而个峰亦得爲郭解奪人邑賢士大夫權也。然即《遠條》一集，增以郘亭所他哀，及今布千百本遍海内，猶使僅不没者得以永傳。二君功於君采多矣。余將老，倦游四方，《雪鴻》之全，恐無能爲役。顧念竹垞先生據録《詩綜》之本，百餘年來，其謄迻轉弆，必有一於浙東西舊藏家，於是求之，庶將有所遇。而个峰方食於客，又非能遽歸者也，則余益重寶此三卷矣。

寒夜飲楊願之太史石林精舍醉歌〇願之有詩見前。此下五十七首《遠條堂稿》之上卷。

闗西嫡裔楊夫子，片語千秋稱太史。爲園近在宅之隅，怪石林林白雲起。踞如虎兮伏如象，仙掌芙蓉不可狀。鬼斧何年劈洞開，峭壁嶙峋幾千丈。池曲雙雙下白鷗，寒漪不動鏡光浮。竹石逍遥袁粲宅，圖書容與米顛舟。有亭聊以寄寥廓，斜陽晚映青山郭。只知幽處生烟霞，不謂胸中具丘壑。江南携得圓吭禽，晏坐時聞九皋音。主人對之吹玉笙，恍疑明月繞山岑。憶昔垂髫與君友，君才長虹貫北斗。昨年我亦賦明光，悲歌對飲金臺酒。酒人之名不易得，意氣憑凌燕市北。英雄若不傾肺肝，筑傍睥睨無顔色。結夏相期入翠微，棕鞋桐帽紫烟衣。聽泉松下科頭坐，洗藥潭邊濯足歸。聽泉洗藥何蕭爽，住山且作西山長。秋風我忽問刀環，沙棠之舟木蘭槳。别後聞君謁帝閽，青藜閣裏拜新恩。侍從誰言官未達，歲星元自隱金門。讀禮西歸舊溪曲，繞屋龍湫漱寒玉。閉門剥啄無人聲，日炷名香理仙籙。一二三兄弟號博雅，相看總是素心者。人人手握靈蛇珠，詩篇擬結蘭亭社。君今留客醉深宵，洞口寒梅壓板橋。一枝兩枝凍欲雪，笑折瓊芳入酒瓢。飲君酒，爲君歌，與君更盡金叵羅。世上浮名且奈何。吁嗟乎！白日亦易馳，朱顔不常好，丈夫相逢那得復草草！

按：石林精舍當在會城南之南明河上。顧之子文驄《畫記》云：「吾家有明霞洞，日在几案間。」詩中言「劈洞開」，又云「洞口寒梅」，即謂明霞也。江陰陳鼎《滇黔紀游》云：「朝陽洞在會城銅鼓山傍、文筆峰側，幽深四十餘里，頗可遊覽。秉三日炬，則盡其勝矣。不知即明霞否？」

西屯玩氿珠泉因游白龍洞作

野老相逢一破顔，壺觴問水與看山。寒泉碧瀉鮫人淚，古洞青低玉女鬟。龍去定因行雨出，客來虚擬弄珠還。何緣劉阮天台路，却在城西十畝間。

按：龍洞在貴陽城西北十五里，巖石玲瓏，備極靈異。入數十丈，漸幽暗，非秉燭不得前。中有潭水，駕竹而渡，石笋數莖，叩之鏗然若鐘磬。珠泉在城西三十里，分六七道而出，纍纍如貫珠。并《省志》所載。玩詩，泉去洞當不遠，不知珠泉即氿珠否？《爾雅》「氿泉穴出」。穴出，仄出也。

夜宿西屯人家〔八〕○陳伯璣《詩慰》録。

西村襆被酒初香，寒逼莎雞漸入牀。深巷犬聲如豹吠，空田鶴影似人長。山樓笛起家家月，野浦砧殘夜夜霜。垂老生涯耕稼在，衡茅吾擬托柴桑。

越郡丞玉岑公江閣二首○玉岑未詳，當是漢房老輩。

占斷南明水一灣，飛樓縹緲隔塵寰。園同莊叟逍遥處，山在孫登嘯詠間。曲檻落花驚鶴定，空潭柔櫓妒鷗閑。招携總是漁樵侶，松火秋雲共掩關。

歸與昨日自長沙，暫向江皋覽物華。造竹衣裳霏緑雨，看山杖履踏青霞。窗臨錦浪桃花國，簾捲東風燕子家。更掉扁舟稱釣叟，筆牀茶竈是生涯。

大冏卿芳麓李公奉使過里招宴西園奉簡二首○芳麓自有詩，見前。

簡書萬里咏皇華，錦晝聊停四牡車。龍衮補時依日月，馬曹閑處帶烟霞。空亭隔竹聞啼鳥，細水通池看浣花。北斗闌干春甕緑，問奇今醉子雲家。○《詩慰》録第一首。

水色山光互吐吞，使君留客醉華軒。梅兼老鶴臨池瘦，鍾帶殘鴉報夜喧。酒貯宜城三百石，書窺函谷五千言。久知漢主虚前席，暫以逍遥寄漆園。

春病二首

忽忽春將老，輕寒透薄衣。閉門花落盡，止酒客來稀。竹杖供行藥，芒鞋負采薇。多情雙燕子，還傍舊巢飛。

伏枕喧啼鴂，山窗喜載陽。長貧逋藥債，久病禮醫王。廚宿煎茶火，爐添點易香。晚風吹不定，飛絮滿繩牀。

仲夏越漢房孝廉溪園對月○漢房有詩，見後。

積雨旦方霽，散策步郊郭。有亭臨澗阿，境寂意亦泊。微霞蒸遠岑，殘虹映長薄。延眺及城隅，縹緲見樓閣。芳榴坼絳房，修篁解新籜。魚泳萍葉開，鳥下藤花落。感此朱夏時，睠彼中林酌。涼月出深松，素暉流絶壑。形骸偶相忘，宫商復間作。伊予愧疏拙，微抱欣有托。

按：溪園臨澗阿，當與玉岑郡丞占斷南明之江閣吟眺，有高臺之南園相接。

端　居

盛夏鬱炎歊，城居宛坐甑。兼旬結陰霖，積潦没人脛，杖策何所之，出門苦泥濘。端居寡歡趣，蕭然室懸磬。乳雞啼未休，流螢飛不定。因憶陶家窗，空懷蔣生徑。何如塵外踪，松濤愜清聽。

夏日集薛文叔孝廉西嵓放舟川上作

茅堂朱夏枕潺湲，積雨空林深掩關。偶晴騎馬衝泥至，一尊坐對城西山。朝對城西山，暮泛城西水。西水沄沄竹箭流，西山矗矗芙蓉紫。錦纜隨風不用牽，濠濮之想何翛然？百尺綸竿嚴子瀨，一牀書畫米家船。酒杯入手浩歌發，頭不裹巾足不襪。浮雲散盡江天青，金波忽漾如珪月。汗漫疑乘貫斗槎，何須燒燭照江花。別有小航載簫鼓，夜深餘響落蒹葭。

按：《省志》鄉榜題名有薛紹魯、師魯兄弟，并萬曆二十八年舉。紹魯官至知府，師魯不言何官。後卷《送薛敬叔》詩云：「君家兄弟河東鳳，君獨先棲上苑枝。」則文叔當是師魯，而敬叔爲紹魯也。西巖，據詩當在貴陽城西。後有《夜集薛葵軒明府西巖》詩，即此西岿。葵軒，蓋彦卿，自有詩。

秋晴出郭與李屏孺蕭季律張調父游眺薄暮飲溪上僧庵二首〇三人并未詳。

行吟逢夕霽，踏葉過前潭。山近青連郭，雲歸碧滿庵。孤鐘留客聽，半偈與僧參。何處聞雞犬，人家住水南。

溪路晴猶滑，溪流清且深。水腥雙鷺下，樹暝一猿吟。問法非高足，論交是素心。秋原堪眺處，纖月在楓林。

越郡丞南園小集次韻

城南吟眺有高臺，轉壑穿林步步苔。滿徑新霜秋葉墮，一川寒雨暮鴻來。瓜廬擬共東陵卜，菊社應同栗里開。礧磈平生澆未盡，還從地主借餘杯。

寄金谿友人

別時猶記草如茵，玉馬峰前各愴神。南國一從青桂老，西江幾换白蘋新。擬攀璚樹思公子，未折瑶華寄美人。今日題詩問龍劍，不知何地是延津。

李刺史承明吟望亭〔九〕○承明，附見十三卷《陸德龍傳》。

元亭如罨畫，幽絶輞川濱。卷幔對鳴瀑，移尊歌采蘋。梅癯緣浦凍，鷗泳識江春。林水翛然意，一竿偕一綸。

寄洱上令黃坤維○坤維，當亦是黃裳字。有詩見前。

尺素問加餐，鶯啼春欲闌。看君工製錦，而我慶彈冠。雪積蒼山古，霞蒸洱水寒。時聞有新命，聖主辟能官〔一〇〕。

方岳陶宇劉公次郎輓歌

天意高難問，文章土一抔。墨池餘舊瀋，書幌掩殘篝。玉向中庭折，蘭先九畹秋。緱山明月夜，憶爾挾仙游。

三月晦日小箐道中

春事此俱盡，村村逢楝花。淳風猶近古，左語漸通華。屋角孤烟直，山根片雨斜。頻年慣爲客，今日苦離家。

逖澄橋曉望○橋在清鎮縣西五里。

浦樹垂花紫滿枝，桔槔無力水聲遲。橋頭鳩婦啼仍懶，正是農家望雨時。

石佛寺借僧寮瀹茗作

旅況真無賴，停車對夕曛。空林啼蜀魄，古路入滇雲。寺遠客希到，鐘寒僧獨聞。上方茶鼎熟，青藹漸氤氲。

按：安順府東二十里道旁有石佛，在洞中。相傳元時飛來，寺當在洞側。

普定圓通寺登飛翠閣二首

振衣歷翠微，縹緲得飛閣。松風衆壑響，花雨諸天落。漸暝鶴歸林，乍晴鐘徹郭。願言釋塵紛，於焉永棲託。

了了見城市，人家出平楚。列岫不知名，聞禽相對語。采幽成獨行，望遠到高處。鬱鬱山氣佳，客子澹容與。

按：寺在安順府城南。斵石爲柱，長三丈餘，後多古柏。

種花吟贈顧叟〇叟蓋普定人。

隱君家住古城邊，鶴髮垂垂守獨元。蘿屋幾椽眠夜雨，花田十畝種朝烟。種花之外無餘事，不對花吟即花醉。眼前齷齪堪涴人，安識乃翁花隱意。

安莊夜聞警〇《詩慰》、《明詩綜》并録。

鼙鼓中宵急，愁聞戰伐頻。數家出煨燼，〔一〕一郡入荆榛。地亂難爲客，途窮耻傍人。披衣待明發，華髮鏡中新。

按：明安莊衛，在鎮寧州，今州猶有安莊驛。

疊水亭上小憩因作短歌

衆流赴壑疾如梭，瀉作層潭千尺波。素影空中飄匹練，寒聲天上落銀河。兀兀孤亭坐清樾，征夫到此思超忽。隔川濺沫濕衣裳，對面驚濤豎毛髮。君不見，黄河萬里愁吕梁，又不見，夔門五月戒瞿塘。由來疊水亦太惡，石湍幸不通舟航。咄嗟可畏寧爾耳，浮世人心險於水。

按：疊水，亦名白水。《方輿紀要》安莊衛下云：白水河，衛南三十里。源出山中，懸崖飛瀑，自高注下，三崿相承，凡數十仞，湍急若雷，時有雲霧塞其下。又云：白水河在慕役司西北三十里驛道側，自安莊衛西南流經此，有白虹橋跨其上，洪武二十五年建。引《志》云：白水河自高崖下注，長數十丈，飛注如雨，長二三里，瀑布之大，無逾於此。下流注於盤江。《省志》則云：鎮寧州南三十里，白虹橋跨疊水。《永寧志》云：白水河在城東北七十五里，兩溪會於犀牛潭，白練千條，轟雷捲雪，雖天氣晴朗，而激湍噴濺如行大霧中。澎湃之聲，遠聞數里。下有洞曰水簾，神犀伏焉。

關嶺馬跑泉

絶壑聳丹梯，雄封百二齊。澗飛千尺雪，壁守一丸泥。蘿蔓牽猿臂，泉源出馬蹄。關山愁極目，烽火夜郎西。

《方輿紀要》：安莊衛領關索守禦千户所，在衛南五十里。關索嶺即所治，滇黔通道也。洪武十五年，諭吴復等取關索嶺，既又敕曰：若通關索嶺，慎勿與蠻人戰於嶺上，當分哨直搗其巢穴，以掩襲之，使彼各救其家，不暇糾合，以抗我師。其旁土砦即未能下，合兵攻之，無不克也。既而諸將克關索嶺，又取其旁土砦數十。《滇程記》云：雞公背與關索嶺相對，兩山之趾，界以溪澗。嶺凡四十三盤，至嶺有香樹坡、小箐口坡「白口東坡、安龍箐坡、胡椒凹、象鼻嶺，左右皆崖箐，萬仞中僅有道如梁，行者慄且汗矣！馬跑泉在所北十里，相傳關索領兵至此，渴甚，馬跑泉出，因名。

瘂泉

人云瘂者泉之忒，我云瘂者泉之德。當此巧言如流時，何不一歃口常默[一二]。

按：泉亦在關嶺山半，飲之令人瘂。昔人立石以戒行者。

懷歸

客思悠悠仍忽忽，欲歸未歸將奈何。已聞盤江足瘴癘，況乃叠水多兵戈。暮憶百壺苦無酒，朝吟一篇聊當歌。滇池可望不可即，五華山色空嵯峨。

按：盤江在永寧州西，安南縣東。《方輿紀要》謂盤江在貴州境者，爲北盤江，是也。出威寧州西境，流入雲南霑益州界，仍入貴州界，曰可渡河。伏流出天生橋東南，徑普安廳及永寧、安南境，盤迴曲折於山箐間。陰翳蒙密，夏秋多瘴，故《安南志》云：盤江兩岸，崖壁厄束，林木深阻，江流濶狹，無時隱現，不一藏垢，伏穢蒸爲瘴癘也。劉昭《注後漢郡國志·宛温》下引《南中志》曰：縣北三百里有盤江，廣數百步，深十餘丈。此江有毒氣。《三國志》載，諸葛亮入南戰於盤中。《水經注》朱褒之反，李恢追至盤江，皆於此爲近。又東南至慕役司東南界，貞豐州南界，廣西凌雲縣北界，會南盤江。又東南入廣西泗城府境，謂之左江，又謂之紅水江。《方輿紀要》引陶弼云：左江即牂柯江也。《水經》：温水出夜郎縣，又東至鬱林、廣鬱，爲鬱水。蓋又以北盤爲温水。

還家理圃作三首

一月車塵兩鬢絲，還山都忘别山時。兒童問我春深淺，過盡櫻桃也不知。

千个琅玕蔭白茅，翠寒新長過牆梢。閒情都付牀頭易，細玩虞翻夢裏爻。

環堵蕭然獨宴如，芭蕉深巷閉門居。干時無計謀生拙，朝雨鋤瓜夜讀書。

永興禪院赴明上人齋○禪院疑即會城中大興寺，建自洪武時。

惠遠能招客，香林坐掩扉。蟬希知夏早，鶯懶識春歸。净業雙修苦，浮生萬慮非。伊蒲朝作供，細雨藥苗肥。

夏日李承明吟望亭與諸同社小集

火雲日曰幻奇峰，乍得冰壺著此躬。山寺浮烟穿瓦碧，江城返照射波紅。陶潛避地柴桑里，鄒衍譚天碣石宫。飲馬岸迴瓜蔓水，浴鷗沙揚葦條風。千章怪木蟠蝌蚪，百尺長橋飲蝃蝀。鏡裏漁舠天上下，門前樵路竹西東。金蘭老去交元澹，文酒年來調頗同。卜夜未須燒短燭，紫薇花外月曈曨。

遠條堂雨中見紫薇落花

檐聲不斷雨通夕，曉起看花花可惜。落英片片縱復横，點破空階秋蘚碧。分明遠浦見殘霞，野老慚無步障遮。但使飛花堪送酒，不妨風雨妒貧家。

按前《端居》詩云：「城居宛坐甑」，則先生當居會城中。後《夜雨聽溪》詩云：「幽居屏人事，况乃與溪并」，又似溪上更有别墅。此云「遠浦見殘霞」，亦似非城居也。

溪上小飲示舍侄文若〇文若自有詩，見後。

溪光如鏡遠涵空，柳徑柴扃岸岸同。沙浄荇藏魚笱碧，渚晴花覆鴨闌紅。汝能縱酒何妨達，我獨工詩不厭窮。少日疏狂今漸老，風流應愧竹林中。

得胡大韶手書却寄

數有懷人夢，書來慰鬱陶。貧猶依皂帽，誼不淺綈袍。病葉先霜下，陰蟲未雨號。采芳聊寄汝，秋水正容舠。

山館邀余存素小集

積雨静梧桰，茅齋生晚烟。我懸高士榻，君艤孝廉船。寒雁青尊外，秋蛾畫燭前。相逢須卜夜，爲别動經年。

送少參倪公致政還越二首

垂橐度蘭津，飄然隱是真。百年投老計，萬里倦游身。商意村村菊，歸心夜夜蓴。於焉南詔裏，應有咏棠人。

秋江鬱以盤，秋樹渥如丹。小草亦何意，浮雲惟此官。歸哉彭澤宰，老矣富春灘。望望五溪路，孤舟烟水寒。

按：《省志》按察僉事題名有倪壯猷，當即此倪公，而《布政參議》中不載。

送范東生游峨眉〇東生，名汭，烏程人。

范生天下士，神情美無度。出門恣遠游，耻爲名所誤。言從天目始，霏霏濯松露。載陟匡廬巔，泠泠飛瀑布。流賞及滇池，在所皆成趣。秣馬之三峨，山川莽回互。萬峰寒刺天，千林晴亦雨。木皮覆窮檐，槎根卧欹路。微磴盤以紆，一千五百步。西眺大雪山，浩劫明積素。陰壑虚瀨號，寒巖初月吐。樹古腹半空，一僧定而固。舉手挹聖燈，落葉紛無數。還聞石放光，纍纍燦珠璐。登臺感歌鳳，疑與接輿遇。之子多勝情，兼亦負勝具。蕭然樵客裝，跫爾幽人屨。鳴泉挾策尋，遠寺聽鐘赴。磨崖寫新詩，山靈想呵護。爰以壯游篇，泚毫爲君賦。

送方次卿游峨眉

汶嶺萬重雲，嶺嶺梯雲入。蟲聲答風泉，木葉下寒隰。囊存土花劍，杖荷笋皮笠。招彼山中人，探此霞外笈。

雨中對菊懷東生和願之作

憶昨分襟何草草，秋林槭槭秋蟲老。游子天涯興正酣，日暮彳亍峨眉道。峨眉九月凌高寒，古雪皚皚應獨掃。空齋無客雨如絲，把菊懷君君不知。

開府瑞芝胡公初度賦呈時司空命下

朏魄忽雙交，雲物偶澄霽。賓雁呼其群，嗷嗷聞遐裔。遐裔烽銷歲復登，擊壤人家瓦覆藤。石壕有吏不敢入，誰其貽者胡中丞。中丞好文兼好武，手綰金符腰繫組。朝倚劍兮氣凌虹，暮操觚兮才繡虎。甲兵百萬羅心胸，銅柱勛華載盟府。殊恩召拜大司空，萬户千門蹈且舞。須知聖主有深意，水土留都推重寄。行矣平成見禹功，尚方更侈元圭賜。我本中丞編户民，白日行歌仍負薪。上書嵔嵔不得志，短褐漂零笑此身。常恨相知苦不早，西堂句就誇春草。向來爨下非中郎，嶧陽之材已云槁。拒霜秋老懸弧期，廊廟骨法烟霞姿。我酌兕觥前致辭，願公永言帝者師。

按：瑞芝名桂芳，金谿人，進士。萬曆三十七年代郭子章巡撫貴州。時軍興之後，一以休養生聚爲事，總兵官馬孔英邀功生釁，劾罷之。從金筑安撫金大章請改土，置廣順州。尋晉工部侍郎。

送從子文若計偕北上

離緒悠悠難重陳，天寒柳秃梅猶皴。緱餘三尺劍花古，篋僅一編元草新。山店雞鳴月皎皎，江城馬度冰磷磷。臨歧引滿勿辭醉，何處和歌非酒人。

送周元育○元育，當是文化本字，自有詩。

惜别一杯酒，相思萬里心。迴波縈夕棹，秀木響春禽。世故君非淺，交情我較深。應憐在長路，永夜動微吟。

送玉岑先生謁補北上

歲云暮矣風淒淒，客子出門征馬嘶。馬首梅魂驚太瘦，南枝北枝開未齊。道傍柳枯不堪折，折取羅浮深夜雪。寒香細細撲離樽，魯酒一杯歌一闋。歌竟酒亦停，僕夫戒前路。黄河腹堅冰可度。君行昨日夢刀州，刀州之民應五袴。

贈方心矩○心矩，未詳。

束髮弄柔翰，中歲滯貧里。烟霄不自媒，蓬累安足耻。爰從至人游，而悟齊物旨。園廬覆重茅，去郭不盈咫。仄徑紛蓝蘭，方牀翳菊杞。平生作蠹魚，心神殫諸史。一陳廢興事，千秋若掌指。酒至歌再歌，烏烏殊未已。一斗澆愁端，一石豁醉理。山廚菜甲青，瓦豆蝌匡紫。酣眼松樹根，松風呼不起。平頭報客來，造次索冠履。秋作輸井税，夜春修菽水。所適在弋釣，問之聊爾耳。漢陰若爲儔，牆東無乃是。貧交二十年，吾黨三數子。去去南山田，耦耕從此始。

送播州顏生游燕作○顏生，未詳。

夜郎之城大如斗，繞郭寒烟閟春柳。憶昔王師東下時，戰血猶腥白石□。顏生讀書差解事，十載渝州稱辟地。鴻雁澤中今始安，青錢又買燕山醉。晴江澌斷殷如雷，征帆須趁樵風開。那能刺促重刺促，掀髯長嘯辭蒿萊。客子獨行良踽踽，題詩遠送江之滸。侯門莫漫嗟無魚，三十六鱗春可數。君不見馮驩長鋏空復彈，中夜悲歌亦奚補。

冬日訪願之石林二首

以我滄洲意，傍君林水來。峰紋二酉合，石勢五丁開。玉屑初迴雪，冰丸欲綻梅。歲華摇落盡，多病强擎杯。

兼旬不出户，復此采幽行。觸石凍雲起，隔溪寒水平。孤琴夜三弄，獨鶴時一鳴。吟眺以之久，高齋生遠情。

寒夜贈客賦得獨不見○《詩慰》録「獨」作「君」，末句亦然。非是。

夫君年少清且真，杜乂之膚衛玠神。麈譚奕奕擅名理，道傍見者呼璧人。白駒歲晚縶空谷，北風獵獵撼深竹。高館張燈蘭焰寒，小槽壓酒椒芳熟。酒熟燈寒君莫辭，歌喉宛轉銅龍遲。千金卜夜且須醉，咄咄書空胡爾爲。蕭然四壁成都彦，知己偶逢楊意薦。託諫文章在上林，一朝召對明光殿。丈夫際合會有期，司馬長卿獨不見。

夜雨聽溪作

幽居屏人事，況乃與溪并。晚雨一時作，春波半夜生。未諳馳蜆勢，已辨泛鷗聲。雪磴疑松吼，風窗肖竹鳴。溜驅浮梗下，石激斷澌行。潏潏思垂釣，淙淙想濯纓。老夫聽不厭，稚子睡還驚。晏坐寒燈裏，彌深在澗情。

李東白齋中看玉蘭同願之作

西園飛蓋映琱觴，管領瑶華入醉鄉。質比趙家完處潤，味同湘國佩時芳。寧論春雪難爲色，即使寒梅合讓香。疑向藐姑山上見，風姨月姊競新粧。

按：東白未詳。《省志》載貴陽節婦，有李東白妻張氏，崇禎前題旌，不知是否？

聽盧姬歌二首

草色羅裙玉膩膚，歌喉一串日南珠。莫愁老去梁塵歇，此夜佳人道姓盧。

垂柳絲絲拂曙烟，文鴛百囀繡簾前。盧家少婦能娱客，腸斷箜篌十五弦。

城南江亭學憲璧哉韓公邀同參知太函謝公都護元圃童公小集五首《詩慰》并録。此下五十五首，《遠條堂稿》之下卷。

旦發虹梁門，暝投漁磯路。春水半篙緑，褰裳不可渡。溪深烟復重〔一三〕，遥遥辨庭樹。○伯璣曰：「頗自衿貴。」《詩綜》録第一首。

官柳變寒條，二月孤鶯早。細水浣殘花，幽風梳短草。川原霽人目，曠然恆探討。伯璣曰：「二首微著意，反失之。」

群公結駟處，乃在清川曲。危石叠飛雲，奔泉漱鳴玉。隔浦見茅茨，寒燈影深竹。

空亭留宴言，山牀壓春酒。以兹川上意，緬懷魯中叟。白鷗不避人，矯翼下溪口。

踞此松間石，盈盈春一望。秀月吐層潭，清輝幾千丈。何處夜漁歸，前村人語響。○伯璣曰：「五詩未免依傍前人，然亦難得如此潔浄。」

按：璧哉，名光曙，吴縣進士，萬曆間貴州按察副使。太函，名存仁，祁門進士，貴州左參政，天、崇間晉雲南布政、巡撫。元圃，未詳。虹梁，當是會城南門舊名。

閣夜有懷

皎兮月出東山東，十二樓臺練影中。永夜懷人不成寐，南天目斷孤飛鴻。

湯明府别墅次韓學憲韻二首

閒居堪自賦，潘令晚逾工。堞隱遥峰外，亭開灌木中。疏泉期鶴至，叠石許猿通。最愛西窗夕，林霞一抹紅。

只尺平郊路，無人知此庵。徑松霏夕翠，門柳閟朝嵐。棋按東山譜，書窺大酉函。時時展歡宴，老境蔗同甘。

按：明府當是湯良弼，萬曆中貴陽貢生。任柏鄉、郴州、清平學官，擢知盧陵縣，有賢聲。以母老乞歸。每問省，必冠帶進見，下氣怡色，旁觀爲之感動。

蕭季律移家曲溪上携具過訪并有小作

淙淙寒玉漱樓西，野客因之始定棲。萬縷餘紅霞映水，一行深翠柳環堤。芸窗夢叶江淹筆，蘭社交存范叔綈。賴有微吟供淺醉，渚蘋花發渚禽啼。

李師道招同任元秀小集〇元秀，未詳。

濁酒但相對，清言殊未休。鸛鳴疑有雨，葉落始知秋。瘦石蘚痕老，短墉花氣幽。好文兼好客，地主亦風流。

村行微雨適至小憩洞中因題避雨巖口占以示同游者〇巖在貴陽城北里許，即以君采詩名。

樵路天風吹客衫，況逢村燕語喃喃。林光未霽還搔首，一嘯空山避雨巖。

送學憲韓公擢參閩藩先過白下二首

使者銜新命，褰帷向水濱。提封連鯷壑，編户雜鮫人。浮海匡時意，居夷衛道身。青箱有家學，聖主重詞臣。

涼吹肅離筵，離情倍黯然。官之烏石下，夢繞白門邊。浦霽鷗迎楫，潭昏蚌照船。遥遥瞻斗氣，悵矣海南天。

秋日山行過田家作

風雨漲寒溪，石髮平於掌。川巖互幽映，十步九楮杖。念兹臨眺佳，頓忘登涉枉。孤村閴無人，但聞流水響。茅茨只數家，炊煙冪蘿幌。吠犬出荊扉，鳴雞隔林莽。奔泉曲折瀉，潏潏蒼崖上。冷色横空來，令我肌髮爽。木葉猶未脱，禾苗亦已長。山暝牛羊盡，墟落斜暉敞。吾生愧老農，鼓腹歌擊壤。歸徑望城闉，青霞有餘想。

九日山行暮歸就飲王叟菊籬下醉後偶成

古木帶棲鴉，殘尊日更斜。不因逢野老，安得到山家。風屋茅都捲，霜籬菊半華。頽然吾自放，酩酊是生涯。

送洪山人還新安

離心江上逐流波，渺渺孤帆載雪過。橐裏黄金緣俠盡，尊前白髮傍愁多。向來腸胃無塵土，此去衣裳有芰荷。我亦天涯感留滯，對君中夜幾悲歌。

送薛敬叔孝廉之燕○敬叔，見前卷。

君家兄弟河東鳳，君獨先棲上苑枝。江路辭寒初變柳，山橋近午始流澌。吟邊芳草供行卷，醉裏春燈照别卮。年少才名方藉甚，主恩休訝不同時。

送何起易刺史之粤西

斗酒送君秋欲暮，經術兼饒經世具。七載離家昨始歸，又聽寒猿啼别路。粤西之西風候殊，千峰萬壑烟模糊。到來五馬行春處，桂海應還明月珠。

按：貴陽萬曆甲午鄉舉，有何圖出，其兄圖呈。後六年以庚子舉，并官知州。起易，未知孰是。

清平道中逢舍侄文若計偕歸

匆匆握手問京華，解后聊停下澤車。雞肋一官予就道，馬蹄萬里汝還家。方田積雨漲秋草，古戍輕霜明晚花。泛梗自南萍自北，關河相望各天涯。

焦溪吟簡呈藩參蒼麓馬公時與予同赴都門

潕溪以東三十里，維石巖巖水瀰瀰。水瀰瀰兮拖朝藍，石巖巖兮凝暮紫。其間寇盜縱復橫，邛水無端成禍始。白日攫金還殺人，猛蛟突獸詎堪比。郵吏纔傳賈豎傷，蒿師又報參軍死。腥血淋漓亂棘中，殘骸枕藉層潭裏。營荒十室九無烟，羸卒呼來衛行李。衣不掩骭腹且枵，徒手欲搏虎與兕。借問司戎者爲誰？坐嘯空城而已矣。胸無十萬水犀甲，安用此曹守邊鄙。馬公磊落天下才，掀髯强爲蒼生起。一片濟時心，可以照江水。憤激眼前事，惻惻良有以。吁嗟乎！緑林之患無時無，黔民淚盡眼欲枯。願借寇君拔劍斫地安此都！

按：焦溪在鎮遠府東四十里，入於鎮洋江。鎮洋江源黄平舊州，下至湖南黔陽縣，會清水江。《漢書·地理志》：「無陽」下云：無水，首受故苴蘭入沅八百九十里，即此水。清水江，即沅水正流也。無水爲五溪之一，字又作「潕」、作「㵲」，音皆如舞。邛水長官司在鎮遠府南，有邛水入清水江。馬蒼麓，名煜如，雲南保山舉人。《省志》載按察副使，中不言其爲參政、參議，蓋《志》漏也。

渡辰溪舟中望二酉

問津古城下，平沙踏莎葉。秋濤方壯時，中流不可涉。雲日亂高天，烟霜壓危堞。登艫望二酉，客子疲應接。霞表青芙蓉，縹渺幾千疊。昔人藏祕書，而我慕元笈。臨眺一以佳，心神若爲愜。菲才慚濟川，咄哉此舟楫。

憩桃花源賦留亭子上○《詩慰》録。

遥遥梯路接仙源，峭壁飛蘿翠可捫。樹裏人家非避地，眼前雞犬尚成村。花隨流水春無迹，月到空山夜有痕。安得結茅歌小隱，自鋤黄獨住雲根。○伯璣曰：「君造語每欲渾成，即偶入纖詞，不失大雅。」

陳衡靈邀游德山寺寺在白龍潭上。寺中善卷臺、金剛塔，甚奇。

旃林長嘯劃烟霏，酒熟橙香蟹正肥。塔憶瞿曇曾説法，臺憐善卷久忘機。上方月午千峰静，枉渚霜寒萬木稀。夜半回舟風浪作，却疑潭底白龍飛。

再訪德山青蓮社值建中上人歸

兩度扁舟訪釣灣，開門童子報師還。經旬漾楫移深浦，昨夜梯雲宿舊山。蓮社可容陶令醉，蒲團聊對遠公閑。馬蹄明日長安道，回首中峰積翠間。釣灣，水名。

題高明柱博士貞母卷

我聞貞母事，式歌貞母吟。貞母皤皤雪滿簪，千行易盡崩城淚。九死難移匪石心，崩城匪石亦良苦。荆裙掩泣身無主，籯金散後家轉貧，數椽茅屋牽蘿補。六十三齡壽且康，舞鸞沈影鏡無光。夜半停梭聽兒讀，不知殘月下流黄。斑斕繞膝河東鳳，光焰文章三曜動。仲也先搏九萬風，金神擬報芙蓉夢。獨排閶闔叩天閽，精白由來感至尊。總爲母恩酬未得，纚纚疏草幾千言。絲綸捧出麒麟殿，几几翟冠人所羡。榮名一日遍長安，錯落明珠滿詩卷。板輿迎處錦江春，江筍江魚入饌新。多少生徒環絳帳，請將斯道覺斯人。

按：明柱，名梁楹，思州府人，萬曆三十四年舉人，官至雲南監軍副使。父逵，三子：長梁楷，妻何出；梁楹及弟某，妾吴出。逵殁，俱幼。吴以身殉，有子而不子。何撫孤，子妾子如己子。梁楷亦舉四十六年鄉試，官知府。梁楹官四川學博，時即爲兩母請旌，乞海内名流，傳讃詩歌，編爲《烏懷集》。

都門與蒼麓馬公言别

點蒼點蒼何氤氲，十九峰高半入雲。左挺碧雞右金馬，其間必有名世者。名世之賢馬弢叔，應期崛起蒼山麓。粉署翺翔二十年，始承簡命參藩服。參藩小試經綸手，足國裕民無不有。自是良工多苦心，至今碑在黔人口。蛾眉寵極妒應生，槖中薏苡誰能明。父老上書志未達，煮海之官遷以行。吾聞壯夫那刺促，江北江南草新緑。單軻能銷放逐愁，朋尊且縱登臨目。計賜環時鬢未霜，幾人曾不薄淮陽。爲公一擊珊瑚樹，臨别濡毫咏點蒼。

筠棲園

猗猗池上竹，竹深雲若屯。有客能開徑，何人解造門。横梢威鳳羽，迸筍蟄龍孫。只此幽棲意，于時未易論。

題何海若長安寓舍用壁間韻

何郎名滿長安市，僦廡長安西復西。繪事對人時潑墨，詩情與客夜分題。宮鶯百囀臨窗近，御柳三眠倚檻低。我欲煩君圖小隱，敝廬風景似耶溪。

壽金夢石將軍君精岐黄術。

碧桃春泛鬱金觴，几杖年來七十强。績以籌邊徵細柳，名于醫國見長桑。探玄妙解壺中訣，却老閑抄肘後方。磊塊平生澆未盡，時時對酒説干將。

書胡元芳叔懋伯仲卷二君楚人，以孝著。

采蘭爲佩籜爲冠，畫史風流見二難。燕市秋霜長鋏冷，蕭齋夜雨短檠寒。釀花自足留賓醉，負米何辭奉母歡。多少斷烟殘渚色，彩毫移入鳳城看。

答贈崔公超○《詩慰》録。

慷慨説從軍，將邀塞上勳。少年頻結客，末路始逢君。才美游梁賦，名高諭蜀文。劍歌當此別，易水漲秋雲。○伯璣曰：「三、四沈雄。」

答贈郭五徽

何處洽心期，香林晏坐時。詩投青玉案，酒滿鬱金巵。與客紉蘭草，呼童歌竹枝。相思待春雁，莫訝附書遲。君有小童，善謳。

楚人易又元以畫障見貽因用短歌答贈

易生繪事稱擅場，遠游自裹千里糧。短褐蕭蕭過易水，悲歌醉卧酒人傍。六月涼風開北牖，戲拈秃筆不停手。百尺長松十丈泉，生綃仿佛寒雲走。知君此技妙入神，滿壁滄洲不療貧。囊裏無錢可留客，茗爐但煮雨前春。油壁車，流蘇帳，五侯七貴争相尚。千金不惜買笠簑，半縑未肯圖屏幛。長安城中難久留，世事如棋君且休。請看燕市雙蓬髩，何似湘江一釣舟。吾聞紫蓋之高麗，天表七十二峰青未了。君如長嘯歸故丘，頭顱宜向此峰老。

送詹璧侯之遼陽二絶○《詩慰》并録。

相逢春草柔，相送秋蟲老。寒夢伴君行，夜夜遼西道。

我訪赤城霞，君踏黄沙月。别愁誰較多，看取雙華髮。

題畫寄朱虞仲

百叠寒泉逗浦飛，桐花滿地緑陰肥。何時小築從君隱，共倚虚樓看翠微。

陸君可王公錫皆以詩刻見貽賦此見意因用留别

新詩字字出風塵，三復應知筆有神。賦就陸機方入洛，年來王粲不歸秦。霜橋惜别蓬根晚，霞壁相思蕙草春。滿卷驪珠發光怪，却疑明月夜窺人。

七夕送童子翼都護入蜀

班馬蕭蕭出紫宸，白蘋風冷苧袍新。雙星此夕逢牛女，半壁於時仗虎臣。谷口寒流平入渭，棧邊芳樹遠連秦。錦官萬里腸堪結，悵望西方懷美人。

秋分日走筆别羅玉檢時君禪居湖上

離緒悠悠獨念君，裁詩相訊水之濆。三千世界何人覺，九十秋光此夜分。楊柳絲揺丹禁雨，芙蕖香卷翠湖雲。不知别後僧窗夢，可向天涯憶雁群。

中秋都門留别王公錫金孟堅陸君可鄭倩斯胡元方叔懋崔公超王澹翁程公儀吴于逵何海若諸兄

一時蘭社有群公，賦就争看彩筆雄。用世敢云官未達，論交何意調相同。離筵皎皎見梧月，别路嘤嘤聞草蟲。劍合當年應記取〔一四〕，帝城分袂是秋中。

陸君可九日初度何海若繪登高圖爲壽予侑以詩

稱觴采采菊堪把，引滿何須屋子下。君有仙才似歲星，年來避世亦金馬。

過大梁柬竹居宗侯四首

十年西逐與東奔，出處難同静者論。虚左未酬頭又雪，不堪重過舊夷門。

歌鐘動地麯塵香，絳爉燒殘待曉霜。爲問茂陵多病後，幾人詞賦重游梁。

雁斷無音問起居，風流文采近何如。高齋得意閑無事，門掩修篁日著書。

别君曾記葉辭柯，華髮蕭蕭感慨多。今夜天涯重握手，半牀殘月下秋河。

古郚道中〇《詩慰》録。

勞心草草鬢蒼蒼，萬里浮踪滯一方。茅店雞鳴催客去，山槽酒熟喚人嘗。風塵古驛迷槐水，烟火層城望柏鄉。寒至始知秋欲暮，夜來蛩語漸依牀。〇伯璣曰：「淺夫便用結句作起句。」

九日憶家

黔雲楚樹渺天涯，客路重陽倍憶家。戍古兔眠寒隰草，村空烏啄暮田花。燈前刀尺腸應結，笛裏關山鬢易華。迹似斷鴻棲不定，又隨秋葉度平沙。

九日宿雙井

屋角掛霞光，行人卜早霜。天圍雙井小，地接兩河長。落葉填深巷，飛藤刺短牆。有詩兼有酒，知不負重陽。

信陽曉行

殘月半鈎在，朣朧伴客行。山川申伯國，雲木信陽城。井賦輸周供，方言雜楚聲。殷然見秋作，暢我悦農情。

采　菊

采將陶菊過鄰西，滿把寒香吐未齊。因憶故園當此日，澹烟濃雨幾枝低。

安陸舟中雜言

水鳥雪相似，汀花錦不如。午艙幽夢破，閑看漁人漁。

芋茨八九弓，人家住江口。何處打魚船，明燈夜沽酒。

送陳大令之赤城

祖帳秋開落木邊，主恩深憶剖符年。庭留舞鶴官如水，邑有飛鳧令是仙。近日波恬滄海外，有時霞起赤城前。東南久自需良牧，舟楫今看濟大川。

漢陽秋夜王章甫葵園泛菊歌

葵園主人素心者，羅列千峰眉睫下。軒窗半瓦兼半茅，來往乘船不乘馬。秋意今番到叢菊，淺白深黄間松竹。衡門晝掩無餘聲，惟有樵斧丁丁隔林木。君本廟廊器，而負烟霞姿。有時罷耕釣，讀書還下帷。曲几瑶編幾萬卷，擁書可以當南面。臨池洗墨蒼雲寒，掃地焚香白日宴。璚枝奕奕見諸郎，弱齡舊學衍青箱。足迹不肯到城市，唔咿丙夜徹林塘。小者髮短未受幘，文章光焰高千尺。已識名家有鳳毛，更看世貴傳龍額。上書憶在國門前，與君分手六經年。偶然一見共驚喜，匡牀留我山中眠。炊黍擊鮮成信宿，談深兩跋西窗燭。起視銀河月正高，況逢玉瓮醅初熟。手招黄鶴翁，口誦鸚鵡賦，異代風流杳何處？等閑懷古易傷神，不如且折葵園露。君看長安花，予攬赤城霞。明年各在天之涯。那能對菊不成醉，忍向尊前負物華。

蒲圻道上咏松

東行三百里，步步入寒松。接葉深巢鶴，蟠枝怪作龍。根非移漢時，品自薄秦封。落日巴陵路，凝陰翠且重。

附友芝《答鄭子尹論遠條堂草編年書》：來札謂《遠條堂稿》，王無近萬曆丙辰《序》稱此編爲君采近作，則非所謂曩所爲詩，疑拙《序》中己酉前後數年作之語爲不合。友芝此語固無所承，然亦鈎稽而出。承詢藉詳於左。按：先生此稿既不分體，自是編年。先生從子文若以己酉鄉舉，其《送文若計偕詩》即是己酉年作。因此詩按時序盡卷求之，除此年外，前後尚各有兩年作，故約略爲言耳。雖文若至己未始成進士，而《送文若》詩後不數篇，即有《送播州顔生游燕》詩，云「繞郭寒烟闕春柳」，又云「晴江澌斷殷如雷」，則是明年春作。又云「憶昔王師東下時，戰血猶腥白石口。顔生讀書差解事，十載渝州稱避地。鴻雁澤中今始安，青錢又買燕山醉。」考討播在二十八年庚子。顔生以其時避地渝州，閲十年乃鴻雁安澤，旋即謀爲燕游。則當以三十七年歸。至來春復出，而送文若之爲己酉，愈無可疑。又先生以貢試京師，據卷首《寒夜飲楊願之太史石林精舍歌》云：「昨年我亦賦明光，悲歌對飲金臺酒」。又云：「秋風我忽問刀環」，則皆叙前一年事。以己酉送文若推之，此詩蓋丁未冬作。先生京試當以丙午，其秋即歸。而貢時上道，又在乙巳秋冬。《通志》載其别郭開府詩云：「客情秋色正蒼蒼〔一五〕，耐可離筵菊正黄。」正其將上道作。青螺撫貴州十年，以萬曆三十五年終養去。繼之者胡瑞芝。此集始其年冬末。故無與青螺往來者，而有《壽胡瑞芝》詩。又據《焦溪吟》：先生再入京，以三十八年與馬蒼麓同行。沈子來爲副使，以三十八年受事。《通志》題名即繼馬煜如後，亦合事實也。卷首既云：「昨年賦明光」，卷末

《漢陽秋夜王章甫葵園泛菊歌》又云：「上書憶在國門前，與君分手六經年」。上書分手，即賦明光之年。此稿託始其次年，時序又恰得五年，則當爲丁未至辛亥詩矣。故無近所謂近詩，特對曩所爲而言。近不必丙辰前三四年始得云近也。惟《安莊聞警》及《懷歸》詩之「疊水多兵戈」二詩，按次當在己酉春夏間。而《通志・師旅》僅載萬曆三十五年三月丙寅，四川追永寧司印，擒奢世續餘黨，燒普市摩尼。又《名宦・楊東明傳》，載萬曆丁未仲賊劫沙作。跕藺事稍遠，沙作事近之。然二事并在前二年。《通志》又載三十八年沈子來副使兵備都清，下車值苗亂，不數月平之。盧雲龍副使分守新鎮，平定苗亂二事，并見《名宦傳》。又後一年亦非其地。其三十七年止有紅苗陷印江事，亦相去太遠，與詩不合。是後數年，此邦亦無軍旅之事。疑是《通志》漏載。否則此卷自《三月晦日小箐道中》，至《還家理圃》十四詩，當是丁未春夏間作，紀一時近游者。以兵非佳事，不宜在卷首，故置於此。其謂兵戈，謂聞警，即指沙作之劫。其《小箐詩》云：「頻年慣爲客，今日苦離家。」儼似初歸倦游意緒也。然十四詩前《寄洱令》云：「春欲闌」。其後《永興禪院》云：「禪稀知夏早」，亦自時序相銜，似非迻羼意者。印江之陷，即紅崖白水間，亦有餘黨波及。而《通志》略之乎？友芝因無近《序》，又知先生此刻之先，當已先刻初集。而先生東南游踪，不必始於棄官以後。無近謂「曩所爲詩文尤富甚，業播之天下」，即是先有初刻之證。又謂「若吴、若越、若楚、若閩、若嶺南、若江右，皆知有君采。」即是先有游踪之證。郭青螺、湯若士并江右人；王百穀，吴人；何無咎，越人；李本寧，楚人。可知皆先生曩昔舊交，并在無近所數知有君采中，不必如吴滋大《序》，於諸生時青螺始折節也。若棄官後始交諸君，則此集《清平道中逢舍侄文若計偕歸》詩，尚有「雞肋一官予就道」語，交諸君又在此集後。曩之知有君采者，又何人耶？吴《序》道先生事實，至以青螺、相奎爲二人，殊不可解。則其謂游踪在棄官後，亦不盡可憑也。友芝因就此稿略考先生數年游歷，其上卷并鄉里間作，止安莊疊水，成一近游；下卷首十八詩，當亦鄉里間作。自《清平道中逢舍侄文若計偕歸》以下六詩，乃再入京道上作。《題高明柱博士貞母卷》以下十七詩，并在京作。《過大梁》以下，至末十四詩，又出都泛漢水出蒲圻道上作。是後，先生將之赤城。據《漢陽秋夜王章甫葵園泛菊歌》云：「君看長安花，予攬赤城霞，明年各在天之涯」知之。此稿刻於台州，則赤城之游必果。先生初入京，以貢試。此入京既云「雞肋一官」，則是之官。不知何以遽爲遠游？疑入京特謁選，而之赤城乃之官。故此稿至此後五年，赤城門人乃刻之邪？皆不可臆決矣。至先生籍貫，《通志》云：「貴陽」。《詩綜》云：「貴竹」。《遠條堂》元本云：「黔中」。考《太學碑》，載其侄上選云：「貴州前衛官籍」。則先生自是今貴筑縣人。然其時止有新貴縣。貴筑，則至本朝康熙二十六年始以貴州、貴前二衛置，三十四年乃省，新貴入之。故《省志進士題名》又謂：上選新貴人。雖新貴本萬曆二十九年以貴竹長官司地置，題「貴竹」亦得。然究非當時實稱。前載又無有言先生新貴人者，則以縣新立，而先生故以貴前衛人附籍貴陽耳。今但以《通志》題郡，稍免黔中之濫。其實當題「貴前衛」爲確也。先生所居之遠條堂，當與詩中所及之楊願之石林精舍、越玉岑江閣南園、李芳麓西園、越漢房溪園、薛文叔西崖、李承明吟望亭、湯明府别墅、蕭季律曲溪，皆大半左右南明，衡宇相望，去城南江亭不遠。一時文酒往還，可稱極盛。今其遺址，與先生上世後人，及三爲之校官，都不可考。又不得先生生卒年歲，定作詩之早晚，并是《通志》之過。後生推測，影響依稀，無如之何，知不免謬誤，尚其正之。咸豐元年閏八月廿二日。

【校勘記】

〔一〕莫氏此引《黔風録》省略較多。《黔南叢書·雪鴻堂蒐逸序》所附録傅竹莊玉書《黔風舊聞録》原文如下：「先生詩精警超詣如是。其全集千篇，雖不必皆然，自必非苟然者。陳、吴所選，特精益求精之意耳。今則七十四首、五十六首之選，亦可得見，不益深可惜耶！選黔詩已，復得《遠條堂草》二卷于豫章杜藕莊所，凡百餘篇，皆卓然可傳者。既具録之，益以不得見《雪鴻堂全集》爲恨。又念其精氣光怪，終不磨滅，必有寶而藏之者。附記于此，以俟之云。」

〔二〕黔：臺灣地區「國立中央圖書館」藏莫友芝手稿本《文稿》作「吾黔」。

〔三〕儒術：《郘亭遺文》卷二、《雪鴻堂詩蒐逸序》作「儒學」。

〔四〕「《學孔》一編」至「寥焉寡和」：《郘亭遺文》、咸豐元年辛亥仲秋刊本《雪鴻堂詩集》、《雪鴻堂詩蒐逸序》均作「特餘事及之」一句。

〔五〕三數年：《文稿》、《邵亭遺文》、《雪鴻堂詩蒐逸序》作「間數年」。

〔六〕因序而授之：《邵亭遺文》和《文稿》作「因舉而授之」。

〔七〕莫友芝此《序》之後，《文稿》尚録存其九弟莫祥芝一千多字的附注語：貴陽王教授訓，字未詳，宣德乙卯舉人，封武略將軍，有集。詹訓導英，字秀實，正統戊午舉人，有《止庵集》。平越黃尚書紱，字用章，戊辰進士，不編集，猶傳數詩。興隆周布政瑛，字廷潤，有《草亭存稿》。貴陽易太守貴，字天爵，有《竹泉集》。并景泰甲戌進士。思南安太守康，字汝錫，癸酉舉人，有《青鸞溪集》。貴陽徐開府節，字時中，成化壬辰進士，有《蟬噪集》。越刺史英，字德充，弘治甲子舉人，有《西園集》。范郡丞府，字季修，正德丁卯舉人，有《唐山集》。清平王僉事木，字子升，癸酉舉人，有《晴溪集》。貴陽陳刺史文學，字宗魯，丙子舉人，有《耀歸存稿》、《餘生續稿》。湯太守冔，字伯元，辛巳進士，有《逸老閑録》、《續録》。普安蔣開府宗魯，字道甫，嘉靖戊戌進士。清平李開府佑，字吉甫，甲辰進士，并有集。貴陽吴郎中淮，字徐川，壬子舉人，有《桐江邊籌》、《長嘯》等集。周大令文化，字元淑，甲子舉人，有《鄧睒稿》、《紫亭雜稿》。清平孫尚書應鰲，字山甫，癸丑進士，有《學孔精舍匯稿》、《續稿》。思南李參政渭，字湜之，甲午舉人，有《同野詩文集》。貴陽馬大令廷錫，字朝寵，庚子舉人，知內江，有《漁磯集》。潘參政潤民，字用霖，萬曆丁未進士，有《味淡軒集》。越開府其傑，字卓凡，丙午舉人，有《薊門》、《白門》、《橫槊》、《屢非》諸集。李太僕時華，字方麓，壬午舉人。李刺史國棟，字丞明，戊子舉人，守鄧州。楊參政師孔，字泠然，辛丑進士。莫郡丞天麒，字瑞明，癸卯舉人。都勻陳給諫尚象，字心易，庚辰進士，并有集。新添邱編修禾實，字登之，戊戌進士，有《循陔園集》。普安蔣太守傑，字美若，己丑進士。王尚書祚遠，字無近，癸丑進士，并有集。施秉何大令一中，號少崔，萬曆中歲貢，有《少崔山人集》。威清蔣郡丞勸善，字小范，乙卯舉人，有《泰游草》、《莪石齋集》。弟祥芝附注。

〔八〕夜宿西屯人家：清乾隆六年《貴州通志》卷四十五作「宿西村」。

〔九〕李刺史承明吟望亭：《雪鴻堂詩蒐逸》作「李刺史承明吟望亭用韻」。

〔一〇〕「時聞」二句：《雪鴻堂詩蒐逸》作「時聞有新聖，主辟命能官」。

〔一一〕煨燼：《貴州通志》作「灰燼」。

〔一二〕「當此」二句：《貴州通志》作「早知世上如流□，何不一敵長嘿嘿」。

〔一三〕溪深烟復重：《四庫全書·集部·明詩綜》、《貴州通志》均作「溪深烟復深」。

〔一四〕劍合當年應記取：《黔南叢書·雪鴻堂詩蒐逸》作「劍合他年應記取」。

〔一五〕正蒼蒼：《貴州通志》、本書卷十五録謝詩均作「共蒼蒼」，是。

黔詩紀略卷之十五

明

謝君采下古近體詩六十八首

陳伯璣《詩慰》載君采先生作七十四篇。友芝歲壬戌客皖，大兒彝孫檢去複重昔刊《遠條堂稿》者，録得六十篇爲一卷，待携歸，補《黔詩》前編之逸。庚午春，鄉里稍靖，同人亟欲傳是編，索稿於舍庭芝弟，寄予金陵勘定，而彝孫遽以三月半天逝矣。萍蓬無聊，略點校，常不能終卷，忽忽匝一歲，始及君采，乃搜彝篋，以所録付編，感苗秀之不實，念編摩之無助，輒憶竹垞老人夢中猶「定省遺書尚滿床」之句，泫然久之。竹垞《詩綜》録君采十三首，并在《詩慰》所收，知其即據伯璣本入選，蓋亦未見全集也。十年前聞西江藏家有《雪鴻堂集》明刻本，今消散不可問矣〔一〕。

雁山游夜宿湖霧人家

晨披温嶠岑，夕息湖霧里。寒月隨潮來，潮平月如砥。野燒晰迴阡，墟烟浮近市。客子解征衫，徒御輟行軌。素壁耿殘燈，不眠中夜起。延眺極巑岏，芙蓉宛相似。去矣石門潭，幽尋從此始。〇陳伯璣曰：「砥韻寫得出語有力量。」又曰「五言一句，近人多用虚字襯貼，盈紙無謂。此君頗能簡練。」

雁山書院 王梅溪諸公讀書處。

秋晏緑芳歇，空祠生夕陰。哲人去已久，高風流至今。雨摧辭社燕，風落巢枝禽。倚杖望岑樾，悵然行復吟。〇伯璣曰：「喜其能簡起，不容易。」

晚泛蕭湖尋宋人虞仲房石壁 〇《明詩綜》録。

川光鬱初霽，野航恰受客。天空斷雁哀，水落寒沙積。絶峽響飛泉，飄飄匹練白[二]。涼葉不禁霜，楓林還槭槭。輟棹湖之陰，突兀見瑶碧。恍疑太始雪，拔地起百尺。登眺極人目，了了晰阡陌。胡爲水窮處，乃有此奇石。昔聞避地者，於焉卜其宅。愛兹雲木秀，重以巖潭僻。靡旦匪蘭橈，或時仍柘屐。遺咏蝕苔紋，風流已陳迹。高躅杳難扳，我來徒惋惜。商飈增暮寒，旨酒若爲適。興盡鼓柁歸，滄波黯將夕。〇伯璣曰：「轉折自是老手。」

冬夜來子魚薛千仞范漫翁唐大來共集小齋分得趨字

先民日以遠，元風日以徂。正始閔無聞，世運良可虞。衆喙沸蜩螗，言乃人人殊。譬彼江與河，順流而争趨。緬兹二三子，振臂相招呼。希聲諧大吕，佚軌遵黄荂。近謝一時譽，遠揭千秋模。歲宴寡所營，跫然叩繩樞。稚子秉明燭，老婦肅中廚。咄嗟具盤飧，凍醪不盈瓿。晤語永今夕，風卷蓬根枯。忻彼文未喪，感兹德不孤。願言結綢繆，努力勵修途。勿爲行路心，悠悠與之俱。○伯璣曰：「聊存此君意向。」

蠻娃曲郊行見采葛者，因作是曲。○《明詩綜》録。

蠻娃出户筠筐隨，琇子穿環帕裹頤。東鄰女伴競相逐，四月深山采葛時。葛葉萋萋葛藤緑，挼葛爲絲給春服。經絲易脆緯絲柔。裂指猶嫌繲不速，破窗風急寒�生。流黄軋軋無停聲。織成未敢問刀尺，明日輸租應到城。到城杼軸歸公府，吁嗟蠻娃亦良苦。君不見北里春風歌舞人，曲罷羅裳棄如土。○伯璣曰：「全得此結。」

湯陰道上見楊花如縣戲作○《明詩綜》録。

古道多垂楊，春殘花亦白。毿毿隨晚風，到地忽盈尺。中原凋敝民力微，安得吹上流黄機。若教織作機中素，九月何人不授衣？○伯璣曰：「風刺得體。」

黄鶴樓望漢陽懷王章甫社兄時刺華州。

故人已作華山長，奕奕風神何散朗。褰帷遥憶數行春，玉女諸峰供撫掌。葵園一别年復年，尺書何處達秦川。今日江樓徒悵望，可知同病解相憐。○伯璣曰：「最是合拍。」

郭外看春山集任去疵齋頭作

花信風高繡幕垂，牆東深樹話黄鸝。向夕張燈留客處，漫空飛絮困人時。春寒側側春衣薄，隔水流雲度幽閣。小史紅牙按柘枝，細君緑醥浮桑落。陶然淺飲亦沾醉，眼底幾人能得意。不如棐几看南山，鏡裏芙蓉寫烟翠。

潯陽江上望匡廬

落日半銜江上峰，峰峰矗若青芙蓉。香爐五老在咫尺，令人一見開心胸。昔賢餘韻滿中谷，社裏蓮花洞門鹿。耳根萬馬呼天風，無乃懸巖瀉秋瀑。冥探未暇客愁生，徒倚蓬窗空復情。不如覓枕且高卧，呼兒爲誦《琵琶行》。

玄武湖同任去疵看藕花踏月夜歸有述

禁烟析起湖將夕，遠草寒漪漾平碧。須臾秀月揚清輝，盈盈去人只數尺。朱華滿水香滿路，采香欲向水深處。宛如三十六宫春，翠袖紅妝轉相妒。玄蜩鼓翼早涼生，湖月湖花俱有情。與君藜杖引幽步，亂踏空階樹影行。

村行即事二首○《明詩綜》録第一首。

十里荒村路，尋幽到薜蘿。陂寒菰葉少，籬晚豆花多。廢寺紛蟲網，貧家静雀羅。老翁晞髪坐，相對説兵戈[三]。

積雨空林濕，炊烟午未生。逢人皆菜色，留客有蟬聲。蘗畹多難辨，葑田半不耕。流亡渾滿眼，何日是昇平？

送吴使君攝八番郡事○《明詩綜》録。

才子飄零久，今看治郡功。地當三楚盡，山到八番雄。詞賦霜毫裏，桑麻露冕中。孤城饒吏隱，解帶聽松風。

按：八番，一程、二章、三方、四洪、五龍、六金石、七羅、八盧，又有卧龍、小龍、大龍、三番與龍番同種，故但稱八番，并在今定番州。宋謂之西南蕃，其入貢屢見於史。元至元十六年，西南諸番歸附者，凡三千四百八十七寨，乃置八番、順元等處軍民宣慰使司，以統諸番安撫司。明初以八番、順元宣慰置貴州安撫，又升宣慰其諸番安撫并改長官。永樂於貴州置省。成化於程番置府，隆慶移府治於省，改稱貴陽。萬曆十二年于程番舊府治置定番州。此八番郡不知其指府、指州？吴使君亦無考。

夜集薛葵軒明府西巖〇《明詩綜》録。

曲磴穿叢篠，風烟憶武陵。飲能齊阮籍，嘯或似孫登。投轄留山客，呼船送嶽僧。江城無堠火，薄暮見漁燈。

焦溪雨渡〇《明詩綜》録。

遠岸平蕪緑，寒流似若邪。雨深人唤渡，春老客思家。野葛牽青蔓，溪籐落紫花。浮名是何物，漂泊又天涯。

辰陽晚泊〇《明詩綜》録。

春流似建翎，春色晚冥冥。溪菜盤飧滑，江魚匕箸腥。月來沙漸白，烟斂樹猶青。漁父方舟處，聞歌愧獨醒。

湘東

草草三湘客，遥遥萬里舟。賣蓑沙上市，曬綀水邊樓。遠影歸鴉疾，寒聲過櫓柔。白雲與紅葉，一望一層秋。

蘭谿舟中卧病

細雨平蕪緑，空江春較遲。孤舟人卧處，二月燕來時。病骨黄花瘦，愁心明月知。悠悠湖上約，又負采芳期。

台郡登帢幘峰尋黄華仙人丹井諸勝處二首

虚閣坐來久，千峰不厭看。郡形吞海壯，塔影射江寒。我託山爲幘，人疑井有丹。黄華邈何代，遺事此空壇。○伯璣曰：「結老。」

細路緣雲上，路迴雲亦重。天垂青野盡，地與赤城通。冷翠低深竹，空濤急亂松。登高兼望遠，賴此一枝筇。○伯璣曰：「五六甚佳，結入庸。」

秋日同無過諸君挐舟至惠衆寺看竹作

川路忽行盡，榜船秋樹根。斷烟生絶壑，殘日下空村。蕩近多逢雁，峰高獨聽猿。杖藜因看竹，夜打老僧門。○伯璣曰：「意象俱活。」

晚宿積翠閣

佛火照空潭，山深襆被寒。草蟲喧夜枕，林果薦秋盤。曠望情彌適，幽棲夢亦安。新霜太無賴，木葉已微丹。〇伯璣曰：「可稱名作。」

中秋與越卓凡僉憲泛月由朗溪至河洑二首

勝侶欣相命，琴觴共拍浮。月來江不夜，客老鬢先秋。遠嶼堆藍出，寒波抱珥流。木奴霜未降，緑滿洞庭舟。〇伯璣曰：「舟字佳，若洲便無謂。」

川路緣雲去，何嫌刺艇遲。銀床崔姥井，蕙帳屈原祠。對榻分詩韻，開篷捲釣絲。更尋幽處泊，莫遣素鷗疑。〇伯璣曰：「結每有態。」

贈王姬玉華

睡起聽殘鶯，紅窗漫理箏。柘枝元自媚，桃李本多情。月寫低鬟影，風摇雜佩聲。妝成恐人妒，樓上獨盈盈。〇伯璣曰：「顛倒古語，却不舊。」

洞庭夜泊石門對月三首〇《明詩綜》録第一首。

平湖涵霽景，涼月漾晴輝。樹極長天盡，雲歸別島微。燈前秋社燕，夢裏故山薇。誰念滄洲客，漂零未授衣。時燕子來舟中。

秋帆十幅蒲，蕩影入虛無。水勢雄吞楚，濤聲直到吴。釀浮元亮秫，膾斫季鷹鱸。願謝區中累，身名混釣徒。

天浮雲夢澤，路轉石門灣。鼂舫蒼葭外，魚罛淺草間。齊諧傳柳毅，楚望挹君山。今夜寒蓑月，漁歌處處閑。〇伯璣曰：「三作平平，然穩處有學力。」

西庵徑中萬竹翛然喜而賦此〇《明詩綜》録。

負杖入深竹，一盤仍一盤。鄰僧分路去，野客到門看。不雨夜尤緑，無風夏亦寒。素琴多遠思，空對此君彈。〇伯璣曰：「不雨、無風二語，恰爲此君寫照。」

鳳游寺頓持借緑軒作古崇岡地。

古寺枕崇岡，入門山滿堂。松寒如欲雨，菊晚正宜霜。一榻留人處，千燈選佛場。新詩慚杜甫，空對巳公房。

留别開府青螺郭公

客情秋色共蒼蒼，耐可離筵菊正黄。爲訪杜衡先過楚，敢云詞賦重游梁。孤猿夜嘯千峰月，匹馬寒嘶萬里霜。前路總令知己在，憐才誰似郭汾陽。〇伯璣曰：「雅有氣概。」

按：開府名子章，字相奎，號青螺，又號蠙衣生，泰和人。隆慶五年進士。萬曆二十七年巡撫貴州，時播州楊應龍叛，前撫江東之以劾罷，子章至，事事有備，播平，功居多。後奏討貴、龍、平、新間狆苗及思、銅間水銀山叛苗，平之。三十五年請終養，九上疏，再越歲乃得行。莅貴州凡十年，所設施動中民隱。尤喜奬拔士類，經其品題，率成名宿。著《黔記》六十卷，稱詳贍。有陳見義、邱登之二《序》，載《省志》。既去，貴州人爲建生祠七所，水西安氏復建懷德祠於大方，安福鄒德溥爲《記》，亦載《省志》。官至兵部尚書。田雯《黔書》云：「黔之名宦，明青螺爲之冠。」

送青螺郭公俞告還豫章

澹烟芳草送征輪，自是高堂有老親。定省百年蒙聖主，安危萬里仗勞臣。陶潛賦就寧因菊，張翰歸歟不爲蓴。出處於公關世道，還看白髮照麒麟。○伯璣曰：「如此一首亦足，近人便要四首，安得有詩情哉！」

澧蘭道中

敝裘蕭瑟劍裝輕，一望平蕪愴客情。楊柳津亭聊駐馬，梨花村館漸聞鶯。家家换火榆烟濕，處處收茶穀雨晴。湘國采芳三月路，春江如練繞春城。○伯璣曰：「宛然古人，略無痕迹。」

輓楊弨泰進士兼送旅櫬還秦中二首〔四〕

生死交情涕淚知，寒江歸櫬雨絲絲。諸生南國多蒿里，一女西京哭繐帷。世路尚遺投璧恨，主恩虚有賜環期。玄亭寂寞空秋草，載酒還誰夜問奇。○伯璣曰：「不肯出入一字。」

游魂何處怨斜曛，彩筆應修地下文。未信珠能酬鮑叔，須知劍已許徐君。素車曉度秦關月，短旐寒飛渭水雲。後夜山陽鄰笛裏，不禁清淚落紛紛。

蘭州亂後有述

年來戎馬尚縱横，野客憂時百感生。閫外椎牛聞饗士，路傍插羽見徵兵。淒風斷角吹殘壘，落日哀猿嘯廢城。滿眼流亡堪涕泗，中宵引領泰階平。○伯璣曰：「非此難結。」又曰：「尋常説去，頗似大家。」

雨中郡大夫徐公綰見枉衡門時予方卧病奉簡一首

落木蕭蕭對掩扉，廿年生計北山薇。荒城歲事初登穀，深巷人家正擣衣。上客到門題鳳去，病夫倚杖送鴻歸。菊花又釀重陽雨，安得携壺歷翠微。〇伯璣曰：「氣味寬舒。」又曰：「歷字好。」

劉廓如司理招集寺樓是夜雪又將分袂

使君美酒富千鍾，引燭徵歌興倍濃。細雨乍沈山殿磬，寒濤初捲寺門松。當年三笑溪名虎，此夜雙飛劍作龍。醉裏雪花如掌大，山窗面面失芙蓉。〇伯璣曰：「沈字。捲字宜看。」

晚登滕王閣

楓樹凋傷旅雁驚，浮雲西滿豫章城。山川已屬詞人手，樓閣猶懸帝子名。萬里帆檣天外盡，千門燈火望中明。由來信美非吾土，一度登臨百感生。〇伯璣曰：「不欲高奇是把穩處，間有落套耳。」

湯祠部義仍先生招集玉茗堂賦謝

草堂遥夜帶春星，謖謖松風韻可聽。題柱聲名高畫省，著書歲月老元亭。寒宵對雨尊仍緑，末路逢人眼倍青。懷抱爲公傾欲盡，肯言裘馬向飄零。〇伯璣曰：「似此全是七子，不見出脱。」

附臨川湯顯祖《養龍歌送謝玄瑞吴越游兼呈郭開府君》：「不見養龍之墟有靈窟，雲霧晦冥龍子出。首高三尺長丈餘，汗花如雲氣騰勃。何因得入小明王，天與皇明受英物。不可控御當如何，囊沙壓之初滅没。久乃馴習如游龍，清涼山中來九重。時平初行夕月禮，一塵不動怡天容。皇帝賜名飛越峰，烟綃貌取雲溶溶。神奇會合自有數，沙苑萬里隨遭逢。何得貴陽謝生美如此，齒至龍媒尚邊鄙。亦有東山坐安石，兼以采芝學黄綺。譚深具曉經略材，世淺安知游俠旨。江湘放客心盈盈，吴越懷人春霏霏。爲君一擊珊瑚樹，壯不如人今老矣。君不見，黔臺水鏡留青螺，一人知己將無多。但是漢家天子遠相致，辦作芝房天馬歌。」又《送謝玄瑞游吴》：「幾年空谷少聞驚，恰恰驚春得友聲。家在東山留遠色，客來南國見高情。尊開元夕花燈喜，坐對前池雪水清。萬里龍坑有雲氣，飛騰那得傍人行。」又《春夜有懷謝芝房》二絶句云：「木閣箐頭青桂枝，越人文字漢臣知。幾年元夕深杯裏，又是燈殘月落時。」「每到燈時舉一杯，參軍書去隔年回。章門便是金臺路，飛越峰前匹練來。」所謂芝房，不知是君采别字，抑别一人。附以俟考。

聽　雨

天涯留滯感居諸，借得蒲團卧佛廬。一夜涼聲孤枕雨，五更殘夢故園書。浮名我自逃中聖，盛事誰能薦子虚。漂泊最憐行役久，片帆歸去莫躊躇。○伯璣曰：「中聖、子虚頗佳。」

謁林和靖先生墓

平生夢想孤山路，此日緣何貰酒來。湖上小舟曾載鶴，橋邊殘雪已無梅。王孫徑在年年草，處士碑荒字字苔。忽憶暗香疏影句，吟魂清絶使人哀。

游韶光庵小憩餐霞閣

閣敞層陰磴道斜，芒鞋步步入青霞。山中雨散仍飛瀑，林下春歸尚落花。招隱舊聞叢桂賦，采真今到赤松家。石泉槐火閒相稱，坐對風爐自煮茶。○伯璣曰：「三四真景，餘病其淺。」

百穀先生席上送湘蘭過武林

平明折柳送仙艖，江雨江烟可奈何。握手一尊吴市酒，斷腸三疊渭城歌。蘇臺草合看麋鹿，越國村荒問苧蘿。遥憶西湖乘興處，畫橈雙動白鷗波。○伯璣曰：「不作艷歌，自是老手。」

送陳孝先東歸

壯圖容易與心違，握手旗亭淚自揮。島外諸峰乘雨出，馬前殘葉帶霜飛。三年作客空彈鋏，九月還家正授衣。世路茫茫誰國士，君歸吾亦問漁磯。○伯璣曰：「淚揮是情慘，不是襯貼語。」

黄巖舟中風濤横作艤棹江湄詰朝喜霽

萬疊烟濤島欲浮，石尤無賴暫維舟。檝頭暮雨桃花濕，港口春潮竹箭流。避浪亂帆投別浦，依人寒雁宿中州。披衣坐待江門曙，旭影曈曈射柁樓。○伯璣曰：「氣厚。」又曰：「近日布衣中七言律皖上范釣者，頗能用意在字句之外，求深，求厚，似此者是。」

贈周允慶山人君年七十，工繪事。

山翁垂老醉爲鄉，日掃藤花卧石床。兩鬢鏡中窺素雪，千峰燈下染玄霜。評詩僧去蒲團冷，看畫人來茗汁香。并道徑松皆手種，茯苓如股菟絲長。

奉送學憲虚臺蔡公校士之永嘉

漸江東去曉冥冥，夾路長松偃蓋青。蕩外晴沙留雁迹，湫邊寒雨帶龍腥。思將直道還三代，知有元言翼六經。試向玉蒼占分野，夜來牛斗避文星。

晌町送大來還昆明讀書西山

朝發瀘江暮海門，留君不住又開尊。落花飛燕逢寒食，碧草春波斷客魂。古調自憐投俗好，玄言未易與人論。篝燈憶到西山夜，半聽微鐘半暝猿。○伯璣曰：「古調句是閱歷語，非率也。」

奉常李本寧先生攝大司成事簡呈二首

蚤趨雙闕覲芙蓉，玉露金莖晚倍濃。國有孫陽堪相馬，門如元禮競登龍。條風璧水冰初判，爽氣鍾山翠且重。試就石渠論舊侶，幾人同對禁垣松。

鯉庭遺鉢太常尊，兩世親承奠璧恩。時雨又開新絳帳，歲星猶隱舊金門。閑曹分俸能餔鶴，暇日含飴只弄孫。知己自今無復恨，買絲吾欲繡平原。○伯璣曰：「二首俱雅，更喜不泛。」

寄懷永嘉何無咎

月梁何處憶東甌，夜夜題詩字字愁。避寇寸腸猿對結，懷君雙鬢鶴俱秋。歌殘桃葉空存渡，水冷梅花久不流。垂老移家傍孫楚，生涯多在酒人樓。○伯璣曰：「後半得意。」

江上二首

江天千尺波，江村一夜雨。野艇小如瓜，摇摇下南浦。

江深烟復深，茅茨隱何處？樹裏一聲雞，始知有人住。○伯璣曰：「唐人已有。」

睡　起

花壓重檐枕半攲，日高殘醉未銷時。侍兒纔換新爐火，又聽啼鶯過別枝。○伯璣曰：「似無人道。」

秋閨曲

香冷綺疏秋氣平，蟲聲切切燈花明。寒衣未製腸先斷，淚濕金刀裁不成。○伯璣曰：「深一層好。」

采　石

娥眉亭上秋霞生，娥眉亭下秋水平。騎鯨人去不復返，采石悠悠空月明。○伯璣曰：「難於高遠，只得如此。」

雨夜趙士良茂才過山齋彈琴作

瑶軫因君興轉幽，疑從三峽聽泉流。龍津橋畔蕭蕭雨，并作山堂一夜秋。○伯璣曰：「得致。」

題趙文度畫西溪梅花○《明詩綜》録。

欲雪不雪天淒淒，南枝北枝開漸齊。因訪梅花過橋去，始知春在西溪西。

彭澤懷古

五柳風高五斗輕，拂衣歸去隱方成。督郵未必能驕我，自是先生少宦情。○伯璣曰：「是。」

交水二首○據《霑益州志》録。

去去五華路，冥冥四月天。寒聲通澗雨，晚翠隔籬烟。乳燕嘈山色，飢烏啄野田。從來會心處，林木獨翛然。

亂山相對立，一望欲摩天。霢霂移秧雨，絪緼煮繭烟。酒壚多映竹，平屋半依田。未暇論幽事，煩襟已灑然。

按：交水河在雲南霑益州北，源出花山洞，即南盤江之源也。經州城東北，納諸溪水，每月夜金波蕩漾，天在水中，游者泥焉。元于此置交水縣。西南流經陸涼州、宜良縣，又南流經彌勒州、阿迷州，折而東北入廣西府，爲南盤江，下流入貴州、廣西界，會于北盤江。《漢書·地理志》：俞元池在南橋，水所出，東至毋單入温，行千九百里，即今南盤江。交水爲南盤一源。交、橋，聲猶仿佛相近。

飛雲洞○下二首據《雲巖小志》。洞已見卷二。

亂後招提喜獨存，上方鍾磬静黄昏。松穿怪石仙人掌，月覆空潭玉女盆。僧慣煮茶尋雪乳，客偏携酒對雲根。重來莫遣迷歸路，記取桃花是洞門。

再過飛雲洞

拄杖來尋物外機，月潭半嶺挂松枝。空山月出僧歸早，古洞雲深客到遲。小市且沽新釀酒，短牆猶憶舊題詩。禪燈木榻棲遲夜，此意惟應静者知。

春日泛舟牂江○下四首據《省志》録。

江路分明瀼水灣，汀花汀草破愁顔。朝憑短棹乘風去，暮逐孤篷載月還。逸興尚餘尊酒在，浮名不及釣絲閑。胡牀箕踞逢多暇，看遍南城十里山。

按：詩言濰水而題稱牂江者，《華陽國志》云：周之季世，楚威王遣將軍莊蹻，泝沅水出苴蘭以伐夜郎，植牂柯繫船，於是因名苴蘭爲牂柯國。蓋以濰出苴蘭入沅，當是莊蹻繫船處也。

披雲巖三首

晚起雲分畫墨，渠添水弄青蘋。石隙桃花笑客，茅檐燕子銜人。

巢穴環居九姓，犬牙控馭三藩。峽外乾坤錦里，烟中雞犬桃源。

水去千巖漏洩，雲興萬壑平鋪。買犢人猶帶劍，觀風我亦懸弧。

按：「披雲」，未詳所在。詩云：「環九姓」、「控三藩」，九姓長官司，洪武四年置，隸永寧宣撫，與赤水烏撒諸衛境接，正當黔、滇、蜀三省之交，是控三藩也。詩又云「水去千巖漏洩，雲興萬壑平鋪」，唯烏撒水多伏流復出。又據貴州最高處，城郭山川，常在雲氣中，巖豈在烏、赤間乎？

【校勘記】

〔一〕臺北「國家圖書館」藏莫友芝《雪鴻堂詩蒐逸》稿本首頁，莫友芝手書曰：「同治癸亥冬寓皖，借李芋僊所藏伯璣《詩慰》以校此刻，可增四十餘首，亟命彝兒録出，并李本寧一序裝入卷中，以待重編。小寒節郘亭眲叟記。」下鈐「獨山莫氏圖書」竪長方朱文印和「郘序」白文方印。

〔二〕飄飄匹練白：《四庫全書·集部·明詩綜》和《黔南叢書·雪鴻堂詩蒐逸》均作「飄颻匹練白」。
〔三〕相對説兵戈：清乾隆六年《貴州通志》卷四十五《藝文·詩》作「相對説干戈」。
〔四〕旅櫬：原誤作「旅襯」，據手稿本改。

黔詩紀略卷之十六

明

越巡撫其杰上 古近體詩八十五首

其杰，字自興，一字卓凡，又字漢房，貴陽人。蓋英之族，昇之裔也。萬曆三十四年舉人。天啓二年爲夔州府同知，值奢崇明據重慶反，遣其黨攻陷遵義諸府縣，自圍成都。巡撫朱燮元破走之，復郡、縣、衛、所數十，獨賊黨樊龍守重慶不下。副使徐如珂與秦良玉攻拔佛圖關。崇明自瀘州發卒數萬來援，如珂檄卓凡躡賊後，殺賊萬餘人，遂復重慶。以功升僉事；尋監貴州討賊軍，以與上官齟齬罷去。崇禎時，起霸州兵備副使，復中讒忌，至論戍。崇禎末起，充爲事官，監軍鳳陽。福王立，以右僉都御史巡撫東萊。八月移撫河南，兼轄潁、亳二州提督軍務。其冬蕭應訓復南陽、舞陽、泌陽、桐柏，遣子三傑獻捷。巡按陳潛夫爲授告身，勞酒鼓吹旗導出，三傑喜過望，往謁。卓凡乃故爲尊嚴，厲辭詰責，詆爲賊。三傑泣而出，謀異心。故潛夫過諸寨，皆鐃吹送迎；卓凡過之，諸寨皆閉門不出，時頗議其老憊不曉事。十二月兼巡撫汝寧、南陽、陳州三府。明年正月，總兵高傑謀由河南開歸取中原，至歸德，聞許定國遣子輸款事，招定國來會，不應；乃邀卓凡、潛夫同往睢州，定國始郊逆。卓凡誡傑勿入城，傑心輕定國，不聽。十一日果置酒伏兵殺傑。其先見亦爲時所稱。南京破，尋卒。著有《薊門》、《白門》、《横槊》、《知非》、《屢非》諸集，其詩將及萬首。《屢非》爲最後定之本。其甥楊文驄龍友曾爲選刊，今未見。其故人子吴中蕃滋大别有選本十卷未刊行者，副本僅存，今復汰其半，編爲二卷。開府性倜儻，善騎射，顧傲岸不偕於世，自許能兵。屢蹶屢起，皆傲累之。其爲詩沈思獨往，覺今古皆非，故以《屢非》名集。直諒不入亦坐於此。其《改詩》云：「不敢恕微長，雖賢猶責備。點竄盡全篇，不留初一字。」其《論詩》云：「正於離處合，不在似中求。」可以想其風尚。其《苦吟》云：「閒適方臻妙，羈愁更覺宜。」集中詩境，遂若已盡括者。取徑殊不免隘，而語必瘦刻，味每在世俗酸鹹之外。黔中先輩苦心爲詩，殆無有逾於開府者也。開府癖耽佳句，當放退多閑，其詩殆無日不作。就所詣而論，律詩勝於古詩，五言勝於七言。吴滋大編其集，附摘句一卷。古句如：「幽緘借竹開，吟緒仗花引」，「風末碧瀾輕，雨餘塵迹盥」，「故使意偏失，寧鬬眉不修」，「空江坐夜深，静聽流雲響」，「隔石細聽泉，泠泠如三嘆」，「柳爲岸所壓，終有上生時」，「若得玉人憐，平生亦不寂」，「對衆發良言，十人九不樂」，「月亦鑒余誠，微光射疏樹」，并清迥有餘味。如「疏泉鑿石暗通潮，滿地花陰微月護」，頗近小詞矣。律句五言如：「自經多難後，只想一身閑」，「程遵春草緑，意在晚山青」，「老去仍憂國，春來又别家」，「長因得意處，便作息心觀」，「五更生百念，千里況孤身」，「閑中惟富句，醉後暫無愁」，「萬里横雲處，孤身帶月行」，「心休皆賴疾，業廢反因官」，「那堪衰謝齒，還對别離杯」，「老松撐屋破，危石壓檐低」，「一山分萬狀，獨立看多時」，「何境得無壞，是人皆不閑」，「避亂人人苦，除生事事輕」，「樂必隨時付，天將柰我何」，「暮齡增是減，亂世辱爲榮」，「心中無一事，岸上有千峰」，「結茅惟石底，揮麈墮雲邊」，「勞多因巧得，智反是愁增」，「酒摇新月影，書染落花香」，「花月夙心在，雪霜今鬢殘」，「歡猶如一日，老又益三年」，「眠宜供冷石，步喜踏晴沙」，「帶露書新葉，和雲掃午陰」，「客簡同僧静，山秋似水清」，「枯柳膚仍澤，殘荷葉轉香」，「遠念書難達，知心夢可通」，「侵樓藤縱肆，避石水踟躕」，「簟軟眠應美，窗深曙獨遲」，「樹驕寒日色，草蔓没花香」，「曲沼迂延月，疏櫺細引風」，「旅客雨猶出，愁人晝反眠」，「憐人風暫定，解意月先來」，「寒將催隼擊，雨漸逼蟲喑」，「徑窄雁斜過，巖攲魚貫升」，「鳴泉聲忽寂，墜石勢如騰」，「僧貧才本色，寺廢反天然」，「山奇恒自匿，花異不輕開」，「踏雲無異石，有地只依天」。《望海》云：「地自登舟盡，天從見日知。」《落葉》云：「此時看正亂，何樹最先辭。」《江心寺》云：「秀非資草樹，孤不畏風波。」《小池》云：「天形低入地，夏氣預成秋。」《冬月》云：「閉户憐秋失，添衣當雪看。」頗近少陵而不襲其貌。七言如：「今日對君疑是夢，去年顧我恐非人」，「因事看山終有愧，無心遇飲反成歡」，「自負有心堪獨往，不因無伴苟相從」，「暫輟行吟依樹立，細將病苦問農言」，「國士門風粗自立，書生習氣未能無」，「傷心事向空門悟，失意生從隱處偷」，「沙頭喜見故鄉友，月下同吟新霽山」，「只因意合纔深取，豈爲形孤遂濫收」，「因潤移花非好事，向陽煮水當消閑」，「有意雲猶留白日，多情月不照黄昏」，「關心事匪飲能遣，得意人惟詩可招」，「水曲吞溪歸蹇緩，雲閑戀樹出林遲」，「再來未卜難知事，此去堪矜不到人」，「久知世事難憑理，微覺天心欲老才」，「在世可能塵事減，離家不覺老容增」，「别纔一載便驚久，見在初春尚未遲」，「吟殘剩有相隨月，身到應無不看花」，「或爲廚貧常擷菜，偶因藥忌暫辭茶」，「喜從静夜論詩去，約到秋清載酒來」，「荷枯欲變將殘露，菊老仍儲未盡秋」，亦宋元人瘦逸之品。山陰王思任《知非草序》：物無非彼，物無非是，自彼則不見，自知則知之，此越參憲之所以自非其詩而善據其是也。參憲女兄適楊泠然，文章功業，互相旗鼓，而命居磨蝎，亦復我馬玄黄。參憲精騎射，暢曉兵事，風角甲門，六神五色，龜蛇龍豹，蚩茫犂笏之似，具在客掌鑄軒轅。曾監軍蜀、楚，摧堅突鋭，鏖戰傳呼，與箐蠻洞獠横披數百戰，盡靡。事平，取憾忌煅燎功，首落職去。參憲亦自知之而不以語人，放眼拔足走四天下，謁名山，訪勝友，購求異書奇墨。所至逢迎，幾裂鐵門之限，時以其寄托牢騷，笑啼怨愉，發爲聲詩。然而自得天之所近，則嘗與用兵相彷佛。擊鼓其鏜，斯皇朱芾者，其發揚風雅之規乎？依依楊柳，蕭蕭馬鳴者，其恬適輕緩之度乎？朱英緑縢，陰靷鋈續者，其麗敷藻飾之工乎？四騏翼翼，以衛以匡者，其整肅節制之法乎？是故上馬則横槊，席地則談咏。遇瘴雨淫沙即可以機弩藺石，遇晴峰秀壑即可以斗酒雙柑。其所爲兵，原非老

兵之兵，則其所爲詩，亦非是詩之詩也。子輿曰：是詩也，非是之謂也。此精於謔非者也。今之作詩者，暴虎馮河已耳。知臨事而
懼，則知知非之草，知參憲之詩矣。　□□□沖然《屢非草序》：詩，道性情者也。無性情不可以言詩。然使恣情任性，無擇語，無擇
吟，亦不可以言詩。故依人而不求諸己，自是而不知其非，通病也。輓近諸君子其重氣格是也，其粗浮陳蕪非也。其探精神是也，其
淺薄窘易非也。以假氣格掩真精神，且以假精神失真氣格，襲礫而封焉，吠影而趨焉。封愈堅，趨愈卑，大雅不作固也。余與卓凡，
磨鑴此道十八年矣。卓凡於書無不讀，其才無不該，於身世變態無不經，名山大川無不歷，故其詩沈鬱頓挫，清新俊逸無不有。而卓
凡不以爲是也。學近人、學前人以爲非，至學盛唐、六朝、漢魏亦以爲非。蓋求諸己者深，故知求諸人者浮；取諸人者精，故覺取諸
己者隘；後所得者無前，乃覺前所得者有後。詩益工，心益下，氣益厚，機益靈。屢非而卓凡所獨是，天下所公是，千秋所真是，於是
乎在。噫！未易爲外人道也。　楊文驄龍友《屢非草略序》：余舅氏卓凡公，生而穎異，總角作詩，爲先子所畏。既長，益肆力。及
備公西蜀，值藺酋倡亂，身經戰陣，親冒矢石，往往於鞍馬間爲文，慷慨悲壯，所謂檄楯變風雲足以當之。性開爽，不屑細務。功成，
屢有節鉞之望。爲人所忌，至於宸怒。衆懼不測，公獨從容嘯咏，然小心敬畏，不作一怨尤語，深得處患難之道。既謫海上，日與詩
僧逸士，或杖藜出郭，或拏艇泛江，每游必詩，每詩必苦，鏤腎嘔肝，雖極刻劃，而渟蓄淵雅歸於自然，絶無矜忿之念。清音泠泠，如世
外道人，蓋養與識合，故和易自得，非由勉强。尤勤於學，夜深燈火，咿唔之聲徹户外，考諸家得失之林，觀氣運升降之故，於古今各
體，辨晰毫芒，大或數百言，小或數十，無不淋漓縱恣，擺去拘束，格標顔、謝，藻潄庾、徐，足稱作者。至咏物，寓意深遠，大有關係，
尤得詩人引古以諷之意。其禪寂似王右丞，其忠愛似杜工部，其風流似韋蘇州，其達生安命，無牢騷不平之感，又似白香山。自甲子
至今有詩五千餘首，余每聆其緒餘，如入異境，如見異寶，恨難兼收。公家貧，未能盡壽之梓，且欲藏之名山，以俟子雲。余恐世徒見
公誦法周孔，以爲文人，而不知驅駕衛霍，實過於武人；徒知公親御戎馬，以爲俠烈人，而不知究極古今，又爲風雅人。乃檢平日贈
答之餘，匯而刊之，雖九鼎不盡於一臠，而一斑亦可以窺豹，後有平心賞鑒者，當以余爲知言。　吴滋大中蕃《屢非草選序》：世之無
傲骨者，必不能有奇腸，無傲骨而有奇腸，是繞指之可以剸鐘也。豈然哉？曷觀之松與石乎？絶壁無援，澄溪寡合，疏疏落落，未嘗
近人而人自不能去之，非傲則奇，固不著也。而昔人之戒，或又以爲不足，若何耶？是傲亦有所得失也。而世之以傲而得失者，孰有

如自與先生者乎？先生，父執也。壬午過金陵，謁先生於雞鳴寺麓，平頭一揖，腰未及半，求其佩之委也了不可得。就榻數語，僅及江東米價，幾於鍜竈不顧時，已而呼酒款故人子。入祕室，有尺籍陳几案間，則先生著作也。稍稍展視，自晨及午，坐忘其久。先生見予之沈酣反覆，出一語曰：「孺子亦知此乎？何志意之寖淫也？」余急掩卷曰：「未也。入花谷而神曠，對海水而情移，初不知其所至耳。」先生曰：「有是哉！」因盡歡而罷。越日復見招，招必談詩，而余亦間出所作以質，先生亦若引而進之之恐後焉。噫！吾今乃知先生之所以失與先生之所以得也。先生以亂略奏勘定，而不免於匡衡之屢扼者，豈非以其傲哉！然其所爲詩，則恬氣靜衷，斂華就實，屢詣而輒耻其非，其於人已今古之間，有斷然者矣。先生不可一世，而折節於通家弱冠，譬之足伸圯上，其致則倨，其意則親，是先生傲其所傲，而不傲其所不傲也。先生道岸雖整，而沖襟甚坦，有廉隅而無城府，故其詩亦冰稜鐵矯，曠而能持。今別且二十餘年，其嗣携遺稿，走數千里以見示，余受而能卒業，復爲沈酣反覆焉，而後知曩者所對之佞也。先生蓋恕之矣。先生之詩幾萬首，而《知非》、《屢非》二草，則經方、馬、王、楊諸君子所審定，不可謂不核，而余猶嫌其詞旨之率複，至晚作傯尤甚，輒肆筆刪訂之。雖昔人之所謂是者，不敢盡謂爲非，然即先生之所不非者亦不敢盡以爲是，戛陳汰贅，蒼質蔚然，冷韻鏗然，天淵渟然，丘壑生姿，想見當年掀髯抵掌時也。顧非不近人，而人亦不能去之之一驗耶！我是以知奇腸之必出於傲骨也。癸卯八月。　秀水姚佺曰：「今人之詩，轉移之詩也。公詩自寫其境之所遭，心之所蓄而已，并不轉移於三唐、漢、魏之朽骨，以障開生面。然而黜其佻巧者，本之自然；謝其夸毗者，歸之實際；去其叫噪者，由乎沖虛，而音情頓挫，虛節生亮，遂乃自成大雅。」　烏程范汭《貴竹憩越漢房別業詩》：「結宇數峰間，泓亭水一灣。谷風過午冷，原樹入秋間。苔動頳麟細，花揺翠羽還。誰知于役者，彌日此開顔。」　高淳邢昉《丁丑流寇陷六合紀事次茂之韻呈越卓凡先生》：「寇壘鬱如雲，疆圉令尹分。獨將妻子去，頗訝路人云。天險憂空恃，城奸刺枉勤。廉頗思用趙，誰與鸛鵝軍。」又《酬越卓凡先生贈別》二首：「十載罷官後，猶銜去國悲。藍田射虎暇，浪泊墮鳶時。雁岫微吟處，羊何共和之。石梁歸幾日，此別已淒其。」「伊昔西南寇，人傳百戰名。三巴投袂日，五月渡瀘情。盤錯心應苦，弓藏事豈平。別離逢世難，惟有涕沾纓。」

有感

自昔將相流，篤生與衆異。不須智勇名，德福常兼備。豈有薄命人，能爲撑天事。一曲小溪邊，千竿寒竹翠。垂老尚身强，已蒙真宰賜。

戒壇墀松

蔭庇滿間墀，入門嘆奇絶。知是何時栽，暗中年歲閲。蒼翠傍衣流，蔓延如瓜瓞。凡花不敢依，娟秀宜微雪。月色助幽姸，輕風時動咽。豈乏凌雲姿，孤高易摧折。偃蹇非傲人，何嘗損峻節。

知人

自古英雄目，成敗兩不疑。若只泛然惜，知不如不知。推解豈不厚，此恩猶覺私。

放雀

群雀爲救飢，終朝籬落噪。童子動機心，張羅投所好。見利不暇詳，危機躬自蹈。口雖不能言，哀鳴如欲告。我見悲無知，生全有何道。贖歸飼庭中，飲啄兼治療。翅翎漸覺修，可以期遠到。放之廣漠鄉，諄諄爲爾教。天地頗云寬，一枝可寄傲。所需能有幾，鼎鑊以身冒。再誤實爲愚，勿被冥鴻笑。天池奮翼飛，不必環珠報。

借園

人情私自封，身外莫相匹。園亭外之外，何苦欲自昵。人我遞處中，焉能定於一。人明據其名，我潛享其實。費財役神智，人勞我翻逸。

利　害

從來利害因，相反實相比。要知得意場，即是傷心事。爵位患不高，一高叢指視。君恩患不隆，一隆多責備。何似巖下人，能爲日中睡。

改　詩

夏日永多閑，就松恣午睡。鳥驚殘夢醒，起受輕風吹。偶見昔吟詩，虚心一檢視。讀未及篇終，慚怖幾無地。蕪荒略能刊，深奥殊未至。不知當時心，何以亦得意。間有心所會，至今不可易。此帶性靈來，百中無一二。恨少同調人，披肝勤指示。從今誓改弦，曩誤期捐棄。不敢恕微長，雖賢猶責備。點竄盡全篇，不留初一字。

閑　居

心閑身亦閑，日高睡初醒。門巷闃無人，信步穿小徑。緑陰暗相交，不掃塵亦浄。幽鳥送清音，倚松恣意聽。莫謂居處寂，喧則往來競。勿謂儔侶稀，多則周旋病。有時丘壑奇，四面索我應。未必盡寥寥，曠恬終自勝。

誕前一日示客

初夏風景佳，忽驚又初度。五十七年來，回思若旦暮。其間歷不同，苦樂常相互。今人誇爲榮，不過一時遇。卑以聲色娱，高將功業樹。豈知景無多，畢竟同朝露。近居山澤中，偶亦有所悟。學仙恐太遲，未必朱顏駐。不如順運行，無喜亦無懼。閱經不兩函，焚香纔一炷。景與意相逼，自然成新句。無人閉閣眠，得友沿溪步。嵐深岫覺垂，花滿席何污。杯底緣堪謀，瓶中罄不顧。且圖我意歡，不畏家人怒。此心只求適，一適更何慕。

移怪石

嵌空發清音，光潤生寒琭。高纔盈尺餘，巖壑勢奔矗。古拙與我宜，猶存未雕璞。携歸伴琴書，几案如深谷。昔爲山中遺，今比席上玉。雖然蒙鑒賞，無乃污塵俗。猶勝棄道傍，腐朽同草木。君看璠璵姿，三獻仍勞哭。宇宙今寥寥，任耳不任目。

游花山諸勝

初去猶寰中，及來出意表。溪灣路轉深，巖合天隨小。離陸却非舟，無江自成島。松顔古復奇，石貌妍愈老。雨檻匪真寒，晴窗多僞曉。望夏秋不遲，歷冬春復早。乃知造化工，若拙實大巧。

舊甲片

野人濬河池，片甲隨手拮。磨洗認何朝，年深成寸折。想其初製時，良匠儲精鐵。鍛鍊無遺工，光逾太古雪。環連測無端，珠貫累不絕。禦矢墜寒星，眠霜湛碧月。龍鱗密密排，犀縫層層結。定衛英雄人，搴旗濺鹵血。或開草昧初，或蕩豺狼穴。汗馬總專征，至今仰餘烈。豈虞時代遷，委棄泥沙窟。氣尚夜衝天，斗垣光不滅。有時出人間，縷細如蟲嚙。只似窺豹文，一斑管中閲。誰知廢棄中，爐錘與衆别。

春日登觀象臺

春態鬱初晴，游人看漸滿。乘閑陟古臺，曳履破蒼蘚。得興身目輕，惜光步彌緩。松響朱弦鳴，苔斑錯繡展。插漢岫棱妍，壓林湖色緬。登巖舒静嘯，坐石息微喘。隱見樹纖濃，滅明峰近遠。村遥臨岸孤，徑曲循山轉。草浄露皆香，嵐深石疑軟。豪歌羨隱徒，密語同幽伴。敞豁頗宜高，陰沈翻愛晚。家無一事營，日夕恣游衍。

病小愈

人無一定操，往往爲境攖。當病未攖時，體輕殊不覺。恃其强健姿，肯受禮法縛。傷生無不爲，壯者有時弱。逮病已及身，始知向疏略。羨人步履輕，況乃恣飲酹。恐有性命憂，塵念不難約。曁乎病少間，故態又仍作。從來人願奢，至死甘銷灼。誰不忘病中，臨深而履薄。

讀　書

窮年好讀書，所事惟章句。矻矻竟何功，因多反成誤。古人有深心，若隱亦若露。就此斷簡中，精神恍可遇。但爲喧境封，不識濬靈路。近向沈静求，偶然得警悟。寒宵聽雨聲，荒館聞風怒。閴寂斷塵氛，無非證入處。

春　飲

强對百花開，意想多塞默。豈不是芳華，終不成春色。但吟入必深，元氣寧教刻。攢眉别有歡，殊非飲所得。

鶴眠桃下花落覆鶴

孤鶴映花眠，春宵清夢遠。花落細無聲，繁英覆身滿。隔籬偶一窺，艷素互深淺。丹砂只在首，今忽遍體染。落霞綴白雲，真似幾難辨。譬如草澤人，一旦膺華冕。世眼驚爲奇，雅性翻嫌點。

落　石

石奇在傲岸，一落轉增奇。豈慾障狂瀾，想見初落時。川谷皆震動，驚濤至今悲。游人恣清放，可悦不可持。仰視懸者高，得無怨自卑。詎知落反安，不似在高危。

掃桐葉

入夏緑陰森，炎威遇君失。詩人清興到，亦足供點筆。霜摧漫階庭，細響動蕭瑟。自然費除掃，時去那不黜。回思逗春風，肯信有今日。

藏　花

柔枝易受侵，雕落難坐視。遠計戒履霜，庭中預爲徙。愛深護必周，如待寒微士。幽窗無雜陳，所伴惟圖史。幸有月多情，穿窗照寒蕊。獨慚經濟疏，徒使微物倚。

友人夜集

樹陰列重幃，葉影摇細浪。冷石貌偏癯，晚花色異狀。月寒韻轉清，夜永言斯暢。憂世念原般，休心語不妄。忍看赤縣沈，徒與青山伉。學海子先窺，後塵誰敢望？數篇遠可風，一字獲必創。直溯虞之前，欲淩漢以上。既慳閫外權，暫作詞壇將。暗借宿耆箴，潛回譏忌向。未嘗爲睽孤，獨恥事依傍。互執本非徇，參調寧僞讓。無愁已勝榮，有骨纔消謗。任易涉於千，高難慨以放。人如廢虛公，我得安閒曠。

鶴二首

鶴白非因浴，一浴彌表潔。淡性雖難淄，積瑕亦慮涅。不敢爲獨清，合污非所屑。乍向清池邊，翅翎從洗刷。對影可鑒形，芳鮮自怡悦。

骨立在松陰，清羸似僧病。閒行多摇拽，兩翮如不任。稍貶飽有餘，遇投視必瞠。寧甘自忍飢，耻與雞鶩競。況乃嚇以腐，肯污潔浄性。

山游新霽

寸碧偶然生，群陰以次斂。開蔽若籍權，太虛難久點。林緑乍離濯，峰青初就染。沙篆印分明，波痕涵瀲灧。川原各競觀，草木亦知感。宿羽飛自輕，游絲揚與閃。境昭巧拓輝，象浄善供覽。曠視時處晦，高瞻獨喜淡。幽殊殫智索，怪變悉手攬。豪吟逝景留，長嘯餘晶苒。雨晴原靡常，筋力未全減。好事衆皆同，失時吾豈敢。

隙　月

皓魄常麗空，餘光分射隙。廣庭映偏多，微竇亦弗隔。照臨本不私，何處生揀擇。却訝冰輪碎，殘規散几席。隱見如有情，去來固無迹。憫默動幽人，淒清驚旅客。流輝照不妄，自處寧傷窄。研幾亦云善，守黑并非役。有時或韜光，通塞隨所適。

束　友

生平相照此肝腸，況在艱難復異鄉。從此心親形亦密，游常并出眠并牀。夜深寒月隱高樹，此景不可無我句。聲淚以外別有情，他人恐不知其故。吟到嘔聲幾絶響，此時不可無君賞。字中有意意有血，誦未終篇神惝怳。天定非關智與力，莫愁金盡無顔色。生涯烟水計未貧，縱使清貧何不得。

天然几

不加繩削天然几，伸屈隨形以意起。廣狹低昂儼夙成，無痕斧鑿疑神鬼。植根本託幽岩穴，狀若龍蛇潛糾結。採借繩橋踏破雲，玲瓏樸素稱奇絶。製成體質盡更變，水淬蠟揩光復爛。古拙猶存未盡雕，天巧人工各居半。無用化爲有用物，置身不復蓬蒿窟。象牀貝几厭繁華，翻愛渾堅多勁骨。逸人憑籍引清寤，圖史參差香一炷。若是僧房對月參，高禪不向蒲團悟。根株顛倒使人疑，順情逆性反云奇。昔日撑天今委地，就中反覆誰能知。

賣　花

幽巖自賞有孤芳，輦入都城賣道傍。花不能言我代語，托身豈得不思量。不願作豪家，檻前歌舞玩，綉幃重遮徒繫絆。一朝運去主人非，委棄荆榛空浩嘆。不願作官家，臺上耳目娱，逢迎日日費奔趨。擬把一杯相對飲，紅英零落得閑無？但願爲騷人，逸人同志友，春秋佳日時時有。清泉白石映疏籬，茗碗詩篇相對守。〇漢房七古多拙滯，惟此篇爽利合拍。

阻風行

鎮日灘頭常獨守，每嗟留滯江皋久。一朝時至際天風，解纜欣然額加手。水明山秀畫圖開，自倚輕帆鏡裏來。含笑同舟多意氣，海門不到不言回。豈知薄命多坎壈，咫尺波濤更狂逞。生平何至厭天心，空向倉皇談暇整。叩舷呼酒且高歌，人生快意能幾何！死生好惡尋常事，等閑平地亦風波。

天開巖

峰稜本是孤迥地，著艷添寒如畫意。蟄養幽光夜亦明，樹留宿葉冬仍翠。川巖無過山陰道，有此奇秀無此奥。誰闢靈虛在世間，鑿痕盡泯由天造。

棲霞寺林中獨坐

疏林落翠澹仍緬，石上留雲坐亦軟。晴峰弄色偏宜晚，清宵獨立引人遠。向焉馳騖今思返，盡倚聰明只覺淺。避喧匿静生擇選。塵累難將此法免，解開萬念自然遣。

讀王覺斯詩

抽毫字字欲追古，識地既高心益苦。盡屏淫哇返太音，日翳重磨天缺補。元氣緜緜留渾噩，精工雖極本非鑿。他人縷舉不能明，片語纔陳機踴躍。雲霧一撥長夜曉，玄微多在意言表。

力持氣運潛相維，調鼎勛名猶覺小。

鉏花留客

地如空谷室如斗，春卉秋花無不有。欲歆僮懶自澆鉏，縱隱休教閑却手。雨天轉朗晴天晦，視聽頗遠塵緣退。問余何見日欣然，笑指雲峰難置對。有客叩門未便啓，畏覓衣冠作苛禮。故知遥呼始相迎，同商韻事長松底。鳥代清歌茗代酌，談鋒互豎浄寒壑。輕衣濕露猶未知，澹月華射簾幕。

夏日范大蒙五續蘭社於三水閣分賦

蘭社初開專繪事，雖有文人猶未備。詩中有畫畫中詩，合之雙美非容易。清和夏日更初晴，招徠勿使有遺英。閣臨三水尤據勝，筆墨對此精神生。良工不肯不心苦，慘澹庵分曹兼合户。竹徑沈沈幾欲秋，毫端歷落疑風雨。意所到處筆輒會，烟翔雲流泉響沛。主人品罷更徵歌，開樽恰與清流對。肉聲畢竟勝絲竹，若續若斷敲寒玉。哀箏怨瑟叠迴環，静者忽喧喧者肅。勝會如斯可無紀，長篇短韻蟬聯起。衆體毫芒勘古今，願與同心追正始。夜深餘響落寒汀，似有魚龍暗裏聽。微雨洗月月愈白，歸途已見遥峰青。

博浪椎

未借箸，聊用椎，智非有勇不能施。大索不得，豈無幾微。圯上具眼，早已見之。運籌決勝，能自得師。

太和宫道房

層層淩架上，觀者代爲危。倚壁身千仞，登樓趾半垂。塵緣無地著，屋漏有天知。信是清虚境，只應鶴馭宜。

連雨後元夜喜月

隔歲圓先擬，連朝見頗疏。人皆思早出，天肯教終虚。鬱久情彌暢，更殘意有餘。紅塵喧若沸，得趣是閒居。

月　下

既夜翻如晝，無花似有馨。雲輕照定水，月静響空亭。交以窮來恕，心從事後惺。架書皆欲廢，能暗即爲靈。

題友人水檻

千章森夏葉，一檻枕寒流。薄翠微生榻，輕帆遠入樓。骨清終不俗，性慧反多愁。日對滄波浄，塵緣何處留。

觀　潮

陡自江門上，旋驚地軸揺。日晴雷怒振，秋淺雪山高。暢對能開滯，潛聽欲助豪。不知澄静境，何處起波濤。

別友人歸

過計仍憂國，寒衾只夢家。追歡猶較晚，儌倖已逾涯。飲散始爲酒，看殘纔是花。從兹皆暇日，天教惜年華。

愛　晴

春後每多雨，客中偏愛晴。梵喧妨曉睡，竹密稱閒行。心息詩仍感，吟成氣轉平。細觀庭樹意，各自有衰榮。

寄相知

卧尚思邀月，詩多是惜春。豈無心出世，未有策資身。事只求於我，愁難説向人。惟君饒曠識，或信此言真。

送　客

送客來清澗，維舟近緑楊。孤雲隨使節，幾日到家鄉。不必憂吾道，惟應問彼蒼。關心多少事，臨語盡皆忘。

新　居

老境秋仍健，閑門晝獨長。隔雲峰欲動，釀露竹能香。逸興憑花引，深心借酒藏。月明同一照，何處是吾鄉？

高明柱招飲署中精舍○明柱已見君采詩按。

花鳥雖微事，經綸覷一斑。纔添三徑竹，如入幾重山。好客終難雜，憂時反愛閑。幽窗同款語，不信宦途艱。

月

雨久難輕見，雲稠或礙全。終明何恨晦，不缺豈能圓。冷澹皆成韻，孤高反覺妍。誰爲絶勝地，秋浄碧江天。

贈　春

物意欣欣動，春光寂寂回。纔能幾日隔，又見百花開。頻使我悲喜，不禁君往來。欲尋最上策，只有掌中杯。

徐州渡河

回首頻南望，逢人漸北聲。昨聞猶小險，今到試新平。山色移時變，河名逐地更。悠悠勞幹濟，誰復解澄清。

秋日登閣

薄暮登高閣，新秋似故園。初行出塞路，畏聽憶家言。想極翻無夢，思沈但有魂。空庭群吏散，寂寂掩重門。

屢出

屢出皆緣迫，孤操實未堅。咎難偏恕己，孽豈盡由天。慮禍無今日，知幾愧昔賢。舞文雖太刻，終不到花邊。

除夕前一日

淹留嗟浪迹，迅速感流光。將盡冬三月，纔留歷兩行。苦中惟我樂，閑處看人忙。時序知歸去，吾何久異鄉。

得家書

題處垂雙淚，携來歷萬峰。人從今日至，書是去年封。別久情難悉，愁深語自重。不歸應有説，休誤怪心慵。

將出都

老驥初辭勒，秋鷹已脱鞲。縱横如意去，頃刻亦難留。酒後仍能句，花時尚喜游。肝腸隨處合。實實海堪浮。

晝坐

一編新睡足，五字獨惺初。解悟翻存酒，聰明不在書。静非除鳥語，懶正愛人疏。寂坐知宵永，如年信匪虚。

家人至

欲取風雲際，那虞骨相屯。淚垂惟默制，心折敢明言。濟變慮人少，得書知我存。細追當日意，何不掩柴門。

發都門

敗名非盡放，得意豈皆才。今日何難去，初心不願來。誰知高士徑，還爲野人開。海月多先上，深深照酒杯。

茌平

時雖逢豫大，命合老驅馳。小市罷常蚤，孤城啓獨遲。休嗔人已甚，莫嘆數何奇。但恐辜春色，憑輿進一卮。

臨淮晚渡

天邊投宿處，木杪見船行。鳥息人猶去，波平月欲生。静觀臨水樹，默動住山情。所幸身無累，飄然一葉輕。

天竺

穿竹窺巖岫，分流入殿庭。烟濃僧影濕，谷秀藥苗靈。細瀑鳴琴和，幽禽止語聽。心魂潛受濯，不自意能惺。

鰲柱閣觀海

峰頭望不極，蠡測信難窺。地自登舟盡，天從見月知。目窮憑意攝，境曠使心怡。莫道風波險，風波却有時。

送　别

近事皆難定，前謀已覺非。許時憐我滯，連日羨人歸。但有魂相逐，應無涕可揮。不知神默往，夜夜夢荆扉。

栖霞寺贈友

山中聞見别，静證感彌深。鶴俗纔能舞，僧高不在吟。如何教世眼，容易識閑心。若有興衰念，須從響外尋。

聞遠琴

風高音遠落，曲罷響難銷。況是閒人耳，兼逢霽月宵。無聲翻勝有，近聽不如遥。一洗喧闐響，誰知愛寂寥。

静　坐

竹密風仍度，苔侵石漸斑。從容開静室，仿佛在深山。無事念常寂，不吟心更閑。如斯遺日月，頗勝藥留顔。

秋

風雨千聲過，園林一夜新。頗欣瞻爽氣，尤惜擲佳辰。念舊數存没，憂時感屈伸。想天留暇日，原以待騷人。

由燕磯至栖霞

欲盡諸峰勝，須邀數日晴。秋江濤易怒，陽嶺樹先榮。豈料無心約，翻为得意行。幾多來往客，未悉此中情。

春日閑游

乍暖舒衫受，初晴却扇遮。清思縈碧落，倦眼醉桃花。烟細添峰秀，潮生減岸沙。芳菲常攬念，結夢亦山家。

暖室梅花

盆花藏反露，座語款生温。人力能司命，春光不任恩。纔添幾點秀，何異在孤村。酬對知非淺，清吟罄緑樽。

晚樹歸鴉

倦多愁日暮，歸自覺身輕。晚景宜知息，空林何事争。帶聲飛越次，亂眼數難明。獨立花陰看，閑愁却自生。

蝶采繪花

花路偶相失，隨風入畫廊。騾驚生意動，誤認彩痕香。迷眼安能辨，閒心反類忙。夕陽虛罷采，可惜負群芳。

園居

衣輕沾野翠，舄爽碎雲瀾。幽響因林接，殘花以葉攢。身閑易取境，想静難尋端。未必如槁木，逢喧反不歡。

編籬

防缺聊成界，聯疏别借叢。示人非不廣，與俗亦難同。約束花無外，遮留鳥在中。園翁如肯過，一膜久銷融。

夏園

夏園當久霽，炎色逼深篁。幸有不虞雨，能生非分涼。麗花新鳥界，騍水拓魚疆。旋汲清泠煮，披襟受緑香。

訪友山中

思非見不已，路縱遠須尋。獨往過清澗，幾回息緑陰。且煩長寂鏡，略省久迷心。始悟修持法，隨緣證入深。

論詩

學問聊爲借，聰明反欲捐。悟來方自得，妙處不能傳。水月光無著，池塘夢偶圓。要知好消息，多在静閑邊。

夜聽趙姬彈琴

含情獨有在，寫怨遞無休。玉指幾尖動，清泉萬斛流。彌增深夜寂，易感旅人愁。庭竹分餘響，蕭蕭欲報秋。

花影

致多因月好，摇不受風吹。虚活生閑壁，交加上小墀。幻真難定相，隱見各隨時。未肯輕投暗，無心任密移。

除夕

簾摇高燭静，漏度冷雲遲。連日詩多感，隔宵年又移。勳名將壽補，吉慶以閑爲。坐惜殘更盡，清吟當舉卮。

贈人

溪邊白石路，樹杪緑陰廬。暇日聊評酒，閑心不著書。月愁看欲蔽，天忌洩無餘。落木留真意，繁文自覺疏。

讀友詩

有託人難喻，無媒世豈知。可憐娛性物，徒作博名資。天忍清時寂，誰扶雅道衰。孤光成獨賞，持此復何爲。

蜀功定後賦謝友二首

度情無甚遠，所見略相同。遂使非常事，輕成不意中。惜才多難日，仗義古人風。豈是私爲暱，皆緣臭味通。

本欲名垂竹，翻令勢觸藩。非君能執法，何自不孤恩。事豈難于任，時猶未敢言。慚無經世略，那稱賁丘園。

別友

夏去江猶熱，秋深葉又飛。雖然難久住，不忍遽言歸。强促晨裝去，終留夕夢依。功成長揖退，同掩故園扉。

歸興

山春容頓改，江雨意難平。客道愁中遠，歸舟分外輕。漁樵隨地可，將相祝天生。但乞安身穩，鶯花不世情。

黔詩紀略卷之十七

明

越巡撫其杰下近體詩一百四十一首

渡　江

渡江猶未晚，歸路已非遐。浦静先迎月，烟輕巧蔽花。見山何異里，登舫即爲家。夜色知難寢，行吟遍水涯。

十七夜泛西湖

泊荷紅滿席，蔭樹緑侵船。此地詩應異，今宵月尚圓。香中連影渡，空外有音傳。静侣能同調，清歌亦悄然。

除夕夜坐

頻年皆在路，此日暫歸山。四序隔宵改，幾人今夜閑。難留歲少住，似送客遄還。燈火青熒坐，塵氛百不關。

晚游宿田家

雲香深染幘，花氣暗沾衣。村犬隨人吠，山蜂逐客飛。柴門新月上，荷篠晚耘歸。暫就田家宿，欣然進蕨薇。

品　香

良枯非一品，賞鑒必於倫。所貴存幽識，還如辨逸人。静中窺淡遠，烟外得清真。臭味宜相入，花陰伴句新。

閉　門

躁閑無一定，門閉即山中。任客頻來訪，閽人莫漫通。常於文字外，默悟性情功。得意堪誰語，循行遍藥叢。

久雨霽後野望

偶霽三旬雨，纔鈎一日簾。分清遺水態，染緑上松髯。花返將殘艷，峰無不秀尖。吟窗深静想，秋令許春兼。

雨後郊行看花

只恐遂成緑，情難與衆同。青郊一雨後，白袷萬花中。間或因詩逸，非徒以飲雄。文心原自淡，何故醉香濃。

山寺晚坐

浮嵐千嶺静，晚色半窗横。遠水爲天幻，柔吹遞籟輕。月分殘照影，泉續斷鐘聲。静省方知誤，沈迷認作明。

夜坐聞流寇緊報

愁中多不睡，局外亦憂時。夜響静能作，庭波月所爲。論才難屈指，感事易攢眉。戡定須奇略，天將付與誰？

酬　對

爲客原無繫，依僧漸習空。盡將諸事廢，只博一聯工。經雨月彌白，辭春花尚紅。但逢供景處，酬對極從容。

宿友齋

秋傍閑階至，曉從虚牖生。不聞人一語，惟有樹千聲。慧始知清福，忘非缺道情。并將章句廢，恐以役聰明。

柬　友

交疏何異水，居僻亦如山。訪友遠猶赴，借書遲不還。只緣無過想，故得有餘閑。果定幽栖志，巢由伯仲間。

歲暮二首

千里寄難穩，一年冬又殘。風枝連影動，水鳥帶聲寒。景與常時異，清宜另眼看。飛鳴各有候，容膝且圖安。

未得游昭曠，都緣有過求。是人皆可與，何事見爲愁。艷想不歸淡，文心終涉浮。静中聽默運，取象在虛舟。

與僧聽樹聲

古樹迎秋咽，禪扉盡日扃。聲先惟我解，寂處共僧聽。落葉翻成静，馳光忽似停。往來人不絶，此意更誰惺。

夜　坐

窗葉密藏羽，庭柯疏漏蟾。氣和詩不怨，心息夢皆恬。靈似因清鑿，福難將慧兼。空墀原自浄，花影細爲添。○鄭珍曰：「我讀公詩，每二百年後如聞怨聲，無乃氣不和心不息乎！能者不言，於此益信。」

舟　中

閑舟耳目静，四應各從容。篷響潛聽雨，雲開細數峰。疾行衝雁鶩，半寢雜蛟龍。擊楫非前度，滔滔任所從。

秋　興

但使從心適，何辭與世違。林巒秋色異，視聽晚窗微。衰葉爭餘緑，殘花引細輝。吟清非泛涉，却有可相依。

溪館冬夜

潛分溪作沼，别有徑通林。静渚寒添色，斜階月送陰。長閑開慧想，偶觸動微吟。章句曾何益，頻年誤用心。

冬　日

虚室結爲響，寒雲疊似波。夜惟閑益永，日近晚方和。新什病難已，故人貧亦過。梅花如解意，開向静窗多。

冬　夜

漸埋雲外照，半掩竹間扉。澗凍聲常細，燈寒影亦微。久閑彌厭擾，不誤豈知非。默對爐烟坐，梅花有静機。

夜　坐

老畏離鄉遠，真嫌涉世難。豈堪虚壯歲，無益事柔翰。慧性從教蝕，危機自謂安。試於清夜省，一葦渡驚湍。

友人山莊

數曲依流水，千峰繞竹房。茗甌傾岳色，硯滴貯天光。悟不因書得，才翻以拙藏。君雖欲忘世，世豈遂相忘。

送　友

別路輕千里，離情倩一杯。獨饒經濟略，能使晦暝開。達士多行志，讒人亦愛才。未應憂鑿枘，遽爾涉徘徊。

答　友

天憐猶賜健，世棄未湮名。無處可容立，有田胡不耕？晴霄清鶴唳，醉後減猿聲。每遇多佳日，江山一杖行。

友人過訪留飲

偶遇同盟友，初從帝里來。無窮憂國念，有數濟時才。小飲因成暢，清歌反似哀。笑顏長寂寂，今日暫爲開。

清　閑

一挂塵中迹，久虛江上山。人皆營貴顯，天獨吝清閑。不帶餐霞骨，難居積翠間。每擊孤杖出，深夜未知還。

新　月

弄晴纖碧照，瀉影一鈎寒。光細終當盛，弦初反類殘。無雲仍淺露，隔日不同看。獨有離人見，翻驚節候闌。

夏日池上坐

高峰映帶遠，分翠到庭柯。爽自鍾情竹，花應屈指荷。閑依清沼坐，照見晚愁多。除是無營侶，方知曳杖過。

新　荷

對深幾出語，極静若沈思。麗外含芳韻，清中帶艷姿。翻生欲落想，恐到盡開時。不染成真性，香光似可遺。

秋日將遠行

興逸恒思月，炎深又釀秋。此時游欲遠，隨處亂堪憂。句苦無人解，身閑得自由。空江生晚翠，留伴客乘舟。

贈　友

晝盡侵於夜，登窮繼以舟。性靈雲水静，氣運管弦留。道廣歸如市，交嚴坐似秋。亦嘗憂統系，此外不知愁。

早　春

未敢恣高卧，惟愁負早春。林摇清影薄，樹染石光新。遍約少同侣，獨游何俟人。佳辰多易邁，肯待不閑身。

秋　懷

樹深閑鎖院，莎淺浄無塵。世以勞爲樂，身於逸不親。浄延清入夢，冷逼瘦隨人。一雨窗前過，天教换筆新。

冬夜宿友齋

亦在人寰裏，獨無塵事牽。自添焚麝火，看汲煮茶泉。静夜觀空坐，高齋聽雪眠。心靈多畏役，并欲廢遺編。

即　事

罷誦聲猶在，開門客到遲。苔荒閑步得，葉落静窗知。守淡能窺道，求艱未盡詩。依僧多悟遠，但恐習難移。

逼　冬

逼冬人少暇，阻雪意翻閑。笑對梅花坐，重將篋草删。詩工難造拙，識浄易鄰頑。簾月動清影，幽沈生夜顔。

戊寅元日四首

曙色欺殘燎，餘香靄瑞烟。客稀門半啓，起早日中眠。世局嫌多事，詩才愧少年。春痕何處見，物意覺欣然。

避人關竹户，領鶴步芳塘。逐便拈書史，隨宜設茗香。不求釀黍法，但問養花方。故舊能相念，清言到夕陽。

微和薰菜甲，淺旭護花陰。怡老衷何慕，憂時感尚深。願銷鋒燧色，得慰薛蘿心。曾與山僧約，雲中亦寄音。

草茁初含意，梅融欲變柯。入春冬未遠，近午日方和。節序老尤速，咏吟閑自多。太平如可見，鼓腹願爲歌。

初春即事

爐烟歸坐細，竹日射窗斜。偶譜無聲調，常供得意花。人愁思學道，世亂不營家。欲踐春游約，關心是晚霞。

墻　缺

一間偶然缺，曠然成坦夷。容山歸幕小，愛月入簾敧。園亦我潛共，花非鄰可私。人持通達見，分別復何爲？

新歲見新月

度歲纔三夕，流光又一新。最閑惟此夜，先見是何人。浴雪帶餘冷，明光艷早春。蘿軒茶酒外，似覺得其神。

花　朝

幸逢佳節近，反使素心違。若待事皆畢，焉知花不飛。樽前清話久，月上始言歸。欲遂無營性，村居或庶幾。

春日閑居

古樹依頹屋，新芳發舊柯。花飛心易感，春暖氣終和。避亂家爲累，求閑句亦多。采芝非不決，遺恨是山河。

寄　友

每值月明夜，長思天際人。抒衷徒有字，會面杳無因。一死難酬國，千峰不了身。細商潛見理，何計出風塵。

曉　鐘

催星沈曙塞，涌日上寒山。韻盡鳥皆動，聽殘人不閑。傳聲醒醉介，破夢淺深間。獨有長征者，聞君即慘顔。

夏日閉門二首

閉門依緑樹，徙枕就清陰。記性老多鈍，吟情静自深。并將疏雅事，不欲擾間心。獨負川巖癖，秋來擬細尋。

竹密巧辭日，花遲遥戀春。惜惟閑不學，好是宦仍貧。世外應酬簡，静中消息真。松風涼午夢，誰識善藏身。

新拓書室二首

曲圃流紆引，疏籬薜巧編。花開非舊境，客至訝新遷。容膝無求備，怡情小改弦。并書俱不著，日就北窗眠。

寬留栽藥地，紆植避人籬。古石和雲徙，新花帶露移。心超常若寄，指點不經思。別有安身處，塵中恐未知。

秋　夜

涼夜清難坐，明星聚欲移。亂翻鴻度月，暗響葉辭枝。事去知非晚，年衰學道遲。秋風堪寄目，因與逸人期。

憶向游處

曾游靈谷邃，不覺晚汀遐。石嫩餐霜老，峰端帶霧斜。至今猶憶洞，應有未尋花。豈是秦時客，深居水一涯。

江上逢友

豈料青林上，剛逢碧月前。江清愁欲洗，石冷醉堪眠。別我成多日，因君憶少年。游期那可恨，須及早秋天。

住　山

地勝逢皆異，山清住轉深。披襟延淺籟，移席就濃陰。定發閑中慧，花開悟後吟。衰榮聽自取，造化果何心。

有請即席分韻示之

欲集諸家勝，須從百鍊賡。有時還自至，終日竟難成。境涉心猶隔，思窮緒始呈。如何將不朽，輕向目前争。

秋夜坐

掩户人皆息，藏林月半明。閑行看樹影，不寐坐蟲聲。年漸因循去，道非悠忽成。笑將終盡物，欲與太虚争。

落葉二首

當其矜艷日，豈料有兹辰。轉盼分高下，移時異故新。帶聲驚鶴夢，連影匿蛩身。不盡關情處，秋風渭水濱。

嶺樹傳聲遠，江楓託咏深。延風愁集響，漏月愛無陰。夜永摇鄉思，天晴間搗砧。喜悲隨所觸，入耳各爲音。

歲　暮

好缺原天道，求全自世情。亦知隨衆計，未必剖心明。奇物應從晦，高人反畏名。不看文豹隱，藏霧幾曾輕。

睡鸚鵡

適喜無客到，傳呼得暫閑。如何消白晝，聊且夢青山。與蝶同蘧化，憎風屢喚還。應逢舊儔侶，留戀翠嵐間。

樹萱

密竹深藏屋，修蘿巧約門。鷺飢窺沼静，蜂窘撲窗喧。石懶仍存傲，花嬌欲共言。無憂何用忘，不樹北堂萱。

秋日

細勘閑中事，方知隱處幽，枯荷留聽雨，老菊借延秋。友密生前契，詩艱理外求。曉林霜葉淡，紅色入窗流。

開甕獨飲

香氣初浮甕，清聲碎滴罍。偷將雙眼望，或有一人來。月懶終遲上，花羞只半開。層層空翠裏，孤飲兩三杯。

偶逢

費想已經多日，偶逢不過片時。難留似電尤速，易失如風即馳。太慎每成後悔，重言反得深疑。總教夜夢空好，未免終屬遥思。

秋　日

疏慵不揣出巖阿，自蹈危機且奈何。霜信連朝催病葉，雨心深夜戰殘柯。客中無友窮逾甚，言下逢僧悟已多。生計尚饒千頃潤，早從綸竹問烟波。

雨晴野步

秋落高林漸欲殘，新晴處處引奇觀。喜隨流水沿溪步，恐盡青山倚杖看。偶見幽巖開異想，暗分遠岫入詩寒。鐘催樹杪浮佳月，露坐同僧到夜闌。

殘　春

殘春何處可追尋，院鎖苔痕一逕深。誦罷帙書看草色，夢回移枕就松陰。禪機反不遺蒙識，造物偏多忌巧心。認取目前生意足，縱無巖壑也森沉。

衆友小飲步月

勞勞何事役風塵，非去非留寄此身。詩到秋來多帶感，江當雨後尚餘嗔。無心偶遇花間酌，不約而同月下人。未必和光皆自貶，忘機頗覺世堪親。

春天積雨

只覺爐烟意與親，閉門偏稱此閑身。春天積雨愁於我，夜月迷雲懶見人。冷似三秋催雁日，清無一點污花塵。江流恰喜平鋪滿，歸舫争看碧浪新。

訪　友

草封山徑費孤尋，隱隱茅齋在碧林。映竹俗情看亦雅，隔花淺塢見疑深。千杯尚少非真隱，一字難成是苦吟。只道超然泥滓外，焉知鑄世有微心。

贈　友

庭館蕭疏若野村，幽人愛寂自除喧。詩非奇傲寧無作，客若尋常只閉門。墮月摇墀光盡碎，閑雲依坐影微温。韻能脱俗兼追古，名士風流賴此存。

見友人兄弟有感

灰懶情懷病易魔，同心咫尺倦相過。清宵不寐翻朝卧，痛哭難明且浩歌。畏我友朋歡較少，見人兄弟感偏多。當時若掉輕舟去，容與烟江奈爾何。

春暮看花

深閉閑庭念歲華，屐痕今始踏晴沙。豈知約客先儲酒，反在他人後看花。似畫江山徒付夢，如僧踪迹不思家。傷離强制筵前淚，畏聽離群獨噪鴉。

初至定海〇定海蓋卓凡戍所。

雲海蒼蒼易慘神，耽吟反覺見聞新。江湖自昔多羈旅，造化何心欲困人。三徑縱歸終是客，百年不朽恐非身。輕舠出没青蘋裏，絶似長安撲面塵。

九日居寺

暮年尤覺惜佳辰，秋色離懷怨略均。多雨多風荒寺景，不言不笑憶家人。交雖易與終存淡，事到難忘只飲醇。起視菊叢猶寂寂，先開先帶一分顰。

閑步海雲庵

金宮咫尺任探尋，路入烟嵐曲自深。景在城中翻似野，秋當霽後亦常陰。愛閑以飲爲多事，任放除詩不用心。此地倘容虛一席，獨支高枕聽潮音。

游　山

纔見青山便解頤，嵐裝岫影逐時移。幾撑月破防松折，欲墮江流代石危。聲雜竹泉聽不辨，友兼儒釋趣皆宜。閑吟無用煩雕刻，秋色分明譜出詩。

故人過訪

不必今朝意始親，入門便可使眉伸。窗能用晦非憎月，花或含香擬待春。訂友閑中何至泛，憂時局外反多真。莫容奚病容奚福，已倖青山伴此身。

小園雨後閑步

雨止輕鞋破壁茸，僻園不與市廛通。藥心灌後抽新緑，花眼樽前綻淺紅。一笑自教人意愜，多愁何益客途窮。荒榛亦可令生悟，誰解閑行向此中。

小亭夏日

鑿窗輕破碧雲岑，委宛循蹊路轉深。亭不見花香暗襲，樹雖多籟響俱沈。粗酬世事何妨道，苦好清吟亦累心。獨手一篇消午睡，屢遷高枕就濃陰。

初秋池上

烟輕風細引孤情，獨向池邊繞樹行。荷上露團涼有信，竹間雲墮夜成聲。無愁亦但憑秋至，不飲争消得月明。猶恐或虛游覽事，擬將雙屐踏高城。

夏夜寄友

獨步高原野望寬，遠林風落晚霞殘。葉聲似雨晴天晦，月色如霜夏夜寒。痛飲本非無意託，苦吟翻作不情看。悠悠誰復知衷曲，幾許幽懷欲寄難。

冬　夜

卧聞煮雪響溪聲，静處靈機觸即生。梅老不花神亦秀，月寒臨水韻彌清。案供石意存微傲，窗嬝蘿陰忌太明。近怪吟餘分夜色，冰霜出句苦難成。

元　日

和生雪後氣將匀，不見春痕却是春。老怪性情翻似少，舊移聞見又成新。知交漸少驚身獨，閱歷彌多嘆迹陳。羽檄紛馳需智勇，天留迂拙作閑人。

春光

寂寂春光隔絳紗，篆烟輕嫋半窗斜。鄉園久别難爲業，雲水粗安暫作家。總有閑心賒月色，難將醒眼送梨花。清吟太苦微傷刻，静對方知亦是瑕。

楊龍友園

危峰抱牖墮嵐侵，獨坐從移茂樹陰。亭奥豈容人數過，徑深幾不自知尋。詣能一往非無意，詩取群疑爲苦心。居在烟中何路入，倚笻空望夕陽岑。

溪邊晚步

得共詩流興未孤，窮看峰色到溪隅。新荷出水同心浄，老樹支烟比貌癯。入句采山偏愛晚，避喧取路不辭迂。從朝及暮皆吟賞，更有人間似此無。

送道友

安得誅茅共一林，虚窗半掩緑蘿陰。逢人歷歷但謀面，舉世悠悠誰有心。情重亦由窺道淺，别難翻恨締交深。花開洞口雖相待，莫使千山以夢尋。

夜坐

每值良宵念轉清，細觀物理坐仍行。夜閑有月彌增韻，林静無風亦自聲。難割情多不如少，忘機性暗反勝明。階墀本是空虚地，花影何從得横生。

秋夜登水邊高臺

園亭久飲厭平平，同上高臺爽頓生。反動池痕侵牖亂，倒聽人語落波輕。秋當静夜光偏肅，月到圓時韻獨清。醉眼誤看相似處，摇摇難禁故山情。

秋日病起

門掩斜陽鳥雀驕，瘦梧翻碧影蕭蕭。難將霽色供愁用，可惜秋光以病消。雅到花叢無俗韻，舊鋤藥圃長新苗。山僧尚悉形非弱，雲外遺音屢見招。

夏園久坐

雲房深映藕花間，静掩柴門緑一灣。禽語不容當曉夢，吟懷肯放過春閑。樂幽可笑身居市，得句無如住在山。任使游人窺岸幘，槿籬儼敞幾重關。

將别園

無日山扉無鳥音，猶言山態不能深。函惟友示餐霞韻，坐恐人分匝地陰。花少已非來看意。歸遄豈滿欲游心。預愁他夜離清月，獨使寒光照碧林。

春暮出游

花浥烟姿浣夙塵，鶯酣露潤哢餘新。莫將孤意負佳日，能得幾回留晚春。預選林中無雜地，更邀世外不羈人。雲窺樹隙寂巖坐，除却清吟非所親。

與友談禪

紛紛兩地總徒然，浄理原同出水蓮。琢句雖清終口業，愛山近淡亦情緣。能饒道眼方知道，不執禪心即是禪。寂歷孤燈照深意，蠹魚未悟老殘編。

過友園

幽情豈在遠離城，蕭寂門庭水共清。松到午時成暮色，泉於夏夜作秋聲。閑心取友多收曠，静眼觀人不徇名。就裏自懸陶世法，孤高恐未盡生平。

秋園夜步

與僧潛約晚開關，緩步清言翠靄間。定水月明成白路，密林烟重擁寒山。人非歷患心難歇，夜必經秋趣始閑。静耳頻爲葉響誤，晴宵何得雨聲潺。

贈　友

天生骨力自蕭森，歷遍諸緣肯受侵。未出先營歸隱地，雖通不易退藏心。非無氣俠嫌微淺，只有文章契最深。素月良宵逢至友，一庭蒼碧佐幽吟。

野　塢

柳封花鎖碧重重，野塢深藏徑暗通。悟道非由文字力，養生亦借术芝功。事求日損初非拙，句出天成轉覺工。何處可窺圓應體，滿池雲影水原空。

過友園

自成小築在花間，咫尺藏幽歷幾灣。蝶夢蘧殘秋枕寂，雞談聽罷曉窗閑。於詩得意多因月，與俗分途不盡山。偶擷菊英留客泛，頻催更漏未言還。

秋盡對殘菊

又是寒生短焰初，喜親慧業習難除。秋當欲盡情無限，花對將殘韻有餘。吐我欲言詩或曠，取人所棄見非疏。蕭然一榻孤燈坐，不必冥心亦晏如。

冬日同友游棲霞

露洗塵封浄碧苔，寒巖有意待君來。山川不許粗心入，冰雪潛將慧識開。得受浄緣真係福，能參游理亦徵才。古人尚覺非全達，往往登臨易動哀。

天開巖作

細閲山川亦費思，幽巖磅礴解衣時。微開峭壁天隨狹，乍轉虚嵐石盡移。欲使衆知詩覺淺，曾經人到境非奇。閑心異境應相稱，一入城中不可私。○末句恐有誤字。

由靈谷至燕磯

路入松陰屢折旋，一汀輕罩養花烟。心期選勝何辭步，興到搴芳偶上船。清福纔知工嘯咏，無才不稱住林泉。陽秋未必皆人事，默戲山林亦有權。

泛舟遇客

山情相引挂帆先，曲曲波光送客妍。林匿頽烟常暝晝，溪呑驟雨忽高船。登臨有待由前定，主客無心出偶然。況是林丘皆識面，難虚此會莫空還。

客　窗

窗隙微開接茂林，禽言砧韻各爲音。曉燈半暗知吟苦，秋草先疏覺露深。久罷排閶原有意，不辭伏案是何心。情期一往能超詣，試向聲希味淡尋。

贈　友

門庭肅肅晝常闗，惟有詞人得往還。立論每超文字外，持身不在步趨間。終歸默境猶存句，力屏塵情只愛山。除却著書皆暇日，野雲翻覺讓君閑。

月夜西湖泛舟

緑陰茂密不遮樓，日擁殘書坐較讎。碧月將升方問酒，游人欲散始登舟。離喧趣向清中會，刻意詩從景外求。山若有靈應見許，爲言此舉亦風流。

早　春

去歲韶光在眼前，開簾又是早春天。舊書忘後生新悟，老態增時憶少年。社有分題催搦管，門無雜客任高眠。法王禮罷閑清晝，帶笑尋梅到水邊。

贈友

偶遇新知勝握蘭，挑燈款語漏將殘。時危反覺功名累，世亂誰言隱逸安。笑口求開惟酒社，雄心欲耗只詞壇。詩逢敵手真難避，縱老猶當一據鞍。

夕霽

溪鍾帶雨出林遲，自啓荆扉一杖隨。雲影乍開成夕霽，月痕誤認作朝曦。酒珍只爲剛逢節，花好翻因已過時。洗净平沙宜緩步，野容淡遠夜方知。

示友

啼笑隨時兩弗能，秋峰半在户中登。巧尋捷徑非真隱，誤達空函是小懲。恥拾曾經人道語，喜逢不坐佛前僧。休論皓魄通宵對，晦夜猶吹照雨燈。○幾於一舉筆即贊自詩，亦太矜貴矣。此意頗嫌數見不鮮。

訪友

聞移居在碧溪潯，夏日携詩獨往尋。微映松筠饒有致，不藏洞壑自然深。誰云道念原存默，未必仙人盡廢吟。商確既投相視笑，階前時下一幽禽。

苦吟

遺教夫何始，深衷可代披。性靈原不朽，風雅在潛追。直以明吾志，非徒解世頤。筆端呈造化，胸次足爐錘。代降憑推挽，經殘仗鼓吹。八音同奏響，獨繭自抽絲。但襲聲華壯，翻令氣格卑。言微虞鬼笑，旨遠耐人思。閑適方臻妙，羈愁更覺宜。境真情自會，意到筆相隨。欲擅千秋絶，何妨一世疑。鐫劖天或忌，寄托衆難知。定慧通禪寂，機緘露笑嬉。多從言外得，未許管中窺。烟月開清悟，松筠寫勁姿。嘔心常見少，信手或增奇。往往人難訴，沾沾已自怡。賞音隨所遇，樂此不爲疲。

秦淮夜泛

景色層層異，周旋欲亂眸。樹携新月上，水簇細烟浮。暫傍偷窺牖，遥看誤認樓。人多忘自顧，趣反在鄰舟。窺惜簾櫳迅，歌餘拍韻流。殊觀方覺過，改岸不知流。心目潛相感，香光意外收。

舟中夜行

既夜無分曉，雖行却是眠。瞑心經叠浪，載夢入寒烟。境浄機翻動，含虚應自圓。棹歌頹枕接，峰翠暗窗懸。念懶遲求旦，吟殘罷叩舷。問人知漏易，聞語覺程遷。似在風波外，超於去住先。只因情用晦，免使慮紛然。

贈故人

十年淹客邸，雙眼到君明。豈謂還山後，猶尋舊日盟。散才徒迕世，隱俠反知名。試問幾人在，誰言一笑輕。秋宵閑有得，古寺坐生情。竹瘦逾增態，江寒不敢聲。静看叢棘烏，何事苦相争。

江行二十八韻

解纜乘流去，揚舲過島前。朝霞浮遠嶼，初日躍寒烟。事簡惟端坐，神閑每叩舷。嵐飛沾袖重，虹飲隔窗蜷。渚卉無非緑，洲花各自妍。樹青新沐雨，江白遠吞天。隤岸驚宵夢，恬波穩晝眠。巖虚通宿霧，石狹束鳴泉。蔭木朝成夕，洄流去似還。瀾頽煩力挽，風便省人牽。翠送遥岑竹，紅來近浦蓮。晨開占雨脚，夜泊視星躔。震蕩狂呼急，瀠紆淺笑嫣。平鋪千頃碧，輕泛萬珠圓。數刻何爲疾，周旬不謂延。遠看浮郡邑，迅進失闤廛。鴉食蓬分繞，猿升壁互緣。排巖刀迸列，返照鏡雙懸。低語逢潮奪，高聲遇壑傳。候炊輪竈米，同醵賽神錢。遲速威靈捷，陰晴測驗先。嵐深思彼岸，月朗愛鄰船。酒畏難沽薄，魚矜旋賣鮮。搜奇心盡矣，寫景咏犁然。伏案仍同住，褰帷始覺遷。樓臺森畫障，行李儼登仙。難罄圖千幅，潛藏句幾聯。但求消遠道，揮灑已盈篇。

紀事三十五韻

謗曾經薏苡，契久結松筠。爲愛桃花塢，卜居湘水濱。偶思酬舉主，自念亦王臣。道合期明目，時危忍愛身。亦知亡伎倆，但愧特逡巡。不分天驕逞，恒祈國體伸。假符先救趙，垂涙力求秦。談笑無青海，肝腸翼紫宸。願從多士後，或冀寸長陳。柝響寒光重，刀痕血暈新。只圖邊境静，肯爲面情徇。義勇方潛鼓，宵壬已暗嗔。未蒙隆眷及，反被不情屯。環賜非惟再，杼投何太頻？吠聲誰代察，鎖骨遂成真。遇左空存舌，寃奇力齗齗。咎深常反己，命薄敢尤人。抵雀應無當，然犀却有因。亂時愁或病，衰齒更支貧。去國輕如葉，還家喜獲珍。憂虞魂悄悄，山水語津津。久宦交皆易，初歸衆弗親。見潛烏得倚，苦樂定須均。情峭非無侣，村孤别有鄰。隔松雲冉冉，穿竹水粼粼。好飲妻藏瓮，憐飢客指囷。薺青資作菜，巢落仰爲薪。目自窮巖壑，心纔免世塵。獨行須密伴，小集惜佳辰。亭晚催游步，江秋縮釣綸。閒情消永日，醉眼送殘春。天雨何妨出，囊空不解顰。疏狂無一忌，懶漫得全申。勿慮驚鷗去，徐看引鶴馴。坐中如有問，深戒説蒲輪。〇《黔風舊聞録》「馴」韻下云：「不妨遺白帢，休更説蒲輪。集蓼誠知苦，非關戀碧蓴。」蓋以意增爲偶韻。今依元本。

訪陳眉公佘山作

聖主方前席，何時遂入林。松酣白日晦，石奥翠痕深。案錯商周物，詩餘雅頌音。短宵然燭繼，殘月畏寒侵。夜色恬勝晝，談鋒捷助吟。頻行猶暫止，私念得重臨。

題懶先卷

勿云爲技小，有客定求全。才固從天授，機非在俗邊。雖當繁響後，欲反未聲前。易視皆由淺，虛衷始造玄。難容纖纇雜，尤忌衆稱賢。刻豈留餘力，雕仍出自然。乃知存氣運，不在點雲烟。耳目終於歇，精神庶可傳。

友人過訪論詩因登觀象臺

高軒容易過，幽賞特先施。引勝須資酒，披衷并論詩。似專憐氣骨，匪但好文詞。誰信嚴爲愛，陰於頌寓規。鑑衡祈必當，獎借果何私。春霽難輕負，餘歡再共追。興豪言益暢，臺迴席因移。在世塵皆絶，登山郭未離。嵐浮峰欲動，天壓樹幾垂。官舍苔侵瓦，僧家竹繞籬。頹垣雲竟入，攲厦木難支。製巧留遺迹，墀荒卧斷碑。羡松經雨净，慮石處高危。懷古潛興嘆，憂時暗綰悲。杯乾聊自慰，壺缺竟何爲？灝氣江堪決，清心月定知。戀群懷獨耿，惜景步終遲。臨別伸前約，頻來勿後期。

喜楊龍友自至金陵將赴雲間任

詞場自昔有詩名，峰泖聞風念盡傾。離緒暫停仍惜別，歸裝纔卸又將行。違經三載難輕去，路到千餘亦遠程。職領儒紳官匪俗，身兼學仕秩何清。文章自合爲經濟，貴顯終當及俊英。正借升沈無定局，以堅寵辱不驚情。事於紛處機偏眩，人在閑中見始精。漫道宦途遲莫展，焉知天意巧相成。

楊修齡秋舫

江入遥天白練修，四時分景媚人眸。坐窮勝概無如舫，歷盡炎凉獨愛秋。不定風波身外看，有情巒岫静中收。忍忘擊楫除蛟鱷，肯羡乘槎犯斗牛。莫慮滄洲猶涉險，要知塵界亦原浮。柳梅遞換無文歷，釣弋皆成不韻謳。泡迹易消知幻影，此心圓應等虛舟。巨川一望還誰濟，説到酬恩淚尚流。

自　檢

閉門端已檢晨興，得力皆由解小懲。宦海難言循吏績，鄉閭只博善人稱。悠悠世俗容嘗試，默默元功在仰承。念苦長煎寧有火，身嗟自縛本無繩。屢虛良遇羞憐馬，漸耗雄心笑愛鷹。須悟憂危藏盛滿，焉知恬適出淵冰。喧填應接惟求減，浮露聰明不喜增。踏月定然尋韻友，聽泉何可少高僧。文章過刻虞天忌，步履叢愆懼鬼憎。弢影終輝師匣劍，流光復隱視帷燈。坐殘靜夜低徊久，開遍江花領略曾。學道堅持一往法，此中靈炯確堪憑。

送楊龍友北上

愛爾胸藏八百奇，衷情縷縷見乎詩。尋常搦管皆稱速，四十成名尚未遲。明欲急君方是哲，勇於排難不爲癡。勳勞本與群生共，富貴原非一已私。青紫以前操左券，驪黄之外有深知。詞場久豎攻圍幟，文士能勤將帥思。性坦豈容趨捷徑，才高焉肯折卑枝。洵猶龍虎争先步，正及風雲勿後期。

清　明

洗盡春光雨乍休，傾城輿步索閑游。争馳騕褭尋芳陌，高送鞦韆出畫樓。紫萼顔開微帶笑，緑楊腰細半含羞。何妨淡靄沾衣潤，正喜晴陽上錦净。暖氣醉人和未覺，香風撲鼻霽偏稠。翠鈿分艷光桃李，絲管傳聲雜鷺鷗。雲薄豈能張彩扇，寒輕未敢犯貂裘。携尊屢徙穿幽徑，探韻冥搜俯碧流。本擬同來乘月飲，不知何故對花愁。晚歸惟逐香塵去，清夢迢迢繞故丘。

擬怨詩

自疑不如人，持鏡終日照。郎眼別有神，豈盡關乎貌。

偶　題

金盆栽花好，無雨易枯槁。養鹿雕欄中，不如在豐草。

擬讀曲三首

崎嶇始獲憐，歡變復可慮。列宿晝成衣，經星非一處。

陰蟲弄寒響，愁緒結益深。理琴不按節，何由得好音。

衆中不敢語，忍淚暗函悽。學書猶未韻，背人獨自題。

夜　坐

塵務日相侵，夜深喜默坐。耳根漸覺靈，葉底聽秋墮。

贈　人

賭輸明月刀，徑去不回顧。豈是輕棄捐，知無報恩處。

雜　咏

悲歡分兩途，各見不同轍。羈人聞人笑，與泣何以別。

別　家

樽酒纔傾淚便垂，未行即已問歸期。世間除死無如別，不是傷離人不知。

贈友

雖饒智慧不謀身，本是蓬山落寞人。偶謫世間因嗜酒，世間重謫又何因。

寒女

孤燈一點照荆扉，寒女更深未罷機。每怪天心似顛倒，綺羅織就反無衣。

黔詩紀略卷之十八

明

謝參政上選 一首

上選，字文若，號鶴岑，一呼鶴里。《太學碑》云：貴州前衛籍。而《省志》云：新貴人。今貴筑縣。新貴新置立學，衛附之也。萬曆三十七年舉人，四十七年進士。累官吏部郎中，出爲廣東參議，調參政，易州道，并以清惠著。鶴岑爲君采先生從子，賦詩飲酒，名噪竹林。襟宇沖和，不見喜愠之色，對之令人鄙吝俱消。性情風格頗與乃叔相似，兼善書畫。楊龍友文驄《題謝鶴岑秋色圖》詩云：「百卉秋盡，寄命枯毫。冷艷欲醉，與春争高。匯此素光，懸之於壁。四時氣候，在君一室。聽若有聲，未踏荒山。問彼童子，聲在畫間。」見《山水移集》。惜遺稿無存，僅從《山水移集》中得一首。《静志居詩話》：崇禎癸未，湖廣巡撫宋一鶴敗，家屬没官。妾金陵陳氏以色藝聞，門客王屋聘焉。謝參政上選先期娶之，徽州貢生胡奎因作詩嘲笑，一時傳誦。詩云：「歌舞叢中度歲華，一朝忽去抱琵琶。前身定是烏衣燕，不入王家入謝家。」

楊龍友山水移集題辭

凡物不解移，天地成彳亍。世法不能移，塵踪紛僕僕。能移不能移，所重超流俗。觸手揮五弦，聚精良易篤。先生移我情，乃在滄海曲。循此測至人，名姓臚仙籙。君才貫白虹，追琢美片玉。矯然凌霄姿，高韻飡霞旭。杖履許同人，神情隨所屬〔一〕。標建赤城奇，石梁不容撐。雁陣湖影秋，水簾時斷續。聽雨復看雲，邀月供醽醁。幽勝不勝收，奚囊文錦縟。剪水削芙蓉，川巖歸結束。靈異不自知，子春宛相勖。貽我碧琅函，啓函星斗燭。錯落玉盤珠，薔薇露頻浴。

楊巡按通宇 一首

通宇，字實先，偏橋人。《省志》云鎮遠人。萬曆三十七年舉人。歷隆昌、湘潭知縣，以廉能聞。崇禎初，擢御史，疏請討九股黑苗，得施行。巡按陝西兼提學，在鞏昌，文卷被火，降黄州知府。偏鎮楊氏多出於五代誠州刺史再思。再思與弟再興、妹宜娘，征古州八萬湖耳諸苗有功，遂鎮其土。宋贈英惠侯。土人立廟祀之，曰「飛山」。其裔在鎮遠者，明襲土同知、土通判、土推官。有載春者，擅文學、武功。舉弘治戊午鄉試，加六品銜，襲推官，一時異之。在偏橋者，襲左副長官實先，蓋其支族也。其祖再翔好神仙，生其父正位，即出游不歸。正位七歲始知之，屢號泣欲往尋，爲重慈所禁，不得出。逮游庠後，不還家，乞假於提學，齋戒籲天，誓必見父。聞其父出時西南行，遂遍歷滇、粤嵐瘴者將十年，果見再翔於泗城州觀音洞中，迎歸，盡養以終。侍疾居喪，尤極情禮。後以貢官澧州王府學正。或曰知澧州。實先遂以侍御起其家，作楠官都督，亦正位孫，人以爲純孝所致。附《請剿黑苗疏》：題爲兩江九股黑苗宜殄，懇乞聖明專飭有謀文武急行撲滅〔二〕，以固黔疆事。竊照黔方鬼國，面面皆苗，如平、清、偏、鎮則有九股，兩江之黑苗錯壤於府州縣衛之間，頻年遭其屠毒，所至盡是邱墟。掠入之墓，梟屍索錢，擄人於巢，非刑勒續〔三〕，焚廬舍，割田禾，解支體，刳心腹，此惡苗之罪狀極矣。即臣前母舒氏，曾被掘冢割首；胞弟通寅亦遭擒入笞枷；田土盡爲占踞，賦税久累包賠，舉臣一家慘害，則户户處處可知。即以往事論之，將土官張國威抽腸割鼻，居民盡擄歸巢，非此苗之夥衆猖獗乎！數百年來無所懲創，養成尾大不掉。臣本黔人也，雖爲桑梓之計，然尺地莫非王土。逆惡不除〔四〕，終爲黔害。況水火迫身者，府州縣衛之民，不獨於臣已也。倘不以此實情先行入告，則負皇上知遇之恩，有愧言官之職。臣實受其害，非采訪聽聞者比，伏乞天語丁寧，敕行盡剿〔五〕，則黔害除而黔疆固矣。統候皇上省覽施行。崇禎二年四月十五日題。奉旨：黑苗宜剿〔六〕。這奏内説得明白，著新督臣定計，行該部知道。

石屏山

疊障連雲起，巋然無水濱〔七〕。遐方雄作鎮，遠岫肅稱賓。五老山在鎮郡南五里，即十二景之五，老賓南也。樓堞寒煙積，郊壥爽氣新。遥知凌絶巘，呼吸近蒼旻。

邱巡撫禾嘉一首

禾嘉，字獻之，新添衛人，庶子禾實弟也，舉萬曆四十年鄉試。好談兵，天啓時，安邦彦反，捐貲製器，協禽其黨何中蔚。選祁門教諭，以貴州巡撫蔡復一請，遷翰林待詔，參復一軍。崇禎元年，有薦其知兵者，命條上方略，帝稱善，即授兵部職方主事。三年正月，薊遼總督梁廷棟入主中樞，銜總理馬世龍違節制，命獻之監紀其軍。時遵化、永平、遷安、灤州四城爲我大清攻下，樞輔孫承宗在關門，聲息阻絶。薊遼總督張鳳翼未至，而順天巡撫方大任老病不能軍，惟獻之議通關門聲援，率兵入開平。二月，大清兵來攻，獻之力拒守，乃引去。已，分略右治鄉。獻之令副將何可綱、張洪謨、金國奇、劉光祚等迎戰，抵灤州。甫還，而大清兵復攻牛門、水門，又督參將曹文詔等轉戰，抵遵化而返。承宗議遵化易取難守，不如先圖灤，當多爲聲勢，示欲圖遵之狀以牽敵。而諸鎮赴豐潤、開平，聯關兵以圖灤，得灤則以開平兵守之，而騎兵決戰以圖永。得灤、永，而關、永合則取遵易易矣。議定，乃令諸營并進。五月十日，獻之及祖大壽、張春諸軍先抵灤城下，世龍及尤世禄、吴自勉、楊麒、王承恩繼至，越二日克之。而副將王維城等亦入遷安。我大清兵守永平者，盡撤而北還，承宗遂入永平。十六日，諸將謝尚政等亦入遵化。於是四城皆復。寧遠自畢自肅遇害〔八〕，遂廢巡撫官，以經略兼之。至是議復設，廷棟力推獻之才，超拜右僉都御史，巡撫其地，兼轄山海關諸處。獻之初莅鎮，大清兵以二萬騎圍錦州，獻之督諸將赴救，城獲全。登萊巡撫孫元化議撤島上兵於關外，規復廣寧及金、海、蓋三衛。獻之議用島兵復廣寧、義州、右屯三城。廷棟慮其難，以咨承宗。承宗上奏曰：「廣寧去海百八十里，去河百六十里，陸運難。義州地偏，去廣寧遠，必先據右屯，積兵積粟，乃可漸逼廣寧。」又言：「右屯城已隳，修築而後可守。築之，敵必至，必復大小凌河，以接松杏錦州。錦州繞海而居，敵難陸運。而右屯之後即海，據此則糧可積，兵可聚，始得爲發軔地。」奏入，廷棟力主之，於是有大凌築城之議。會獻之與祖大壽互相訐，承宗不欲以武將去文臣，抑使弗奏，密聞於朝，請改獻之他職。四年五月，命調南京太僕卿，以孫穀代。穀未至，部檄促城甚急，大壽以兵四千據其地，發班軍萬四千人築之，護以石砫、土兵萬人。獻之往視之，條九議以上。工垂成，廷棟罷去。廷議大凌荒遠，不當城，撤班軍赴薊，責撫鎮矯舉，令回奏。獻之懼，盡撤防兵，留班軍萬人，輸糧萬石濟之。八月，大清兵抵城下，掘壕築牆，四面合圍，別遣一軍截錦州大道。城外墩臺皆下，城中兵出，悉敗還。獻之聞之，馳入錦州，與總兵官吴襄、宋偉合兵赴救。離松山三十餘里，與大清兵遇，大戰長山、小凌河間，互有損傷。九月望，大清兵薄錦州，分五隊直抵城下，襄偉出戰不勝，乃入城。二十四日監軍張春會襄、偉兵，過小凌河東五里，築壘列車營，爲大凌聲援。大清兵扼長山，不得進。獻之遣副將張洪謨、祖大壽、靳國臣、孟道等出戰五里莊，亦不勝。夜趨小凌河，至長山接戰，大敗。春及副將洪謨、楊華徵、薛大湖等三十三人俱被執，副將張吉甫、滿庫、王之敬等戰没。大壽不敢出，凌城援自此絶。敗書聞，舉朝震駭。孫穀代獻之，未至而罷，改命謝璉。璉畏懼，久不至。後兵事亟，召璉駐關外，獻之留治中。及是聞敗，移駐松山，圖再舉，言官以推諉詆之。帝以獻之獨守松山，非卸責，戒飭而已。大凌糧盡，食人馬。大清屢移書招之，大壽許諾，獨副將可剛不從〔九〕。十月二十七日，大壽殺可剛，與副將張存仁等三十九人投誓書約降。是夕出見，以妻子在錦州，請設計誘降錦州守將，而留諸子於大清。獻之聞大凌城炮聲，謂大壽得脱，與襄及中官李明臣、高起潛發兵往迎，適大壽僞逃還，遂俱入錦州。大凌城人民商旅三萬有奇，僅存三分之一，悉爲大清所有，城亦被毁。十一月六日，大清復攻杏山，明日攻中左所，城上用炮擊，乃退。大壽入錦州，未得間，而獻之知其納款狀，具疏聞於朝。因初奏大壽突圍出，前後不讎，引罪請死。於是言官交劾，嚴旨飭獻之。而帝於大壽欲羈縻之，弗罪也。新撫璉已至，獻之猶在錦州。會廷議，山海别設巡撫，詔罷璉。令方一藻撫寧遠，獻之仍以僉都御史巡撫山海、永平。尋論築城召釁罪，貶二秩，巡撫如故。獻之請爲監視中官設標兵，御史宋賢詆其諂附中人，帝怒貶賢三秩。獻之持論，每與承宗異，不爲所喜，時有詆諆。既遭喪敗，廷論益不容，遂堅以疾請。五年四月，詔許還京，以楊嗣昌代。令其妻代陳病狀，乃命歸田〔一〇〕。明世舉於鄉而仕至巡撫者，隆慶朝止海瑞，萬曆朝張守中、艾穆。莊烈帝破格求才，得十人：邱民仰、宋一鶴、何騰蛟、張亮、劉可訓、劉應遇、孫元化、徐起元、陳新甲，一即獻之。貴州十居其二焉。忠誠崎嶇危難，百折不回，殺身成仁，爲二百七十年存士氣，敻乎不可尚已。獻之開平力戰，松山死守，幾幾東圉之捍固者，殆亦其次歟！《省志》遺其事實，故摭《明史·邱民仰、孫承宗》兩傳所附載述於篇。著有《蔬水堂疏稿》一卷，見《千頃堂書目》，未見詩文集，亦無傳。獻之之卒也，其妻姚復上疏請歸柩。既返里門，值流寇陷城，懼污，投井死。

讀東坡義烈碑

播酋發難騷黔東，黔東諸蠻助之攻。東坡一綫扼要害，蠢爾不得施其凶。恚心憤氣乃四出，糾集群惡來洶洶。漫山塞野不可計，雲巖厭插旌旗紅。可憐東坡一百户，縱有千手那摧鋒。兵亡將死誠已慘，咫尺究藉完興隆。逆酋授首黔亦靖，飛泉古石還昌丰。構祠買田獎義烈，來者勤護豐碑豐。

附余懋學《東坡義烈祠碑記》：播之役，賴主上廟算，御史大夫司馬郭公握籌八道，陳兵六月，奏凱捷聞，廷臣合辭頌公神武。黔縉紳衿弁之士，下及田夫野老、黄童紅女，拜司馬公袵席，賜亦合辭，頌公神武。公曰：「不佞之節鉞從事於兹，殪鯨鯢，築京觀以保此黔，諸將所戮力也〔一〕。何敢居？」露布草疏臚列諸將士斬馘捐殉狀，議爵樹功者、祠死義者。於是東坡路諸戰亡兵，得次第舉祠祀。先是播不道，逆我顏行，糾黔東九股苗爲翼，東坡以一綫路扼其衝，既募兵戍守，苗日往來不得逞，大恚憤，因舉兵來寇，勢甚猖獗。衛城老稚，旦夕惴恐，無不相持泣下，自分必墮虎口。會少參梁公銓駐城中，馳請幕府，指自集衛三老策曰：「城心腹也，東坡肘腋也，肘腋誠急當援，然勢且及城，萬一援兵出，賊乘虛襲城，謂心腹何？」遂一意嚴城備，士大夫弟子員而下，與諸軍荷兜鍪，持矛盾雜立，睥睨間自甲夜達曙無敢交目寢者。東坡兵殊死戰，以衆寡不敵，竭力戰死〔二〕。賊屯三晝夜，時時奔突，已兵至城下，偵知備嚴，乃引去。《禮》以死勤事者祀。弔祭不至，精魂何依？吾師青螺先生檄治祠祀，録諸兵忠勤昭示方來，存憫忠魂，庇之安宇，俾無號呼於日寒草短月苦霜白間，仁也。祠而蒸嘗俎豆之，且與簪笏之榮同施不朽。兹吾師意哉！噫！己亥冬，滇值順寧之變，予實身在軍，時聞播賊寇東坡，内顧在念，不任怦怦憂久之。聞賊退，幸無恙，則又不勝欣欣喜。非幸也，惟梁、徐兩公指奉謀斷，守城而城完，是以有今日，井廬不改，室家相保，以東坡完興隆，微司馬公密畫，嘉惠不及此。今事定，司馬公改築吾城，垣墉言言，并龍、新、平、黄、諸城，雄稱黔東保障，而且祠諸兵，垂之永世。《春秋》書城諸及防，予時也、董安于於趙簡子縊而死曰：「我死晉寧，趙氏定矣。」趙氏祀之。諸公之爲興隆死也，異世同事也。城奠生靈，祠慰忠魂，皆民所欲舉，舉之以順民志，總爲吾隆計久，遠非尋常所蠡測者，兹司馬公意哉！」咸曰：「敬聞命。」祠在東坡跕關東〔一三〕。經始於乙巳秋八月，落成於丙午春三月。中構堂三楹，祀跕百户劉宗仁、軍兵夏時、董邦仁等〔一四〕。外周以垣，垣有門，以其羡購田四畝有奇〔一五〕，爲歲祭資。工訖，請於司馬公顔祠曰「義烈」。凡有勞於祠者，暨田區書碑陰。

黄高州朝英六首

朝英，字民望，黎平人，萬曆四十三年舉人，官四川滎縣教諭、雲南北勝知州。州猾吏日伺長官短長，簿記之，挾以行私，往任多爲所制。民望事事清潔，猾術無所施。擢廣西桂林同知。母憂，起復，補福建邵武同知。府屬刹花市，爲白蓮教淵藪。其衆數萬謀作亂，朝命某官周忠討之，以民望監其軍。忠故爲民望舅氏僕，素敬禮，民望謀畫皆請決焉。逾月而寇平，以功升廣東高州知府，未幾遂引疾歸。民望少孤，魁梧有異表，同里周轉運九齡深器之，妻以女。家貧篤學，事母至孝，嘗牓其座右云：「讀書貴有恒，不怕起五更，睡半夜；操功須以漸，只恐一日暴，十日寒。」年二十七鄉舉，考官竟陵鍾惺取中卷已足額，輒終夜不能寐，搜遺卷得民望文，大激賞，欲下他卷登之，遂遲揭曉。期二日，適恩詔至，以朝廷五旬萬壽，廣貴州解額二名，遂獲雋廣額中，鄉里傳爲異事。民望之族，父行有甲英、甲選，皆以文名。甲英，字春江，以萬曆乙酉舉。弟甲選，字鼇江，以戊子舉。甲英官蘇州海防同知，有聲，廷奬天下清官第一。遽致仕歸。俸餘悉以與諸弟子孫。晚益嗜學，著述甚富，惜今皆無傳。《上里詩系》：朝英屢夢至一寺，坐松下磐石。及官榮縣諭，因公下鄉，有某寺僧徒數十人迎於十里外。到寺宛如夢境，遂坐松石間。問僧徒何以遠迎？答曰：「昨夢亡師歸坐此石，言公今日必至。」始悟己爲亡僧後身也。又，當病渴，醫不能治。有暗僕忽言曰：「龜形前池塘得毋乾乎？」驗之果然。瀦池水而渴疾愈。

四時讀書咏

竹映花庭，有鳴倉庚。讀書孔樂，雅趣横生。興言沂水，童冠偕春。但恨殊世，與點同情。

蕣麥青青，緑浮千畝。相彼烏矣，飛鳴南牖。怡我芳情，懷我好友。清風泠然，讀書良久。

白露爲霜，蒹葭蒼蒼。江田鷺集，以翱以翔。松筠友月，蘭菊同芳。讀書晨夕，其樂徜徉。

嚴風凛烈，卉木淒其。心之憂矣，雨雪霏霏。負暄愛暖，和日堪依。讀書賦物，梅萼香飛。

秦始皇

秦王何薄德，累世戰成功。虎狼吞六國，强横并七雄。焚書復坑儒，徒受李斯誑。建造阿房宫，燕趙佳人唱。南修五嶺山，東將大海障。萬里築長城，白骨無人葬。民勞苦怨多，歌功猶悵望。身死二世立，四海皆摇蕩。未及立三傳，拱手他人向。白馬迎新主，逐鹿如奔浪。高祖入關中，寬仁天下仰。漢興秦則顛，制作空奇創。

漢高祖

民苦秦時政，天興漢代君。匹夫曾崛起，沛地豈沈淪。儒略驚千古，英風拂萬人。范增謀已失，項羽勇何陳。大度群生仰，鴻恩到處伸。朝全文武士，治協帝王仁。納諫從其善，經營動必神。三章垂要法，五載滌清塵。除虐思湯武，施威震海濱。農田安作息，侯國矢尊親。城郭依然舊，山河幾度新。赤符開寶籙，端冕坐楓宸。朝主欣歸漢，無君笑喪秦。宋唐千載後，興敗鑒偏真。

胡司理允恭一首

允恭，字中澹，石阡府人，舉萬曆四十三年鄉試第一，四十七年進士。授武昌府推官，以廉直忤上官，被劾，改大名府教授，轉國子博士。以憂歸。於病民弊政及保民諸善政，皆聳郡守除而行之，甚有德於鄉里。司理之先，自四川内江徙居郡之葛彰司。父仲賢早卒，與弟允敬皆母楊撫教以成。允敬，天啓四年舉人，崇禎十年進士，官户部主事員外郎，出知直隸順德府。降兩淮運判。進南刑部主事。卒官。有孝友廉能稱。

田少師祠

千里思州溯舊封，少師崛起亢其宗。能緜世業惟忠順，屢著邊猷在折衝。疆土只今分大郡，威名終古讋群賓。誰令裔葉忘先澤，祠墓荒凉感慨重。

《思南志》：田少師祠在北門内，今廢。附：宋朝請郎于觀撰《贈少師思國公田公墓誌銘》：故通侍大夫、奉寧軍承宣使、知思州軍事、充夔州兵馬鈐轄、兼珍州南平軍沿邊都巡檢使、贈正任保康軍承宣使、再贈開府儀同三司、少師思國公，以紹興二十四年秋七月九日薨。越十有七日，諸孤奉襄事，葬公於婺川縣歸義鄉西山之原，附祖塋也。時觀備員黔貳，孰聞公之威名重望，仁恩厚澤，恨不及見而公已殂。未幾，其子汝瑞以門人李莊述平昔所紀公之事實，屬觀求銘。公諱祐恭，字子禮，威名有素。未受命間，聞靖州失警。以急來告，乃父當行，阻疾弗克進。公曰：「諺有之，養子所以防老也。吾敢辭難乎！代父而往，死無悔矣。」元符二年，以善幹蠱授練使。政和二年，黄陽洞酋首冉萬花四族不軌，侵犯黔州，殘民掠物，大爲邊害。郡將陳括知公之雄，乃召委其事。公既承命，躬領家僮，自備粮糧，收冉萬花，俘楊文勝、冉萬尞、萬朝、路洗王等歸，至郡城，戮於藁街。朝廷褒其智勇，特授成忠郎，充思州邊西巡檢。五年統義兵策應瀘南，解梅嶺堡之圍，以功轉忠訓郎。繼而討晏州賊，以功轉武翼郎。六年幹播州邊，轉武節郎。七年安定播州，遏絶楊維聰之暴，以功轉武翼大夫，加榮州刺史。八年救石泉軍，至白沙寨退戎兵，以功遷武節大夫。凱還，被召赴闕，遷武德大夫。重和元年，建築思州有勞，遷武功大夫。宣和元年，授瀘州兵馬鈐轄，再承詔朝參，加忠州團練使，賜金帶、器幣等物，寵賚優隆。朝辭，加貴州防禦使，差充成都府路兵馬都監、同管兩路巡檢，利州住劄。以母老乞免，再充思州邊西巡檢。建炎二年，兼知婺川縣事。公化鄜未寧，知兵不可戢，且遇時乏軍儲，以萬緡獻助，朝廷以爲有憂國之心，升右武大夫。王闢寇歸州，圖入蜀，哨聚者衆，其鋒甚鋭。公統兵收王闢，復收郡邑，蜀賴以安。紹興元年，覃恩遷中允大夫，再賜金帶、金幣。已而桑仲、郭希叛於興山，圖蜀與王闢同，而軍勢倍之。公復統兵擊破，遷侍中大夫，以功轉五官。紹興二年，以保蜀勞勳加華州觀察使。三年金人侵犯梁洋，四川宣撫處置使張浚會集諸路將禦之，公被檄行，無逗遛。既至，金人望風退走。賞軍器鞍馬等物，遷通侍大夫，知思州軍州事。七年朝廷以公撫循彝民備見勳勞，賜璽書、金帶。明年以母憂解官。又明年被命起復，仍領州事。十一年以累大功加邊郡承宣使，又遷奉寧軍承宣使。二十四年以疾薨於正寢，贈正任保康軍承宣使，贈七子恩澤，乃命子汝瑞襲守。後以兩郊大禮，恩贈開府儀同三司、少師、思國公。當疾，召子孫立於前誡曰：「吾自入仕，僅五十年，歷事三朝，治郡九域，建功立業，始終如一。今爵高禄厚，無愧無怍，爾等子孫當效祖考，勤修乃職，謹守邊方，安集居民，匪懈匪怠，勿違！」觀謹依事實序之。銘曰：維思爲州，實古黔中。田氏世領，肇唐永隆。有聞家聲，刻銘在鐘。傳逮正允，當宋熙豐。除亂翦寇，庸亢厥宗。雲聚鴉散，軍虓臣雄。慶流三世，生少師公。子禮其字，諱曰祐恭。孝不辭難，代父匪躬。冉萬四族，跳梁蝟蛉。戮於藁街，資公折衝。解卜漏圍，晏州討兇。安寧播賊，遏絶維聰。鄉國連築，白沙退戎。擊走郭希，挫桑仲鋒。不一其書，偉哉駿功。再朝闕廷，晉接春容。錫賜承宣，贈開儀同。剖符郡國，禄厚爵穹。策勳立業，無愧始終。少師之生，勇氣貫虹。死而不泯，神明與通。旗幟顯隱，恍猶公逢。谿彝震讋，克靖四封。何以致之，日惟一忠。資以雲來，無忝乃翁。鑒此哀銘，永永無窮。

樊太僕師孔三首

師孔，字淑魯，平越人，萬曆四十六年舉人。父爲霖，字濟華，以孝友稱，以禮教鄉黨子弟，多淑其化。淑魯歷官分守大同道、山西布政司參政，所至清慎有慈惠。晉太僕寺卿，引疾歸。以詩文自娛。屢旨起用，不復出。著有《好還紀略》、《聽命堂集》、《冷況集》，皆未見。從舊《府志》録三詩。淑魯初服著書，兼耽内典。崇禎十二年，曾自金陵購佛藏以歸。其子都於城南梓潼觀，建樓貯焉。《省志》謂淑魯大參時有戡亂才，今不得其事實。

長安菊月聞叛酋奢崇明安邦彦一時授首志喜

捷書飛報到燕臺，桑梓關情笑口開。虎穴九年探子去，城頭十月送春來。師中血戰功標最，地下忠魂喜欲回。朝野一時稱快事，登高數進菊花杯。

城北家園

狂來折簡召花神，每到看花宛送迎。芍藥初開如欲語，芙蓉未放已多情。愁時對爾能消恨，醉後無鄉不解醒。昨夜窗前風雨過，池塘處處草叢生。

三丰真人禮斗亭

樹老烟横擁梵宫，偶扶藜杖揖仙風。封侯傳道開龍窟，禮斗於今剩桂叢。月映石池清内熱，雲封丹竈妙元工。愁予俗骨緣何了，願托雲中雞犬逢。

附長洲陸粲《禮斗亭記》：平越之地因山爲城，有老氏之宫曰「高真觀」，據其西南隅。在昔仙人張三丰栖遁於斯，作亭以禮斗焉。先生既超離人群，還居太清，元踪日邈，遺構遂泯。惟先生之道，廣大神明，形骸外垢，天機内朗，若夫遐襟曠識，卓爾物表，雖萬乘傾想，景躡聲追，而隱見猶龍，終莫羈致。蓋軒后詘下風之從，廣成堅南首之卧，未足以喻也。當其寓形域中，此焉游息，扳揖斗極，與相周旋時，則斯亭者，因靈囿之所降觀，百神之所萃集矣。而翦焉陊落，鞠爲茂草，令仙聖臨輗而欷歔，龍鶴徊翔而不下，玄學之士無以繫其慕戀，斯非吾徒之責歟！燦雖僑寄是邦，心存高範，佇瞻廢趾，慨然興懷。於是屬其觀之黄冠師、馬崇霞俾經理焉，而率諸同志者助其費，數月亭成，道俗環矚，咸共歡喜，議鐫於亭，以示無極。乃稽首階前，勉爲之銘。其詞曰：嶚峨之山，形穹隆兮。虯螭結蟠，鳳臨江兮。扶輿宛延，靈淑鍾兮。言言元宫，道崇墉兮。亭宇密清，楹斗中兮。至人天游，此從容兮。澄心儲精，與神通兮。清夜霅然，星輿降兮。魁旋杓回，玉衡度兮。遺墟寂寥，厥構仆兮。百年於兹，復其故兮。棟桴高驤，棼橑布兮。神居秘躅，燦然睹兮。鸞鳥騰告，列仙赴兮。雲駢電旌，紛朡路兮。元冥在轂，黔嬴右兮。飛廉望舒，後先俟兮。天樂博衍，容倚靡兮。盤旋游遨，行遲遲兮。撝呵山靈，時守視兮。風雨攸除，無阤移兮。惟仙日長，昊天久兮。刻銘斯亭，與終始兮。

孟訓導道善一首

道善，字□□，五開衛中潮所人，萬曆四十六年歲貢，官湖南寶慶府訓導。

奉和五開衛守陳公游祠山宫

祠山落木滿飛埃，同向林端策杖來。藉使創修非佛力，靈扃載酒爲誰開。

按：是詩與陳天策并刻開泰中潮所祠山宫後岩壁間。陳詩云：「奇巖聳疊出塵埃，廣厦軒空紫氣來。坐久不知身是客，當年疑藉五丁開。」天策，浙江括蒼人，天啓四年爲黎靖參將，曾討平地青叛苗，見《黎平志》。此和詩稱天策衛守，當是天策曾爲五開守備，而《志》遺之也。

艾竹山友蘭二首

友蘭，字幽谷，麻哈州人，友芝弟，萬曆末由選貢授鄖陽府竹山知縣。

春日眺静暉寺二首

捫閣尋真步欲前，忽聞鐘磬落諸天。沈沈松吹飄無已，渺渺爐烟斷亦連。幽野靈禽鳴梵刹，媚人新燕點春泉。徘徊惟愛蘿軒寂，相對忘言便足禪。

陌頭楊柳逐飛花，乘興登臨叩釋家。客到山中應得句，僧歸刹裏亦傳茶。盤桓苔澗忘年序，箕踞蒲團聽法華。不向桑榆傾百斗，更於何處醉烟霞。

按：二詩有木刻在寺中，末書崇禎庚辰，則十三年歸老後作也。其裔嗣宗曾以拓本相寄，行書亦佳。

艾雲南友芸三首

友芸，字桂閣，麻哈州人，友蘭弟，萬曆中歲貢。崇禎初，官至雲南府雲南縣知縣，致仕，携寶珠茶植之宅後，百年以來，枝幹扶疏，蔭可數畝，花時照映城闕，桃李爲之失妍。鄉人稱艾必曰「寶珠」，其後人因名其堂爲「寶珠堂」云。

次南皋師春日游江水橋韻○橋在麻哈州西八里。

乘輿臨川上，春花兩岸稠。江雲飛練直，石壁挂泉幽。白鷺翹沙觜，黄鸝破客愁。一聲漁笛起，吹過白蘋洲。

春日游惠民橋

惠民橋上試凝眸，柳暗花明憶舊游。萬里山川傷客意，三春風雨益鄉愁。昔年乘輿猶童子，今日飄零剩白頭。豪傑一歸英氣盡，長江日夜古今流。

附陳尚象《麻哈州惠民橋碑記》〔一六〕：州南五里曰擺地河，河受衆流，兩旁依山，險阻中齒，齒多怪石，舊浮土橋，以通往來。然旋修旋圮，每遇水泛，橋與水兩相激，橋益圮壞，爲行旅困。萬曆己未冬，東粵黄君璉以新添衛學教授署事於兹，毅然引爲己任，請於司臺，欲建石橋。既報可，乃捐俸爲士民倡，又請之方伯楊公、守巡詹公、梁公，得公帑若干金益之。

太府王公、司理李公、守戎陳尚策，各捐資俸，給夫力，共襄乃事。未幾，州守蘇君九河繼至，殫心力以善厥終，橋用告成。所謂江山相待者，非與！野史陳尚象曰：「世之綰符者，即職分内事猶詭避不一，攖心者衆矣。黄君以博學視篆，慮斯橋之爲民患，不憚經營拮据之煩，爲一勞永逸之計，其精神意念孚上下、通遐邇，寧有量哉！故自臺司以及鄉紳艾公世美、武弁、里者，罔不懽然協力成之。即一橋而論，所設施可概睹矣。非其力量知識大過人者，曷克臻此？余嘉學博之偉績，而又嘉州守公之美其終。皆心乎！爲民足以爲有官君子勸也。因名其橋曰「惠民」，而爲之記。

次南皋師游鷺塘韻○在麻哈州北郭外。

銀塘水泛溢蒼苔，風動碧波雲影開。四面烟村如畫裏，彩虹明鏡對銜杯。

宋通守雲龍一首〔一七〕

雲龍，字霖寰，儒之族，麻哈州選貢。崇禎初，官湖廣黄州通判。

春游惠民橋

春江水泛碧悠悠，逝者如斯晝夜流。悵望狂瀾心欲挽，常懷利涉志難酬。山郝四面烟常繞，花柳周圍爛不收。小坐石橋觀過客，何如蘆裏一閑鷗。

熊敏善 一首

敏善，字新溪，萬曆中自江西豐城來居麻哈，磊落尚義，頗爲艾友芝兄弟所重。

咏烏

水飲山棲毛羽豐，忘機誰意有樊籠。今朝解脱無拘束，一任飛鳴宇宙中。

陳震祥 一首

震祥，號空谷居士。本涪州人，播州初平來，家綏陽之達摩溪。知縣詹淑延爲客。時新邑肇創，修城闢學，一切文記皆出其手。淑爲置附郭田百畝，不受，亦高士也。

初建綏陽

深山開井邑，鹿豕傍人眠。作室需高眹，彎弓射魯連。桑麻敷禹甸，桃李笑堯天。曶爽旋輝耀，遐陬今不偏〔一八〕。

馬河陽德 一首

德，字叔明，本鳳翔人，萬曆間鄉舉，知雲南河陽縣，有惠政。尋解組，力不能歸，遂家綏陽。或勸之出，笑不應。題詩於門云云。

詩

渭水再來羞志士，五湖歸去笑英雄。綏陽山色朝來看，絶似南安秦系峰。○按綏陽山在龍泉縣西北三十里唐綏陽縣故址。

張學正國柱 一首

國柱，字□□，思州府歲貢，萬曆間官嘉定州學正。《印江志》亦有國柱名，當是印江人。惟云嘉應學正則誤，嘉應州，本朝雍正末始置。

赤　壁

赤壁堪乘興，扁舟一葉輕。開頭覺風便，入峽喜潮平。樹倒婆娑影，魚翻撥剌聲。還疑雪消後，重向剡溪行。

按：赤壁在思南治南七里鲇魚峽中，巖色赤白黑相間如帨，俗謂之手巾巖。嘉靖間，知府盧江宛嘉祥、推官莆田陳南星同游，鐫「赤壁」二字其上。

任德陽思永三首

思永，字□□，思南人，萬曆中歲貢，官四川德陽縣知縣。

西禪寺

禪林僻在婺城西，竹徑斜開過小溪。萬井樓臺當月夜，一聲清磬出招提〔一九〕。

桂閣泉

橋横七曲鎖雲庵，香徑逶迤溜碧潭。此去廣寒應不遠，桂花飄霰作烟嵐〔二〇〕。

元天徑〔二一〕

元天殿閣在雲間，石磴長松繞檻攀。升到玉皇香案處，果然呼吸近仙班。

按：寺、泉、徑，并在婺川縣郭外。西禪寺在西，有石泉，欲晴欲雨，時有小魚出没。桂閣泉在東，東泉寺側，叢桂蔭之。元天徑則城南之真武觀也。山石峻聳，古木陰森，殿閣在隱見間，登之可遠覽。

李明經培初一首

培初，字□□，思南府人，萬曆中歲貢。

嵇公泉次李同野先生韻

選勝近魚峽，題詩憶昔賢。披花入崎徑，倚石聽鳴泉。攀幽恣遠興，問道感流年〔三〕。坐起山前月，松高白鶴眠。

按：魚峽即德江中鮎魚峽，亦在城南，與泉相近。

敖主事榮繼一首

榮繼，字□□，思南人，蓋梅坡之裔。天啓元年舉人，二年進士。授順天府推官，調知縣，內遷刑部主事。宅心仁恕，刑獄多所平反。

書胡縣尹祠壁

闗節一毫無地入，清廉兩字有天知。漢朝朱邑應相似，此是桐鄉江上祠。○縣尹名全禮，成都人，天啓間由進士知婺川縣，以廉惠稱。縣人祠之於南門外。

葉鍾祥應甲二首

應甲，字元胎，甕安人，著黄平州籍。舉天啓元年鄉試，知鍾祥縣，清慎有慈惠。

進香述事

此邦固蕞爾，無異周岐豳。世宗繼大統，陵廟誠尊親。中使歲啣命，萬里將明禋。深宫夙齋敬，況乃守土臣。顧惟貂璫貴，車馬來駪駪。徵發動千百，非直空城闉。每使耕斂荒，罔念閭閻貧。竊謂玆父老，興獻之舊人。當其在藩時，咸歌麟趾振。史稱漢豐沛，賜復被拊循。豈聞南陽郡，帝鄉困公旬。歡心合萬國，勞役寧不均。婉詞告中使，勿以勞吾民。吏胥共執役，趨事毋逡巡。牽牲與奉醴，令丞敢言辛。徒步競前導，攝衣紆長紳。中使亦笑謝，且復宣温綸。所重在誠敬，協恭而同寅。式禮幸莫愆，後此庶可遵。作詩告氓庶，天子孝且仁。

南郭交翠園訪友

遊閑得友事殷勤，人境相宜更不群。黄葉飄飖秋日影，蒼苔剥蝕舊蹊紋。亭空寄傲還高卧，客到開尊且論文。蕭灑林泉塵世外，仙真洞壑亦何分。

朱舉人應徵一首

應徵，字賁園〔一二三〕，甕安人，舉天啓元年鄉試。

青旗崖〔一二四〕○甕安縣南六里有旗山，昔人呼爲狀元旗，又名青龍崖。

護郭斜開碧障奇，登樓共指狀元旗。春風披拂青如許，應是文壇樹幟時。

費郎中道用十六首

道用，字闇如，號筆山，石阡府人，天啓四年舉人，崇禎四年進士。穎慧絶倫，授福建福清知縣，三月能知其鄉語。邑人經其目者，再見即辨爲誰某。摘奸發伏，老吏驚畏。訟獄經聽斷，罔不服其明允。性廉介，正賦外，不取耗銀。邑中飛糧跳户偏頗不平之弊，釐剔一空。海賊起，親擣其巢，盡誅之。崇學獎士，建橋設義冢，諸善政靡不畢舉。以持法不徇爲土豪所中，被劾。代者至，民如失慈父母，海水不潮者三日。上官廉知之，乃嘆曰：「海口有口，福清真清矣！」行之日，謁辭城隍，神震，風驟起，拔木折樹，因題句云：「偶然不信隨潮水，却訝無情哭廟風。」後臺臣楊鶚疏白其寃，遷補兵部職方司郎中，轉吏部考功司，卒。著有《碧桃軒集》，未見《省志》失其傳，摭《閩志》爲之。其詩則取之《黔風録》。其子以經，崇禎時以歲貢官銅仁府訓導，亦有文學。

遣悶

閉門真正牆，永日自小院。坐久徐立起，緩步以舒倦。廚冷忘三月，客來憶半面。性疏本愛懶，才拙何容衒。步瀛虞公群，登仙班生彥。愧非斯人徒，吾將從所便。思之極爛熟，不悔亦不羡。倚樓望天色，獨玩物之變。晴來四序静，霞起五色炫。穠華在其間，蕭颯隨所見。野頭海氣昏，日脚山光顫。園枝語鳥聞，牖户飢烏轉。欲聽紫芝歌，何處光明殿。紈袴比羈旅，侏儒與曼倩。榕城峙三山，飈迴帶九縣。萬里擁天關，七閩控海甸。戈船滚滚清，棨戟紛紛奠。四望黄塵飛，一隅青海晏。濟濟上官賢，落落遠人賤。門前氣若雲，巖下目如電。昔非冀温飽，今欲焚筆硯。終愛嵇阮高，難隨灌絳牽。久客思隴畒，栖栖欲何戀。故園有佳處，小溪水如箭。愚可比柳游，清亦堪吴咽。披蓑舟小小，擊鮮鱗片片。濁醪鎮日滿，野老相與善。既不勞勸酬，自無妨責譴。如此真自樂，問君何遲踐。逝將從此去，負瓢歌哨遍。

次群玉病中五首

横錐問八極，天地幾由旬。既闢豺狼道，應憐蟣蝨臣。藏鋒成委頓，忍辱已柔馴。回日真何事，空留見在身。

自昔耽林麓，誤爲塵網攖。勞多傲骨損，悟極道心生。梗泛孤游子，車旋七指庚。升沈經幾變，隨俗混優伶。

昨夢龍池月，問君胡不歸？誠如禽鳥樂，非是稻粱肥。貧可博長健，愚能銷駭機。故人正待我，共饜北山薇。

旅中多酒債，痛節畫義錢。倦步隨松徑，卧游張輞川。客身輕似箭，歸念沸如煎。夜夜還家夢，醒來不羡仙。

日長無好客，門静有驚魂。玩世知緣淺，畏人嫌我尊。青天來俯仰，紅腐足饔飧。識得蕭然意，潛夫正可論。

淡言韻步蔡遠卿林元甫陳榮子十首

誰堪把臂入深林，泉石平生物外心。縱酒思將依醉國，逃禪夢不誤春音。松間鶴老長孤立，巖下猿馴倚和吟。壁有古琴愁俗韻，臨風鏗爾曠難禁。

東風漸漸扇微和，青草池塘緑影多。客裏成篇供坐嘯，花前明月助行歌。嚴遵賣卜錢猶剩，殷浩書空意若何。從古達人貴自我，豈須險阻問坡陀。

茫茫宇宙儘聊浪，蕪穢無勞惜衆芳。金馬謫星疑放蕩，漆園傲吏更荒唐。寄愁春夢消寒夜，偷眼新花發艷陽。拚取千杯隨酩酊，林邊休暇不須忙。

野人深壑本相依，坌入迷途嘆昨非。撒手莫裁彭澤袖，冥心久杜漢陰機。鹿車門徑來應少，牛背歌音和者稀。兒女不慚妻不謫，行藏到此是初衣。

歲月如馳不我辭，揮戈秉燭亦云癡。高人只見鴟夷子，大藥誰知榮啓期。酒醒茶香遲覓句，水窮雲起忽成詩。求仙望佛真游戲，哨遍顛歌更足師。

仲叔生來愛省煩，盤中廿七是三番。入山惟恐難深去，坐肆那能與俗敦。行賦簡兮人自異，身將隱矣我安論。白雲嶺上多怡悦，欲寄同心絶夢魂。高臺百戲看伶優，纔説收場轉眼留。隨俗悲歌皆木偶，憑人軒輊總虚舟。聰明自古多招射，貧賤原來不用愁。豁鼻巨肩閑骨相，贈君重咏四宜休。箭激飛光等逝波，蜣螂愛轉患才多。慧空絶念貪青汗，情老何人妒素娥。掃地焚香聊爾適，飯疏飲水自成歌。些兒妄想皆冰釋，惟有詩腸攪奈何。榮華衮衮暗中遷，齊物誰分大小年。紙上烟雲非著地，春來桃李不私天。渾同牛馬何能應，剖斷夔蚿各自憐。却笑雍門空下淚，劫灰千古只依然。數載南游語作蠻，似官似客海山間。浮名剥盡雖非我，羈絡開來好是閑。香草自憐幽谷秀，澤車肯蹈畏途艱。雌雄黑白都看破，收拾高情好閉關。

陳涪州于宸一首〔二五〕

于宸，字賡虞，黄平州人，天啓七年舉人。父應熙，字復齋，本石阡諸生，早失怙，奉母來州，授徒，始家焉。有孝行，居喪蔬食三年，絶笑語。或以悍戾加受不怨。居平講學著書，從游者二百人，尤邃於史。或勸之仕，笑不答。蓋隱君子也。賡虞官雲南洱海知縣，遷馬龍知州，再補四川涪州，皆有循聲。晚與兄于明，篤友恭勤，教課有父家法云。于明，字賡唐，以選貢中天啓元年副榜，官思南教授。

銅筆峰〇在黄平舊州東南，與鼓臺并峙，高鋭如筆，山腰石數處，色赤如銅，遇旱禱雨輒應。

突出奇峰似筆形，穎通奎壁撼天星。何客借書蒼頡字，無人掇草太玄經〔二六〕。

奚學正榮先一首

榮先，字春寰，平越人，天啓時以歲貢官學正。敦品好學，至老手不釋卷。著《平越府志》二十卷。

穿雲洞〇在甕安城南十里旗山頂，一名穿巖。

緩步南郊外，尋幽遠望殊。漸窮鳥道險，偶見石門虚。玉筍千峰出〔二七〕，飛雲半壁居。山靈空待我，剛破蘚痕初。

郭六安崇爵一首

崇爵，字仰臺，黄平州人，崇禎中以歲貢官六安知縣，署巢邑霍山。廉能知兵，籌義餉，練鄉勇，爲一方保障，賊不敢窺其境。以勞瘁卒官。

宜娘營

城南高隴接雲平，野史相傳女將營。舊駭風雷屯虎豹，今看壁壘穴鼯鼪。嵐光尚幻旌旗影，溪響猶疑鼓角聲。二百年來文教洽，櫜弓櫜矢頌澄清。

按：宜娘，五代誠州刺史楊再思之妹，有武略。復有兄再興，曾與平諸苗。今黄平舊城南十里有宜娘壘，又曰宜娘坪，即其營處也。坪在山頂，可容萬人。耕者得古磚，細潤可硯。其下有宜娘井。

鄒祁陽先魯一首

先魯，字□□，思南人，籍銅仁府，舉崇禎三年鄉試第一。知湖廣祁陽縣。崇禎末上計，將之京，送家累還思南，乃行於銅仁舟中，遇苗劫溺死。妻敖、妾楊、李，艱苦守志以終。時稱「鄒氏三節」。

附丹徒錢邦芑《三節婦傳》：敖氏，知項城縣應徵女也，年十六適鄒先魯。先魯艱於嗣，以庚午解元任祁陽令，復娶廣陵楊氏及同邑李氏爲妾。鄒以計典調任。送家累歸里，赴京補選。舟次銅仁，爲苗所劫溺死。敖氏與兩妾皆少，無子女，聞訃之日，即與兩妾長齋禮佛，同志守節，終年坐臥一室，雖至親罕得見。時滇黔迭經寇訌，丁亥秋，兵猝至剽掠，敖氏聞之，商兩妾，誓必死，即裂素帛，三婦各懷其一。亂兵知不易奪，止掠財帛去，竟無犯者。然三婦益貧落，僮僕逃亡略盡，則辮纑自給，傭鄰婦代薪汲。戊子、己丑間，斗粟數千錢，人相食。三婦至食粃糠，苦益甚，而節操愈勵。郡中人無敢以非禮語相及者。後忽有平茶土官慕楊氏色，以先魯曾逋彼債未償，欲聘之。楊氏號哭三晝夜，勺水不入口，事遂寢。其後送媒者屢，楊氏兩次自縊，皆以救解。有僞參軍以威脅，至縲絏之，楊氏飲藥死，逾日復甦。自是毁容自絶，兼之敖嚴氣正性，人不敢輕犯，遠近高其義，遂無敢再覬覦者。然楊氏日益哀痛，求死，展轉毁瘠且病，未幾遂卒。敖氏、李氏殯殮盡哀。既葬，復閉户自守。至乙未九月，敖氏以病終，李氏號哭過毁，遂得疾，臥床不起，相繼而亡。思唐人言之，多泣下者。錢邦芑曰：「苦節不常有，乃一時得三人焉！又萃於一門，奇哉！要之，三婦處此有極難者：無子，一也；苦貧，二也；遭亂離、遇强暴，三也。嗟乎！士窮乃見節義，非百折以成之。三婦節烈何由而著哉！或曰：敖生於禮義之家，其貞操宜也；楊氏卑微而志尤苦，應別爲傳。夫二妾之烈，非敖氏倡率不成，述之以待後之尚論者。」

讀延川李氏家乘

留坡忠義薄雲天，同野先行啓後賢。黔末世家名德在，眼中誰似李延川。

【校勘記】

〔一〕神情隨所屬：南京、上海、華東師大三圖書館所藏之《山水移》均作「神情隨境屬」。

〔二〕專飭：清乾隆五十六年《鎮遠府志·藝文》（卷二十二）、民國九年《施秉縣志·藝文志》（卷二十）作「專敕」。

〔三〕勒續：《鎮遠府志》、《施秉縣志》作「勒贖」。

〔四〕逆惡：《施秉縣志》作「苗逆」。

〔五〕敕行盡剿：《施秉縣志》作「敕下痛剿」。

〔六〕黑苗宜剿：原作「黑苗定剿」，莫友芝手稿同，然在該頁天頭批一字曰「宜」。按，《施秉縣志》作「黑苗宜剿」。故改。

〔七〕無水濱：《鎮遠府志》作「潕水濱」。

〔八〕畢自肅：原作「肅自畢」，稿本同，然該頁眉批改為「畢自肅」。按《明史》卷二六一《邱民仰傳》亦作「畢自肅」，故改。

〔九〕獨副將可剛不從：《明史》作「獨副將可綱不從」。又，下句「大壽殺可剛」，《明史》「可剛」亦作「可綱」。

〔一〇〕乃命歸田：《明史》下尚有「未出都卒」一句。

〔一一〕諸將所戮力也：清乾隆六年《貴州通志》卷四十一《藝文志·記》作「諸將士所戮力也」。

〔一二〕竭力戰死：清《貴州通志》作「竭力死戰」。

〔一三〕跕闞：手稿本、《貴州通志》作「站闞」。

〔一四〕跕百户：清《貴州通志》作「站百户」。

〔一五〕以其羡：《黄平縣志》作「以其羡貳拾金」。

〔一六〕《都勻縣志稿》卷十八《藝文内篇上》題作「《惠民橋碑記》」，且有小注云：「橋在麻哈州。」

〔一七〕一首：二字原脱，依例補。

〔一八〕清乾隆二十四年《綏陽縣志》卷八録此詩：「深山開井邑，鹿死傍人眠。投筆文宗慤，彎弓射魯連。桑麻光禹甸，桃李笑堯天。百二山河後，遐陬今不偏。」

〔一九〕清乾隆六年《貴州通志》卷四十五録此詩，題「西禪晚鐘」，詩之末句「清磬」作「清響」。

〔二〇〕清道光二十年《思南府續志·藝文門·詩》（卷十二）此詩題爲「桂閣香泉」，詩之末句「桂花」作「桂馨」。

〔二一〕《思南府續志》此詩題爲「元天雲徑」。

〔二二〕問道感流年：清道光二十年《思南府續志》卷十二作「問道愧流年」。手稿本原作「問道感流連」，莫氏後在書眉空白處改「連」字爲「年」。

〔二三〕賁園：原空缺。按，民國四年《甕安縣志》卷二十二葉應甲《朱孝廉墓誌銘》謂朱應徵「字賁園」，據補。

〔二四〕旗：原作「龍」。手稿本原題爲「青龍㞡」，莫氏後在該詩上方書眉處改「龍」字爲「旗」字。又，《甕安縣誌》此詩題作「《旗山》」。「旗山」乃是甕安舊地名，因改。

〔二五〕一首：原脱，依例補。

〔二六〕民國十年《黄平縣誌》卷二十五録此詩爲：「《銅釘筆峰》：突出奇峰似筆形，尖頭插漢撼奎星。管昂天外臨蒼點，穎落江心蘸洞庭。何客借書蒼頡字，無人掇草太玄經。文鋒八面銅釘鋭，博得封侯是五丁。」

〔二七〕千峰出：民國四年《甕安縣志·藝文·詩》（卷二十）作「千峰落」。

黔詩紀略卷之十九

明

楊侍郎文驄上古近體詩五十七首

文驄，字龍友，號山子，貴州衛人。《史》、《志》并云貴陽人。自題或云貴竹，又或云吉州者，著祖貫也。父參政師孔自有詩。龍友舉萬曆四十六年鄉試。崇禎七年謁選華亭教諭。造士以有用實學。縣西有盜起，禦却之。《華亭縣志》：楊文驄任華亭教諭，好推獎士類，嘗作養賢堂，招諸生論文角藝。其中有貧而好學者，輒傾囊餘給之。時輕騎出郊，率諸生擊劍校射，務爲有用實學，以紓世難。遷知青田縣。劉誠意伯次子璟，殉革除難，《易齋集》久逸，從諸生蔣芳華得寫本，亟梓以傳。尋移永嘉。海上用兵，以知縣監軍。崇禎末，移知江寧縣。御史詹兆恒劾之，奪官候訊。事未竟，李自成陷京師，莊烈帝殉國。我大清定鼎，而福王立於南京，乃起龍友兵部職方司主事，歷員外郎、郎中，皆監軍京口。請築城金山，控制南北，從之。明年遷兵備副使，分巡常州、鎮江，監總兵鄭鴻逵、鄭彩軍。我大清既克揚州，移師臨江。鴻逵、彩水師守瓜洲，龍友駐金山。五月朔，福王擢龍友右僉都御史，巡撫常、鎮，兼督沿海諸軍。龍友乃還駐京口。鴻逵等移兵南岸，與大清兵隔江相持。初九日，大清兵乘霧潛濟，諸軍倉皇列陣甘露寺。鐵騎衝之，悉潰，龍友走蘇州，鴻逵等遁還閩。十三日，大清兵遂破南京，福王出奔，百官盡降。命鴻臚丞黄家鼒往蘇州安撫。龍友襲殺之於嘉定，遂走處州。時唐王已自立於福州。初，唐王在鎮江，與龍友交好。至是，龍友遣子鼎卿奉表稱賀，乃拜龍友兵部右侍郎，兼右僉都御史，提督軍務，令圖南京。加鼎卿左都督、太子太保。魯王以海又自立於浙中，以令印招龍友父子，皆不受，且啓魯藩，明其僭立之非。鼎卿，馬士英甥也。士英嘗遣迎福王，遇王於淮安。王貧窶甚，鼎卿賙給之，王與定布衣交，以故寵鼎卿甚。及上謁唐王，王復以故人子遇之，獎其父子，擬以漢朝大、小耿。《五藩實録》：乙酉七月二十八日，唐王先發御營先鋒鄭彩，統大兵由杉關援應虔撫黄斌卿。既出，道遇撫臣楊文驄慶賀登極，奉疏并檄鎮東伯方國安。總督朱大典、東陽縣諸生趙忠楨、各札與文驄者，斌卿爲上之。乃諭內閣撰敕書各一道，禮部鑄關防各一顆，與撫臣楊文驄及子鼎卿，敕諭文驄曰：「爾夙負英才，博綜多藝，朕在京口，屢相接對，深所面悉。數月以來，頓成奇變。靖夷奉朕間關至閩，監國登極，力肩危統。誓惟勤民雪祖，焦勞晝夜不遑。錢唐遇鼎卿，朕以故人之子待之。元勛鴻逵前疏奏朕，浙東賴爾先弭未萌之隱害，得振久泛之人心，朕大悦慰。業即欽擢爾以兵部侍郎職理浙東。鼎卿亦進虛銜。今覽奏賀，并詳叙吳越情形，則爾父子即朕之大耿、小耿矣。雲龍風虎，各有其時；丈夫相厚，豈有已乎！其益懋厥績，協同勳輔，先清東浙之塵，繼掃臨安之寇，朕若早見孝陵，定許破格酬報。」丙戌，左都督楊鼎卿細陳起義情由，詔答之曰：「人君大柄，止在知人善任，人臣大義，惟是勿欺至公。朕久歷艱難，稍識情僞，朝廷壞于朋黨，祖廟由此兩危。北京之失，東林之罪何辭！南都之陷，魏黨之咎莫謝。其餘門户聲氣，朕自有萬古鑑衡，以御天下。諸臣萬疏千章，豈能奪朕心公斷。靖夷侯方國安力扼江干，大功實在宗社。朕今親征在邇，指日相見，未盡之情，還俟面奏楊鼎卿父子還，終始調聯，以待王師之至。」敕虔州道臣董振秀：以麗水、青田、縉雲、宣平、景寧五縣餉銀給勳臣劉孔昭，以龍泉、遂昌、松陽、變元、雲和五縣餉銀給楊文驄。時二臣互有爭執，復手敕諭之曰：「師飽在餉，師克在和，與其同餉而涉于爭，不如分餉而歸于和。今後兩臣同心協力，復勿再爭競。近聞年荒餉急，民困難支，仍將民糧分限催徵，以息民力。兩人亦不許差人至縣辱官虐民，違者該管官具疏參奏。」左都督楊鼎卿固却魯藩令印，王手敕嘉之曰：「若鼎卿者，可謂忠藎，能明大義矣。朕與魯王原無嫌疑，前付柯、曹二使臣，啓答王書，或未之見乎？」敕諭楊文驄曰：「大明寶祚，啓自太祖，兩遭覆陷。凡爲太祖親孫，有能攘臂先立，則太祖神靈有依，大明國祚斯立。朕與魯王，大義正在于先後，名分尤在于叔侄。魯王先立，朕雖叔輩，斷當北面魯王，以存太祖。若復後立，是名爲爭。總一立也，先立以存太祖爲孝，後立以壞祖宗爲不孝。今朕先監國登極四十日，在萬古自有至公，豈今日一二佞臣可以顛倒！楊文驄受知最早，殺蘇撫以明大義，勸魯藩而篤尊親，本末甚明。人言雖如其面，朕心自有鑒裁。所進陳函輝啓稿，不堪一笑，鬼蜮滿紙，宜靖夷侯奏參，以爲食肉寢皮之可恨也。朕愛侄王，萬不得已，業允勳鎮所請，以明太祖大法。該督當慎終如始，善保地方，善行宣撫。得覲孝陵，朕必不負元功。」黄忠端道周《與楊龍友書》：別台翁後，岸谷遂如許，蒼蒼難問，所幸者，高皇帝功德決非□□之所能傾。新主神明，決非瑯琊昭烈之所敢望耳。武林壞已半載，竭江東之力圖之，不過盡此天塹。新安既破，南國之肩脊就頹。若復守其前規，截山指水不敢出頭半路，恐江漢、常武無咏歌之日也。勸征大疏及導魯藩啓，朗朗乎揭日月行之，昨亦有上藩啓，草率貢其鄙陋，見大篇乃憶鄒、枚之未開達也。南都王氣發于信州，以抵徽歙。今六師若出，必須先在信州，若駐蹕寶婺，又成偏枯矣。出師已三月，隻手赤身自圖兵餉，所到之處如觸牆壁，不徒不哀，又齮齕之。太史慈、田子春一生獨立，究成何事？徒爲知己所悲，妄人所快而已。蚤晚入新安，補此破釜，如不可煮者，便當休糧拔身猿猱之路，不敢絮絮久負王家。唯尊喬梓努力千福。龍友之走蘇州也，福王職方主事吴江吴易日生方走太湖，謀舉兵屯長白蕩，龍友約爲聲援，出入旁近州縣，道路爲梗。唐王授易兵部右侍郎、兼右僉都御史，總督江南諸軍。龍友奏易斬獲多，進易兵部尚書。八月，大清兵至，敗走之。龍友至處州，大募兵，入龍泉山中。聞故人桐城孫臨挈家至台州，急以書招之，薦授職方主事，監其軍。

臨，字克咸，好談兵，善挽强擊刺。爲諸生，不得志，更字武公，與華亭陳子龍、貴池吴應箕等糾三吴義士抗王師。兵敗，陳、吴等相繼死，走新安，依休寧金聲。新安陷，金亦死。武公兄晉方奉母避地於台，故走依之。既受命，條晰震澤狀萬餘言，龍友爲上之。唐王進龍友浙閩總督，武公福建兵備副使，監軍如故。時大清順治三年也。尋移軍龍泉，練士卒，屯險隘，屢梗東南一隅。七月，大清兵入閩，龍友、武公急移軍衛仙霞關，家室從焉。而大清兵已間道先入，二人不能禦，負重創，退至浦城，皆被執。貝勒屢諭之降，并不屈，乃斬之。武公妻方、子中岳走匿得免。而龍友妻妾四、子女及子婦、僕從，一家同死者三十六人。死以八月二十五日。其長子鼎卿就刑時，神色自如。餘失其名。女已聘孫中岳云。吴易亦以是月在長白蕩被獲，死。龍友、武公既就義，其所居人爲坎瘞大樹下，剳樹皮大書官爵姓名。於是武公兄子中韋字仲衍者，間關走建陽水東三百里，求得瘞處，發之，兩體敗，不復辨，因并焚於東峰僧舍，分裹置衾枕中負歸。以戊子冬抵戴沖莊，同棺分殮。逾六年，甲午乃合葬桐城縣東三十里之楓香嶺，復爲祠三楹，奉兩木主。過者必弔，土人呼爲「雙忠墓」。龍友少負奇偉，文章劍術兼擅其能，尤耽書畫。好短衣矢箙，馳惡馬逐健兒射生，坐草間燒啖爲樂。意有所會，即伸紙潑墨，如風馳雨驟，不能自休。試諸生，《易》義頗失旨，提學山陰張汝霖目爲奇才，猶置第一。鄉舉後，安邦彦叛，圍貴陽城，曾募士同拒守。圍解，又率所募擊其一路，克之。尋奉母移家南京，日與諸名士結社角藝。酒酣耳熱，抵掌時事，意氣横出，一坐盡傾。計偕時，直孫文忠公承宗罷經略，走謁。談次，文忠甚壯之，贈以在邊克敵所製人頭杯。遇雅集，輒出傳飲。客或皺眉縮濇，不敢遽舉，而龍友連觴引滿，旁若無人。好游覽，遇佳山水，賦咏圖畫，充牣行橐。自十歲即從其父登岱。既客白門，東南數百里佳勝靡有不到，尤蓄意天台、雁蕩。崇禎元年，其父參政浙江，駐台州。明年，乃得侍而游焉。裒所得詩文圖畫，題曰「山水移」。首以謁董文敏其昌，文敏大嗟異，題其上曰：「龍友生於貴竹，獨破天荒。所作台、蕩等圖，有宋人之骨力去其結，有元人之風韻去其佻，出入巨然、惠崇之間，觀止矣！」[二]倪文正元璐、陳繼儒眉公、李日華竹懶、譚貞默掃庵、范允臨長倩諸能畫家，復爲題跋、詩歌以張之。是時龍友年才三十三，畫名噪大江南北，迥在詩文之上。其後以職方監軍京口，吳偉業梅村爲《畫中九友歌》云：「阿龍北固持戈矛，披圖赤壁思曹劉。酒酣灑墨橫江樓，蒜山落月空悠悠。」以龍友與董文敏、王大常時敏、王廉州鑑諸人并稱，其傾倒一世可知矣。龍友侈結納，耽聲伎，一歲費常鉅萬。豪士每略小檢。逮明社既屋，士夫多肥遯自全；獨須臾不忘故國，間關流離中猶阻兵負固，屢抗六師，父子家人膏斧鑕而不悔，大節錚錚，亦可謂烈丈夫也已！後人猶以士英故，不免揶揄，則世議之隘，豈公論哉！龍友交游，見本集、他集自董文敏、孫文忠而下，勳業文章彪炳之士，抱材負異不得志之人，擅一時盛名者以百數。而高淳邢昉《石臼集》與龍友游覽贈答，獨逾百篇，蓋自雲間、芝田、括蒼至監軍督師，無一歲不主龍友家。餘人待黔其突者，更不知凡幾。史稱「龍友豪俠自喜，好推獎名士，士亦以此附之」，不虛也。致命之後，黃岡杜濬至以五百青銅興嘆。而昉題其畫曰：「可憐埋骨竟茫茫，四海九州無寸土。」蓋猶未知骨歸孫氏。生死之交，桑滄之感，幾不堪卒讀也。龍友當南京破，自誓必死。有妾郗生少子鼎勳，使携逃以歸。其後嗣頗蕃衍。龍友又有妾方芷，與武公妾葛嫩，皆納自曲中，後與同死。龍友死時年五十，武公少龍友十四歲。附友芝《龍友楊公有後記》：始讀余懷《雜記》云：「楊中丞文驄父子三人同日殉難。」又云：「楊龍友殉難閩嶠，無遺種也。唯老女丐歸金陵，依家僕以終天年。」每嘆錚錚義烈如楊公，竟斬焉弗嗣，掩卷不怡者久之。意仙霞忠魂，欲求梅花嶺之衣冠一抔，益不可得矣。道光末，桐城孫起瑞心筠來巡貴州糧儲，得讀其家譜，乃知龍友骨歸孫氏，與觀察高祖之父武公副使合葬。又附見楊氏後裔。於是鄉積不能解者，一旦釋然〔二〕，龍友好推獎名士，士亦附之，獨不幸爲馬士英戚，予人議端。當福藩時，大獄叠興，阮大鋮羅織善類必致死者，龍友必委曲調護保全，蓋數十計，固宜其有後也。《譜》云：「仙霞之役，楊公及四子一家三十六人同死。唯長子忠貞將軍都督同知鼎卿遺一子，寄育其中軍江南李茂芬家，存亡猶不可知。」《譜》又載貴陽諸生楊卓所具楊公世系，謂公尚有少子鼎勳〔三〕，生未周歲，公令其生母郗從以婢子蓮花負歸里，犯兵燹，伏荆棘，間關五歲，乃達貴陽。勳頗讀書，自以萬死得生，不復求仕。二子：元愷，字仁溢，本朝康熙乙酉舉人，雍正四年選直隸雞澤知縣；元惇，字仁沛，邑諸生。又記愷、惇子孫十九人，卓即愷長子。然則楊公信有後無疑，澹心傳聞未確耳。唯孫《譜》云四子同死，澹心云父子三人，則僅二子，疑莫能質。杜于皇云龍友曾乞爲其季子作傳，則當有季子先殁，并同死四子及鼎勳而六矣。邢孟貞《石臼集》屢連見楊愛生、貞生，又有《送楊愛生由白下往黔中應試》及《題楊貞生攬霞閣》詩。杜于皇《燕磯感舊詩序》數辛巳餞送諸人中亦有貴竹楊愛生。《復社姓氏録》云：「貴州楊鼎卿，字愛生。」貞生必愛生弟，與父兄同死者，惜失其名。自二人外，他更無可見。然則澹心「父子三人同殉」之説，或近是也。其所謂老女，豈在三十六人之外耶〔四〕？龍友所著有《山水移》、《洵美堂》兩集，《山水移》特三十後數歲詩文，《明詩綜》録其六詩，并無之。同時諸人集中，與酬贈、游覽、次韻、同韻詩最多，亦無其韻，蓋皆在《洵美集》也。《山水移》詩筋骨崛彊，稍乏蘊含。然古詩如《石梁觀瀑》、《玩月》、《斷橋》、《珍珠簾》、《孫大將軍贈人頭杯》等篇，别有幽光勁響，動人心魄，《與董元宰論筆墨》及《題畫》之「冷玉緑未了」、「淮陰能將兵」、「蘭竹怒生時」等篇，自道所得，足悟畫家不傳之祕。律詩亦無熟媚語。《玉京洞上老人》一絶，極得盛唐人遺韻，雖少作，頗見大才。《明詩綜》引邢昉、史元之論，蓋摘之《洵美堂序》，故不類此集詩境，亦知其晚歲能大矯少作之偏。至《詩綜》所録，雖較潔鍊，而格韻不殊。選家繩尺，未必上駟，固未從置喙也。龍友在華亭曾買宅，宅中有退飛谷、鶴巢，見邢昉詩。客南京時，其父曾買宅於石城西南，見其《江行畫記》。《洵美集》既失傳，已無由知洵美爲雲間堂？白下堂？猶幸《山水移》舊帙僅存於歷劫之餘，不敢過删，録其十八，合以《詩綜》所收及他碎掇，編爲二卷。雜文數首，亦附於篇。附越卓凡其杰《山水移序》：余嘗謂：古今爲詩者，自漢魏而下，唐人以全力，宋人以半力，我明人只以餘力。蓋士自束髮攻制藝，即凜凜功令，罔敢措片語于格外，時有所懾而不暇也。迨通籍以後，高者翱翔木天粉署，次者分理劇邑阽邊，朝考夕糾，顧其職業，時有所分而不給也。高才之士，非不抽玄抉奥，豎幟詞壇，終是奔走風塵，所應酬者，率皆金門紫陌，遷除祝誦之詞，安所得佳句而稱之？又其甚也，每見皓首窮經，反以衡泌爲苦，即或終南借徑，原未領略川巖。下至朝燕暮楚之人，跋涉間關，徒增浩嘆，傍人門户，聊取救飢，恐于山水之趣，概未知也。夫詩之爲道，不苦心不深，不積學不厚，不闢智借慧于山水不靈。太史公足迹半天下，故其文日益宏肆。杜子美詩自入蜀後，愈覺古淡淵永，則山水之功大矣。龍友詩文甚富，久已膾炙人口(五)，宇内名家咸爲推轂。復不自晝，邀勝友作台蕩之游，自春歷秋，日坐龍湫雁影中，心志潛移，耳目爲之一新。每吐一語，無不與秋峰競秀，擲地作金石聲。覺向者繽紛藻麗，爲人所艷羨，去之惟恐不速。久之盈笥，題曰《山水移》。余讀而異之，眉宇間猶有空翠紛落，頓令觀者亦爲之默移也。龍友年正富，其進不可量。異日射策，直宿禁中，見上林之曉，無異深山；想因風之珂，儼如鳴瀑。吾固知名利不足移，素心從容，肆其全力，以駕宋超明，與唐人相伯仲，胥自今日始。披覽之餘，遂成四律，以志喜悦，因與海内同調者共商之。「無窮冰雪句，都賴山水成。獨賞思維運，孤情恥借名。鑪錘非我設，造化自心生。展向空庭讀，猶聞冷瀑聲。」「習氣山中盡，靈機觸處多。既雕仍是朴，由苦漸臻和。傳肯安心恕，賢翻責備苛。滔滔皆不返，誰解挽江河。」「沖襟步自遠，慧識淡彌幽。嵐翠無心染，高寒以意收。正於離處合，不在似中求。筆墨堪消息〔六〕，無言亦對酬。」「眠餐皆秀氣，盥漱亦幽尋。但覺神情異，那知沁入深。清非前日骨，静獲古人心。結想漸成性，英靈感至今。」崇禎己巳陽月。《黔風舊聞録》云：「龍友詩收采僅數十篇，探原正始，出入明遠、康樂之間，聞舊刻《崇禎八家詩文》，一爲先生，惜未之見。就所得而論，已如清廟之瑟，不同凡響。」友芝《山水移集跋》：右龍友先生《山水移集》四卷，附録一卷。崇禎己巳七月，先生奉其父霞標參政爲天台、雁蕩之游，裒其詩文圖畫以歸，謂之《山水移》，既而刻游集，附以前後一二年作，遂仍其名。《集》中有《立春》七律，蓋即游台蕩年詩。其起句云：「三十三年電光走」，然則此《集》僅先生三十後數年作也。其詩骨挺勁岸異，已有不可一世之概，未到者渾融耳。崇禎末，先生又刻《洵美堂集》，見《明詩綜》引邢孟貞曰：「《洵美》詩紆徐以導遠，篤摯以達情，引物連類，廣博蔓衍，屢出靡涯，而源流師法，粲然可指。」〔七〕又引史弱翁曰：「龍友詩，沈滄淵遠，有正始之音。」杜濬有《懷龍友諸君》詩云：「黔蜀波瀾老」，所論皆與此集不契。知後此所詣，必更有深焉者。屢訪未得其本。吾友黎伯庸兆勳云：「龍友先生畫名在詩上，觀《山水移集》，論畫幾三之一，殆以畫學侵其詩功，故其詩勁骨峥嶸，足凌同時卧子諸公，而精鍊中程似少不及。」然未見《洵美集》，亦未爲定論也。先生值遺明殘局，猶螳臂搘撑，妄思恢復，見危舍生，幾無完卵〔八〕。其志節侹侹，到今有生氣。詩文流傳，正因人重。《洵美集》既不可見，而此《山水移》舊册又歷千百劫，僅存於塵堆鼠窟中，而乃今出之，若有陰爲呵護然者，亦愈足珍惜矣！《集》以詩百三十九首爲一卷，《赤城山賦》并張玦《賦序》爲一卷，《台蕩日記》及《江行十二畫記》爲一卷，《腐侯傳》爲一卷，附録諸社長二十五人送游、贈言、題集、題畫作爲一卷。首簡又載其舅越其杰、其師鄒嘉生兩《序》，而以董其昌、陳繼儒、倪元璐、李日華、譚貞默五人題畫册引、范允臨題畫詩、李思聰送游詩、謝上選題集詩，并雜置卷端。杜濬有云：「昔年龍友請余爲其季子作傳，肅衣冠以五十金潤筆，而茅止生求余觀余文，猶嗤曰：『龍友小樣，不知文章痛癢』。止生之譏，殆緣此類。」然今去先生二百餘年，不惟藉見一時交游，而謝文若、周又新、蔡湘渚皆黔竹文人，著作盡逸，越自興文亦未見，并得留吉光片羽，所補爲不少矣。咸豐壬子，柏容從定番張氏假得相示，亟録副，待好事傳之。

孫大將軍贈我以人頭杯長歌賦謝〔九〕

天驕濺血污青天，十年胡塵迷九邊〔一〇〕。家家空有生銅吼，豪客誰驅走鋒巔？緑眼將軍勤遠戰，腰控金鈎赤羽箭。紫騮一騎踏黄沙，奪得胡兒駕飛電〔一一〕。何必嫖姚與吴起，雄略行邊幾萬里。渴餐冷血當清泉，旋取頭顱作杯子。一飲一斗氣如虹，醉倚氍毹笑晚風。蠻童妖女皆驚怖，起來猶自彎雕弓。獨指楊郎相對看，英雄許我洗銀漢。半生未遇蔡中郎，潦倒無端留下爨。我亦拔劍目裂眦，寶氣入斗驚白帝。壯懷長嘯向君開，恍如獨鶴空中唳。感君容我發疏狂，劍光提動揮八方。脱手相贈亦何勇，我將持此見明王。世人畏死懼寒鐵，有頭怕學常山舌。豈惟求之君臣間，末世因之交情絶。君不見，孫陽有眼誇絶塵；又不見，孫武行兵驅婦人。君臣朋友自千古，誰能再見孫將軍！

烏衣巷

千門萬户想翬飛，列侯豪貴將安歸？古今興廢不可定，蒼狗胡爲變白衣？我見金陵一片地，每隨人物傳佳事。王家謝家何彬彬，千秋尚識烏衣字。燕子飛時如逐兔，文章事業還朝露。唯有尋常百姓家，至今尚不知其故。

朱雀航

野航月冷草蕭蕭，曾照當年劫火燒。遺恨至今流不斷，酸風昨夜返寒潮。

社集雨花臺甘露閣用先字〇石首夏雲鼎四雲《崇禎八大家詩選》有。

好山偏若爲春妍，一度相尋一可憐。甘露有兄留竟日，雨花無祖散諸天。松凝晚翠唯争後，梅綻寒香不讓先。醉倒欲呼明月上，幾迴釃酒酹青蓮。〇四雲曰：「斐亹炯晃，出有入無。」

長干里

山靈走絡繹，勢結下層岡。白日晝苦短，清溪路自長。寒影摇僧舍，澄光撼女牆。客中來復往，不信是他鄉。

清涼臺〇八家有。

荒臺驕遠空，突兀自相擅。江影犯素顔，月上開生面。鳥共游人忘，鐘與松聲戰。獨立俯興亡，輕烟走飛電。〇四雲曰：「疑峭荒泠，辣響蒼顔。」

鍾山

靈阜遲奇覯，蟠鬱幾千年。龍飛破顯晦，猿鶴無驚顛。草木有凡姿，不敢鬥芳妍。雲霞幻朝暮，視聽無定顔。夕陽照沈宅，晚風吹野田。王氣攝諸峰，五岳皆一拳。

秦淮

秦灰不斷燒彌空，化作鬼工斬土龍。東游胡爲厭天子，王氣不爲埋金死。蘭槳猶蕩六朝塵，素浪直流千古情。笙歌幾葬舊日月，紺宇朱欄嬌不歇。桃葉女郎委青燐，冷魂誰吊黄夫人。淮水三洲樂未央，二世已往存始皇。

梁溪喜逢唐季陶依韻奉答

各看鬚鬢憶當年，纔得逢君又黯然。烟水款留高士榻，黍雞供應故人船。新篇嚼雪魂相勞，舊事流雲夢已傳。汲取泉香頻剪燭，渾忘逆旅韻俱仙。

冬至後二日侍家大人暨薛千仞盛伯含李季寅丘夢鶴夜游虎丘

不盡看山興，衝寒秉燭行。孤烟存佛性，野鳥報山更。澗水澄寒碧，僧房冷梵聲。醉來頻點首，唯與石頭盟。

過五人之墓有感○八家有。

廉耻存天地，千秋屬五人。知仁觀過去，達死識來因。流水洗殘恨，寒山續斷身。懸頭吴相事，有伴泣孤臣。○四雲曰：「有此堅狠，尚存餘怒。」

月下同項仲展游虎丘

前來有月藏烟裹，佳樹佳山委流水。今來新月恰宜人，無限風流供月底。憶昔吴王試劒鋒，冷光帶月振寒松。我行亦有青霜色，開囊幾度看芙蓉。拔劒仰天鍔俱赤，何處魚腸摧衆魄。數年潦倒孤此君，徘徊且醉千人石。石上應知舊有魂，我來君去作何因。暫將吴女回頭笑，便作生公兩地婚。歌浩浩，酒泠泠，疏狂直欲破蒼溟。三萬六千日，何日是浩歌？踏月之空明。二十四橋地，何地有美人？知己之相成。舉頭問月月應憐，昂藏不偶，唏嘘磊落之楊生。

題　畫

好山不常態，佳樹無俗情。此中有何物，唯餘石可耕。

題畫寄朱白嶽先生

寺枕山腰宿霧中，泉聲嗽石欲排空。好峰不辨知何處，應與仙人白嶽通。

題　畫

烟嵐如帶鎖山根，老樹低徊掠水痕。静裏無人飛鳥過，石頭頻點不能言。

吴門别薛千仞還四明〇八家有。

俗薄唯君古道存，不於臨别始銷魂。身餘白髮酬朋友，家習青箱善子孫。西閣雲歸遲返棹，南枝花發待開樽。四明山水神仙宅，應羡文星隱鹿門。

按：崇禎元年冬，先生侍其父霞標参政至吴門，别於虎丘上。見《台蕩日記》。上數詩，當即其時作也。其自石城解纜，有《畫江行十二幅小記》，附録於此。《畫白鷺川》云：崇禎戊辰仲冬，家君購小園一區於石城之西南，中饒水石，環以百畝。浙東之行，親友折柳盤桓於中者數日，始得解維，真快事也。因戲圖其景以昭雅集。《畫石城》云：舟過石城，積雪初霽，誦唐人「嶺表城中」之句，爲之興到。《畫佳山寺後》云：出龍江關外，望佳山寺後一帶長松，平沙細路，中有梵宇，叩舟子，但莫得其名。蓋山川善藏，每不許俗人容易唐突。舟中想像，寫此以待它日按圖之索耳。《畫觀音門》云：泊舟觀音門外數日，爲石尤所阻，因得溯門之左，沿城一帶，看嶙峋突兀之勢，步步欲令老米下拜，借此石交，少忘逆旅之苦。《畫宏濟寺》云：侍家嚴暨薛千仞先生、李季寅、盛伯含詞兄小酌觀音閣，怪石如林，長江如練，笑聲酒浪幾與潮音相答，恨歸途雨促，不得縱步過三台洞，猶是胸中缺陷。《畫燕子磯》云：余往過燕磯，俱從金陵。五月十三之游，每恨江山幽静之趣，盡以笙歌鼎沸中抹殺。今年侍家君東下，會石尤所阻，戀戀於下者數日。時寒江淒清，山骨俱冷，其中深遠澄淡之致，使人領受不盡，因思天下事，境境俱不可向熱鬧處着脚。《畫江中望棲霞》云：去年余讀書攝山，每一登頂，望長江之帆影如飛。今在江中遥睇峰巔，何啻故人？初落筆時以爲極得其似，及畫畢推篷，又相去殊遠。或曰帆隨湘轉，望衡九面。非謂今日乎？爲之大笑！《畫江中日落》云：放舟泊孤洲灘上，時日銜山矣，明霞射彩，與水光相蕩，急走筆圖之。此畫中夸父也。《畫金山》云：乙丑、丙寅，余登金山者數次，嘗思作圖，竟不可得。今從舟中遥望，偶然欲畫，頗寫其意。坡翁所謂「不識廬山真面目，只因身在此山中」，豈欺我哉？《畫玉山》云：江滸有玉山寺，偶登其亭，喜江中巨浪與腳底巉巖相搏，但轉入僧舍，崇墻密扃，不許江容山色入來，殊覺悶悶，恨不擲江心數頃，蕩去俗構，庶不點穢佳山耳。《畫古銀山望金焦》云：晚登古銀山，望金、焦兩峰，如輕鷗浮水上，信筆點染，收之尺幅，因思吾輩胸次原包六合内外，若肯放開手眼，則十洲三島玩弄腕股間耳。倘戀戀牖下，甘心蒙面向井甕中討生活，吾不爲也。《畫紫陽洞》云：過昭關，入紫陽洞，江流有聲，斷崖千尺，殊有高曠之趣，因思吾家有明霞洞，日在几案間。今數年於茲，隔在萬里蓁莽之外，此洞不幾爲我輩避秦窟宅耶！

立春偶成〔二〕二首。八家選次首。

三十三年電光走，二十四番風又催。功業有人驅熱焰，詩書伴我撥寒灰。花隨鄒律吹新調，夢學莊生繞故隈。酒債尋常都拚却，梅香又早破窗來。

春雲靄靄出晴空，喧雜相迎滿市中。冬去尚餘風似箭，夜來先見月如弓。柳噓柔意留新緑，梅醖生機露淺紅。嗟我半生尚無賴，欲呼青帝問遭逢。○四雲曰：「三、四娟秀。」

人日李沮修社文邀集冶城景陽閣共用春字

零落天涯是遠人，驚心又度帝城春。地留劍影飛寒雨，酒洗詩腸耐病身。烟鎖六朝情自古，才收一代韻俱新。千秋事業須吾輩，且就江山説往因。

附李思聰《宿白鷺洲送龍友省覲之東越》：「卜築城西水一方，幽深不讓陸渾莊。樓台月上涵虛影，草樹風來雜衆香。貫渚難窮桃引路，浮巒欲斷石爲梁。不將彩服娱親志，何必看山到括蒼。」

夜游惠泉○八家有。

夜氣澹則止，山光貢衆形。泉聲入冷月，松影出孤亭。香味寂不見，寒濤静可聽。呼童生活火，煮茗坐寒汀。○四雲曰：「起十字直，字字有畫。」

畫陽山對岸○八家有。

古寺山根倚亂雲，蕭蕭寒水送孤清。一帆天際何人問，回首知心獨此君。○四雲曰：「峭警。」

西湖留別張冷石陳則梁張幼青萬美叔陳道掌夏彝仲宋上木王漢先金次宗繆泰青程荀令諸社長

人生得友如得月，清輝照心不可追。而我況坐山水間，兔魄當頭能幾時。寒光古澹洗文心，拳石澄波亦道情。踏碎湖邊萬樹影，衆聲不到留鶯鳴。新交故交難此別，愁聽三更杜鵑血。人頭杯子酒數行，澆却交情冷與熱。是夜余出虜頭杯佐酒。

附《台蕩日記》：余生長萬山中，而家大人又癖嗜山水，故名山大川，往往性情相習，亦往往機緣相湊，所謂得之習慣，亦根之胎骨者也。嘗記十歲時，侍家嚴登岱；十五歲登參，烟巒翠靄，至今歷歷在目。恨彼時蒙昧不知，而不能記，可惜也。歲甲子，家嚴視學滇雲。滇之山水奇幻莫倫。點蒼、雞足，可甲寰海。時以家難徙居金陵。家嚴隻身銜命，留兒子住白下奉母氏菽水。但從家嚴詩歌尺牘中領略萬一，亦恨當面錯過，又以不到而不能記，可惜也。去年家嚴量移駐節台蕩之十二洞天。聞報之日，喜謂驄曰：「居官熱事也，然余性自冷。炎熱之地，不敢與人争，幸造物每每擇山水以報之。今去浙東，一了台蕩之願。余可謂向平後身矣。」且曰：「山水之趣，兒亦頗解。明年，奉母來，讀書石梁、龍湫之間，以其暇日，同余了當山中事，父子儘力收拾烟雲，此或可以傲視向子一着。」於是由石城登舟，過金、焦、北固，拜别於虎丘之劍川上，因命以己巳之春爲期。余小子如期修省覲事。以四月初，於明聖湖上得拜見大人。是日，爲朱白嶽先生招飲湖舫，而友人陳子則梁，拉余宿於湖上小閣。一時同社諸子雲集，有送余游天台詩，具載夏彝仲《序》中。湖光山色，曲曲撩人，月影松陰，衡帷相狎，恰如讀舊書，見故人，今日之游是也。附：彝仲《序》并諸人送游詩：龍友從金陵過湖上，於時同聲雲集，各歌詩以紀其事，而夏子叙之。叙曰：西湖之勝甲天下，蘭亭之茂林修竹，金谷之土窟魚池，視玆之澄波千頃，翠巘千重，則地勝也。季倫傷情於凋落，逸少興懷於死生。而吾友逸情，雲逝倏忽，不以干懷，大業日隆，千古乃其自有，則氣勝也。金谷未善，珠樓已墜，流觴自樂，枕戈謂何？而吾輩際此隆昌，恰歡談笑，則時勝也。友來何地？則豫章也，八閩也，吴越也，東南之勝窮也。笑歌戲卺，琴筑無聲，則四座起而興懷，百杯傾而鬥技也。團扇未收，素練載進，韻人濡墨，合坐環觀。或以爲龍眠，或以爲元章者，龍友也。刻燭給韻，清音首唱者，幼青也。談名將相事，序真豪傑交，肝膽激而鬚眉動者，則梁也。作賦之聲摩空，擒文之眼如月者，道掌也。三斗未盡，百篇已成，游春一奏，滿座生風者，上木也。戞來便唤崑侖奴，醉後一邀黄衫客，袖中老鐵躍躍不平者，永錫也。和風未拂，醇氣醉人時然後語，如不以言論爲長者，美叔也。玉山對映，玉屑時霏者，泰青與荀令駢肩而坐也。指顧隱狂，落拓自喜，漫無所見短長者，漢先也。逸情雋氣與湖光雲影相澄碧者，次宗也。指點妙明，剖析空有，以宰官身解阿難結，時滿座冰釋澹澹寂寂者，冷石也。忽若有望，欲攀層霄，忽若有見，欲揖群真者，龍友將爲天台游也。夢者十年，晤者一夕，留别去者一聲，示來兹者寸帙，諸友起别，而歌詩載編也。起而叙其事，紙無停辭，若不獲待者，不佞允彝也。其不獲待奈何？允彝已放舟言歸也。己巳孟夏，雲間社弟夏允彝題。

昨飲琴張叟，人心皆是狗。所以著絶交，所以獨飲酒。楊子一石才，小哲望之走。貴以古人心，而有通身手。我欲游天台，與影謀之久。于今乘傳去，昂昂飛馬首。西湖三日聚，良宴洵非偶。冠帶多矜莊，相從亦覺醜。阿林猶妒我，三日不可有。寄書何鞅鞅，報言星指酉。兹游固不惡，昆弟情難負。更無山與齊，五就龍爲友。愛台反憎台，爲其奪吾耦。豈不念湖堤，青柳變黄柳。鹽官盟弟陳梁。

之子天台去，扁舟載酒居。溪雲朝供石，燈火夜隨漁。碧嫩鶯思滿，青空竹叩虚。兹行莫輕返，良晤訂秋初。雲間社弟宋存楠。

龍標尉，夜郎客，王李宗風藉君邑。詩囊劍匣復何羈，牂牁移卜鍾山宅。憶昔秋半集高堂，詞人四海盈胡牀。飲鯨直吸長江水，棲霞爲氣雨花香。君是童烏生元亭，稚齡已誦太玄經。趨庭壯游浙之上，帷中長日著奇文。石梁天半不盈人，雁落龍湫瀉絶壁。仙都徑接小蓬萊，山靈乞題鐫好石。孤嶼道人蘭籍多，古誼如君能幾何。薄天湔雪久益信，何以贈之賦女蘿。張筵新夏西湖濱，楊花萬點助離情。孫綽金句猶可續，篋中萬斛收烟雲。西湖盟弟張堯翼。

我來西湖水，君登天台峰。湖山千里不可接，惟有風烟自相通。西湖多娬媚，不及金庭石梁有異致。從來兒女情，不入神仙地。吁嗟神仙亦是兒女作，烟情花氣殊不惡。他日君歸來，我饋君西湖之曉光，君答我赤霄天姥之寥廓。社弟張明弼。明河芳杜結高姿，秀挺風前映玉枝。墨汁淋漓能繪鳳，筆濤飛動欲蟠螭。胸藏天禄羅千卷，夢滌靈溪入二奇。翠壁遥圖傳有賦，莓苔仙躡總宜詩。多才自遜慚愧伯，君并凌雲楊子馳。西泠社弟繆時英。一帆迢遞自江灣，王謝高風尚可扳。玉峴瀑飛千嶺表，丹霞峰峙四溪間。藏山標義由來度，勒石分題未得閑。閩客相思湖上夢，早携方竹踏烟還。社弟陳元綸。又莆田宋珏比玉先生在金陵送行詩云：雙柑纔喜共嚶鳴，賦罷閑居動遠征。簇簇天桃如欲訴，絲絲弱柳各牽情。舟過三塔蓴冰滑，路入天台籜粉明。早晚趨庭仍北上，浣萍亭畔聽秋聲。

過嚴陵釣臺〇八家有。

濕雲裹峰去復住，蹲獅踞虎環芳樹。自從一坐羊裘翁，千秋共識桐江路。我來扶杖偶一登，松陰欲墮翠欲崩。冷心不上漢帝餌，至今波怒相欺凌。傲骨端然化喬木，曲虬尚睨王侯腹。却笑臺邊往返人，何處溪山無空谷。〇四雲曰：「一起擎拏偃仰，如敧松壓雲。」

《台蕩日記》：次日即走錢塘江上，侍家嚴東下，過桐江，上釣台，想見當日子陵高誼。有二青衿候官舫，問之，乃子陵數十世孫守祠迎送者也。余笑曰：「乃祖昔日以羊裘避天子，而乃孫今日以藍袍佞紗帽，何大不類歟！」侍家嚴，拉友人李季寅登臺上，焦桐一曲，衆山皆響，山高水長，真爲子陵先生寫照也。過七里瀧，水漲甚，挽舟而上，日行幾寸。以四月二十八日始抵署中。

題　蘭

離披夭矯人不識，赤脚蓬頭走荆棘，國香一種自天然，不用胭脂賣春色。

聽　雨○八家有。

聽愁滴不碎，翻學淚珠圓。雹影搜燈閂，松聲犯溜遷。欲撑風伯怒，强悟老僧禪。纔恨梧桐近，樓前更有蓮。○四雲曰：「頷聯汹怪。」

題旅燈○八家有。

光熒熒，焰泠泠，樓空響滅留寒星。影羞不肯上客枕，夢回誤起撲流螢。蚊雷蛙鼓相與分，山精懼劍不敢争。君不見，旅人燈！

獨坐括蒼山中懷周又新薛伯玉李卓如三妹倩

擁書無事弄烟雲，一席唯應與鶴分。山水從頭權作友，文章鼎足早輸君。鳥欺遠客朝呼黨，月媚離人夜入群。唯有甌中茶色嫩，恍疑竹底共相聞。

按：又新，名祚新，有詩見後。卓如，蓋名可立，崇禎七年貴陽舉人。邢昉《石臼集》於又新、卓如皆屢及之。此詩又云「文章鼎足」，則卓如、伯玉當亦詩人也。王彦泓《壽龍友母詩》云：「憶昔狂童犯順年，腥風血雨暗南天。須臾風霽烟霾息，愛女門楣森鼎立。」是其三妹婿并以避安氏亂，挈家金陵同居，惜二人詩并未見。伯玉，更失其名。附：又新《山水移題詞》：人性動則浮，浮則露，惟静則深，深自活。機鋒相逗，自現本來。一粒靈關，密移暗度。而静者自爲理會耳。況山水爲物，肌細理緜，神淵情扃，非夫淺人入手便得置身可探。浮動之氣爲山水，鄉愿烏識所謂移哉！吾友龍友負山水癖，人見其好游似動，而不知其性静居平，筆走雲烟，思通造化，摩詰死後，千年再生，所謂宿世詞客，前身畫師，余欲取爲龍友像贊不虚也。一日自台蕩歸，坐余於影閣水上，余見其眉際峰青，眼底波碧，鼻吸龍湫，口呵雁入，余知非向時故吾。俄而覓龍友不得，但見數十萬丈飛湫掛壁，杳靄空中，時見雷車，或成風馬，潰雲沫雨，潤我几席；銀虬青蜺，駭我視聽。余心知爲山水移也，然而不敢一時喝破，留以洗吾腸而滌硯焉。此龍友以移移我也。急起閉户，静以藏之，敢令淺人一覷。眷社弟周祚新。

超然樓上贈雲〇八家有。

出岫玩群峰，唐突如狎友。倦則卧其腰，傲而踞乎首。有意驅不行，無心唤可走。客愁重如山，請君過谷口。〇四雲曰：「輪囷偃蹇，頹然自放，雲亦隨君渡湘水矣。」

題瑞松軒〇八家有。

五株不必媚秦帝，七本何勞結鄭契。孤根獨秀飽山雲，待我爲君掃荒砌。有時問字過空房，寒濤送月吹冷香。寸心忽作靈氣吼，誰驅天籟噓文章。有時鱗甲飛蒼波，閉門無奈著書何。山中徙倚時一卧，醒來發狂爲君歌。不願丁家腹上生，不願張郎山中行。三十年來歲寒意，願君爲我呼蒼冥。

習射

腰下鐵絲催烏號，肅神静氣柔燥調。舍之猛力隨風鳴，布侯不遠從心生。射鹿射虎各争奇，鼓聲悲壯日光追。憶昔懸弧自男子，轉身欲射九萬里。短衣匹馬豈無事，埋頭束手嘗煮字。

贈吏部戴斐君丈二首○八家有。

雲老封苔固，山城坐欲枯。誰將畢吏部，隨棹入仙都。水静峰留鏡，囊空句作珠。别來游子態，如戟問眉鬚。

興來期訪戴，誰意迓前驅。自愧趨庭鯉，君應愛屋烏。山花香襯酒，松月秀凝襦。若過天台去，魂隨夢可呼。

畫蘭

生在空山幾十年，坐邀老石聽邀泉。何時脱却凡荆棘，王者香應送上天。

題畫

迂清顛放大癡仙，唐突諸公已數年。今日寫將山色看，水寒石瘦亦悠然。

偶於錫山舟中作寒溪萬緑圖因題小詩於上蓋以療余癖也周又新與余同癖索此歸藏雨嘯齋遂以之公同志余又將乞靈手腕耳〔一三〕○八家有。

冷玉緑未了，溪光忽亂之。幽渺安心魂，顔色换眉髭。平生斷萬感，惟與此君宜。千畝小渭川，出没誘貧兒。登眺生貪想，惄焉每苦飢。隱几卧一室，乞靈當告誰？四顧無一憐，唯有腕力隨。放筆杳難禁，暴富在片時。龍孫候風雨，夜夜天機吹。老夫有傲骨，寧且甘離披。因笑王子猷，樂此尚爲疲。

余在括蒼將作台雁之游謝鶴里蔡湘渚至湖上以書招我因作招游詩二首

招謝鶴里 八家有。

湖頭寒玉初弄影，客舟收入三千頃。西施已上水晶屏，欲喚東鄰下金井。羞顔自竄栖深山，雲老封關未敢還。仙都石鼎好溪水，峰峰竦立延君看。潮平且歌黄頭郎，僕夫早背古錦囊。赤城携手袖霞紫，玉甑埋烟炙鳳凰。不爲避秦不采藥，生來蠟屐尋丘壑。逢着仙人一局殘，乞將鶴駕供行脚。君家靈運本好奇，勝情胡將雁宕遺。至今玉女思正苦，知君策馬慰天姥。〇四雲曰：「起四語巑岏奇秀，覺滿空雲霧皆作芝菌之香。」

招蔡湘渚 〇鶴里、湘渚自有詩，别見。

蜀桐爨，吴絲亂，水咽不流高山斷。伯牙亡，成連死，性情人人殊未已。龍湫百斛堪洗耳，落霞照壁峰峰紫。自從黄帝騎龍去，阮劉俗骨應難住。廣陵散絶千古荒，山川久望蔡中郎。吁嗟乎！山川久望蔡中郎。

《台蕩日記》：括蒼在萬山中，朴野無華，大率似元宋人一幅堯民圖。坐署中南望台蕩，西接鼎湖，三洞鹿田峙其北，石門海氣繞其南。入夏來，以火龍侵人，不敢作山行想。

秋風初起，家嚴自虎林以公事歸，便道至天台之萬年寺，敕一健步，趨兒子往從焉。余因嘆曰：「此行不游，真可惜；此游不記，又可惜。」因與友人盛伯含結伴同往。是在七夕後二日也。此後則以日記，懼其略也。

縉雲道中〇八家有。

扳輿終日聽無窮，半是松聲曳亂峰。野水若迎奔道白，山花如訴照溪紅。鳥忘烟火非凡羽，人習耕耘帶古風。樹頂殘陽時作彩，丹爐隱隱欲相通。

《台蕩日記》：七月初九日，自括蒼發足，猢猻脱布袋，望山林如飢渴。府城之側，有南明，有白雲，有好溪，余欲一游，俱以家嚴之官禁不敢。然志在縉雲之鼎湖，如小兒見果，取其大者耳。下嶺至却金館，頗似故鄉驛路，悽念久之。至縣已薄暮，殘月在馬首，水聲葬人語，唯如游魚向荇藻中行也。初十日，晨起，縣令陳公枉顧，亦以家大人官體不敢見，只與之索輿馬，問仙都路，而陳先生一一使人先於所往矣。出東關，小溪澄澈，峰巒韶秀，風光日影，磨蕩水上。直此一帶，自不是人境也。過數里，見姑婦巖：一端坐，一竦立，亦俗人姑婦之不足奇。聞下有虎趾，以輿人縱步而過。鄉導不熟，遂未得登。大抵山川勝地，前人多神其説，以欺後人。余每每不受人欺，故不見亦不悔。行數武，過小溪，即桑潭下流，水中有石齒棱棱，安放與步合。輿人從上徑度，水聲躍起，與足相犯。輿中大有危懼。過溪，望竹稍懸巖百尺，即所謂仙人榜也。隱隱見樹頭小閣，余欲登之，奈伯含已先去，急令一卒追之還。仍過溪取道，逶迤而上，路可尺許，步步悚仄。轉數武，有小静室，此鄭先生所構。有一老人持茶相餉，恍從絶巘分甘露也。下榜，見榜右懸壁，白色鮮潔，如始皇無字碑，恨俗人誤鑿以「小赤壁」三字，殊爲作惡。巖下有王龜齡、朱晦翁真迹，亦恨剥落不可讀。徘徊半刻，回步過溪，仍從舊路入暘谷洞。洞門在溪頭，有小橋盤曲而進，橋下游鱗楚楚，所謂「識君拄杖過橋聲」者也。轉入洞中，幽陰欲滴，時正暑氣勃人，如坐清涼國，與伯含把酒三酌，即上響巖，步底鏗然，亦金陵靈谷寺、琵琶街之意。下巖以小艇過溪，進仙都溪，山愈密，幽翠森森，道左一洞曰「忘歸洞」。舍之，突舉目見一峰撑日，高一萬尺，周圍數十丈，四面皆無凡草，唯頂有大松數十株，望之如苔痕蒼翠耳。輿人指曰：此即鼎湖也。聞古有蓮花自湖中飛墮，宋即以婺州改府名爲「金華」者。又聞大魚自湖中躍出，俱爲幻想。且謂此即黄帝騎龍上昇之地。然《名山記》中辨其非是，謂當時此地尚在幅幀外，「黄帝鼎湖」今在關中者是也。余謂有此奇地，定有奇踪。此椿公案，當存而不論。旁有一柱，孤絶獨立，名童子峰，是真不因人熱矣。余與伯含躊躕審顧，拍手大叫，因約爲作四面圖，携之以歸。正面向南，後有一大峰相襯，此最難落筆者矣。轉看西，則體勢稍側，童子峰在左脇下，亦有拏雲之勢，此正宜以子久筆意當之。步入仙都宫，宫傾圮特甚。宫下有亭，亦廢敗不可坐。唯與伯含摩擬北面，則如垂紳正笏人，背有垂帶環珮之屬，皴法絶類郭熙鬼面皴。過東視之，又如一人轉身掉望，而右足欲前，唯有黄鶴山樵足以潑墨耳。横看成嶺，側看成峰，神物無定，不能備極摹擬。於是縱步促行，又爲雨色所恐。是夜宿溪頭舖，然魂魄則戀戀在童子峰下也。十一日，五鼓從溪頭舖起行，遥望蒼嶺，崔嵬半天，而濃雲毒霧埋没不放，如猛虎奇獸，負烟吐氣，横來噬人，余頗有懼心。再行十餘里，至山麓，朝暾初發，光影中見有林莽，雲氣稍退，如雨雪見晛。盤曲上嶺，輿人前足已在吾項，余下輿步行。嶺脊上宛如龍背，左右環視，白雲奔走足下，真是蒼龍揚鱗，白波滔蕩，想山下人望之，未有不若蜃氣樓臺者矣。嶺亘四十里，中有風門，奇險天就。一石懸於門左，縱横數百丈，真可以兒孫虎丘之千人石。聞昔年倭警至此，不能仰視，此一夫當關處也。又里許，有屏風巖，亦奇俊不可狀。嶺竟則爲戴村。至此，則余飢甚，忽一白鬚皓首人邀余入竹扉，以雞黍相款，真不減於桃源中人，各出所有也。去仙居尚九十里，余恐大人久待石梁，促輿人夜行。及抵縣，已四鼓矣。十二日，晨興出郭，憑輿野望，四山清雋，城頭姑射，真令人羨仙令也。過白水舖，一步一清，絶無塵氣。晚來復驅輿人夜行。上嚴坑嶺，月光昏黑，陰風四生，行色慘澹。從人謂前山有虎嘯，不可行。余不以爲然。入百步舖，欲一飯再行，乃店中人來報，嶺上虎啖一行人去。衆皆色阻，遂謀止宿。然知石梁、華頂已在眉睫間矣。

贈文心上人看雲詩〇八家有。

天台有白雲，千年老不死。飛墮岩壑間，據松聽流水。東凝數朵青，西峙一片紫。壑中餘子孫，卷舒時陟屺。老衲有孤踪，閑心亦如此。朝朝抱膝吟，莫逆笑相視。從來看雲人，幾滅復幾起。問師合眼時，可知雲看子。○四雲曰：「雲自喜聽流水，非幻也。」又曰：「即以白雲爲上人傳照。」

《台蕩日記》：十三日早，天台縣中即有一人來報，謂大人住萬年禮佛。過縣前小溪，一名好溪。王右軍昔有「好溪碑」。後守令苦上官摹勒，推入水中，此右軍厄運。然有謂此碑在臨海，又云在天台，又云在處州，不知孰是。余從縣入山，宜先至國清，因家嚴在萬年，遂舍國清，徑入至金銀嶺半，有一僧相候，風韻飄拂，大有詩意。及叩之，乃知爲無盡禪師高足文心上人也。握手相顧，恰是三生石上一笑。是時聞家嚴離萬年已至華頂。余急趨行，不數里而大人遣人止余於高明寺，恐途中相左。因下嶺入寺中。寺在山之窩，長松百圍，盤旋作徑，幽深古澹，令人至此，萬念俱冷。候至月出，大人同小寒山子陳木叔至。入名山，拜膝下，更得一良友。此真是平生第一日游也。須臾月光愈潔，文心謂此寺有幽溪八景，夜不能盡，請嘗一臠。遂出寺左行，入圓通洞。洞在幽溪之上，東西有兩芙蓉峰相峙。洞乃三大石子累成，二竪立，一横亘於上，取名圓通，亦參形而呼。洞上有小閣，爲松風閣。此無盡師習静之所。從洞口左側而下，攀緣半晌，達看雲石，正對芙蓉峰，而幽溪瀑水泠泠從頂門飛下。俯視之下，不知幾千丈也。文心謂看月不足奇，唯朝氣初動，几坐石上，白雲萬狀。或欲搏人，或來媚人，或靉靆倦過，或徘徊相賞，此是幽溪中第一供養耳。因索看雲詩，人各有贈焉。歸卧山樓，夢魂則在雲霧中行矣。

余參雪堂大師百千億萬言將從何處説起然思百千億萬言中大師無端而以雪堂自命是堂上雪固即大師指上月也因作偈言十二首相叩

趙州一個齒，下下嚼雪風。舌根推轉輪，此味將誰同？
德山有一棒，棒打雪獅子。見晛胡爲消，是獅還是水？
蘇麥不入口，是飽還是餓？紛紛迷兩肩，是行還是坐？
飛花舞長空，是六還是一？豐年在何處，是玉還是石？
地天倏平等，是白還是黑？兔影照分光，誰失復誰得？
我聞洗腸胸，吞刀寧吞雪。試想本來心，是污還是潔？
藍關一夜苦，呵駡傳韓子。試問慈悲人，是嗔還是喜？
我來逢秋暑，入門皆雪意。何以避暑人，還向湯鍋去。
爲君畫雪堂，萬壑歸眼邊。須彌在手中，芥子即筆尖。
六月無涼風，三冬無冷雪。雪中尸死否？何必因人熱。
試執瞽人目，語雪知雪白。何以明眼者，不知雪何色。
飛雪點頂毛，人人悲衰老。鏡中不住相，是醜還是好？

石梁觀瀑

洪濤奔澎毒龍敵，倒立寒波争絶壁。或歸宫闕或行空，唯餘二龍相衝擊。青龍蒼蒼戰濕雲，玉龍亂噴雪紛紛。不知行來幾萬里，偶過天台爲休軍。青龍連空化成石，橫騎玉龍聳孤脊。玉龍吼聲千古雄，朝朝夜夜驅靈霹。方廣尊者聞之怒，鉢盂始欲淋下注。兩龍屏息聽指揮，至今常遣山門護。自昔曇猷百拜開，誰人再過踏莓苔。我游亦自携袍笏，欲換袈裟掃拜臺。

石梁看月二首〇八家有。

匹練織空中，寸絲成白紵。織聲動裂雲，萬籟不敢舉。疾風與怒雷，三至不投杼。獨留好月輪，機上光楚楚。千年纔一梭，何時嫁龍女？〇四雲曰：「奇險寒峭，不減李義山、王介甫。」

水聲葬全壑，雖風萬響止。月上拋珠來，怒龍陡然起。光影不相畏，凝視失遠邇。此時骨亦涼，疑在雪山裏。〇四雲曰：「奇絶幻絶。」

《台蕩日記》：十四日，大人命游，謂當從萬年始，且雪堂老僧，山中名宿也，急禮之。於是出高明，過塔頭寺，望萬年山色，鬱葱混沌，如詩之晉魏，唐不必言；如畫之唐宋，元不必言。千峰環立(二四)，而五龍相抱，五龍山若偏爲萬年結胎也。寺門老松數十百圍，後有修竹數千竿，獨殿宇稍廢敗，然自知是三代法物。轉入方丈，參雪堂大師，紫衣龍藏，神宗太后御敕在焉。佛像莊嚴，頗與此山相稱。飯畢，雪師坐我於左側之小軒。軒在竹塢松陰中，已占勝地，乃曲流花徑，又雜以異款，令人人見之，俱有住山之想。老僧止余宿。有雨意，急趨去，意欲趁今夜月明坐卧石梁上也。至石梁，雨已霽，日將晡，少憩於下方廣。出寺遥望，見一石橫空如蒼龍斜卧，而飛瀑自下徑度，澎湃奔騰，真似玉龍。迫視之，有一潭，潭側有曇花亭。考石梁之中，爲方廣寺，有五百應真居焉。當年曇猷百拜，山門倏開，猷師入其中。見一僧，謂汝腸胃之不净，當急還，許汝可再來。此赤城山洗腸胃之所自名也。嗣後山門復合，唯有清風孤月，往來守之，他無所見，唯昔年曾有金錢浮水上。上御極之元年，又浮出數個，有梁武年號，赤金異常，見貯府庫。此奇事也。轉上方廣寺，步至石梁邊，横可三丈，闊尺許。然如魚脊，有僧從上往來如飛，我輩稍近視之，便股栗不可耐。少頃明月自萬松之顛孤高相對，跌跏於石梁上流亂石中，看怒龍相鬥。静極生懼，歸卧空翠閣上，聽水聲轟擊，幾欲於牀下鉢盂中尋兩龍也。

斷　橋

空中萬丈老石横，忽然一夜風截斷。下藏寒潭黑不知，古苔贈緑埋人面。從來多少利名心，難斷幾如藕中線。所以神仙笑世人，有心不如頑石悍。頑石悍，撒手懸崖不回看。

珍珠簾〇八家有。

阿姊先嫁從石梁，悲聲叠叠淚絲長。阿姨分居向海濟，年年雙淚如河注。斷橋之下老龍母，僻居晶宫淚如雨。思之不見無從覓，倒囊珍珠向空擲。鮫人擎來獻龍子，獨有世人看是水。

〇四雲曰：「奇幻玲瓏，蜃氣成樓。」

《台蕩日記》：十五日早起，取道華頂，再過天封，孤聳絶俗，直在雲裏，若烟嵐稍净，遠可望海。是日爲雲氣所瞞，遂往看右軍洗墨池、青蓮讀書處，令人懷尚友之思焉。下山尋斷橋之徑。斷橋爲此山最僻處，游人往往厭苦僻遠，遂不得登。昔年唯楊修齡師、張雨若師、王季重師一游，至今絶迹。而惡木凡草蓊菁作主。此天厭俗人，不肯輕示異寶，非俗骨所可望也。亟命從人刈草萊，尋荒徑，沿小溪東行。聽水聲怒擊，知是斷橋。橋聳萬丈，兩石相峙，正如石梁生成，有物擘之從中劃裂者。異哉！山川之奇，至此已不可思議也。從右扳緣而下，則爲珍珠簾。古苔蒼翠，照映人面，鬚鬢皆緑。一步一險，時以股行。至簾下，真是異狀不可模擬。水勢奔溢不減石梁，然流沫陡急，噴出石外尺許，真如垂簾在檐下也。柱杖視之，恨無火浣作囊，收捨此至寶，换取名姝耳。日將夕，急趨回高明，而大人正與陳木叔、梁大年、文心上人坐看雲石上相待，急取酒相賞，而文心索余作《看雲圖》。烟巒翠靄，從五指噴出。余不能到此，是則山靈之助也。

國　清

步步沿溪過悔橋，松如豐舌自然鐃。周娘有腹從誰育，拾得無柴借足燒。竈冷粥殘千古燼，國清鐘響一宵遥。夜來聽説前山虎，猶懼當年錫杖消。

《台蕩日記》：十六日同大人出高明，過金地嶺、銀地嶺，望飛流千尺，疑是石梁。從僧曰：「此海濟也。」亦令人心神俱爽矣。將入國清，萬松環侍，杳不可測。出寺右看寒山竈。噫！火已盡矣。薪傳者誰？記中謂：寒山、拾得相依竈前，時無柴作爨，偶以足代。閭丘太守見而異之。寒山曰：「此必豐干饒舌。」急去，太守追之，至今巖上有閭丘馬迹可數。

神奇變幻，莫可端倪矣。山後有豐干騎虎亭。到此陰風怒生，猶自凜然。大人曰：「余前月在湖上醉揮猛虎，豈其後身耶？」飯畢，自國清望赤城，朱霞半天，照面欲紅。至寺下，舉頭一望，百雉巖巖。恨主僧倚巖作炊，烟灼其半，大殺風景。從左面上，修竹相迎，寒松作侶，幽翠中，時露赤光，沐日浴月，見此百寶。其側爲玉京洞，爲天冠菩薩住處。聞洞中有八百里，與茅山真人相分理焉。轉右則爲洗腸井。井側草生，枝枝猶是韮菜，謂猷師昔年誤食韮而於此洗剔之所。因思天下人，滿腹荆棘，當急以此水澆之。是夜原擬宿桃源，乃縣令胡君韻人也，供具款留，不欲遠去，大人只得宿於此，且謂余曰：「余無端以霞標命號，今日在此，如久别之人，始見鄉里，豈可他去！」遂歡飲大呼。而鄞人李芳叔爲大人寫小像，是在釋籤巖之竹下。巖有「釋籤」二字，是章安荆溪之遺迹也。夜宿小閣，寢食烟霞，呼吸雲氣。余困憊不得當。友人陳木叔援筆作《霞標頌》，纍纍千言，一筆而就。急與大人讀之，曰：「此即萬丈霞光也，不孤此行矣。」

附《赤城山賦》：天台山者，南岳之佐理也。赤城山者，又台嶽之首坐，猷師卓錫之瀞土也。塗丹渥赭，岌業巃嵸，標建矗天，光起爍地。吾父夢寐久矣，因以自號，用代卧游。歲己巳，静長老師建節洞天，名山得主，與吾父有台蕩之約。時火龍收，青女降，余小子驄因得侍大人杖屐往，而友人陳子木叔俱焉。渡河雙星，相從二客，以遨以游，曰止曰時。文人操觚，良工染翰，以爲寫山水影，以爲傳至人面無不可者。嗟乎！中降維嶽，孔禱於尼，吾父之生，於兹山蓋有宿因焉。闢地靈於兔影，既有愧於孫公，發藻思於登高，實負慚於王子。其辭曰：粤稽艮育，咸胎化於崑侖。迨耳孫而走越，孚坤靈而下親。體囊萬峰之秀，靈挺衆壑之尊。方從子位，宿以牛分〔一五〕。⿱山非嵬逶迤，巖削雉凝。輕烟鑠漢庭之色，氣候韜炎帝之精。當其步阿而望景也，鴻苞環譎，紆鬱崔隆。雲皚皚以照面，赤燡燡而華宫。渺干漢之飛閣，影乘虛而階浮。蹲如赤虎，矯若丹龍。立雄骨駿，體卧桃花。沫赭膺門，走血汗下。或疑葛洪之爐炭未灰，或疑茅盈之丹砂未死。或疑魏夫人之絳帳排空，或疑天冠氏之塞門盡紫。甚有驚飛洞庭之焰，遥横赤壁之壘。噫嘻！亦何其神蕩而可怪也！及其拾級而登麓也，石鱗匒匌，白雲霴䨴。騰騰嬉嬉，衆鳥飛復。逸筍勞足，游神極目。緑陰覆顔，兩頣掠谷。松飛裂眦之烟，風度敲雲之竹。叩下巖，走上谷。窮蒼莽，剔幽獨。眺好溪之北流，澔澔澌澌，仰華頂而東峙，煒煒鬱鬱。釋籤結集，章荆留魂魄而巖扃；掬水洗心，曇猷剖肝腸而泉冽。妃子之塔骨長成，寒山之燼龍火撥。遂招青蓮於天姥，問彩筆於墨池。思戒公兮而虎變，望閭丘兮而馬嘶。其晨肇之歌舞，抑雙鬟之凝脂歟？俯仰周章，流目矎矎。電烶繞峰，光函谷影。踏窈窕之幽洞，攝岑嶔之危巔，尋毒蟒於飛錫，采穢韭於崇阿，索金簡而覓玉書，拾瓊芝而摘瑶草。暮靄初凝，藏琥珀於薄霧；翠華遠射，襲珊瑚於淺絮。魂悚惕而悸驚，心猥猥而發怖。於是寄游情於酒政，脱謝屐於行厨。錫公爵而渥顔，烹鳳凰於丹壚。石室取精，金臺備味。三鳥獻靈，四神攸萃。傾露漿而奠斝，揚白雪之青歌。韋卿之金錢再貢，子晉之笙響重歌。若縹緲於蜃上，若笑浪於星河。寒芒抽山尖之鏡，微風吹飛瀑之波。捷獵杯傳〔一六〕，支離分赴。縱横鯨吞，各有所趣。爾乃顧名思義，静叩宿因。前身金粟，面目自真。驚數十年之夢寐，托穎兔以爲知心。道子抽毫，虎頭布格。加僧繇之一點，添三毛於頰頷。識梅溪之再來，奚假乎豐干之饒舌。若乃駕車馬於赤日，結宫觀于青芝。萬春方華，千齡始基。斯爲地捧九如，歌成三祝也。亦有子昂抒辭，筆驅萬馬。聲振金庭，名高鄴下。其奔溢也，汪洸瀇愰，溟涬渺沔。其奇峻也，峥嶸峭崿，岹嵽嶢峴。其吐肝膽而剖心胸也。極性命之至誼，解塵紛之糾紐。喜休文之未湮，誇承禎之十友。值樂事之未央，願勝游之再偶。亂曰：乘蹻絶往覿蓬瀛兮，丹厓餐玉覲羣真兮。肅氣寧魄，游神采真學長生兮。孤巖獨秀，習空往來，羨童子之虚靈兮。霜翅翱翔，在陰有和，思控鶴之仙人兮。金庭煜煜，鱗閣卑兮。玉京無垠，終南徑兮。雙闕開，瓊台超，願學叔卿度世之父子兮。庶可以笑五岳，小十洲，逍遥廣莫而與天游兮。□□張埣爲之序曰：自弇山謂唐無賦，賦學已成灌莽。浮丘四篇，誇工絶代；臨川數幅，噪譽雞壇。然古人雕章纂采，愆積歲時，歔搜藝苑，未有芒屩登山之頃，聲響摩空，烟雲蕩楮，令司馬詫其敏才，枚生嘆爲工絶，厭四座之心，勒千秋之業，如吾友山子楊君之草《赤城山賦》也。山子尊公泠然先生，號建霞標，治鄰鴈蕩，登高作賦，夙擅大夫之才矣。山子幼服元文，夢吐五臟，化爲赤鳳。《長楊》、《羽獵》〔一七〕固有夙因。胸涵千賦之酣，文成七步之捷，乘雲控鶴，偶過台嶽洞天，興來濡髮，字不加點。滄溟瀑布，墨痕遄飛，桐柏仙桃，筆丹染就。時寒山椒子在側，拊掌和嘯。山子携歸天目，以示青道人。道人謂賦天台者二：興公、玉蟾。賦赤城者只一覺衲。孫、白丹青全麓，山子黼黻一隅，而雄深過之。孫、白應屈作衙官，若覺衲緣章，直須付祖龍耳。赤城右脅有玉京洞。其中璿臺玉室，瑶花芝草，衆仙窟宅，可藏斯文。恐斯文紫焰摩霄，丹光裂石，玉平真君管攝不住，還須勒衡山祝融峰頂，永爲南嶽作鎮也。道人將鍵户十年，門庭户席，皆著筆硯，以就二京之業，見山子且捲甲而避矣。按：近人《雁蕩志略》録此《賦》，遺其《序》，誤題陳函煇作。函煇，即木叔，後更名。龍友《山水移集》始編於木叔小寒山，容有稿在木叔篋中。後人收遺文者未審别而誤也。觀《賦》卒章：「在陰有和，思控鶴之仙人」及「願學叔卿度世之父子」等語，正述其侍霞標同游，豈木叔事實邪？

【校勘記】

〔一〕莫氏此引董其昌所題《山水移》語全文如下：「畫家以神品爲宗極，又有以逸品加于神品之上者，曰失于自然而後神也。此誠篤論。恐護短者竄入其中，士大夫當窮工極妍，師友造化，能爲摩詰而後爲王洽之潑墨，能爲營丘而爲二米之雲山，乃足關畫師之口而供賞音之目耳。楊龍友生於貴竹，獨破天荒，所作台、宕等圖，有宋人之骨力去其結，有元人之風韻去其佻，余訝以爲出入巨然、惠崇之間，觀止矣！龍友一日千里，春秋甚富，未見其止。不知分手之後變化若何，余畫禪室中專待溪藤一幅與摩詰同供養耳。己巳九月董其昌。」

〔二〕於是鄉積不能解者一旦釋然：清光緒元年刻本《郘亭遺文》無此句；臺北「國家圖書館」藏莫繩孫鈔本《郘亭雜文㸚餘録》則作「於是鄉積不能釋者，一旦涣然於懷，不覺狂喜累日」。

〔三〕《郘亭遺文》此句作「而乾隆十七年楊卓所具世系，則謂楊公尚有少子鼎勳」。

〔四〕「其所謂」三句：《郘亭遺文》、《郘亭雜文㸚餘録》作「澹心所謂老女，又謂有妾馬嬌，不知所終，豈并在三十六人之外耶？其歸骨合葬始末，已摭入别傳」。

〔五〕膾：原作「繪」，今徑改。

〔六〕筆墨堪消息：南京圖書館、上海圖書館和華東師大圖書館所藏《山水移》均作「筆墨堪消歇」。

〔七〕「引物連類」五句：南京圖書館、上海圖書館和華東師大圖館所藏《山水移》，《郘亭遺文》、《宋元舊本書經眼録・附録卷一〈書衣筆識・山水移〉》均無。

〔八〕見危舍生幾無完卵：南京、上海、華東師大三圖書館所藏之《山水移》和《宋元舊本書經眼録・附録卷一〈書衣筆識・山水移〉》作「膏斧鉞而不回」。

〔九〕人頭杯：南京、上海、華東師大圖書館所藏之《山水移》作「虜頭杯」。

〔一〇〕胡塵：原作「虜塵」。按，南京、上海、華東師大三圖書館所藏《山水移》作「胡塵」。蓋因避清諱而改，兹改回。

〔一一〕胡兒：原作「敵兒」。按，南京、上海、華東師大三圖書館所藏之《山水移》作「胡兒」。蓋因避清諱而改，兹改回。

〔一二〕立春偶成，手稿本作「立春偶題」。

〔一三〕寒溪萬緑圖，原作「寒溪萬緣圖」，據手稿本改。

〔一四〕千峰：原作「于峰」，今徑改。

〔一五〕牛分：原作「中分」，今據華東師大圖書館藏《山水移》改。

〔一六〕捷獵：原作「捷臘」。據華東師大圖書館所藏《山水移》改。

〔一七〕羽獵：原作「羽臘」，今徑改。